Telefonwerbung in Deutschland

Saarbrücker Studien
zum Privat- und Wirtschaftsrecht

Herausgegeben von Hannes Ludyga,
Michael Martinek (geschäftsführender Herausgeber),
Helmut Rüßmann und Markus Würdinger

Band 97

PETER LANG

Anca David

Telefonwerbung in Deutschland

Eine rechtliche Untersuchung unter besonderer Berücksichtigung unionsrechtlicher Vorschriften sowie der Rechtslage in Frankreich und Großbritannien

PETER LANG

Bibliografische Information der Deutschen Nationalbibliothek
Die Deutsche Nationalbibliothek verzeichnet diese Publikation in der Deutschen Nationalbibliografie; detaillierte bibliografische Daten sind im Internet über http://dnb.d-nb.de abrufbar.

Zugl.: Saarbrücken, Univ., Diss., 2018

Cover Design: © Olaf Gloeckler, Atelier Platen

D 291
ISBN 978-3-631-77435-9 (Print)
E-ISBN 978-3-631-77440-3 (E-PDF)
E-ISBN 978-3-631-77441-0 (EPUB)
E-ISBN 978-3-631-77442-7 (MOBI)
DOI 10.3726/b14949

Peter Lang – Berlin · Bern · Bruxelles · New York · Oxford · Warszawa · Wien

Diese Publikation wurde begutachtet.

www.peterlang.com

Vorwort der Verfasserin

Die vorliegende Arbeit wurde im Sommersemester 2017 von der Rechtswissenschaftlichen Fakultät der Universität des Saarlandes als Dissertation angenommen.

Die Arbeit wurde von Herrn Prof. Dr. Dr. Dr. h.c. mult. Michael Martinek betreut. Ihm möchte ich ganz besonders für die wohlwollende Förderung während meiner gesamten Tätigkeit an seinem Lehrstuhl für die Dauer von sechs Jahren zunächst als wissenschaftliche Hilfskraft und später als wissenschaftliche Mitarbeiterin herzlich danken. Ferner gebührt ihm ein großer Dank für seine motivierenden Worten, für die fachliche Unterstützung und die mir gewährte Freiheit bei der Ausgestaltung des Themas sowie für das zügige Erstellen des Erstgutachtens.

Zudem danke ich Herrn Prof. Dr. Günther Hönn für die ebenfalls sehr schnelle Erstellung des Zweitgutachtens.

Der Hanns Seidel Stiftung und ganz besonders dem Leiter des Begabteninstituts, Herrn Prof. Hans-Peter Niedermeier, möchte ich für die finanzielle und ideelle Förderung einen großen Dank aussprechen.

Danken möchte ich zudem Herrn Prof. Dr. Peter Mankowski, der während meine Mitarbeit an seinem Lehrstuhl Verständnis für meine eher außergewöhnlichen Arbeitszeiten zeigte und mir dadurch das Finalisieren der Doktorarbeit ermöglichte.

Christine Schottler und Nils Heine danke ich herzlich für die freundliche Übernahme des Korrekturlesens.

Abschließend möchte ich meinen Eltern, Georgeta und Gustav Hargesheimer, von ganzem Herzen danken. Sie haben mich während der gesamten Ausbildung unterstützt, stets an mich geglaubt und mir Mut und Vertrauen geschenkt.

Meiner lieben Mutter sei diese Doktorarbeit gewidmet.

Inhaltsverzeichnis

Abkürzungsverzeichnis

a.A.	andere Ansicht
ABl.	Amtsblatt der Europäischen Union
Abs.	Absatz
a.F.	Alte Fassung
AfP	Zeitschrift für Medien- und Kommunikationsrecht
AG	Amtsgericht
AGB	Allgemeine Geschäftsbedingungen
Alt.	Alternative
Anm.	Anmerkung
Art.	Artikel
ASA	Advertising Standards Authority
Aufl.	Auflage
BB	Betriebsberater
BGB	Bürgerliches Gesetzbuch
BGBl.	Bundesgesetzblatt
BGH	Bundesgerichtshof
BGHZ	Amtliche Sammlung der Entscheidungen des Bundesgerichtshofs in Zivilsachen
BMJ	Bundesministerium der Justiz und für Verbraucherschutz
BNetzA	Bundesnetzagentur
BR	Bundesrat
BT	Besonderer Teil
BT-Drucks.	Verhandlungen des Deutschen Bundestages
BVerfG	Bundesverfassungsgericht
BVerfGE	Amtliche Sammlung der Entscheidungen des Bundesverfassungsgerichts
bzw.	beziehungsweise
BR	Bundesrat
CMLR	Common Market Law Review
CR	Computer und Recht
DB	Der Betrieb (Beilage)
Diss.	Dissertation
DSGVO	Verordnung (EU) 2016/679 des Europäischen Parlaments und des Rates vom 27. April 2016 zum Schutz natürlicher Personen bei der Verarbeitung personenbezogener Daten, zum freien Datenverkehr und zur Aufhebung der Richtlinie 95/46/EG (Datenschutz-Grundverordnung)

DSRL 2002/58/EG	Richtlinie 2002/58/EG des Europäischen Parlaments und des Rates vom 12. Juli 2002 über die Verarbeitung personenbezogener Daten und den Schutz der Privatsphäre in der elektronischen Kommunikation (Datenschutzrichtlinie für elektronische Kommunikation)
DuD	Datenschutz und Datensicherheit
EGMR	Europäischer Gerichtshof für Menschenrechte
E.J.I.L.	European Journal of International Law
Einl.	Einleitung
ePrivacy VO	Verordnung über Privatsphäre und elektronische Kommunikation
endg.	endgültig
Ent. L.R.	Entertainment Law Review
EuGH	Gerichtshof der Europäischen Gemeinschaften
EWS	Europäische Wirtschafts- & Steuerrecht. Betriebs-Berater für Europarecht
Fn.	Fußnote
FS	Festschrift
GRUR	Gewerblicher Rechtsschutz und Urheberrecht
GRUR Int.	Gewerblicher Rechtsschutz und Urheberrecht – Internationaler Teil
Hrsg.	Herausgeber
i.R.d.	Im Rahmen des/der
I.P.Q.	Intellectual Property Quarterly
i.S.d.	Im Sinne des/der
i.V.m.	In Verbindung mit
J.O.	Journal Officiel de la République Française
Jura	Jura. Juristische Ausbildung
Jus	Juristische Schulung
JZ	Juristen-Zeitung
KOM	Kommission der Europäischen Gemeinschaften
K&R	Kommunikation und Recht
LG	Landgericht
lit.	Litera (Buchstabe)
MDR	Monatsschrift für Deutsches Recht

MMR	MultiMedia und Recht. Zeitschrift für Informations-, Telekommunikations- und Medienrecht
MünchKomm	Münchener Kommentar
m.W.N.	mit weiteren Nachweisen
NJW	Neue Juristische Wochenschrift
NLJ	New Law Journal
n°	numero
Nr.	Nummer
OLG	Oberlandesgericht
RabelsZ	Rabels Zeitschrift für ausländisches und internationales Privatrecht
R.I.D.C.	Revue internationale de droit comparé
Rdnr.	Randnummer
RTD civ.	Revue trimestrielle de droit civile
S.	Seite
Slg.	Sammlung
UGP-Richtlinie	Richtlinie 2005/29/EG des des Europäischen Parlaments und des Rates vom 11. Mai 2005 über unlautere Geschäftspraktiken im binnenmarktinternen Geschäftsverkehr zwischen Unternehmen und Verbrauchern und zur Änderung der Richtlinie 84/450/EWG des Rates, der Richtlinie 97/7/EG, 98/27/EG und 2002/65/EG des Europäischen Parlaments und des Rates sowie der Verordnung (EG) Nr. 2006/2004 des Europäischen Parlaments und des Rates (Richtlinie über unlautere Geschäftspraktiken)
UWG	Gesetz gegen den unlauteren Wettbewerb
VuR	Verbraucher und Recht
WBl	Wirtschaftsrechtliche Blätter
WM	Wertpapier-Mitteilungen. Zeitschrift für Wirtschafts- und Bankrecht
WRP	Wettbewerb in Recht und Praxis
z. B.	Zum Beispiel
ZEuP	Zeitschrift für Europäisches Privatrecht
ZHR	Zeitschrift für das gesamte Handelsrecht und Wirtschaftsrecht
ZLR	Zeitschrift für das gesamte Lebensmittelrecht
ZVertriebsR	Zeitschrift für Vertriebsrecht

Einleitung

Der Individualisierungstrend von Kundenpräferenzen und Kundengruppen lässt das Direktmarketing aufblühen. Die finanziellen Aufwendungen für das Direktmarketing haben sich in Deutschland von 1997 bis 2008 fast verdoppelt, die Ausgaben sind von 17,1 Milliarden Euro auf 33,1 Milliarden Euro gestiegen.[1] In Deutschland erfuhr das Telefonmarketing den Marktzugang in den 70. Jahren und stand damals an der Spitze der Werbemittelauswahl. Heute gewinnt das Kommunikationsmedium Internet für die Werbung zwar zunehmende an Bedeutung, jedoch zeigt Telefonwerbung als Marketinginstrument heute noch eine starke Marktpräsenz. Das Internet vermag nicht alle Bedürfnisse der Werbewirtschaft zu befriedigen. Das Medium Telefon bleibt insbesondere für teure oder beratungsbedürftige wie auch höchst personalisierte Produkte ein unerlässliches Kommunikationsmittel. Im Jahr 2007 wurden insgesamt 4,7 Milliarden für Telefonmarketing ausgegeben, davon entfielen 2,5 Milliarden Euro auf das aktive Telefonmarketing, 2,2 Milliarden Euro wurden in das passive Telefonmarketing investiert.[2] Nach dem Dialog Marketing Monitor 2018 betrugen die Unternehmensausgaben für das aktive Telefonmarketing im Jahre 2017 1,2 Milliarden Euro. Davon fällt nur ein verhältnismäßig geringer Kostenanteil in Höhe von 0,2 Milliarden auf Planung, Konzeption und Produktion.[3] Sind erst einmal potenzielle Interessenten identifiziert, erlaubt das Direktmarketing ein Diminuieren von Streuverlusten, indem der Werbende das optimale Angebot zur richtigen Zeit und an die richtige Person richtet.[4] Unter Beachtung von Effizienz- und Preisaspekten schneidet Telefonwerbung im Vergleich zu den zwei anderen klassischen Marketinginstrumenten wie Hausbesuch und Mailing gut ab.

Die Vorteile, die der Einsatz des Telefons im Direktmarketing bietet, lädt Mitbewerber zu Nachahmung ein. Unternehmen sind daran interessiert, möglichst viel und möglichst günstig ihre Produkte abzusetzen. Dieses wirtschaftliche Interesse kollidiert im b2c Verhältnis mit dem Interesse des Einzelnen auf Achtung seiner Privatsphäre. Die durch einen Anruf in besonders hohem Maß verursachte Belästigung hängt mit der Eigenart des Telefons zusammen. Anders als bei E-Mail- oder Briefwerbung kann sich der Angerufene den Zeitpunkt der Auseinandersetzung mit dem Telefonat nicht aussuchen. Die Störung tritt mithin bereits im Zeitpunkt des Anrufs und unabhängig von dessen Inhalt ein. Außerdem sind belästigende Anrufe zu jeder Zeit, auch nachts und am Wochenende möglich. Im b2b-Verhältnis

---

1 *Holland*, Direktmarketing, 3. Aufl. 2009, S. 23.

2 *Holland*, Direktmarketing, 3. Aufl. 2009, S. 13.

3 Deutsche Post AG 2018, Dialogmarketing – Monitor, S. 26.

4 *Holland*, Direktmarketing, 3. Aufl. 2009, S. 23; Siehe auch *Meffert/Burmann/Kirschgeorg*, Marketing, 12. Aufl. 2015, S. 667.

kollidiert das Wirtschaftsinteresse des Werbenden mit dem Interesse des Unternehmens auf einen ungestörten Betriebsgang. Das Klingeln und gegebenenfalls Abheben und Auseinandersetzen mit dem Telefonat beansprucht die persönlichen Ressourcen des angerufenen Unternehmens und blockiert die Telefonleitung, so dass aus Unternehmenssicht wichtige Telefonate nicht durchgeführt werden können. Der Konflikt zwischen den Interessen der Werbewirtschaft einerseits und den Interessen des Angerufenen andererseits erscheint vorprogrammiert und ruft Regulierungsbedarf hervor. Das Regulierungsmaß stellt letztlich eine politische Entscheidung dar und spiegelt die Sicht der Gesellschaft über ihre Bürger wider.

In Deutschland verbietet § 7 Abs. 2 Nr. 2 Alt. 1 UWG Telefonwerbung gegenüber Verbrauchern, falls diese vorher ihre Einwilligung nicht ausdrücklich erteilt haben. Für die Zulässigkeit von Werbeanrufen gegenüber sonstigen Marktteilnehmern genügt nach § 7 Abs. 2 Nr. 2 2. Alt UWG das Vorliegen deren mutmaßlichen Einwilligung. Im Bereich der Telefonwerbung gegenüber Verbrauchern bestehen Bedenken hinsichtlich der Europarechtskonformität des § 7 Abs. 2 Nr. 2. Alt. 1 UWG. Die Untersuchung beschränkt sich insofern auf die rechtliche Betrachtung und lässt politische Prozesse außer Acht. Das Merkmal der Ausdrücklichkeit in § 7 Abs. 2 Nr. 2 1. Alt UWG wurde nach dem Erlass des Gesetzes zur Bekämpfung unerlaubter Telefonwerbung vom 29.7.2009 eingeführt.

Nach dem Inkrafttreten des Gesetzes zur Bekämpfung unerlaubter Telefonwerbung am 4.8.2009 ist jedoch die Zahl unerlaubter und belästigender Telefonanrufe nicht zurückgegangen, sondern sogar gestiegen. Vor der Einführung dieses Gesetzes ging man laut Regierungsentwurf[5] von rund 60.000 Verbraucherbeschwerden pro Jahr aus. Zur Evaluierung der Lage nach dem Inkrafttreten des Gesetzes hat das Bundesministerium der Justiz für einen Untersuchungszeitraum von 10 Monaten, von September 2009 bis einschließlich Juni 2010 bei der BNetzA, den Bundesländern und den Verbraucherschutz- und Wirtschaftsverbänden eine Umfrage zur Belästigung von Verbrauchern durch Werbeanrufe durchgeführt. Dabei sind die von der Verbraucherzentrale erhobenen Beschwerdezahlen nur für die letzten vier Monate des Untersuchungszeitraums mitgeteilt worden. Insgesamt kann von insgesamt etwa 81.000 bis 100.000 Beschwerden ausgegangen werden.[6] Fakten über unerlaubte Telefonwerbung dokumentiert ferner der bundesweite Abschlussbericht der Verbraucherzentrale vom 16.12.2010.[7] Insgesamt wurden 79.531 Beschwerden

---

5 BT-Drucks. 16/10734, S. 9.

6 Die nur ungefähre Einschätzung der Beschwerdezahlen beruht darauf, dass Verbraucher, die sich in erster Linie an andere Stellen als die BNetzA gewendet haben an letztere weitergeleitet wurden, denn nur diese kann Bußgeldbescheide erlassen und Rechnungslegungs- und Inkassoverbote verhängen. Gleichwohl nehmen sowohl die zuerst angesprochenen Stellen als auch die BNetzA diese Daten in ihre Statistik auf – BMJ, Zusammenfassung der Umfrageergebnisse zur Belästigung durch Werbeanrufe, pdf-Datei, hinterlegt beim BMJ, S. 3.

7 Verbraucherzentrale, Bundesweiter Abschlussbericht vom 16.12.2010, https://www.verbraucherzentrale-berlin.de/mediabig/142291A.pdf, abgerufen am 21.08.2017.

erfasst.[8] Die Datenerhebung erfolgte über eine Dauer von 9 Monaten für den Zeitraum von Anfang März bis Ende November 2010.[9] Im weiteren Bericht der Verbraucherzentrale vom 17.12.2012 nach durchgeführter Umfrageaktion betreffend Telefonwerbung und das Problem untergeschobener Verträge gaben 92% der 8.982 befragten Verbraucher an, mit dem Anruf nicht einverstanden gewesen zu sein.[10] Trotz dieser Zahlen schreibt die Bundesregierung in der Gesetzesbegründung des Gesetzes gegen unseriöse Geschäftspraktiken, dass „das evaluierte Gesetz im Sinne einer Verbesserung des Verbraucherschutzes gegriffen“ hat. Unerlaubte Telefonanrufe bei Verbrauchern sollten gegen Ende des Untersuchungszeitraums der Tendenz nach abgenommen haben.[11] In der Zusammenfassung der Umfrageergebnisse des Bundesministeriums für Justiz zur Belästigung durch Werbeanrufe befindet sich keine Aussage, die der obigen entspricht. Es wird lediglich angemerkt, dass kein kontinuierlicher Anstieg festzustellen sei, die Entwicklung verliefe vielmehr in „Wellen“, weil Verbraucher auf bestimmte „Anrufwellen“ mit entsprechenden „Beschwerdewellen“ reagiert haben.[12]

Beide Berichte der Verbraucherzentrale von 2010 und von 2012 zeigen zudem, dass viele Verbraucher hinsichtlich der Umstände des Vertragsschlusses verunsichert und verwirrt sind. Von 79.531 sich bei der Verbraucherzentrale beschwerenden Verbrauchern gaben 21, 3 % an, sie wüssten nicht, ob es zu einem Vertragsschluss gekommen sei. Nach der Umfrage war in 33,7 % der Fälle ein Vertragsschluss behauptet worden, obwohl Verbraucher den Vertragsabschluss bestritten hatten. Nur in 9,1 % der Fälle gingen Verbraucher von einem bewussten Vertragsschluss aus. Damit liegt die Quote untergeschobener Verträge bei 78,8 %, während nur ein Fünftel der Verträge einvernehmlich zustande kamen.[13] In dem Bericht der

---

8 Dabei handelt es sich in ca. einem Drittel der Fälle um Anrufe unter Verwendung automatischer Anrufmaschinen, BMJ, Zusammenfassung der Umfrageergebnisse zur Belästigung durch Werbeanrufe, pdf-Datei, hinterlegt beim BMJ, S. 3.

9 In der Auswertung berücksichtigt wurden die Beschwerdezahlen von 16 Verbraucherzentralen. Davon haben vier Verbraucherzentralen über die gesamten neun Monate, zwei über acht Monate, zwei über vier Monate und acht über drei Monate Beschwerdezahlen erhoben.

10 Verbraucherzentrale, Bericht vom 17.12.2012, S. 8, http://www.vzbv.de/pressemitteilung/unerlaubte-werbeanrufe-nerven-verbraucher, abgerufen am 21.08.2017.

11 Verbraucherzentrale, Bundesweiter Abschlussbericht vom 16.12.2010, S. 4, https://www.verbraucherzentrale-berlin.de/mediabig/142291A.pdf, abgerufen am 21.08.2017.
S. 4. RegE. BT-Drucks. 17/13057, S. 10.

12 BMJ, Zusammenfassung der Umfrageergebnisse zur Belästigung durch Werbeanrufe, pdf-Datei, hinterlegt beim BMJ, S. 3.

13 Verbraucherzentrale, Bundesweiter Abschlussbericht vom 16.12.2010, S. 6 f., https://www.verbraucherzentrale-berlin.de/mediabig/142291A.pdf, abgerufen am 21.08.2017.

Verbraucherzentrale vom 17. 12. 2012[14] ergab sich ein deutlicher Unterschied, je nachdem, ob Verbraucher die Fragebögen online, schriftlich oder aufgrund persönlicher Beratung ausgefüllt hatten. Die Verbraucher, die die Fragebögen online oder schriftlich ausfüllten, taten dies kurze Zeit nach dem Telefonat, als ihnen noch nicht bewusst war, ob ein Vertragsschluss in Frage kommt, so dass in diesem Fall die Zahl untergeschobener Verträge bei 18% liegt, während 80% annahmen, keinen Vertrag abgeschlossen zu haben. Nur 1% der Verbraucher bejahte das Vorliegen eines Vertragsschlusses. Im Vergleich dazu liegt die Quote untergeschobener Verträge bei Verbrauchern, die persönlich beraten wurden, mit 56% deutlich höher. Nur 42% der Befragten konnten sicher angeben, einen Vertrag nicht abgeschlossen zu haben und 3% bejahten einen Vertragsschluss. Seriöse Unternehmen dagegen setzen erhöhte Standards für die Kommunikationsgestaltung mit den Verbrauchern, sie haben ihre Arbeitsabläufe an die gesetzliche Lage angepasst.[15] In diesem Sinne verfahren auftraggebende Unternehmen bei der Auswahl von Call-Center nach strengeren Kriterien. Seriöse Call-Center legen vermehrt Wert auf eine Dokumentation des Vorliegens der ausdrücklichen Einwilligung des Verbrauchers i.S.d. § 7 Abs. 2 Nr. 2 Alt. 1 UWG bzw. § 7 Abs. 2 Nr. 3 im Falle eines Anrufs mittels automatischer Anrufmaschinen.[16] Doch die Tatsache, dass im Bereich Telefonwerbung immer noch viele Schatten existieren, verunsichert, belästigt und schadet nicht nur Verbrauchern; auch seriöse Unternehmen tragen erhebliche Schaden davon. Die kriminellen Praktiken unseriöser Unternehmer bewirken in der Gesellschaft eine überwiegend negative Meinung über die Telefonwerbung, so dass seriöse Unternehmen sich mit der beinahe unmöglich zu erfüllenden Aufgabe einer besseren Imagegestaltung konfrontiert sehen. Die kriminelle Energie unseriöser Betreiber von Telefonwerbung kennt keine Grenzen an Kreativität, wenn es darum geht, Verbraucher in Abzockfallen zu locken. Sie entwickeln stets neue Maschen, um Verbrauchern wirtschaftliche Nachteile zuzufügen.[17] In der Praxis stellt die Staatsanwaltschaft ca. zwei Drittel der Ermittlungsverfahren ein, weil der Täter oder der Tathergang nicht ermittelt werden konnte. Um ihre Identität zu kaschieren, agieren unseriöse Anrufer oft vom Ausland aus oder geben nur eine Postfachadresse an.[18]

---

14 Verbraucherzentrale, Bericht vom 17.12.2012, S. 13 f., http://www.vzbv.de/pressemitteilung/unerlaubte-werbeanrufe-nerven-verbraucher, abgerufen am 21.08.2017.

15 BMJ, Zusammenfassung der Umfrageergebnisse zur Belästigung durch Werbeanrufe, pdf-Datei, hinterlegt beim BMJ, S. 7; RegE. BT-Drucks. 17/13057, S. 10.

16 BMJ, Zusammenfassung der Umfrageergebnisse zur Belästigung durch Werbeanrufe, pdf-Datei, hinterlegt beim BMJ, S. 7.

17 Verbraucherzentrale, Bundesweiter Abschlussbericht vom 16.12.2010, S. 4 f., https://www.verbraucherzentrale-berlin.de/mediabig/142291A.pdf, abgerufen am 21.08.2017; BMJ, Zusammenfassung der Umfrageergebnisse zur Belästigung durch Werbeanrufe, pdf-Datei, hinterlegt beim BMJ S. 4.

18 xxxx

Im Vergleich zur deutschen Rechtslage kennen das französische und das englische Recht mildere Regelungen: Telefonwerbung gegenüber natürlichen Personen ist grundsätzlich zulässig, es sei denn, diese haben Werbeanrufen vorher widersprochen. Die Regulierung der Telefonwerbung gegenüber juristischen Personen haben der englische und der französische Gesetzgeber der Selbstregulierung der Märkte überlassen.

Die vorliegende Arbeit untersucht, ob die deutsche Regelung in § 7 Abs. 2 Nr. 2 UWG und ihre Anwendungspraxis mit zwingendem Unionsrecht, namentlich mit der DSRL 2002/58/EG[19] und mit der UGP-Richtlinie[20] vereinbar ist. Dabei tragen Marketingaspekte, historische Darstellungen und rechtsvergleichende Annährungen zu dem französischen und dem englischen Recht zum besseren Verständnis der Regulierung der Telefonwerbung in Deutschland *de lege lata* einerseits und *de lege ferenda* andererseits bei.

Nationale Regelungen müssen mit dem europäischen Primärrecht und im harmonisierten Bereich zusätzlich mit dem europäischen Sekundärrecht vereinbar sein. Das Unionsrecht legt in Art. 13 Abs. 3 2. Alt DSRL 2002/58/EG – basierend auf die Widerspruchslösung (Opt-out-Modell) – einen Mindestschutzstandard und in Art. 13 Abs. 2 1. Alt DSRL 2002/58/EG einen Höchstschutzstandard, das sog. Opt-in-Modell fest. Zwischen dem Opt-in- und dem Opt-out-Modell können die Mitgliedstaaten frei wählen, müssen allerdings das gewählte Prinzip in das nationale Recht implementieren. Art. 13 Abs. 3 DSRL 2002/58/EG gilt nur für natürliche Personen. Für juristische Personen gibt die Richtlinie keine abschließenden Regelungen vor, sondern verpflichtet in Art. 13 Abs. 5 lediglich zur Einführung von im Ermessen der Mitgliedstaaten liegenden Schutzvorkehrungen. In Hinblick auf diese Unterscheidung ergibt sich bereits die Frage, ob die in § 7 Abs. 2 Nr. 2 Alt. 1 UWG getroffene Regelung zwingend auch für natürliche Personen umzusetzen ist. Die Untersuchung des Art. 13 Abs. 3 DSRL 2002/58/EG dient dazu, mögliche Regulierungsformen betreffend die Zulässigkeit der Telefonwerbung darzustellen.

Neben der DSRL 2002/58/EG trifft die UGP-Richtlinie 2009/29/EG Vorgaben in Bezug auf die Regulierung von Werbemaßnahmen. Die UGP-Richtlinie stellt anders als die DSRL 2002/58/EG auf die Verbrauchereigenschaft ab und enthält

---

19 Richtlinie 2002/58/EG des Europäischen Parlaments und des Rates vom 12. Juli 2002 über die Verarbeitung personenbezogener Daten und den Schutz der Privatsphäre in der elektronischen Kommunikation (Datenschutzrichtlinie für elektronische Kommunikation), ABl. L 201/31, zuletzt geändert durch Art. 2 der Richtlinie 2009/136/EG (ABl. L 337 vom 18. 12. 2009, S. 11), im Folgenden DSRL 2002/58/EG.

20 Richtlinie 2005/29/EG des Europäischen Parlaments und des Rates vom 11. Mai 2005 über unlautere Geschäftspraktiken im binnenmarktinternen Geschäftsverkehr zwischen Unternehmen und Verbrauchern und zur Änderung der Richtlinie 84/450/EWG des Rates, der Richtlinien 97/7/EG, 98/27/EG und 2002/65/EG des Europäischen Parlaments und des Rates sowie der Verordnung (EG) Nr. 2006/2004 des Europäischen Parlaments und des Rates (Richtlinie über unlautere Geschäftspraktiken), Abl. 2005 Nr. L 149/22, im Folgenden UGP-Richtlinie.

zwingend umzusetzende Vorschriften nur für den b2c-Bereich. Das Verhältnis der UGP-Richtlinie zu der DSRL 2002/58/EG ist umstritten. Unklar ist zudem, ob die Bestimmungen des Erwägungsgrundes 7 Satz 3–5 UGP-Richtline den Bereich Telefonwerbung aus der Vollharmonisierungswirkung der Richtlinie ausklammern und schließlich, ob die Einführung eines Opt-in-Modells die Umsetzung des per se Verbots der Nr. 26 Anhang I UGP-Richtlinie 2005 entbehrlich macht. Die Klärung dieser Fragen gibt Auskunft darüber, ob die Regelung in § 7 UWG unionsrechtskonform ist. Die DSRL 2002/58/EG soll nach einem Vorschlag der Kommission vom 10.1.2017 (Com(2017) 10 final) durch eine **Verordnung über Privatsphäre und elektronische Kommunikation** (auch ePrivacy Verordung genannt) mit Wirkung ab dem 25.5.2018 ersetzt werden. Damit würde Art. 13 RL 2002/58/EG durch Art. 16 dieser Verordnung ersetzt.[21] Am 25.5.2018 EU-Rat einen Sachstandsbericht veröffentlicht und über den Stand der aktuellen Prüfung des Vorschlags für die ePrivacy VO informiert.

Weitere Unklarheiten bestehen in Hinblick auf die Anforderungen, denen die Einwilligung in Telefonwerbung gegenüber Verbrauchern einerseits und gegenüber sonstigen Marktteilnehmern andererseits genügen muss. Heftig umstritten ist, ob die Notwendigkeit einer ausdrücklichen Einwilligung unionsrechtskonform ist. Unklar ist zudem, welche konkrete Eigenschaften eine wirksam erteilte Einwilligung aufweisen muss. Ob eine Einwilligung vorliegt stellt eine Einzelfallentscheidung dar. Die vorliegende Arbeit dient der Konkretisierung der Voraussetzungen für das Vorliegen einer Einwilligung unter Beachtung verfassungsrechtlicher Wertungen und unionsrechtlicher Vorgaben.

Nicht Gegenstand der vorliegenden Arbeit ist die rechtliche Behandlung der infolge von Werbeanrufen geschlossenen Verträge mit Verbrauchern, soweit die Möglichkeit des Widerrufs besteht. Die Untersuchung zustande gekommener Verträge beschränkt sich auf die Frage, ob ein Verstoß gegen § 7 Abs. 2 Nr. 2 UWG die Nichtigkeit der Verträge zur Folge hat.

Die Dissertation schildert in einem ersten Teil marketing- und lauterkeitsrechtliche Aspekte der Telefonwerbung in Deutschland unter Bezugnahme auf die Regulierung in Frankreich und Großbritannien und gibt einen Überblick über die geschichtliche Entwicklung der Regulierungsrahmen. Mit diesem Hintergrundwissen ausgestattet, erfolgt in einem zweiten Teil eine ausführliche Behandlung der Frage, ob die deutsche Regulierung der Telefonwerbung zwingenden unionsrechtlichen Vorgaben, einschließlich derer auf Durchsetzungsebene entspricht. Der dritte Teil konkretisiert die Vorgaben für das Vorliegen einer wirksamen Einwilligung. Zum Schluss werden Regulierungsvorschläge dargestellt.

---

21 *Köhler*, in: *Köhler/Bornkamm/Feddersen*, UWG, 36. Aufl. 2018, § 7 Rdnr. 9 a.

Erster Teil – Das Phänomen Telefonwerbung

Erstes Kapitel – Untersuchung aus Marketingsicht

A. Werbung als Marketinginstrument

Aus der Perspektive der Werbenden erfüllt Telefonwerbung Aufgaben, die zum Marketing gehören. Es ist deshalb essentiell zu verstehen, wie Telefonwerbung im Marketingsystem integriert ist und welche Ziele damit verfolgt werden. Ein besonderes Augenmerk gebührt dabei der Bedeutung des Mittels Telefon für die Marktwirtschaft, insbesondere der Frage, inwiefern Telefonwerbung durch andere Werbearten substituierbar ist, also ob die Werbebotschaft unter Einsatz anderer Werbearten Kunden und potenzielle Kunden genauso effektiv erreichen kann. Telefonwerbung wird der Kategorie Direktwerbung und Direktmarketing zugeordnet, die wiederum dem Gebiet des Marketings angehören. Dabei herrscht in der wirtschaftswissenschaftlichen Literatur ein breites Spektrum an divergierenden Vorstellungen über Inhalt und Aufgaben von Direktmarketing samt Definition. Nicht einstimmig geklärt ist zudem das Verhältnis zwischen Direktmarketing und Direktwerbung. Aktuell zeichnet sich eine Tendenz ab, den Begriff des Direktmarketings durch den des Dialogmarketings zu ersetzen. Im Fokus aller Einsätze steht der Marketingbegriff, der nachfolgend näher erläutert wird.

I. Marketing und Werbung

Die Grundidee der Marketingkonzeption, die Austauschprozesse von Produkten und Dienstleistungen auf dem Markt effizient und bedürfnisgerecht zu verteilen[22], so dass alle Parteien zufrieden gestellt werden, gehört zum menschlichen Zusammenleben: „Marketing beginnt, wenn Menschen sich entscheiden, Bedürfnisse und Wünsche durch Austausch zu befriedigen."[23] Der Begriff Marketing wurde erstmals 1906 in den USA in der Veröffentlichung von *Samuel Sparling*, „Introduction to Business Organization" verwendet[24] und hat sich weltweit rasant verbreitet. In Deutschland hat sich der Marketingbegriff in den 60er Jahren durchgesetzt, um die mit absatzpolitischen Instrumenten zusammenhängenden Fragen zu bezeichnen.[25] Eine einheitliche Definition gibt es allerdings nicht. Im Wesentliche existieren drei Strömungen, die den Marketingbegriff unterschiedlich weit auslegen.[26]

---

22 *Meffert/Burmann/Kirchgeorg*, Marketing,12. Aufl. 2015, S. 4; *Nieschlag/Dichtl/Hörschgen*, Marketing, 19. Aufl. 2002, S. 4.

23 *Kotler/Armstrong/Wong/Saunders,* Grundlagen des Marketing, 5. Aufl. 2011, S. 50.

24 *Meffert/Burmann/Kirchgeorg*, Marketing, 12. Aufl. 2015, S. 6.

25 *Meffert/Burmann/Kirchgeorg*, Marketing, 12. Aufl. 2015, S. 7.

26 *Nieschlag/Dichtl/Hörschgen*, Marketing, 19. Aufl. 2002, S. 4; *Reich,* Die wettbewerbsrechtliche Beurteilung der Haustürwerbung in Deutschland, 2010, S. 16 ff.

1. Absatzbezogener Marketingbegriff

Die am engsten gefasste absatzbezogene Konzeption versteht unter Marketing lediglich ein Konzept zur Absatzsteigerung. Marketing umfasst danach die Aktivitätsbemühungen der Anbieter, die darauf gerichtet sind, ihre Produkte auf dem Markt abzusetzen, das heißt, die Produkte auf den Markt bringen, Nachfrager finden und mit Interessenten Kauf- und ähnliche Verträge schließen. Diese Marketingkonzeption stellt die ökonomische Markttransaktion im Fokus. Die Parteien tauschen Konsumgüter und Dienstleistungen auf dem Markt gegen Entgelt.[27]

2. Unternehmensbezogener Marketingbegriff

Der unternehmensbezogene Marketingbegriff definiert Marketing als "Konzept marktorientierter Unternehmensführung"[28]. Danach beschränkt sich der Zuständigkeitsbereich des Marketings nicht lediglich auf den Absatzmarkt, sondern umfasst die Planung, die Kontrolle, die Koordinierung aller marktbezogenen Unternehmensaktivitäten[29]. Marketing wird somit als „Maxime" verstanden, die die Verwirklichung einer optimalen Unternehmens-Umfeld-Koordination durch eine konsequente Ausrichtung aller unmittelbar und mittelbar den Markt berührenden Entscheidungen an dessen Erfordernissen[30] verfolgt. Diese pragmatische Marketingsicht berücksichtigt die Tatsache, dass der Unternehmenserfolg von den Kundenpräferenzen, Kundenwahl und Kundenzufriedenheit abhängt und sieht die dauerhafte Kundenbefriedigung als Motor für die Verwirklichung in erster Linie ökonomischer Ziele eines Unternehmens.[31]

Prägend in der Literatur verbleibt die Definition von *Meffert*: Marketing „bedeutet [...] die Planung, Koordination und Kontrolle aller auf die aktuellen und potenziellen Märkte ausgerichteten Unternehmensaktivitäten. Durch eine dauerhafte Befriedigung der Kundenbeziehungen sollen die Unternehmensziele verwirklicht werden".[32]

3. Generischer oder moderner Marketingbegriff

Nach dem weit gefassten generischen Marketingverständnis beschäftigt sich Marketing mit der Gestaltung aller Arten von Austauschprozessen, die zwischen Individuen und Gruppen vorkommen.[33] Eine Beschränkung auf kommerzielle

---

27 Vgl. *Kotler*, A Generic Concept of Marketing, Journal of Marketing, 36 (1972), S. 46, 47.
28 *Nieschlag/Dichtl/Hörschgen*, Marketing, 19. Aufl. 2002, S. 13.
29 *Meffert/Burmann/Kirchgeorg*, Marketing, 12. Aufl. 2015, S. 10.
30 *Nieschlag/Dichtl/Hörschgen*, Marketing, 19. Aufl. 2002, S. 14.
31 Vgl. *Meffert/Burmann/Kirchgeorg*, Marketing, 12. Aufl. 2015, S. 10.
32 *Meffert/Burmann/Kirchgeorg*, Marketing, 12. Aufl. 2015, S. 10 m.w.N.
33 *Nieschlag/Dichtl/Hörschgen*, Marketing, 19. Aufl. 2002, S. 13; Vgl. auch *Meffert/Burmann/Kirchgeorg*, Marketing: Grundlagen marktorientierter Unternehmensführung,

Aktivitäten findet nicht statt, vielmehr erstreckt sich Marketing auch auf die soziale Sphäre. Nach diesem weiten Begriff existiert Marketing als „universelles Konzept der Beeinflussung“ und als „Sozialtechnik“[34] und dient der Verbreitung bestimmter Überzeugungen in der Gesellschaft, die dieser zugutekommen sollten. Marketing ist ein Prozess im Wirtschafts- und Sozialgefüge, durch den Einzelpersonen und Gruppen ihre Bedürfnisse und Wünsche befriedigen, indem sie Produkte und andere Dinge von Wert erzeugen, anbieten und miteinander austauschen.[35]

Der generische Marketingbegriff hat sich in den 70er Jahren in den USA entwickelt. In Zusammenhang mit der Entstehungsgeschichte der generischen Marketingkonzeption ist *Kotler* eine oft zitierte Persönlichkeit.[36] Die generische Marketingkonzeption bezieht sich auf mögliche Produktkategorien, Marketingbetreiber sowie auf Transaktionsarten. Marketing umfasst nicht nur Aktivitäten eines Unternehmens zwecks Absatzes von Produkten bzw. Identifizierung und Befriedigung von Kundenbedürfnissen, sondern auch Aktivitäten von nicht-wirtschaftlichen Organisationen.[37] Marketing gewinnt in diesem Kontext eine gesellschaftliche Dimension außerhalb des Wirtschaftsraumes. Nicht nur Unternehmen benötigen für den Absatz ihrer Produkte eine Strategie. Auch Politiker im Zusammenhang mit Wahlkampagnen, Universitäten bei Recruitingveranstaltungen für Studenten oder Sozialzwecke im Zusammenhang mit Finanzierungsaktivitäten werden „vermarktet“.[38] Die Funktionsbereiche, inklusive der Marketingfunktion einer nichtwirtschaftlichen Organisation unterscheiden sich nicht von der eines Unternehmens Zudem nehmen auch Museen oder die Polizei Aufgaben in den Bereichen des Finanz-, Personal- und Beschaffungswesens sowie der Vorteilsmaximierung wahr. Die Marketingfunktion ist dadurch erfüllt, dass diese Organisationen Produkte und Kunden haben und Marketingaktivitäten als gesellschaftlich

---

11. Aufl. 2013, S. 10, die zwischen modernem und generischem Marketingbegriff unterscheiden.

34 *Meffert/Burmann/Kirchgeorg*, Marketing, 12. Aufl. 2015, S. 10.

35 *Kotler/Armstrong/Wong/Saunders*, Grundlagen des Marketing, 5. Aufl. 2011, S. 39.

36 *Nieschlag/Dichtl/Hörschgen*, Marketing, 19. Aufl. 2002, S. 13; *Reich*, Die wettbewerbsrechtliche Beurteilung der Haustürwerbung in Deutschland, 2010, S. 17; Siehe auch *Meffert/Burmann/Kirchgeorg*, Marketing, 12. Aufl. 2015, S. 10, 13.

37 *Kotler/Levy*, Broadening the Concept of Marketing, Journal of Marketing 33 (1969), S. 10; *Kotler*, A Generic Concept of Marketing, Journal of Marketing, 36 (1972), S. 46.

38 *Kotler/Levy*, Broadening the Concept of Marketing, Journal of Marketing 33 (1969), S. 10: [...]“marketing is a pervasive societal activity that goes considerably beyond the selling of toothpaste, soap, and steel. Political contents remind us that candidates are marketed as well as soap; student recruitment by colleges reminds us that higher education is marketed; and fund raising reminds us that “causes“ are marketed. [...] No attempt is made to examine whether the principles of “good“ marketing in traditional product areas are transferable to the marketing of services, persons, and ideas.“

nützliche Aktivitäten („socially useful activity"), die kundenorientiert sind und die Befriedigung von Kundenbedürfnissen bezwecken, unternehmen.[39]

Im Mittelpunkt dieser Überlegung steht die Entwicklung einer generischen Produktdefinition, der eine funktionelle Betrachtungsweise zugrunde liegt. Das Produkt soll nicht materiell als Marktgegenstand verstanden werden, sondern funktionell, also als Funktion, die ein bestimmtes Kundenbedürfnis befriedigt. So wird auf dem Markt keine Seife produziert, sondern das Reinigen; ein Kosmetikunternehmen stellt keinen Lippenstift oder Makeup her, sondern Schönheit und Hoffnung. Es werden auch keine Bücher, sondern Informationen verkauft.[40] Die generische Produktdefinition stellt die Kundenbedürfnisse in den Mittelpunkt. Das Produkt wird nicht mit Konsumgut gleichgesetzt, sondern an materielle und/oder immaterielle Kundenbedürfnisse geknüpft. Nach *Kotler* und *Levy* führt das generische Produktverständnis zu einer Einteilung der Produkte in fünf Kategorien: *physische Produkte* (physical products) – Dazu gehören greifbare Konsumgüter wie zum Beispiel Bekleidung oder Nahrungsmittel; *Dienstleistungen* (services) – Diese Kategorie erfasst ungreifbare Güter, die als Austauschsubjekte in Betracht kommen, wie Versicherungen, Beratungen oder Bankgeschäfte; *Personen* (persons) – Dazu gehören Maßnahmen zwecks Sympathiegewinnung, die Angestellte gegenüber Vorgesetzten, politische Persönlichkeiten gegenüber der Öffentlichkeit oder Stars gegenüber Presse und Publikum vornehmen; *Organisationen* (organisations) – Darunter fallen Aktivitäten von Organisationen, die versuchen, sich selbst nach außen in gutem Licht zu zeigen und schließlich *Ideen* (ideas) – Letztere Produktkategorie umfasst das Propagieren einer Idee, einer Denkweise als Marktprodukt.[41]

Ferner ist es nicht notwendig, dass Kunden eine geldwerte Gegenleistung für diese Produkte erbringen. Marketing setzt keinen Austausch von ökonomischen Ressourcen voraus. Der Begriff „marketing transactions" wird durch den Begriff „organization-client transactions" ersetzt.[42] Auch andere Ressourcen wie Zeit, Energie oder Erlebnisse können Gegenstand eines Austauschprozesses sein. So soll auch eine Spendenaktion als Marketingtransaktion bezeichnet werden. Der Spender gibt Geld und erlangt im Gegenzug von der Wohltätigkeitsorganisation ein gutes Gewissen.[43] Ein Museum bietet dem allgemeinen Publikum kulturelle Attraktionen, eine Kirche bietet ihrer Mitgliedern Erfahrung, eine Polizeistelle bietet der Allgemeinheit Sicherheit, politische Kandidaten werben um eine faire Regierung, Universitäten offerieren ihren Studenten Ausbildung.[44] Nach einem

---

39 *Kotler/Levy*, Broadening the Concept of Marketing, Journal of Marketing 33 (1969), S. 10 ff.

40 *Kotler/Levy*, Broadening the Concept of Marketing, Journal of Marketing 33 (1969), S. 10, 13.

41 *Kotler/Levy*, Broadening the Concept of Marketing, Journal of Marketing 33 (1969), S. 10, 13.

42 *Kotler*, A Generic Concept of Marketing, Journal of Marketing, 36 (1972), S. 46, 48.

43 *Kotler*, A Generic Concept of Marketing, Journal of Marketing, 36 (1972), S. 46, 48 f.

44 *Kotler*, A Generic Concept of Marketing, Journal of Marketing, 36 (1972), S. 46, 48.

sehr weiten Marketingverständnis können sich Austauschverhältnisse sogar an solche Personen richten, die keine Kunden oder Kundengruppen sind, wie zum Beispiel Angestellte, Unterstützer, die Regierung oder die Allgemeinheit.[45] Die Entwicklungsstufen des Marketingbegriffsverständnisses gehen letztlich mit den Entwicklungsstufen des Marktes einher.[46]

II. Paradigmawechsel der Märkte – Der Übergang von Verkäufer- zu Käufermärkten

Industrialisierung, technische Entwicklung und anwachsender Konkurrenzdruck sind Faktoren, die im Laufe der Zeit einen Marktentwicklungsprozess produziert haben. Als Konsequenz erfolgte ein Übergang von Verkäufer- zu Käufermärkten. Die verfolgte Marketingstrategie musste sich an diese Veränderung anpassen, so dass ein Übergang von einer Absatzorientierung zu einer Kundenorientierung und Zuerkennung von Relationship-Marketing-Ansätzen stattgefunden hat.[47]

1. Die Phase der Verkäufermärkte

In der ersten Hälfte des letzten Jahrhunderts, vom Beginn der Industrialisierung Anfang des 19. Jahrhunderts bis in die 60er Jahre dominierte die Phase der Produktionsorientierung. Diese ist dadurch gekennzeichnet, dass sich Unternehmen auf die Lösung von Produktionsengpässen konzentrieren mussten. Über den Absatz von Produkten mussten sie sich dagegen keine Gedanken machen, da insgesamt die Nachfrage das Angebot deutlich überwiegt.[48] Unternehmen waren mit der Gewährleistung einer optimalen Produktion beschäftigt und versuchten, gute Produkte möglichst kostengünstig auf den Markt zu bringen.[49] Die Güter, die Preise, die kommunikative Ansprache, der Vertriebsweg waren alle undifferenziert, also homogen, ausgestattet.[50]

2. Die Phase der Käufermärkte

Die Verbesserung der Verkehrs- und Kommunikationsmittel Mitte des 19. Jahrhunderts haben es den Abnehmern ermöglicht, von dem Angebot anderer Anbieter zu

45 *Kotler*, A Generic Concept of Marketing, Journal of Marketing, 36 (1972), S. 46, 48.

46 Siehe *Zentes/Swoboda/Schramm-Klein*, Internationales Marketing, 3. Aufl. 2013, S. 3 f.

47 Vgl. *Zentes/Swoboda/Schramm-Klein*, Internationales Marketing, 3. Aufl. 2013, S. 3 f.

48 *Martinek*, in: *Martinek/Semler/Habermeier/Flohr*, Handbuch des Vertriebsrechts, 4. Aufl. 2016, § 2 Rdnr. 1; *Bruns*, Direktmarketing, 2. Aufl. 2007, S. 17; *Zentes/Swoboda/Schramm-Klein*, Internationales Marketing, 3. Aufl. 2013, S. 4.

49 *Weis*, Marketing, 14. Aufl. 2007, S. 30.

50 *Martinek*, in: *Martinek/Semler/Habermeier/Flohr*, Handbuch des Vertriebsrechts, 4. Aufl. 2016, § 2 Rdnr. 1; *Bruns*, Direktmarketing, 2. Aufl. 2007, S. 17; *Zentes/Swoboda/Schramm-Klein*, Internationales Marketing, 3. Aufl. 2013, S. 4.

erfahren und dadurch die Versorgung mit Waren auch außerhalb einer bestimmten Reichweite zu ermöglichen.[51] Auf dem Absatzmarkt entstand damit eine Substitutionskonkurrenz. Auch Sättigungstendenzen machten sich in dieser Phase der Verkaufsorientierung bereits sichtbar. Infolgedessen waren Hersteller gezwungen, geeignete Maßnahmen zu ergreifen, damit ihre Angebote auf dem Markt im Vergleich zu den Angeboten anderer Anbieter sich durchsetzen. Aufgrund der Sättigungstendenzen und der Substitutionskonkurrenz begannen Anbieter also, Angebote zu vermarkten.[52] Am Anfang der Käufermärkte verfolgten Unternehmen ein Verkaufskonzept, das auch als traditionelles Marketingkonzept bezeichnet wird.[53] Bei diesem wird versucht, Kunden für existierende Produkte zu finden. Das Akquirieren von Kunden wird insbesondere durch den Einsatz von absatzpolitischen Instrumenten, insbesondere von Verkauf, Werbung und Verkaufsförderung gefördert. Unternehmensziel ist die Gewinnerzielung über ein entsprechendes Umsatzvolumen.[54]

In den 70er Jahren waren die Käufermärkte vollständig geformt. In den hoch entwickelten Ländern herrschte eine Situation der überwiegenden Sättigung – die Vielfalt an Angeboten übertraf die Nachfrage.[55] Zudem waren Grundbedürfnisse überwiegend gedeckt und die Einkommen stabilisiert. Um sich auf dem Markt gegenüber Konkurrenten behaupten zu können, gestalteten und vermarkteten Anbieter die Angebote zielgruppenspezifisch und orientierten sich dabei an spezifischen Kundenbedürfnissen.[56] Unternehmer adoptierten die Marktorientierung, das heißt die vollständige Ausrichtung aller Unternehmensplanungen an den Kundenbedürfnissen[57]. Ausgangspunkt dieser Konzeption der Unternehmensführung sind nicht mehr die Produkte, sondern die Nachfragewünsche. Das Unternehmensziel ist die Gewinnerzielung über die nachhaltige Befriedigung der Kundenwünsche.[58]

---

51 *Martinek,* in: *Martinek/Semler/Habermeier/Flohr,* Handbuch des Vertriebsrechts, 4. Aufl. 2010, § 2 Rdnr. 3.

52 *Martinek* in *Martinek/Semler/Habermeier/Flohr,* Handbuch des Vertriebsrechts, 4. Aufl. 2010, § 2 Rdnr. 4.

53 *Weis,* Marketing, 14. Aufl. 2007, S. 30.

54 *Weis,* Marketing, 14. Aufl. 2007, S. 30.

55 *Martinek,* in: *Martinek/Semler/Habermeier/Flohr,* Handbuch des Vertriebsrechts, 4. Aufl. 2016, § 2 Rdnr. 6 f.;

56 *Bruns,* Direktmarketing, 2. Aufl. 2007, S. 17ff; *Zentes/Swoboda/Schramm-Klein,* Internationales Marketing, 3. Aufl. 2015, S. 4.

57 *Martinek,* in: *Martinek/Semler/Habermeier/Flohr,* Handbuch des Vertriebsrechts, 4. Aufl. 2016, § 2 Rdnr. 7.

58 *Weis,* Marketing, 14. Aufl. 2007, S. 30.

III. Marketing und Märkteentwicklung in Relation

Der Übergang von Verkäufer- zu Käufermärkten hat die Unternehmensstrategie gegenüber den Abnehmern beeinflusst. Im Zeitalter von Käufermärkten befinden sich Anbieter in einer abgeschwächten Position, weil sie sich mit überzeugenden Produkten gegenüber anderen Mitbewerbern stets behaupten müssen, um Kunden zu akquirieren und zu binden. Ein Unternehmen, das ausschließlich darum bemüht ist, seine Produktion fertig zu stellen, wird nicht überleben. Erst die Berücksichtigung von Kundenwünschen, das Ausrichten des ganzen Betriebs an Kundenpräferenzen können die Verwirklichung ökonomischer Unternehmensziele wie Umsatzerhöhung, Gewinn- oder Renditeerzielung gewährleisten, was schließlich nur durch erfolgreichen Absatz von Produkten geschehen kann. Marketing umfasst letztlich alle Aktivitäten, die ein Unternehmen bewältigen muss, um erfolgreich seine Produkte abzusetzen. Der Absatz von Produkten und Dienstleistungen steht im Mittelpunkt. Die Unternehmensaktivitäten streben den Absatz als Finalzweck an und konzentrieren sich auf die Befriedigung von Kundenbedürfnissen, um eben diesen Zweck zu erreichen. Das Erkennen und die Befriedigung von Kundenbedürfnissen stellen also das Mittel zum Erreichen des angestrebten Absatzzwecks dar. Die Ausrichtung des Unternehmens an Kundenbedürfnissen und- Präferenzen folgt aus dem Übergang von Verkäufer- zu gesättigten Käufermärkten: produziert wird nun nicht mehr, was bestmöglich produziert werden kann, sondern was sich bestmöglich verkaufen lässt[59], was also Konsumenten wünschen. Eine enge absatzbezogene Marketingkonzeption widerspricht aus diesem Grund der Marketingpraxis. Marketing ist zum Denkstil eines Unternehmens gewachsen und umfasst nicht nur den Absatzprozess, sondern erstreckt sich auf die Planung, die Koordination und die Kontrolle aller auf die aktuellen und potenziellen Märkte ausgerichteten Unternehmensaktivitäten.[60] Die enge Konzeption des Marketingbegriffs bezieht nur den Verkauf eines Produkts ein, der erst nach seiner Herstellung beginnt. Marketing als Maxime beginnt hingegen schon im Vorfeld der Produktherstellung und umfasst den gesamten Produktlebenszyklus.[61]

Bevor Unternehmen das Produkt herstellen, müssen sie Kundenbedürfnisse identifizieren, Absatzchancen analysieren, zweckmäßige Produkte entwerfen, für die Produkte werben, um (neue) Kunden zu gewinnen.[62] Charakteristisch für den modernen Marketingbegriff ist ferner die Kundenbindung und der Aufbau und Erhalt langfristiger Beziehungen[63]. Ein anderes Merkmal des modernen Marketings

---

59 *Martinek*, in: *Martinek/Semler/Habermeier/Flohr*, Handbuch des Vertriebsrechts, 4. Aufl. 2016, § 1 Rdnr. 48.

60 *Martinek*, in: *Martinek/Semler/Habermeier/Flohr*, Handbuch des Vertriebsrechts, 4. Aufl. 2016, § 2 Rdnr. 7.

61 *Kotler/Armstrong/Wong/Saunders*, Grundlagen des Marketing, 5. Aufl. 2011, S. 38.

62 Vgl. *Kotler/Armstrong/Wong/Saunders*, Grundlagen des Marketing, 5. Aufl. 2011, S. 38, 52.

63 Kotler/Armstrong/Wong/Saunders, Grundlagen des Marketing, 5. Aufl. 2011, S. 38.

ist die Marktsegmentierung. Das heißt Gruppen von Kunden mit gleichen oder ähnlichen Bedürfnissen oder Kaufgewohnheiten werden in Marktsegmente aufgeteilt.[64] Dies ermöglicht eine individuelle Bearbeitung des Marktes, indem ausgewählte Zielgruppen bedürfnisgerechte Produktangebote bekommen.[65] Zudem weisen bilaterale Beziehungen zwischen Anbietern und Nachfragern neben einer Markt- und Unternehmensperspektive zunehmend langfristige Entwicklungen in der Form einer politischen, gesellschaftlichen oder umweltbezogenen Komponente auf.[66] Für den Kauf entscheidend sind nicht nur der Preis und die Qualität, sondern mit steigernder Tendenz auch die Herstellungsbedingungen, namentlich Arbeits- oder Umweltbedingungen.[67]

Als Mittel zur Erreichung der Gewinnerzielung sieht die moderne Marketingkonzeption neben dem Einsatz marketingpolitischer Instrumente auch die Marktforschung.[68]

Je nach Bedarf setzen Unternehmen den Schwerpunkt ihrer Aktivitäten auf die Marktforschung oder aber auf den Einsatz von marketingpolitischen Instrumenten. Soweit marketingpolitische Instrumente Werbung betreffen, werden diese nachfolgend dargestellt.

IV. Absatzpolitische Instrumente

Für die Absatzsteigerung von Produkten sind vier klassische absatzpolitische Instrumente anerkannt. Diese ermöglichen Unternehmen, aktiv Einfluss auf den Absatzmarkt zu nehmen.[69]

1. Produktpolitik

Die Produktpolitik (Leistungspolitik[70]) umfasst alle produktbezogenen Marktaktivitäten, die den Eintritt eines Überzeugungseffekts bei den Abnehmern bezweckt. Dazu zählen Produktgestaltung, Produktqualität, Markenpolitik, Produktlinienpolitik, Verpackung, Namenspolitik, Kundendienst und Garantieleistung.[71] Der Terminus Produkt beschränkt sich nicht nur auf materielle Gegenstände, sondern erstreckt sich auch auf immaterielle Güter, insbesondere Dienstleistungen.[72] Das Produkt repräsentiert den Vermarktungsgegentand eines Unternehmens, das heißt

---

64 *Bruns*, Direktmarketing, 2. Aufl. 2007, S. 28, 70 ff.
65 *Bruns*, Direktmarketing, 2. Aufl. 2007, S. 28.
66 *Meffert/Burmann/Kirschgeorg*, Marketing, 12. Aufl. 2015, S. 16.
67 Vgl. *Meffert/Burmann/Kirschgeorg*, Marketing, 12. Aufl. 2015, S. 18 ff.
68 *Weis*, Marketing, 14. Aufl. 2007, S. 31.
69 *Nieschlag/Dichtl/Hörschgen*, Marketing, 19. Aufl. 2002, S. 579 ff.
70 *Bruhn*, Marketing, 12. Aufl. 2014, S. 123.
71 *Weis*, Marketing, 14. Aufl. 2007, S. 81, 227 ff.
72 *Nieschlag/Dichtl/Hörschgen*, Marketing, 19. Aufl. 2002, S. 579; Vgl. auch *Kotler/Armstrong/Wong/Saunders*, Grundlagen des Marketing, 5. Aufl. 2011, S. 587 f, 692 ff.

ein vom physischen Zustand unabhängiges Eigenschaftsbündel.[73] Je teurer, je beratungsintensiver ein Produkt ist, desto mehr bedarf es einer gezielten Abstimmung zwischen Hersteller und Absatzmittler, um einen optimalen Absatzerfolg zu erreichen.[74]

2. *Preispolitik*

Die Preispolitik legt die fiskalischen Rahmen für das Leistungsangebot auf dem Markt fest. Die Preispolitik umfasst alle Entscheidungen, die der Gestaltung des Preis-Leistungs-Verhältnisses dienen.[75] Dazu gehören insbesondere die Preishöhe, Rabatte, Garantien, Zahlungs-, Liefer- und Finanzierungskonditionen sowie die Preisdurchsetzung am Markt.[76]

3. *Distributionspolitik*

Die Distributionspolitik[77] (Vertriebspolitik[78]) umfasst alle Entscheidungen und Handlungen, die die Verteilung von Produkten vom Hersteller zum Endkäufer bezwecken.[79] Dazu zählen die Entscheidungen über die Absatzwege und die Marketinglogistik.[80]

4. *Kommunikationspolitik*

Die Kommunikationspolitik umfasst alle Aktivitäten, die sich auf das Herstellen eines Kontakts zwischen Anbieter und potenziellem Abnehmer konzentrieren. Ihr Ziel ist, die Kontaktpersonen zu einem Verkaufsabschluss hinzulenken.[81] Zu den klassischen Instrumenten der Kommunikationspolitik zählen die Werbung, der persönliche Verkauf, die Verkaufsförderung und die Öffentlichkeitsarbeit.[82]

---

73 *Nieschlag/Dichtl/Hörschgen*, Marketing, 19. Aufl. 2002, S. 579.
74 Vgl. *Martinek*, in: *Martinek/Semler/Habermeier/Flohr*, Handbuch des Vertriebsrechts, 4. Aufl. 2016, § 2 Rdnr. 36.
75 *Nieschlag/Dichtl/Hörschgen*, Marketing, 19. Aufl. 2002, S. 735.
76 *Meffert/Burmann/Kirschgeorg*, Marketing, 12. Aufl. 2015, S. 437.
77 Umfassend *Martinek*, in: *Martinek/Semler/Habermeier/Flohr*, Handbuch des Vertriebsrechts, 4. Aufl. 2016, § 2 Rdnr. 43 ff.
78 *Bruhn*, Marketing 12. Aufl. 2014, S. 245; *Pesch*, Marketing, 2010, 2. Aufl. 2010, S. 221.
79 *Meffert/Burmann/Kirschgeorg*, Marketing, 12. Aufl. 2015, S. 512; *Weis*, Marketing, 14. Aufl. 2007, S. 365.
80 *Weis*, Marketing, 14. Aufl. 2007, S. 82, 364 ff.
81 Vgl. *Weis*, Marketing, 14. Aufl. 2007, S. 83.
82 Vgl. *Weis*, Marketing, 14. Aufl. 2007, S. 83.

V. Marktforschung

Die Marktforschung ist eine Marketingaktivität, aber kein Marketinginstrument und von solchen strikt zu trennen. Die Marktforschung ist ein wesentliches Element im Zeitalter der Käufermärkte, weil sie eine klassische Methode der Informationsgewinnung und -verarbeitung darstellt. Die Marktforschung ermöglicht Informationen über den relevanten Markt und seine Marktteilnehmer zu verschaffen.[83] Sie fördert den Marketingentscheidungsprozess eines Unternehmers. Die Marktforschung ist ein wesentliches Element der Unternehmenspolitik, weil sie eine klassische Methode der Informationsgewinnung und -verarbeitung darstellt. Die gewonnenen Informationen ermöglichen einen effizienten und zielgerichteten Einsatz marketingpolitischer Instrumente, in Fällen eines Entscheidungsproblems bzw. eines Informationsbedarfs.[84] Insbesondere ermöglicht die Marktforschung den Unternehmen, Kundenpräferenzen festzustellen und entsprechende Produkte zu entwickeln.[85] Im Zeitalter starken Konkurrenzdrucks, in dem der Kunde nicht mehr das kauft, was ihm angeboten wird, sondern der Absatzherr das produziert, was der Kunde wünscht, ist das Herausfinden und Kristallisieren der Kundenwünsche zentrale Voraussetzung für einen erfolgreichen Produktenabsatz. Unter Marktforschung versteht man also die systematische und methodisch einwandfreie, laufende oder fallweise Untersuchung eines Marktes, mit dem Ziel, Entscheidungen in diesem Bereich zu treffen und zu erklären.[86] Die Marktforschung bereitet also das Terrain für eine wirksame Einsetzung marketingpolitischer Instrumente. Die Märkte können anhand der gewonnenen Informationen erkundet, analysiert und beobachtet werden. Auf die Marktanalyse und -beobachtung aufbauend kann eine Marktprognose erstellt werden.[87]

In der Marktforschung werden drei verschiedenen Methoden zur Informationsgewinnung eingesetzt: die Befragung, die Beobachtung und das Experiment[88]. Das Medium Telefon wird bei Befragungen eingesetzt. Sinkende Telefonkosten und die Computerunterstützung sind nur einige Gründe für diese Auswahl in der Praxis.[89] Die Antwortrate liegt höher als bei der Befragung per Post.[90] Zudem bietet die Telefonbefragung ideale Voraussetzungen dafür, Informationen schnell zu erhalten, und sie gewährleistet durch die situationsbedingten Reaktionen eine höhere Flexibilität als beim Fragebogen.[91] Die gestellten Fragen können inhaltlich

---

83 *Bruns*, Direktmarketing, 2. Aufl., 2007, S. 63.
84 *Weis*, Marketing, 14. Aufl. 2007, S. 153.
85 *Martinek*, in: *Martinek/Semler/Habermeier/Flohr*, Handbuch des Vertriebsrechts, 4. Aufl. 2016, § 2 Rdnr. 38.
86 *Weis*, Marketing, 14. Aufl. 2007, S. 155.
87 *Weis*, Marketing, 14. Aufl. 2007, S. 156.
88 *Weis*, Marketing, 14. Aufl. 2007, S. 157.
89 *Bruns*, Direktmarketing, 2. Aufl. 2007, S. 65.
90 *Kotler/Armstrong/Wong/Saunders*, Grundlagen des Marketing, 5. Aufl. 2011, S. 380.
91 *Kotler/Armstrong/Wong/Saunders*, Grundlagen des Marketing, 5. Aufl. 2011, S. 380.

und quantitativ an die Konsumentenreaktion angepasst werden. Auch erlaubt die Telefonbefragung eine genaue Identifikation der befragten Person. Während der durchgeführten Telefoninterviews erfolgt unmittelbar und spontan eine Reaktion des Informationsempfängers, so dass eine Marktbefragung am Telefon das reelle Kaufverhalten des Kunden zu identifizieren verspricht. Das Medium Telefon findet also im Rahmen der Marktforschung häufigen Einsatz, um Daten aufzubauen oder zu aktualisieren.[92]

Ebenso wie die Marktbefragung per Telefon gewährleistet auch die Werbung per Telefon eine unmittelbare und direkte Kommunikation. Nachfolgend werden deshalb die Aufgaben des Direktmarketings erläutert.

B. Direktmarketing, Dialogmarketing und Direktwerbung

In der wirtschaftswissenschaftlichen Literatur gibt es keine einheitliche Vorstellung über Inhalt und Aufgaben des Direktmarketings. Zwischen den Wirtschaftswissenschaftlern bestehen divergierende Meinungen über die Direktmarketing-Definition. Im Zuge der Entwicklung neuer Medien ist darüber hinaus eine Tendenz zu konstatieren, den Begriff des Direktmarketings durch den des Dialogmarketings zu ersetzen.

I. Verhältnis zwischen Direktmarketing und Direktwerbung

Eine einheitliche Definition von Direktmarketing existiert in der betriebswirtschaftlichen Literatur und Praxis nicht. Direktmarketing ist eine dynamische Materie, die die aktuellen Trends und Bedürfnissen berücksichtigt. Direktmarketing bedarf stets der Anpassung an aktuelle Marktverhältnisse und Kundenpräferenzen. Individuelle Kundenpräferenzen werden insbesondere im Industriegüter-Marketing berücksichtigt. Im Gegensatz zum Konsumgüter-Marketing hat hier der Kunde eine unmittelbare Möglichkeit, seine Vorstellungen, Wünsche und Anforderungen dem Industriegüter-Hersteller gegenüber zu artikulieren und bereits in die Produktentwicklung einfließen zu lassen.[93] Dies bedeutet, dass anonyme Massenwerbung insbesondere im Bereich des Industrie-Güterkaufs und im Bereich der Dienstleistungen – in dem eine starke Entwicklungskooperation zwischen dem Dienstleistungsanbieter und dem Kunden stattfindet – an Bedeutung verliert, während die auf bestimmte Personen und Gruppen von Personen gerichtete Individualansprache immer stärker an Bedeutung gewinnt.[94] Diese Massenindividualisierung stellt sich Massenproduktion, Massenabsatz und Massenansprache über Massenmedien gegenüber. Kernpunkt des Direktmarketings ist die Interaktivität zwischen Unternehmen und Kunden.

92 *Holland*, Direktmarketing, 3. Aufl. 2009, S. 37.
93 *Stangl*, in: FS Koppelmann, S. 341, 346.
94 Vgl. *Stangl*, in: FS Koppelmann, S. 341, 346.

1. Gleichstellung des Direktmarketings mit Direktwerbung

Nach einer sehr restriktiven Interpretation des Begriffs Direktmarketing wird dieser lediglich als ein Kommunikationsinstrument verstanden.[95] Diese enge Sichtweise führt zu einer Gleichstellung des Begriffs Direktmarketing mit dem der Direktwerbung.[96]

2. Direktmarketing als Gesamtheit aller Kommunikationsmaßnahmen

Nach einer anderen Auffassung umfasst Marketing die Gesamtheit aller Kommunikationsmaßnahmen, die ein Unternehmen einsetzt, um mit einer direkten und individuellen Ansprache einen unmittelbaren Kontakt zum Adressaten herzustellen oder über eine massenmedial vermittelte Aufforderung zur Kontaktherstellung durch den Rezipienten die Grundlage für eine interaktive Beziehung zu legen.[97] Direktmarketing umfasst somit alle Aktivitäten, die sich entweder an einen individualisierten Personenkreis oder aber an die Masse, die jedoch mit Responsemöglichkeiten ausgestattet ist, richten.

3. Direktmarketing als Marketingkonzept

Unter Direktmarketing als Marketingkonzept versteht man den Prozess der Anbahnung und Aufrechterhaltung einer direkten, personalisierten Interaktion mit den Kunden mit dem Ziel, zwecks Kundenwertmaximierung die Beziehung zu den Kunden dauerhaft zu gestalten. Als Instrumente werden sämtliche Elemente des Marketingmix in integrierter Form und zunehmend unter Nutzung moderner Informations- und Kommunikationstechnologien eingesetzt[98]. Unter Zugrundelegung dieser Konzeption weist Direktmarketing dieselbe Struktur wie auch das Marketing auf, mit den vier klassischen marketingpolitischen Instrumenten. Direktwerbung ist demnach ein Bestandteil des Direktmarketings.[99] In diesem Kontext wird die Kommunikationspolitik aufgrund der direkten Interaktion mit den Kunden als Direktkommunikation[100] bezeichnet. Darunter fallen alle kommunikativen Aktivitäten, die der Anbahnung und Aufrechterhaltung einer direkten und personalisierten Interaktion mit aktuellen und potenziellen Kunden dienen.[101]

---

95 *Bruhn/Esch/Langner*, Handbuch Kommunikation, 1. Aufl. 2009, S. 110.

96 Vgl. *Winkelmann*, Marketing und Vertrieb, 8. Aufl. 2008, S. 35, der zwischen dem strategischen Marketing = marktorientierte Unternehmensführung und dem operativen Marketing = die Arbeit der Marketingabteilung unterscheidet.

97 *Nieschlag/Dichtl/Hörschgen*, Marketing, 19. Aufl. 2002, S. 1123.

98 *Holland*, Direktmarketing, 3. Aufl. 2009, S. 5; Bruns, Direktmarketing, 2. Aufl. 2007, S. 31.

99 *Holland*, Direktmarketing, 3. Aufl. 2009, S. 5.

100 *Meffert/Burmann/Kirschgeorg*, Marketing, 12. Aufl. 2015, S. 666.

101 *Meffert/Burmann/Kirschgeorg*, Marketing, 12. Aufl. 2015, S. 666.

Direktmarketing charakterisiert sich somit durch den Einsatz aller Marketinginstrumente zwecks Aufbaus und Aufrechterhaltung einer gezielten und direkten Interaktion mit Zielpersonen, um eine messbare Reaktion (Response) zu bewirken.[102] Direktmarketing stellt sich dem Massenmarketing wie folgt gegenüber[103]:

	Direktmarketing	Massenmarketing
Kundenkontakt	direkter	indirekter
Kontaktinitiative	Anbieter	Käufer
Kommunikation	personalisierte, direkte Kommunikation	unpersönliche, nicht direkte Kommunikation
primäres Ziel	längerfristige Kundenbeziehungen	einmaliger Kundenkontakt
Streuverlust	sehr gering	sehr groß
Wirkung	„persönlich" da direkte Ansprache möglich	„unpersönlich", da keine direkte Ansprache möglich
Rezeptionsmöglichkeit	eher hoch	eher gering
Individuelles Angebot	möglich	nicht möglich

II. Vom Direktmarketing zum Dialogmarketing

In den letzten Jahren wird der Begriff Dialogmarketing tendenziell als Synonym für Direktmarketing verwendet. Der deutsche Direktmarketing Verband nennt sich nun Deutscher Dialogmarketing Verband (DDV) und die Deutsche Direktmarketing Akademie heißt Deutsche Dialogmarketing Akademie (DDA). Auch die Deutsche Post und die Werbeagenturen verwenden diese Begrifflichkeit.[104]

III. Juristische Definitionen für Werbung, Direktmarketing und Direktwerbung

Auch Juristen müssen sich mit der Konkretisierung dieser Begrifflichkeiten befassen. Der Begriff des Direktmarketings ist gesetzlich nicht definiert. Lediglich der Begriff der Direktwerbung wird vom Gesetzgeber gebraucht, ohne allerdings näher erklärt zu werden. Direktwerbung taucht zum Beispiel in Art. 7 Abs. 3 Nr. 2 UWG und in Art. 13 Abs. 1 bis 4 sowie in den Erwägungsgründen 40 bis 45 der Datenschutzrichtlinie für elektronische Kommunikation 2002/58/EG auf. Art. 12 Richtlinie 97/66/EG, der Vorläufer von Art. 97/66/EG sprach dagegen von Direktmarketing. Es ist davon auszugehen, dass die Wortwahländerung keine inhaltliche

102 *Holland*, Direktmarketing, 3. Aufl. 2009, S. 5.
103 Abbildung entnommen aus *Weis*, Marketing, 16. Aufl. 2012, S. 558.
104 *Holland*, Direktmarketing, 3. Aufl. 2009, S. 7.

Änderung bezwecken sollte. Die DSGVO vom 4.5.2016 verwendet den Begriff der Direktwerbung, z.B. in Erwägungsgrund 47, Art. 21 Abs. 2 DSGVO.

Art. 2 Nr. 1 der RL 2006/114/EG definiert Werbung als jede Äußerung bei der Ausübung eines Handels, Gewerbes, Handwerks oder freien Berufs mit dem Ziel, den Absatz von Waren oder die Erbringung von Dienstleistungen zu fördern. Um den Begriff der Werbung zu bestimmen, greifen Juristen auf die Legaldefinition in Art. 2 Nr. 1 der Richtlinie 2006/114/EG zurück.[105] Ein Werbeanruf i.S.d. § 7 Abs. 2 Nr. 2 UWG liegt vor, wenn der Angerufene zum Eingehen, zur Fortsetzung, zur Wiederaufnahme, zur Änderung oder zur Erweiterung eines Vertragsverhältnisses bestimmt werden soll.[106] Daher stufte die Rechtsprechung einen Werbeanruf, der der Fortsetzung oder Erweiterung eines Vertragsverhältnisses über den bestehenden Umfang hinaus dient als Werbung ein.[107] Werbung liegt ferner vor, wenn der Anruf der Wiederaufnahme von Kundenbeziehungen dient, auch wenn der Kunde nach den Gründen seines Wechsels befragt werden[108] oder er von der Ausübung eines Vertragsauflösungsrechts (Widerruf, Rücktritt, Kündigung, Anfechtung) abgehalten werden soll.[109] Um keine Werbung handelt es sich, wenn der Anruf der Durchführung eines bereits geschlossenen Vertrages dient.[110]

Geschäftspraktiken müssen nicht zwingend unmittelbar der Absatzförderung dienen, damit eine Werbemaßnahme angenommen werden kann. Die UGP-RL 2005/29/EG definiert in Art. 2 lit. d) eine Geschäftspraktik zwar als „jede Handlung, Unterlassung, Verhaltensweise oder Erklärung, kommerzielle Mitteilung einschließlich Werbung und Marketing eines Gewerbetreibenden, die unmittelbar mit der Absatzförderung, dem Verkauf oder der Lieferung eines Produkts an Verbraucher zusammenhängt." Die kommerzielle Werbung gilt also ausdrücklich als Unterfall der Geschäftspraktik. Das Unmittelbarkeitszusammenhangerfordernis ist aber weit zu verstehen. In diesem Sinne liegt ein Werbeanruf auch dann vor, wenn der Anruf der Anbahnung eines geschäftlichen Kontakts oder der Vorbereitung eines Geschäftsabschlusses dienen soll, etwa bei der Ankündigung oder Vereinbarung eines Termins für einen Vertreterbesuch[111] oder der Ankündigung der Übersendung von Informationsmaterial oder Werbegeschenken.[112] Nach der BGH-Rechtsprechung fällt ferner auch die Nachfragewerbung sonstiger Marktteilnehmer

---

105 *Leible*, in: MünchKomm UWG, 2. Aufl. 2014, § 7 Rdnr. 104.

106 *Pahlow*, in: *Teplitzky/Peifer/Leistner*, GK-UWG, 2. Aufl. 2013, § 7 Rdnr. 148; Siehe auch *Köhler*, in *Köhler/Bornkamm/Feddersen*, UWG, 36. Aufl. 2018, § 7 Rdnr. 130; *Ohly*, in: *Ohly*/Sosnitza, UWG, 7. Aufl. 2016, § 7 Rdnr. 43.

107 BGH, Urteil vom 8.12.1994 – I ZR 189/92, GRUR 1995, 220 – Telefonwerbung V.

108 BGH, GRUR 1994, 380, 382 – Lexikothek.

109 *Lettl*, WRP 2009, 1315, 1321; *Pahlow*, in: *Teplitzky/Peifer/Leistner*, GK-UWG, 2. Aufl. 2013, § 7 Rdnr. 148; *Lettl*, WRP 2009, 1315, 1321.

110 *Pahlow*, in: *Teplitzky/Peifer/Leistner*, GK-UWG, 2. Aufl. 2013, § 7 Rdnr. 148.

111 BGH, GRUR 2000, 818, 819 – Telefonwerbung VI; BGH GRUR 1994, 380, 381 – Lexikothek; *Pahlow*, in: *Teplitzky/Peifer/Leistner*, GK-UWG, 2. Aufl. 2013, § 7 Rdnr. 149.

112 *Pahlow*, in: *Teplitzky/Peifer/Leistner*, GK-UWG, 2. Aufl. 2013, § 7 Rdnr. 149.

unter den Werbebegriff des § 7 UWG, also das Bemühen um den Bezug von Waren oder Dienstleistungen.[113]

Bei Telefonumfragen der Markt- und Meinungsforschung kann Werbung im juristischen Sinne nicht per se verneint werden, auch wenn aus Marketingsicht Marketing und Marktforschung verschiedene Instrumente mit eigenen Funktionen darstellen. In diesem Zusammenhang ist eine Unterscheidung danach, ob die Umfrage unmittelbar oder mittelbar den Absatz dieses Unternehmens fördert, sinnvoll.[114] Telefonanrufe, die auf eine Kundenzufriedenheitsabfrage abzielen, lassen sich als Werbung kategorisieren.[115] Ebenso handelt es sich um Werbeanrufe bei Umfragen, bei denen Verbrauchergewohnheiten abgefragt werden, die im Zusammenhang mit den Waren oder Dienstleistungen des Unternehmens stehen.[116] Auch eine Opt-in-Abfrage zur Informationsmitteilung über Produkte per Telefon, E-Mail oder SMS stellt Werbung dar.[117]

IV. Der Einsatz des Telefons im Direktmarketing

Die Bemühungen der Wirtschaft, Kontakte mit den Kunden zu knüpfen versprechen dank der kontinuierlichen Entwicklung technischer Kommunikationsmittel einen wachsenden Erfolg. Den Grundstein für die Entwicklung des Direktmarketings legte das reine Postversandgeschäft als Form der Direktwerbung:[118] Die Versandhändler sandten Kunden Prospekte und Kataloge, aus denen sie Waren bestellen konnten.[119] Der Versand von Werbebriefen (Mailings), auch Direct-Mail genannt, wurde nach der Gründung von Adressverlagen vor allem zur Kundengewinnung eingesetzt.[120] Die technische Entwicklung ermöglichte der Werbewirtschaft, neue Werbeformen und neue Absatzstrategien für ihre Produkte zu

113 BGH, GRUR 2008, 925 Rdnr. 16 – Troschenreuth; BGH GRUR 2008, 923 Rdnr. 12 – Faxanfrage im Autohandel; siehe auch *Pahlow*, in: *Teplitzky/Peifer/Leistner*, GK-UWG, 2. Aufl. 2013, § 7 Rdnr. 50, 149; *Köhler*, in: *Köhler/Bornkamm/Feddersen*, UWG, 36. Aufl. 2018, § 7 Rdnr. 129; *Leible*, in MünchKomm UWG, 2. Aufl. 2014, § 7 Rdnr. 104; *Loeck*, Die unzumutbare Belästigung, 2011, S. 57 ff.; *Lettl*, WRP 2009, 1315, 1321 f.; a.A. OLG Düsseldorf, Urteil vom 4.10.2005, MMR 2006, 171, 172.

114 *Pahlow*, in: *Teplitzky/Peifer/Leistner*, GK-UWG, 2. Aufl. 2013, § 7 Rdnr. 149 m.w.N.

115 OLG Köln, Urteil vom 12.12.2008 – 6 U 41/08, GRUR-RR 2009, 240 – Demoskopie im Unternehmensauftrag; a.A. *Engels/Brunn*, WRP 2010, 687.

116 LG Hamburg, Urteil vom 30.6.2006 – 309 S 276/05, GRUR-RR 2007, 61 – Marktforschung; *Köhler*, in: *Köhler/Bavendamm/Feddersen*, UWG, 36. Aufl 2018, § 7 Rdnr. 131.

117 VG Berlin, Urteil vom 7.5.2014 – 1 K 253/12, CR 2014, 812.

118 *Bruns*, Direktmarketing, 2. Aufl. 2007, S. 22 f.; *Holland*, Direktmarketing, 3. Aufl. 2009, S. 5; *Bruns*.

119 *Holland*, Direktmarketing, 3. Aufl. 2009, S. 5

120 *Bruns*, Direktmarketing, 2. Aufl. 2007, S. 23; *Holland*, Direktmarketing, 3. Aufl. 2009, S. 5.

entwickeln. So entstand das heutige Direktmarketing, wozu auch der Einsatz des Telefons als Kommunikationsmedium gehört.

Die Kommunikation gestaltet sich im Direktmarketing entweder durch die Massenmedien mit Responseelementen wie zum Beispiel Anzeigen und Beilagen, Internetwerbung, Funk- und Fernsehwerbung, Plakat- und Außenwerbung, durch Kundenbindungsprogramme mit primärer Kommunikationsfunktion oder durch Direktwerbemedien. Zu den Direktwerbemedien zählen die telefonische Werbeansprache, die postalische Werbeansprache, die faxgestützte Werbeansprache und die mobile Werbeansprache. Das Medium Telefon dient in erster Linie der Kommunikationspolitik. Die Werbung verfolgt die Erhöhung von Bekanntheitsgrad und Image von Produkten und liefert Informationen über Produkte, verfolgt aber, wie alle Instrumente des Direktmarketings, auch einen Absatzzweck.[121] Aufgrund der lebendigen Situation und der Förderung von spontanen Reaktionen, die der Telefondialog ermöglicht, kann sich unmittelbar nach einem Werbegespräch auch ein Kauf anschließen.

Ein Anruf zu Werbezwecken bereitet daher den Verkauf vor, indem der Konsument individuelle oder standardisierte Informationen über das Produkt erhält.[122] Der Einsatz des Telefons im Marketing nährt daher zwei marketingpolitische Instrumente. Es handelt sich einerseits um die Kommunikationspolitik in Form von Direktwerbung. Andererseits werden durch den Telefoneinsatz Aufgaben der Distributionspolitik in Form des Telefonverkaufs, der zum Direktvertrieb gehört, wahrgenommen.[123] Die direkte Kommunikation verspricht der Werbemaßnahme eine hohe Erfolgsquote.[124] Der Einsatz des Telefons als Kommunikationsmittel gewährleistet den höchsten Individualisierungsgrad, den das Direktmarketing kennt, das sogenannte One-to-One Marketing, bei dem sowohl die Kommunikation als auch die Leistungserbringung individualisiert gestaltet werden: einem spezifischen Kunden wird ein spezifisches Angebot gemacht.[125] Das Telefongespräch ist das einzige Kommunikationsmedium, das eine direkte und unmittelbare Kommunikation des Werbenden mit dem Beworbenen zulässt.[126] Der Einsatz des Mediums Telefon erlaubt, potentielle Kunden individuell anzusprechen und ihnen das Gefühl der besonderen Dringlichkeit bzw. Wichtigkeit des Geschäfts zu vermitteln.[127] Gerade die Möglichkeit zu Rückfragen verspricht Werbenden, zielgenauer

---

121 Vgl. *Nieschlag/Dichtl/Hörschgen*, Marketing, 19. Aufl. 2002, S. 31 f.

122 *Bruns*, Direktmarketing, 2. Aufl. S. 2007, S. 192 ff; *Holland*, Direktmarketing, 3. Aufl. 2009, S. 38.

123 *Bruns*, Direktmarketing, 2. Aufl. S. 2007, S. 331.

124 *Habermeier*, in: *Martinek/Semler/Habermeier/Flohr*, Handbuch des Vertriebsrechts, 3. Aufl. 2010, § 42 Rdnr. 5.

125 *Holland*, Direktmarketing, 3. Aufl. 2009, S. 11.

126 Vgl. *Roßnagel/Jandt*, MMR 2011, 86, 90.

127 *Habermeier*, in: *Martinek/Semler/Habermeier/Flohr*, Handbuch des Vertriebsrechts, 3. Aufl. 2010, § 42 Rdnr. 5.

und effektiver zu operieren, was bei indirekten Kommunikationsmedien wie dem Internet fehlt.[128] Telefonwerbung wird sogar als die effektivste und effizienteste Form des Direktmarketing bezeichnet.[129] Der Einsatz des Mediums Telefon eignet sich hervorragend für erklärungsbedürftige Angebote oder für Produkte, die einen komplexen Kaufprozess benötigen, wie zum Beispiel Bankgeschäfte. Bei Geschäften größeren Umfangs und/oder bei speziellen Kundenkreisen erscheint der Einsatz von Telefonwerbung ebenfalls geeignet und besonders effektiv.[130] Die Vielzahl an Angeboten auf dem Markt macht eine Kaufentscheidung schwerer als in der Zeit der Markthomogenität. Der Wunsch des Kunden, das optimale Produkt für seine Bedürfnisse und sein Budget zu finden, kann oft nur mit Hilfe professionellen Ratschlags verwirklicht werden. Von allen Kommunikationsmedien bietet allein ein Telefongespräch die Möglichkeit, sofort und unverfälscht die Reaktionen des Kunden wahrzunehmen und auf seine Bedürfnisse individuell einzugehen.[131] Aus der finanziellen und zeitlichen Perspektive stellt Telefonwerbung im Vergleich zu anderen Methoden von Direktmarketing wie zum Beispiel Haustürwerbung eine nicht besonders aufwendige Methode dar[132]. Falls der Unternehmer Waren nur über das Telefon vertreibt, spart er dazu die Kosten für die Ladenverwaltung oder für ein vertretergebundenes Vertriebssystem.[133] Zugleich kann der Werbende das Gespräch sofort beenden, wenn der Werbeempfänger gar kein Interesse signalisiert und auf diese Weise weitere (Personal)Kosten sparen.[134] Der Betroffene sollte künftig von weiteren Anrufen verschont bleiben.

Mit dem Anruf kann das Unternehmen verschiedene Ziele verfolgen. Hierzu zählen die Informationsgewinnung (z.B. Marktforschung)[135], die Vorbereitung eines Verkaufs, die Durchführung eines aktiven Telefonverkaufs und die Nachbereitung eines Verkaufs.[136] In erster Linie wird ein Verkauf durch die Ermittlung von Ansprechpartnern vorbereitet.[137] Zudem werden Telefongespräche für Terminvereinbarungen genutzt, anlässlich derer Unternehmen auch relevante Produktinformationen liefern können.[138] Mittels Telefon können Kontaktaufnahmen zu Interessenten erfolgen, die vorab durch Zurücksenden von Anzeigecoupons, Katalog- oder Prospektbestellungen oder Messekontakte Interesse signalisiert haben.[139]

---

128 *Mankowski*, in: *Fezer/Büscher/Obergfell*, UWG, 3. Aufl. 2016, § 7 Rdnr. 108.
129 *Roßnagel/Jandt*, MMR 2011, 86, 90.
130 *Köhler*, in: *Köhler/Bornkamm/Feddersen*, UWG, 36. Aufl. 2018, § 7 Rdnr. 118.
131 *Roßnagel/Jandt*, MMR 2011, 86, 90.
132 BGH, GRUR 1970 523, 524 – Telefonwerbung I.
133 *Köhler*, in: *Köhler/Bornkamm/Feddersen*, UWG, 36. Aufl. 2018, § 7 Rdnr. 118.
134 *Roßnagel/Jandt*, MMR 2011, 86, 90.
135 *Holland*, Direktmarketing, 3. Aufl. 2009, S. 38.
136 *Bruns*, Direktmarketing, 2. Aufl. 2007, S. 191, 192 f.
137 *Bruns*, Direktmarketing, 2. Aufl. 2007, S. 192.
138 *Bruns*, Direktmarketing, 2. Aufl. 2007, S. 192; *Holland*, Direktmarketing, 3. Aufl. 2009, S. 38.
139 *Bruns*, Direktmarketing, 2. Aufl. 2007, S. 192.

Vor allem in der Investitionsgüterbranche wird das Telefon für die Vertriebsvorbereitung, insbesondere die Ermittlung einer Bedarfssituation eingesetzt. Dies erlaubt dem Unternehmen eine bessere Vorbereitung auf die spezifischen Kundenbedürfnisse und unterstützt auch die Aktivitäten eines Außendienstmitarbeiters.[140] Das Unternehmen kann ferner telefonisch – zwecks Vorbereitung eines Verkaufs – Einladungen zu Messen, Veranstaltungen oder Seminaren aussprechen (Pre-Sales Betreuung).[141] Zur Nachbereitung eines Verkaufs gehören insbesondere Maßnahmen, die der Kundenpflege und -bindung dienen, wie Anwendungsberatung oder Kundenzufriedenheitsbefragung. Dadurch wird versucht, den Käufer in seiner Entscheidung zu bestätigen, eventuelle Mängel zu beseitigen und vor allem Anregungen für Verbesserung zu gewinnen.[142]

C. Unterscheidung zwischen aktivem und passivem Telefonmarketing

Die Marketingwelt unterscheidet zwischen aktivem (Outbound[143], Opt-out[144]) und passivem (Inbound[145], Opt-in[146]) Telefonmarketing. Beim aktiven Telefonmarketing ruft das Unternehmen oder eine beauftragte Agentur ausgewählte Zielpersonen an; die Initiative geht also vom Werbenden aus.[147] Der aktive Telefonverkauf richtet sich entweder an Neukunden oder bezweckt Altkunden zu reaktivieren (Kundenrückgewinnung).[148] Zum aktiven Telefonverkauf zählen auch die Auftragserhöhung und das Cross-Selling (Querverkauf).[149] Insbesondere Banken und Versicherungen nutzen den Telefonverkauf als Ergänzung zum persönlichen Verkauf oder sogar ausschließlich.[150] Beim passiven Telefonmarketing geht die Initiative vom Kunden aus, der sich telefonisch an das Unternehmen wendet und

---

140 *Bruns*, Direktmarketing, 2. Aufl. 2007, S. 192; *Holland*, Direktmarketing, 3. Aufl. 2009, S. 38.

141 *Bruns*, Direktmarketing, 2. Aufl. 2007, S. 192; *Holland*, Direktmarketing, 3. Aufl. 2009, S. 38.

142 *Bruns*, Direktmarketing, 2. Aufl. 2007, S. 192.

143 *Bruns*, Direktmarketing, 2. Aufl. 2007, S. 191; *Holland*, Direktmarketing, 3. Aufl. 2009, S. 38; *Kotler/Armstrong/Wong/Saunders*, Grundlagen des Marketing, 5. Aufl. 2011, S. 956; *Nieschlag/Dichtl/Hörschgen*, Marketing, 19. Aufl. 2002, S. 939.

144 *Bruns*, Direktmarketing, 2. Aufl. 2007, S. 191.

145 *Bruns*, Direktmarketing, 2. Aufl. 2007, S. 194; *Holland*, Direktmarketing, 3. Aufl. 2009, S. 39; *Kotler/Armstrong/Wong/Saunders*, Grundlagen des Marketing, 5. Aufl. 2011, S. 956; *Nieschlag/Dichtl/Hörschgen*, Marketing, 19. Aufl. 2002, S. 939.

146 *Bruns*, Direktmarketing, 2. Aufl. 2007, S. 194.

147 *Bruns*, Direktmarketing, 2. Aufl. 2007, S. 191.

148 *Bruns*, Direktmarketing, 2. Aufl. 2007, S. 192.

149 *Bruns*, Direktmarketing, 2. Aufl. 2007, S. 192; Vgl auch *Holland*, Direktmarketing, 3. Aufl. 2009, S. 38.

150 *Bruns*, Direktmarketing, 2. Aufl. 2007, S. 192 f.

den Dialog eröffnet.[151] Die passive Telefonwerbung ist rechtlich unbedenklich, da das Unternehmen den Kunden in einer Werbemaßnahme - Zeitschriftenanzeigen, Radio, Fernsehen, Kataloge, Postwurfsendungen und Briefkastenwerbung - lediglich zum Anrufen anregt.[152] Es besteht daher keine Gefahr eines unerwünschten Anrufs wie in dem Falle eines aktiven Telefonmarketings. In Folge dessen bezieht sich die rechtliche Betrachtung der Zulässigkeit von Werbeanrufen nachfolgend auf das aktive Telefonmarketing.

D. Zusammenfassung

1. Anders als die traditionelle Marketingkonzeption hat die moderne Marketingkonzeption nicht mehr die Produkte als Ausgangspunkt für die Gewinnerzielung, sondern die Nachfragenwünsche vorhandener und potenzieller Kunden. Diese Entwicklung ist auf den Übergang von Verkäufer- zu Käufermärkten zurückzuführen.
2. Die Bildung dauerhafter Kundenbeziehung wird durch die Einsetzung von Kommunikationsmitteln mit Responsemöglichkeit unter Nutzung moderner Informations- und Kommunikationstechnologien gefördert. Verstanden als Marketingkonzept weist das Direktmarketing dieselbe Struktur wie das Marketing auf und verfügt über dieselben Formen von marketingpolitischen Instrumenten, namentlich Produkt- Preis-, Distributions- und Kommunikationspolitik. Direktwerbung ist demnach ein Bestandteil des Direktmarketings und gehört zu der Kommunikationspolitik. Weil sich an dem Telefongespräch unmittelbar auch einen Kauf anschließen kann, werden durch Telefonwerbung auch Aufgaben, die zu der Distributionspolitik gehören, erfüllt. Je nachdem, ob sich die Marketingaktivität an die Masse oder hingegen an einen bestimmten Personenkreis oder an ein Individuum richtet, ist der Individualisierungsgrad weiter oder enger gefasst.
3. In diesem Kontext erlaubt der Einsatz des Mediums Telefon den höchsten Individualisierungsgrad, den das Direktmarketing kennt: einem spezifischen Kunden wird ein spezifisches Angebot gemacht, so dass sowohl die Kommunikation als auch die Leistungserbringung individualisiert ist. Das Telefon wird insbesondere für teure und beratungsbedürftige Produkte eingesetzt. Der Einsatz des Telefons verringert das Risiko der Streuverluste und bietet im Vergleich zu anderen Direktmarketingformen wie zum Beispiel den Hausbesuch unter zeitlicher und finanzieller Perspektive eine günstige Alternative. Das Telefon kann zu Zwecken der Marktforschung oder zu Werbezwecken eingesetzt werden.
4. Aus betriebswirtschaftlicher Sicht stellt die Marktforschung eine Marketingaktivität, aber kein Marketinginstrument dar. Auch Juristen unterscheiden

151 *Bruns*, Direktmarketing, 2. Aufl. 2007, S. 191, 193.
152 *Holland*, Direktmarketing, 3. Aufl. 2009, S. 39.

zwischen den beiden Marketingaktivitäten, wobei in Ausnahmefällen die Marktforschung per Telefon dem strengen Regime der Telefonwerbungunterliegt.

In Anlehnung an die Definition des Art. 2 Nr. 1 der Richtlinie 2006/114/EG ist Werbung jede Äußerung bei der Ausübung eines Handels, Gewerbes, Handwerks oder freien Berufs mit dem Ziel, den Absatz von Waren oder die Erbringung von Dienstleistungen, einschließlich unbeweglicher Sachen, Rechte und Verpflichtungen zu fördern. Die Voraussetzung der Absatzförderung wird weit verstanden. So liegt ein Werbeanruf i.S.d. § 7 Abs. 2 Nr. 2 UWG vor, wenn der Angerufene zum Eingehen, zur Fortsetzung, zur Wiederaufnahme, zur Änderung oder zur Erweiterung eines Vertragsverhältnisses bestimmt werden soll. Wie sich aus Art. 2 lit. d) UGP-richtlinie ergibt, stellt Werbung einen Unterfall der Geschäftspraktik dar. Die Definition verlangt, dass die Unternehmenstätigkeit unmittelbar mit der Absatzförderung, dem Verkauf oder der Lieferung eines Produkts an Verbraucher zusammenhängt. Das Unmittelbarkeitserfordernis wird jedoch durch die Gerichte weit ausgelegt und ist auch dann gegeben, wenn der Anruf der Anbahnung einer Geschäftsbeziehung diesen soll.[153] Nach der BGH-Rechtsprechung stellt ferner auch die Nachfragewerbung Werbung i.S.d. UWG dar.[154] Die Mittelbarkeit bzw. die Unmittelbarkeit des Anrufs zum Absatzzwecks entscheidet darüber, ob die die Marktforschung als Werbung zu behandeln ist. Nach der Rechtsprechung lassen sich Telefonanrufe, die auf eine Kundenzufriedenheitsabfrage abzielen, als Werbung kategorisieren.

5. Rechtliche Probleme wirft allein das aktive Telefonmarketing (Outbound) auf, bei dem die Initiative auf das Unternehmen zurückzuführen ist. Im Rahmen des passiven Telefonmarketings (Inbound) signalisieren Unternehmen durch Flyerverteilung oder Zeitungsinserate, Kunden können sich an Interessierende können sich an denen Telefonisch werden, überlassen aber den Kunden die Anrufinitiative.

---

153 BGH, GRUR 2000, 818, 819 – Telefonwerbung VI; BGH GRUR 1994, 380, 381 – Lexikothek; siehe auch *Pahlow*, in: *Teplitzky/Peifer/Leistner*, GK-UWG, 2. Aufl. 2013, § 7 Rdnr. 149.

154 BGH, GRUR 2008, 925 Rdnr. 16 – Troschenreuth; BGH GRUR 2008, 923 Rdnr. 12 – Faxanfrage im Autohandel.

Zweites Kapitel – Wettbewerbsrechtliche Betrachtung der Werbung

Werbung als wichtiges Instrument der Wettbewerbswirtschaft[155] stellt eine unerlässliche Voraussetzung für die Wettbewerbsfreiheit dar. Je nach Adressatenkreis unterscheidet man zwischen Werbung gegenüber Unternehmen (b2b-Werbung) und Werbung gegenüber Verbrauchern (b2c-Werbung).

In der deutschen Rechtskultur werden beide Werbeformen rechtlich dem Wettbewerbsrecht im engeren Sinne, also dem Lauterkeitsrecht, zugeordnet. Großbritannien und Frankreich ordnen dagegen die Regelungen betreffend den Schutz der Verbraucher gegen unerbetene Telefonanrufe systematisch nicht dem Wettbewerbsrecht zu, obwohl die Werbung und das Marktgeschehen in einer Wechselwirkung zueinanderstehen.

Die Wirtschaftswerbung gegenüber Verbrauchern und sonstigen Marktteilnehmern stellt einen wesentlichen Teil der Wettbewerbshandlungen eines Unternehmens am Markt dar.[156] Dabei wirft Werbung datenschutzrechtliche, verbraucherschutzrechtliche und wettbewerbsrechtliche Probleme auf, wobei diese Gebiete, je nach bestehendem Rechtssystem, in Deutschland, Frankreich und Großbritannien sich mehr oder weniger überkreuzten.

Werbung ist eine Form der Kommunikation zwischen Abnehmern und Lieferanten und dient der Förderung des Absatzes von Waren und Dienstleistungen. Wirtschaftswissenschaftler verstehen Werbung als Bestandteil der Kommunikationspolitik, als Instrument der unternehmerischen Kommunikation.[157] Die Kommunikationspolitik umfasst alle Aktivitäten, die sich auf das Herstellen eines Kontakts zwischen Anbieter und potenziellem Abnehmer konzentrieren. Ihr Ziel ist, die Kontaktpersonen zu einem Verkaufsabschluss hinzulenken.[158] Telefonwerbung gehört zu der Gruppe des Direktmarketings, das sich durch die Kernmerkmale des unmittelbaren, individuellen Kontakts zu bestehenden oder zu potenziellen Kunden und durch die gezielte Auslösung von direkt messbaren Response-Aktivitäten der Zielpersonen kennzeichnet.[159] Das Werben hat das Verhalten der Umworbenen im Blick: Durch den Versuch, das Beworbene attraktiv erscheinen zu lassen, verfolgt die Werbehandlung das Ziel, die Verhaltens- und Entscheidungsspielräume von Personen zugunsten einer bestimmten Sache zu beeinflussen.[160] In Bezug auf Konsumenten soll Werbung informieren, motivieren, sozialisieren, verstärken und

---

155 *Mankowski*, in: *Fezer/Büscher/Obergfell*, UWG, 3. Aufl. 2016, § 7 Rdnr. 2.
156 *Fezer*, in: Fezer, UWG, 2. Aufl. 2010, Einl. E Rdnr. 302.
157 *Nieschalg/Dichtl/Hörschgen*, Marketing, 19. Aufl. 2002, S. 988 f.
158 *Weis*, Marketing, 16. Aufl. 2012, S. 93.
159 *Holland*, Direktmarketing, 3. Aufl. 2009, S. 5.
160 *Vgl. Felser*, Werbe- und Konsumentenpsychologie, 4. Aufl. 2015, S. 6 f.

unterhalten, wobei die Stärke dieser Zielsetzungen von der ausgewählten Werbeform abhängt.[161] In Bezug auf den Markt erfüllt Werbung fast immer die Funktion, Kunden zu gewinnen oder das Angebot gegen Konkurrenten durchzusetzen. Man kann hierbei vier Nuancen - Einführungs-, Durchsetzungs-, Verdrängungs- und Expansionswerbung - unterscheiden.[162] In der juristischen Literatur[163], wird die Wirtschaftswerbung explizit als Bestandteil der Absatzpolitik verstanden.

A. Die Kommunikationspolitik in der Wettbewerbsordnung

I. Werbung als Unterstützungsfaktor für die Markttransparenz

Die unternehmerische Kommunikation übernimmt nach der modernen Marketingtheorie eine tragende Funktion bei der Verwirklichung einer marktwirtschaftlichen Wettbewerbsordnung in einer freien Gesellschaft.[164] Wettbewerb wird heute als ein Such-und Informationsgewinnungsprozess verstanden.[165] Werbung wird als potenzielles Mittel zur Lieferung von Informationen, die eine sachliche Entscheidung der Konsumenten begünstigt und somit als Beitrag zur Verwirklichung der Markttransparenz angesehen.[166] Die Notwendigkeit der Schaffung einer Markttransparenz hat sich mit dem Wandel von Verkäufer- zu den Käufermärkten kristallisiert. In der Phase der Verkäufermärkte, vom Beginn der Industrialisierung Anfang des 19. Jahrhunderts bis in den 60er Jahren, waren Anbieter damit beschäftigt Produktionsengpässe zu lösen, um dem Nachfragedruck nachzukommen.[167] Die Güter verkauften sich von selbst, Werbung war nicht erforderlich.[168] Unter diesen Bedingungen der Markthomogenität traf der Verbraucher eine am Preis orientierte, also eine rationale Kaufentscheidung.[169]

Mitte des 19. Jahrhunderts installierten sich auf dem Markt Sättigungstendenzen und Substitutionskonkurrenz, so dass Unternehmer ihre Produkte zielgruppenspezifisch zu vermarkten begannen.[170] Die Produktinhomogenität führte zu einer Verminderung der Markttransparenz, die wiederum eine rationale Entscheidung

---

161 *Felser*, Werbe- und Konsumentenpsychologie, 4. Aufl. 2015, S. 8.
162 *Felser*, Werbe- und Konsumentenpsychologie, 4. Aufl. 2015, S. 8 f.
163 *Fezer*, in: Fezer, UWG, 2. Aufl. 2010, Einl. E Rdnr. 304.
164 *Fezer*, in: *Fezer*, UWG 2010, Einl. E, Rnd. 304 f.
165 *Nieschlag/Dichtl/Hörschgen*, Marketing, 19. Aufl. 2002, S. 31.
166 *Haug*, Kommerzielle Kommunikation via Telefon, Telefax und elektronische Post, 2011, S. 25 ff.
167 Siehe oben Erster Teil Erstes Kapitel A. II. 1.
168 *Loewenheim*, GRUR 1975, 99, 105 m.w.N.
169 *Loewenheim*, GRUR 1975, 99, 105.
170 *Martinek*, in: *Martinek/Semler/Habermeier/Flohr*, Handbuch des Vertriebsrechts, 4. Aufl. 2016, § 2 Rdnr. 4.

der Verbraucher erschwerte.[171] Markttransparenz nimmt Bezug auf den Grad der Informiertheit von Wirtschaftssubjekten über sowohl Marktteilnehmer und deren Verhaltensweisen als auch über Menge und Qualität angebotener und nachgefragter Güter und deren Tauschkonditionen.[172] Die Markttransparenz gewährleistet daher, dass Konsumenten Kaufentscheidungen rational, flexibel und abgewogen treffen und minimiert das Risiko von Fehlentscheidungen. So liefert die Markttransparenz einen Beitrag für die Verwirklichung der Konsumentensouveränität. Die Rolle der Werbung bei der Verwirklichung der Markt- und Konsumentensouveränität besteht darin, dass diese eine Orientierungshilfe durch das Liefern von notwendigen Informationen über Qualität, Preis, Nutzungsmöglichkeit, Bezugsquellen und Substitutionsprodukte liefert.[173] Insbesondere bei Werbeanrufen bietet der Dialog eine wichtige Quelle zur Informationsbeschaffung für Kunden und potenzielle Kunden, bei der die Angebotsverbreitung und Beratung höchst individualisiert erfolgt.[174]

II. Gefahr der Suggestion

Die Markttransparenz kann allerdings nur dann die Entscheidungsfreiräume der Konsumenten fördern, wenn diese über sachliche Angaben verfügen und deren Motivationsprozess nicht durch sachfremde Einflüsse beeinträchtigt wird.[175] Informationen enthalten häufig nicht nur sachliche Angaben beispielsweise über die qualitativen Eigenschaften eines Produkts und dessen Substituierbarkeit, den Preis, Nutzungsmöglichkeiten, Bezugsquellen, sondern auch suggestive Elemente. Durch die Werbebotschaft erwecken Werbende den Eindruck, Abnehmer könnten bestimmte Produkte gebrauchen. Kaufentscheidungen werden bei nicht homogenen Produkten nicht nur aufgrund von Preis oder Qualität getroffen. Der Käufer versucht, mit dem Erwerb eines Produkts darüber hinaus soziale und gesellschaftliche Bedürfnisse zu decken. Emotionale Komponenten wie Sicherheit, soziales Ansehen oder Erfolg werden mit Hilfe suggestiver Werbung in den Vordergrund geschoben.[176] Die objektive Substituierbarkeit von Gütern wird Verbrauchern vorenthalten. Objektiv substituierbare Güter werden als nicht substituierbar präsentiert, so dass eine gegebene Wettbewerbssituation nicht ausgenutzt werden kann.[177] Die suggestive Werbung zielt mithin auf das Entstehen von Marktintransparenz. Auch die Fülle des Güterangebots auf der einen Seite und die begrenzte

171 *Loewenheim*, GRUR 1975, 99, 105; *Nieschlag/Dichtl/Hörschgen*, Marketing, 19. Aufl. 2002, S. 32.
172 *Diller*, Vahlens Großes Marketing Lexikon, 2001, S. 1079.
173 *Loewenheim*, GRUR 1975, 99, 105; *Haug*, Kommerzielle Kommunikation via Telefon, Telefax und elektronische Post S. 26.
174 Siehe oben Erster Teil, Erstes Kapitel, B. IV.
175 *Loewenheim*, GRUR 1975, 99, 105.
176 *Loewenheim*, GRUR 1975, 99, 105.
177 *Loewenheim*, GRUR 1975, 99, 105.

Informationsaufnahme und -verarbeitungskapazität des Individuums auf der anderen Seite führen zu einer unzureichenden Markttransparenz.[178]

Bei der Beurteilung der Zulässigkeit der Werbung sind folglich zwei Gesichtspunkte zu berücksichtigen: Werbung darf weder die Markttransparenz noch die Entscheidungsfreiheit der Konsumenten beeinträchtigen.[179]

Gerade im Bereich des Telefonmarketings hat sich in der Gesellschaft der Ruf einer gestiegenen Manipulationsgefahr etabliert. In der Tat existieren zahlreiche Seminare und Bücher, die Werbeagenten gezielt darauf trainieren, Gesprächspartner erst nach erfolgtem Kaufabschluss zu verabschieden.[180] In den Augen der Werbewirtschaft ist schließlich ein untergeschobener Vertrag nicht minderwertiger als ein gut überlegter Kaufvertrag und daher mit keinem Makel behaftet. Das negative Bild des alltäglichen Gesellschaftsphänomen *Cold Calling* schließt arbeitsrechtliche Dimensionen mit ein: schlecht bezahlte, unter starkem Leistungsdruck stehende Callcenter-Mitarbeiter, die mit erhöhter Geschwindigkeit ausgetauscht werden, runden die negative Seite des Telefonmarketings ab.[181]

Bei Werbung mittels Telefon eröffnet zudem die Stimme die Möglichkeit, suggestive Wirkungen ins Leben zu rufen. Der passende Stimmklang ist ein wesentlicher Teil einer erfolgreichen Kommunikation. Die Stimme wird allgemein als ein Signal, das Aufmerksamkeit erregt und gegebenenfalls zur Handlung auffordert, angesehen.[182] Die Stimme verrät viel über die eigene Person und ist gerade in der Abwesenheit der Körpersprache essentiell für die Gewinnung von Sympathie, Vertrauen bezüglich des beworbenen Produkts und schließlich für die Bildung einer positiven Kaufentscheidung. Das werbende Personal ist besonders gut geschult und kann das Gespräch mithilfe passender Wortwahl und Stimmlage in die gewünschte Richtung lenken, so dass die Gefahr unsachlicher Beeinflussung besonders hoch ist.

Die Interaktion mit den Konsumenten muss daher im Hinblick auf die mögliche Beeinflussung der Entscheidungsfreiheit an dem Grad der verbliebenen Entscheidungsautonomie gemessen werden. Es darf nicht aus den Augen verloren werden, dass Informationen, die Konsumenten benötigen, um ihre Konsum- oder Investitionsentscheidungen zu treffen eine der wichtigsten Voraussetzungen für einen funktionierenden Wettbewerb bilden.[183] Auch suggestive Elemente in der Werbung

---

178 *Nieschlag/Dichtl/Hörschgen*, Marketing, 19. Aufl. 2002, S. 32.

179 *Loewenheim*, GRUR 1975, 99, 105 f.

180 Vgl. *Krumm/Geissel*, Outbound Praxis – Aktives Verkaufen am Telefon erfolgreich planen und umsetzten, 2. Aufl. 2005; *Fischer*, 30 Minuten für profitable Telefon-Akquise; *Umberto*, Bei Anruf Erfolg. Das Telefon-Powertraining für Manager und Verkäufer, 4. Aufl. 2008.

181 *Mankowski*, in: *Fezer/Büscher/Obergfell*, UWG, 3. Aufl. 2016, Rdnr. 108.

182 *Kappas & Scherer*, Multichannel communication of emotion: Synthetic signal production, S. 161–182 in: *Scherer*, Facets of emotion, 1988.

183 *Schwarze*, in: *Schwarze*, Werbung und Werbeverbote im Lichte des europäischen Gemeinschaftsrechts, 1999, S. 9, 11; *Loewenheim*, GRUR 1975, 99, 104.

bis zu einem gewissen Beeinflussungsgrad finden ihre Legitimation in der Werbefreiheit und in den wirtschaftlichen Interessen der Unternehmer. Die Grenzen von informativer zu suggestiver Werbung sind oft fließend, und nicht jede Form der Suggestion ist geeignet, die Markttransparenz und die Entscheidungsfreiheit der Verbraucher zu beeinträchtigen und folglich einen unfairen Wettbewerb hervorzurufen. Die Annahme einer unzulässigen Beeinflussung bedarf vielmehr einer rechtlich relevanten Beeinflussungsintensität, die dann vorliegt, wenn sich der Werbeadressat von der Beeinflussung nicht mehr distanzieren und keine freie Entscheidung treffen kann. Es kommt für die Beherrschbarkeit von Suggestion letztlich darauf an, dass der Adressat zunächst die Gefahr einer Manipulation erkennt und zweitens, dass er entsprechende Gegenkräfte aufbaut, um sich von der suggestiven Beeinflussung zu befreien.[184]

Aufgrund der Gefahr unsachlicher Beeinflussung, die Werbung in sich trägt, entsteht zwischen Marktakteuren, Unternehmen, Konkurrenten und Verbrauchern ein Spannungsverhältnis, das die Notwendigkeit einer Werberegulierung hervorruft.

III. Belästigungspotenzial

Ein weiterer Grund für die Regulierung unerwünschter Telefonwerbung ist die damit verbundene Belästigung, die bereits mit dem Anruf und unabhängig von dessen Inhalt eintritt.[185] 96% von 8.797 in dem Zeitraum vom 18. Juni bis 16. September 2012 befragten Verbrauchern empfanden Telefonanrufe als belästigend.[186] Diese Fakten sprechen dafür, dass das von der Werbewirtschaft oft behauptete Interesse der Verbraucher am Erhalt von Informationen – auch unverlangten – nicht existiert.[187]

Die kriminelle Energie unseriöser Unternehmen und die Tendenz zur Steigerung von Beschwerden über unerwünschte Anrufe zeigen sich laut Bericht der Verbraucherzentrale vom 16. Dezember 2010 insbesondere in den Bereichen „Gewinnspiele“ (Wertreklame zur Verkaufsförderung) sowie „Lotterien und Wetten“ (öffentliches Glücksspiel) bzw. bei der Vermittlung solcher Gewinnspiele bzw. Wett- und Lotterie-Dienstleistungen, häufig verbunden mit der Existenz von Betrugsstraftaten.[188]

Auf Platz 1 der von der Verbraucherzentrale angemeldeten Beschwerden landeten die Beschwerden im Bereich Gewinnspiel/Lotterie. Von 79. 531

---

184 Vgl. *Loewenheim*, GRUR 1975, 99, 107 ff.

185 BGH, Urteil vom 19.6.1970 – I ZR 115/68, GRUR 1970, 523, 524 – Telefonwerbung I.

186 *Verbraucherzentrale*, Bericht vom 17.12.2012, S. 9, http://www.vzbv.de/pressemitteilung/unerlaubte-werbeanrufe-nerven-verbraucher, abgerufen am 21.08.2017.

187 *Mankowski*, in: *Fezer/Büscher/Obergfell*, UWG, 3. Aufl. 2016, § 7 Rdnr. 108, mit Bezug auf eine Forsa-Umfrage aus dem Sommer 2007.

188 BMJ, Zusammenfassung der Umfrageergebnisse zur Belästigung durch Werbeanrufe, S. 3.

Gesamtbeschwerden sind 50.050 Beschwerden, sprich 65,4 %, diesem Gebiet zugeordnet. Auf Platz zwei mit 11, 6 % befindet sich die Kategorie „Sonstiges", bei der die Verbraucher das Produkt nicht identifizieren konnten, oder das Produkt möglicherweise keiner der bei der Anfrage angegebenen Wahlgruppe entsprach. Platz drei belegte die Kategorie „Es hat lediglich geklingelt"[189], die 8,7 % der Beschwerden beträgt. Auf Platz vier, mit 7,2 %, steht die Kategorie Telefonanbieter/Internetdienste. Die Gruppe Zeitungen/Zeitschriften schnitt mit 4,1 % ab und fand sich auf Platz fünf wieder. Mit 1,9% respektive 1% folgen die Kategorien Geldanlage/Versicherung/Banken und Energieversorgung.[190] In dem Umfragebericht vom 17.12.2012 konnte die Verbraucherzentrale 31% der Anrufe dem Sektor Gewinnspiel- Lotterie- und Wettdienstleistungen zuordnen. Das zweithäufigste Themengebiet unerlaubter Anrufe mit 26% bildeten Hilfsangebote zum Schutz persönlicher Daten, zum Schutz vor unerwünschter Telefonwerbung oder zur Unterstützung beim Kündigen von (vermeintlichen) Verträgen. Wie diese Themenbereiche zeigen gehen unseriöse Anbieter besonders dreist vor. Sie geben sich als Hilfseinrichtungen aus und versuchen die Verzweiflung mancher Verbraucher auszunutzen und diese in weitere Anruffallen zu treiben. Der Teufelskreis ist vorprogrammiert.[191]

Ein unerwünschter Telefonanruf bei einem Verbraucher verletzt also seine Privatsphäre[192]und damit aus rechtlicher Perspektive das in Art. 1 Abs. 1 i.V.m. Art. 2 Abs. 1 GG bzw. Art. 8 EMRK normierte die Privatsphäre schützende allgemeine Persönlichkeitsrecht.[193] Zudem kommt ein Eingriff in seine durch Art. 5 Abs. 1 GG geschützte negative Meinungsfreiheit in Betracht.[194] Bei Werbung gegenüber Unternehmen erfolgt eine Beeinträchtigung der beruflichen Sphäre und des Geschäftsgangs des Unternehmens.[195] Die verfassungsrechtlich geschützten Interessen des

---

189 Diese Belästigungsart kommt überwiegend durch die Verwendung von „Predictive Dialer" zustande, eine Methode, die in Callcentern sehr verbreitet ist, denn diese ermöglicht, in möglichst kurzer Zeit eine große Anzahl an Telefonaten durchzuführen. Es handelt sich um Computerprogramme, die eine Vielzahl an Nummern auswählen, aber eine Verbindung wird nur mit dem zuerst „Abhebenden" hergestellt: Verbraucherzentrale, Bundesweiter Abschlussbericht vom 16.12.2010, S. 3, https://www.verbraucherzentrale-berlin.de/mediabig/142291A.pdf, abgerufen am 21.08.2017.

190 Nach einer von ICO veröffentlichten Statistik waren 2015 in Großbritannien absteigend folgende Topthemen registriert: not given, accident claims, computer scams, PPI, Silent/not answer, telecoms including tv, solar panels, Insurance, Banking, dept management etc., https://ico.org.uk/action-weve-taken/nuisance-calls-and-messages/, abgerufen am 21.08.2017.

191 *Verbraucherzentrale*, Bericht vom 17.12.2012, S. 11 ff., http://www.vzbv.de/pressemitteilung/unerlaubte-werbeanrufe-nerven-verbraucher, abgerufen am 21.08.2017.

192 BGH, Urteil vom 19.6.1970 – I ZR 115/68, GRUR 1970, 523 – Telefonwerbung I.

193 *Pahlow*, in: *Teplitzky/Peifer/Leistner*, GK-UWG, 2. Aufl. 2013, § 7 Rdnr. 3, 142.

194 *Fikentscher/Möllers*, NJW 1998, 1337, 1342 ff; *Dendorfer*, Aktives Telefonmarketing, 2003, S. 81 f.; *Pahlow*, in: *Teplitzky/Peifer/Leistner*, GK-UWG, 2. Aufl. 2013, § 7 Rdnr. 3.

195 BGH GRUR 1991, 764, 765 – Telefonwerbung IV.

Angerufenen kollidieren mit dem wirtschaftlichen Interesse der Werbewirtschaft. Die Werbung mittels Telefon unterliegt dem Schutzbereich des Art. 5 Abs. 1 GG[196] bzw. des Art. 8 EMRK.[197] Eine Werbeeinschränkung tangiert zudem die durch Art. 12 GG geschützte Berufsfreiheit des werbenden Unternehmens.[198]

IV. Regulierungsbedürfnis und Regulierungsintensität

Diese gegensätzlichen Interessen befinden sich im Spannungsverhältnis und bedürfen mithin der Regulierung. Die deutsche Rechtsordnung weist die rechtliche Beurteilung der Werbehandlung dem Kreis des Lauterkeitsrechts oder des Wettbewerbsrechts im engeren Sinne zu, dass das Marktverhalten überwacht. Das Marktverhaltensrecht reguliert den allgemeinen Wirtschaftsverkehr und weist somit eine allgemeine, vom Vertragsrecht und vom konkreten Fall losgelöste Schutzrichtung aus. Dies bedeutet allerdings ganz und gar nicht, dass die Werbehandlung stets im Vorfeld des Vertragsschlusses zu erfolgen hat.[199] In diesem Sinne stellt Art. 2 lit. d RL 2005/29/EG über unlautere Geschäftspraktiken im binnenmarktinternen Geschäftsverkehr zwischen Unternehmen und Verbrauchern (UGP-Richtlinie) klar, dass eine Geschäftspraktik – nach der deutschen Terminologie Wettbewerbshandlung – nicht zwangsläufig vor dem Vertragsschluss erfolgen muss, sondern lediglich einen unmittelbaren Zusammenhang mit der Absatzförderung aufweisen muss.

Die deutsche Rechtsordnung kennt mit dem Erlass des GWB einerseits Regelungen, die auf die Förderung des freien Wettbewerbs zielen und statuiert andererseits im UWG eine „Sittenwidrigkeitsprüfung", indem sie festlegt, mit welchen Mitteln der Wettbewerbskampf erfolgen darf. Diese „Sittenwidrigkeitsprüfung" setzt also Grenzen und wirkt sich mithin – zugunsten der Mitbewerber, Verbraucher und der Allgemeinheit – für die angesprochenen Konkurrenten wettbewerbsbeschränkend aus.

Der deutschen Rechtskultur gegenüber steht die englische. In Großbritannien existiert keine dem deutschen Lauterkeitsrechtsbild vergleichbare Vorstellung über das Marktgeschehen. Die britische Wettbewerbsordnung ist weitgehend liberaler als die deutsche. Die Struktur des englischen Rechts erinnert mehr an das ideale Bild eines funktionsorientierten Wettbewerbsrechts, das davon ausgeht, dass Unternehmer den Konsumenten die Produkte verkaufen, die sie wünschen, das Angebot sich an der Nachfrage ausrichtet und die „unsichtbare Hand", „die invisible hand von Adam Smith" den Markt regelt, was eine ausgeglichene

---

196 *Paschke*, WRP 2002, 1219, 1221; allgemein zum Grundrecht auf Meinungsfreiheit für Wirtschaftswerbung mit wertendem und meinungsbildendem Inhalt, BVerfG NJW 1986, 1533, 1534 – Arztwerbung; BVerfGE 102, 347, 359 –Benetton.

197 *Pahlow*, in: *Teplitzky/Peifer/Leistner*, GK-UWG, 2. Aufl. 2013, § 7 Rdnr. 3.

198 Umfassend *Dendorfer*, Aktives Telefonmarketing, 2003, S. 86 ff.

199 *Wunderle*, Verbraucherschutz im Europäischen Lauterkeitsrecht, 2010, S. 9

Ressourcenverteilung sicherstellt.[200] Dieses Bild bleibt eine Utopie: "Where there is competition, there is also unfair competition."[201] Konsumentensouveränität ist keine Marktgegebenheit, sondern ein Prozess, für dessen Gelingen alle Marktteilnehmer -Mitbewerber, Konkurrenten, Verbraucher - und unter Umständen der Gesetzgeber, mitzuwirken haben. Konsumenten können keine sachgerechte Entscheidung treffen, solange sie nicht in der Lage sind, sachliche Informationsquellen auszuschöpfen und zu bewerten. Die Produktdiversität, der Informationsfluss, die Suggestionsgefahr erschweren in hohem Maße das Treffen einer sachgerechten Kaufentscheidung. Auch sollen Konsumenten von aggressiven, belästigenden Praktiken der Werbewirtschaft verschont werden.

Welche Intensität letztlich die Regulierung annimmt, ob dafür gesetzliche Regelungen getroffen werden oder ob das unlautere Marktverhalten durch die Selbstregulierung bekämpft werden sollte und wann ein Marktverhalten als unlauter zu bewerten ist, hängt von dem jeweiligen existierenden Wettbewerbsbild, von verfassungsrechtlichen Vorgaben, aber auch insbesondere, wo Wertungsfragen bei der Interpretation von Belästigung eine Rolle spielen, von allgemeinen kulturellen und soziologischen Aspekten ab. Die endgültige Entscheidung spiegelt schließlich die rechtspolitische Gestaltung der Rechtsordnung wider und die Art, wie die Gesellschaft ihre Bürger sieht. Trotz weitgehender Rechtsangleichung in Europa bleibt dem nationalen Gesetzgeber ein weitgehender autonomer Entscheidungsspielraum.

B. Einblick in das Lauterkeitsrecht der deutschen, französischen und englischen Rechtsordnung

Die Kernregelung der Telefonwerbung sowohl gegenüber Verbrauchern als auch gegenüber Unternehmen ist in Deutschland in das Gesetz gegen den unlauteren Wettbewerb in § 7 Abs. 2 Nr. 2 UWG – als Regelbeispiel der Kategorie unzumutbare Belästigung – zu finden. Die erste Entscheidung zur Zulässigkeit der Telefonwerbung auf Grundlage des § 1 UWG a.F. traf das OLG Hamburg im Jahre 1961.[202] Fast zehn Jahre später beurteilte der BGH die Zulässigkeit der Telefonwerbung nach der allgemeinen Lauterkeitsrechtsklausel des § 1 UWG a.F.[203] Im Gegensatz dazu haben Frankreich und England bei der Beurteilung der Telefonwerbung keine Bezüge zum *concurrence déloyale* bzw. zum *unfair competition law* hergestellt. Der Marktbezug der Werbemaßnahme wird lediglich im b2b-Bereich durch die Selbstregulierungscodices der Werbewirtschaft ersichtlich.

200 *Howells/Weatherill*, Consumer Protection Law, 2. Aufl. 2005, S. 1 ff.

201 *Henning-Bodewig*, in: *Henning-Bodewig*, International Handbook on Unfair Competition, 2013, S. 1.

202 OLG Hamburg, Beschluss vom 17.1.1961 – 3 U 154/60 WRP 1961, 161.

203 BGH, Urteil vom 19.6.1970 – I ZR 115/68, GRUR 1970, 523 – Telefonwerbung I.

Dieser Unterschied erklärt sich dadurch, dass die europäischen Staaten keine identische Konzeption über das Recht gegen unlauteren Wettbewerb besitzen: der unlautere Wettbewerb deckt nicht in allen Ländern denselben Bereich ab. So wird Belästigungsschutz nur in Deutschland als Teil des Wettbewerbs angesehen, während Frankreich und England restriktivere Schutzkategorien kennen. Belästigung, als Unterkategorie der Gruppe „aggressive Geschäftspraktiken" ist für Frankreich und England ein relativ junges Terrain, das erst mit der Umsetzung der UGP-Richtlinie 2005/29/EG im nationalen Recht seinen Platz bekommen hat[204]. Diese Thematik wurde nicht in dem traditionell als *concurrence déloyale* bzw. als *unfair competition law* verstandenen Rechtsgebiet implementiert. Die Rechtsordnungen Frankreichs und Englands gehen davon aus, dass das Wettbewerbsrecht als Marktverhaltensrecht ausschließlich Sachverhalte zwischen Unternehmen regelt und ordnet dieselbe Materie im Verhältnis Verbraucher-Unternehmen dem Verbrauchschutzrecht zu. Frankreich, das mit dem *Code de la Consommation* ein umfassendes Regelungswerk zum Verbraucherschutz geschaffen hat, hat auch die allein im b2c-Verhältnis geltende UGP-Richtlinie im *Code de la Consommation* umgesetzt. Das Verbraucherschutzrecht gehört in Frankreich traditionell dem Vertragsrecht an. Durch die Umsetzung der Richtlinie im *Code de la Consommation* und dadurch, dass Regelungen betreffend den Fernabsatz per Telefon im selben Code infolge der Umsetzung der Fernabsatzrichtlinie 97/7/EG[205] implementiert wurden, scheinen die französischen Juristen die Beurteilung der Telefonwerbung nicht als vom Vertragsrecht unterschiedliche Materie zu betrachten. Regelungen zur Bekämpfung unlauterer Telefonwerbung ordnen französische Juristen dem Warenabsatz per Telefon (*démarchage par téléphone*) zu. Es hat sich insofern kein Bewusstsein herauskristallisiert, dass Verbraucherschutzregelungen, die einen Marktbezug ausweisen, wie die Regelungen zur Telefonwerbung allgemein dem reibungslosen Funktionieren des Markts dienen. Vielmehr verfolgt das Rechtssystem Frankreichs zur Bekämpfung unlauterer Geschäftspraktiken einen individuellen Rechtsschutz. Dies ist daran zu erkennen, dass im Zuge der Umsetzung der Regelungen bezüglich aggressiver Geschäftspraktiken eine Verbindung zum Vertragsrecht hergestellt wurde, indem der Verstoß gegen aggressive Geschäftspraktiken zur Nichtigkeit des Vertrages führt. Falls also infolge eines Werbeanrufs einen Vertragsschluss folgt und dieser Anruf gegen L 122–11 oder L 122–11–1 Nr. 3 *Code de la Consommation* verstößt, ist der Vertag nach L 122–15 *Code de la Consommation* nichtig. Das französische Recht sieht den Verstoß gegen Regelungen hinsichtlich unerbetener Anrufe als Fehler bei der Willensbildung, also als *vice du consentement*, da der Unternehmer durch die Belästigung in unzulässiger Weise Einfluss auf die

204 Siehe zum französischen Recht, *Lucas-Schloetter*, in: *Schmidt-Kessel/Schubmehl*, Lauterkeitsrecht in Europa, 2011, S. 237, 246, 312 f. sowie zum englischen Recht, *Müller*, *Schmidt-Kessel/Schubmehl*, Lauterkeitsrecht in Europa, 2011, S. 163, 194.

205 Die Fernabsatzrichtlinie 97/7/EG wurde durch die Verbraucherrechte-Richtlinie 2011/83 EU mit Wirkung vom 13. Juni 2014 aufgehoben.

Willensbildung des Betroffenen genommen hat. Das reibungslose Funktionieren des Binnenmarkts und der abstrakte Schutz des lauteren Wettbewerbes gehören traditionell nicht zum Schutzzweck des *Code de la Consommation.*

Allerdings haben sowohl Deutschland als auch Großbritannien und Frankreich eine gemeinsame Entstehungsgeschichte des Rechts gegen unlautere Geschäftspraktiken. Ende des 19. Jahrhunderts umfasste die Schutzrichtung des Marktverhaltensrechts ausschließlich die Interessen der Unternehmer. Die Erweiterung des Schutzes des Lauterkeitsrechts direkt und nicht nur reflexartig auf Verbraucher hat sich bislang nur in Deutschland, nicht jedoch in Frankreich und England etabliert. Dass europäische Staaten diese Auffassung künftig ebenfalls teilen werden, ist unter Berücksichtigung der europäischen Entwicklung des Lauterkeitsrechts zu erwarten. Die Richtlinie 2005/29/EG schützt nach ihrem Art. 1 unmittelbar das wirtschaftliche Interesse der Verbraucher. Das Konzept des Schutzes unverzerrten Wettbewerbs soll durch den Schutz wirtschaftlich unverzerrter Verbraucherentscheidungen (Konsumentensouveränität) verwirklicht werden.[206] Die dogmatische Zuordnung durch die Mitgliedstaaten beeinflusst nicht den durch europäische Richtlinien verfolgten Zweck der Rechtsharmonisierung, denn im Ergebnis können gleiche oder ähnliche Ergebnisse erzielt werden. Auch bilden diese dogmatisch divergierenden Ansätze kein Hindernis für eine Rechtsvergleichung – verstanden als Vergleich der Rechtsmaterie, die funktionell äquivalent ist[207] – sondern machen eine Betrachtung des Gesamtsystems notwendig.

Die Notwendigkeit der Marktverhaltensregelungen entsprang dem Bedürfnis, auf die infolge der Einführung der Gewerbefreiheit und der Industrialisierung entstandenen Missstände mit angemessenen Mitteln zu reagieren.[208] Das Lauterkeitsrecht hat sich als Reaktion auf die Einführung der Gewerbefreiheit und den Wegfall der Reglementierung durch die Zünfte – als Folgen von Industrialisierung, Massenproduktion und Massenkonsum – zum Schutz von Mitbewerbern gegen missbräuchliche Geschäftspraktiken der Konkurrenz entwickelt.[209] Die ausgewählte Schutzform in den Mitgliedstaaten hängt dabei von den existierenden rechtlichen Rahmenbedingungen ab. In diesem Entstehungsstadium war sowohl das lauterkeitsrechtliche Konzept Deutschlands als auch das Konzept Frankreichs

---

206 *Leistner*, Zeup 2009, 57 f.

207 *Zweigert/Kötz*, An Introduction to comparative Law 3. Aufl., Oxford 1998, S. 33 ff; *Michaels*, The functional Method of comparative Law, in: *Reimann/Zimmermann*, The Oxford Handbook of Comparative Law, 2006, p. 340 ff.; *Örücü*, Methodology of comparative law, in: *Smits*, Elgar Encyclopedia of Comparative Law, 2006, S. 442, 443 ff.; *Ellis*, General principles and comparative law, E.J.I.L. 2011, 22(4), S. 949, 959 ff.; *Jaluzot*, Méthodologie du droit comparé: bilan et prospective, R.I.D.C., vol. 57 (2005), S. 29, 39 ff; *Zweigert*, Des solutions identiques par des voies différentes, R.I.D.C. vol. 18 (1966), p. 5 ff.

208 *Emmerich*, Unlauterer Wettbewerb, 9. Aufl. 2012, S. 2, Rdnr. 6; Henning-Bodewig, GRUR 2013, 238, 239.

209 Vgl. *Ohly* in: *Ohly/Sosnitza*, UWG, 7. Aufl. 2016, Einf. Rdnr. 24 f.

auf die Interessen der Unternehmen ausgerichtet, und dieses individualrechtliches Verständnis bildet in Frankreich, auf der Basis der deliktischen Generalklausel, immer noch den Kern der *concurrence déloyale*, während Deutschland im Laufe der Zeit zu einer Schutzzwecktrias -Schutz der Mitbewerber, Verbraucher und der Allgemeinheit- übergegangen ist.[210] Zum Schutz von Mitbewerbern haben auch die englischen Richter bestimmte Klagearten betreffend einzelne Gruppen von unlauterem Marktverhalten entwickelt. Die Flexibilität der Regelungen hinsichtlich das Marktverhalten in den Mitgliedstaaten und das unterschiedliche Verständnis dessen, was zum Lauterkeitsrecht gehört, führt zur Notwendigkeit einer Betrachtung des Gesamtsystems. Der Blick über die Grenze darf muss über die Suche nach einem Gesetz gegen unlauteren Wettbewerb hinausgehen. Wichtig ist, die Mittel zu erforschen, die das jeweilige nationale Rechtssystem zur Unterdrückung unlauteren Marktverhaltens kennt[211] und dabei eventuelle Unterschiede zwischen dem b2b- und dem b2c-Verhältnis zu berücksichtigen. Die Begriffe zur Umschreibung fairer Marktverhaltensregelungen in den drei Staaten - der deutsche Begriff „Recht zur Bekämpfung des unlauteren Wettbewerbs“ oder „Lauterkeitsrecht“, die französische Bezeichnung *concurrence déloyale* und der englische Terminus *unfair competition law* oder *fair trade practices* - sind inhaltlich nicht deckungsgleich, auch wenn sie einige Berührungspunkte ausweisen. Daher müssen die Begriffe autonom, anhand des jeweiligen nationalen Rechtsverständnisses ausgelegt werden. Hinzu kommt, dass man im europäischen Raum vermehrt von *unfair competition* spricht, auch wenn auf Gemeinschaftsebene kein kompaktes System zur Bekämpfung unlauteren Wettbewerbs existiert[212]. Nationale Regelungen, die dem Gemeinschaftsrecht entspringen sind im Lichte des Gemeinschaftsrechts auszulegen. Eine einheitliche Auslegung der Richtlinienbegriffe in den Mitgliedstaaten gewährleistet der EuGH im Wege des Vorabentscheidungsverfahrens nach Art. 267 AEUV.[213]

Die Untersuchung des Regulierungsrahmens für die Telefonwerbung in Deutschland unter Berücksichtigung der Rechtslage in Frankreich und Großbritannien wird vorhandene Unterschiede nicht nur zwischen den der common law-Familie angehörigen Ländern im Vergleich zu den der kontinental-europäischen Rechtsfamilie angehörigen Ländern zeigen, sondern darüber hinaus illustrieren, dass auch innerhalb des kontinental-europäischen Raums die Entwicklung des Lauterkeitsrechts im Laufe der Zeit einen eigenständigen Weg beschritten hat. Die tradierte Systematik der Rechtsordnungen dieser Mitgliedstaaten ist auch nicht

---

210 *Henning-Bodewig*, GRUR 2013, 238, 239.

211 *Henning-Bodewig*, GRUR Int 2010, 549, 551.

212 Vgl. zu der Frage, was zum Wesen der Lauterkeit gehört, *Henning-Bodewig*, GRUR Int 2010, 549 ff.; Umfassend *Glöckner*, Europäisches Lauterkeitsrecht, 2006.

213 *Karpenstein*, in: *Grabitz/Hilf/Nettesheim*, Das Recht der Europäischen Union, AEUV, 57. EL August 2015, Art. 267 Rdnr. 4.

durch das Unionsrecht, dem es allein auf lückenhafte Umsetzung und Wirksamkeit der Rechtsanwendung ankommt[214], gefährdet.

I. Schutzzwecktrias des deutschen UWG

Das ursprüngliche deutsche UWG von 1909 beabsichtigte, vor allem durch die Generalklausel des § 1 UWG a.F.[215], die Einhaltung der guten Sitten durch Gewerbetreibende im Rechtsverkehr und diente somit ausschließlich dem Interesse der Mitbewerber.[216] Eine ausdrückliche Zweckbestimmung enthielt das Gesetz nicht. Geschützt werden sollte der anständige Kaufmann gegen unanständige Geschäftspraktiken seines Mitbewerbers, insbesondere solche der Nachahmung, Herabsetzung und Irreführung.[217] Das Wettbewerbsrecht war also ursprünglich als deliktisches Recht zum Schutze des anständigen Kaufmanns konzipiert.[218]

Verbraucher und die Allgemeinheit gehörten dagegen nicht zum Schutzzweck des Gesetzes, sondern wurden lediglich als eine mittelbare, reflexartige Folge des Konkurrentenschutzes berücksichtigt.[219]

Den Grundstein für den Wandel des UWG vom kaufmännischen Deliktsrecht zum Verbraucherschutzrecht stellte die Novelle von 1965, mit der Einführung der Klagebefugnis für Verbraucherverbände im damaligen § 13 Abs. 1 a UWG (später § 13 Abs. 2 Nr. 3 UWG a.F., heute § 8 Abs. 3 Nr. 3 UWG).[220] Dieses Modell, bei dem der Schutz von Mitbewerbern und Verbrauchern gleichrangig[221], häufig neben dem Schutz von Allgemeininteressen, in einem Regelungswerk kodifiziert wird und dabei keine Unterscheidung zwischen b2b- und b2c- Geschäftspraktiken erfolgt, wobei jedoch einzelne Bestimmungen nur für eine spezifische Kategorie gelten können, wird als *integrierter Ansatz*[222] bzw. als monistisches Modell[223]

---

214 Zum *effet utile* als Auslegungsgrundsatz, siehe *Potacs*, EuR 2009, 465; *Seyr*, Der effet utile in der Rechtsprechung des EuGH, 2008.

215 Die große Generalklausel des § 1 UWG 1909 lautete: „Wer im geschäftlichen Verkehr zu Zwecken des Wettbewerbs Handlungen vornimmt, die gegen die guten Sitten verstoßen, kann auf Unterlassung und Schadensersatz in Anspruch genommen werden".

216 *Köhler*, in: *Köhler/Bornkamm/Feddersen*, UWG, 36. Aufl. 2018, § 1 Rdnr. 1; *Ohly*, in: *Ohly/Sosnitza*, UWG, 7. Aufl. 2016, Einf. Rdnr. 31.

217 *Henning-Bodewig*, GRUR 2013, 238, 239; *Emmerich*, Unlauterer Wettbewerb, 9. Aufl. 2012, S. 3, Rdnr. 9.

218 *Ohly*, in: *Ohly/Sosnitza*, 7. Aufl. 2016, Einf. Rdnr. 33.

219 *Ohly*, in: *Ohly/Sosnitza*, UWG, 7. Aufl. 2016, Einf A Rdnr. 31.

220 *Ohly*, in: *Ohly/Sosnitza*, UWG, 7. Aufl. 2016, Einf. A Rdnr. 37.

221 Vgl. Begr. RegE BT-Drucks. 15/1487, S. 16. „Das Recht geht insoweit von einem *integrierten Modell* eines gleichberechtigten Schutzes der Mitbewerber, der Verbraucher und der Allgemeinheit aus."

222 *Henning-Bodewig*, GRUR 2013, 238, 239, 240; *Timm-Wagner*, GRUR 2013, 245.

223 *Ohly*, in: *Ohly/Sosnitza*, UWG, 7. Aufl. 2016, Einf. Rdnr. 1.

bezeichnet. Der integrierte Ansatz stellt für Deutschland rechtsdogmatisch gesehen die sauberste Lösung dar und berücksichtigt zudem die tatsächlichen Marktgegebenheiten. *Zum einen* wurde in Deutschland dieser Weg beschritten, da die Diskussion um die Ausdehnung des § 823 BGB auf den Schutz von Gewerbetreibenden allgemein, also über das schon anerkannte Recht am eingerichteten und ausgeübten Gewerbebetrieb hinaus, und die Anerkennung von wettbewerblichen Interessen der Mitbewerber als absolute Rechte als systemwidrig angesehen wurden.[224] Deshalb wurde mit der Einführung einer Generalklausel in das Gesetz gegen den unlauteren Wettbewerb vom 7.6.1909 – dessen Vorgänger das Gesetz zur Bekämpfung unlauteren Wettbewerbs vom 27.5.1896 war – ein umfassender Schutz gegen das unlautere Marktverhalten geschaffen.[225] *Zum anderen* kommt der integrierte Ansatz dem reellen Marktgeschehen nahe. Das Marktverhalten von Unternehmen einerseits und von Verbrauchern andererseits ist miteinander verbunden und stehen in einem Abhängigkeitsverhältnis zueinander.[226] Die Einbindung der Verbraucher in dem Schutzzweck des UWG entspricht außerdem der europäischen Tendenz, die sich in der UGP-Richtlinie widerspiegelt. Sowohl die Europäische Kommission als auch der EuGH betonnen immer wieder die wechselseitige Abhängigkeit zwischen der Binnenmarktentfaltung und dem Konsumentenschutz.[227]

Der Schutz der Mitbewerber, Verbraucher und sonstiger Marktteilnehmer vor unlauteren geschäftlichen Handlungen ist in § 1 S. 1 UWG als Regelungszweck des UWG seit der UWG- Novelle 2004 nunmehr kodifiziert.[228] Ausschlaggebende Impulse für die Kodifikation waren die durch die Rechtsprechung und Literatur herausgearbeiteten Ansätze[229], die wohl auch unter dem Einfluss der Irreführungsrichtlinie[230] 84/450/EWG (jetzt 2006/114/EG) entstanden waren bzw. unter dem Einfluss der in Europa spürbaren Liberalisierungstendenzen.[231] Kollidierende Interessen der Marktakteure sind in Normen und im konkreten Fall durch die Richter miteinander abzuwägen, auch dann, wenn nicht alle Marktakteure am Prozess beteiligt sind.[232] Neben ausdrücklichem Verbraucherschutz bestimmt das Gesetz in § 1 S. 2 UWG, dass auch die Interessen der Allgemeinheit an einem unverfälschten

---

224 *Emmerich*, Unlauterer Wettbewerb, 9. Aufl. 2012, S. 4 f, Rdnr. 6 ff; *Ohly*, in: *Ohly/Sosnitza*, UWG, 7. Aufl. 2016, Einf. Rdnr. 29; *Henning-Bodewig*, GRUR Int 2010, 549, 550.

225 *Ohly*, in: *Ohly/Sosnitza*, UWG, 7. Aufl. 2016, Einf. Rdnr. 28 f.

226 Vgl. *Timm-Wagner*, GRUR 2013, 245.

227 *Wimmer-Leonhardt*, GRUR 2004, 12, 12.

228 Vgl. Begr. RegE. BT-Drucks. 15/1487, S. 13.

229 *Köhler*, in: *Köhler/Bornkamm/Feddersen*, UWG, 36. Aufl. 2018, § 1 Rdnr. 1, 4; *Podszun*, in: Harte-Bavendamm/Henning-Bodewig, UWG, 4. Aufl. 2016, § 1 Rdnr. 11.

230 *Köhler*, in: *Köhler/Bornkamm/Feddersen*, UWG, 36. Aufl. 2018, § 1 Rdnr. 2; *Podszun*, in: Harte-Bavendamm/Henning-Bodewig, UWG, 4. Aufl. 2016, § 1 Rdnr. 12.

231 Vgl. Begr. RegE. BT-Drucks. 15/1487, S. 12 f.

232 *Podszun*, in: *Harte-Bavendamm/Henning-Bodewig*, UWG, 4. Aufl. 2016, § 1 Rdnr. 2.

Wettbewerb geschützt werden. Dieser Gemeinwohlgedanke[233] verwirklicht sich im privaten Recht, indem Gerichte bei der Beurteilung privatrechtlicher Streitigkeiten neben konkreten Individualinteressen auch diese öffentlich-rechtlichen Erwägungen miteinbeziehen.[234]

Bei der Auslegung der Schutzzweckbestimmung sind ferner europäische Richtlinien, die im UWG umgesetzt wurden, zu berücksichtigen. Dazu gehört die Richtlinie 2005/29/EG, zu deren Umsetzung die UWG Novelle-2008 diente. Die Richtlinie visiert gemäß Art. 1 den *unmittelbaren* Schutz der wirtschaftlichen Interessen der Verbraucher an, die durch unlautere Geschäftspraktiken im Geschäftsverkehr zwischen Unternehmen und Verbrauchern beeinträchtigt werden können. Die Interessen fair handelnder Mitbewerber werden gemäß Erwägungsgrund 8 nur mittelbar geschützt. Das deutsche UWG geht mit seiner Schutzzwecktrias über den Schutzzweck der UGP-Richtlinie hinaus und inkludiert auch den Verbraucherschutz, so dass der Gesetzgeber anlässlich der UWG-Novelle 2008 keinen Grund für eine Schutzzweckänderung sah. In Hinblick auf die Beurteilung der Zulässigkeit der Telefonwerbung i.R.d § 7 Abs. 2 Nr. 2 UWG und damit auch des § 1 UWG [235] ist ferner die Datenschutzrichtlinie für elektronische Kommunikation 2002/58/EG zu berücksichtigen.

II. Das französische System zur Bekämpfung unlauterer Geschäftspraktiken

Anders verlief jedoch die Entwicklung des Lauterkeitsrechts in Frankreich. Was die Bekämpfung unlauteren Wettbewerbs angeht, verfügt Frankreich über kein kompaktes Regelungssystem gegen unlautere Geschäftspraktiken. Der Kampf gegen unlauteren Wettbewerb ist in Frankreich dreigliedrig aufgeteilt: im b2b-Verhältnis wird es zwischen *concurrence déloyale*, die auf Rechtsprechungsgrundsätzen beruht und, den gesetzlich geregelten *pratiques restrictives de concurrence* unterschieden, während der lautere Wettbewerb im b2c-Verhältnis mit den *pratiques de concurrence déloyales* unterstützt wird.[236]

---

233 Der Gesetzgeber sieht vor, dass sich der Gemeinwohlgedanke auf das Interesse der Allgemeinheit an einem unverfälschten Wettbewerb erstreckt und klammert insoweit andere öffentliche Interessen wie Wohlstandsförderung, Umweltschutz, Volksgesundheit oder Arbeitsplatzsicherung von dem Schutzzweck des UWG aus. Diese können nur reflexartig berücksichtigt werden. Vgl. *Podszun*, in: Harte-Bavendamm/Henning-Bodewig, UWG, 4. Aufl. 2016, Rdnr. 4.

234 *Podszun*, in: Harte-Bavendamm/Henning-Bodewig, UWG, 4. Aufl. 2016, § 1 Rdnr. 2.

235 *Köhler*, in: *Köhler/Bornkamm/Feddersen*, UWG, 36. Aufl. 2018, § 1 Rdnr. 8.

236 *Palombi/Souty*, La modernisation différenciée du droit de la concurrence déloyale en Allemagne et en France, 2004–2015, Revue Lamy de la Concurrence, n° 4, Étude 2, 2015.

1. Das b2b-Verhältnis

a. Concurrence déloyale: Art. 1382, 1383 (1240, 1241 n.F.) Code Civil

Das Institut von *concurrence déloyale* etabliert Mitbewerberschutz[237] über die deliktische Generalklausel des Art. 1382 und Art. 1383 (1240, 1241 n.F.) *Code Civil.* Die französische Rechtsprechung entwickelte Ende des 19. Jahrhunderts anhand der bereits breit gefassten deliktischen Generalklausel des Art. 1382 (1240 n.F.) *Code Civil* Fallgruppen von unfairen Geschäftspraktiken[238] (*dénigrement, désorganisation, imitation, parasitisme*).[239] Diese Ansprüche sind individualistischer Natur und stehen jeder beeinträchtigten Person zu[240], die einen kausalen Schaden geltend machen kann.[241] Wenn anfangs die Klagemöglichkeit nach den Grundsätzen der concurrence déloyale nur Mitbewerbern zustand, wurde diese im Laufe der Zeit auch zugunsten von Unternehmen, die in keinem Wettbewerbsverhältnis mit dem schädigenden Unternehmen standen, erweitert.[242] Im Schrifttum wird teilweise für die gesetzliche Reglementierung des unlauteren Wettbewerbs nach dem Modell des integrierten Ansatzes wie im UWG oder durch die Kodifizierung der Rechtsprechungsgrundsätze auf der Grundlage der Art. 1382, 1383 (1240, 1241 n.F.) Code Civil in Code de commerce plädiert.[243]

b. Pratiques restrictives de concurrence: Code de la consommation

Vorschriften, die bilaterale Beziehungen zwischen Unternehmen regeln, befinden sich im vierten Buch, Titel vier *Code de Commerce.* [244] Die wichtigste letzte

237 *Lucas-Schloetter*, in: *Schmidt-Kessel/Schubmehl*, Lauterkeitsrecht in Europa, 2011, S. 237, 237.

238 *Henning-Bodewig*, in: *Hilty/ Henning-Bodewig*, Lauterkeitsrecht und Acquis Communautaire, 2009, S. 9, 15.

239 *Palombi/Souty*, La modernisation différenciée du droit de la concurrence déloyale en Allemagne et en France, 2004–2015, Revue Lamy de la Concurrence, n°4, Étude 2, 2015.

240 *Henning-Bodewig*, GRUR Int 2010, 549, 550.

241 Zu den Schadensersatzvoraussetzungen auf Grundlage des Art. 1382, 1383 (1240, 1241 n.F.) Code Civil vgl. *Lucas-Schloetter*, in: *Schmidt-Kessel/Schubmehl*, Lauterkeitsrecht in Europa, 2011, S. 237, 244 ff.

242 *Palombi/Souty*, La modernisation différenciée du droit de la concurrence déloyale en Allemagne et en France, 2004–2015, Revue Lamy de la Concurrence, n°4, Étude 2, 2015; *Lucas-Schloetter*, in: *Schmidt-Kessel/Schubmehl*, Lauterkeitsrecht in Europa, 2011, S. 237, 246.

243 *Palombi/Souty*, La modernisation différenciée du droit de la concurrence déloyale en Allemagne et en France, 2004–2015, Revue Lamy de la Concurrence, n°4, Étude 2, 2015.

244 *Palombi/Souty*, La modernisation différenciée du droit de la concurrence déloyale en Allemagne et en France, 2004–2015, Revue Lamy de la Concurrence, n°4, Étude 2, 2015.

Reformierung dieser Vorschriften brachte die Loi LME vom 4. August 2008.[245] Art. L-442–6 *Code de commerce* nennt Kategorien von *pratiques restrictives de concurrence.*

Zur Durchsetzung des *soft laws* in Frankreich trägt die Commission d'examen des pratiques commerciales (Art. L-440–1 *Code de commerce*) bei, die einen Diskussionsraum zwischen Lieferanten, Abnehmern und Verwaltung bereitstellt sowie Ratschläge oder Empfehlungen für Klagen, die von beteiligten Unternehmen oder von Gerichten stammen, erteilt.[246] Die Rolle der französischen Commission ist mit der Rolle der deutschen Wettbewerbszentrale vergleichbar. Die Wettbewerbszentrale übernimmt Selbstregulierungsaufgaben in Fragen betreffend unlautere Geschäftspraktiken und wirkt als Mediator zwischen den Konkurrenten.[247]Wegen Verstößen gegen *pratiques commerciales déloyales* ermitteln in Frankreich Agenten, die der *Direction générale de la concurrence, de la consommation et de la répression des fraudes* (DGCCRF) angehören. Diese Agenten sind mit umfassenden Ermittlungsrechten ausgestattet und können zwecks Ermittlung jegliche Orte oder Transportmittel betreten und Unternehmensdaten in Augenschein nehmen und ggf. Kopien davon fertigen. (Art. L-450–3 *Code de la consommation*). Wenn die Ermittlungen Verstöße eines Unternehmens gegen die Regelungen des *Code de Commerce* aufdecken, kann das Wirtschaftsministerium gegen das betreffende Unternehmen ein gerichtliches Verfahren einleiten, ohne dass die Zustimmung des geschädigten Unternehmens erforderlich ist, das in manchen Fällen lediglich benachrichtigt werden muss.[248]

2. Das b2c-Verhältnis

Regelungen, die den Verbraucher schützen – *Pratiques commerciales déloyales*– werden seit 1993 im *Code de la consommation* geregelt.[249] Der *Code de la consommation* enthält auch Vorschriften betreffend Werbung und Marketing.

Lucas-Schloetter, in: *Schmidt-Kessel/Schubmehl*, Lauterkeitsrecht in Europa, 2011, S. 237,238.

245 Loi n° 2008–776 du 4 août 2008 de modernisation de l'économie, JO du 5.8.2008, 12471

246 *Palombi/Souty*, La modernisation différenciée du droit de la concurrence déloyale en Allemagne et en France, 2004–2015, Revue Lamy de la Concurrence, n°4, Étude 2, 2015.

247 *Palombi/Souty*, La modernisation différenciée du droit de la concurrence déloyale en Allemagne et en France, 2004–2015, Revue Lamy de la Concurrence, n°4, Étude 2, 2015 m.W.N.

248 *Palombi/Souty*, La modernisation différenciée du droit de la concurrence déloyale en Allemagne et en France, 2004–2015, Revue Lamy de la Concurrence, n°4, Étude 2, 2015.

249 *Lucas-Schloetter*, in: *Schmidt-Kessel/Schubmehl*, Lauterkeitsrecht in Europa, 2011, S. 237, 237,240.

Die französischen Juristen verbinden diese Regelungen wenig bis gar nicht mit den deliktsrechtlichen Lauterkeitsgruppen von *concurrence déloyale,* obwohl Mitbewerber von der Schutzrichtung des *Code de la Consommation* eingeschlossen werden.[250]

Verbraucherverbänden steht nach Art. 421–1 ff. *Code de la consommation* ein Klagerecht zu.

III. Das englische Rechtssystem des fairen Wettbewerbs

1. Mitbewerberschutz

In Großbritannien wird der unlautere Wettbewerb nicht als selbständige Rechtsdisziplin angesehen.[251] Dabei gilt jedoch gerade Großbritannien als Motor für den Erlass des Art. 10bis PVÜ.[252] Die Begriffe *unfair competition law* oder *fair trade practices* sind zwar geläufig in der juristischen Sprache, jedoch inhaltlich nicht deckungsgleich mit der Rechtsmaterie, die dem deutschen Lauterkeitsrecht zugeordnet wird. Die Rechtsordnung Großbritanniens kennt weder ein kompaktes, dem kontinental-europäischen Lauterkeitsrecht vergleichbares System für das *unfair competition law* noch ein zivilrechtliches Verbot unlauteren Wettbewerbs.[253] Das Lauterkeitsrecht wird in Großbritannien traditionell als „*terra inkognita*" bezeichnet.[254] Die Gerichte haben konstant abgelehnt, ein allgemeines Verbot oder eine allgemeine Vorschrift unlauteren Wettbewerbs zu entwickeln.[255] Anschaulich ist die Äußerung des Richters *Paten LJ* im Fall *Diageo North America Inc v Intercontinental Brand*[256]*s*: „There is no general law against unfair competition." Das britische Wettbewerbsrecht unterscheidet zwischen dem Konkurrentenschutz einerseits und dem Verbraucherschutz andererseits.[257]

Funktional gleiche Probleme, die den lauteren Wettbewerb zwischen Mitbewerbern in Frage stellen, bewerten englische Gerichte anhand von vorhandenen

250 *Henning-Bodewig,* GRUR Int 2010, 549, 550; *Henning-Bodewig,* in: *Hilty/Henning-Bodewig,* Lauterkeitsrecht und Acquis Communautaire, 2009, S. 9, 15.

251 *Bodewig,* GRUR Int 2004, 543; Vgl. auch *Wadlow,* I.P.Q. 2012, 1 ff.

252 *Bodewig,* GRUR Int 2004, 543.

253 *Müller,* in: *Schmidt-Kessel/ Schubmehl,* Lauterkeitsrecht in Europa, 2011, S. 163; *Ohly,* in: *Schricker,* Recht der Werbung in Europa, 1995, S. 11; Boyle, WRP 1990, 159; *Ulmer/Graf v. Westerholt,* Unlauterer Wettbewerb, Band VI, Vereinigtes Königreich von Großbritannien und Nordirland, S. 1; *Müller,* in: *Schmidt/Kessel/Schubmehl,* Lauterkeitsrecht in Europa, 2011, S. 163 f.

254 *Wadlow,* I.P.Q. 2012, 1, 1 m.w.N.

255 *Ulmer/Graf v. Westerholt,* Unlauterer Wettbewerb, Band VI, Vereinigtes Königreich von Großbritannien und Nordirland, S. 1; *Davis,* in: *Henning-Bodewig,* International Handbook on Unfair Competition, 2013, S. 601 ff.

256 Diageo North America Inc v Intercontinental Brands [2010], EWCA Civ 920 C.A. at para. 24.

257 *Ohly,* in: *Schricker,* Recht der Werbung in Europa, 1995, S. 11.

Klagegründen des common law, *economic torts* wie z.B. *passing off, injurious* bzw. *malicious falsehood, defamation, breach of statutory duty, inducement of breach of contract, interference with business by unlawful means, intimiddation, conspiracy, breach of confidence.*[258] Einen Klagegrund, der den unlauteren Wettbewerb generell sanktioniert, haben Gerichte abgelehnt. Schutz vor unlauterem Wettbewerb erlangen Mitbewerber nur insoweit, als das gerügte Verhalten sich unter vorhandene Tatbestände und Ansprüche des allgemeinen Zivilrechts subsumieren lassen.[259] Solange aber das gerügte Verhalten unter den existierenden *torts* keine Anpassung findet, verweigern die Gerichte dessen Expansion zugunsten eines allgemeinen Wettbewerbsverbots.[260] Gerichte sehen sich nicht dafür zuständig, eine Generalklausel zu entwickeln und die Trennlinie zwischen lauterem und unlauterem Wettbewerb zu bestimmen.[261] Dies ist aus deren Sicht die Aufgabe des Parlaments.[262] Die große richterliche Zurückhaltung bei der Schaffung eines generellen Verbots unlauteren Wettbewerbs erklärt sich zudem durch das Verständnis hinsichtlich der individuelle Vertragsfreiheit, die im 19. Jahrhundert von Richtern propagiert wurde. Gerichte stehen Verpflichtungen, die außerhalb der Privatautonomie

---

258 Ein Überblick über die economic torts liefert *Müller* in: *Schmidt-Kessel/ Schubmehl*, Lauterkeitsrecht in Europa, 2011, S. 163 f; *Bodewig*, GRUR Int 2004, 543, 544 ff; *Ohly*, Richterrecht und Generalklausel im Recht des unlauteren Wettbewerbs, 1997, S. 24 ff.

259 Bodewig, GRUR Int 2004, 543.

260 Die Ausführungen von Richter *Buckley L.J. im Fall Bulmer Ltd. v. Bollinger S.A.* skizzieren exemplarisch diese Sichtweise: "Although injury to a plaintiff's goodwill in his trade or business is a necessary ingredient of a cause of action in passing-off, it is not alone sufficient to give such a cause of action, for goodwill can be injured by perfectly legitimate competition. To give rise to such a cause of action the defendant's conduct which has injured or is likely to injure the plaintiff's goodwill must be of a kind which the law does not regard as legitimate. It is well settled, however, that the defendant's conduct need not have been fraudulent. What conduct, then, will the law regard as illegitimate? So far as I know, no judge has attempted at any time to define this. No doubt this is wise, for conduct which the court may regard as calculated unfairly to prejudice the goodwill of another in his business may take many varied forms.", Bulmer Ltd. v. Bollinger S.A. (1977) 2 C.M: L.R. 625, 636 C.A; Siehe auch *Mogul v McGregor Gow* (1889) L.R. 23 Q.B.D. 598 CA, 625.

261 Eine erste richterliche Stellungnahme zur Trennlinie zwischen lauterem und unlauterem Wettbewerb erfolgte im Fall *Fly LJ* in *Mogul Steamship v. McGregor Gow & Co:* "to draw a line between fair and unfair competition, between what is reasonable and unreasonable, passes the power of the courts. Competition exists when two or more persons seek to possess or to enjoy the same thing: it follows that the success of one must be the failure of another, and no principle of law enables us to interfere with or to moderate that success or that failure so long as it is due to mere competition.", Mogul Steamship v. McGregor Gow & Co, 1889 QBD 598, 625 f.

262 *Davis*, in: *Henning-Bodewig*, International Handbook on Unfair Competition, 2013, S. 603.

liegen, wie strikte Regelungen zum Schutz unlauteren Wettbewerbs oder das Anerkennen eines Rechts zur Privatsphäre, skeptisch gegenüber.[263] Mit Zurückhaltung betrachtete anfangs auch das Reichsgericht die Entwicklung eines Rechts gegen unlauteren Wettbewerb mit dem Argument, dass dies in dem existierenden Markenschutzgesetz von 1874 keine Stütze finde, so dass im Umkehrschluss im Wettbewerb erlaubt sein müsse, was nicht verboten ist[264]. Daher war zunächst die Diskussion über die Entwicklung von lauterkeitsrechtlichen Gruppen, so wie es in Frankreich auf der Grundlage der deliktischen Generalklausel von Art. 1382 (1240 n.F.) *Code Civil* zu geschehen begann, eingefroren. In Deutschland begann sich diese zurückhaltende Betrachtungsweise mit dem Erlass des Gesetzes zum Schutz der Warenbezeichnungen vom 12. 5. 1894 zu ändern. Es trieb den Erlass des Gesetzes zur Bekämpfung unlauteren Wettbewerbs vom 27. 5. 1896 voran und das den Baustein für den Erlass des UWG 1909 stellte.[265]

Aus dem Kreis der relevantesten *law of torts*, die dem Schutz vor schädigenden Behauptungen dienen, weist nur *passing-off* (Begründung einer Verwechslungsgefahr) einen originär wettbewerbsrechtlichen Charakter auf. Allein diese unkodifizierte Norm des britischen Rechts setzt neben dem Schadenseintritt beim Kläger zudem voraus, dass zwischen den Parteien ein wettbewerbsrechtliches Verhältnis besteht.[266] In *Arsenal v Reed* bemerkte *Aldous LJ*, "the cause of action traditionally called passing off, (is) perhaps best referred to as unfair competition."[267] Zu den Gründen, die zu fehlender Entwicklung eines allgemeinen Lauterkeitsrechts beigetragen haben, zählen neben richterlicher Zurückhaltung noch die *doctrine of stare decisis*[268] des *common law*[269] und der ausgeprägte Wirtschaftsliberalismus[270] Großbritanniens.

263 *Davis*, in: *Henning-Bodewig*, International Handbook on Unfair Competition, 2013, S. 603.

264 RGZ 3, 67,69, Urteil vom 30.11.1880; *Podszun*, in: Harte-Bavendamm/Henning-Bodewig, UWG, 4. Aufl. 2016, Einf. Rdnr. 1.

265 *Ohly*, in: *Ohly/Sosnitza*, UWG, 7. Aufl. 2016, Einf. Rdnr. 26 ff.

266 *Ulmer/Graf v. Westerholt*, Unlauterer Wettbewerb, Band VI, Vereinigtes Königreich von Großbritannien und Nordirland, S. 2, 16 f; Zu der Voraussetzungen von passing off vgl. *Davis*, in: *Henning-Bodewig*, International Handbook on Unfair Competition, 2013, S. 609 ff.

267 Arsenal v Reed [2003] E.T.M.R. 73 CA.

268 Relativierend *Ohly*, Richterrecht und Generalklausel im Recht des unlauteren Wettbewerbs, 1997, S. 317: „Im common law dürfen die praktischen Auswirkungen der doctrine of stare decisis nicht überschätzt werden."

269 Glöckner, Europäisches Lauterkeitsrecht, S. 357.

270 *Boyle*, WRP 1990, 159, 160; *Ohly*, Richterrecht und Generalklausel im Recht des unlauteren Wettbewerbs, 1997, S. 5.; *Müller*, in: *Schmidt-Kessel/Schubmehl*, Lauterkeitsrecht in Europa, 2011, S. 184.

2. *Verbraucherschutz*

Der Verbraucherschutz im Wettbewerb unterliegt dagegen den erlassenen straf- bzw. verwaltungsrechtlichen Spezialgesetzen.[271] Die gesetzliche Initiative Großbritanniens zum Verbraucherschutzrecht liegt historisch weit zurück. Zu den erlassenen Vorschriften zählen die *Marchandise Markts Acts* von *1862* und *1887* und der *Weights and Measures Act 1878*, die gegen falsche Warenbezeichnungen bzw. täuschende Maß- und Gewichtsangaben gerichtet waren. Später wurden noch der *Trade Description Act 1968* zum Schutz gegen irreführende Werbung und der *Consumer Protection Act 1987* erlassen.[272] Unter dem Einfluss der europäischen Gemeinschaft wuchs die Zahl der erlassenen verbraucherschutzrechtlichen Vorschriften im britischen Recht.[273]

Die rechtliche Regulierung in Großbritannien erscheint gemessen an den kontinental-europäischen Regelungen lückenhaft.[274] Dennoch funktioniert die Werbekontrolle vergleichsweise effektiv.[275] Etwaige Lücken werden von einem umfassenden System der freiwilligen Selbstkontrolle der Werbewirtschaft, die auf Verhaltenscodices basiert und von verschiedenen Selbstkontrollorganen wie der *Advertising Standard Authority* (ASA) überwacht wird, geschlossen.[276] Die Selbstkontrolle der Wirtschaft erlangt im Bereich Werbung große praktische Relevanz.[277] Das britische Wettbewerbsrecht wird daher als Dreiklang von Fallrecht, Gesetzesrecht und Selbstkontrolle bezeichnet.[278]

C. Zusammenfassung

1. Juristisch betrachtet versteht sich Werbung als Bestandteil der Absatzpolitik. Die Werbewirtschaft setzt Werbung ein, um die Produktattraktivität zu suggerieren und dadurch das Verhalten des Umworbenen zu beeinflussen, um diesen schließlich zu einem Kauf hinzulenken. Durch das Kommunikationsmittel Werbung sollen Kunden gewonnen werden, bzw. das eigene Produkt soll sich am Markt im Verhältnis zu den Produkten der Konkurrenten durchsetzen. Auf der einen Seite unterstützt Werbung durch die Lieferung von Informationen, die eine sachliche Entscheidung der Konsumenten begünstigt, die Förderung der Markttransparenz und daher auch die Wettbewerbsfreiheit. Auf der anderen

---

271 *Ohly*, in: *Schricker*, Recht der Werbung in Europa, 1995, S. 11.
272 *Ohly*, in: *Schricker*, Recht der Werbung in Europa, 1995, S. 12; *Müller*, in: *Schmidt-Kessel/Schubmehl*, Lauterkeitsrecht in Europa, 2011, S. 181.
273 Bodewig, GRUR Int 2004, 543.
274 *Ohly*, in: *Schricker*, Recht der Werbung in Europa, 1995, S. 11.
275 *Ohly*, in: *Schricker*, Recht der Werbung in Europa, 1995, S. 11.
276 *Müller*, in: *Schmidt-Kessel/ Schubmehl*, Lauterkeitsrecht in Europa, 2011, S. 163 f.
277 Vgl. *Bodewig*, GRUR Int 2004, 543.
278 *Bodewig*, GRUR Int 2004, 543.

Seite birgt Werbung die Gefahr unzulässiger Beeinflussung und Belästigung der Konsumenten. Die Beeinflussungsgefahr verwirklich sich dadurch, dass substituierbare Güter als nicht substituierbar präsentiert werden, objektive Produktinformationen vorenthalten bleiben, während Emotionale Komponenten wie Sicherheit, soziales Ansehen oder Erfolg in Vordergrund verschoben werden. Insbesondere bei Werbung mittels Anrufs erweisen sich die Gefahren als hoch. Der passende Stimmklang trägt in erheblicher Weise zum Kommunikationserfolg und zu einer hohen Beeinflussung der Kaufentscheidung bei. Der schlechte Ruf der Telefonwerbung aufgrund hoher Manipulationsgefahr hat sich in der Gesellschaft längst etabliert und wird durch das Bild schlecht bezahlter Callcenter-Mitarbeiter abgerundet. Unerwünschte Telefonwerbung belästigt den Angerufenen in hohem Maße durch das unkontrollierbare Eindringen in seine Privatsphäre, die bereits mit dem Anruf als solchen und unabhängig von dessen Inhalt eintritt. Das Interesse des Beworbenen auf Achtung seiner Privatsphäre wird verfassungsrechtlich durch Art. 1 Abs. 1 i.V.m. Art. 2 Abs. 1 GG, als Ausfluss des allgemeinen Persönlichkeitsrechts geschützt. Die wirtschaftlichen Interessen der Werbenden werden durch Art. 5 Abs. 1 und Art. 12 GG verfassungsrechtlich anerkannt. Es gilt eine Lösung zu finden, die die beidseitigen Interessen berücksichtigt. Regulierungsgrad und -art spiegeln die Rechtskultur der Mitgliedstaaten wider.

2. Das deutsche Recht verfügt über ein kompaktes integriertes Lauterkeitsrechtssystem. Demnach beurteilt sich die Zulässigkeit der Telefonwerbung sowohl im b2b- auch im b2c- Verhältnis nach § 7 Abs. 2 Nr. 2 UWG. Frankreich und Großbritannien haben keine dem UWG vergleichbare Kodifikation und verfolgen das duale Modell des Lauterkeitsrechts.
3. Frankreich verankert den Schutz der Mitbewerber in der deliktsrechtsrechtlichen Generalklausel einerseits und andererseits im *Code de la Consommation*, während der Verbraucherschutz ebenfalls im *Code de la Consommation* geregelt ist. Der Code sieht zugleich zur Durchsetzung des Verbraucherschutzes strafrechtliche und verwaltungsrechtliche Sanktionen vor. Im b2b-Verhältnis existiert allerdings keine französische Norm, die die Telefonwerbung explizit regelt. Die Beurteilung der Telefonwerbung im b2c-Verhältnis folgt dem Gedanken der UGP-Richtlinie, die im *Code de la Consommation* umgesetzt wurde.
4. Das als Dreiklang von Fallrecht, Gesetzesrecht und Selbstkontrolle bezeichnete britische Recht kennt eine im Vergleich zu Deutschland und Frankreich geringe Regulierung fairen Wettbewerbs. Ebenso wie in Frankreich ist die Regulierung der Telefonwerbung im b2b-Verhältnis dem System der Selbstkontrolle überlassen. Die Entwicklung einer allgemeinen Lauterkeitsklausel sprengt aus Richtersicht deren Kompetenzbereich. Infolge der Umsetzung der UGP-Richtlinie existiert nunmehr auch in Großbritannien eine allgemeine Vorschrift zum Schutze des lauteren Wettbewerbes, allerdings nur soweit der Geltungsbereich der Richtlinie reicht, also nur im Verhältnis zu Verbrauchern und soweit die Geschäftspraktik deren wirtschaftlichen Interessen erheblich beeinträchtigt.

5. Für die Rechtsvergleichung relevant ist nicht die Existenz gleicher oder ähnlicher Kodifikationen, sondern der Vergleich der Methoden, mit denen verschiedene Mitgliedstaaten funktional gleiche Probleme lösen.

Drittes Kapitel – Entwicklung des Schutzes gegen unerwünschte Telefonwerbung in Deutschland

In Deutschland regelt § 7 Abs. 2 Nr. 2 UWG die Zulässigkeit der Telefonwerbung. Das Gesetz enthält differenzierte Vorgaben in Bezug auf die Werbung im b2c- und im b2b-Verhältnis. Nach § 7 Abs. 2 Nr. 2 Alt. 1 UWG ist Werbung mit einem Telefonanruf gegenüber einem Verbraucher ohne dessen *vorherige ausdrückliche Einwilligung* unzulässig. Gegenüber sonstigen Marktteilnehmern ist Telefonwerbung laut § 7 Abs. 2 Nr. 2 Alt. 2 UWG ohne deren *zumindest mutmaßliche Einwilligung* unzulässig. § 7 UWG bildet unter den Namen „unzumutbare Belästigungen" neben § 3 UWG einen selbständigen Verbotstatbestand.[279] Die Beweislast für das Vorliegen einer wirksamen tatsächlichen oder mutmaßlichen Einwilligung sowie dafür, dass es sich bei dem Angerufenen um ein Unternehmen handelte, trägt der Werbende.[280] § 7 Abs. 2 Nr. 2 UWG kodifiziert die vom BGH entwickelten Grundsätze zur Zulässigkeit der Telefonwerbung und setzt zugleich Art. 13 Abs. 3 1. Alt, Art. 13 Abs. 5 DSRL 2002/58/EG um.[281] Die Vorschrift hat in den letzten Jahren mehrere Änderungen erfahren. Die wiederholte Aktualisierung der Zulässigkeit der Telefonwerbung zeigt, dass die Regulierung der Telefonwerbung nach wie vor ein brisantes Thema des politisch-gesellschaftlichen Diskurses darstellt.

A. Entwicklung durch die deutsche Rechtsprechung

Die Rechtsprechung stigmatisierte unerwünschte Telefonwerbung mit dem Vorwurf einer Belästigung und sanktionierte dieses unlautere Verhalten auf der Grundlage der Generalklausel des § 1 UWG a.F. Belästigung wurde im Rahmen des § 1 UWG als Fallgruppe unlauterer Kundenwerbung behandelt.[282]

Bis zur Regulierung der Zulässigkeit der Telefonwerbung in § 7 Abs. 2 Nr. 2 UWG durch die UWG-Novelle 2004 haben deutsche Gerichte auf Grundlage der Generalklausel des § 1 UWG a. F. detailliert herausgearbeitet, unter welchen Voraussetzungen Telefonwerbung erlaubt ist. Mit dem Erlass der Datenschutzrichtlinie 2002/58/EG hat auch der europäische Gesetzgeber in Art. 13 Abs. 3 DSRL 2002/58/EG eine gesetzliche Regelung getroffen und Mitgliedstaaten verpflichtet,

---

279 *Pahlow*, in: *Teplitzky/Peifer/Leistner*, GK-UWG, 2. Aufl. 2013, § 7 Rdnr. 29.

280 *Pahlow*, in: *Teplitzky/Peifer/Leistner*, GK-UWG, 2. Aufl. 2013, § 7 Rdnr. 150.

281 BT-Drucks. 15/1487, S. 21.

282 *Ohly*, in: *Ohly/Sosnitza*, UWG, 7. Aufl. 2016, § 7 Rdnr. 5.

natürliche Personen gegen unerbetene Telefonwerbung zu schützen, wobei als Mindestschutz das Einfügen eines Opt-out-Systems als ausreichend betrachtet wurde. Noch vor Erlass dieser Regelung hat die deutsche Rechtsprechung die Zulässigkeit der Telefonwerbung an dem Opt-in-Modell gemessen. Der nationale Gesetzgeber hat diese tradierte Rechtsauffassung in § 7 Abs. 2 Nr. 2 nicht nur übernommen, sondern hat im Zuge mehrerer UWG-Novellen die Zulässigkeitsvoraussetzungen kontinuierlich verschärft. Damit übersteigt die Rechtsschutzweite in Deutschland den europäischen Mindeststandard und ist auch im Vergleich zu dem in England und Frankreich geltenden Rechtsschutz gegen unerbetene Telefonwerbung höher, da beide Länder sich für die Einführung eines Opt-out-Systems entschieden haben.

Auf Grundlage des § 1 UWG a.F. erließ der BGH sechs Urteile, in denen die Zulässigkeitsvoraussetzungen für die Telefonwerbung Schritt für Schritt konkretisiert wurden. Dabei setzte der BGH für das b2c-Verhältnis im Vergleich zum b2b-Verhältnis strengere Zulässigkeitsvoraussetzungen.

I. Telefonwerbung I

1. *Verstoß gegen die guten Sitten*

Die erste BGH-Entscheidung in Sache Telefonwerbung erging im Jahre 1970.[283]

Der BGH entschied, dass es gegen die guten Sitten des lauteren Wettbewerbs und folglich gegen § 1 UWG a.F. verstößt, unaufgefordert Inhaber von Fernsprechanschlüssen, zu denen bislang keine Beziehungen bestanden, in ihrem privaten Bereich anzurufen, um Geschäftsabschlüsse anzubahnen oder vorzubereiten, insbesondere um Waren oder sonstige Leistungen anzubieten. Für die Beurteilung, ob die Werbemaßnahme gegen die guten Sitten verstößt, legte der BGH § 1 UWG im Lichte der Verfassung aus und prüfte das Kollisionsverhältnis zwischen dem durch die Verfassung garantierten Schutz der Privatsphäre einerseits und dem wirtschaftlichen Gewinnstreben Dritter andererseits. Das Ergebnis formulierte der BGH in einem vom BVerfG[284] bestätigten Grundsatz: Der Schutz der Individualsphäre gegenüber dem wirtschaftlichen Gewinnstreben Dritter hat Vorrang.[285]

2. *Wettbewerbsrechtlicher Schutz des Verbrauchers über die Allgemeinheit*

Als das Urteil erging, gehörten Verbraucher noch nicht explizit zum Schutzzweck des UWG, weshalb der BGH die Brücke zum Verbraucherschutz über die Allgemeinheit schlug. Der Gedanke, dass das UWG neben Mitbewerbern auch das Interesse der Allgemeinheit an der Lauterkeit des Wettbewerbs schützt, war

283 BGH, Urteil vom 19.6.1970 – I ZR 115/68, GRUR 1970, 523 – Telefonwerbung I.
284 BVerfG, GRUR 1972, 552, 553 – Grabsteinwerbung.
285 BGH, Urteil vom 19.6.1970 – I ZR 115/68, GRUR 1970, 523, 524 – Telefonwerbung I.

bereits in den Entscheidungen des Reichsgerichts zu finden. Im Zusammenhang mit der Unterlassungsklage führte das Reichsgericht aus, dass die Allgemeinheit nicht nur den Wettbewerber schützen, sondern, wie das ganze Wettbewerbsgesetz, auch im öffentlichen Interesse den Auswüchsen des Wettbewerbs überhaupt, d.h. auf irgendeinem Gebiet, entgegentreten“[286]. Die Interessen der Allgemeinheit inkludierten dabei auch die Interessen der Verbraucher, die das Reichsgericht als Publikum verstand[287]: „Das UWG dient sowohl der Reinerhaltung des Verkehrs im Interesse des Publikums als auch dem Schutz der Mitbewerber.“[288]

In Telefonwerbung I setzt der BGH die von dem Reichsgericht bereits verwendete Schutzlinie fort. In den Entscheidungsgrundsätzen knüpft der BGH an seine vorangegangenen Entscheidungen[289] an, in denen ebenfalls das Empfinden der Allgemeinheit – verstanden als alle an der Werbung wirtschaftlich nicht beteiligten und nicht interessierten Personen – maßgeblich für die Zulässigkeit von Webemaßnahmen war, da § 1 UWG nicht nur Mitbewerber vor unlauterem Wettbewerb schütze, sondern auch die Allgemeinheit vor Auswüchsen des Wettbewerbs.[290] In seiner Entscheidung stellt der BGH im Wesentlichen auf zwei Gesichtspunkte ab.

3. Beeinträchtigung der Privatsphäre Privater

Zum einen stützt der BGH seine Entscheidung auf die Beeinträchtigung der Privatsphäre und die damit zusammenhängende Belästigung des Angerufenen. Die Belästigung trete in dem Moment des Anrufs und unabhängig von dem Gesprächsverlauf ein. Für die Annahme einer Belästigung durch den Anruf selbst und eines Missbrauchs des Telefonanschlusses weist der BGH auf die technische Eigenart des Telefons hin. Das Medium Telefon erlaube ein unkontrollierbares Eindringen in die Privatsphäre, denn es sei nicht erkennbar, wer zu welchem Zweck anruft, so dass der Anschlussinhaber genötigt sei, das Gespräch anzunehmen, da es sich um für ihn wichtige Anrufe handeln könne. Die Art und Weise der Durchführung des Gesprächs könne eine zusätzliche Belästigung mit sich bringen, basierend auf aufgeregten verbalen Auseinandersetzungen und sogar Gefühlsausbrüchen. Selbst wenn das Gespräch höflich verlaufe, könne die Belästigung nicht mehr rückgängig gemacht werden. Im Gegenteil, der Angerufene ließe sich in diesem Falle auf das Gespräch eher ein und wolle über den Zweck des Anrufs Näheres erfahren, weil in der Regel Höflichkeit ebenso Höflichkeit bewirke.[291]

---

286 RGZ 128, 330, 342.
287 Vgl. *Köhler*, in: *Köhler/Bornkamm/Feddersen*, UWG, 36. Aufl. 2018, § 1 Rdnr. 1.
288 RG, MuW 1930, 231.
289 BGH, Urteil vom 11.11.1958 ⊠ I ZR 179/57, GRUR 1959, 277, 279 – Künstlerpostkarte; BGH, Urteil vom 04.12.1964 – Ib ZR 38/63, GRUR 1965, 315, 316 – Werbewagen; BGH, Urteil vom 01.02.1967 – Ib ZR 3/65 GRUR 1967, 430, 431 – Grabsteinaufträge.
290 BGH, Urteil vom 19.6.1970 – I ZR 115/68, GRUR 1970, 523, 524 – Telefonwerbung I.
291 BGH, Urteil vom 19.6.1970 – I ZR 115/68, GRUR 1970, 523, 524 – Telefonwerbung I.

4. Nachahmungsgefahr

Zum anderen begründet der BGH seine Entscheidung mit der Nachahmungsgefahr, die diese Werbemethode aufgrund geringer Aufwendungen unter Erreichung optimaler Zeitausnutzung und einer kaum zu übertreffenden Nähe des Werbenden birgt Die Werbemethode sei auch dann unlauter, „wenn sie den Keim zu einem immer weiteren Umsichgreifen in sich trägt und damit zu einer Verwilderung der Wettbewerbssitten führt."[292]

5. Konkretisierung rechtfertigender Umstände durch die Instanzgerichte

In der ersten Entscheidung zur Telefonwerbung ging der BGH zwar davon aus, dass mangels Einverständnisses die Telefonwerbung unzulässig sei, denn die Existenz eines Telefonanschlusses lasse nicht die Schlussfolgerung zu, dass der Telefonanschlussinhaber „sich und sein Heim unbeschränkt der großen Welt „öffne".[293] Allerdings formuliert BGH noch nicht ein absolutes Opt-in-System, das auf dem Vorliegen einer Einwilligung aufbaut. Die Formulierung, [Anrufe] „von dem, der zu dem Inhaber in solchen Beziehungen steht, die die Inanspruchnahme (eines Telefonats) gerechtfertigt erscheinen lassen"[294], deutet auf die ausreichende Möglichkeit der Legitimierung von Telefonwerbung durch eine mutmaßliche Einwilligung hin. Mit der Frage, unter welchen Umständen eine zu dem Angerufenen existierende Beziehung die Zulässigkeit der Telefonwerbung rechtfertigen könne, haben sich in der Nachfolgezeit einige Instanzgerichte, sowohl im Rahmen von privaten als auch im Rahmen von geschäftlichen Beziehungen zwischen Werbenden und Angerufenen, beschäftigt.

6. Private Beziehungen als rechtfertigender Umstand

Das OLG Stuttgart[295] hatte über die Zulässigkeit der Telefonwerbung zu entscheiden in einem Fall, in dem zwischen dem anrufenden Handelsvertreter und den angerufenen Arbeitskollegen oder Schulfreunden über gemeinsame Vereine zur Freizeitgestaltung eine private Beziehung bestand und der Handelsvertreter die Beziehung nutzte, um Telefonanrufe zwecks Angebots von Versicherungsleistungen durchzuführen. Unter Hinweis auf den Gedanken des BGH, dass eine existierende Beziehung das Merkmal der Unlauterkeit entfallen lassen kann, qualifizierte das OLG Stuttgart die Werbung im konkreten Fall als zulässig. Es betonte aber zugleich, dass Telefonwerbung im Bekanntenkreis nicht allgemein erlaubt sei; insbesondere nicht bei speziell darauf angelegten Vertriebssystemen. Vielmehr bedürfe es (auch) in diesem Bereich einer eng auszulegenden Einzelfallbetrachtung.[296]

---

292 BGH, Urteil vom 19.6.1970 – I ZR 115/68, GRUR 1970, 523, 524 f. – Telefonwerbung I.
293 BGH, Urteil vom 19.6.1970 – I ZR 115/68, GRUR 1970, 523, 524 – Telefonwerbung I.
294 BGH, Urteil vom 19.6.1970 – I ZR 115/68, GRUR 1970, 523, 524 – Telefonwerbung I.
295 OLG Stuttgart, Urteil vom 6.2.1987 – 2 U 67/86, NJW-RR 1987, 1132.
296 OLG Stuttgart, Urteil vom 6.2.1987 – 2 U 67/86 NJW-RR 1987, 1132, 1133.

7. Geschäftliche Beziehungen als rechtfertigender Umstand

Bei vorangegangenen geschäftlichen Beziehungen zwischen Werbenden und Umworbenen zeigten die Instanzgerichte eine großzügige Beurteilung zugunsten der Werbenden. Sie gingen von der Zulässigkeit der Telefonwerbung aus und knüpften an die Argumentationslinie des BGH an, wonach eine existierende besondere Beziehung dem Vorwurf der Missbilligung und Belästigung den Boden entzieht.[297] In diesem Sinne wurde der Grundsatz aufgestellt, dass der Angerufene mit dem unaufgeforderten Anruf einverstanden ist, wenn er mit dem Werbenden in einer „ständigen geschäftlichen Beziehung“ steht.[298]

Des Weiteren haben Instanzgerichte in einigen Sonderfällen betreffend existierende Kundenbeziehungen Stellung genommen und der Zulässigkeit der Telefonwerbung Grenzen gesetzt. So wurde von dem Kammergericht Berlin[299] am Beispiel der telefonischen Weinwerbung angenommen, dass von einer geschäftlichen Beziehung – die bereits mit einem einzigen Kauf zustande kommt, falls es sich nicht nur um einen Bagatellkauf handelt – dann nicht mehr die Rede sein kann, wenn bei einer fortlaufenden Geschäftsbeziehung keine positive Reaktion auf Werbemaßnahmen im jährlichen Rhythmus stattgefunden hat. Längere Abstände können nicht mehr zu der Annahme einer Geschäftsbeziehung führen.[300]

Zu Recht präzisierte das LG Bad Kreuznach[301] ein Jahr später, dass infolge der Kündigung eines Abonnementvertrages auch die Geschäftsbeziehung beendet ist, so dass diese keinen rechtfertigenden Umstand für den Anruf zwecks Versuches, eine Überdenkung der Kündigung herbeizuführen, (mehr) bilden kann Die Angabe der Telefonnummer beim Vertragsabschluss begründe keine Rechtfertigung der Werbemaßnahme, da diese lediglich zur leichteren Vertragsabwicklung und nicht dagegen zur Infragestellung einer Kündigung bestimmt sei.

II. Telefonwerbung II

In der Entscheidung Telefonwerbung II von 1989[302] konkretisierte der BGH die Zulässigkeitsvoraussetzungen für die Telefonwerbung gegenüber Privatpersonen und postulierte hierfür eindeutig die Geltung des Opt-in-Systems. In dem amtlichen Leitsatz wird ausgeführt, dass Telefonwerbung gegenüber Privatpersonen nur dann zulässig ist, wenn der Angerufene zuvor ausdrücklich oder stillschweigend sein Einverständnis erklärt hat, zu Werbezwecken angerufen zu werden.

297 OLG Hamburg, Urteil vom 18.5.1978 – 3 U 25/78, WRP 1978, 553, 554; OLG Frankfurt, Urteil vom 17.2.1983 – 6 U 56/82, GRUR 1983, 674, 675.

298 OLG Hamburg, Urteil vom 18.5.1978 – 3 U 25/78, WRP 1978, 553, 554; OLG Frankfurt, Urteil von 17.2.1983 – 6 U 56/82, GRUR 1983, 674, 675.

299 KG, Urteil vom 10.7.1987 – 5 U 2750/86, WRP 1988, 304, 305.

300 KG, Urteil vom 10.7.1987 – 5 U 2750/86, WRP 1988, 304, 306.

301 LG Bad Kreuznach, Urteil vom 5.12.1988 – 5 0 154/86, GRUR 1989, 364, 365.

302 BGH, Urteil vom 8.6.1989 – I ZR 178/87, GRUR 1989, 753 – Telefonwerbung II.

Auf das Merkmal der „Beziehung zwischen Werbendem und Umworbenem“ wird, anders als in Telefonwerbung I Entscheidung, verzichtet. Die Entscheidung betont, dass der Schutz der Individualsphäre gegenüber dem wirtschaftlichen Gewinnstreben Einzelner im Vordergrund steht. Die Werbewirtschaft könne – so der BGH – auf andere Werbemethoden zugreifen, um ihre berechtigten Werbeinteressen zu verfolgen, so dass das Eindringen in den privaten Bereich des Angerufenen nicht zumutbar sei. Der BGH misst in dieser Entscheidung der Privatsphäre eine große Bedeutung zu und stellt klar, dass von der bloßen Aufnahme eines geschäftlichen Kontakts des *privaten* Endabnehmers nicht auf dessen Einverständnis mit der Telefonwerbung geschlossen werden kann. Damit beendet der BGH die in der Jurisprudenz[303] entstandene Diskussion, welche Attribute eine die Telefonwerbung rechtfertigende Beziehung zwischen Werbenden und Umworbenen ausweisen muss. Der BGH fügte hinzu, dass bei geschäftlichen Beziehungen unter Gewerbetreibenden dies anders sein mag, ohne jedoch auf weitere Einzelheiten einzugehen.

Bemerkenswert ist auch, dass der BGH weit über die Anforderungen, die das LG Bad Kreuznach in dem oben zitierten Urteil gestellt hat, hinausgeht.[304] In dem vom BGH zu entscheidenden Fall hatte der Kunde zwei Jahre nach einer Weinprobe im Haus des Weinhändlers Wein und Sekt bestellt. Auf eine nachfolgende Einladung zu einer Weinprobe hatte der Kunde ebenso wenig reagiert, wie auf die schriftliche Ankündigung eines Telefonanrufs. Der BGH prüft, anders als das LG Bad Kreuznach, nicht, ob eine geschäftliche Beziehung angesichts der Zeitspanne zwischen dem letzten Kontakt und der neuen Werbebotschaft besteht, sondern geht direkt von der Unzulässigkeit des Werbeanrufs aus, da sich aus der geschäftlichen Beziehung ohnehin kein Einverständnis mit der Werbung ergeben könne.[305] Weder eine private noch eine geschäftliche Beziehung könne einen Eingriff in die Privatsphäre des Verbrauchers rechtfertigen. Der BGH stellt ausdrücklich klar, dass allein das Vorliegen eines Einverständnisses die Zulässigkeit der Telefonwerbung rechtfertigen kann.

Ferner stellt der BGH fest, dass das Einverständnis sich grundsätzlich, wie auch im Streitfall, auch nicht aus der unterbliebenen Reaktion des angeschriebenen Verbrauchers ergibt. Das Schweigen des Werbeadressaten ersetze nicht dessen Einverständnis.[306] Das Einverständnis, so der BGH, könne ausdrücklich oder konkludent erklärt werden. Ein ausdrückliches Einverständnis sei beispielsweise dann anzunehmen, wenn die Telefonwerbung auf die Initiative des Werbeadressaten zurückzuführen ist oder wenn dieser bei Aufnahme des Geschäftskontakts erklärt hat, Telefonate empfangen zu wollen. Für ein konkludentes Einverständnis diene der Fall als Beispiel, in welchem der Kunde seine Telefonnummer *in der Erkenntnis*

303 Vgl. OLG Stuttgart, Urteil vom 6.2.1987 – 2 U 67/86, NJW-RR 1987, 1132, 1133; LG Bad Kreuznach, Urteil vom 5.12.1988 – 5 0 154/86GRUR 1989, 364, 365.

304 LG Bad Kreuznach, Urteil vom 5.12.1988 – 5 0 154/86, GRUR 1989, 364, 365.

305 BGH, Urteil vom 8.6.1989 – I ZR 178/87, GRUR 1989, 753, 754 – Telefonwerbung II.

306 BGH, Urteil vom 8.6.1989 – I ZR 178/87, GRUR 1989, 753, 754 – Telefonwerbung II.

mitteilt, dass der werbende Unternehmer die Kontaktdaten zur Fortführung des geschäftlichen Kontaktes nutzen wird.

Zudem stellt der BGH ausdrücklich klar, dass der Verbraucher, als der Allgemeinheit zugehöre, durch das UWG geschützt ist und bejaht die Aktivlegitimation des klagenden Verbraucherverbands.[307]

III. Telefonwerbung III

In Telefonwerbung III hatte der BGH 1989 darüber zu entscheiden, ob in der schriftlichen Bitte des Angerufenen um Zusendung von Informationsmaterial ein Einverständnis mit der Telefonwerbung zu sehen ist. Der BGH betont, dass die Frage, ob eine Einverständniserklärung vorliegt, eine Frage des Einzelfalles ist. Unter Rückgriff auf seine vorherige Rechtsprechung Telefonwerbung II, wonach eine Telefonwerbung gegenüber Privatpersonen nur dann zulässig sei, wenn der Angerufene zuvor ausdrücklich oder stillschweigend sein Einverständnis erklärt habe zu Werbezwecken angerufen zu werden, entscheidet der BGH nun, dass in der schriftlichen Bitte einer Privatperson um Übersendung von Informationsmaterial ein solches Einverständnis in der Regel nicht vorliegt.[308] Mit der schriftlichen Bitte um Zusendung von Werbematerial erkläre der Interessent *in der Regel* nicht konkludent, damit einverstanden zu sein, vor, bei oder nach Übersendung des Materials angerufen zu werden.[309] In Telefonwerbung III hatte der Interessent in der schriftlichen Bitte um Zusendung des Infomaterials in der Form einer Postkarte seine Telefonnummer bewusst nicht angegeben, sondern im Gegensatz die dafür vorgesehene Rubrik extra durchgestrichen und damit zu erkennen gegeben, dass er den Anruf nicht wünscht. Für diesen Fall nimmt der BGH generell an, dass ein konkludentes Einverständnis mit dem Werbeanruf nicht vorliegt.

Die Konstellation, in welcher sich der Interessent mit einer schriftlichen Bitte um Informationsmaterial an den Anbieter wendet und dabei aber seine Telefonnummer angibt, beurteilt der BGH nicht, lässt aber erkennen, dass in diesem Falle von einem konkludenten Einverständnis des Interessenten mit der Telefonwerbung ausgegangen werden kann. Dies ergibt sich aus der ausgewählten Formulierung „in der Regel" und aus dem Grundsatz, dass beim Durchstreichen der Rubrik für die Angabe der Telefonnummer definitiv kein Einverständnis zu erblicken ist, da der Verfasser damit deutlich seine ablehnende Einstellung gegenüber der Telefonwerbung zum Vorschein bringt. Umgekehrt würde aber der Interessent bei Angabe der Telefonnummer im Zusammenhang mit einer schriftlich verfassten Bitte um Zusendung von Informationsmaterial zu erkennen geben, dass er mit einem Anruf seitens des Empfängers einverstanden ist.

---

307 BGH, Urteil vom 8.6.1989 – I ZR 178/87, GRUR 1989, 753, 754 – Telefonwerbung II.
308 BGH, Urteil vom 8.11.1989 – I ZR 55/88, GRUR 1990, 280 – Telefonwerbung III.
309 BGH, Urteil vom 8.11.1989 – I ZR 55/88, GRUR 1990, 280, 281 – Telefonwerbung III.

IV. Telefonwerbung IV

Die vierte Entscheidung des BGH aus der Reihe Telefonwerbung I bis VI aus dem Jahre 1991 handelt zum ersten Mal von der Telefonwerbung gegenüber Gewerbetreibenden und Freiberuflern. Für die Zulässigkeit eines Werbeanrufs gegenüber Gewerbetreibenden setzt der BGH voraus, dass der Gewerbetreibende sein Einverständnis erklärt hat oder dieses vermutet werden kann. Der amtliche Leitsatz lautet: „Es ist wettbewerbswidrig i.S.d. § 1 UWG, einen Gewerbetreibenden zu Werbezwecken anzurufen, wenn dieser nicht damit einverstanden ist oder sein Einverständnis vermutet werden kann."[310] In dem Fall ging es um eine telefonische PKW-Werbeaktion eines Autohauses gegenüber einer Hamburger Anwaltssozietät unter Einschaltung einer Telefon-Marketing-Agentur mit dem Ziel, einem Anwalt eine kostenlose Probefahrt anzubieten. Das Berufungsgericht beurteilte die Werbemaßnahme als Verstoß gegen § 1 UWG mit dem Argument, es sei unlauter, im geschäftlichen Bereich außerhalb bestehender Beziehungen Werbeanrufe zu tätigen, sofern diese sich nicht auf die eigentliche geschäftliche Tätigkeit des Angerufenen beziehen, sondern bloße Hilfsmittel darstellen. Dies führe zu unzumutbaren Belästigungen seitens des Angerufenen. Der BGH beurteilt die Werbeaktion ebenfalls als unzulässig, stimmt aber dem pauschalen Beurteilungsmaßstab des Berufungsgerichts – das nach dem eigentlichen Geschäftsgegenstand des Angerufenen und bloßen Hilfsmitteln unterscheidet und im ersten Fall die Telefonwerbung allgemein als zulässig qualifiziert – nicht uneingeschränkt zu. Der BGH knüpft an seine früheren Entscheidungen an und führt aus, dass die Störung bereits mit dem Anruf eintritt. Er betont allerdings, dass die bisherigen Rechtsprechungsgrundsätze gegenüber privaten Anschlussinhabern auf die Telefonwerbung im geschäftlichen Bereich nicht uneingeschränkt übertragbar sind, da hier nicht die Belästigung im Individualbereich im Vordergrund steh. Allerdings sind Werbeanrufe auch im geschäftlichen Bereich nicht uneingeschränkt hinnehmbar. Der Gewerbetreibende, der den Telefonanschluss im eigenen Interesse und nicht im Interesse eines Werbungstreibenden unterhalte, rechne mit Anrufen von Geschäftspartnern und von Personen, die aufgrund des Geschäftszweiges eigene Interessen verfolgen. Damit stehe er unbekannten Dritten aufgeschlossener gegenüber als ein Anschlussinhaber, der im privaten Bereich telefonisch umworben werde.[311] Ein unerwünschter Anruf gegenüber dem Gewerbetreibenden führe jedoch ebenfalls zu Belästigungen und zu einer Störung in dessen berufliche Tätigkeit. Zudem trete eine Störung des Geschäftsgangs ein, da der Telefonanschluss für die Dauer des Gesprächs belegt sei.[312] Ein bloß allgemeiner Sachbezug zum Geschäftsbetrieb des angerufenen Gewerbetreibenden begründe für sich allein kein ausreichend großes Interesse.[313] Erforderlich sei ein konkreter, aus dem Interessenbereich des Anzurufenden

310 BGH, Urteil vom 24.1.1991 – I ZR 133/89, GRUR 1991, 764 – Telefonwerbung IV.
311 BGH, Urteil vom 24.1.1991 – I ZR 133/89, GRUR 1991, 764, 765 – Telefonwerbung IV.
312 BGH, Urteil vom 24.1.1991 – I ZR 133/89, GRUR 1991, 764, 765 – Telefonwerbung IV.
313 BGH, Urteil vom 24.1.1991 – I ZR 133/89, GRUR 1991, 764, 765 – Telefonwerbung IV.

herzuleitender Grund, der diese Art der Werbung rechtfertige und der dann vorliege, wenn der Angerufene ausdrücklich oder konkludent sein Einverständnis mit solchen Anrufen erklärt habe, oder aber „wenn aufgrund konkreter tatsächlicher Umstände ein sachliches Interesse des Anzurufenden daran vermutet werden kann."[314] Maßgeblich sei der Grad des Interesses, den der Gewerbetreibende der Werbung entgegenbringe.[315] Ein ausreichend großes Interesse an der Telefonwerbung könne sich aus zwei Gründen ergeben. *Erstens* ergebe sich dies häufig aus einer bestehenden Geschäftsverbindung. *Zweitens* könne ein großes Interesse dann angenommen werden, wenn die Telefonwerbung den eigentlichen Geschäftsgegenstand des Angerufenen betreffe. Allerdings betont der BGH, entgegen der Meinung des Berufungsgerichts, dass im letzteren Falle nicht pauschal von einem vermuteten Einverständnis mit der Werbung ausgegangen werden kann. Eine generalisierende Betrachtungsweise, die nicht hinreichend auch das Interesse des Anzurufenden an der jeweiligen Werbung berücksichtige, verbiete sich. Für die Annahme eines vermuteten Einverständnisses „entscheidend ist allein, ob nach den Umständen des Einzelfalles die Annahme gerechtfertigt ist, dass der Anzurufende den Anruf erwartet oder ihm jedenfalls positiv gegenübersteht."[316] Neben einer allgemeinen Sachbezogenheit fordert der BGH das Vorliegen eines konkreten Grundes, der erlaubt, bei Betroffenen statt auf die schriftliche Werbung auf die Telefonwerbung zurückzugreifen.[317] Die Beurteilung des Berufungsgerichts sei insofern „teils zu eng, teils zu weit". Ein vermutetes Einverständnis könne auch bei Anrufen betreffend Hilfsmittel angenommen werden und umgekehrt könne dieses bei Anrufen betreffend den eigentlichen Geschäftsgegenstand fehlen.[318]

V. Telefonwerbung V

In der Entscheidung Telefonwerbung V aus dem Jahre 1994[319] setzt der BGH die Konkretisierung der Voraussetzungen für die Telefonwerbung gegenüber Privaten fort und geht insbesondere auf die Erfordernisse eines konkludenten Einverständnisses ein.

Der Fall handelte von einem Telefonanruf einer Versicherungsgesellschaft gegenüber einer Versicherungsnehmerin zwecks Anbahnung eines neuen Vertrags für ihre minderjährige Tochter. Der BGH entscheidet, so der amtliche Leitsatz, dass „eine Telefonwerbung gegenüber einem privaten Versicherungsnehmer zu dem Zweck, ihn zur Versicherung eines weiteren Risikos zu veranlassen (hier: zur Unfallversicherung für ein weiteres Familienmitglied), wettbewerbswidrig [ist],

314 BGH, Urteil vom 24.1.1991 – I ZR 133/89, GRUR 1991, 764, 765 – Telefonwerbung IV.
315 BGH, Urteil vom 24.1.1991 – I ZR 133/89, GRUR 1991, 764, 765 – Telefonwerbung IV.
316 BGH, Urteil vom 24.1.1991 – I ZR 133/89, GRUR 1991, 764, 765 – Telefonwerbung IV.
317 BGH, Urteil vom 24.1.1991 – I ZR 133/89, GRUR 1991, 764, 765 – Telefonwerbung IV.
318 BGH, Urteil vom 24.1.1991 – I ZR 133/89, GRUR 1991, 764, 765 – Telefonwerbung IV.
319 BGH, Urteil vom 8.12.1994 – I ZR 189/92, GRUR 1995, 220 – Telefonwerbung V.

wenn nicht der Angerufene zuvor ausdrücklich oder stillschweigend sein Einverständnis erklärt hat, zu Werbezwecken angerufen zu werden."[320] Der BGH nimmt Bezug auf seine bereits ergangenen Entscheidungen bezüglich der Zulässigkeit von Telefonwerbung und bezeichnet diese als ständige Rechtsprechung. Das Gericht führt aus, dass ein Eindringen in den verfassungsrechtlich geschützten privaten Bereich mit einem Telefonanruf nur beim Vorliegen eines vorher ausdrücklich oder stillschweigend erklärten Einverständnisses möglich ist. Entgegen der Meinung des Berufungsgerichts lässt der BGH ein vermutetes Einverständnis nicht ausreichen, da dieser in Telefonwerbung IV aufgestellte Grundsatz nur im geschäftlichen Bereich Anwendung finde.[321] Ferner verneint der BGH das Vorliegen eines konkludenten Einverständnisses im konkreten Fall. *Erstens* könne in der Angabe der Telefonnummer in den Unterlagen kein (konkludentes) Einverständnis mit einer Telefonwerbung gesehen werden. Damit erkläre sich der Betroffene lediglich mit Anrufen betreffend den bestehenden Vertrag sowie durch des ihn begründeten Bereichs des Versicherungsschutzes einverstanden.[322] *Zweitens* könne ein konkludentes Einverständnis nicht auch aus einer bestehenden Beziehung entnommen werden. Dies gelte auch für Dauerschuldverhältnisse. Auch wenn in diesem Fall der Angerufene im Gegensatz zu Geschäften betreffend den Austausch von Waren und Dienstleistungen eher bereit sei, Anrufe entgegenzunehmen, rechtfertige dies nicht die Zulässigkeit eines Anrufs zwecks Erweiterung oder Ergänzung des Dauerschuldverhältnisses.[323] *Drittens* gelten auch im Bereich des Versicherungswesens dieselben Grundsätze. Eine Ausnahme sei auch im Hinblick bestehender Informationspflichten nicht zuzulassen, da diese allein im Rahmen eines bereits abgeschlossenen Vertrags bestehen. Die Ausnahme erstreckt sich weder auf die Versicherung anderer als im Zusammenhang mit dem bestehenden Vertrag sich ergebender Risiken noch auf weitere als im Vertrag genannten Personen. In diesen Fällen müsse sich der Werbende mit einer schriftlichen Anfrage begnügen.[324] Zudem stellt der BGH klar, dass im Versicherungswesen ein vermutetes Einverständnis eines Versicherungsnehmers mit einem Anruf in seinem privaten Bereich nur dann angenommen werden kann, wenn dieser nicht dem Abschluss eines neuen Vertrages, sondern der Klärung eines Schadensfalles dient. Dazu gehören Anrufe zur Beschleunigung des Verfahrens oder zur Deckung einer Versicherungslücke, wenn sich zum Beispiel herausstellt, dass ein großes Risiko nur vermeintlich versichert war. [325] Dass der BGH in diesen Fällen ein vermutetes Einverständnis für einen Anruf des Versicherungsnehmers genügen lässt, darf nicht irritieren, und ebenso wenig lässt dies die Schlussfolgerung zu, dass im Versicherungswesen doch

---

320 BGH, Urteil vom 8.12.1994 – I ZR 189/92, GRUR 1995, 220 – Telefonwerbung V.
321 BGH, Urteil vom 8.12.1994 – I ZR 189/92, GRUR 1995, 220, 221 – Telefonwerbung V.
322 BGH, Urteil vom 8.12.1994 – I ZR 189/92, GRUR 1995, 220, 221 – Telefonwerbung V.
323 BGH, Urteil vom 8.12.1994 – I ZR 189/92, GRUR 1995, 220, 221 – Telefonwerbung V.
324 BGH, Urteil vom 8.12.1994 – I ZR 189/92, GRUR 1995, 220, 221 – Telefonwerbung V.
325 BGH, Urteil vom 8.12.1994 – I ZR 189/92, GRUR 1995, 220, 221 – Telefonwerbung V.

eine Ausnahme von dem Grundsatz der Unzulässigkeit der Werbung gegenüber Privaten ohne deren vorher ausdrücklich oder konkludent erklärtes Einverständnis erlaubt ist. Vielmehr ist diese Aussage dahingehend zu interpretieren, dass der BGH davon ausgeht, dass in diesen Fällen gar keine Werbung vorliegt und deshalb für einen Anruf das Vorliegen eines vermuteten Einverständnisses genügt. Zwar führt der BGH nicht ausdrücklich aus, dass es sich hierbei um keine Werbung handelt. Jedoch erscheint diese Auslegung in Hinblick auf die nachdrückliche Betonnung des BGH, das Versicherungswesen unterliege keiner anderen Beurteilung als andere Branchen, die einzige logische Interpretationsmöglichkeit.

VI. Telefonwerbung VI

Die unter dem Namen Telefonwerbung VI[326] bekannte BGH-Entscheidung hat ebenfalls Versicherungsangelegenheiten zum Gegenstand. Es ging um eine Bank, die im Rahmen eines Agenturverhältnisses auch Versicherungsverträge für eine Versicherungsgruppe vermittelte. Die zwei Anträge zur Kontoeröffnung hatte sie mit dem Text ergänzt: „Der Konto-/Depotinhaber ist mit der persönlichen und telefonischen Beratung in Geldangelegenheiten durch die Bank () eiverstanden () nicht einverstanden." Dabei war das Kästchen vor dem Wort „einverstanden" angekreuzt. Daraufhin rief die Bank eine Kundin in einer Steuerangelegenheit an und vereinbarte einen Termin, bei welchem ihr der Abschluss einer Kapitallebensversicherung angeboten wurde.

Der BGH qualifizierte die Werbehandlung der Bank als Verstoß gegen die guten Sitten (§1UWG) und daher als unlauter. Telefonwerbung, erinnert der BGH, sei ausnahmsweise nur beim Vorliegen eines ausdrücklichen oder konkludenten Einverständnisses erlaubt und wie der BGH bereits in der Lexikothek-Entscheidung[327] feststellte, gelte dieser Grundsatz auch, wenn der Anruf zur Vereinbarung eines häuslichen Vertreterbesuchs diene. Der vorformulierten Klausel könne kein Einverständnis entnommen werden. Der BGH behandelte die in den Kontoeröffnungsanträgen enthaltene Einverständniserklärung als allgemeine Geschäftsbedingung und führte zur Beurteilung deren Wirksamkeit eine Prüfung nach § 9 AGBG (jetzt § 307 I, II Nr. 1 BGB) durch. Der Schutzzweck des AGBG gebiete es, eine vom Verwender vorformulierte einseitige rechtsgeschäftliche Erklärung des anderen Teils, die im Zusammenhang mit einem Vertrag stehe, als allgemeine Geschäftsbedingung nach § 1 Abs. 1 AGBG, also genauso so wie eine Erklärung bei Formulierung eines Vertragstextes zu behandeln. Entscheidend sei, ob dem Verwender die rechtsgeschäftliche Gestaltungsfreiheit gebühre.[328] In diesem Sinne sah der BGH die Klausel als unwirksam nach § 9 Abs. 2 Nr. 1 AGBG, denn diese sei nicht mit wesentlichen Grundgedanken der gesetzlichen Regelungen, von denen

326 BGH, Urteil vom 27.1.2000 – I ZR 241/97, GRUR 2000, 818 – Telefonwerbung VI.
327 BGH, Urteil vom 16.12.1993 – I ZR 285/91, GRUR 1994, 380, 381 f. – Lexikothek.
328 BGH, Urteil vom 27.1.2000 – I ZR 241/97, GRUR 2000, 818, 819 – Telefonwerbung VI.

abgewichen wird, zu vereinbaren. Die Regelung stehe nicht im Einklang mit dem durch die Rechtsprechung konkretisierten § 1 UWG.[329] In Anbetracht des verfassungsrechtlichen Schutzes der Privatsphäre, die gegenüber dem Gewinnstreben von Wettbewerbern Vorrang genieße[330], sei es für den Angerufenen nicht hinnehmbar, dass die vorformulierte Einverständniserklärung der Bank Werbeanrufe für solche Geldangelegenheiten umfasst, die über das Vertragsverhältnis, in welchem die Klausel stand, hinausgehen.[331]

Dieser Formulierung des I. Zivilsenats ist nicht zwingend ein allgemeines Verbot des Einholens der Einwilligung durch AGB zu entnehmen, sondern kann auch derart verstanden werden, dass das Verbot nur für Werbethemen, die über den Vertragsgegenstand hinausgehen, gilt.[332] Ein allgemeines Verbot der Herbeiführung der Einverständniserklärung durch AGB hat allerdings der XI. Zivilsenat in seiner Entscheidung vom 16. März 1999 ausgesprochen: „Das Erfordernis eines ausdrücklichen oder konkludenten Einverständnisses schließt eine Herbeiführung der „Einverständniserklärung“ durch Allgemeine Geschäftsbedingungen aus.“[333] Ausschlaggebend für diese Entscheidung war die Nachahmungsgefahr, da bei anderer Sicht der Dinge Wettbewerber ihre Geschäftsbedingungen angleichen würden, und damit würde eine massive Steigerung der Belästigungsfälle eintreten, was gerade durch das Erfordernis eines ausdrücklichen oder konkludenten Einverständnisses konterkariert werden solle.[334] Ein möglicher Widerruf dieser vorformulierten Erklärung ändere laut BGH[335] nichts an der Unzulässigkeit ihrer Verwendung, denn durch den Widerruf sei wiederum der Betroffene in unzulässiger Weise damit belastet, die eingetretene Störung in seinem Privatbereich zu beseitigen[336], so dass die Initiative zur Wiederherstellung der ungestörten Privatsphäre auf den Betroffenen verlagert würde.

B. Vergleich mit Großbritannien und Frankreich

Großbritannien verfolgt tradierterweise im Gegensatz zu Deutschland sowohl im b2b- als auch im b2c-Verhältnis das Opt-out-Prinzip. Demnach ist Telefonwerbung grundsätzlich zulässig, es sei denn, ein Widerspruch liegt vor. Telefonwerbung ist nach Para 25 The Telecommunications (Data Protection and Privacy) Regulations

329 BGH, Urteil vom 27.1.2000 – I ZR 241/97, GRUR 2000, 818, 819 – Telefonwerbung VI.
330 BGH, Urteil vom 27.1.2000 – I ZR 241/97, GRUR 2000, 818, 819 – Telefonwerbung VI.
331 BGH, Urteil vom 27.1.2000 – I ZR 241/97, GRUR 2000, 818, 819 – Telefonwerbung VI.
332 Die *Telefonwerbung VI*-Entscheidung wird aber als Grundsatz eines Verbots der Einholung der Einwilligung durch AGB verstanden, *Eckhardt,* MMR 2013, 383, 383.
333 BGH WRP 1999, 660, 662 – Einverständnis mit Telefonwerbung.
334 BGH WRP 1999, 660, 662 – Einverständnis mit Telefonwerbung.
335 a.A. *von Westphalen,* BB 1999, 1131, 1132; *Imping,* MDR 1999, 857.
336 BGH, Urteil vom 27.01.2000 – I ZR 241/97 – Telefonwerbung VI, GRUR 2000, 818, 820.

1999 verboten, wenn die Angerufenen zuvor die Missbilligung von Anrufen angezeigt haben.

Die englischen Richter[337] erkennen seit der Umsetzung der EMRK in Großbritannien durch den Human Rights Act 1998die Achtung der Privatsphäre[338] als deliktsrechtlich geschütztes Rechtsgut an[339], insbesondere wegen Veröffentlichung vertraulicher Informationen durch die Presse[340] oder im Zusammenhang mit Werbung durch Massenmedien.[341] In diesem Sinne entfaltet das allgemeine Persönlichkeitsrecht nach überwiegender Ansicht zwar keine unmittelbare Wirkung gegenüber Privaten, verpflichtet aber die Richter, das nationale Recht im Einklang mit der Konvention auszulegen.[342] In Ausnahmefällen können ständige Anrufe den Tatbestand der *action for private nuisance* (Besitzstörung) erfüllen.[343] *Nuisance*[344] sowie *Trespass* schützen anders als das Diffamation-Recht nicht unmittelbar die Ehre, sondern die Persönlichkeit mittelbar, indem der berechtigte Grundbesitzer Abwehransprüche gegen eindringliche Belästigungen erhält.[345]

Ein einziger Anruf kann als Verstoß gegen Section 127.2 Telecommunications Act 2003 (Section 43.2.b. the Telecommunications Act 1984 a.F.)[346] angesehen werden, wenn der Anruf geeignet erscheint, eine Belästigung, ein Ärgernis oder unnötige Angst (*annoyance, inconvenience or nedless anxiety*) infolge einer

---

337 *Douglas v. Hello! Ltd* [2001] 2 W.L.R. 992, 1033 para. 110.

338 *Ohly*, RabelsZ 65 (2001), 39, 41.

339 *Mayer-Uellner*, Die Werbeselbstregulierung der britischen Advertising Standards Authority, 2006, S. 157.

340 *Ohly*, GRUR Int 2004, 902, 907.

341 Dazu *Boyd*, Ent. L. R. 2002, 1.

342 *Ohly*, RabelsZ 65 (2001), 39, 73 m.w.N in Fn. 200.; *Ohly*, GRUR Int 2004, 902, 907.

343 *Ohly*, in: *Schricker*, Recht der Werbung in Europa, 1995, S. 46. Rdnr. 93; *Groom/Evans/Smith*: in: *Maxeiner/Schotthöfer*, Advertising Law in Europe and North America, 1992, S. 291; *Ohly*, RabelsZ 65 (2001), 39, 45, 66 mit Hinweis auf Khorasandjian v. Bush, [1993] 3 All E.R. 669: In dem Fall wurde die ehemalige Freundin des Anrufers durch wiederholte Anrufe von diesem belästigt. Die Richter des Court of Appeal wendeten *nuisance* an, obwohl die Klägerin in der Wohnung der Eltern wohnte und streng genommen ihr die Aktivlegitimation fehlte, da *nuisance* ein eigentumsähnliches Recht an einem Grundtück oder einer Wohnung verlangt. Die Präjudizielle Wirkung dieser Entscheidung wurde allerdings vom House of Lords in *Hunter v. Canary* Wharf Ltd., [1997] 2 All E.R. 426, 428 durch overruling aufgehoben, mit der Begründung, der Court of appeal habe den tort of nuisance überdehnt, um durch die Hintertür eine tort of harrassement zu schaffen. Seit 1997 gewährt Protection from Harassment Act 1997 Schutz vor Belästigungen in diesem Sinne.

344 Zu den Voraussetzungen von *nuisance* siehe *Ohly*, RabelsZ 65 (2001), 39, 45 m.w.N. sowie Hunter v Canary Wharf, [1997] 2 All ER, S. 426.

345 *Ohly*, RabelsZ 65 (2001), 39, 44.

346 *Groom/Evans/Smith*: in: *Maxeiner/Schotthöfer*, Advertising Law in Europe and North America, 1992, S. 291; Siehe auch *Mayer-Uellner*, Die Werbeselbstregulierung der britischen Advertising Standards Authority, 2006, S. 159, Fn. 1125.

Falschmitteilung hervorzurufen. Ein Beispiel ist hierfür die Werbung für Alarmanlagen bei übertriebener Betonung der Kriminalitätsrate in diesem Bereich.[347] Fehlt es an einer Falschmitteilung, sind nach Section 127.2.c. Telecommunications Act 2003 wiederholte Anrufe verboten, wenn diese zur Auslösung dieser Gefühle führen können.

Ebenso wenig verbietet Frankreich per se Telefonwerbung und verfolgt ebenfalls sowohl im b2b- als auch im b2c-Verhältnis das Opt-out-Prinzip.[348]

C. Erfolgte Reformen. Weiterer Reformbedarf?

I. Die UWG-Novelle 2004

Im Zuge der UWG-Novelle 2004 hat das UWG 1909 eine neue Konzeption dahingehend erfahren, dass viele von der Rechtsprechung herausgearbeitete Fallgruppen der Unlauterkeit als Beispieltatbestände kodifiziert wurden. Nach § 7 Abs. 2 Nr. 2 UWG 2004 ist eine unzumutbare Belästigung insbesondere anzunehmen bei einer Werbung mit Telefonanrufen gegenüber Verbrauchern ohne deren Einwilligung oder gegenüber sonstigen Marktteilnehmern ohne deren zumindest mutmaßliche Einwilligung. Mit dem Einfügen der Regelung betreffen Telefonwerbung setzte der Gesetzgeber gleichzeitig auch die Vorgaben des Art. 13 Abs. 3 der Datenschutzrichtlinie für elektronische Kommunikation 2002/58/EG in Bezug auf die Zulässigkeit des Direktmarketing mittels Telefonanruf um.[349] Zwischen den beiden zur Auswahl stehenden Optionen, die Opt-in- respektive die Opt-out-Option, entschied sich der Gesetzgeber für erstere und erreichte zugleich eine Kongruenz mit den von der Rechtsprechung entwickelten Grundsätzen zur Telefonwerbung.

Die verabschiedete Regelung betreffend Telefonwerbung löste in der Politik während des Gesetzgebungsverfahrens eine kontroverse Diskussion aus. So hatte sich der Bundesrat mit dem Vorschlag, § 7 Abs. 2 Nr. 2 wie folgt zu fassen: „bei einer Werbung mit Telefonanrufen gegenüber Verbrauchern und gegenüber sonstigen Marktteilnehmern gegen deren ausdrücklichen Willen“ für die Kodifizierung der Opt-out-Options des Art. 13 Abs. 3 Alt. 2 DSRL 2002/58/EG ausgesprochen.[350]

347 *Groom/Evans/Smith*: in: *Maxeiner/Schotthöfer*, Advertising Law in Europe and North America, 1992, S. 291.

348 Vgl. *Palombi/Souty*, La modernisation différenciée du droit de la concurrence déloyale en Allemagne et en France, 2004–2015, Revue Lamy de la Concurrence, n° 4, Étude 2, 2015.

349 *Schöler*, in: Harte-Bavendamm/Henning-Bodewig, UWG, 4. Aufl. 2016, § 1 Rdnr. 13; BT-Drucks. 15/1487, S. 21.

350 Stellungnahme des Bundesrates BT-Drucks. 15/1487 S. 31.; Siehe die Argumente der FDP-Fraktion Beschlussempfehlung und Bericht des Rechtsausschusses BT-Drucks. 15/2795. Siehe auch Die Hinweise bei *Mankowski*, in: *Fezer/Büscher/Obergfell*, UWG, 3. Aufl. 2016, § 7 Rdnr. 9, 12, 16.

Dem Bundesrat zufolge sollte „die liberalere und wirtschaftsfreundlichere Opt-out-Regelung“ verhindern, dass „ein Wettbewerbsnachteil für die deutschen Direktvermarkter, die weitaus weniger Möglichkeiten haben als ihre ausländischen Konkurrenten in den EU-Nachbarländern“, wo überwiegend die Opt-out-Regelung gilt.[351] Die Bundesregierung lehnte diese Vorschläge ab und führte dazu zunächst die mit dem Anruf verbundene hohe Belästigung für den Verbraucher an, die zu einem Angriff in dessen Persönlichkeitsrecht i.S.d. § 823 Abs. 1 BGB führe, da dieser sich aufgrund fehlender Erkennbarkeit des Anrufszwecks gegen das Eindringen in seine Privatsphäre nicht von vornherein wehren könne. Ferner habe sich gerade die Mehrheit der Wirtschaftsseite gegen eine Liberalisierung der Telefonwerbung ausgesprochen, da unerbetene Telefonwerbung zu einer Inanspruchnahme der Arbeitszeit der Mitarbeiter zulasten des Arbeitgebers führe. Auch lasse das Opt-in-Prinzip keine Standortbenachteiligung für deutsche Unternehmen befürchten, da ausländische Werbende, die in Deutschland werben, sich an die in Deutschland geltenden Wettbewerbsregelungen halten müssten.[352]

II. Die UWG-Novelle 2008

Die UWG-Novelle 2008 setzte die Richtlinie gegen unlautere Geschäftspraktiken 2005/29/EG in das UWG um.[353] Telefonwerbung gehört zu der Gruppe der aggressiven Geschäftspraktiken i.S.d. Art. 8 UGP-Richtlinie.[354] § 7 Abs. 2 Nr. 2 UWG blieb jedoch unverändert, obwohl der Regierungsentwurf des ersten Änderungsgesetzes zum UWG einige Änderungsvorschläge enthielt.[355] Der Gesetzgeber behielt sich vor, über die Anforderungen an der Einwilligung eines Verbrauchers in Werbung durch Telefonanrufe - der Empfehlung des Rechtsausschusses entsprechend[356]- in einem neuen Gesetzgebungsprojekt zur Bekämpfung unerlaubter Telefonwerbung und zur Verbesserung des Verbraucherschutzes bei besonderen Vertriebsformen zu entscheiden, um vorher noch prüfen zu können, inwieweit Regelungsbedarf besteht.[357]

Die UWG-Novelle brachte aber eine systematische Änderung des § 7 UWG mit sich. Bis zur UWG-Novelle 2008 regelte § 7 UWG lediglich Beispieltatbestände der

351 Stellungnahme des Bundesrates BT-Drucks. 15/1487 S. 31 f.

352 BReg. BT-Drucks. 15/1487 S. 42.

353 Das Erste Gesetz zur Änderung des Gesetzes gegen unlauteren Wettbewerb vom 22. Dezember 2008, BGBl. I S. 2949.

354 *Mankowski*, in: *Fezer/Büscher/Obergfell*, UWG, 3. Aufl. 2016, § 7 Rdnr. 24 betreffend die Zuordnung belästigender Werbung zu der Gruppe aggressiver Geschäftspraktiken.

355 Der Regierungsentwurf enthielt bereits den Vorschlag über das Einführen einer *ausdrücklichen* Einwilligung *in Textform* bei der Telefonwerbung gegenüber Verbrauchern: BT-Drucks. 16/10145, S. 30.

356 Beschlussempfehlung und Bericht des Rechtsausschusses, BT-Drucks. 16/11070, S. 5.

357 Vgl. Gegenäußerung der Bundesregierung, BT-Drucks. 16/10145, S. 40.

Unlauterkeit und war insofern für die Beurteilung einer Zuwiderhandlung an die Wertungen des § 3 UWG gebunden, insbesondere an die Bagatellklausel, die eine Erheblichkeitsprüfung hinsichtlich der Beeinträchtigung des Wettbewerbs zum Nachteil anderer Marktteilnehmer - die sog. Spürbarkeitsschwelle[358] - verlangte. Eine unzumutbare Belästigung, die die Voraussetzungen des § 7 Abs. 1 oder Abs. 2 erfüllte, war also unlauter und erst beim Vorliegen der Voraussetzungen des § 3 UWG unzulässig. Im Rahmen der UWG Novelle-2008 erfolgte eine Abkopplung des § 7 UWG von der Generalklausel des § 3 UWG. § 7 Abs. 1 Satz 1 UWG regelt nunmehr ein eigenständiges Verbot von geschäftlichen Handlungen unabhängig von § 3 UWG.[359] In diesem Sinne bestimmt die neue Fassung, dass eine unzumutbare Belästigung nicht nur wie bislang „unlauter", sondern nunmehr „unzulässig" ist.[360] Die in § 7 Abs. 1 Satz 1 UWG zu erfolgende Prüfung der Unzumutbarkeit stellt eine spezielle Bagatellschwelle dar[361]. Die Selbständigkeit des § 7 Abs. 1 Satz 1 UWG als gleichwertige Generalklausel neben § 3 UWG für die Fälle der Belästigung[362] zeigt sich auch durch die Formulierungen in § 8 Abs. 1 UWG und § 10 Abs. 1 UWG, die § 3 UWG und § 7 UWG gleichwertig nebeneinander stehen.[363]

III. Gesetz zur Bekämpfung unerlaubter Telefonwerbung und zur Verbesserung des Verbraucherschutzes bei besonderen Vertriebsformen vom 29. 7. 2009

Eine Neufassung dieser Regelung erfolgte infolge des Erlasses des Gesetzes zur Bekämpfung unerlaubter Telefonwerbung und zur Verbesserung des Verbraucherschutzes bei besonderen Vertriebsformen vom 29. 7. 2009[364], was eine Verschärfung der Rechtslage *im Verhältnis zu Verbrauchern* mit sich brachte.[365] So wurden in § 7 Abs. 2 Nr. 2 1. Alt UWG vor dem Wort Einwilligung die Wörter „vorherige ausdrückliche" hinzugefügt, mit der Folge, dass nach dem Gesetzeswortlaut eine konkludente Einwilligung der Verbraucher in die Telefonwerbung nicht mehr ausreicht.

Art. 3 Abs. 1 b) 2 des Gesetzes zur Bekämpfung unerlaubter Telefonwerbung veranlasste zudem die Änderung des TKG dahingehend, dass der neu eingefügte

---

358 *Ohly*, in: *Ohly/Sosnitza*, UWG, 7. Aufl. 2016, § 7 Rdnr. 4.

359 *Hönn*, Examens-Repetitorium Wettbewebs- und Kartellrecht, 3. Aufl. 2014, S. 72, Rdnr. 183 f.; *Pahlow*, in: *Teplitzky/Peifer/Leistner*, GK-UWG, 2. Aufl. 2013, § 7 Rdnr. 29.

360 *Ohly*, in: *Ohly/Sosnitza*, UWG, 7. Aufl. 2016, § 7 Rdnr. 4; *Tonner/Reich*, VuR 2009, 95, 99.

361 Begründung RegE UWG 2008, BT-Drucks 16/10 145, S 28; *Mankowski*, WRP 2008, 15.

362 *Tonner/Reich*, VuR 2009, 95, 99; *Loeck*, Die unzumutbare Belästigung, 2011, S. 44, 48.

363 Zur Entstehungsgeschichte des § 7 UWG siehe *Köhler*, in: *Köhler/Bornkamm/Feddersen*, UWG, 36. Aufl. 2018, § 7 Rdnr. 1; *Ohly*, in: *Ohly/Sosnitza*, UWG, 7. Aufl. 2016, § 7 Rdnr. 5 ff.

364 BGBl I S. 2413, im Folgenden Gesetz zur Bekämpfung unerlaubter Telefonwerbung.

365 Vgl. den Überblick über die neuen Regelungen bei *Köhler*, NJW 2009, 2567.

§ 102 Abs. 2 TKG ein Verbot der Rufnummernunterdrückung vorsieht, unabhängig davon, ob der Angerufene Verbraucher oder Unternehmer ist. Das Zuwiderhandeln gegen dieses Verbot stellt gemäß § 149 Abs. 1 Nr. 17 c TKG eine Ordnungswidrigkeit dar und kann von der Bundesnetzagentur (§ 149 Abs. 3 TKG) mit einem Bußgeld bis zu 100.000 Euro (§ 149 Abs. 2 TKG) geahndet werden. Ferner ist § 102 Abs. 2 TKG eine verbraucherschützende Vorschrift i.S.d. § 44 Abs. 1 TKG, so dass die in § 3 UKlaG genannten Stellen Unterlassungsansprüche geltend machen können.[366]

Das Verbot der Rufnummernunterdrückung und das Einfügen des Bußgeldtatbestands haben jedoch nicht den erwünschten Abschreckungseffekt herbeigeführt und auch nicht die Verfolgbarkeit unerlaubter Telefonwerbung erleichtert. Von September 2009 bis Juni 2010 erfolgten bei der BNetzA 4.740 Beschwerden bezüglich Telefonanrufen mit werbenden Hintergrund, die gegen § 7 Abs. 2 Nr. 2 UWG verstießen und bei denen zusätzlich die Rufnummernanzeige unterdrückt worden war.[367] Unter Einbeziehung der Anrufe mit automatischen Anrufmaschinen (§ 7 Abs 2 Nr. 2 UWG) gab die Verbraucherzentrale für diesen Untersuchungszeitraum eine Zahl von 10.096 eingegangenen Beschwerden wegen unerlaubter Anrufe ohne Rufnummernanzeige an.[368] In dem Bericht der Verbraucherzentrale vom 16. Dezember 2010 haben von 43.288 Verbraucher 16.170 Verbraucher (20, 3%) die Frage, ob die Rufnummer angezeigt wurde, negativ beantwortet. 17.150 Verbraucher (20,3 %) gaben „weiß nicht" an, was daran liegt, dass sie aufgrund der Überrumpelung nicht darauf geachtet hatten oder über kein Telefon mit Display verfügten.[369]

Im Zeitraum vom 18. Juni bis 16. September 2012 führte die Verbraucherzentrale erneut eine Umfrage zur Auswertung der Aktion „Telefonwerbung und untergeschobene Verträge", gefördert vom Bundesministerium für Ernährung, Landwirtschaft und Verbraucherschutz durch. Dabei wurde die Frage bezüglich Rufnummernanzeige ähnlich beantwortet. Von 8.662 Befragten haben 1.739, sprich 20% Verbraucher angegeben, dass die Rufnummer unterdrückt war. 1.727 (20%) von den an der Umfrage teilnehmenden Verbrauchern konnten sich nicht mehr daran erinnern.[370] Diese Ergebnisse zeigen, dass rund 20% der Anrufe mit Sicherheit unter Rufnummernunterdrückung erfolgen.

---

366 *Pahlow*, in: *Teplitzky/Peifer/Leistner*, GK-UWG, 2. Aufl. 2013, § 7 Rdnr. 28.

367 BMJ, Zusammenfassung der Umfrageergebnisse zur Belästigung durch Werbeanrufe, S. 9

368 BMJ, Zusammenfassung der Umfrageergebnisse zur Belästigung durch Werbeanrufe, S. 9

369 Verbraucherzentrale, Bundesweiter Abschlussbericht vom 16.12.2010, S. 6, https://www.verbraucherzentrale-berlin.de/mediabig/142291A.pdf, abgerufen am 21.08.2017.

370 Verbraucherzentrale, Bericht vom 17.12.2012, S. 12, http://www.vzbv.de/pressemitteilung/unerlaubte-werbeanrufe-nerven-verbraucher, abgerufen am 21.08.2017.

Hinzu kommt die Dunkelziffer dieser Masche, die Fälle umfasst, wo Verbrauchern entweder eine falsche oder eine dem Anrufenden nicht zugeteilte Rufnummer angezeigt wird. Nach der Auswertung der Verbraucherzentrale betreffend die Telefonwerbung ist nur jede 5. angegebene Rufnummer korrekt. Von 2.457 Fällen, in denen Verbraucher einen Rückanruf tätigten, war nur in 470 Fällen die Rufnummer korrekt mitgeteilt worden.[371]

Neben der Rufnummernunterdrückung oder der Angabe einer falschen Nummer nutzen unseriöse Anbieter weitere Strategien, um Verbraucher auszunehmen und sich dabei nicht erwischen zu lassen. Dazu gehört die Identitätsverschleierung unter Angabe eines falschen Namens. In manchen Fällen geben Anrufer an, sie seien Behörde oder Hilfsorganisation (Verbraucherzentrale, Datenschutzzentrale, Staatsanwaltschaft) und wollen nur behilflich sein. Meistens treten solche Angaben im Zusammenhang mit Angeboten auf, Daten gegen Entgelt besser schützen zu wollen. Es wird vorgetäuscht, Bankdaten lägen vor und es sei von einem Missbrauch auszugehen, oder ein Gewinnspiel- bzw. Zeitschriftenvertrag sei abgeschlossen worden, der jedoch gekündigt werden könne, vorausgesetzt es werde eine Zahlung für drei Monate getätigt.[372] Besonders häufig missbraucht wird der Name der Verbraucherschutzorganisationen. Laut Bericht der Verbraucherzentrale vom 17. Dezember 2012 gaben 12% von 8.662 Befragten an, bereits von der Verbraucherzentrale angerufen worden zu sein.[373]

Zum Kampf gegen unerlaubte Telefonwerbung wurde § 20 UWG eingeführt, der für den Fall eines unerlaubten Werbeanrufs *gegenüber einem Verbraucher* die Verhängung eines Bußgeldes bis zu 50.000 Euro vorsieht. Mit der Verhängung der Geldbuße wurde dabei die Bundesnetzagentur betraut.

Zu den Maßnahmen zur Bekämpfung unerwünschter Telefonwerbung zählt ferner die Erweiterung des Widerrufsrechts für am Telefon getroffene Vereinbarungen über die Lieferung von Zeitungen, Zeitschriften und Illustrierten bzw. über die Erbringung von Wett- oder Lotteriedienstleistungen. Nach dem neuen § 312 d Absatz 4 Nr. 3 BGB ist das Widerrufsrechts bei einem Fernabsatzvertrag über die Lieferung von Zeitungen, Zeitschriften und Illustrierten dann nicht ausgeschlossen, wenn der Verbraucher seine Willenserklärung telefonisch abgegeben hat. Die Regelung bewirkte einen fühlbaren Rückgang der Beschwerdezahlen im Sektor Zeitungen/Zeitschriften.[374] Nach dem neu formulierten § 312 d Abs. 4 Nr. 4 BGB

371 Verbraucherzentrale, Bericht vom 17.12.2012, S. 12, http://www.vzbv.de/pressemitteilung/unerlaubte-werbeanrufe-nerven-verbraucher, abgerufen am 21.08.2017.

372 Verbraucherzentrale, Bericht vom 17.12.2012, S. 11 ff., http://www.vzbv.de/pressemitteilung/unerlaubte-werbeanrufe-nerven-verbraucher, abgerufen am 21.08.2017.

373 Verbraucherzentrale, Bericht vom 17.12.2012, S. 12, http://www.vzbv.de/pressemitteilung/unerlaubte-werbeanrufe-nerven-verbraucher, abgerufen am 21.08.2017. S. 12.

374 BMJ, Zusammenfassung der Umfrageergebnisse zur Belästigung durch Werbeanrufe, S. 5.

gilt der Ausschluss des Widerrufsrechts bei Vereinbarungen betreffend die Erbringung von Wett- oder Lotteriedienstleistungen dann *nicht*, wenn der Verbraucher seine Vertragserklärung telefonisch abgegeben haben.

Die Probleme im Bereich Gewinnspiel/Lotterie sind jedoch nicht zurückgetreten. Auch der am 1. Januar 2008 in Kraft getretene Staatsvertrag zum Glückspielwesen in Deutschland (Glücksspielvertrag), der das öffentliche Glücksspiel einschließlich dessen Vermittlung via Telekommunikationsanlagenverbietet, zeigte keine Abschreckwirkung. Es konnten weiterhin zahlreiche Fälle von Vermittlungsdiensten im Bereich Lotterien und Wetten, die als öffentliche Spiele einzustufen sind, festgestellt werden.[375] Das Problem „untergeschobener" Verträge ist insbesondere im Bereich Gewinnspiel oft anzutreffen. Die Praxis spricht von Telefonbetrug.

In vielen Fällen geht es um kostenpflichtige Vermittlung einer gleichzeitigen Teilnahme an mehreren Gewinnspielen, die Drittunternehmen für Verbraucher als kostenfreie Wertreklame (Gewinnspiel als Verkaufsförderungsmaßnahme) durchführen. Diese Praktik wird als „Gewinn-Service", „Gewinneintragungs-Dienst" oder „Gewinnspielclub" bezeichnet. Diese bieten die Teilnahme an verschiedenen Gewinnspielen an, meist über einen längeren Zeitraum, gegen Zahlung eines monatlich zu entrichtetem Entgelt. Die persönlichen Daten der Verbraucher werden an Drittunternehmer weitergeleitet, die Gewinnspiele als kostenfreie Verkaufsförderungsmaßnahme anbieten.[376] Dabei verlangen unseriöse Anrufer die Kontoverbindungen der Verbraucher, um anschließend von deren Konten ohne das Vorliegen eines Einverständnisses monatliche Beiträge abzubuchen. Insbesondere Senioren sind Opfer dieser Masche.[377] Die Vergütung berechnet sich nach der Förderung der Gewinnchance, das heißt nach der Zahl der Gewinnspiele, auch wenn die Gewinnspiele ihrerseits kostenlos sind.[378] Pro Gewinnspiel fallen zwischen 39,90 bis 59,90 Euro Kosten an. Dabei kommen in der Praxis 25 bis 30 Gewinnspiele pro Person oft vor. Die Verbraucherzentrale berichtet von Fällen, in denen Verbraucher sogar in 80 Gewinnspielfälle auf einmal verwickelt werden und damit von ihren Konten Beiträge in Höhe von ca. 4.000 Euro eingezogen werden.[379]

Eine andere Betrugsform betrifft die Konstellation, dass Anrufer wahrheitswidrig das Bestehen eines Gewinnspielvertrages behaupten und der Verbraucher aufgefordert wird, sich zu äußern, ob er diesen kündigen oder verlängern möchte.

---

375 BMJ, Zusammenfassung der Umfrageergebnisse zur Belästigung durch Werbeanrufe, S. 6.

376 Zur Beschreibung der Gewinnspieldienste vgl. BT-Drucks. 17/13057, S. 24.

377 Verbraucherzentrale, Bundesweiter Abschlussbericht vom 16.12.2010, S. 4, https://www.verbraucherzentrale-berlin.de/mediabig/142291A.pdf, abgerufen am 21.08.2017.

378 BT-Drs. 17/13057, S. 24, linke Spalte.

379 Verbraucherzentrale, Bundesweiter Abschlussbericht vom 16.12.2010, S. 4, https://www.verbraucherzentrale-berlin.de/mediabig/142291A.pdf, abgerufen am 21.08.2017; BMJ, Zusammenfassung der Umfrageergebnisse zur Belästigung durch Werbeanrufe, S. 4.

Trotz Kündigungswunsch erreicht Verbraucher ein paar Tage später eine schriftliche Bestätigung über den Abschluss eines vermeintlichen neuen Gewinnspielvertrages. Zudem werden für die Kündigung die Kontodaten abverlangt.[380]

In anderen Fällen behaupten Anrufer, Verbraucher hätten einen Gewinn erzielt und müssten eine kostenpflichtige Telefonnummer anrufen, um diesen in Anspruch zu nehmen.

Während der Gesetzgebungsberatungen hatten sich der Bundesrat und Teile der Literatur[381] für noch schärfere Regelungen ausgesprochen, die jedoch auf den Widerstand des Bundesjustizministeriums[382]. Vorgeschlagen waren eine Erhöhung des Bußgeldes bei unerwünschter Telefonwerbung gegenüber einem Verbraucher von 50.000 auf 250.000 Euro entsprechend der Regelung in § 890 ZPO,[383] sowie das Einfügen des Textformerfordernisses i.S.d. § 126 b BGB durch das Einfügen der Wörter „in Textform" in § 7 Abs. 2 Nr. 2 UWG nach den Wörtern „vorherige ausdrückliche Einwilligung" und in § 20 Abs. 1 UWG. Die Textform sorge für mehr Sicherheit, Klarheit und Dokumentation.[384]

Während das Sanktionieren unzulässiger Telefonwerbung mit der Nichtigkeit des Vertrages recht schnell außerhalb der Diskussion geriet[385], schlug der Bundesrat[386] vor, den infolge unzulässiger Telefonwerbung abgeschlossenen Vertrag mit schwebender Unwirksamkeit zu sanktionieren (sog. Bestätigungslösung)[387] Die Bestätigungslösung sollte nach der Stellungnahme des Bundesrates in § 7 UWG derart verankert werden, dass „die auf einen Vertragsschluss gerichtete Willenserklärung, die ein Verbraucher bei einem Telefonanruf nach Absatz 2 Nr. 2 abgibt, erst [...] wirksam [wird], wenn der Verbraucher sie durch eine nachfolgende Erklärung in Textform innerhalb von zwei Wochen bestätigt."[388]

---

380 Zum Thema siehe Verbraucherzentrale, Bundesweiter Abschlussbericht vom 16.12.2010, S. 4, https://www.verbraucherzentrale-berlin.de/mediabig/142291A.pdf, abgerufen am 21.08.2017; BMJ, Zusammenfassung der Umfrageergebnisse zur Belästigung durch Werbeanrufe, S. 4.

381 *Fezer*, WRP 2007, 855.

382 Gegenäußerung der Bundesregierung, BT-Drucks. 16/10734, S. 23,24.

383 Stellungnahme des Bundesrates zum TelefonwerbungsbekämpfungsG BT-Drucks. 16/10734 S. 21.

384 Stellungnahme des Bundesrates zum TelefonwerbungsbekämpfungsG BT-Drucks. 16/10734 S. 19 f.

385 Vgl. aber AG Bremen, Urteil vom 21.11.2013 – 9 C 573/12, BeckRS 2013, 21087 = VuR 2014, 481.

386 Stellungnahme des Bundesrates zum TelefonwerbungsbekämpfungsG BT-Drucks. 16/10734 S. 20.

387 Dazu *Fezer*, GRUR-Prax 2011, 361; *Ohly*, GRURPrax 2011, 366; *Nowak-Over*, GRUR-Prax 2011, 4.

388 Stellungnahme des Bundesrates zum TelefonwerbungsbekämpfungsG BT-Drucks. 16/10734 S. 20.

Die Bundesregierung brachte gegen die Bestätigungslösung vor allem vor, diese setze sich in Widerspruch erstens zu den Normen des Lauterkeitsrechts, die allein generalpräventiven Schutz in Form eines Unterlassungsanspruchs gewähren. Zweitens ergebe sich dadurch ein Widerspruch zu § 123 BGB, weil die Einflussnahme durch einen unerwünschten Telefonanruf weder einer arglistigen Täuschung noch einer widerrechtlichen Drohung gleichkomme, die Rechtsfolge (Nichtigkeit unter dem Vorbehalt der Bestätigung) aber gravierender wäre als jene des §123 BGB (Anfechtbarkeit).[389] Die Bestätigungslösung würde darüber hinaus zu erheblicher Rechtsunsicherheit führen. Ob ein Vertrag wirksam sei oder nicht, hänge auch davon ab, ob der Verbraucher in den Anruf wirksam eingewilligt habe oder davon, ob es das Unternehmen oder der Kunde gewesen sei, der angerufen habe. Aus diesem Grund würden auch seriöse Unternehmen eine Bestätigung verlangen, was im Ergebnis unkomplizierte telefonische Bestellungen abschaffe, was nicht im Interesse der Verbraucherinnen und Verbraucher liege.[390]

Letztlich sei eine Zunahme der Belästigung durch unerwünschte Telefonanrufe zu befürchten, da gerade unseriöse Unternehmer versuchen könnten, den Verbraucher telefonisch zur Bestätigung zu drängen. Unseriöse Unternehmen könnten zudem versuchen, in der Bestätigungsaufforderung am Telefon nicht vereinbarte und von Verbrauchern nicht gewollte Konditionen „unterzujubeln".[391]

IV. Das Gesetz gegen unseriöse Geschäftspraktiken vom 1. 10. 2013

Nach dem Inkrafttreten des Gesetzes zur Bekämpfung unerlaubter Telefonwerbung und zur Verbesserung des Verbraucherschutzes bei besonderen Vertriebsformen versuchten die Befürworter strengerer Regelungen weiterhin, entsprechende Regelungen ins Leben zu rufen. Am 24. September 2010 hat das Land Nordrhein-Westfalen einen Gesetzesantrag für einen Entwurf eines Gesetzes zur Fortentwicklung des Verbraucherschutzes bei unerlaubter Telefonwerbung dem Bundesrat vorgestellt.[392] Der Gesetzesvorschlag wurde vom Bundesrat in geänderter Fassung einschließlich Regelungen gegen unseriöse Geschäftspraktiken[393] am 27. Mai 2011 in den Bundestag eingebracht. Auch die Bundestagfraktion „Die Linke" brachte am 28. September 2010 einen Antrag in den Bundestag ein, um unlautere Telefonwerbung „effektiv zu verhindern".[394] Ebenfalls forderte die Bundestagsfraktion „Bündnis 90/Die Grünen" in einem am 28. 9. 2010 eingebrachten Antrag, unerlaubte Telefonwerbung wirksam zu bekämpfen.[395]

389 Gegenäußerung der Bundesregierung BT-Drucks. 16/10734S. 24.
390 Gegenäußerung der Bundesregierung BT-Drucks. 16/10734S. 24.
391 Gegenäußerung der Bundesregierung BT-Drucks. 16/10734S. 24.
392 BR-Ducks. 557/10.
393 BR-Drucks. 271/11(B).
394 BR-Drucks. 17/3041.
395 BR-Duckrs. 17/3060.

Der Gesetzesentwurf des Landes Nordrhein-Westfalen sieht eine Erhöhung des Bußgeldes von 50.000 auf 250.000 Euro beim Betreiben unzulässiger Telefonwerbung nach dem UWG sowie die Einführung des Textformerfordernisses und der Bestätigungslösung in das UWG vor.[396] Der Bundesrat setzte seine Bestrebungen zur Einführung der Bestätigungslösung fort.[397]

Diesmal lehnte die Bundesregierung das Textformerfordernis, unter anderem mit Hinweis auf die Unvereinbarkeit mit Erwägungsgrund 17 DSRL 2002/58/EG, die eine Einwilligung „in jeder geeigneten Weise" gestatte, ab.[398] Die politische Debatte um die Problematik unerlaubter Telefonwerbung und dementsprechend auch das Gesetzgebungsverfahren des Gesetzes gegen unseriöse Geschäftspraktiken vom 1. 10. 2013[399] dauerte knapp drei Jahre.

Der Schwerpunkt der beschlossenen gesetzlichen Maßnahmen liegt im Bereich des Verbraucherschutzes bei Inkassomaßnahmen sowie vor unerwünschter und belästigender Telefonwerbung.[400]

Weiterhin wurde das Abmahnwesen sowohl nach dem Wettbewerbsrecht als auch nach dem Unterlassungsklagegesetz und nach dem Urheberrechtsgesetz verändert, um Verbrauchern mehr Transparenz und Schutz vor Missbräuchen zu gewähren. Der Bereich unerlaubte Telefonwerbung ist mit unseriösen Inkassopraktiken und missbräuchlichen Abmahnungen inhaltlich verknüpft. Oft richten sich Inkassomaßnahmen gegen Verbraucher, auch wenn am Telefon keinen Vertrag zustande gekommen ist oder ein Telefonat noch nicht einmal geführt worden ist und somit eine inexistente Forderung schlicht behauptet wird. Unseriöse Inkassomethoden werden wiederum mit missbräuchlichen Abmahnungen verbunden, die auf die Geltendmachung überhöhter Aufwendungsersatzansprüche abzielen.[401] Durch die Einführung von § 11 a RDLG und des § 43 d BRAO unterliegen Personen, die Inkassodienstleistungen erbringen sowie Rechtsanwälte, die sich mit Aufforderungen von Inkassoansprüchen befassen, einer Reihe von Informationspflichten. Die Position des missbräuchlich Abgemahnten wird dadurch gestärkt, dass dieser nach dem neu eingeführten § 8 Abs. 4 UWG Ersatz für die zur Verteidigung anfallenden Kosten verlangen kann.

Ferner wurde auch der Verstoß gegen § 7 Abs. 2 Nr. 3, Telefonwerbung gegenüber Verbrauchern ohne deren vorherige ausdrückliche Einwilligung mittels einer automatischen Anrufmaschine in den Ordnungswidrigkeitenkatalog des § 20 Abs. 1 Nr. 2 UWG aufgenommen.

Die Höhe des Bußgeldes in § 20 Abs. 2 UWG wurde von 50.000 auf 300.000 Euro heraufgesetzt.

---

396 BR-Drucks. 557/10.

397 BT-Drucks. 271/11 (B), Anlage, S. 1 f.; Stellungnahme BR, BT-Drucks. 17/13429 S. 7.

398 Gegenäußerung der Bundesregierung BT-Drucks. 17/13429 S. 17.

399 BGBl.2013 I, Nr. 59., S. 3714.

400 Zu Neuerungen im Einzelnen vgl. den Überblick bei *Köhler*, NJW 2013, 3473.

401 BT-Drucks. 17/13057, S. 9.

Um die betrügerischen Praktiken unseriöser Unternehmer zu bekämpfen, sieht das Gesetz gegen unseriöse Geschäftspraktiken vom 1. Okt. 2013 in Art. 4[402] eine Regelung vor, die für den Abschluss von Verträgen über Gewinnspieldienste ab dem 9.10.2013 (Art. 229 § 33 EGBGB) ein allgemeines Formerfordernis vorsieht. In § 675 BGB wurde ein neuer Absatz 3 hinzugefügt, der für die Vermittlungsverträge von Gewinnspielen die Textform vorschreibt.

Ob diese Änderungen zur Verbesserung des Schutzes der Verbraucher gegen unerwünschte Telefonwerbung und zur Lösung der damit zusammenhängenden Probleme im Inkasso- und Mahnwesen beitragen, bleibt abzuwarten. Nach einigen Jahren soll eine erneute Evaluierung durchgeführt werden, um zu klären, ob weitere Schutzmaßnahmen erforderlich sind bzw. ob eine Deregulierung in Frage kommt.[403] In der Literatur gibt es schon kritische Stimmen betreffend die Effizienz dieser Regelungen. Das Ausmaß der Kritik reicht von der skeptischen Betrachtung einzelner Regelungen bis zu dem Vorwurf, der Gesetzgeber würde „die jeweiligen Übel" nicht „an der Wurzel" packen.[404]Nach *Köhler*[405] sollen Textformerfordernisse den Rechtsverkehr erschweren und letztlich auf ein „Reuerecht" des Verbrauchers hinauslaufen. Daher sei die Einführung der Textform für Gewinnspieldienstverträge in § 675 Abs. 3 BGB als „nur in Ausnahmefällen sinnvoll", da „der Unternehmer ohnehin den Vertragsschluss beweisen muss".

V. Die UWG-Novelle 2015

Das Zweite UWG-Änderungsgesetz vom 2.12.2015 ist am 10.12.2015 in Kraft getreten.[406] Der Bundesregierungsentwurf „Entwurf eines Zweiten Gesetzes zur Änderung des Gesetzes gegen den unlauteren Wettbewerb"[407] wurde am 1.4.2015 in der

---

402 BGBL I, 2013/59, S. 3.

403 *Köhler*, NJW 2013, 3473, 3478.

404 *Alexander*, BB, 2013, Die erste Seite, Nr. 43.

405 *Köhler*, NJW 2013, 3473, 3478.

406 BGBl. I S 2158.

407 BT-Drucks. 18/4535 vom 01. 04. 2015, abgedruckt in WRP 2015, 264; Dazu *Köhler*, WRP 2015, 275; *Köhler*, WRP 2015, 1311; *Sosnitza*, GRUR 2015, 318; *Kirchhoff*, WRP 2015, 659; *Hetmank*, GRUR 2015, 323; Vgl. zum Referentenentwurf Synopse UWG-Referentenentwurf-UGP-RL *Alexander*, WRP 2014, 1380; *Alexander*, WRP 2014, 1384; *Köhler*, WRP 2014, 1410; *Glöckner*, WRP 2014, 1399; Ohly, GRUR 2014, 1137; *Ohly*, WRP 2015, 1443; *Sack*, WRP 2014, 1418; *Schlingloff*, WRP 2014, 1424; *Münker*, WRP 2014, 1434; *Henning-Bodewig*, WRP 2014, 1407; *Fritzsche*, WRP 2014, 1392; *Ludyga*, Gesetzentwurf der Bundesregierung: Zweites Gesetzes zur Änderung des Gesetzes gegen den unlauteren Wettbewerb, ZVertriebsR 2015, 69; Stellungnahme GRUR mit der Aufforderung in Nr. 9, die Regelung betreffend Telefonwerbung nicht anzutasten, WRP 2015, 42; Stellungnahme ZAW, WRP 2015, 180; Stellungnahme vzbv WRP 2015, 177; Stellungnahme des Deutschen Franchise Verbandes e.V. (DFV) zum Referentenentwurf, ZVertriebsR 2015, 63.

Fassung vom 23.1.2015 dem Bundestag zur Beratung vorgelegt.[408] Am 5.11.2015 hat der Bundestag das Zweite Gesetz zur Änderung des Gesetzes gegen den unlauteren Wettbewerb beschlossen, allerdings mit im Vergleich zum Regierungsentwurf stark abweichenden Regelungen.[409] Die verabschiedete Fassung berücksichtigt die Beschlussempfehlung des Ausschusses für Recht und Verbraucherschutz vom 4.11.2015[410], sowie die vom *Köhler* vorgeschlagenen Änderungen.[411] Anlass der UWG-Novelle 2015 waren die Beanstandungen der Kommission von 2011 und 2014, die Deutschland eine defizitäre Umsetzung der UGP-Richtlinie vorwerfen.[412] Die Änderungen sollten eine bessere Umsetzung der UGP-Richtlinie bewirken, wobei das integrierte Lauterkeitsmodell erhalten bleibt. Die Novelle zielt darauf ab „gesetzessystematische Klarstellungen vorzunehmen, um eine vollständige Rechtsangleichung i.S.d. Richtlinie 2005/29/EG im Wortlaut des UWG zu erreichen“[413]; eine inhaltliche Änderung ist nicht bezweckt.[414]

Nachfolgend werden nur die neuen Regelungen dargestellt, die einen Bezug zur rechtlichen Beurteilung der Telefonwerbung aufweisen. Die UWG-Novelle 2015 betrifft nicht direkt Fragen der Telefonwerbung, bezieht sich also nicht auf § 7 Abs. 2 Nr. 2 UWG.[415]

Für die Beurteilung der Telefonwerbung ist die Umsetzung der Art. 8 und 9 UGP-Richtlinie in § 4 a UWG von Bedeutung und zugleich zu begrüßen. Telefonwerbung, die nicht unter § 7 Abs. 2 Nr. 2 UWG fällt, ist nunmehr subsidiär auf ihre Lauterkeit nach § 4 a UWG n.F. zu prüfen, so dass eine richtlinienkonforme Auslegung nicht mehr wie bisher nach § 4 Nr. 1 UWG vorzunehmen ist. Auch die Generalklausel des UWG hat Modifizierungen erfahren. § 3 Abs. 1 UWG n.F. bildet den Auffangtatbestand und verzichtet auf die Spürbarkeitsklausel.[416] Darunter fallen Handlungen, deren Unlauterkeit sich zwar nicht aus den folgenden Regelungen des § 3 Abs. 2 und 3 UWG und der §§ 4 bis 6 UWG ergibt, die aber einen vergleichbaren Unrechtsgehalt aufweisen.[417] Die geschäftliche Relevanz einer Handlung wird sich künftig aus den spezielleren Unlauterkeitstatbeständen selbst

---

408 BT-Drucks. 18/4535.

409 Vgl. die Zusammenfassung bei Köhler, WRP 2015, Die erste Seite, Nr. 12; und die Synopse zum UWG-E. 2015, *Alexander*, WRP 2015, 1448.

410 BT-Drucks. 18/6571.

411 Vgl. *Köhler*, WRP 2015, Nr. 12, S. 1 mit Verweis auf *Köhler*, WRP 2015, 275; WRP 2015, 1037 und WRP 2015, 1311.

412 *Köhler*, WRP 2015, 1037, 1037.

413 BT-Drucks. 18/4535, S. 1.

414 Vgl. *Köhler* WRP 2015, 1311, 1311.

415 Auf Reformdefizite inklusive bezüglich § 7 UWG verweist *Köhler*, WRP 2015, 1037, 1040 und WRP 2015, 798, 802; Zur Änderungsvorschlage des § 7 UWG siehe *Köhler*, WRP 2015, 1311, 1317 und *Ohly*, WRP 2015, 1443, 1446.

416 *Köhler*, WRP 2015, 1311, 1313.

417 *Köhler*, WRP 2015, 1311, 1313.

ergeben.[418] Die ungeschriebenen Tatbestandsmerkmale ermöglichen den Gerichten diese „entweder als Per-se-Verboten zu qualifizieren oder in Konkretisierung des Tatbestandsmerkmals der Unlauterkeit für sie bestimmte Relevanzerfordernisse aufzustellen."[419]

Die allgemeine Verbrauchergeneralklausel ist Gegenstand des Art. 3 Abs. 2 UWG n.F. und wörtlich stark an die Vorgaben des Art. 5 Abs. 2 UGP-Richtlinie angepasst. An dieser Stelle wird der Unterschied zum Regierungsentwurf deutlich. Art. 3 Abs. 1 RegE. UWG regelte nur die Rechtsfolge unlauterer Geschäftspraktiken. Der Regierungsentwurf sah in § 3 Abs. 2 UWG RegE. einen generalklausigen Tatbestand im Verhältnis zu Verbrauchern - Verstoß gegen die fachliche Sorgfalt und wesentliche Beeinflussung - *und* darüber hinaus auch eine „Unternehmergeneralklausel"[420] - Verstoß gegen die fachliche Sorgfalt und Eignung zur spürbaren Interessenbeeinträchtigung - in Abs. 3.

Der Begriff der „fachlichen Sorgfalt" wurde in § 2 Abs. 1 Nr. 7 UWG n.F. durch den der „unternehmerischen Sorgfalt" ersetzt und in die Definition durch das Einführen des Wortes „anständigen" neben Marktgepflogenheiten ergänzt. Die Definition der „wesentlichen Beeinflussung des wirtschaftlichen Verhaltens des Verbrauchers" aus Art. 2 lit. e UGP-Richtlinie wurde in § 2 Abs. 1 Nr. 8 UWG n.F. aufgenommen. Ferner wurde in § 2 Abs. 1 Nr. 9 UWG n.F. mit fast gleichem Wortlaut die Definition der „geschäftlichen Entscheidung" des Art. 2 lit. k UGP-Richtlinie aufgenommen.

D. Die Zulässigkeitsvoraussetzungen der Telefonwerbung *de lege lata* in Deutschland

Im Folgenden wird der aktuelle gesetzliche Stand betreffend die Voraussetzung für das Betreiben von Werbeanrufen unter Berücksichtigung der Rechtsprechung und Literatur näher dargestellt.

I. Gedanke und Struktur des § 7 Abs. 2 Nr. 2 UWG

§ 7 Abs. 2 Nr. 2 UWG, der die Zulässigkeit der Telefonwerbung reguliert, stellt einen Unterfall des eigenständigen Unzulässigkeitstatbestands[421] der „unzumutbaren Belästigung" i.S.d. § 7 UWG dar. Eine belästigende Handlung zeichnet sich dadurch aus, dass sie bei dem Adressaten das Gefühl der Aufdringlichkeit erweckt und dies schon wegen der Art und Weise der vorgenommenen geschäftlichen Handlung, ohne dass es dabei auf dessen Inhalt ankommt.[422] Zudem birgt

418 *Köhler*, WRP 2015, Die erste Seite, Nr. 12.
419 *Köhler*, WRP 2015, 1311, 1313.
420 *Köhler*, WRP 2015, 1311, 1313.
421 Siehe auch oben Erster Teil, Drittes Kapitel, C. II.
422 Begr. RegE UWG 2003 S. 42 = BT-Drucks. 15/1487 S. 20.

eine belästigende Handlung die Gefahr unsachlicher Beeinflussung, weil sich der Beworbene für den Vertragsschluss nur deshalb entscheidet, damit er der Belästigungswirkung entkommt, während sachlich relevante Aspekte bei der Kaufentscheidung völlig ausbleiben.[423] Ein Werbeadressat wird die Werbung dann als aufdringlich und belästigend empfinden, wenn diese ohne oder gegen seinen Willen erfolgt und er mithin nicht die Entscheidungsmacht darüber besitzt, ob er die Werbung empfangen und sich mit ihr auseinandersetzen möchte.[424]

Systematisch bildet § 7 Abs. 1 Satz 1 UWG eine „kleine Generalklausel", die unter Berücksichtigung des § 7 Abs. 1 Satz 2 UWG über das Unzumutbarkeitskriterium eine umfassende Würdigung des Einzelfalles erfordert[425]. § 7 Abs. 2 UWG enthält vier Anwendungsfälle unzumutbarer Belästigungen, die als per se Verbote konzipiert sind[426] und als Spezialtatbestände vor § Abs. 1 zu prüfen sind. Liegen die Voraussetzungen des § 7 Abs. Abs. 2 Nr. 1 bis 4 UWG vor, ist *stets* eine unzumutbare Belästigung anzunehmen. Eine „umfassende Würdigung" findet nicht mehr statt[427], die Bagatellschwelle des § 7 Abs. 1 S. 1 ist also nicht mehr zu prüfen. Die in § 7 Abs. 2 UWG erwähnten Regelbeispiele entfalten gleichwohl keine Sperrwirkung für Tatbestände, die sich in deren Umfeld bewegen, denn der Regelbeispielkatalog stellt lediglich besonders inkriminierte Fälle dar, ohne dabei Anspruch auf Vollständigkeit zu haben.[428] So können auch andere Werbeformen wie z. B. Pop-Ups, Startseiten-Hijacking, Gatoring, In-Game-Advertising per se belästigend wirken.[429] Werbeformen die § 7 Abs. 2 UWG nicht verbietet, können gleichwohl unter § 7 Abs. 1 UWG als unlauter subsumiert werden. Eine nicht hartnäckige Werbung mit Fernkommunikationsmitteln kann also von § 7 Abs. 1 S. 1 UWG oder sogar von § 7 Abs. 1 S. 2 erfasst werden.[430] Prominente Beispiele sind Haustürwerbung[431], das Ansprechen in der Öffentlichkeit[432], die Scheibenwischerwerbung[433], Pop-up-Fenster, Metatags, Übersendung vorbeugender Unterlassungserklärungen.[434] Die Entscheidung darüber, welche andere als in § 7 UWG bereits illustrierten Beispiele und welche Voraussetzungen die Annahme einer unzumutbaren Belästigung

---

423 *Schöler*, in *Harte-Bavendamm/Henning-Bodewig*, UWG, 4. Aufl. 2016, § 7 Rdnr. 46.

424 Vgl. *Schöler*, in: *Harte-Bavendamm/Henning-Bodewig*, UWG, 4. Aufl. 2016, § 7 Rdnr. 42.

425 *Pahlow*, in: *Teplitzky/Peifer/Leistner*, GK-UWG, 2. Aufl. 2013, § 7 Rdnr. 30.

426 *Pahlow*, in: *Teplitzky/Peifer/Leistner*, GK-UWG, 2. Aufl. 2013, § 7 Rdnr. 30.

427 BT-Drucks. 16/10145, S. 29.

428 *Mankwoski*, in Fezer, UWG, 3. Aufl. 2010, § 7 Rdnr. 83; Begr. RegE BT-Drucks 15/1487 S. 21.

429 *Mankwoski*, in Fezer, UWG, 3. Aufl. 2010, § 7 Rdnr. 83.

430 *Mankwoski*, in Fezer, UWG, 3. Aufl. 2010, § 7 Rdnr. 84.

431 *Köhler*, in: *Köhler/Bornkamm/Feddersen*, UWG, 36. Aufl. 2018, § 7 Rdnr. 41 ff.

432 Köhler, in: *Köhler/Bornkamm/Feddersen*, UWG, 36. Aufl. 2018, § 7 Rdnr. 63 ff.

433 Begr. RegE UWG 2008 16/10145 S. 29

434 *Schöler*, in: *Harte-Bavendamm/Henning-Bodewig*, UWG, 4. Aufl. 2016, § 7 Rdnr. 132 f., 135.

rechtfertigen, bleibt der Rechtsprechung überlassen.[435] Werbung mittels anderer Fernkommunikationsmittel, die die von Nr. 2 und Nr. 3 nicht erfasst werden und eine gewisse Erheblichkeitsschwelle erreichen wie die Werbung per Brief, Werbeflyer, Prospekt oder Katalog unterliegt dem Anwendungsbereich des § 7 Abs. 2 Nr. 1 UWG.[436].

Im Rahmen von § 7 Abs. 1 UWG ist nicht jede belästigende Werbung untersagt, sondern nur dann, wenn diese unzumutbar ist und somit die Bagatellschwelle derselben Vorschrift überschritten hat. Dabei sind die Interessen des Werbenden und des Umworbenen gegeneinander abzuwägen. Um den Belästigungsgrad und das Ausmaß der Beeinflussung zu ermitteln, ist zu berücksichtigen, wie tiefgreifend die Privatsphäre des Werbeadressaten angegriffen wird, welche Intensität die Kontaktaufnahme aufweist, welche Abwehrmöglichkeit dem Betroffenen zustehen, insbesondere welche Anstrengungen er unternehmen muss, um der Werbung zu entgehen oder sich ihrer zu entledigen und schließlich, wie hoch die Gefahr der unsachlichen Beeinflussung ist.[437]

Betreffend Telefonwerbung ergibt eine abstrakte Abwägung der Interessen von Werbenden und Umworbenen anhand dieser Kriterien aus der Sicht des Gesetzgebers pauschal eine deutliche Benachteiligung des Umworbenen, da § 7 Abs. 2 Nr. 2 UWG einen Spezialtatbestand[438] einer unzumutbaren Belästigung darstellt. Sind die Voraussetzungen des § 7 Abs. 2 Nr. 2 UWG erfüllt, so ist nach dem Wortlaut des § 7 Abs. 1 eine unzulässige Telefonwerbung anzunehmen. Dies wird durch das Wort „stets" bekräftigt.[439] Folglich fungiert § 7 Abs. 1 UWG als Rechtsfolgeverweis auf § 7 Abs. 2 Nr. 2 UWG. Auf die Bagatellklausel des § 7 Abs. 1 UWG kommt es nicht an. Die Gründe für diese abstrakte Bewertung sind vielfältig und stehen mit der Eigenart des Fernkommunikationsmittels in Zusammenhang. Mit einem unerbetenen Anruf kann der Werbende besonders tief in die Privatsphäre des Betroffenen eingreifen, beispielsweise, wenn der Werbende auf dem privaten Telefonanschluss angerufen wird und sich also im häuslichen Bereich befindet, aber auch am Arbeitsplatz und im Zeitalter der mobilen Telefonie quasi überall, wo sich der Telefonbesitzer befindet, sogar im Urlaub. Der Angerufene kann häufig nicht erkennen, wer ihn anruft, so dass bei ihm wegen der Befürchtung, er könne eine wichtige Mitteilung verpassen, der innere Druck entsteht, den Anruf entgegenzunehmen[440] Selbst wenn das Telefongerät über ein Display verfügt und für den Angerufenen mithin die Nummer sichtbar ist, bedeutet dies nicht, dass er auch

---

435 Begr. RegE. BT-Drucks 15/1487 S. 21.

436 *Schöler*, in: *Harte-Bavendamm/Henning-Bodewig*, UWG, 4. Aufl. 2016, § 7 Rdnr. 139, 181.

437 *Schöler*, in: *Harte-Bavendamm/Henning-Bodewig*, UWG, 4. Aufl. 2016, § 7 Rdnr. 48 f.

438 *Köhler*, in: *Köhler/Bornkamm/Feddersen*, UWG, 36. Aufl. 2018, § 7 Rdnr. 5.

439 *Mankowski*, in: *Fezer/Büscher/Obergfell*, UWG, 3. Aufl. 2016, Rdnr. 85.

440 BGH, Urteil vom 19.6.1970 – I ZR 115/68, GRUR 1970, 523, 524 – Telefonwerbung I; BGH, GRUR 1991, 764, 765 – Telefonwerbung IV.

die Person des Anrufers erkennt. Meistens können nur solche Anrufer erkannt werden, die in der Telefonkontaktliste gespeichert sind. Dass Nummern von Werbenden gespeichert werden, vor allem, wenn sich diese für die Werbetätigkeit der Einschaltung von Callcenter bedienen, dürfte selten der Fall sein. Schließlich ist es für die betrügerischen Werbenden technisch möglich – so beispielweise im Rahmen der Skype Internet-Telefonie – eine falsche Nummer anzeigen zu lassen, die mit ihrer wahren Identität nicht im Geringsten zusammenhängt. Ferner besteht bei einem gehenden Anruf die Gefahr, dass sich der Werbende auf das Gespräch einlässt, entweder weil er nicht gleich versteht, wer zu welchem Zweck anruft, oder weil er das Gespräch aus reiner Höflichkeit nicht abrupt beenden kann oder mag[441], insbesondere auch dann nicht, wenn gut geschulte Werber höflich auftreten[442], da Höflichkeit in der Regel ebenfalls Höflichkeit auslöst.[443] Im Falle einer verbalen Auseinandersetzung besteht die Gefahr, dass sich der Beworbene in die Situation hineinsteigert und, statt das Gespräch zu beenden, dieses fortführt in dem Versuch, die eigene Meinung durchzusetzen und seinem Ärger Luft zu machen. Der Schutz der Privatsphäre steht gegenüber dem wirtschaftlichen Gewinnstreben im Vordergrund.[444] Werbende Unternehmen, deren Interessen nach Art. 5, 12 GG geschützt sind, können auf andere Werbemethoden ausweichen.[445] Die besondere Inkriminierung unerbetener Telefonwerbung liegt ferner in der damit verbundenen Nachahmungsgefahr.[446] Als finanziell und zeitlich nicht besonders aufwendige Methode im Vergleich zur Haustürwerbung oder Briefwerbung stellt sich Telefonwerbung als besonders attraktiv dar.[447] Die Gefahr einer hohen Zahl unerwünschter Anrufe ist mithin hoch.

Vergleichsweise mit § 7 Abs. 2 Nr. 2 UWG ist die gesetzliche Regulierung der Werbung unter Verwendung einer automatischen Anrufmaschine, eines Faxgerätes oder elektronischer Post in § 7 Nr. 3 UWG grundsätzlich strenger, da diese Werbeformen ohne die vorherig ausdrücklich erteilte Einwilligung aller Adressaten, unabhängig davon ob Verbraucher oder Unternehmen angerufen werden, unzulässig sind. Folglich ist die E-Mail-Werbung strenger als die Telefonwerbung reguliert, obwohl BGH davon ausgeht, dass die infolge eines unerwünschten Werbeanrufs eingetretene Belästigung und der damit verbundene Eingriff in

441 BGH, Urteil vom 24.1.1991 – I ZR 133/89, GRUR 1991, 764 – Telefonwerbung IV.
442 BGH, Urteil vom 24.1.1991 – I ZR 133/89, GRUR 1991, 764, 765 – Telefonwerbung IV.
443 BGH, Urteil vom 19.6.1970 – I ZR 115/68, GRUR 1970, 523, 524 – Telefonwerbung I.
444 BGH, Urteil vom 19.6.1970 – I ZR 115/68, GRUR 1970, 523, 524 – Telefonwerbung I; BGH, BGH, Urteil vom 8.6.1989 – I ZR 178/87, GRUR 1989, 753, 754 – Telefonwerbung II; BGH, Urteil vom 8.11.1989 – I ZR 55/88, GRUR 1990, 280 – Telefonwerbung III; BGH, BGH, Urteil vom 8.12.1994 – I ZR 189/92, GRUR 1995, S. 220 – Telefonwerbung V; BGH, Urteil vom 27.1.2000 – I ZR 241/97, GRUR 2000, 818, 819 – Telefonwerbung VI.
445 BGH, Urteil vom 8.12.1994 – I ZR 189/92, GRUR 1995, 220, 221 – Telefonwerbung V.
446 Siehe oben Erster Teil, Drittes Kapitel, A. I. 4.
447 BGH, Urteil vom 19.6.1970 – I ZR 115/68, GRUR 1970, 523, 524 – Telefonwerbung I.

die Privat- bzw. Berufssphäre des Betroffenen höher als bei einer unerwünschten E-Mail-Werbung ist.[448] Dieser Regelungswiderspruch erklärt sich damit, dass § 7 Abs. 2 Nr. 3 UWG die Umsetzungsvorschrift für die vollharmonisierenden Art. 13 Abs. 1 DSRL 2002/58/EG darstellt. § 7 Abs. 3 UWG sieht Umstände vor, bei deren Vorliegen E-Mail-Werbung unter erleichterten Voraussetzungen erlaubt ist. Die Vorschrift beruht auf Art. 13 Abs. 2 DSRL 2002/58/EG. Die Haustürwerbung ist wiederum grundsätzlich zulässig und kann nach den Wertungen des § 7 Abs. 1 UWG unzulässig sein, wenn sie sich im Einzelfall als unzumutbar darstellt.[449]

II. Abgrenzung der Telefonwerbung von anderen telefongebundenen Tatbeständen

§ 7 Abs. 2 Nr. 2 UWG erfasst nur den Fall eines Telefonanrufs i.S.d. Art. 2 S. 2 e) DSRL 2002/58/EG, also eine über einen öffentlich zugänglichen Telefondienst aufgebaute Verbindung, die eine zweiseitige Echtzeit-Kommunikation ermöglicht. Es handelt sich um eine fernmündliche Kontaktaufnahme einer Person mit einer anderen Person.[450] Da bei Telefonanrufen die Echtzeit-Kommunikation im Vordergrund steht, fällt auch die sogenannte Internet-Telefonie unter die Regelung des § 7 Abs. 2 Nr. 2 UWG.[451]

Folgende Fälle werden nicht erfasst:

1. SMS- und MMS- Nachrichten

Werbung per SMS und MMS fällt nicht unter den Tatbestand des § 7 Abs. 2 Nr. 2 UWG, sondern beurteilt sich nach § 7 Abs. 2 Nr. 3 UWG. Diese Werbearten unterliegen dem Begriff der elektronischen Post, der in Art. 2 h und Erwägungsgrund 40 der Richtlinie 2002/58/EG legal definiert wird.[452]

2. Anrufe durch automatische Anrufmaschinen (Voice-Mail)

Ebenso von § 7 Abs. 2 Nr. 3 UWG und nicht von § 7 Abs. 2 Nr. 2 UWG erfasst, werden Anrufe durch automatische Anrufmaschinen, bei denen im Gegensatz zu einem Telefonanruf keine persönliche, sondern eine automatisch gesteuerte Kontaktaufnahme durch den Werbenden erfolgt.[453]

---

448 *BGH,* Urteil vom 11. 3. 2004 – I ZR 81/01, GRUR 2004, 517, 518 – E-Mail-Werbung I.

449 Kritisch zur grundsätzlichen Zulässigkeit der Haustürwerbung, *Reich,* Die wettbewerbsrechtliche Beurteilung der Haustürwerbung in Deutschland, 2010.

450 *Schöler,* in: Harte-Bavendamm/Henning-Bodewig, UWG, 4. Aufl. 2016, § 7 Rdnr. 222.

451 *Hasselblatt,* in: *Gloy/Loschelder/Erdmann,* Handbuch des Wettbewerbsrechts, 4. Aufl. 2010, Rdnr. 115 m.w.N.

452 Vgl. auch *Ohly,* in: *Ohly/Sosnitza,* UWG, 7. Aufl. 2016, § 7 Rdnr. 65, 45.

453 *Ohly,* in: *Ohly/Sosnitza,* UWG, 7. Aufl. 2016, § 7 Rdnr. 63, 45; *Köhler,* in: *Köhler/Bornkamm/Feddersen,* UWG, 36. Aufl. 2018, Rdnr. 128.

3. *Ping- oder Lockanrufe*

Ping- oder Lockanrufe[454] unterliegen ebenso dem Tatbestand des § 7 Abs. 2 Nr. 3 UWG als Erscheinungsform automatischer Anrufmaschinen.[455] Dabei wird nach einmaligem Klingeln die Verbindung automatisch unterbrochen, woraufhin auf dem Display eine Mehrwertdienstnummer erscheint. Dabei geht der Rückruf jedenfalls auf Kosten des Betroffenen und verursacht nicht selten hohe Kosten.[456] Zudem kommen die Tatbestände des § 4 Nr. 3 und des § 5 UWG in Betracht.[457] Auf Pinganrufe ist darüber hinaus § 66 j TKG anwendbar.

4. *Werbefinanzierte Telefongespräche*

Ebenso wenig fallen werbefinanzierte Telefongespräche unter § 7 Abs. 2 Nr. 2 UWG.[458]

Bei werbefinanzierten Telefongesprächen erfolgt die Werbung dadurch, dass die Telefongespräche in bestimmten Abständen unterbrochen werden und der Gesprächspartner eingeblendeter Werbung ausgesetzt wird, wobei die Telefonate für den Anrufer in der Regel kostenlos sind[459] oder der Anbieter solcher Dienste einen einmalig zu entrichtenden Betrag verlangt.[460]

a. *Kritik an der BGH-Entscheidung Werbefinanzierte Telefongespräche*

Über einen solchen Fall hatte der BGH im Urteil vom 20.12.2001 – Werbefinanzierte Telefongespräche – zu entscheiden. Der BGH verneinte eine unzumutbare Belästigung nach § 1 UWG a.F. Die Begründung überzeugt nicht. Zum einen war der BGH der Ansicht, eine konkludente Einwilligung liege vor. Zum anderen entschied er, dass die in „Laienwerbung für Augenoptiker“ aufgestellten Grundsätze nicht greifen und die Belästigungsschwelle ohnehin zu gering ist.

Der BGH prüfte in *Werbefinanzierte Telefongespräche* zunächst, ob sich die Unlauterkeit werbefinanzierter Telefongespräche daraus ergibt, dass Telefonwerbung

---

454 Vgl. dazu *Zagouras*, NJW 2007, 1914; *Becker*, WRP 2011, 808.

455 *Ohly*, in: *Ohly/Sosnitza*, UWG, 7. Aufl. 2016, § 7 Rdnr. 63.

456 *Ohly*, in: *Ohly/Sosnitza*, UWG, 7. Aufl. 2016, § 7 Rdnr. 63; *Köhler*, in: *Köhler/Bornkamm/Feddersen*, UWG, 36. Aufl. 2018, Rdnr. 128 b.

457 LG München, Urteil vom 3.9.2003 – 1 HK O 7754/03, MMR 2004, 42; OLG Düsseldorf, Urteil vom 14.12.2004 – 20 U 109/04, GRUR 2005, 523; *Becker*, WRP 2011, 808; *Köhler*, in: Köhler/ Bornkamm, UWG, 32. Aufl. 2014, Rdnr. 128 b.

458 BGH, Urteil vom 20.12.2001 – I ZR 227/99, GRUR 2002, 637 – Werbefinanzierte Telefongespräche; *Ohly*, in: *Ohly/Sosnitza*, UWG, 7. Aufl. 2016, § 7 Rdnr. 45, 59.

459 *Ohly*, in: *Ohly/Sosnitza*, UWG, 7. Aufl. 2016, § 7 Rdnr. 59.

460 Siehe BGH, Urteil vom 20.12.2001 – I ZR 227/99, WRP 2002, 676 – Werbefinanzierte Telefongespräche: der Anbieter werbefinanzierter Telefonanrufe verlangte die Zahlung eines einmaligen Betrags von 38 DM und das Gespräch wurde alle 90 Sekunden für 20 Sekunden durch Werbung unterbrochen.

gegenüber Privaten ohne deren zumindest konkludent erklärtes Einverständnis unzulässig ist und entschied, dass mit dem Fortführen und der Hinnahme der Werbeunterbrechung der Betroffene sein Einverständnis mit der Werbung erklärt.[461] Der BGH geht davon aus, dass der Angerufene von seinem Gesprächspartner beim Gesprächsbeginn über die Werbeunterbrechung unterrichtet wird.[462] Unter Zugrundelegung der Lebenserfahrung überzeugt es, davon auszugehen, dass vor Beginn des Gesprächs ein Hinweis auf die kommende Werbeunterbrechung erfolgt, da ansonsten der Anrufer mit einer Beendigung des Gesprächs rechnen muss. Der BGH nimmt entgegen der Vorinstanz an, der Einwilligung stehe nicht entgegen, dass der Angerufene sich „im Normalfall einem psychischen Druck ausgesetzt sieht, die Werbeunterbrechung zu akzeptieren, um den Anrufer nicht durch den Abbruch des Telefonats zu brüskieren“[463] Die Einwilligung muss allerdings vor Beginn der Werbebotschaft vorliegen und kann nicht zu einem späteren Zeitpunkt erklärt werden.[464] Die unzulässige Störung in der Privatsphäre des Betroffenen tritt nach der Rechtsprechung des BGH zur Telefonwerbung bereits mit dem Anruf und unabhängig vom Gesprächsinhalt ein, da dieser sich genötigt fühlt, das Gespräch anzunehmen, aus Angst, ein wichtiges Telefonat zu verpassen.[465] Bei werbefinanzierten Telefongesprächen geht der Anruf von einer Privatperson aus, die telefonische Privatgespräche in seinem Bekanntenkreis führen möchte. Daher tritt die Störung der Privatsphäre nicht schon mit dem Anruf ein, da der Angerufene in der Regel die Nummer des Gesprächspartners erkennt. Auch wenn die Nummer unterdrückt wird, ist der Anruf rechtlich nicht zu beanstanden, da der Anrufer selbst keine Werbung betreibt. Die Störung der Privatsphäre tritt erst mit Beginn der Werbeunterbrechung ein.

Der Begriff der Einwilligung des § 7 Abs. 2 Nr. 2 UWG ist im Lichte der Richtlinie 2002/58/EG auszulegen. Art. 2 Satz 2 lit. f und Erwägungsgrund 17 der Richtlinie 2002/58/EG verweisen für die Begriffsbestimmung der Einwilligung auf Art. 2 lit. h) der Richtlinie 95/46/EG. Demnach versteht man unter einer Einwilligung „jede Willensbekundung, die ohne Zwang, für den konkreten Fall und in Kenntnis der Sachlage erfolgt und mit der die betroffene Person akzeptiert, dass

---

461 BGH, Urteil vom 20.12.2001 – I ZR 227/99, WRP 2002, 676 f. – Werbefinanzierte Telefongespräche; Zustimmend, *Ohly*, in: *Ohly/Sosnitza*, UWG, 7. Aufl. 2016, § 7 Rdnr. 59; Es sei angemerkt, dass, wenn eine Aufklärung über die kommende Werbebotschaft unterbleibt, offensichtlich keine Rede vom Vorliegen einer Einwilligung sein kann.

462 BGH, Urteil vom 20.12.2001 – I ZR 227/99, WRP 2002, 676, 678 – Werbefinanzierte Telefongespräche.

463 BGH, Urteil vom 20.12.2001 – I ZR 227/99, WRP 2002, 676, 678 – Werbefinanzierte Telefongespräche.

464 BGH, Urteil vom 8.6.1989 – I ZR 178/87, GRUR 1989, 753, 754 – Telefonwerbung II; BGH, Urteil vom 8.12.1994 – I ZR 189/92, GRUR 1995, 220, 221 – Telefonwerbung V; BGH, Urteil vom 16.12.1993 – I ZR 285/91, GRUR 1994, 380 f. – Lexikothek; *Ohly*, in: *Ohly/Sosnitza*, UWG, 7. Aufl. 2016, § 7 Rdnr. 51.

465 BGH, Urteil vom 19.6.1970 – I ZR 115/68, GRUR 1970, 523, 524 – Telefonwerbung I.

personenbezogene Daten, die sie betreffen, verarbeitet werden." Zwar war die Richtlinie 2002/58/EG noch nicht in Kraft getreten, als der BGH auf Grundlage von § 1 UWG a. F. das Urteil *Werbefinanzierte Telefongespräche* erließ. Allerdings galt auch damals der Grundsatz, dass die Einwilligung für den konkreten Fall und frei von Zwang zu erfolgen hat, da eine unfreiwillig abgegebene Willenserklärung keine Rechtfertigung für das Eindringen in die Privatsphäre des Betroffenen darstellen kann.

b. Konkludente Einwilligung durch Fortführen des Gesprächs

Soweit der BGH vom Vorliegen einer (konkludenten) Einwilligung ausgeht, kann dem nicht zugestimmt werden. Die Einwilligung soll nach dem BGH darin zu erblicken sein, dass der Gesprächspartner das Gespräch fortführt und die Werbeunterbrechung hinnimmt. Dieses Verhalten erfüllt nicht die Anforderungen, denen eine Einwilligung in der Telefonwerbung genügen muss. Die Einwilligung muss in Kenntnis der Sachlage und für den konkreten Fall erklärt werden. Ein allgemeiner Hinweis auf die kommenden Werbebotschaften enthält hingegen keine konkreten Angaben über die beworbenen Produkte und das webende Unternehmen.

c. Einwilligung nicht ohne Zwang

Der BGH erwähnt nur lapidar, dass entgegen der Meinung des Landgerichts, der psychische Druck, die Werbeunterbrechung zu akzeptieren, um den Anrufer nicht durch den Abbruch des Telefonats zu brüskieren kein Hindernis für die Gültigkeit der Einwilligung sein kann.[466] Eine Prüfung, ob der psychische Druck zu einer Zwangslage führt, unterbleibt. Dies überrascht, denn nach ständiger BGH-Rechtsprechung wird die Unzulässigkeit der Telefonwerbung gegenüber Privaten mit den Gefahren begründet, die dem Fernkommunikationsmittel Telefon immanent sind, nämlich das geringe Erfolgspotenzial des Angerufenen, der Beeinträchtigung der Privatsphäre entgegenzuwirken. Der Angerufene gehe ans Telefon aus Angst, ein wichtiges Gespräch zu verpassen.[467] Genau die Angst, ein wichtiges Gesprächsthema zu verpassen, bzw. nicht alle Informationen zu einem begonnenen Thema zu erhalten, motiviert zur Entgegennahme der Warteschleifenwerbung. Ferner sieht der BGH in seiner ständigen Rechtsprechung den Angerufenen im Falle der Telefonwerbung mit Schwierigkeiten konfrontiert, das Gespräch zu beenden. Dies gilt gerade dann, wenn der Gesprächspartner höflich auftritt.[468] Diese Gefahren sind bei Telefongesprächen mit nahestehenden Personen viel ausgeprägter als in den Fällen, in denen der Anrufende ein Werbeanruf im Auftrag eines Unternehmens tätigt und zwischen den Gesprächspartner keine persönliche Beziehung besteht.

---

466 BGH, Urteil vom 20.12.2001 – I ZR 227/99, WRP 2002, 676, 678 – Werbefinanzierte Telefongespräche.

467 BGH, Urteil vom 19.6.1970 – I ZR 115/68, GRUR 1970, 523, 524 – Telefonwerbung I.

468 BGH, Urteil vom 19.6.1970 – I ZR 115/68, GRUR 1970, 523, 524 – Telefonwerbung I.

Es bedarf also einer konkreten Prüfung, ob der Beworbene die Werbebotschaft angenommen hat, weil er Angst hatte, ein wichtiges persönliches Gespräch zu verpassen bzw. dem Bekannten gegenüber ablehnend zu wirken und daher einem hohen psychischen Druck unterlag. Aufgrund des besonders engen Verhältnisses zwischen Freunden und nahen stehenden Personen wird der Angerufene in der Regel Schwierigkeiten haben, das Gespräch abzubrechen und wird genötigt sein, die Werbebotschaft hinzunehmen um das Gespräch nicht zu beenden. Eine Einwilligung, die aufgrund eines (inneren) Zwangs erfolgt, kann die Werbeeinblendung während des Telefongesprächs nicht legitimieren, da sie nicht auf einer autonomen Willensbildung beruht.

d. Vergleichbarkeit mit Laienwerbung für Augenoptiker

Des Weiteren erwähnt der BGH eine mögliche Unzulässigkeit dieser Werbemethode, unter der analogen Anwendung der Grundsätze zur Laienwerbung, in deren Rahmen, - wie auch bei werbefinanzierten Telefongesprächen - Unternehmen die persönlichen Beziehungen ihrer Kunden zu Dritten für die Akquisition neuer Kunden fruchtbar machen.

In der Entscheidung *Laienwerbung für Augenoptiker*[469] entschied der BGH, dass das Versprechen von Werbeprämien an Kunden sittenwidrig und folglich als Verstoß gegen § 1 UWG anzusehen ist. In dem Fall verteilten Kunden Bonuskarten im Bekanntenkreis, die bei einem Kauf des Neukunden mit Bonuspunkten gutgeschrieben werden, wonach sich anschließend auch die Höhe der Werbeprämie berechnet. Der BGH prüfte anhand der Generalklausel des § 1 UWG a. F., ob die Maßnahme im konkreten Fall eine unzumutbare Belästigung darstellt. Maßgebliche Kriterien waren die Anreizwirkung der Prämie, welchen Einsatz der Laienwerber erbringen muss, um sich die Prämie zu verdienen und welche Belästigungsintensität das Eingehen auf die Werbung bei den Kunden hervorruft.[470] *Erstens* begründete der BGH seine Entscheidung mit der Anreizwirkung des Wettbewerbs. Die Laienwerbung sei besonders geeignet, Kunden durch unsachliche Beeinflussung zu veranlassen, unkritisch bestimmte Unternehmen als Anbieter zu bevorzugen. Die nicht unerhebliche Werbeprämie beeinflusse unsachlich die Entscheidung des Kunden, welchem Optiker er sich für den Kauf und für die Beratung anvertraut. Hinzu komme, dass der Laienwerber für die versprochene Prämie wenig Aufwand erbringen muss und auch dem Neukunden sein Einsatz im Verhältnis zu der Prämie gering erscheint, da optische Geräte von solchen Kunden gekauft werden, bei denen ohnehin ein Bedarf bestehe. Die einzige Belastung des Kunden bestehe darin, dass er sich statt in ein Geschäft seiner Wahl in das Geschäft

---

469 BGH, Urteil vom 29.09.1994 – I ZR 138/92, WRP 1995, 104 – Laienwerbung für Augenoptiker.

470 BGH, Urteil vom 29.09.1994 – I ZR 138/92, WRP 1995, 104, 105 f – Laienwerbung für Augenoptiker.

des Werbeinitiators begibt.[471] *Zweitens* stütz der BGH die Annahme des Verstoßes gegen den § 1 UWG a. F. auf die Gefahr der Nachahmung, die die besondere Anreizwirkung dieser Werbemethode in sich trägt.[472]

In *Werbefinanzierte Telefongespräche* nimmt der BGH an, die Belästigungswirkung sei geringer als bei der Laienwerbung, auch wenn werbefinanzierte Telefongespräche als störend empfunden werden mögen.[473] Das Gespräch diene nicht ausschließlich Werbezwecken. Die geringe Belästigungswirkung sei mit der Beeinträchtigung vergleichbar, die Rundfunkinteressierte während der Werbeeinblendung im Fernsehen oder Rundfunk empfinden. Denn genauso wie bei der Werbeeinblendung im Fernsehen und Rundfunk, erfolge keine gezielte und direkte Werbeansprache bezüglich eines bestimmten Produktangebots, sondern es handele sich um eine allgemeine Werbung, eine „Berieselung". Der Werbende sehe sich keiner Aufdringlichkeit ausgesetzt, sich mit dem bestimmten Produkt zu konfrontieren, ihm werde keine aktive Reaktion oder Abwehr abverlangt, sondern die Belästigung beschränke sich auf die Hinnahme der Werbeeinblendung.[474]

An der Begründung des BGH bestehen jedoch Zweifel. Die Beeinflussung der Entscheidungsfreiheit bezüglich des Kaufs eines Produkts bei eingeblendeter Werbung mag weniger spürbar sein, da der Werbende keinen direkten Kontakt zu den Angerufenen aufnimmt und nicht spontan auf dessen Reaktionen und Bedürfnisse eingehen kann, bzw. es besteht nicht die Gefahr, dass sich der Umworbene für den Kauf deshalb entscheidet, damit er seinen Gesprächspartner los hat. Allerdings geht es bei der Bewertung der Telefonwerbung in erster Linie um Belästigung, die unabhängig von dem Inhalt der Werbung eintritt, während die Beeinflussungsgefahr diese bereits eingetretene Belästigung nur noch erhöht. Die Belästigungswirkung bei einer Werbung bestehend aus aufeinanderfolgenden Werbebotschaften ist sehr groß. Der Werbende wird in kürzester Zeit mit verschiedenen Produkten konfrontiert und kann anders als bei der „Berieselung" im Fernsehen oder Radio die Belästigung nicht schlicht damit beenden, dass er das Gerät ausschaltet oder das Programm ändert. Dem Angerufenen dürfte es schwerer fallen, das Gespräch zu beenden.[475] Er sieht sich mit dem Druck konfrontiert, am Telefon wachsam zu bleiben, um das Gespräch mit dem Bekannten fortführen zu können, sobald die Werbebotschaft beendet ist, insbesondere dann wenn das Gespräch an einer spannenden

---

471 BGH, Urteil vom 29.09.1994 – I ZR 138/92 WRP 1995, 104, 106 – Laienwerbung für Augenoptiker.

472 BGH, Urteil vom 29.09.1994 – I ZR 138/92, WRP 1995, 104, 106 – Laienwerbung für Augenoptiker.

473 BGH, Urteil vom 20.12.2001 – I ZR 227/99, WRP 2002, 676, 678 – Werbefinanzierte Telefongespräche.

474 BGH, Urteil vom 20.12.2001 – I ZR 227/99, WRP 2002, 676, 678 – Werbefinanzierte Telefongespräche; zustimmend *Ohly*, in: *Ohly/Sosnitza*, UWG, 7. Aufl. 2016, § 7 Rdnr. 59.

475 Ebenso *Hartwig*, WRP 1999, 1083, 1084.

Stelle unterbrochen wird. In der Regel wird der Umworbene nicht weghören. Aus den genannten Gründen war eine Prüfung notwendig, ob die Werbeunterbrechung im Einzelfall eine unzumutbare Belästigung darstellt. Wenn zwischen Anrufendem und Angerufenem ein persönliches Verhältnis aufgrund Freundschaft oder Bekanntschaft besteht, spricht dies dafür, werbefinanzierte Telefongespräche mit demselben Maßstab wie bei der Laienwerbung zu beurteilen.[476]

e. *Ausblick nach dem aktuellen gesetzlichen Stand*

Fraglich ist, wie die Werbung mittels werbefinanzierter Telefongespräche nach dem aktuellen gesetzlichen Stand zu beurteilen ist. Eine Qualifikation automatischer Werbeeinblendung durch den BGH wurde bisher nicht vorgenommen.

Der BGH verweist in seinem Urteil *Werbefinanzierte Telefongespräche* auf sein Urteil *Telefonwerbung VI*[477], in dem der BGH den Grundsatz aufstellt, dass Telefonwerbung gegenüber Privaten ohne die Einwilligung des Angerufenen unerlaubt ist, und prüft die Zulässigkeit automatischer Werbeeinblendung am Telefon nach den Grundsätzen zur Telefonwerbung. Schließlich verneint der BGH eine Gleichstellung beider Fälle mit dem Argument, das Telefongespräch diene im Falle werbefinanzierter Telefongespräche nicht ausschließlich Werbezwecken, sondern werde lediglich durch Werbung unterbrochen.[478] Auf die Besonderheit der Werbeeinblendung, die anders als bei der herkömmlichen Telefonwerbung nicht im Rahmen eines persönlichen Gesprächs, sondern automatisch erfolgt, geht der BGH nicht ein.

Die Tatsache, dass das Gespräch nicht ausschließlich Werbezwecken dient, ist hingegen für die Kategorisierung nicht relevant. Der Anrufer darf im Rahmen des Gesprächs zu keiner Werbebotschaft übergehen, ohne dass der Angerufene zuvor sein Einverständnis erklärt hat. Die Zugehörigkeit automatischer Werbeeinblendung am Telefon zu der Gruppe herkömmlicher Telefonwerbung und damit die Bewertung am Maßstab des § 7 Abs. 2 scheidet aus. Die Telefonwerbung umfasst nur Werbung mit einem Anruf, also die Echtzeit-Kommunikation i.S.d. Art. 2 S. 2 e) DSRL 2002/58/EG. Dagegen ermöglicht die Werbeeinblendung weder einen individuellen Kontakt zu bestehenden oder potenziellen Kunden noch eine gezielte Auslösung von direkt messbaren Response-Aktivitäten der Zielgruppen, das aber den Kern des Marketings ausmacht.[479] Die Werbeeinblendung ist gerade kein Bestandteil des Telefongesprächs, sondern erfolgt automatisch. Weder der Anrufende, noch der Angerufene kann das Verfahren steuern, bzw. mit dem Werbenden einen direkten Kontakt herstellen.

---

476 Vgl. *Hartwig*, WRP 1999, 1083, 1086.

477 BGH, Urteil vom 27.1.2000 – I ZR 241/97GRUR, 2000, 818, 819 – Telefonwerbung VI.

478 BGH, Urteil vom 20.12.2001 – I ZR 227/99, WRP 2002, 676, 678 – Werbefinanzierte Telefongespräche.

479 Siehe *Holland*, Direktmarketing, 3. Aufl. 2009, S. 5.

Es stellt sich daher die Frage, ob werbefinanzierte Telefongespräche der Gruppe des § 7 Abs. 2 Nr. 3 UWG zuzuordnen sind. Dagegen spricht, dass die Werbeeinblendung, anders als bei Werbung mittels automatischer Anrufmaschinen nicht automatisch durch Voice-Mail-Systeme erfolgt, sondern durch den Anrufenden verursacht wird. Zudem erfolgt die Werbeeinblendung nicht unmittelbar nachdem der Angerufene den Hörer abgenommen hat. Die Werbebotschaft wird erst dann automatisch eingeblendet, nachdem das nicht kommerzielle Gespräch angefangen hat. Daher will *Ohly* den Fall werbefinanzierter Telefongespräche nicht unter der Fallgruppe des § 7 Abs. 2 Nr. 3 UWG, sondern unter dem Auffangtatbestand des § 7 I UWG qualifizieren.[480]

Diese Auffassung überzeugt nicht. Im Rahmen finanzierter Telefongespräche tritt sowohl aus der Sicht des Beworbenen als auch aus der Sicht des Unternehmers dieselbe unberechenbare Situation ein wie bei Werbung mittels automatischen Anrufsystems. Zwar ist der Anrufer für den Einsatz der Werbebotschaft unerlässlich. Auch erfolgt die Werbeeinblendung erst nach dem Gesprächsbeginn. Jedoch verhindert dies nicht die Qualifizierung werbefinanzierter Telefonwerbung als Werbung mittels eines automatischen Anrufsystems. Im klassischen Fall der Werbung unter Verwendung einer automatischen Anrufmaschine nach § 7 Abs. 2 Nr. 3. Alt. 1 UWG steht hinter der „Maschine" eine Steuerperson, die die „Maschine" programmiert, damit sie automatisch laufen kann. Eben dieselbe Situation tritt auch bei werbefinanzierten Telefongesprächen ein: das Gespräch wird unterbrochen und die Werbebotschaft beginnt „automatisch" zu laufen, wie vom Unternehmen vorgesehen. Der Anrufer hat keinerlei Einfluss darauf. Weder kann er die Zeit bestimmen, wann die Werbebotschaft beginnt, noch hat er einen Einfluss auf den Inhalt der Werbebotschaft. Der Anrufer fungiert lediglich als Hilfsperson des Unternehmers bei der Programmierung der Maschine, indem er den nötigen ersten Impuls für das Auslösen der automatischen Werbebotschaft gibt. Sein Beitrag erfolgt noch im Vorstadium des Werbeeintritts und erstreckt sich daher nicht auf den Werbeverlauf, dessen Eintrittszeitpunkt und Inhalt vom Unternehmer einseitig bestimmt wird. Sein Beitrag kann im Hinblick auf dem Gesamtablauf dem organisatorischen technischen Teil, der Programmierung der Maschine zugewiesen werden. Die Werbesteuerung erfolgt hingegen automatisch. Der Anrufer substituiert in dieser Konstellation ferner auch den „Datenverkäufer", von dem sich der Werbende im Falle der Telefonwerbung nach § 7 Abs. 2 Nr. 2 UWG bzw. beim klassischen Fall der Werbung nach § 7 Abs. 2 Nr. 3 Alt. 1 UWG die Nummer zunächst beschaffen müsste. Durch die Einschaltung dieser Hilfsperson überwindet der Unternehmer diese Hürde und überspringt auch die einzuhaltenden datenschutzrechtlichen Bestimmungen betreffend die Verwendung personenbezogener Daten zwecks Werbung, was für den Unternehmer besonders attraktiv erscheinen mag. Für die Annahme eines automatischen Anrufs spricht ferner die Tatsache, dass aus der Sicht des Unternehmers der durch den Anrufer hergestellte

480 Vgl. *Ohly*, in: *Ohly/Sosnitza*, UWG, 7. Aufl. 2016, § 7 Rdnr. 59.

Kontakt zu dem Beworbenen gerade zufällig erfolgt, denn das Unternehmen wird nicht im Voraus wissen können, wen aus seiner Bekanntenliste der Anrufer telefonisch kontaktieren wird.

In conclusio sind werbefinanzierte Telefongespräche nach § 7 Abs. 2 Nr. 3 Alt. 1 UWG zu beurteilen.

5. *Warteschleifenwerbung*

Die Warteschleifenwerbung[481] wird auch nicht vom § 7 Abs. 2 Nr. 2 erfasst, da Anrufe, die auf die Initiative der Verbraucher oder der interessierten Unternehmen zurückzuführen sind, allgemein nicht darunterfallen.[482] Unter besonderen Umständen wird Warteschleifenwerbung nach § 7 Abs. 1 unzulässig, wenn beispielsweise die Dauer der Wartezeit und damit des Werbeinhalts künstlich verlängert wird, da es sich dann um eine unzumutbare Belästigung handelt.[483]

E. Zusammenfassung

1. Telefonwerbung stellt in § 7 Abs. 2 Nr. 2 UWG einen Unterfall des eigenständigen Unzulässigkeitstatbestands der „unzumutbaren Belästigung" i.S.d. § 7 UWG dar. Die Vorschrift unterscheidet zwischen Telefonwerbung gegenüber Verbrauchern (b2c-Verhältnis) und Telefonwerbung gegenüber anderen Marktteilnehmern (b2b-Verhältnis). Für das b2b-Verhältnis gilt das Opt-in-Modell, das die Zulässigkeit der Telefonwerbung beim Vorliegen einer vorher ausdrücklich erklärten Einwilligung erlaubt, während die Zulässigkeit der Telefonwerbung im b2b-Verhältnis bereits durch eine mutmaßliche Einwilligung legitimiert werden kann.
2. Die deutsche lauterkeitsrechtliche Regelung geht auf eine lange Rechtssprechungstradition des BGH zurück. Prominent sind vor allem die Entscheidungen Telefonwerbung I bis VI. Der BGH erwähnte 1970 in der *Telefonwerbung I*-Entscheidung auf Grundlage des § 1 UWG a.F. zum ersten Mal das Opt-in-Prinzip, wonach Telefonwerbung gegenüber Privaten ohne deren vorherige ausdrückliche oder konkludente Einwilligung nicht zulässig ist. Grund dafür ist einerseits die Beeinträchtigung der Privatsphäre des Verbrauches, die vor dem wirtschaftlichen Interesse Dritter Vorrang hat und andererseits die mit dieser Methode verbundene Nachahmungsgefahr. Das Medium Telefon erlaube ein unkontrollierbares Eindringen in die Privatsphäre, denn es sei nicht erkennbar, wer zu welchem Zweck anruft, so dass der Anschlussinhaber genötigt sei, das Gespräch anzunehmen, da es sich um für ihn wichtige Anrufe handeln könnte.

---

481 Dazu *Remmertz*, MMR 2003, 314, 317.
482 *Köhler*, in: *Köhler/Bornkamm/Feddersen*, UWG, 36. Aufl. 2018, Rdnr. 128 a; *Ohly*, in: *Ohly/Sosnitza*, UWG, 7. Aufl. 2016, § 7 Rdnr. 45, 60.
483 *Köhler*, in: *Köhler/Bornkamm/Feddersen*, UWG, 36. Aufl. 2018, Rdnr. 128 a.

Die Art und Weise der Durchführung des Gesprächs könne eine zusätzliche Belästigung mit sich bringen, basierend auf aufgeregten verbalen Auseinandersetzungen und sogar Gefühlsausbrüchen. Die Nachahmungsgefahr zeige sich dadurch, dass diese Werbemethode „den Keim zu einem immer weiteren Umsichgreifen in sich trägt und damit zu einer Verwilderung der Wettbewerbssitten führt".[484] *Telefonwerbung III und V* handeln von den Voraussetzungen für die Annahme eines konkludenten Einverständnisses gegenüber Verbrauchern. In der schriftlichen Bitte einer Privatperson um Übersendung von Informationsmaterial liege kein Einverständnis mit der Telefonwerbung, wenn die Person auf der Postkarte ihre Telefonnummer bewusst nicht angegeben, sondern im Gegensatz die dafür vorgesehene Rubrik extra durchgestrichen hatte. In der Angabe der Telefonnummer in den Unterlagen kann kein (konkludentes) Einverständnis mit einer Telefonwerbung, die über den Vertragszweck hinausgeht, gesehen werden. Auch kann eine bestehende Kundenbeziehung keine konkludente Einwilligung für Telefonwerbung zwecks Erweiterung oder Ergänzung eines (Dauerschuld-)Verhältnisses rechtfertigen. In *Telefonwerbung VI* qualifizierte der I Zivilsenat des BGH eine vorformulierte Opt-out-Klausel als AGB und stellte ein Verstoß gegen § 9 Abs. 2 Nr. 1 AGBG fest. Für den Angerufenen sei nicht hinnehmbar, dass die vorformulierte Einverständniserklärung der Bank Werbeanrufe für Vertragsabschlüsse in anderweitigen, über das Vertragsverhältnis, in welchem die Klausel stand, hinausgehende Geldangelegenheiten ermöglichen soll. Daraus folgt nicht zwingend eine grundsätzliche Unzulässigkeit der Einholung der Einwilligungserklärung durch AGB. Diesen Grundsatz vertrat jedoch der XI. BGH-Zivilsenat in seiner vorangegangenen Entscheidung *Einverständnis mit Telefonwerbung*: Das Erfordernis eines ausdrücklichen oder konkludenten Einverständnisses schließe eine Herbeiführung der Einverständniserklärung durch Allgemeine Geschäftsbedingungen aus.[485]

Mit der Zulässigkeit der Telefonwerbung gegenüber Gewerbetreibenden setzte sich der BGH in *Telefonwerbung IV* auseinander und ließ ein vermutetes Einverständnis genügen.[486] Nach dem deutschen Recht können sich juristische Personen bzw. Wirtschaftsunternehmen nicht auf den Schutz der Privatsphäre, sondern nur auf den Schutz ihres sozialen Geltungsanspruchs berufen. Der BGH lehnt ab, starre Kriterien, die die Annahme eines vermuteten Einverständnisses generell rechtfertigen, vorzugeben und betont, dass es dafür auf die Umstände des Einzelfalles ankommt. Zu berücksichtigen ist der Grad des Interesses, den der anzurufende Gewerbetreibende der Werbung entgegenbringt. Eine bestehende Geschäftsverbindung oder ein Sachbezug zum eigentlichen

484 BGH, Urteil vom 19.6.1970 – I ZR 115/68, GRUR 1970, 523 – Telefonwerbung I.
485 BGH, Urteil vom 16.03.1999 – XI ZR 76/98, WRP 1999, 660, 662 – Einverständnis mit Telefonwerbung.
486 BGH, Urteil vom 8.11.1989 – I ZR 55/88, GRUR 1990, 280 – Telefonwerbung III.

Geschäftsgegenstand bzw. eine Betriebsbezogenheit liefern nur Indizien, die häufig, nicht aber generell zu der Annahme eines vermuteten Einverständnisses führen. Im Einzelfall bedarf es einer Untersuchung, ob ein konkreter Grund vorliegt, der dem Anrufenden erlaubt, einen Gewerbetreibenden telefonisch statt schriftlich zu werben und mithin die Vermutung aufstellt, der Anzurufende wünsche gerade diese Art der Werbung.

3. Die UWG-Novelle 2004 kodifizierte in § 7 Abs. 2 Nr. 2 UWG die von der Rechtsprechung, insbesondere in den Entscheidungen Telefonwerbung I bis VI entwickelten Grundsätze zur Zulässigkeit der Telefonwerbung gegenüber Verbrauchern einerseits und gegenüber Gewerbetreibenden andererseits. Mit dem Erlass der Datenschutzrichtlinie 2002/58/EG hat der europäische Gesetzgeber in Art. 13 Abs. 3 Mitgliedstaaten verpflichtet, natürliche Personen gegen unerbetene Telefonwerbung zu schützen, wobei als Mindestschutz das Einfügen eines Opt-out-Systems als ausreichend betrachtet wurde. Die UWG-Novelle 2004 setzte zugleich das Opt-in-System der Art. 13 Abs. 3 1. Alt, Art. 13 Abs. 5 DSRL 2002/58/EG, allerdings nur im Verhältnis zu Verbrauchern um.
4. Die UWG Novelle-2008 entkoppelte § 7 UWG von der Generalklausel des § 3 UWG a.F., mit der Folge, dass § 7 UWG nunmehr einen selbstständigen Tatbestand für unzumutbare Belästigungen mit eigener Erheblichkeitsprüfung bildet. Liegen die Voraussetzungen des Regelbeispieltatbestandes des § 7 Abs. Abs. 2 Nr. 2 UWG vor, ist stets, ohne weitere Würdigung eine unzumutbare Belästigung anzunehmen. Ferner diente die UWG-Novelle der Umsetzung der UGP-Richtlinie. Telefonwerbung ist der Gruppe der „aggressiven Geschäftspraktiken" der Art. 8, 9 UGP-Richtlinie zuzuordnen. Die Richtlinienumsetzung brachte allerdings für § 7 UWG keine inhaltlichen Änderungen mich sich.
5. Geändert wurde die Vorschrift des § 7 Abs. 2 Nr. 2 Alt. 1 UWG durch den Erlass des Gesetzes zur Bekämpfung unlauterer Telefonwerbung vom 27.7.2009. Zu nennen ist das Einfügen des Merkmals „vorherige ausdrückliche" in § 7 Abs. 2 Nr. 2 Alt. 1 UWG als Voraussetzung für die Einwilligung der Verbraucher und des Bußgeldtatbestandes in Höhe von bis zu 50.000 Euro in § 20 UWG beim Verstoß gegen § 7 Abs. 2 Nr. 2 Alt. 1 UWG. Mit der Verhängung der Geldbuße wurde dabei die Bundesnetzagentur betraut. Mit dem Erlass des Gesetzes gegen unseriöse Geschäftspraktiken vom 1.10.2013 wurde die Höhe des Bußgeldes in § 20 Abs. UWG von 50.000 auf 300.000 Euro heraufgesetzt. Der von der Bundesregierung initiierte „Entwurf eines Zweiten Gesetzes zur Änderung des Gesetzes gegen den unlauteren Wettbewerb" in der Fassung vom 23.1.2015 sieht für die Beurteilung der Telefonwerbung keine inhaltlichen Änderungen vor.
6. Durch die UWG Novelle 2015 wurden Art. 8, 9 UGP-Richtlinie in dem neu eingefügten § 4 a UWG umgesetzt.
7. Im Gegensatz zu Deutschland verfolgen Großbritannien und Frankreich traditionellerweise sowohl in Bezug auf Werbung im b2b- als auch im b2c-Verhältnis das Opt-out-Prinzip. Die UGP-Richtlinie, die Anwendung nur im Verhältnis zu Verbrauchern findet, sanktioniert explizit in Nr. 26 Anhang I lediglich

hartnäckige und unerwünschte Werbeanrufe. Diese Richtlinienbestimmung haben Frankreich und Großbritannien implementiert, wobei die Implementierungsvorschriften stark an den Richtlinienwortlaut angelehnt sind.

8. § 7 Abs. 2 Nr. 2 UWG erfasst nur den Fall einer fernmündlichen Kontaktaufnahme einer Person mit einer anderen Person, die sogenannte Echtzeit-Kommunikation. Nicht darunter fallen SMS- und MMS-Nachrichten, Anrufe durch automatische Anrufmaschinen, sowie Ping- oder Lockanrufe. Diese unterliegen dem Tatbestand des § 7 Abs. 2 Nr. 3 UWG. Nach der hier vertretenen Auffassung fallen werbefinanzierte Telefongespräche unter § 7 Abs. 2 Nr. 3 UWG. In dem Fortführen des Gesprächs nach erfolgtem Hinweis über die kommende Werbebotschaft liegt nur dann eine konkludente Einwilligung, wenn der Angerufene konkrete Angaben über die beworbenen Produkte und über die Identität der Werbenden erhalten hat. Im Einzelfall kann die Einwilligung aufgrund einer inneren Zwangslage unwirksam sein.

Zweiter Teil – Unionsrechtliche Vorgaben zur Regulierung der Telefonwerbung und deren Umsetzung

Erstes Kapitel – Einführung in die europäische Methodenlehre

A. Grundsatz der autonomen Auslegung

Eine abschließende europarechtliche Regelung der Telefonwerbung existiert bis heute nicht.[487] Eine Rechtsangleichung betreffend Telefonwerbung ist zum Teil durch die UGP-Richtlinie 2005/29/EG und durch die DSRL 2002/58/EG[488] erfolgt. Da im folgenden Abschnitt die Auslegung unionsrechtlicher Vorschriften und deren Implementierung in Deutschland, Frankreich und Großbritannien, verbunden mit der Frage der richtlinienkonformen Auslegung[489], im Fokus stehen, werden vorab in Kürze die Auslegungsmethoden des Sekundärrechts, insbesondere der Richtlinien[490] dargestellt, da diese mit den nationalen Auslegungsmethoden inhaltlich nicht identisch sind. Es gilt der Grundsatz autonomer Auslegung des Gemeinschaftsrechts.[491] Demnach sind die Rechtsbegriffe der Gemeinschaft grundsätzlich genuin nach dem gemeinschaftsrechtlichen Verständnis, also nach gemeinschaftsrechtlichen Auslegungsmethoden zu interpretieren. Ein nationales Verständnis unionsrechtlicher Normen gebietet sich nur bei Verweisung auf bestimmte nationale determinierte Begriffsverständnisse[492], wie dies bei den

---

487 *Pahlow*, in: *Teplitzky/Peifer/Leistner*, GK-UWG, 2. Aufl 2013, § 7 Rdnr. 9.

488 Die Regelungen über Telefonwerbung gegenüber Verbrauchern der Fernabsatzrichtlinie 97/7/EG, der DSRL 97/66/EG sind durch Art. 13 Abs. 3 DSRL 2002/58/EG überholt. Vgl. *Köhler*, in *Köhler/Bornkamm/Feddersen*, UWG, 36. Aufl. 2018, § 7 Rdnr. 8, *Dahlgrün*, Direktmarketing gegenüber Privatpersonen in der europäischen Rechtsvereinheitlichung, 2004, S. 134; *Loeck*, Die unzumutbare Belästigung, 2011, S. 26 f. Fn. 46. Die Regelungen der Richtlinie 2002/65/EG über Finanzdienstleistungen sind insoweit anzuwenden, als diese spezielle Bestimmung bezüglich der Telefonwerbung enthält, die in Art. 13 DSRL 2002/58/EG nicht geregelt sind. (z. Bspl. das Transparenzgebot in Art. 3 Abs. 3 Satz 1 lir. a, da Art. 13 Abs. 4 für Telefonwerbung nicht gilt). Vgl. *Dahlgrün*, Direktmarketing gegenüber Privatpersonen in der europäischen Rechtsvereinheitlichung, 2004, S. 135. Die Darstellung unionsrechtlicher Regelungen beschränkt sich in Folgenden auf die UGP-RL und auf die DSRL 2002/58/EG.

489 Dazu, *Roth/Jopen,* in: *Riesenhuber*, Europäische Methodenlehre, 3. Aufl. 2015, S. 261 ff.

490 Zur Auslegung und Fortbildung des Primärrechts, *Pechstein/Drechsler*, in: *Riesenhuber*, Europäische Methodenlehre, 3. Aufl. 2015, S. 123 ff.

491 EugH, Urteil v. 19.3.1964, 75/63, Slg. 1964, 381 ff. Rdnr. 1 – Uger; EuGH, Urteil v. 28.10.1982, 135/81, Slg. 1982, 3799 ff. Rdnr. 10 – Groupement des agences de voyages/Kommission; *Bleckmann*, NJW 1982, 1177, 1180.

492 *Apetz*, Das Verbot aggressiver Geschäftspraktiken, 2011, S. 58 m.w.N.

meisten arbeitsrechtlichen Richtlinien zutrifft.[493] Die Bestimmungen der UGP-Richtlinie und die der DSRL 2002/58/EG sind hingegen autonom auszulegen.

B. Europäische Auslegungsmethoden

I. Grammatikalische Auslegung

Der Wortlaut einer Norm bildet den Ausgangspunkt jeder Normauslegung.[494] Aufgrund der unterschiedlichen Sprachfassungen liefert diese Interpretationsmethode weniger Klarheit, als dies bei der Auslegung einer nationalen Norm der Fall ist. Dabei sind alle 24 sprachlichen Fassungen gleich autoritativ.[495] Das Abstellen auf den Wortlaut einer einzigen Sprachfassung bzw. die Annahme, dass eine bestimmte Sprachfassung Vorrang vor einer anderen hätte, widerspräche dem unionsrechtlichen Grundsatz der einheitlichen Auslegung.[496] Für die Auslegung kann ein Vergleich der Sprachfassungen Klarheit verschaffen.[497] Falls sich in den meisten Sprachfassungen eine bestimmte Formulierung findet bzw. keine Divergenzen bestehen[498], kann dieser Umstand einen wichtigen Anhaltspunkt für den aus der Wortlautauslegung resultierenden Sinngehalt bilden.[499] Im Falle divergierender Sprachfassungen, muss auf andere Auslegungsmethoden ausgewichen werden.[500] Die Auslegung der betreffenden Vorschrift hat dann nach der allgemeinen Systematik und nach Regelungszweck zu erfolgen.[501]

---

493 *Riesenhuber*, in: *Riesenhuber*, Europäische Methodenlehre, 3. Aufl. 2015, S. 291 m.w.N.

494 *Riesenhuber, in: Riesenhuber*, Europäische Methodenlehre, 3. Aufl. 2015, S. 204; EuGH Urteil v. 23.3.1982, 55/81 – Levin, Slg1982, 1035 Rdnr. 9.

495 EuGH, Urteil vom 19.12.2013, C-281/12 Rdnr. 26, ECLI: EU: C:2013:859 = WRP 2014, 161 – Trento Sviluppo und Centrale Adriatica; EuGH, Urteil vom 13.03.2014, C-52/13 Rdnr. 21, ECLI: EU: C:2014:150 = WRP 2014, 933 – Posteshop; EuGH, Urteil vom 6.10.1982, 283/81 C.I.L.F.I.T., Slg. 1982, 3415 Rdnr. 18; EuGH, Urteil vom 27.1.2005, C-188/03 – Junk, Slg. 2005, I-885 Rdnr. 33; *Riesenhuber*, in: *Riesenhuber*, Europäische Methodenlehre, 3. Aufl. 2015, S. 205; *Däubler*, NJW 2006, 2608 f.

496 EuGH, Urteil vom 19.12.2013, C – 281/12 Rdnr. 26, ECLI: EU: C:2013:859 = WRP 2014, 161 – Trento Sviluppo und Centrale Adriatica.

497 Unter Bezugnahme auf die UGP-Richtlinie, *Apetz*, Das Verbot aggressiver Geschäftspraktiken, 2011, S. 66 f.

498 *Riesenhuber*, in: *Riesenhuber*, Europäische Methodenlehre, 3. Aufl. 2015, S. 205 m.w.N.

499 Vgl. EuGH, Urteil vom 03.04.2014, C-515/12 Rdnr. 25, ECLI: EU: C:2014:211 = WRP 2014, 816 – 4finance; *Alexander*, WRP 2015, 286, 287; *Riesenhuber*, in: *Riesenhuber*, Europäische Methodenlehre, 3. Aufl. 2015, S. 205 m.w.N.

500 *Riesenhuber*, in: *Riesenhuber*, Europäische Methodenlehre, 3. Aufl. 2015, S. 205 m.w.N.

501 EuGH, Urteil vom 19.12.2013, C-281/12 Rdnr. 26, ECLI: EU: C:2013:859 = WRP 2014, 161 – Trento Sviluppo und Centrale Adriatica; EuGH, Urteil vom 13.03.2014, C-52/13 Rdnr. 28, ECLI: EU: C:2014:150 = WRP 2014, 933 – Posteshop; EuGH, Urteil vom

II. Systematische Auslegung

Bei der systematischen Auslegung wird die Norm im europäischen Gesamtnormengefüge betrachtet, um im Interesse der Einheit der Rechtsordnung die möglichst widerspruchfreie Einpassung der Norm im Gesamtrechtssystem vorzuziehen.[502]

III. Historische Auslegung

Die historische Methode ist eine anerkannte Auslegungsmethode des europäischen Sekundärgemeinschaftsrechts.[503] Zweck dieser Methode ist, den wahren Willen des demokratisch legitimierten Gesetzgebers[504] zu ermitteln. Daher sind Dokumente zur Entstehungsgeschichte einer Richtlinie, wie begründete Vorschläge der Kommission, Stellungnahmen z.B. von Parlament oder Wirtschafts- und Sozialausschuss und öffentlich zugängliche Ratsdokumente zu untersuchen. Diese können aber als Auslegungsmethode nur dann herangezogen werden, wenn sie vom Gesetzgeber übernommen wurden.[505] Andernfalls kann sich daraus ein e contrario-Argument ergeben, was allerdings nicht zwingend ist.[506] Welche Teile des Kommissionsvorschlags die endgültige Fassung der UGP-Richtlinie übernommen hat, ergibt sich insbesondere aus dem Gemeinsamen Standpunkt des Rates[507] vom 15.11.2004 und aus der Kommentierung durch die Kommission betreffend die Mitteilung der Kommission an das Europäische Parlament anlässlich der Festlegung des gemeinsamen Standpunktes des Rates[508] vom 16.11.2004.[509] Zur Auslegung der Richtlinienbestimmungen heranzuziehen sind ferner die Erwägungsgründe, die im Rahmen der Begründungspflicht von sekundärem Gemeinschaftsrecht nach Art. 296 Abs. 2 AEUV (Art. 253 EG) zwingend vorgeschrieben sind.[510]

25.03.2010, C-451/08 Rdnr. 38, ECLI: EU: C:2010:168 = Slg. 2010, I-2673 -Helmut Müller.

502 EuGH, Urteil v. 6.10.1982, 283/81, Slg. 1982, 3415 ff.; Rdnr. 20 – C.I.L.F.I.T.; *Apetz*, Das Verbot aggressiver Geschäftspraktiken, 2011, S. 71 m.w.N.; *Riesenhuber*, in: *Riesenhuber*, Europäische Methodenlehre, 3. Aufl. 2015, S. 208 ff.

503 EuGH, Urteil v. 10.10.2013, C-306/12 Rdnr. 22 – Spedition Welter; *Riesenhuber*, in: *Riesenhuber*, Europäische Methodenlehre, 3. Aufl. 2015, S. 211 ff; *Leisner*, EuR 2007, 689 ff.

504 Vgl. *Riesenhuber*, in: *Riesenhuber*, Europäische Methodenlehre, 3. Aufl. 2015, S. 212 m.w.N.

505 *Riesenhuber*, in: *Riesenhuber*, Europäische Methodenlehre, 3. Aufl. 2015, S. 212; *Apetz*, Das Verbot aggressiver Geschäftspraktiken, 2011, S. 68 ff.

506 *Riesenhuber*, in: *Riesenhuber*, Europäische Methodenlehre, 3. Aufl. 2015, S. 212.

507 Gemeinsamer Standpunkt (EG) Nr. 6/2005 vom Rat, ABl. C 38 E.

508 KOM(2004) 753 endg.

509 *Apetz*, Das Verbot aggressiver Geschäftspraktiken, 2011, S. 70 Fn. 230.

510 *Riesenhuber*, in: *Riesenhuber*, Europäische Methodenlehre, 3. Aufl. 2015, S. 213.

IV. Teleologische Auslegung

Der Ermittlung des Regelungszwecks der Richtlinie kommt zentrale Bedeutung zu.[511]

Auch in diesem Kontext liefern die Erwägungsgründe wichtige Anhaltspunkte.[512] Die Erwägungsgründe sind somit wichtige Faktoren bei der Auslegung der Richtlinienvorschriften, ohne jedoch selbst Regelungsgehalt begründen zu können.[513] Ferner kann sich der Zweckgehalt einer Richtlinie aus der gewählten Kompetenzgrundlage ergeben.[514] Neben den sich aus dem Inhalt der Richtlinie ergebenden Indizien sind subsidiär die formalen allgemein gültigen Regelungszwecke der Privatrechtsangleichung in der Europäischen Union zu berücksichtigen, namentlich die Rechtsvereinheitlichung, insbesondere die Beseitigung von Wettbewerbsverzerrungen und ihre Funktion zur Herstellung eines Binnenmarkts.[515] Wichtig sind in diesem Zusammenhang die Dokumente der Artikel-29-Datenschutzgruppe (Art. 29 DSRL 95/65/EG, Art. 15 Abs. 3 DSRL 2002/58/EG), die als Hilfestellung für eine einheitliche Auslegung des Einwilligungsbegriffs des gemeinschaftlichen Datenschutzrechts dienen, namentlich die Stellungnahme 5/2004 zu unerbetenen Werbenachrichten im Sinne von Art. 13 der Richtlinie 2002/58/EG[516] einerseits und der Stellungnahme 15/2011 zur Definition von Einwilligung[517] andererseits. Eine Ausprägung teleologischer Auslegung[518] ist das Gebot der „praktischen Wirksamkeit“, bzw. des *effet utile.*[519] Die Auslegung nach dem *effet utile* sucht nicht unbedingt nach dem Sinn und Zweck der Vorschrift, sondern fragt danach, wie eine bereits festgestellte Ratio verwirklicht werden kann.[520] Es gilt, die Wirkung der

---

511 *Riesenhuber*, in: *Riesenhuber*, Europäische Methodenlehre, 3. Aufl. 2015, S. 215; *Schmidt*, RabelsZ 59 (1995), 569, 579.

512 *Riesenhuber*, in: *Riesenhuber*, Europäische Methodenlehre, 3. Aufl. 2015, S. 215; EuGH, Urteil v. 22.4.1999; C-423/97 Slg. 1999, I-2195 Rdnr. 42 – Travel Vac.

513 Bleckmann, NJW 1982, 1177, 1178 f.; Dederichs, EuR 2004, 345, 358 f.; *Apetz*, Das Verbot aggressiver Geschäftspraktiken, 2011, S. 67 Fn. 220 m.w.N., S. 212; *Riesenhuber*, in: *Riesenhuber*, Europäische Methodenlehre, 3. Aufl. 2015, S. 215 ebenfalls m.w.N.; a.A. *Rösler*, RabelsZ 71 (2007), 495, 505.

514 *Riesenhuber*, in: *Riesenhuber*, Europäische Methodenlehre, 3. Aufl. 2015, S. 215 mit Bezug auf EuGH, Urteil v. 25.10.2005, C-350/03, Slg. 2005, I-9215 Rdnr. 61 – Schulte.

515 *Riesenhuber*, in: *Riesenhuber*, Europäische Methodenlehre, 3. Aufl. 2015, S. 215 m.w.N.

516 http://www.cnpd.public.lu/de/publications/groupe-art29/wp090_de.pdf, abgerufen am 21.08.2017.

517 http://ec.europa.eu/justice/data-protection/article-29/documentation/opinion-recommendation/files/2011/wp187_de.pdf, abgerufen am 21.08.2015.

518 In diesem Sinne, Potacs, EuR 2009, 465, 469 m.w.N. bei Fn. 30; *Seyr* dagegen sieht den effet utile als eigene Auslegungsmethode, *Seyr*, Der effet utile in der Rechtsprechung des EuGH, 2008, S. 272 ff.

519 Siehe auch EuGH, Urteil v. 25.10.2005 – C-350/03, Slg. 2005, I- 9215 Rdnr. 69 – Schulte; *Riesenhuber*, in: *Riesenhuber*, Europäische Methodenlehre, 3. Aufl. 2015, S. 217.

520 *Potacs*, EuR 2009, 465, 469 m.w.N.

betreffenden Gemeinschaftsvorschriften sicherzustellen, indem darauf geachtet wird, dass eine bestimmte Auslegung die volle Wirksamkeit des Gemeinschaftsrechts gewährleistet oder verhindert, dass durch die vorgenommene Auslegung bestimmte Rechte der Gemeinschaft „sinnentleert“ werden bzw. die praktische Wirksamkeit einer Bestimmung „ernsthaft gefährdet“ oder auch nur „geschmälert“ wird.[521]

C. Zusammenfassung

Eine Rechtsangleichung betreffend Telefonwerbung ist zum Teil durch die UGP-Richtlinie 2005/29/EG und durch die DSRL 2002/58/EG erfolgt. Für die Auslegung unionsrechtlichen Sekundärrechts gilt der Grundsatz der europarechtlichen autonomen Auslegung. Die anerkannten Auslegungsmethoden – grammatikalische, systematische, historische, teleologische Auslegung– sind inhaltlich mit den deutschen Auslegungsmethoden nicht identisch. So ist bei der Wortlautauslegung zu beachten, dass alle 24 Sprachfassungen verbindlich sind. Beim divergierenden Wortlaut verschiedener Sprachfassungen kann ein Vergleich mehrerer Sprachfassungen hilfreich sein. Bei Unklarheit ist die allgemeine Systematik und auf den Regelungszweck zu erforschen. Im Rahmen der historischen Auslegung sind Dokumente, die zur Entstehung der Richtlinien beigetragen haben, heranzuziehen, um den Willen des europäischen Gesetzgebers zu ermitteln. Für die Auslegung der DSRL 2002/58/EG kommen insbesondere dem Gemeinsamen Standpunkt des Rates[522] vom 15.11.2004 und aus der Kommentierung durch die Kommission betreffend die Mitteilung der Kommission an das Europäische Parlament anlässlich der Festlegung des Gemeinsamen Standpunktes des Rates[523] vom 16.11.2004 in Frage.[524] Auslegungshilfe und keine Normqualität bieten ferner die Erwägungsgründe, die im Rahmen der Begründungspflicht von sekundärem Gemeinschaftsrecht nach Art. 296 Abs. 2 AEUV (Art. 253 EG) zwingend vorgeschrieben sind.[525] Die Erwägungsgründe gewinnen auch im Rahmen der teleologischen Auslegungsmethode eine zentrale Rolle. Der Zweckgehalt einer Richtlinie kann sich aus der gewählten Kompetenzgrundlage ergeben. Neben den sich aus dem Inhalt der Richtlinie ergebenden Indizien sind subsidiär die formalen allgemein gültigen Regelungszwecke der Privatrechtsangleichung in der Europäischen Union zu berücksichtigen, namentlich die Rechtsvereinheitlichung, insbesondere die Beseitigung von Wettbewerbsverzerrungen und ihre Funktion zur Herstellung eines Binnenmarkts.[526] Zu nennen sind ferner die Dokumente der Artikel-29-Datenschutzgruppe, die eine

521 *Potacs*, EuR 2009, 465, 469 m.w.N auf die EuGH Rechtsprechung.

522 Gemeinsamer Standpunkt (EG) Nr. 6/2005 vom Rat, ABl. C 38 E.

523 KOM (2004) 753 endg.

524 *Apetz*, Das Verbot aggressiver Geschäftspraktiken, 2011, S. 70 Fn. 230.

525 *Riesenhuber*, in: *Riesenhuber*, Europäische Methodenlehre, 3. Aufl. 2015, S. 213.

526 *Riesenhuber*, in: *Riesenhuber*, Europäische Methodenlehre, 3. Aufl. 2015, S. 215 m.w.N.

einheitliche Auslegung des Einwilligungsbegriffs des gemeinschaftlichen Datenschutzrechts bezwecken, namentlich die Stellungnahme 5/2004 zu unerbetenen Werbenachrichten im Sinne von Art. 13 der Richtlinie 2002/58/EG[527] einerseits und der Stellungnahme 15/2011 zur Definition von Einwilligung[528] andererseits. Eine Ausprägung teleologischer Auslegung stellt ferner das Gebot der „praktischen Wirksamkeit", bzw. des *effet utile* dar, die der Verwirklichung einer bereits festgestellten *Ratio* dienen.

527 http://www.cnpd.public.lu/de/publications/groupe-art29/wp090_de.pdf, abgerufen am 21.08.2017.

528 http://ec.europa.eu/justice/data-protection/article-29/documentation/opinion-recommendation/files/2011/wp187_de.pdf, abgerufen am 21.08.2017.

Zweites Kapitel – Richtlinie 2002/58/EG

Eine zentrale Rolle bei der Angleichung der Regelungen zur Zulässigkeit von Werbeanrufen in der Europäischen Union spielt Art. 13 Abs. 3 DSRL 2002/58/EG[529] über die Verarbeitung personenbezogener Daten und den Schutz der Privatsphäre in der elektronischen Kommunikation.

Die DSRL 2002/58/EG soll nach einem Vorschlag der Kommission vom 10.1.2017 (Com(2017) 10 final) durch eine **Verordnung über Privatsphäre und elektronische Kommunikation** (auch ePrivacy Verordung genannt) mit Wirkung ab dem 25.5.2018 ersetzt werden. Damit würde Art. 13 RL 2002/58/EG durch Art. 16 dieser Verordnung ersetzt.[530] Am 25.5.2018 EU-Rat einen Sachstandsbericht veröffentlicht und über den Stand der aktuellen Prüfung des Vorschlags für die ePrivacy VO informiert.

A. Schutzzweck

Schutzzweck der am 31.07.2002 in Kraft getretenen Datenschutzrichtlinie für elektronische Kommunikation ist die Achtung der Grundrechte, insbesondere Art. 7 und 8 der Charta der Grundrechte der Europäischen Union.[531] Die Richtlinie gewährleistet den Schutz personenbezogener Daten und den Schutz der Privatsphäre natürlicher Personen. Gemäß Art. 1 Abs. 1 DSRL 2002/58/EG bezweckt die Richtlinie die Harmonisierung der Vorschriften der Mitgliedstaaten, die erforderlich sind, um einen gleichwertigen Schutz der Grundrechte und Grundfreiheiten, insbesondere des Rechts auf Privatsphäre, in Bezug auf die Verarbeitung personenbezogener Daten im Bereich der elektronischen Kommunikation sowie den freien Verkehr dieser Daten und von elektronischen Kommunikationsgeräten und -diensten in der Gemeinschaft zu gewährleisten. Der Schutzzweck der DSRL 2002/58/EG umfasst das informationelle Selbstbestimmungsrecht sowie das Fernmeldegeheimnis, also die Vertraulichkeit der Kommunikation[532] bezogen auf alle Arten elektronischer Kommunikation.[533] Der Schutz personenbezogener Daten und die Achtung der Privatsphäre werden zudem durch Art. 8 EMRK garantiert.

Die DSRL 2002/58/EG hat als Vorgängerin die Richtlinie 97/66/EG und ergänzt die Richtlinie 95/46/EG, die Anforderungen an die Verarbeitung personenbezogener Daten stellt. Letztere wurde durch die am 25.5.2016 in Kraft getretene DSGVO,

529 Die Vorgängernorm ist Art. 12 Abs. 2 Richtlinie 97/66/EG.

530 *Köhler*, in: *Köhler/Bornkamm/Feddersen*, UWG, 36. Aufl. 2018, § 7 Rdnr. 9 a.

531 Erwägungsgrund 2 Richtlinie 2002/58/EG.

532 *Ohlenburg*, MMR 2003, 82, 83.

533 *Büttgen*, in: *Hoeren/Sieber Holznagel*, Multimedia-Recht, 42. Ergänzungslieferung 2015, Teil 16.3, Rdnr. 23.

die ab dem 25.5.2018 Anwendung finden wird, ersetzt. Die DSRL 2002/58/EG ist als *lex specialis* zur Richtlinie 95/46/EG konzipiert, indem sie den Schutz des Rechts auf Privatsphäre und Vertraulichkeit in Bezug auf die Verarbeitung personenbezogener Daten im spezifischen Bereich der elektronischen Kommunikation sowie den freien Verkehr dieser Daten und elektronischer Kommunikationsgeräte und -dienste in der Gemeinschaft beabsichtigt.[534] Ihr Anwendungsbereich erstreckt sich damit gemäß Art. 3 DSRL 2002/58/EG auf die Verarbeitung personenbezogener Daten in Verbindung mit der Bereitstellung öffentlich zugänglicher elektronischer Kommunikationsdienste in öffentlichen Kommunikationsnetzen in der Gemeinschaft, einschließlich öffentlicher Kommunikationsnetze, die Datenerfassungs- und Identifizierungsgeräte unterstützen.

Darüber hinaus bezweckt die Richtlinie gemäß Art. 1 Abs. 2 DSRL 2002/58EG den Schutz der berechtigten Interessen juristischer Personen.[535]

B. Art. 13 Abs. 3 Richtlinie 2002/58/EG

Die zur Regelung unerbetener Telefonanrufe maßgebliche Vorschrift ist Art. 13 Abs. 3 und Abs. 5 Richtlinie 2002/58/EG. Dabei geht es um die Regulierung der Nutzung von Daten zum Zwecke der Werbung mit Hilfe eines Kommunikationsmittels, einschließlich mittels Telefonanrufs.

I. Harmonisierungsreichweite

Die Richtlinie 2002/58/EG unterscheidet zwischen natürlichen und juristischen Personen als Werbeadressaten.[536] Art. 13 Abs. 5 erklärt Art. 13 Abs. 1 bis 3 als allein in Bezug auf natürliche Personen bindend. Art. 13 DSRL 2002/58/EG wirkt in Bezug auf natürliche Personen vollharmonisierend, was sich insbesondere aus einem Umkehrschluss aus Art. 15 Abs. 1 DSRL 2002/58/EG ergibt.[537] Das bedeutet, dass Mitgliedstaaten bei der Umsetzung der Richtlinie in das nationale Recht bezüglich natürlicher Personen weder ein strengeres noch ein abgeschwächtes Schutzniveau auswählen dürfen.

In Bezug auf juristische Personen setzt die Richtlinie gemäß Art. 13 Abs. 5 lediglich einen Mindestschutzstandard fest. Demnach sind die Mitgliedstaaten gehalten, sicherzustellen, dass die berechtigten Interessen anderer Teilnehmer als natürliche

---

534 Art. 1 Abs. 1 DSRL 2002/58/EG sowie Artikel-29-Datenschutzgruppe, WP 187, Stellungnahme 15/2011, S. 34.

535 *Köhler*, WRP 2012, 1329, 1329.

536 *Köhler/Lettl*, WRP 2003, 1019, 1025; Vgl. auch Erwägungsgrund 12 DSRL 2002/58/EG

537 *Köhler/Lettl*, WRP 2003, 1019, 1025, 1028; *Lettl*, WRP 2009, 1315, 1316; *Lettl*, WRP 2004, 1079, 1121; *Leistner/Pothmann*, WRP 2003, 815, 825 Fn. 107; *Weiler*, MMR 2003, 223, 229.

Personen in Bezug auf unerbetene Nachrichten ausreichend geschützt werden. Vorkehrungen der Mitgliedstaaten, mit denen die legitimen Interessen juristischer Personen gegen unerbetene Direktwerbenachrichten geschützt werden sollen, bleiben nach Erwägungsgrund 45 der Richtlinie unberührt.

II. Anwendungsbereich des Art. 13 Abs. 3 Richtlinie 2002/58/EG

Art. 13 Abs. 3 lautet:

> Die Mitgliedstaaten ergreifen geeignete Maßnahmen, um sicherzustellen, dass außer in den Absätzen 1 und 2 genannten Fällen unerbetene Nachrichten zum Zwecke der Direktwerbung, die entweder ohne die Einwilligung der betreffenden Teilnehmer oder Nutzer erfolgen oder an Teilnehmer oder Nutzer gerichtet sind, die keine solchen Nachrichten erhalten möchten, nicht gestattet sind; welche dieser Optionen gewählt wird, ist im innerstaatlichen Recht zu regeln, wobei berücksichtigt wird, dass beide Optionen für den Teilnehmer oder Nutzer gebührenfrei sein müssen.

1. Persönlicher Anwendungsbereich

a. Die verpflichtete Person

Wer als Verpflichteter in Betracht kommt, ist aus der Richtlinie nicht unmittelbar ersichtlich. Der in Art. 13 verwendete Begriff der „Teilnehmer" ist in Art. 2 lit. k) der Richtlinie 2002/21/EG über einen gemeinsamen Rechtsrahmen für elektronische Kommunikationsnetze und -dienste (Rahmenrichtlinie) legal definiert. Teilnehmer ist demnach jede natürliche oder juristische Person, die mit einem Anbieter öffentlich zugänglicher elektronischer Kommunikationsdienste einen Vertrag über die Bereitstellung derartiger Dienste geschlossen hat. Daraus folgt jedoch nicht, dass allein der Anbieter eines öffentlich zugänglichen Kommunikationsdienstes, der mit dem Beworbenen einen Vertrag über die Bereitstellung solcher Dienste geschlossen hat, als Adressat der Richtlinie angesehen wird. Wie sich aus Art 3 Abs. 1 DSRL 2002/58/EG ergibt, steht das Kommunikationsmedium in Fokus der Richtlinie. Daraus folgt, dass jede natürliche oder juristische Person, die Direktmarketing über einen öffentlich zugänglichen elektronischen Kommunikationsdienst betreibt, die Vorschriften der Richtlinie zu beachten hat.[538] Dieses Verständnis gilt zwingend jedenfalls in Bezug auf Nachrichten zum Zwecke von Direktmarketing[539] inklusive Werbung, damit der Schutz der Privatsphäre gewährleistet wird. Der Schutz der Privatsphäre bliebe lückenhaft, wenn das Erfordernis

538 Vgl. *Eckhardt*, MMR 2003, 557, 558.

539 Der Anwendungsbereich der Richtlinie 2002/58/EG geht über die Regulierung des Direktmarketing weit hinaus. Andere Vorschriften, die sich nicht auf Direktmarketing beziehen, können daher nur Anbieter eines öffentlich zugänglichen Kommunikationsdienstes verpflichten, wie Artikel-29-Datenschutzgruppe in der Stellungnahme 15/2011, S. 34 ausführt.

der Einholung der Einwilligung in die Telefonwerbung davon abhinge, dass der Werbende selbst Anbieter eines öffentlich zugänglichen elektronischen Kommunikationsdienstes wäre.

b. Der geschützte Personenkreis

Der persönliche Anwendungsbereich des Art. 13 Abs. 3 Richtlinie 2008/58/EG beschränkt sich auf die Regulierung unerbetener Nachrichten gegenüber Privatpersonen. Die Regulierung der Werbung gegenüber juristischen Personen unterliegt nach Art. 13 Abs. 5 Richtlinie 2002/58/EG einem anderen Regime. Art. 13 Abs. 5 Richtlinie 2001/58/EG trifft die Bestimmung, dass die Mitgliedstaaten im Rahmen des Gemeinschaftsrechts und der geltenden nationalen Vorschriften sicherzustellen haben, dass die berechtigten Interessen anderer Teilnehmer als natürliche Personen in Bezug auf unerbetene Nachrichten ausreichend geschützt sind. Die Richtlinie differenziert also bei dem geschützten Personenkreis danach, ob es sich um eine natürliche oder juristische Person handelt. Es wird allerdings nicht auf die Verbraucher- oder Unternehmereigenschaft abgestellt. Ein Verbraucher ist zwingend eine natürliche Person, aber nicht jede natürliche Person ist ein Verbraucher.[540] In Konsequenz dessen kann ein Unternehmen natürliche Person sein und zum geschützten Personenkreis gehören.[541]

Anders verhält es sich mit dem sachlichen Anwendungsbereich der Richtlinie 2005/29/EG über unlautere Geschäftspraktiken. Die UGP-Richtlinie stellt auf die Verbraucher- bzw. Gewerbetreibendereigenschaft[542] ab und gilt nur im Verhältnis Verbraucher-Unternehmen. Ziel der Richtlinie ist der Schutz der Verbraucher.

2. Sachlicher Anwendungsbereich

In sachlicher Hinsicht erstreckt sich der Anwendungsbereich des Art. 13 DSRL 2002/58/EG auf unerbetene Nachrichten, die nicht in den Abs. 1 und 2 ausgeführt sind. Abs. 1 stellt die Zulässigkeit der Direktwerbung durch die Verwendung von automatischen Anrufsystemen ohne menschlichen Eingriff (automatische Anrufmaschinen), Faxgeräten oder elektronischer Post unter eine Opt-in-Regelung. Das heißt Direktwerbung in dieser Form ist nur dann zulässig, wenn der Werbeadressat im Voraus seine Einwilligung erklärt hat. Abs. 2 gestaltet eine wenig strengere Regelung für den Fall, dass eine Kundenbeziehung besteht. Unerbetene Telefonanrufe werden von Abs. 1 und 2 nicht umfasst. Ein Telefonanruf ermöglicht einen Austausch von Informationen zwischen einem selektiven Personenkreis

---

540 *Köhler*, GRUR 2012, 1073, 1080.

541 *Köhler*, GRUR 2012, 1073, 1080.

542 Gewerbetreibender i. S. d. Art. 2 lit. b Richtlinie 2005/29/EG ist jede natürliche oder juristische Person, die im Geschäftsverkehr i.S.d. Richtlinie im Rahmen ihrer gewerblichen, handwerklichen oder beruflichen Tätigkeit handelt, und jede Person, die im Namen oder Auftrag des Gewerbetreibenden handelt.

über einen elektronischen Kommunikationsdienst und fällt als praxisrelevanteste Kommunikationsform, die von den ersten Absätzen nicht erfasst wird, unter den Anwendungsbereich des Abs. 3.[543]

Der Anruf ist in Art. 2 Satz 2 lit. e DSRL 2002/58/EG legaldefiniert und enthält alle Merkmale einer Nachricht, die wiederum in Art. 2 Satz 2 lit. d DSRL 2002/58/EG legaldefiniert ist. Demnach ist Nachricht *jede Information, die zwischen einer endlichen Zahl von Beteiligten über einen öffentlich zugänglichen elektronischen Kommunikationsdienst ausgetauscht oder weitergeleitet wird. Dies schließt nicht Informationen ein, die als Teil eines Rundfunkdienstes über ein elektronisches Kommunikationsnetz an die Öffentlichkeit weitergeleitet werden, soweit die Informationen nicht mit dem identifizierbaren Teilnehmer oder Nutzer, der sie erhält, in Verbindung gebracht werden können.* Solange der Empfänger bestimmt ist und die Information mittels eines öffentlich zugänglichen elektronischen Kommunikationsdienstes übermittelt wird liegt eine Nachricht i.S.d. Richtlinie vor. Ausgeschlossen vom Anwendungsbereich sind nur solche Kommunikationsformen, die keines technischen Hilfsmittels bedürfen, wie die direkte persönliche Ansprache und adressierte Post.[544] Anruf i.S.d. DSRL 2002/58/EG *ist eine über einen öffentlich zugänglichen Telefondienst aufgebaute Verbindung, die eine zweiseitige Echtzeit-Kommunikation ermöglicht.*

Auch die Entstehungsgeschichte des Art. 13 Abs. 3 RL 2002/58/EG deutet auf die Zugehörigkeit des Telefonanrufs zum Anwendungsbereich des Art. 13 Abs. 3 hin. Art 13 Abs. 3 DSRL 2002/58/EG hat als Vorgängernorm Art. 12 Abs. 2 der Richtlinie 97/66/ EG. Die DSRL 2002/58/EG brachte zwei terminologische Änderungen mit sich. *Zum einen* wurde der Begriff *Direktmarketing* durch den der *Direktwerbung* ersetzt. *Zum anderen* tauschte der europäische Gesetzgeber das Wort *Anrufe* mit dem Wort *Nachrichten.* Letzte Änderung wird damit begründet, dass die Mitgliedstaaten bei der Auslegung des Wortes „Anrufs" ein enges Verständnis gezeigt haben und neue Kommunikationsformen außer Acht blieben.[545] Der Wortlautwechsel intendiert also nur eine Erweiterung des Anwendungsbereichs auf neue Kommunikationsmittel und keinesfalls den Ausschluss des Telefonanrufs aus dem Normzweck.

---

543 *Dahlgrün*, Direktmarketing gegenüber Privatpersonen in der europäischen Rechtsvereinheitlichung, 2004, S. 116.

544 Vgl. *Dahlgrün*, Direktmarketing gegenüber Privatpersonen in der europäischen Rechtsvereinheitlichung, 2004, S. 108.

545 Vgl. Begr. zum Vorschlag für die Datenschutzrichtlinie: KOM (2000) 385, 1, 5; Siehe auch Kommunikationsbericht 1999, vorgelegt bei der Kommission KOM (1999) 539, 1, 54. Kritisch bezüglich des Bedürfnisses einer über die Definition des Art. 2 lit. e) RL 2002/58/EG hinausgehenden Bedeutung des Worts „Anruf", *Dahlgrün*, Direktmarketing gegenüber Privatpersonen in der europäischen Rechtsvereinheitlichung, 2004, S. 103 Fn. 488; *Koening/Röder*, CR 2000, 668,674.

Schließlich führt Erwägungsgrund 42 der Datenschutzrichtlinie für elektronische Kommunikation „Sprach-Telefonanrufe zwischen Einzelpersonen'" als einziges Beispiel für die Fallgruppe „unerbetene Nachrichten" explizit aus.

Im Unterschied zur UGP-RL beschränkt sich der Anwendungsbereich des Art. 13 DSRL 2002/58/EG nicht auf kommerzielle Direktwerbung. Umfasst werden auch nicht kommerzielle Direktwerbungsmaßnahmen zu politischen oder christlichen Zwecken.[546]

III. Wahlrecht

Was unerbetene Anrufe zum Zwecke der Direktwerbung anbelangt, räumt Art. 13 Abs. 3 DSRL 2002/58/EG den Mitgliedstaaten ein Wahlrecht ein. Diese können sich für eine Opt-in- (Art. 13 Abs. 3 Halbsatz 1 Alt. 1 Richtlinie 2002/58/EG) oder eine Opt-out- (Art. 13 Abs. 3 Halbsatz 1 Alt. 2) Lösung entscheiden. Bei der Opt-in-Lösung ist Telefonwerbung ohne Einwilligung der Werbeadressaten unzulässig. Das Opt-out-Modell erlaubt Telefonwerbung, solange der Werbeadressat keinen Wunsch zum Ausdruck gebracht hat, von Werbeanrufen verschont zu bleiben, etwa durch die Eintragung in ein Spezialregister.[547] Das Wahlrecht zwischen den beiden Optionen hebt allerdings keinesfalls den Charakter der Vollharmonisierung der Richtlinie im Bezug auf natürliche Personen auf. Infolgedessen sind Mitgliedstaaten verpflichtet, eine dieser zwei Optionen im nationalen Recht umzusetzen. Art. 13 Abs. 3 der Richtlinie 2002/58/EG enthält daher sowohl ein Wahlrecht als auch eine Wahlpflicht.[548] Da es sich um vollharmonisierendes Sekundärrecht handelt, kommen andere Gestaltungen nicht in Betracht, das Unionsrecht gestattet also nicht, dass individuelle Telefonwerbung generell verboten oder generell zulässig ist.[549]

IV. Die Anwendbarkeit des Art. 13 Abs. 2 auf die Telefonwerbung gegenüber natürlichen Personen

Soweit ersichtlich, wurde die Frage, ob die Bestimmungen des Abs. 2 auch für Telefonwerbung gegenüber natürlichen Personen übernommen werden können noch nicht aufgeworfen. Der nachfolgende Abschnitt klärt, ob die Anforderungen, die Abs. 2 an die Einwilligung im Rahmen von Kundenbeziehungen stellt, auch auf Telefonwerbung übertragbar sind, vor allem in Anbetracht der Tatsache, dass die

---

546 Vgl. *Dahlgrün*, Direktmarketing gegenüber Privatpersonen in der europäischen Rechtsvereinheitlichung, 2004, S. 108.

547 Zum Opt-in- und Opt-out-Begriff siehe *Fezer*, WRP 2010, 1075, 1076; *Hanloser*, CR 2008, 713, 715.

548 *Lettl*, WRP 2009, 1315, 1317 f.

549 Vgl. *Lettl*, WRP 2009 1315, 1318.

Richtlinie im Bezug auf natürliche Personen vollharmonisierend wirkt und Abs. 2 dies explizit nicht gestattet.

1. Voraussetzungen des Art. 13 Abs. 2

Abs. 1 gestattet die Verwendung automatischer Anruf- und Kommunikationssysteme ohne menschlichen Eingriff, Faxgeräte oder elektronische Post zum Zwecke der Direktwerbung nur mit Zustimmung der betroffenen Person.

Abs. 2 enthält eine Ausnahme betreffend die Zulässigkeit der Nutzung von Kontaktinformationen für Direktwerbung mittels elektronischer Post. Daten, die im Zusammenhang mit dem Verkauf eines Produkts oder einer Dienstleistung erlangt wurden, dürfen für Werbung mittels elektronischer Post bei vorherigem Inkenntnissetzen und fehlender Ablehnung der betroffenen Person auch für ähnliche Dienstleistungen und Produkte verwendet werden. Folgende Voraussetzungen müssen erfüllt sein:

Erstens gestattet Art. 13 Abs. 2 nur die Verwendung von solchen Kontaktinformationen, die natürliche oder juristische Personen unter Beachtung der Richtlinie 95/46/EG direkt von Kunden erlangt haben. Dies bedeutet, dass das Privileg des Abs. 2 nur solchen Werbenden zugutekommt, die selbst Kundendaten erhoben haben, während Dritten, die nur Werbung betreiben dieses Privileg nicht zusteht. Auch Filialen und Mutterunternehmen zählen nicht als ein und dasselbe Unternehmen[550] Bei der Gewinnung von Kundendaten ist insbesondere Art. 7 lit. b) Richtlinie 95/46/EG zu beachten, wonach die Verarbeitung personenbezogener Daten erlaubt ist, sofern diese „erforderlich (ist) für die Erfüllung eines Vertrages, dessen Vertragspartei die betroffene Person ist, oder für die Durchführung vorvertraglicher Maßnahmen, die auf Antrag der betroffenen Person erfolgen."[551]

Zweitens müssen Kundendaten „im Zusammenhang mit dem Verkauf" erlangt worden sein. Die Erlangung der Daten „im Zusammenhang mit dem Verkauf" setzt keinen Vertragsschluss voraus, so dass eine Vertragsanbahnung ausreicht.[552] Dies ergibt sich bereits aus dem Wortlaut des Erwägungsgrunds 41 Richtlinie 2002/58/EG, wonach im Rahmen einer *Kundenbeziehung* Kontaktinformationen für die Werbung mit ähnlichen Produkten und Dienstleistungen verwendet werden können. Die Existenz einer Kundenbeziehung setzt keinen Vertragsschluss voraus.[553] In diesem Sinne entschied auch das britische Department of Trade and

---

550 Artikel-29-Datenschutzgruppe, WP 90, Stellungnahme 5/2004, S. 10.

551 Vgl. *Dahlgrün*, Direktmarketing gegenüber Privatpersonen in der europäischen Rechtsvereinheitlichung, 2004, S. 111 und Fn. 523; *Ohlenburg*, MMR 2003, 82, 84.

552 Vgl. *Dahlgrün*, Direktmarketing gegenüber Privatpersonen in der europäischen Rechtsvereinheitlichung, 2004, S. 111 f.; *Eckhardt*, MMR 2003, 557, 559; *Leistner/Pothmann*, WRP 2003, 815, 822; *Ohlenburg*, MMR 2003, 82, 84; a.A. *Köhler/Lettl*, WRP 2003, 1019, 1027.

553 Vgl. *Dahlgrün*, Direktmarketing gegenüber Privatpersonen in der europäischen Rechtsvereinheitlichung, 2004, S. 112; *Ohlenburg*, MMR 2003, 83, 84;

Industry, Consultation Document, Implementation of the Directive on Privacy and Electronic Communications. Ausreichend sei, dass der Werbende die Kontaktinformationen im Zusammenhang mit Verkaufsverhandlungen erhalten hat. Das Vorhandensein eines Vertrages sei nicht erforderlich.[554] Es genügt, dass eine ausreichend konkretisierte absatzbezogene[555] Kundenbeziehung besteht. Der Kunde muss also ein konkretes Interesse an das Produkt gezeigt haben. Es reicht nicht aus, dass der Kunde lediglich ein generelles Interesse an ein Produkt offenbart und deshalb für Informationszwecke seine Kontaktdaten hinterlassen hat, ohne dass eine Vertragsanbahnung entsteht.[556]

Drittens gestattet Abs. 2 die Benutzung der Kontaktdaten nur für Direktwerbung von *ähnlichen* Produkten oder Dienstleistungen. Das Kriterium der Ähnlichkeit ist unbestimmt und bedarf einer Konkretisierung. Möglich erscheint, auf die Verwendungs- oder Nutzungsziele abzustellen, bzw. zu hinterfragen, inwieweit eine Substituierbarkeit der Produkte gegeben ist.[557] Die Ähnlichkeit ist aus der Perspektive des Empfängers und nicht der des Absenders zu beurteilen. Maßgeblich ist, was der Empfänger billigerweise zu erwarten braucht.[558] Insofern vermag der Gedanke von *Eckhardt,* wonach zu beachten sei, „in welchem Umfang es dem Werbenden zugemutet werden kann, seine Werbung inhaltlich aufzuteilen“[559], nicht zu überzeugen. *Eckhardt* ist der Auffassung, dass, es nicht verlangt werden kann, dass der Werbende für jeden Kunden die elektronische Werbemitteilung speziell anpasst. Der Kunde müsse bei der Werbung neben den für ihn bestimmten Informationen i.R.d. Zumutbaren auch andere Werbeinformationen akzeptieren.[560] Diese Auffassung widerspricht dem Sinn und Zweck des Abs. 2. Die Vorschrift erlaubt Werbung unter im Vergleich zu Abs. 1 erleichterten Voraussetzungen ausschließlich für ähnliche Produkte. Für andere Produkte müssen sich Werbende an die strengeren Voraussetzungen des Abs. 1 halten. Die konkrete Kundenbeziehung und die individuellen Kundenbedürfnisse sind für die Bestimmung des Werbeinhalts maßgeblich. Mit einer Werbung, die Informationen über weitere, nicht ähnliche Produkte enthält, braucht der Kunde nicht zu rechnen, denn diese ist nicht von Abs. 2 umfasst.

Viertens darf der Kunde die Nutzung seiner Daten nicht von vornherein abgelehnt haben.

---

554 Das britische Department of Trade and Industry, Consultation Document, Implementation of the Directive on Privacy and Electronic Communications, März 2003, S. 37; ebenso Leistner/Pothmann, WRP 2003, 815, 822.

555 *Eckhardt,* MMR 2003, 557, 559.

556 *Leistner/Pothmann,* WRP 2003, 815, 822.

557 *Leistner/Pothmann,* WRP 2003, 815, 822; Siehe auch *Dahlgrün,* Direktmarketing gegenüber Privatpersonen in der europäischen Rechtsvereinheitlichung, 2004, S. 112 f.

558 Artikel-29-Datenschutzgruppe, WP 90, Stellungnahme 5/2004, S. 10.

559 *Eckhardt,* MMR 2003, 557, 559.

560 *Eckhardt,* MMR 2003, 557, 559, Fn. 23.

Fünftens muss der Kunde über die beabsichtigte Nutzung seiner Daten informiert werden. Der Kunde muss außerdem klar und deutlich darüber belehrt werden, dass er bei der Datenerhebung und zu jedem späteren Zeitpunkt einer solchen Verwendung gebührenfrei und problemlos widersprechen kann.

2. Rechtliche Qualifikation des Abs. 2

In der Literatur herrscht Streit darüber, ob es sich bei der Regelung in Abs. 2 um einen Fall der konkludenten oder der vermuteten Einwilligung handelt und darüber, ob die Regelung auf dem Opt-in- oder auf dem Opt-out-Modell beruht.

a. Vermutete Einwilligung

Laut einem Teil der Literatur handelt es sich bei der Werbegestaltung in Abs. 2 um einen abschließend geregelten Fall eines vermuteten Einverständnisses.[561] Zum einen zeige die Normsystematik, dass es sich nicht um einen Fall des stillschweigenden Einverständnisses handeln kann, da dieser bereits von Abs. 1 gedeckt und bei einem solchen Verständnis Abs. 2 schlicht überflüssig ist.[562] Zum anderen spreche der Normzweck für diese Interpretation. Der Kunde müsse im Rahmen bestehender Kundenbeziehungen klar und deutlich lediglich über die Weiterverwendung seiner Adresse für Werbezwecke und die Möglichkeit der Ablehnung informiert werden, nicht hingegen über Art und Umfang der zu erwartenden Werbung. Schließlich fehle es für die Annahme eines konkludenten Einverständnisses mit jeder Art von Werbung an der notwendigen Bestimmtheit. Vielmehr sei der Umfang der Einwilligung gerade anhand der Vermutungsregelung des Art. 13 Abs. 2 umrissen.[563] Für die Annahme einer vermuteten Einwilligung wird ferner vorgebracht, dass der Gesetzentwurf[564] im Gegensatz zum Referentenentwurf[565] den Abs. 2 nicht mehr als typischen Fall einer stillschweigenden Einwilligung und folglich als vom Abs. 1 umfasst bezeichnet, weil der Unterschied und die Umsetzungspflicht erkannt wurden.[566]

b. Stillschweigende Einwilligung

Nach der ausdrücklichen Formulierung im Referentenentwurf, die aber im Gesetzesentwurf nicht übernommen wurde, regelt Art. 13 Abs. 2 "eine typische Fallgruppe des stillschweigenden Einverständnisses". [567] *Dahlgrün* geht davon aus, dass

561 *Leistner/Pothmann*, WRP 2003, 815, 827, 822 Fn. 64; *Wolber/Eckhardt*, DB 2002, 2581,2586.

562 *Leistner/Pothmann*, WRP 2003, 815,827.

563 *Leistner/Pothmann*, WRP 2003, 815,827.

564 Vgl. BR-Drucks. 301/03, 1, 44.

565 Begr. UWG RefE. vom 23. Januar 2003, abgedruckt in GRUR 2003, 298,306.

566 *Leistner/Pothmann*, WRP 2003, 815,827.

567 Begründung UWG RefE. vom 23. Januar 2003, abgedruckt in GRUR 2003, 298,306.

es sich bei Abs. 2 um einen atypischen Fall des stillschweigenden Einverständnisses handelt.[568] Abs. 2 sehe vor, dass der Kunde, der seine Kontaktinformationen dem Anbieter überlassen habe, von diesem über die beabsichtigte Nutzung zum Zwecke der Direktwerbung und über die Möglichkeit des Widersprechens dieser Nutzung informiert werde. Durch das Unterlassen des Widerspruchs erkläre der Kunde stillschweigend sein Einverständnis mit der Direktwerbung.[569] Es handele sich deshalb um einen atypischen Fall des Einverständnisses, weil die Werbung im Rahmen vorhandener Kundenbeziehungen grundsätzlich zulässig und nur bei einer widersprechenden Erklärung verboten sei. Der Kunde müsse also aktiv werden, um die Werbung zu verhindern. Abs. 2 behandele die Konstellation eines Opt-out-Modells unter bestimmten Voraussetzungen. Die klassische Konstellation eines konkludenten Einverständnisses hingegen betreffe den Opt-in-Fall, in dem die Werbung grundsätzlich verboten sei.[570]

c. Stellungnahme: gesetzlich normierter Fall einer mutmaßlichen Einwilligung

Auf den ersten Blick erweckt die Regelung des Art. 13 Abs. 2 DSRL 2002/58/EG den Eindruck, sie behandelt ein geregeltes Beispiel eines stillschweigenden Einverständnisses. Im Falle einer bestehenden Kundenbeziehung darf der Werbende davon ausgehen, dass der Kunde mit der Werbung für bestimmte Produkte einverstanden ist, falls der Werbende die Kunden über die potenzielle Nutzung seiner Daten für bestimmte Produkte und die Möglichkeit der Ablehnung unterrichtet hat. Das Einverständnis bezieht sich auf Produkte, die eine Ähnlichkeit mit solchen Produkten aufweisen, die im Zusammenhang mit einem Verkauf stehen. Solange der Kunde untätig bleibt, ist die Werbung für ähnliche Produkte erlaubt. Die Nichtvornahme einer widersprechenden Äußerung soll als stillschweigende Erklärung mit dem Inhalt, der Kunde ist mit dieser Art der Werbung einverstanden, gedeutet werden.[571]

Der deutsche Gesetzgeber scheint keinen Fall eines stillschweigenden Einverständnisses anzunehmen. Für die Annahme eines stillschweigenden Einverständnisses spricht in der Tat die unterschiedliche Ausgestaltung des UWG-Referentenentwurfs im Vergleich zum Gesetzesentwurf. Während der Referentenentwurf Art. 13 Abs. 2 DSRL 2002/58/EG ausdrücklich als typischen Fall eines stillschweigenden Einverständnisses einordnet, mit der Konsequenz einer

568 *Dahlgrün*, Direktmarketing gegenüber Privatpersonen in der europäischen Rechtsvereinheitlichung, 2004, S. 114 ff.

569 *Dahlgrün*, Direktmarketing gegenüber Privatpersonen in der europäischen Rechtsvereinheitlichung, 2004, 114 f.

570 *Dahlgrün*, Direktmarketing gegenüber Privatpersonen in der europäischen Rechtsvereinheitlichung, 2004, S. 115.

571 *Dahlgrün*, Direktmarketing gegenüber Privatpersonen in der europäischen Rechtsvereinheitlichung, 2004, S. 115.

entbehrlichen Umsetzung, da dieser bereits vom Art. 13 Abs. 1 erfasst sei, enthält der Gesetzesentwurf einen Umsetzungsvorschlag des Art. 13 Abs. 2 in § 7 Abs. 3 UWG. Dies entspricht dem aktuellen Gesetzesstand. Dem Entschluss des Gesetzgebers kann mithin entnommen werden, dass der Gesetzgeber nun mehr die Konstellation in Abs. 2 nicht als Konstellation eines stillschweigenden Einverständnisses betrachtet, da die Umsetzungspflicht erkannt wurde.[572] Die Umsetzung des Art. 13 Abs. 1 DSRL 2002/58/EG in § 7 Abs. 2 Nr. 1 UWG und die gesonderte Umsetzung des Art. 13 Abs. 2 DSRL 2002/58/EG in § 7 Abs. 3 UWG zeigen, dass aus der Sicht des deutschen Gesetzgebers Art. 13 Abs. 2 DSRL 2002/58/EG nicht von dessen Abs. 1 konsumiert wird, dass es sich bei Abs. 2 also nicht um den Fall eines typischen „stillschweigenden Einverständnis" handelt.

Die Annahme eines (atypischen) stillschweigenden Einverständnisses widerspricht elementaren Regelungen der Einwilligung.

Der Annahme einer stillschweigenden Einwilligung steht eine etwaige mangelnde Bestimmtheit des konkludenten Einverständnisses nicht entgegen.[573], Der Werbende hat den Kunden nicht nur über die Möglichkeit der Weiterverwendung seiner Daten für die Werbung zu informieren, sondern er muss auch konkrete Angaben über Art und Umfang der zu erwartenden Werbung machen. Der Kunde muss auch darüber aufgeklärt werden, dass sich die Werbung nur auf „eigene ähnliche Produkte oder Dienstleistungen" bezieht.[574] Diese Pflicht ergibt sich bereits aus der Formulierung in Abs. 2: „Ungeachtet des Absatzes 1 kann eine natürliche oder juristische Person, wenn sie von ihren Kunden im Zusammenhang mit dem Verkauf eines Produkts oder einer Dienstleistung gemäß der Richtlinie 95/46/EG deren elektronische Kontaktinformationen für elektronische Post erhalten hat, diese zur Direktwerbung für eigene ähnliche Produkte oder Dienstleistungen verwenden, sofern die Kunden klar und deutlich die Möglichkeit erhalten, eine *solche*[575] Nutzung ihrer elektronischen Kontaktinformationen bei deren Erhebung und bei jeder Übertragung gebührenfrei und problemlos abzulehnen, wenn der Kunde diese Nutzung nicht von vornherein abgelehnt hat."[576] Der Kunde muss die Möglichkeit erhalten haben, einer *solchen* Nutzung zu widersprechen. Das Wort *solche* wird üblicherweise dafür verwendet, einen Bezug auf den Inhalt des vorangegangenen Satzes herzustellen, hier auf eine Direktwerbung für eigene ähnliche Produkte und Dienstleistungen Das Wort *solche* kann ferner auf die Art oder Beschaffenheit eines Substantivs hinweisen. Auch nach diesem Sprachgebrauch ergibt sich die Pflicht des Werbenden, genaue Angaben über die Art und Umfang der Werbung zu liefern. Der bloße Hinweis, dass bei Nichtablehnung eine

---

572 *Leistner/Pothmann*, WRP 2003, 815, 827.

573 So aber *Leistner/Pothmann*, WRP 2003, 815, 827.

574 *Dahlgrün*, Direktmarketing gegenüber Privatpersonen in der europäischen Rechtsvereinheitlichung, 2004, S. 115 Fn. 538.

575 Texthervorhebung durch die Verfasserin.

576 Art. 13 Abs. 2 DSRL 2002/58/EG, L 201, 37, 46.

Direktwerbung erfolgt, reicht demnach nach dem Wortlaut des Art. 13 Abs. 2 DSRL 2002/58/EG für die Annahme eines konkludenten Einverständnisses nicht aus.

Doch selbst wenn der Werbende Art und Inhalt der Werbung bestimmen würde, könnte das Ausbleiben eines Widerspruchs niemals die Annahme einer konkludent erklärten Einwilligung rechtfertigen. Die Konstruktion eines Soft-Opt-in Modells verbunden mit der Annahme eines stillschweigenden Einverständnisses äußert Bedenken im Hinblick auf die Anforderungen, die für eine konkludente Einwilligung gelten. Die Willensäußerung muss zweifelsfrei erfolgen, und das Schweigen einer Person kann auch bei erfolgter Aufklärung diesen Voraussetzungen nicht entsprechen.[577] Im Rahmen der geltenden Privatautonomie ist es allerdings möglich, dass die Parteien beidseitig vereinbaren, dem Schweigen solle die Bedeutung einer Einwilligung zukommen. Eine einseitig getroffene Entscheidung, wonach dem Schweigen die Bedeutung eines Erklärungszeichens zukommen solle, verletzt die Parteienautonomie in ihrer negativen Ausprägung.[578]

Ferner kann Art. 13 Abs. 2 DSRL 2002/58/EG auch nicht unter dem Gesichtspunkt eines gesetzlichen Falles einer stillschweigenden Einwilligung als Fall stillschweigender Einwilligung gedeutet werden. Solche Normen, die eine stillschweigende Willenserklärung fingieren, kennt zum Beispiel das deutsche Recht in § 416 Abs. 1 S. 2 BGB, § 455 BGB, § 516 Abs. 2 S. 2 BGB oder § 362 Abs. 1 S. 1 Halbs. 2 HGB. Diese bringen allerdings deutlich zum Ausdruck, dass im Falle eines unterbliebenen Widerspruchs innerhalb einer gesetzlich festgelegten Frist die Erklärung der betroffenen Person fingiert wird. Die Fiktion dient der Rechtssicherheit und wird auch deshalb gesetzlich festgestellt, um sicherzustellen, dass das Schweigen einer Person keine andere Interpretation zulässt, insbesondere weil dies dem mutmaßlichen Interesse des Schweigenden bzw. im Falle einer handelsrechtlichen Regelung der kaufmännischen Sitten entspricht.[579] Im Falle eines unterbliebenen Widerspruchs gegen eine Werbehandlung besteht kein allgemeines Interesse an Werbung für ähnliche Produkte und Dienstleistungen, sodass das Schweigen keinen sicheren Rückschluss auf das mutmaßliche Interesse des Betroffenen zulässt.

Aus dem oben Gesagten folgt, dass Abs. 2 auf eine andere Grundlage als Abs. 1 aufbauen muss. Im Rahmen von Abs. 2 dient nicht die Einwilligung als Legitimationsgrundlage für die Zulässigkeit der Werbung, sondern die Kundenbeziehung selbst. Abs. 2 erfordert genauso wie Abs. 3 keine Einwilligung, sondern baut auf das Recht der Ablehnung bzw. das Recht auf Widerspruch auf, das von dem Modell der Einwilligung zu unterscheiden ist.[580] Abs. 2 verlangt keine Einwilligung, sondern lediglich, dass der Kunde die Möglichkeit erhalten hat, diese abzulehnen. Wie

---

577 Vgl. Artikel-29-Datenschutzgruppe, WP 187, Stellungnahme 15/2011, S. 14 f.; 28 f.

578 Vgl. *Singer*, in: Staudinger BGB, Neubearb. 2012, Vorbemerkungen zu § 116 ff., Rdnr. 61.

579 *Singer*, in: Staudinger BGB, Neubearb. 2012, Vorbemerkungen zu § 116 ff., Rdnr. 63.

580 Artikel-29-Datenschutzgruppe, WP 187, Stellungnahme 15/2011, S. 35, 38.

Erwägungsgrund 41 der Richtlinie klarstellt, hat sich der Unionsgesetzgeber dafür entschieden, im Rahmen von Kundenbeziehungen die Nutzung elektronischer Kontaktinformationen zuzulassen, damit ähnliche Produkte oder Dienstleistungen angeboten werden können.[581] Die Regelung des Art. 13 Abs. 2 ist als Ausnahmeregelung[582] zu Abs. 1 konzipiert, die eine vorherige Einwilligung erfordert, was der Wortlaut „Ungeachtet des Absatzes 1" deutlich zum Ausdruck bringt. Diese Formulierung bestärkt die Annahme, dass eine Abweichung vom in Abs. 1 kodifizierten Modell der Einwilligung beabsichtigt ist. Bei einem nur vermuteten Einverständnis liegt gar keine Willensbestätigung vor, ein Einverständnis ist gar nicht gegeben, denn dieses muss tatsächlich und vor der Werbehandlung vorliegen und noch während der Werbehandlung Geltung entfalten. Eine Vermutung führt also nicht zu der Existenz einer tatsächlichen Zustimmung.

Sollte der europäische Gesetzgeber gleichwohl beabsichtigen, für die Werbung im Rahmen von Kundenbeziehungen das Einwilligungsmodell mit der Möglichkeit der stillschweigenden Erteilung einer Einwilligung einzuführen, müsste diese Regelung eine Revidierung erfahren. Erforderlich wäre, dass die Regelung klar zum Ausdruck bringt, dass das Schweigen bzw. das passive Verhalten der betroffenen Person als Willenserklärung fingiert wird. Es bedürfte für die Annahme einer konkludenten Einwilligung durch Untätigbleiben eines gesetzlichen Hinweises auf die Fiktion der Willenserklärung mangels Reaktion. Das Schweigen löst im Geschäftsverkehr grundsätzlich keine rechtlichen Konsequenzen aus.

Somit steht fest, dass Art. 13 Abs. 2 DSRL 2002/58/EG keinen Fall eines atypischen stillschweigenden Einverständnisses, sondern den Fall eines vermuteten Einverständnisses regelt. Die Annahme eines vermuteten Einverständnisses im Falle des Art. 13 Abs. 2 hat zur Konsequenz, dass es sich bei dieser Regelung um einen **gesetzlich normierten Fall einer mutmaßlichen Einwilligung handelt.** Abs. 2 stellt einen Fall einer qualifizierten mutmaßlichen Einwilligung dar, da die Umstände, bei denen eine vermutete Einwilligung angenommen werden darf, klar umrissen sind. Insbesondere ist es für die Annahme einer vermuteten Einwilligung erforderlich, dass eine Kundenbeziehung besteht und dass die beworbenen Produkte oder Dienstleistungen eine Ähnlichkeit mit denen aufweisen, die dem Kunden aus dem vorangegangenen Kontakt bereits bekannt sind. Die Bestimmung des Art. 13 Abs. 2 DSRL 2002/58/EG erinnert an die deutsche Regelung des § 7 Abs. 2 Nr. 2 Alt. 2 UWG, die im b2b-Verhältnis für die Zulässigkeit der Telefonwerbung eine mutmaßliche Einwilligung ausreichen lässt, ohne jedoch die Umstände, die zu der Annahme einer mutmaßlichen Einwilligung führen, zu beschreiben. Gleichwohl scheint die Existenz einer Kundenbeziehung in Rechtsprechung und

581 Vgl. Erwägungsgrund 41 Richtlinie 2002/58/EG und Artikel-29-Datenschutzgruppe, WP 187, Stellungnahme 15/2011, S. 38.

582 Vgl. die gleiche Bezeichnung von Artikel-29-Datenschutzgruppe in der Stellungnahme 5/2004 zu unerbetenen Werbenachrichten im Sinne von Artikel 13 der Richtlinie 2002/58/EG, WP 90.

Literatur den wichtigsten Umstand, der die Annahme einer mutmaßlichen Einwilligung berechtigt, darzustellen.[583] Beim Bestehen einer Kundenbeziehung liefert ferner der Zusammenhang zwischen dem Werbeinhalt und den bisherigen Geschäften ein Indiz für die Annahme einer mutmaßlichen Einwilligung.[584]

d. Konsequenz: Art. 13 Abs. 2 DSRL 2002/58/EG als Modell sui generis

Die Frage ob Art. 13 Abs. 2 DSRL 2002/58/EG ein Fall einer stillschweigenden oder einer mutmaßlichen Einwilligung regelt, steht mit der Frage nach der Natur des Modells in Zusammenhang.

In der Literatur wird zunehmend die Ähnlichkeit des Abs. 2 mit dem Opt-in-Modell des Abs. 1 betont. Zum Teil wird diese Konstellation als „Soft-Opt-in"[585] bzw. als „Abmilderung" der Voraussetzungen des Abs. 1. Bezeichnet.[586] Beim Opt-in-Modell ist jegliche Form der Werbung grundsätzlich unzulässig. Der Werbeinteressent hat es selbst in der Hand, die Zulässigkeit der Werbung hervorzurufen, indem er ausdrücklich oder konkludent sein Einverständnis mit der Werbung erklärt. Für ein konkludentes Einverständnis reicht es jedoch – anders als bei Abs. 2 – nicht, dass der anvisierte Werbeempfänger der ausgedrückten Intention des Werbenden, Werbung zu betreiben nicht widerspricht und er von der Möglichkeit der Ablehnung keinen Gebrauch macht.[587]

Andere Stimmen betonnen den Opt-out-Charakter der Regelung: die Regelung des Abs. 2 sei nichts anderes als ein Opt-out-Modell unter bestimmten Voraussetzungen.[588] Die letztgenannte Ansicht bringt vor, der Kunde müsse genau so

583 BGH, Urteil vom 5.2.2004 – I ZR 87/02, GRUR 2004, 520, 521 – Telefonwerbung für Zusatzeintrag; BGH, Urteil vom 24.01.1991 – I ZR 133/89, GRUR 1991, 764, 765 – Telefonwerbung IV; BGH, Urteil vom 20.9.2007 – I ZR 88/05, GRUR 2008, 189, 190, Rdnr. 18 – Suchmaschineneintrag; BGH, Urteil vom 11.3.2010 – I ZR 27/08, GRUR 2010, 939, 941, Rdnr. 27 – Telefonwerbung nach Unternehmenswechsel; *Köhler*, in: *Köhler/Bornkamm/Feddersen*, 36. Aufl. 2018, § 7 Rdnr. 169; *Ohly*, in: *Ohly/Sosnitza*, UWG, 7. Aufl. 2016, § 7 Rdnr. 57.

584 BGH, Urteil vom 20.9.2007 – I ZR 88/05, GRUR 2008, 189, 190, Rdnr. 18 – Suchmaschineneintrag; BGH, Urteil vom 11.3.2010 – I ZR 27/08, GRUR 2010, 939, 941, Rdnr. 27 – Telefonwerbung nach Unternehmenswechsel; *Ohly*, in: *Ohly/Sosnitza*, UWG, 7. Aufl. 2016, § 7 Rdnr. 57.

585 *Eckhardt*, CR 2002, 614, 615; *Nickels*, CR 2002, 302, 305 Fn. 39; *Weiler* MMR 2003, 223, 227.

586 *Weiler*, MMR 2003, 223, 227.

587 *Dahlgrün*, Direktmarketing gegenüber Privatpersonen in der europäischen Rechtsvereinheitlichung, 2004, S. 115 f.

588 *Dahlgrün*, Direktmarketing gegenüber Privatpersonen in der europäischen Rechtsvereinheitlichung, 2004, S. 115; *Ladeur*, K&R 2003, 153, 155; Sack/Schmittmann, AfP 2002, 203, 205.

wie beim klassischen Opt-out-Modell aktiv werden, um die Werbung zu verhindern.[589] Ein Opt-out-Modell kennzeichnet sich dadurch, dass die Werbung per se zulässig ist und der potenzielle Werbeempfänger aktiv werden muss, um die Werbung zu verhindern. Dem Beworbenen steht es frei, seinen Wunsch gegen den Empfang von Werbung, etwa durch die Eintragung in einem Register, zu äußern. Eine klassische Opt-out-Regelung beinhaltet Abs. 2 jedoch nicht. Bei einem klassischen Opt-out-Modell kann der erste Kontakt, den der Werbende mit den potenziellen Kunden knüpft in der Werbemaßnahme bestehen, wohingegen Abs. 2 eine bestehende Kundenbeziehung verlangt. Die Werbung nach Abs. 2 ist daher nicht per se zulässig, sondern hängt von weiteren Voraussetzungen ab.

Gemischt ist die Einordnung, die das britische Departement of Trade and Industry in das Consulation Document, Implementation of the Directive on Privacy and Electronic Communications ausgewählt hat: Abs. 2 sei eine Soft-Opt-in-Ausnahme, gemäß der im Rahmen bestehender Kundenbeziehungen das Opt-out-Prinzip gelte.[590] Auch wenn diese Beschreibung *prima facie* verwirrend zu wirken vermag, deutet sie zutreffender Weise darauf hin, dass das Modell des Abs. 2 einer Mischform aus dem Opt-in und aus dem Opt-out-Modell entspricht. Man kann insofern annehmen, dass es sich bei diesem geregelten Fall einer mutmaßlichen Einwilligung um ein Modell *sui generis* handelt. Dabei ist die Nähe zum Opt-out-Modell dominant, da das Modell des Abs. 2 nicht die Einwilligung als Legitimationsgrundlage hat, wie dies beim Opt-in-Modell typisch ist, sondern auf die Widerspruchslösung basiert. Der Kunde muss aktiv werden, um die Werbung zu verhindern und dies ist spezifisches Merkmal für das Opt-out-Modell. Andererseits bedarf es aber im Rahmen des Abs. 2, anders als beim Opt-out-Modell, einer Legitimationsgrundlage, die in der Existenz der Kundenbeziehung zu sehen ist. Schließlich besteht wie bei jedem Opt-out-Modell die Möglichkeit der Ablehnung. Dadurch greift die Vermutungsregelung nicht.

3. Gestaltung der Telefonwerbung nach dem Modell des Abs. 2

Fraglich ist, ob die Mitgliedstaaten das Modell des Abs. 2 auch bei der Gestaltung der Zulässigkeit von Telefonwerbung integrieren können. Art. 13 Abs. 3 der Richtlinie 2002/58/EG erlaubt den Mitgliedstaaten eine Wahl zwischen dem Opt-in- und dem Opt-out-Modell.

Ob die Mitgliedstaaten das Modell des Abs. 2 im Rahmen der ausgewählten Form einbringen können, hängt davon ab, ob Abs. 3 den Mitgliedstaaten einen Spielraum bei der Gestaltung des gewählten Regulierungsmodus erlaubt.

---

589 *Dahlgrün*, Direktmarketing gegenüber Privatpersonen in der europäischen Rechtsvereinheitlichung, 2004, S. 115.

590 Department of Trade and Industry, Consultation Document, Implementation of the Directive on Privacy and Electronic Communications, März 2003, S. 36.

Versteht sich die Vorgabewahl als verbindliche Regelung nicht nur im Hinblick auf die Wahlpflicht, sondern auch im Hinblick auf die inhaltliche Gestaltung des ausgesuchten Modus, dann gibt es nur zwei Alternativen: die Opt-in-Regelung oder die Opt-out-Regelung. Ein gemischtes Modell für die Werbung im Rahmen von Kundenbeziehungen wäre dann nicht gestattet. Bei diesem Verständnis würde die Richtlinie eine Vollharmonisierung auch für die individuelle Telefonwerbung innerhalb des jeweiligen Schutzmodells festlegen.[591] Damit sei nach *Lettl* gewährleistet, dass ein gewisses Harmonisierungsrad erreicht werde.[592]

Wenn dagegen der Aussagegehalt der Regelung darauf beschränkt ist, den Mitgliedstaaten nur eine Wahlpflicht zwischen den beiden Formen vorzuschreiben, sind diese bei der Ausgestaltung des jeweiligen Schutzes der Privatsphäre flexibel.[593] Das bedeutet, dass ein Mitgliedstaat wie Deutschland, der sich für das Opt-in-Modell entschieden hat, frei steht für bestehende Kundenbeziehungen eine an Abs. 2 DSRL 2002/58/EG orientierte Regelung zu erlassen.

Durch die freie Gestaltung des ausgesuchten Modells wäre jedenfalls die Harmonisierungswirkung der Richtlinie nicht ausgehebelt, da im Bereich Telefonwerbung die DSRL 2002/58/EG in Art. 13 Abs. 3 ohnehin keine einheitliche Regelung vorgibt. Die Entscheidung für die Implementierung eines klassischen Opt-out-Modells liegt innerhalb des von der Richtlinie als Mindestmaß angegebenen Schutzniveaus für die Privatsphäre. Das muss dann erst recht für ein Modell gelten, das strengere Voraussetzungen für die Zulässigkeit der Telefonwerbung als das klassische Opt-out-Modell vorsieht. Die Relation beider Wahlformen zueinander wird in Erwägungsgrund 42 der Richtlinie erläutert: „Sonstige Formen der Direktwerbung, die für den Absender kostspieliger sind und für die Teilnehmer und Nutzer keine finanziellen Kosten mit sich bringen, wie Sprach-Telefonanrufe zwischen Einzelpersonen, können die Beibehaltung eines Systems rechtfertigen, bei dem die Teilnehmer oder Nutzer die Möglichkeit bekommen zu erklären, dass sie solche Anrufe nicht erhalten möchten. Damit das bestehende Niveau des Schutzes der Privatsphäre nicht gesenkt wird, sollten die Mitgliedstaaten einzelstaatliche Systeme beibehalten können, bei denen solche an Teilnehmer und Nutzer gerichtete Anrufe nur gestattet werden, wenn diese vorher ihre Einwilligung gegeben haben[594] In Erwägungsgrund 42 der Richtlinie wird empfohlen,

---

591 Vgl. *Lettl*, WRP 2009, 1315, 1318. *Lettl* untersucht den Umfang des Gestaltungsspielraums, um die Frage zu klären, ob das Merkmal der vorherigen Einwilligung in § 7 Abs. 2 Nr. 2 Alt. 1 UWG mit den Vorgaben des Art. 13 Abs. 3 HS 1 Alt. 1 der Richtlinie 2002/58/EG vereinbar ist. *Lettl* kommt zu dem Ergebnis, dass die Mitgliedstaaten strengere Anforderungen an die Einwilligung in Telefonwerbung stellen können, als sie das europäische Recht definiert. Diese Auffassung wird in dieser Dissertation nicht vertreten, denn die Begriffe der Gemeinschaft, so auch der Einwilligungsbegriff, unterliegen der autonomen spezifischen Gemeinschaftsauslegung.

592 *Lettl*, WRP 2009, 1315, 1318.

593 So auch *Lettl*, WRP 2009, 1315, 1318.

594 Erwägungsgrund 42 DSRL 2002/58/EG, L 201, 37, 42.

dass Mitgliedstaaten das Opt-in-Modell bei der Umsetzung der Richtlinie aufrechterhalten, falls dies der Rechtslage vor Erlass der Richtlinie entsprach, damit das Schutzniveau nicht gesenkt wird. Zwar würde die Einführung eines Opt-out-Systems im Rahmen bestehender Kundenbeziehungen eine Senkung des Schutzniveaus im Vergleich zum herkömmlichen Opt-in-System bedeuten, jedoch bleibt diese Gestaltungsform nicht hinter dem von der Richtlinie gesetzten Mindestharmonisierungschutz zurück.

Im Übrigen scheint der Richtliniengesetzgeber Telefonwerbung als weniger belästigend zu sehen als Werbung mittels Anrufsystemen, Faxgeräten und elektronischer Post. Erwägungsgrund 40 und Erwägungsgrund 41 der Richtlinie informieren über die Hintergründe, die den europäischen Gesetzgeber dazu bewegt haben, für die in Absatz 1 beschriebenen Direktwerbeformen – durch automatische Anrufsysteme, Faxgeräte und elektronische Post, einschließlich SMS – ein zwingendes Opt-in-Modell zu statuieren, während für die Telefonwerbung lediglich eine Wahloption zwischen dem Opt-in- und dem Opt-out-System vorgeschrieben ist. Die Motive dieser Unterscheidung sind in erster Linie finanzieller Natur. Direktwerbung mit den Mitteln des Abs. 1 könnten laut Erwägungsgrund 40 zum einen relativ leicht und preiswert zu versenden sein und zum anderen eine Belastung und/oder einen Kostenaufwand für den Empfänger bedeuten. Zweitens wird der Unterschied damit begründet, dass diese in einigen Fällen aufgrund des Umfangs auch Schwierigkeiten für die elektronischen Kommunikationsnetze und die Endgeräte verursachen würden. Für die Werbung mit Sprachtelefonanrufen könnten Mitgliedstaaten ein Opt-out-System wählen, da Anrufe für den Absender kostspieliger seien und für die Teilnehmer und Nutzer keine finanziellen Kosten mit sich brächten.

Wenn Telefonwerbung weniger problematisch als die Werbeformen des Abs. 2 angesehen wird, ergibt sich im Umkehrschluss, dass die Einführung des Art. 13 Abs. 2 neben dem Opt-in-Modell des Art. 13 Abs. 3 für Telefonwerbung den Wertungen der Richtlinie nicht widerspricht. Diese logische Schlussfolgerung bedeutet allerdings nicht, dass die Erwägungen des europäischen Gesetzgebers auch schlüssig sind. Die Begründung des Gesetzgebers für die Annahme einer weniger schutzwürdigen Telefonwerbung im Vergleich zu den Kommunikationsformen des Art. 13 Abs. 1 DSRL 2002/58/EG muss kritisch betrachtet werden. Der Unionsgesetzgeber argumentiert in erster Linie mit finanziellen Interessen, während Erwägungen betreffend die Privatsphäre völlig unberücksichtigt bleiben, obwohl der primäre Schutzzweck der Richtlinie gerade der Schutz der Privatsphäre ist.[595] Auch das finanzielle Argument überzeugt im Zeitalter der Telefon-Flatrate-Tarife nicht. Im Hinblick auf den Schutz der Privatsphäre ist der von unerwünschter Telefonwerbung ausgehende Belästigungsgrad typischerweise höher als bei Werbung mittels elektronischer Post[596]. Die Möglichkeit der Einführung eines vermuteten

595 Vgl. Erwägungsgrund 1 der Richtlinie 2002/58/EG.
596 BGH, Urteil vom 11.3.2004 – I ZR 81/01, GRUR 2004, 517 – E-Mail-Werbung I.

Einverständnisses für Telefonwerbung gegenüber natürlichen Personen im Rahmen von Kundenbeziehungen würde jedoch in den meisten Fällen den Interessen der Kunden entsprechen. Wenn Kunden mit den Werbenden in einer Kundenbeziehung stehen, haben diese bereits Interesse an deren Produkten oder Dienstleistungen gezeigt. Abs. 2 verlangt keinen Vertragsschluss. Selbst wenn das angebotene Produkt nicht geeignet erscheint, das Kundenbedürfnis zu befriedigen und deshalb ein Vertragsschluss ausbleibt, zeigen Kunden im Rahmen von Vertragsverhandlungen, welche Produkte oder Dienstleistungen ihrem Interessenfeld entsprechen. Vielleicht wird das Unternehmen künftig ein solches Produkt entwickeln. Es kann daher angenommen werden, dass die Kunden ein Interesse daran haben, künftig über ein passendes Produkt informiert zu werden. Und wenn der Kunde bereits einen Vertrag abgeschlossen hat, hat er möglicherweise Interesse daran, über neue Produktentwicklungen informiert zu werden, um sein erworbenes Produkt auf dem neuen Stand zu halten oder auszutauschen. Die technische Entwicklung wächst heute rasant, Produkte werden stets entwickelt und verbessert. Der Erwerb eines Produkts, das dem aktuellsten Stand entspricht, kann die Arbeitserleichterung fördern. Auch im Bereich von Dienstleistungen sind auf dem Markt schnelle Entwicklungen zu konstatieren. Aufgrund des Wettbewerbsdrucks sind Unternehmen gehalten, bessere Konditionen als die Mitbewerber anzubieten. Ein relevantes Beispiel ist das Internet bzw. der Telekommunikationsmarkt[597], wo Tarife und Tarifpakete tendenziell eine Kostensenkung erfahren. Ein Kunde, der darüber nicht informiert wird, riskiert die Verlängerung eines Vertrages zu schlechteren Konditionen als ihm der Markt aktuell bieten kann. Mitgliedstaaten können beim Implementieren eines Opt-in-Modell Telefonwerbung unter den erleichterten Voraussetzungen des Art. 13 Abs. 2 DSRL 2002/58/EG erlauben.

V. Zusammenfassung

1. Die europaweite Regulierung der Zulässigkeit der Telefonwerbung erfolgte sekundärrechtlich hauptsächlich durch die DSRL 2002/58/EG. Die Richtlinie bezweckt den Schutz personenbezogener Daten und den durch Art. 7 und 8 der Charta der Grundrechte der Europäischen Union gewährleisteten Schutz der Privatsphäre natürlicher Personen. Die Richtlinie ist auf den spezifischen Bereich der elektronischen Kommunikation, als speziellere Regelung zu der Richtlinie DSRL 95/46/EG konzipiert. Die DSRL 95/46/EG wurde durch die am 25.05.2016 in Kraft getretene DSGVO, die ab dem 25.05.2018 Anwendung findet, abgelöst. Zudem bezweckt die DSRL 2002/58/EG gemäß Art. 1 Abs. 2 den Schutz der berechtigten Interessen juristischer Personen.
2. Telefonwerbung wird von Art. 13 Abs. 3 DSRL 2002/58/EG umfasst. Verbindliche Regelungen setzt die DSRL 2002/58/EG nur im Verhältnis zu natürlichen

597 *Schmitt/Poleacov*, CR 2008, 364, 365.

Personen. Für juristische Personen gilt das Mindestschutzniveau des Art. 13 Abs. 5. Im Unterschied zu der DSRL 2002/58/EG gilt die UGP-Richtlinie nur im Verhältnis zu Verbrauchern. Ein weiterer Unterschied der beiden Richtlinien ergibt sich daraus, dass der Anwendungsbereich des Art. 13 DSRL 2002/58/EG nicht auf kommerzielle Direktwerbung beschränkt ist. Umfasst werden auch nicht kommerzielle Direktwerbungsmaßnahmen zu politischen oder christlichen Zwecken.

3. Art. 13 Abs. 3 DSRL 2002/58/EG enthält ein Wahlrecht zwischen dem Opt-in und dem Opt-out System und eine Wahlpflicht. Das heißt, die Mitgliedstaaten sind verpflichtet eins der beiden Modelle in das nationale Recht umzusetzen. Bei der Opt-in-Lösung ist Telefonwerbung ohne Einwilligung der Werbeadressaten unzulässig. Das Opt-out-Modell erlaubt Telefonwerbung, solange der Werbeadressat keinen Wunsch zum Ausdruck gebracht hat, von Werbeanrufen verschont zu bleiben, etwa durch die Eintragung in ein Spezialregister. Das Wahlrecht beeinträchtigt nicht den Vollharmonisierungscharakter dieser Vorschrift.
4. Grundsätzlich ist die E-Mail-Werbung nach § 13 Abs. 2 DSRL 2002/58/EG nur mit Zustimmung der betreffenden Person zulässig. Ausnahmsweise dürfen Daten, die im Zusammenhang mit dem Verkauf eines Produkts oder einer Dienstleistung erlangt wurden für Werbung mittels elektronischer Post bei vorherigem Inkenntnissetzen und fehlender Ablehnung der betroffenen Person auch für ähnliche Dienstleistungen und Produkte verwendet werden. Art. 13 Abs. 2 DSRL 2002/58/EG regelt nicht den Fall eines atypischen stillschweigenden Einverständnisses, sondern den Fall eines vermuteten Einverständnisses. Es handelt sich um einen gesetzlich normierten Fall einer mutmaßlichen Einwilligung, ein Modell sui generis, das Opt-in- und Opt-out-Elemente enthält. Dabei ist die Nähe zum Opt-out-Modell dominant, da das Modell des Abs. 2 nicht die Einwilligung als Legitimationsgrundlage hat, wie dies beim Opt-in-Modell typisch ist, sondern die Kundenbeziehung legitimiert die Telefonwerbung. Zudem basiert das Modell der mutmaßlichen Einwilligung auf die Widerspruchslösung.
5. Nach der hier erarbeiteten Auffassung kann die Ausnahmeregelung des Art. 13 Abs. 2 DSRL 2002/58/EG auch für die Zulässigkeit von Werbenanrufen neben dem Opt-in-Modell des Art. 13 Abs. 3 Alt. 1 DSRL 2002/58/EG implementiert werden. Der Aussagegehalt der Regelung des Art. 13 Abs. 3 DSRL 2002/58/EG beschränkt sich darauf, den Mitgliedstaaten nur eine Wahlpflicht zwischen den beiden Formen vorzuschreiben. Die Mitgliedstaaten sind bei der Ausgestaltung des jeweiligen Schutzes der Privatsphäre flexibel, die Option darf aber weder die Obergrenze der Opt-in-Alternative nach § 13 Abs. 3 Alt. 1 DSRL 2002/58/EG noch die Untergrenze der Opt-out-Alternative nach § 13 Abs. 3 Alt. 2 DSRL 2002/58/EG überschreiten. Innerhalb einer bestehenden Kundenbeziehung können Kunden ein legitimes Interesse daran haben zwecks Verbesserung der Vertragsbeziehungen über ähnliche, im Vergleich zu dem Vertragsgegenstand allerdings vorteilhaftere Produkte informiert zu werden.

Drittes Kapitel – Richtlinie 2005/29/EG

A. Das dreistufige Verbotskonzept

Eine weitere gemeinschaftliche Vorgabe, die den Bereich unerlaubter Telefonwerbung regelt, bildet die Richtlinie 2005/29/EG[598] des Europäischen Parlaments und des Rates vom 11.6.2005 über unlautere Geschäftspraktiken im binnenmarktinternen Geschäftsverkehr zwischen Unternehmen und Verbrauchern (UGP-Richtlinie).[599] Die Richtlinie regelt horizontal die Lauterkeit von Geschäftspraktiken, die insbesondere irreführend und aggressiv sein können.[600] Die Struktur der Richtlinie ist gekennzeichnet durch ein dreistufiges Verbotskonzept.[601] Auf der ersten Stufe stellt die Richtlinie durch die Generalklausel in Art. 5 ein allgemeines Verbot unlauterer Geschäftspraktiken, die das wirtschaftliche Verhalten des Durchschnittsverbrauchers wesentlich beeinflusst oder zumindest dazu geeignet ist. Auf der nächsten Stufe in Art. 5 Abs. 4, Art. 6 bis 9 wird das generelle Verbot durch Wertungsmaßstäbe in Bezug auf am häufigsten verbreitete Arten von Geschäftspraktiken, nämlich die irreführenden (Art. 6 und Art. 7) respektive die aggressiven (Art. 8 und Art. 9), konkretisiert.[602] Auf der letzten Stufe steht der Anhang I der Richtlinie, der eine Liste mit 31 Geschäftspraktiken enthält, die unter allen Umständen ohne Wertungsmöglichkeit als unlauter gelten – sogenannte „schwarze Liste". Dabei erfolgt die Prüfung absteigend, das heißt von Stufe drei zu Stufe eins, wobei die Normauslegung systematisch unter Anerkennung einer wechselseitigen Beeinflussung der drei unterschiedlichen Stufen zu erfolgen hat.[603]

B. Anwendungsbereich

Der Anwendungsbereich der Richtlinie 2005/29/EG weicht sowohl in persönlicher als auch in sachlicher Hinsicht von dem Anwendungsbereich der Richtlinie 2002/58/EG ab.

---

598 ABl. EG L 149/22.

599 Richtlinie 2005/29/EG des Europäischen Parlaments und des Rates vom 11. Mai 2005 über unlautere Geschäftspraktiken im binnenmarktinternen Geschäftsverkehr zwischen Unternehmen und Verbrauchern und zur Änderung der Richtlinie 84/450/EWG des Rates, der Richtlinien 97/7/EG, 98/27/EG und 2002/65/EG des Europäischen Parlaments und des Rates sowie der Verordnung (EG) Nr. 2006/2004 des Europäischen Parlaments und des Rates (Richtlinie über unlautere Geschäftspraktiken), ABl. Nr. L 149 v. 11.6.2005, S. 22 ff.

600 Vgl. Art. 5 Abs. 4 Richtlinie 2005/29/EG.

601 *Köhler*, GRUR 2012, 1073, 1074 f.

602 *Köhler*, GRUR 2012, 1073, 1074 f.; Erwägungsgrund 13 Satz 4 UGP-Richtlinie.

603 Dazu *Apetz*, Das Verbot aggressiver Geschäftspraktiken, 2011, S. 74 f.

I. Sachlicher Anwendungsbereich

Der sachliche Anwendungsbereich erstreckt sich gemäß Art. 3 UGP-Richtlinie auf unlautere Geschäftspraktiken i.S.d. Art. 5 UGP-Richtlinie.

Als „Geschäftspraktik" gilt nach der Legaldefinition in Art. 2 lit. d) UGP-Richtlinie *jede Handlung, Unterlassung, Verhaltensweise oder Erklärung, kommerzielle Mitteilung einschließlich Werbung und Marketing eines Gewerbetreibenden, die unmittelbar mit der Absatzförderung, dem Verkauf oder der Lieferung eines Produktes an Verbraucher zusammenhängt.* Von der Richtlinie umfasst werden nach Art. 3 Abs. 1 UGP-Richtlinie Geschäftspraktiken sowohl vor als auch nach Vertragsschluss. Erfasst werden mithin nicht nur die Vertragsanbahnung, sondern auch der Vertragsabschluss und die Durchführung des Vertrages. Der weite Zeitrahmen bezweckt nach Erwägungsgrund 13 UGP-Richtlinie die Förderung des Verbrauchervertrauens. Das Vertragsrecht bleibt allerdings durch die Richtlinie unberührt.[604]

Durch die Erstreckung des Anwendungsbereichs auf Geschäftspraktiken nach Vertragsschluss geht die Richtlinie über das bis zum 31.12.2008 geltende UWG hinaus, das den Begriff „Wettbewerbshandlung" verwendete. Erfasst werden Handlungen vor, bei und nach Vertragsschluss[605] Das bisherige UWG regelte nur das Marktverhalten der Betroffenen vor Vertragsschluss. Bei der Umsetzung der Richtlinie wurde der Begriff „Wettbewerbshandlung" durch den weitergehenden Begriff der „geschäftlichen Handlung"[606] ersetzt. [607] Der Begriff „Geschäftspraktik umfasst den in der Irreführungsrichtlinie verwendeten Begriff der „Werbung" und den in der Richtlinie 2000/31/EG über den elektronischen Geschäftsverkehr verwendeten Begriff der „kommerziellen Kommunikation".[608]

Hinsichtlich der Frage, ob die Geschäftspraktik unlauter ist, erfolgt im Rahmen des Art. 3 UGP-Richtlinie lediglich eine summarische Prüfung. Die Prüfung „in der Hauptsache" bleibt den Art. 5 ff. vorbehalten. Trotz des Verweises auf Art. 5 UGP-Richtlinie muss gewährleistet werden, dass die Prüfung, ob der sachliche Anwendungsbereich eröffnet ist, nicht mit der Unzulässigkeitsprüfung nach Art. 5 übereinstimmt, da ansonsten die bezweckte Vollharmonisierung ins Leere zu laufen droht.[609] Unter diesem unerwünschten Szenario könnte eine potenziell unlautere Geschäftspraktik dem Anwendungsbereich der UGP-Richtlinie entzogen bleiben. Die Ansicht[610], die den Anwendungsbereich der Richtlinie mit dem Inhalt

---

604 Vgl. Erwägungsgrund 9 der Richtlinie 2005/29/EG.

605 Dazu *Keller,* in: *Harte-Bavendamm/Henning-Bodewig,* UWG, 4. Aufl. 2016, § 2 Rndr. 25.

606 In § 2 Abs. 1 Nr. 1 UWG legaldefiniert.

607 *Köhler* in: *Köhler/Bornkamm/Feddersen,* UWG, 36. Aufl. 2018, Einl. Rdnr. 3.58.

608 *Köhler* in: *Köhler/Bornkamm/Feddersen,* UWG, 36. Aufl. 2018, Einl. Rdnr. 3.58.

609 Vgl., *Koch,* Die Richtlinie gegen unlautere Geschäftspraktiken, 2006, S. 70 f., S. 73 f.; *Veelken* WRP 2004, 1, 9.

610 In diesem Sinne lassen sich die Ausführungen von *Apetz,* Das Verbot aggressiver Geschäftspraktiken, 2011, S. 209 interpretieren.

der Art. 5 ff. UGP-Richtlinie gleichsetzt, geht daher zu weit. Das heißt, im Rahmen von Art. 3 UGP-Richtlinie wird es nicht positiv festgestellt, ob das Unternehmensverhalten den Erfordernissen der beruflichen Sorgfalt widerspricht, sondern es wird lediglich geprüft, ob das Unternehmensverhalten geeignet erscheint, marktwirtschaftlichen Verhaltenspflichten, die mit Billigkeits- oder Treu- und Glauben- Grundsätzen zusammenhängen zu widersprechen.[611] Für die Bestimmung des Anwendungsbereichs erstreckt sich die summarische Prüfung zudem auf die Frage, ob das unternehmerische Marktverhalten geeignet ist, das wirtschaftliche Verhalten der Verbraucher potenziell wesentlich zu beeinflussen. Ob die Entscheidungsfreiheit konkret wesentlich beeinflusst wurde, wird an dieser Stelle nicht geprüft. Die Literatur schlägt zum Teil vor, auf das Wesentlichkeitsmerkmal gänzlich zu verzichten, mit der Folge, dass der Anwendungsbereich auch für unwesentliche Beeinflussungen eröffnet wäre.[612] Diese Ansicht überzeugt jedoch nicht. Sie führt zu einer Ausuferung des Anwendungsbereichs der UGP-Richtlinie, die mit dem ausdrücklichen Wortlaut des Art. 3 Abs. 1 UGP-Richtlinie nicht vereinbar ist. Art. 3 Abs. 1 stellt ausdrücklich auf „unlautere Geschäftspraktiken“ ab. Daher kann das Merkmal der Unlauterkeit nicht ignoriert werden, sondern dessen Vorliegen ist, wie oben aufgezeigt, summarisch zu prüfen. Zudem zeigt Erwägungsgrund 7 Satz 1 bis 2 UGP-Richtlinie – wonach Geschäftspraktiken, die nur mittelbar die Entscheidungsfreiheit beeinflussen aus dem Anwendungsbereich entfallen –, dass die Beeinflussungsart bei der Bestimmung des Anwendungsbereichs definitiv heranzuziehen ist.

Bei der Bestimmung der potenziellen Beeinflussung gilt das normative Verbraucherbild eines durchschnittlich informierten, aufmerksamen und verständigen Verbrauchers[613], des souveränen Marktbürgers, das zum Konzept des Schutzes unverzerrten Wettbewerbs durch Schutz wirtschaftlich autonomer Verbraucherentscheidungen (Konsumentensouveränität) beitragen soll.[614] Dieses Verbraucherbild gewinnt Relevanz nicht nur für die Frage der Unlauterkeit im engeren Sinne.[615]

---

611 *Koch*, Die Richtlinie gegen unlautere Geschäftspraktiken, 2006, S. 73.

612 *Veelken* WRP 2004, 1, 9; *Koch*, Die Richtlinie gegen unlautere Geschäftspraktiken, 2006, S. 74 ff.

613 Vgl. EuGH NJW 1998, 3183 ff.– Gut Springenheide; EuGH Slg. 2000, I – 135 ff. Rdnr. 27–Lifting; EUGH Slg. 2001, I – 7945 ff. Rdnr .52 – Toschiba/Katun; In Erwägungsgrund 18 führt die Richtlinie aus, dass der Durchschnittsverbraucher den angemessen gut unterrichteten und angemessen aufmerksamen und kritischen Bürger repräsentiert; eine inhaltliche Änderung im Vergleich zu dem vom EuGH im Zusammenhang mit der Richtlinie 84/450/EWG entwickelten Verbraucherleitbild beabsichtige die Richtlinie durch ihre Wortwahl nicht, da sie in Erwägungsgrund 18 ausdrücklich auf die Rechtsprechung des Gerichtshofs verweist: *Scherer*, WRP 2008, 563, 567; *Seichter*, WRP 2005, 1087 ff.,1091; *Glöckner/Henning-Bodewig*, WRP 2005, 1311 ff., 1329.

614 *Leistner*, Zeup 2009, 57 f.

615 Art. 5 Abs. 2, Art. 6 Abs. 1, Art. 8 und Erwägungsgrund 18 UGP-Richtlinie.

II. Persönlicher Anwendungsbereich

Die Richtlinie regelt unlautere Geschäftspraktiken einschließlich unlauterer Werbung nur im Verhältnis zwischen Unternehmen und Verbrauchern (b2c-Verhältnis).[616] Die Beschränkung des Anwendungsbereichs stellt eine politische Entscheidung des europäischen Gesetzgebers dar[617]. Die Ausschließung des b2bVerhältnisses aus dem Anwendungsbereich der Richtlinie relativiert die Qualifizierung der Richtlinie als umfassendste Regelung der unlauteren Geschäftspraktiken auf Gemeinschaftsebene[618].

Verbraucher i.S.d. Richtlinie ist nach Art. 2 lit. a) *jede natürliche Person, die im Geschäftsverkehr im Sinne dieser Richtlinie zu Zwecken handelt, die nicht ihrer gewerblichen, handwerklichen oder beruflichen Tätigkeit zugerechnet werden können.*

Den Begriff „Unternehmen" verwendet die Richtlinie nur in Art. 3 Abs. 1. Im Übrigen wird der Begriff „Gewerbetreibender" benutzt und in Art. 2 lit. b) legaldefiniert. Nach Ansicht des EuGH sind die in der UGP-RL verwendeten Begriffe Unternehmen und Gewerbetreibender identisch zu verstehen.[619] Gewerbetreibender i.S.d. Art. 2 lit. b) Richtlinie 2005/29/EG ist *jede natürliche oder juristische Person, die im Geschäftsverkehr im Sinne dieser Richtlinie im Rahmen ihrer gewerblichen, handwerklichen oder beruflichen Tätigkeit handelt, und jede Person, die im Namen oder Auftrag des Gewerbetreibenden handelt.* Der Begriff „Gewerbetreibender" ist für die Übernahme in das UWG insofern ungeeignet, da dieser nach deutschem Verständnis nur gewerbliches Handeln umfasst und daher mit dem der Richtlinie nicht übereinstimmt. Darüber hinaus reicht der Begriff des Gewerbetreibenden i.S.d. Richtlinie auch weiter als der des Unternehmers i.S.d. § 14 BGB. Erfasst werden auch unselbständige berufliche Tätigkeiten und Personen, die im Namen oder Auftrag des Gewerbetreibenden handeln. Bei der Umsetzung der UGP-Richtlinie in das deutsche UWG wurde die Definition des Gewerbetreibenden der Sache nach übernommen, allerdings, um den Begriff des Unternehmers i.S.d. UWG zu beschreiben. Der Begriff des Unternehmers i.S.d. UWG wird mithin mit dem des Gewerbetreibenden i.S.d. Richtlinie in § 2 Abs. 1 Nr. 6 UWG gleichgestellt.[620] Der EuGH geht von einer am Schutzzweck der UGP-Richtlinie orientierten Auslegung aus. In diesem Sinne qualifizierte der EuGH eine gesetzliche Krankenkasse als

---

616 Art. 3 Abs. 1 Richtlinie 2005/29/EG; *Henning-Bodewig*, GRUR Int 2005,629.

617 *Veelken*, WRP 2004, 1, 10; *Ohly*, WRP 2008, 177, 181; *Leistner*, Zeup 2009, 57, 60 ff.; Kritisch: *Henning-Bodewig*, GRUR Int. 2005, 629, 634; *Glöckner*, WRP 2004, 936, 938; *Wadlow*, *I.P.Q.* 2012, 1, 1; Europäisches Lauterkeitsrecht, 2006, S. 72 f.; *Koppensteiner*, WBl 2006, 553, 558 f.; *Ohly*, GRUR 2004, 889, 890 f.; *Veelken*, WRP 2004, 1, 10; *de Vrey*, Towards a European Unfair Competition Law, 2006, S. 59 ff.; *Apostolopoulos*, WRP 2004, 841, 843, 853 f.; *Köhler/Lettl*, WRP 2003, 1019, 1033; *Wadlow*, I.P.Q. 2012, 1.

618 Vgl. *Henning-Bodewig*, GRUR 2013, 238, 240.

619 EuGH, Urteil vom 03.10.2013, C-59/12 Rdnr. 31, ECLI: EU: C:2013:634 = WRP 2013, 1454 - BKK Mobil Oil.

620 Siehe Begründung BundesregierungRegE, BT-Drucks. 16/10145, S. 21.

Gewerbetreibenden gemäß Art. 2 lit. b) UGP-Richtlinie, da der Schutz des Verbrauchers vor Täuschungen ein weites Verständnis des Begriffs des Gewerbetreibenden rechtfertige.[621] Es komme weder darauf an, dass diese Einrichtung eine im Allgemeininteresse liegende Aufgabe erfülle, noch darauf, dass es sich um eine öffentlich-rechtliche Einrichtung handele.[622] Auszugehen sei vielmehr von dem Ziel der UGP-Richtlinie, den Verbraucher umfassend zu schützen, der sich im Vergleich zu einem Gewerbetreibenden in einer unterlegenen Position befinde, da er als wirtschaftlich schwächer und rechtlich weniger erfahren als sein Vertragspartner angesehen werden müsse.[623]

C. Schutzzweck

Nach Art. 1 UGP-Richtlinie dient die Richtlinie dem reibungslosen Funktionieren des Binnenmarkts und dem Verbraucherschutz, sofern wirtschaftliche Interessen der Verbraucher tangiert sind. Der Schutzzweck der Richtlinie ist mithin marktbezogen.

Die Komplexität des Lauterkeitsrechts und die unterschiedlichen Ausprägungen dieser Materie in den Mitgliedstaaten führen zu Schwierigkeiten in der Bestimmung des Schutzzwecks der Richtlinie. Das Lauterkeitsrecht wird als das „schwer erziehbare Kind des geistigen Eigentums“ bezeichnet. „Mal wage es sich, wie im Vereinigten Königreich kaum hinter den Kulissen vor, mal wisse es nicht recht, wen es schützen wolle - die Verbraucher, die Allgemeinheit, die Mitbewerber?“[624] *Henning-Bodewig* beobachtet in diesem Sinne eine Umkehrung der Schutzzwecke im Bereich des europäischen Lauterkeitsrechts.[625] Ursprünglich verfolgte das europäische Wettbewerbsrecht, wie auch Art. 10bis PVÜ auf internationaler Ebene zeigt, den Schutz der Interessen von Mitbewerbern, während Verbraucher nur reflexartig geschützt wurden.[626] Den ersten gemeinsamen Ausgangspunkt eines Rechts gegen unlauteren Wettbewerb bildet Art. 10bis der Pariser Verbandsübereinkunft zum Schutz des gewerblichen Eigentums (PVÜ) vom 20. März 1883. Art

621 EuGH, Urteil vom 03.10.2013, C-59/12 Rdnr. 37 f., ECLI: EU: C:2013:634 = WRP 2013, 1454 - BKK Mobil Oil; Vgl. EuGH entschied nach dem BGH die Frage nach der Gewerbeeigenschaft einer gesetzlichen Krankenkasse dem EuGH zur Vorabentscheidung vorlag, vgl. BGH, Urteil vom 18.01.2012 - I ZR 170/10, WRP 2012, 309 - Betriebskrankenkasse I und nach übernommenem EuGH Urteil, BGH, Urteil vom 30.04.2014 - I ZR 170/10, WRP 2014, 1304 - Betriebskrankenkasse II.

622 EuGH, Urteil vom 03.10.2013, C-59/12 Rdnr. 32, ECLI: EU: C:2013:634 = WRP 2013, 1454 - BKK Mobil Oil.

623 EuGH, Urteil vom 03.10.2013, C-59/12 Rdnr. 35, ECLI: EU: C:2013:634 = WRP 2013, 1454 - BKK Mobil Oil.

624 *Schmidt,* Tagungsbericht, in: *Schricker/Henning-Bodewig,* Neuordnung des Wettbewerbsrechts, 1999, S. 253.

625 Vgl. *Henning-Bodewig,* GRUR 2013, 238,240.

626 Vgl. *Henning-Bodewig,* GRUR 2013, 238,240.

10bis wurde 1990 dem oben erwähnten Gesetz hinzugefügt und weist die Struktur einer Generalklausel auf. Die PVÜ dient allein dem Schutz von Mitbewerbern vor unlauterem Wettbewerb, wobei de, verstanden wird Wettbewerb als jede Wettbewerbshandlung, die den anständigen Gepflogenheiten in Gewerbe oder Handel zuwiderläuft. Dabei können insbesondere Handlungen aus den wettbewerbsgruppen Verwechslungsgefahr, Anschwärzung und Irreführung sanktioniert werden.[627]

In der nachfolgenden Zeit verfolgten europäische Sekundärregelungen zum Lauterkeitsrecht über Jahrzehnte das Schutzzwecktriasmodell und dienten dementsprechend dem Schutz der Interessen der Verbraucher, Mitbewerber und der Allgemeinheit als miteinander verflochtene Interessenkreise.[628] Zu nennen sind die erste große Richtlinie auf dem Gebiet des Lauterkeitsrechts, die Richtlinie 84/450/EWG über irreführende Werbung und die Richtlinie 97/55/EG zur Änderung ersterer zwecks Einbeziehung der vergleichenden Werbung.[629]

Mit Erlass der UGP-Richtlinie nahm der europäische Gesetzgeber Abstand vom integrierten Lauterkeitsrechtsmodell und beschränkte den Anwendungsbereich der Richtlinie 84/450/EG, in deren Neufassung Richtlinie 2006/114/EG auf das b2b-Verhältnis, da die Interessen der Verbraucher gegen irreführende Werbung in der Richtlinie 2005/29/EG gesonderter geschützt wurden.[630] Lediglich die Regelungen betreffend die vergleichende Werbung, also der zweite Teil der Richtlinie, erstrecken sich nach wie vor sowohl auf den b2b- als auch auf den b2c-Bereich.[631]

Bei der Bestimmung des Schutzzwecks einer Richtlinie ist auf eine Unterscheidung des Schutzzwecks vom Anwendungsbereich zu achten.[632] Insbesondere darf aus der Beschränkung des Anwendungsbereichs im b2b-Verhältnis nicht auf eine Beschränkung des Schutzwecks der Richtlinie auf das wirtschaftliche Interesse der Verbraucher geschlossen werden.[633] Art. 1 UGP erklärt die Verwirklichung des Binnenmarkts explizit als Zielrichtung. Darüber hinaus ist die Richtlinie auf Grundlage des Art. 95 EG (Art. 114 AEUV) als Maßnahme zur Angleichung der Rechts- und Verwaltungsvorschriften der Mitgliedstaaten, die die Errichtung und das Funktionieren des Binnenmarkts zum Gegenstand haben, erlassen worden.

627 Vgl. *Henning-Bodewig*, GRUR 2013, 238, 240.

628 Vgl. *Henning-Bodewig*, GRUR 2013, 238, 240.

629 Aktuell, Richtlinie über irreführende und vergleichende Werbung kodifiziert und neu verkündet als Richtlinie 2006/114/EG des Europäischen Parlaments und des Rates vom 12. Dezember 2006 über irreführende und vergleichende Werbung, ABl. Nr. L 376 S. 21.

630 *Micklitz/Rott*, in: *Grabitz/Hilf*, Das Recht der Europäischen Union, 40 Ergänzungslieferung 2009, Sekundärrecht A 25 Richtlinie 98/27/EG, Art. 3 Rdnr. 7.

631 Vgl. *Henning-Bodewig*, GRUR 2013, 238, 239 f.

632 Dies missachten *Timm-Wagner*, GRUR 2013, 238, 239 f.; *Apostolopoulos*, WRP 2004, 841, 835 f.; *Ohly*, WRP 2008, 177, 180 f.

633 *Apetz*, Das Verbot aggressiver Geschäftspraktiken, 2011, S. 257; *Glöckner/Henning-Bodewig*, WRP 2005, 1311, 1324; *Veelken*, WRP 2004, 1, 10; *Brömmelmeyer*, GRUR 2007, 295, 295 f.; *Jungheim/Haberkamm*, VuR 2009, 250, 252.

Art. 95 EG Abs. 3 (Art. 114 Abs. 3 AEUV) erkennt den Verbraucherschutz als hohes Gemeinschaftsziel an. Es wäre mithin falsch, den Schutzzweck der Richtlinie auf den Verbraucherschutz zu beschränken, da der Erlass der Richtlinie von Anfang an die Überwindung von Beschränkungen des Binnenmarkts in den Bereichen Marketing und Werbung beabsichtigte.[634]

Von einer klassischen Schutzzwecktrias, die auf einen gleichmäßigen Schutz der Interessen der Verbraucher, Mitbewerber und der Allgemeinheit abzielt, kann indes keine Rede sein.[635] Die Interessen der Mitbewerber werden durch die UGP-Richtlinie nur mittelbar und reflexartig geschützt.[636] Den direkten Schutz reiner Mitbewerberinteressen schließt die Richtlinie in Erwägungsgrund 6 Satz 3 explizit aus.[637] Dies erscheint zwar bedenklich, da die Interessen der Verbraucher und der Mitbewerber gerade in der Frage der Irreführung miteinander verbunden sind, was die Richtlinie nicht nur indirekt in Erwägungsgrund 8[638] – „Sie schützt somit auch mittelbar rechtmäßig handelnde Unternehmen vor Mitbewerbern ...“–, sondern sogar direkt in Erwägungsgrund 6 Satz 1[639] anerkennt. Allerdings reicht dies nicht für die Annahme einer Schutzzwecktrias. Der mittelbare Schutz von Mitbewerbern tritt ferner auf Rechtsfolgenseite in Erscheinung. Die UGP-Richtlinie verpflichtet in Art. 11 Abs. 1 die Mitgliedstaaten für Personen oder Organisationen, einschließlich Mitbewerber, die nach dem nationalen Recht ein berechtigtes Interesse an der Bekämpfung unlauterer Geschäftspraktiken haben, Rechtschutz zu gewähren.

Die UGP-Richtlinie schützt also das Funktionieren des Binnenmarkts sowie unmittelbar die wirtschaftlichen Interessen der Verbraucher und mittelbar die Interessen der Unternehmen.

634 *Bernitz*, in: Weatherill/Bernitz, The Regulation of Unfair Commercial Practices under EC Directive 2005/29, 2007, S. 33, 37.

635 Ebenso *Henning-Bodewig*, GRUR 2013, 238, 240; *Fezer*, WRP 2010, 677, 680, *Fezer*, WRP 2010, 1075, 1090, *Fezer*, in: Fezer, UWG, 2. Aufl. 2010, Einl. E Rdnr. 124; *Köhler/Lettl*, WRP 2003, 1019, 1033, 1054, 1057; *Ohly*, WRP 2008, 177, 180 f.; Apostolopoulos, WRP 2004, 841, 853 f.; a.A. Veelken, WRP 2004, 1, 4f., 10; *Apetz*, Das Verbot aggressiver Geschäftspraktiken, 2011, S. 80 ff. m.w.N; tendenziell ebenso, auch wenn restriktiv *Bernitz*, in: Weatherill/Bernitz, The Regulation of Unfair Commercial Practices under EC Directive 2005/29, 2007, S. 33,37.

636 *Timm-Wagner*, GRUR 2013, 245, 245.

637 „Sie erfasst und berührt nicht die nationalen Rechtsvorschriften in Bezug auf unlautere Geschäftspraktiken, die lediglich die wirtschaftlichen Interessen von Mitbewerbern schädigen oder sich auf ein Rechtsgeschäft zwischen Gewerbetreibenden beziehen.“; Vgl. *Timm-Wagner*, GRUR 2013, 245, 245.

638 *Henning-Bodewig*, GRUR 2013, 238, 240.

639 „Die vorliegende Richtlinie gleicht deshalb die Rechtsvorschriften der Mitgliedstaaten über unlautere Geschäftspraktiken einschließlich der unlauteren Werbung an, die die wirtschaftlichen Interessen der Verbraucher unmittelbar und dadurch die wirtschaftlichen Interessen rechtmäßig handelnder Mitbewerber mittelbar schädigen.“

D. Vollharmonisierung

I. Grundsatz

Die UGP-Richtlinie folgt dem Prinzip der vollständigen oder Totalharmonisierung[640] im Vergleich zu der Irreführungsrichtlinie, die, wie explizit in Art. 7 Abs. 1 RL 84/450/EWG geregelt, auf eine Teilharmonisierung gerichtet ist.[641]

Je nach Harmonisierungsgrad, der sich sowohl auf die Regelungsintensität als auch auf den Umfang des den Mitgliedstaaten überlassenen Regelungsspielraums bezieht, gilt es üblicherweise zwischen Voll- bzw. Totalharmonisierung einerseits und Mindestharmonisierung als Teil der Teilharmonisierung andererseits zu unterschieden.[642] Bei einer Totalharmonisierung wird der geregelte Sektor vollständig angeglichen, das heißt, Mitgliedstaaten dürfen bei der Umsetzung der Richtlinie weder strengere noch mildere Vorschriften erlassen. Die Mindestharmonisierung dagegen setzt lediglich einen verbindlichen Mindeststandard. Darüber hinaus bleibt den Mitgliedstaaten überlassen, ein höheres Schutzniveau in den nationalen Vorschriften einzufügen.[643] Ob eine Richtlinie eine Voll- oder Mindestharmonisierung bezweckt, ist im Wege der Auslegung zu ermitteln, indem man Wortlaut, Zielsetzung und Regelungssystematik der Richtlinie berücksichtigt.[644] Die Auslegung kann dabei ergeben, dass eine Richtlinie nur für bestimmte Bereiche eine Totalharmonisierung bewirkt, während die Richtlinie für einige Bereiche allein einen Mindeststandard setzt.[645]

Zwar wird das Ziel der Totalharmonisierung in der Richtlinie nicht ausdrücklich erwähnt. Allerdings ergibt sich die bezweckte Totalharmonisierung bei der UGP-Richtlinie aus mehreren eindeutigen Hinweisen. Zum einen spricht Art. 1 der Richtlinie über das reibungslose Funktionieren des Binnenmarkts[646], ein Ziel, das durch eine vollständige Harmonisierung erreicht werden kann. Zweitens fehlt eine Mindestklausel wie beispielsweise in Art. 7 Abs. 1 der Irreführungsrichtlinie

---

640 *Busch* in: *Schmidt-Kessel/ Schubmehl*, Lauterkeitsrecht in Europa, 2011, S. 12; *Henning-Bodewig*, GRUR Int 2005, 629, 630; *Glöckner/Henning-Bodewig*, WRP 2005, 1311, 1315; *Köhler* in: *Köhler/Bornkamm/Feddersen*, UWG, 36. Aufl. 2018, Einl. Rdnr. 3.56; *Ohly*, WRP 2006, 1401, 1409; *Fezer*, WRP 2006, 781, 782; Köhler, GRUR 2005, 793; Vgl. auch Erwägungsgründe 3, 5, 6, 8, 14 UGP-Richtlinie.

641 Siehe auch *Micklitz*, in: *Howells/Micklitz/Wilhelmsson*, European Fair Trading Law, 2006, S. 29.

642 *Sosnitza*, WRP 2006, 1, 2.

643 Zu den Unterschieden zwischen Total- und Mindestharmonisierung vgl. Sosnitza, WRP 2006, 1, 2.

644 *Sosnitza*, WRP 2006, 1, 2; Apetz, Das Verbot aggressiver Geschäftspraktiken, 2011, S. 195.

645 *Sosnitza*, WRP 2006, 1, 2.

646 *Glöckner*, in: *Harte-Bavendamm/Henning-Bodewig*, UWG, 4. Aufl. 2016, Einl. B Rdnr. 173.

84/450/EWG, der ausdrücklich bestimmt, dass die Mitgliedstaaten befugt sind, strengere Anforderungen festzulegen.[647] Eine Mindestharmonisierungsklausel sieht die UGP-Richtlinie in Art. 3 Abs. 9 nur für den Bereich der Dienstleistungen und Immobilien vor. Im Umkehrschluss wirkt die Richtlinie im Übrigen vollharmonisierend.[648]

Des Weiteren spricht Erwägungsgrund 11 Satz 2 von einem generellen Verbot, das die Richtlinie aufstellt.[649] In diesem Sinne enthält auch Erwägungsgrund 13 S. 2 Hinweise auf die Ersetzung der mitgliedstaatlichen Generalklauseln durch ein einziges, gemeinsames und generelles Verbot.[650] Zur Erreichung der Ziele der Gemeinschaft durch die Beseitigung von Hemmnissen für den Binnenmarkt ist es nach Erwägungsgrund 13 notwendig, „die in den Mitgliedstaaten existierenden unterschiedlichen Generalklauseln und Rechtsgrundsätze zu ersetzen. Das durch diese Richtlinie eingeführte einzige, gemeinsame generelle Verbot umfasst daher unlautere Geschäftspraktiken, die das wirtschaftliche Verhalten der Verbraucher beeinträchtigen."

Zudem unterstreicht die Übergangsbestimmung des Art. 3 Abs. 5 sehr deutlich die bezweckte Totalharmonisierung.[651] Demnach können die Mitgliedstaaten für einen Zeitraum von sechs Jahren ab dem 12. Juni 2007 in dem durch diese Richtlinie angeglichenen Bereich nationale Vorschriften beibehalten, die restriktiver oder strenger sind als diese Richtlinie und zur Umsetzung von Richtlinien erlassen wurden und die Klauseln über eine Mindestangleichung enthalten. Nach Ablauf der sechsjährigen Übergangsfrist sind die Mitgliedstaaten verpflichtet, den Vollharmonisierungsgrad zu beachten.

Das mit Abstand am häufigsten geführte und auch vom EuGH verwendete Argument für den Totalharmonisierungscharakter der UGP-Richtlinie stellt die Binnenmarktklausel des Art. 4 UGP-Richtlinie dar.[652] Den Mitgliedstaaten wird

---

647 Vgl. *Glöckner,* in: *Harte-Bavendamm/Henning-Bodewig,* UWG, 4. Aufl. 2016, Einl. B Rdnr. 173; *Sosnitza,* WRP 2006, 1, 2; Apetz, Das Verbot aggressiver Geschäftspraktiken, 2011, S. 195;

648 *Apetz,* Das Verbot aggressiver Geschäftspraktiken, 2011, S. 196; Siehe auch Koch, Die Richtlinie gegen unlautere Geschäftspraktiken, 2006, S. 31196.

649 *Glöckner,* in: *Harte-Bavendamm/Henning-Bodewig,* UWG, 4 Aufl. 2016, Einl. B Rdnr. 173.

650 *Glöckner,* in: *Harte-Bavendamm/Henning-Bodewig,* UWG, 4. Aufl. 2016, Einl. B Rdnr. 173; Vgl. auch *Ohly,* WRP 2006, 1401, 1410; *Sosnitza,* WRP 2006, 1, 3.

651 *Ohly,* WRP 2006, 1401, 1410; Sosnitza, WRP 2006, 1, 3; *Apetz,* Das Verbot aggressiver Geschäftspraktiken, 2011, S. 196.

652 EuGH Urteil v. 23.4.2009, C-261/07 und C-299/07, Slg. 2009, I-2949 ff. Rdnr. 52, 63 – VTB-VAB/Total Belgium NV u.a.", EuGH Urteil v. 14.1.2010, C-304/08, Slg. 2010, I-00000 ff. Rdnr. 41, 50 – Zentrale zur Bekämpfung unlauteren Wettbewerbs/ Plus Warenhandelsgesellschaft; Sosnitza, WRP 2006, 1, 3; Leistner, ZEuP 2009, 56, 67 ff.2013, Einl. B Rdnr. 184; Leistner, ZEuP 2009, 56, 66 ff.; Brömmelmeyer, GRUR 2007, 295, 299 ff.; Kramer, Das sekundärrechtliche Herkunftslandprinzip

demnach die Pflicht auferlegt, „den freien Dienstleistungsverkehr und den freien Warenverkehr nicht aus Gründen, die mit dem durch diese Richtlinie angeglichenen Bereich zusammenhängen, ein(zu)schränken."[653]

Art. 4 UGP-Richtlinie bringt somit zum Ausdruck, dass die Mitgliedstaaten, den in der Richtlinie vollharmonisierten Bereich nicht dadurch aushöhlen dürfen, indem sie strengere Vorschriften als in Art. 5 ff. UGP-Richtlinie vorgesehen erlassen, selbst wenn diese der Förderung des Binnenmarkts und dem Schutz wirtschaftlicher Verbraucherinteressen dienen sollten.[654] Dennoch löst die Binnenmarktklausel eine Kontroverse aus. Es wird insbesondere diskutiert, ob die aktuelle Fassung noch einen Kern des Herkunftslandprinzips beinhaltet. Der Aussagegehalt des Herkunftslandprinzips lässt sich in zwei Teilen strukturieren. Zum einen besagt es, dass jeder Mitgliedstaat die innerhalb seines Hoheitsbereichs niedergelassenen Anbieter nach seinen innerstaatlichen Vorschriften kontrolliert, selbst wenn der Waren- bzw. Dienstleistungsverkehr ausschließlich im EU-Ausland stattfindet.[655] Der zweiten Kernidee des Herkunftslandprinzips zufolge dürfen Mitgliedstaaten die in der jeweiligen Richtlinie garantierte Freiheit für Unternehmen aus anderen EU-Mitgliedstaaten nicht beschränken. (Prinzip der Verkehrsfreiheit).[656] Während des Gesetzgebungsprozesses war Art. 4 als klares internationalrechtliches Prinzip der Herkunftslandeskontrolle formuliert. Art. 4 Abs. 1 Kommissionsvorschlag UGP-Richtlinie 2005 lautete: „Gewerbetreibende haben sich auf dem durch diese Richtlinie angeglichenen Gebiet lediglich an die Rechtsvorschriften des Mitgliedstaates zu halten, in dem sie niedergelassen sind. Der Mitgliedstaat, in dem der Gewerbetreibende niedergelassen ist, sorgt für die Einhaltung dieser Rechtsvorschriften."[657] Die Formulierung lässt erkennen, dass der geplanten Vorschrift kollisionsrechtlicher Charakter zukommen sollte, denn diese schließt in der ursprünglichen Form aus, dass eine andere Rechtsordnung als die des Herkunftslandes - des Staates, in dem das werbende Unternehmen niedergelassen ist - Anwendung findet.[658] Der Gesetzgeber kodifizierte aber lediglich den zweiten

---

als Regelungstechnik des Binnenmarktes, 2007, S. 134 f.; 139 ff., 144; *Micklitz*, in: *Howells/Micklitz/Wilhelmsson*, European Fair Trading Law, 2006, S. 27.

653 Art. 4 UGP-Richtlinie.

654 EuGH – *Plus Warenhandelsgesellschaft*, GRUR 2010, 244 Rdnr 50, *Apetz*, Das Verbot aggressiver Geschäftspraktiken, 2011, S. 198 f.

655 *Ohly*, WRP 2006, 1401, 1403; *Glöckner*, WRP 2005, 795.

656 *Ohly*, WRP 2006, 1401.

657 Art. 4 Abs. 1 Kommissionsvorschlag UGP-Richtlinie, KOM (2003) 356 endg. S. 27; Vgl. auch *Drexl*, in: MünchKomm BGB, Band 11, IntLautR, 6. Aufl. 2015, Rdnr. 85.

658 So auch der Standpunkt der Kommission: Mitteilung der Kommission an das Europäische Parlament vom 16.11.2004, KOM (2004) 753 endg, 2003/0134 (COD), S. 4; Vgl. auch *Drexl*, in: MünchKomm BGB, Band 11, IntLautR, 6. Aufl. 2015, Rdnr. 85; Vgl. aber *Fezer/Koos*, in: Staudinger BGB, Neubearb. 2015, C. Int. Wettbewerbsprivatrecht, Rdnr. 573, die aus dem Kommissionsvorschlag ein nur sachrechtliches Herkunftslandprinzip ableiten. In diesem Zusammenhang siehe zur wegen der angestrebten Totalharmonisierung ohnehin verbliebenen geringen praktischen

Regelungsgehalt des Herkunftslandprinzips, nämlich das Prinzip der Verkehrsfreiheit.[659] Die heutige Binnenmarktklausel stimmt mit Art. 4 Abs. 2 Kommissionsvorschlag überein.[660] Nach der Streichung des Abs. 1 ist eine kollisionsrechtliche Interpretation des Art. 4 nach einheitlicher Meinung unmöglich[661]; die Kommission selbst erklärte die Anwendbarkeit des Marktortsprinzips.[662] Der Verzicht auf Art. 4 Abs. 1 wurde mit einer potenziellen Unvereinbarkeit mit dem Marktortsprinzip (Art. 6 Abs. 1 ROM II), in dem damaligen Entwurfsstadium begründet.[663] Die Kommission akzeptierte die Streichung des Abs. 1 unter der Bedingung, „dass die vorliegende Richtlinie eine vollständige Harmonisierung des Gebietes" vorsehe, „das durch die Richtlinie abgedeckt" werde, und dass aus diesem Grund Art. 4 Abs. 1 gesetzgeberisch nicht erforderlich sei, um das angemessene Funktionieren des Binnenmarkts auf diesem Gebiet zu gewährleisten.[664] Art. 4 UGP-Richtlinie soll demzufolge die Möglichkeit der Mitgliedstaaten beschränken, im von der Richtlinie harmonisierten Bereich abweichende Regelungen auf Grundlage einer Rechtfertigung nach den Grundsätzen der *Cassis de Dijon*-Rechtsprechung des EuGH zu treffen.[665]

Dennoch kreisen viele Fragen um die Interpretation des Art. 4 UGP-Richtlinie in der aktuellen Fassung. Angesichts der Vollharmonisierungswirkung der UGP-Richtlinie stellt sich die Frage, ob der Binnenmarktklausel noch eine eigenständige Bedeutung im Sinne eines materiell-rechtlich wirkenden Herkunftslandprinzips[666]

Bedeutung des Herkunftslandprinzips, *Henning-Bodewig* GRUR Int 2004, 183, 193; *Glöckner/Henning-Bodewig*, WRP 2005, 1311, 1326 f.

659 *Ohly*, WRP 2006, 1401, 1408; *Drexl*, in: MünchKomm BGB Band 11, IntUnlWettbR., 5. Aufl. 2010, Rdnr. 86.

660 Art. 4 Abs. 2 Kommissionsvorschlag lautet: Die Mitgliedstaaten dürfen aus Gründen, die mit dem durch diese Richtlinie angeglichenen Sachgebiet zusammenhängen, weder die Freiheit des Dienstleistungsverkehrs noch den freien Warenverkehr einschränken, Kommissionsvorschlag UGP-Richtlinie, KOM (2003) 356 endg. S. 27.

661 z.B. *Ohly* WRP 2006, 1401, 1409; *Drexl*, in: MünchKomm BGB, Band 11, IntLautR, 6. Aufl. 2015, Rdnr. 86; *Glöckner/Henning-Bodewig* WRP 2005, 1311, 1326 f; *Brömmelmeyer* GRUR 2007, 295, 300; *Leistner* ZEuP 2009, 56, 66.

662 Mitteilung der Kommission an das Europäische Parlament vom 16.11.2004, KOM (2004) 753 endg., 2003/0134 (COD), S. 4.

663 Vgl. Ratsdokument 9217/04 vom 10.5.2004 S. 3 i.V.m. Vermerk des Ausschusses für Zivilrecht vom 10.5.2004 – Ratsdokument 8821/04; Stellungnahme des Juristischen Dienstes vom 25.3.2004 – Ratsdokument 7799/04; Vermerk des Ausschusses für Zivilrecht vom 28.1.2004 – Ratsdokument 5668/04; Vgl. auch *Drexl*, in: MünchKomm BGB, Band 11, IntLautR, 6. Aufl. 2015, Rdnr. 87; *Brömmelmeyer* GRUR 2007, 295, 300.

664 Mitteilung der Kommission an das Europäische Parlament vom 16.11.2004, KOM (2004) 753 endg., 2003/0134 (COD), S. 8.

665 Koch, Die Richtlinie gegen unlautere Geschäftspraktiken, 2006, S. 32.

666 Zum materiellen Gehalt des Herkunftslandprinzips des Art. 3 der Richtlinie 2000/31/EG über den elektronischen Geschäftsverkehr vgl. *Köhler*, in: *Köhler/Bornkamm/Feddersen*, UWG, 36. Aufl. 2018, Einl. Rdnr. 3.47.

zukommen kann. Denn im Gebiet des vollharmonisierenden Rechts würde nach der Umsetzung der Richtlinie in allen Staaten dieselbe *lege lata* gelten, so dass der freie Dienstleistungsverkehr und der freie Warenverkehr gewährleistet wäre, ohne dass die Mitgliedstaaten einen negativen Einfluss darauf ausüben könnten. In dem Falle, dass Mitgliedstaaten einen unbestimmten Rechtsbegriff, vor allem in Bezug auf die weit gefasste Generalklausel des Art. 5 der UGP-Richtlinie unterschiedlich auslegen und verwenden sollten, erscheint die Binnenmarktklausel nicht weiterführend für die Lösung dieses Problems. Denn für die einheitliche Auslegung gemeinschaftlichen Sekundärrechts ist allein der EuGH im Wege des Verfahrens nach Art. 267 AEUV anzurufen.[667]

Nach umstrittener[668] Auffassung beinhaltet die Binnenmarktklausel trotz des Vollharmonisierungscharakters der Richtlinie ein zumindest materiell-rechtliches Herkunftslandprinzip im Sinne eines Günstigkeitsvergleichs zwischen dem kollisionsrechtlich zu bestimmenden Recht und dem Recht des Herkunftslandes, so wie es etwas Art. 3 E-Commerce-Richtlinie 2000/31/EG vorschreibt.[669] Das Sekundärrecht lässt die kollisionsrechtlichen Bestimmungen unberührt, bewirkt aber eine Einschränkung der Sanktionsmöglichkeiten, von denen Mitgliedstaaten Gebrauch machen können, in dem Sinne, dass diese nicht strenger ausfallen dürfen als im Herkunftsland vorgesehen.[670] Der deutsche Richter, der nach den IPR-Regeln deutsches Wettbewerbsrecht anzuwenden hat, hat die deutschen Regelungen mit denen des Herkunftslandes zu vergleichen. Sollten diese milder ausfallen als die des UWG, das heißt sollte die Geschäftspraktik danach zulässig sein, dürfte der Richter diese Geschäftspraktik nicht auf Grundlage des deutschen UWG untersagen. Das

---

667 Vgl. zu der Frage, ob der Binnenmarktklausel über die Rechtsangleichung hinaus eine eigenständige Bedeutung zukommen kann, Brömmelmeyer, Der Binnenmarkt als Leisterin der Richtlinie über unlautere Geschäftspraktiken, GRUR 2007, 295, 300 ff.

668 Für das materielle Herkunftslandsprinzip, *Glöckner*, WRP 2005, 795, 802; *Glöckner*, in: *Harte-Bavendamm/Henning-Bodewig*, UWG, 4. Aufl. 2016, Einl. B Rdnr. 272 ff; Gegen das materielle Herkunftslandsprinzip *Ohly* WRP 2006, 1401, 1411 f; *Brömmelmeyer*, GRUR 2007, 295, 301 f.; *Apetz*, Das Verbot aggressiver Geschäftspraktiken, 2011, S. 200, Fn. 598.

669 Vgl. die von dem BGH mit Beschluss vom 10.11.2009 (Az. VI ZR 217/08) eingeleitete EUGH-Vorabentscheidung vom 25.10.2011 betreffend Fragen zur internationalen Zuständigkeit und zum anwendbaren Recht bei Persönlichkeitsrechtsverletzungen durch Internetveröffentlichungen. Zur Auslegung des Herkunftslandprinzips des Art. 3 E-Commerce-Richtlinie 2000/31/EG entschied der BGH, dass Art. 3 E-Commerce-Richtlinie keine kollisionsrechtliche Wirkung entfaltet, sondern lediglich ein Korrektiv auf materiell-rechtlicher Ebene darstellt, EuGH, GRUR 2012, 300, 302 Rdnr. 53 ff.

670 Vgl. zur materiellrechtlichen Interpretation des Herkunftslandprinzips in Art. 3 Abs. 2 Richtlinie 2000/31 über den elektronischen Geschäftsverkehr, *Glöckner*, in: *Harte-Bavendamm/Henning-Bodewig*, UWG, 4. Aufl. 2016, Einl. C Rdnr. 32.

mildere Recht des Herkunftslandes setzt sich also immer gegen das strengere Recht des Marktorts durch.[671] Die Binnenmarktklausel erfülle dann lediglich die Funktion einer materiellen Begrenzungsnorm, die den Einwand der Rechtmäßigkeit des Wettbewerbsverhaltens im Herkunftsland ermögliche.[672] Dann könne der Einwand mit der Darlegung beseitigt werden, dass die Vorschriften im Herkunftsland ihrerseits gegen die Vorgaben der Richtlinie verstoßen würden.[673] Diese Interpretation führt schließlich dazu, dass der Mitgliedstaat mit dem Mindestschutzniveau sein nationales Recht innerhalb des Binnenmarkts durchsetzt.[674] Zur Klärung der Frage über die Rechtmäßigkeit der nationalen Vorschriften mit den Vorgaben der Richtlinie wird sodann der EuGH auf Grundlage des Art. 267 AEUV betraut. Auf dieser Weise ermöglicht der EuGH die Einhaltung und Gewährleistung eines einheitlichen Lauterkeitsrechts im Binnenmarkt.

Die so erreichte Doppelkontrolle würde die Rechtsangleichung praktisch fördern: Gerichte sind verpflichtet, nicht nur bei Zweifel über die Konformität der eigenen nationalen Vorschriften auf Grundlage von Art. 267 AEUV von der Vorlagepflicht Gebrauch zu machen, sondern auch dann, wenn sie sich mit dem Einspruch konfrontiert sehen, dass die Vorschriften des Herkunftsstaates keine Richtlinienkonformität aufweisen. Dennoch ist dies kein ausreichendes Argument dafür, der Binnenmarktklausel einen materiellen Herkunftsprinzipgehalt zuzuweisen. Eine solche Annahme kann auch nicht, wie von *Drexl*[675] befürwortet, mit dem Argument angenommen werden, dass die Kontrolle des EuGH auf die allgemeine Auslegung der einschlägigen Generalklausel beschränkt ist und keine Prüfung der Anwendung der sekundärrechtlichen Generalklausel auf den Einzelfall erfolgt. Zudem bestehe in Urteilen Spielraum für nationale Sonderwege, nicht zuletzt, weil in dem Richterspruch betreffend die Lauterkeit kulturelle Besonderheiten der einzelnen Mitgliedstaaten einfließen können.[676] Dem ist entgegenzuhalten, dass für die Mitgliedstaaten zwar die Möglichkeit besteht, in ihre Entscheidungen kulturelle Gegebenheiten einfließen zu lassen und dass, dies den Charakter der Vollharmonisierung relativiert. Dies schadet jedoch nicht. Der EuGH erkennt ausdrücklich die Möglichkeit der Berücksichtigung sozialer, kultureller oder sprachlicher Einheiten eines Mitgliedstaates z. B. im Zusammenhang mit der Bestimmung des „europäischen Durchschnittsverbrauchers“ an.[677]

---

671 Vgl. die Ausführungen zum Herkunftslandprinzip der Richtlinie 2000/31/EG von *Köhler,* in: *Köhler/Bornkamm/Feddersen,* UWG, 36. Aufl. 2018, Einl. Rdnr. 3.47.

672 *Glöckner,* in: *Harte-Bavendamm/Henning-Bodewig,* UWG, 4. Aufl. 2016, Einl. B Rdnr. 276.

673 *Glöckner,* in: *Harte-Bavendamm/Henning-Bodewig,* UWG, 4. Aufl. 2016, Einl. B Rdnr. 277.

674 *Micklitz,* in: *Howells/Micklitz/Wilhelmsson,* European Fair Trading Law, 2006, S. 28.

675 *Drexl,* in: MünchKomm BGB, Band 11, IntLautR, 6. Aufl. 2015, Rdnr. 88.

676 *Drexl,* in: MünchKomm BGB Band 11, IntLautR, 6. Aufl. 2015, Rdnr. 88.

677 EuGH Slg. 2000, I – 117, 147 Rdnr. 29 – Lifting.

In Anbetracht des Vollharmonisierungscharakters der Richtlinie und der Pflicht der Mitgliedstaaten, die Richtlinie umzusetzen und nationale Vorschriften richtlinienkonform auszulegen, dürfte in den Mitgliedstaaten keine abweichende Rechtslage entstehen, mit der Folge, dass für das zur Fallentscheidung berufene Gericht kein Anlass einer Günstigkeitskontrolle besteht.[678] Vielmehr beschränkt sich Art. 4 darauf, die Vollharmonisierungswirkung der Richtlinie zu unterstreichen. Mitgliedstaaten dürfen den freien Dienstleistungsverkehr und den freien Warenverkehr nicht aus Gründen, die mit dem durch diese Richtlinie angeglichenen Bereich zusammenhängen, einschränken.

Da das materiell-rechtliche Herkunftslandprinzip keine Niederlegung in Art. 4 findet[679] und lediglich Bezug auf die Grundfreiheiten nimmt, stellt sich noch die Frage, wie weit dieser Bezug reicht.

Eine Hypothese ist, dass Art. 4 deklaratorisch niederlegt, was auf der Grundlage der Art. 28, 49 EG (jetzt Art. 34 ff., Art. 56 ff. AEUV) unter Zugrundelegung der *Cassis*-Doktrin ohnehin gilt.[680]

Demgegenüber wird die Auffassung vertreten, dass die Binnenmarktklausel als Ausdruck der Positivharmonisierung keinen Rückgriff auf die Cassis-Doktrin, insbesondere auf die Rechtfertigungsmöglichkeit mitgliedstaatlicher Beschränkungen durch zwingende Erfordernisse insbesondere wie Schutz der Lauterkeit des Handelsverkehrs und der Verbraucher, zulässt.[681]

Es kann nicht davon ausgegangen werden, dass die Binnenmarktklausel die Grundsätze zu den Grundfreiheiten *einschließlich* der Geltung der Rechtfertigungsgründe in *Cassis*-Rechtsprechung wiedergibt. Der Rückgriff auf die Rechtfertigungsgründe der Cassis-Rechtsprechung ist ausgeschlossen. Wenn Mitgliedstaaten aus Gründen der Lauterkeit oder des Verbraucherschutzes strengere Vorschriften erlassen dürften und würden, würde die Rechtsangleichung ins Leere laufen.[682] Nach der Rechtsprechung des EuGH[683] gilt das Einschränkungsverbot selbst dann, wenn mit dem Erlass solcher Maßnahmen ein höheres Verbraucherschutzniveau erreicht werden soll. Die Gründe, die den Erhalt oder den Erlass beschränkender Vorschriften rechtfertigen, sind abschließend in Art. 3 Abs. 9 und Erwägungsgrund 9 UGP-Richtlinie ausgeführt. Dies sind Vorschriften in Bezug auf die Gesundheits- und Sicherheitsaspekte von Produkten zum Schutz der Verbraucher wie beispielsweise im Zusammenhang mit Spirituosen, Tabakwaren und Arzneimitteln.

678 *Apetz*, Das Verbot aggressiver Geschäftspraktiken, 2011, S. 200, Fn. 598.

679 *Ohly* WRP 2006, 1401, 1411 f.

680 *Glöckner/Henning-Bodewig*, WRP 2005, 1311 (1326).

681 *Koch*, Die Richtlinie gegen unlautere Geschäftspraktiken, 2006, S. 32; *Ohly* WRP 2006, 1401, 1409; *Piekenbrock*, GRUR Int. 2005, 997, 1001.

682 *Brömmelmeyer*, GRUR 2007, 295, 301 f.

683 EuGH, GRUR 2010, 244 Rdnr. 50 – *Plus Warenhandelsgesellschaft*.

Die *Cassis*-Rechtsprechung hingegen findet in Ermangelung unionsrechtlicher Regelungen Anwendung.[684]

Im Übrigen schließt die Binnenmarktklausel auch die Anwendung der *Keck*-Rechtsprechung nicht ein. Es ist nicht i.S.d. intendierten Rechtsangleichung, den Wirkbereich der UGP-Richtlinie auf grenzüberschreitende Tätigkeiten und Geschäftspraktiken, die einen unmittelbaren Binnenmarktbezug aufweisen, zu beschränken. Vielmehr umfasst die Rechtsangleichung den gesamten sachlichen Anwendungsbereich der Richtlinie.[685] Das von der Richtlinie regulierte Marktverhalten bezieht sich in der Regel auf Verkaufsmodalitäten. Die Anwendbarkeit der Keck-Rechtsprechung hätte zur Folge, dass Art. 4 seine Wirkkraft verlieren würde.[686]

II. Ausnahme Art. 3 Abs. 9 und Erwägungsgrund 9 UGP-Richtlinie

Ein spezielles Regulierungsregime betrifft den Sektor von Finanzleistungen und Immobilien.[687] Nach Art. 3 Abs. 9 können Mitgliedstaaten in diesen Bereichen „Anforderungen stellen, die im Vergleich zu dem durch diese Richtlinie angeglichenen Bereich restriktiver und strenger sind“.[688] Für den Sektor von Finanzdienstleistungen und Immobilien gilt daher zum Schutz wirtschaftlicher Interessen von Verbrauchern eine Mindestharmonisierung.[689] Erwägungsgrund 9 erklärt dies mit der Komplexität dieser Bereiche und der ihnen inhärenten ernsten Risiken, die detaillierter Anforderungen bedürfen einschließlich positiver Verpflichtungen für die betreffenden Gewerbetreibenden.[690]

---

684 EuGH GRUR 2004, 174 – *DocMorris*, Slg. 2003, I-14887 Rdn. 64; *Brömmelmeyer*, GRUR 2007, 295, 301 f.

685 Zur Unanwendbarkeit der *Keck*-Rechtsprechung vgl. *Apetz*, Das Verbot aggressiver Geschäftspraktiken, 2011, S. 200, Fn. 599; *Ohly* WRP 2006, 1401, 1409.

686 *Ohly*, WRP 2006, 1401, 1409.

687 Siehe die Studie zur Anwendung der UGP Richtline im Finanzleistungen- und Immobiliensektor aus dem Jahre 2011, http://ec.europa.eu/justice/consumer-marketing/files/ucpd_final_report_part_1_synthesis.pdf, abgerufen am 21.08.2017 sowie Bericht der Kommission an das europäische Parlament, den Rat und den europäischen Wirtschafts- und Sozialausschuss über die Anwendung der Richtlinie vom 13. März 2013, COM (2013) 139 final, S. 4 f., S. 29, http://eur-lex.europa.eu/LexUriServ/LexUriServ.do?uri=COM:2013:0139:FIN:DE:PDF, abgerufen am 21.08.2017.

688 Art. 3 Abs. 9 UGP-Richtlinie steht mithin im Einklang mit der EuGH-Rechtsprechung, wonach ein per se Verbot der Telefonwerbung gegenüber Privaten im Bereich der Finanzdienstleistungen gemessen an Art. 59 EG kein Verstoß darstellt, EuGH, Urteil vom 10.05.1995, C 384/93 – Alpine Investements, Slg. 1995, I-1141.

689 Vgl. *Apetz*, Das Verbot aggressiver Geschäftspraktiken, 2011, S. 195 f.

690 Vgl auch COM (2013) 139 final, S. 29, http://eur-lex.europa.eu/LexUriServ/LexUriServ.do?uri=COM:2013:0139:FIN:DE:PDF, abgerufen am 21.08.2017.

III. Ausnahme durch Erwägungsgrund 7 UGP-Richtlinie?

Das Vollharmonisierungsbild wird prima facie durch die Existenz von Erwägungsgrund 7 Satz 3–5 in Frage gestellt. Nach Erwägungsgrund 7 Satz 3 bezieht sich die Richtlinie „nicht auf die gesetzlichen Anforderungen in Fragen der guten Sitten und des Anstands, die in den Mitgliedstaaten sehr unterschiedlich sind." Satz 4 macht konkretisierende Angaben – „Geschäftspraktiken wie beispielsweise das Ansprechen von Personen auf der Straße zu Verkaufszwecken können in manchen Mitgliedstaaten aus kulturellen Gründen unerwünscht sein." Und Satz 5 besagt „Die Mitgliedstaaten sollten daher im Einklang mit dem Gemeinschaftsrecht in ihrem Hoheitsgebiet weiterhin Geschäftspraktiken aus Gründen der guten Sitten und des Anstands verbieten können, auch wenn diese Praktiken die Wahlfreiheit des Verbrauchers nicht beeinträchtigen." In Anbetracht der Tatsache, dass die Regulierung der Telefonwerbung auf Sittlichkeitsaspekten beruht, weil deren Akzeptanz über das Anstandsgefühl der beteiligten Mitbewerber und der Allgemeinheit - die Verbraucher eingeschlossen - beurteilt wird,[691] fragt es sich, welche verbindlichen Angaben Erwägungsgrund 7 diesbezüglich macht, insbesondere ob die Richtlinie Telefonwerbung aus dem Vollharmonisierungsbereich ausklammert.

1. Die Begriffe der guten Sitten und des Anstands i.S.d. UGP-Richtlinie

Es leuchtet nicht unmittelbar ein, welches Marktverhalten Erwägungsgrund 7 anvisiert. Erwägungsgrund 7 stellt einen Kompromiss dar[692], der erst durch den gemeinsamen Standpunkt des Rates vom 15.11.2004[693] in der UGP-Richtlinie aufgenommen wurde. Der Geltungsbereich des Richtlinienvorschlags erstreckte sich gemäß Art. 1, wie die Endfassung auch, lediglich auf denjenigen Sachverhalten, welche die wirtschaftlichen Interessen der Verbraucher berühren. Zur Erläuterung zum Art. 1 stellt der Richtlinienvorschlag „Fragen des Geschmacks, des Anstands oder der sozialen Verantwortung" als Gegenbeispiele zu den wirtschaftlichen Interessen der Verbraucher dar, die vom Geltungsbereich der Richtlinie ausgeschlossen sind.[694] Die Endfassung des Erwägungsgrunds 7 stellt auf die Ausschlusskriterien „gute Sitten" und „Anstand" ab.

Die Begriffe „gute Sitten" und „Anstand" stellen wenig gelungene Abgrenzungskriterien dar[695], da sie sehr unscharf sind und auf emotionale Empfindungen verweisen.[696] Diese Formulierung könnte aus deutscher Sicht als Synonym für Lauterkeit verstanden werden. Von 1909 bis zur UWG-Reform 2004 verwendete

691 Vgl. BGH, Urteil vom 19.6.1970 - I ZR 115/68, GRUR 1970, 523, 524 – Telefonwerbung I; BGH, Urteil vom 8.6.1989 – I ZR 178/87, GRUR 1989, 753, 754 – Telefonwerbung II.
692 Vgl. *Sosnitza*, WRP 2005, 1, 5.
693 Gemeinsamer Standpunkt (EG) Nr. 6/2005 vom Rat, ABl. C 38 E.
694 Nr. 39 Begr. Kommisionsvorschlag UGP-Richtlinie, KOM (2003) 356 endg. S. 11.
695 Vgl. *Sosnitza*, WRP 2006, 1, 4.
696 *Handing*, 16 Eur. Bis. L. Rev. 2005, 1117, 1120.

das UWG statt den Begriff „unlauter" den Begriff der „guten Sitten" – ebenso wie in den §§ 138, 826 BGB – verstanden als „Anstandsgefühl aller billig und gerecht Denkenden".[697] Der deutsche Gesetzgeber ersetzte den Begriff der guten Sitten durch den der Unlauterkeit, um eine Anpassung an die europäische Terminologie zu erreichen, ohne jedoch eine inhaltliche Änderung bezweckt haben zu wollen.[698] Bereits das UWG 1909 verwendete den Ausdruck der Sittlichkeit als Synonym für die Unlauterkeit, wie sich aus der Überschrift des Gesetzes „Gesetz gegen den unlauteren Wettbewerb" ergibt.[699] Auch die Literatur und die Rechtsprechung sind von einer inhaltlichen Übereinstimmung beider Begriffe ausgegangen.[700] Eine Verschiebung des Beurteilungsmaßstabes beabsichtige die Begriffsänderung nicht, so dass von einer materiell-rechtlichen Kontinuität des Begriffs der guten Sitten auszugehen ist.[701] Wenn man den Begriff der Unlauterkeit als Synonym für den Begriff der guten Sitten verstehen wolle, wäre die Vorschrift unsinnig. Die Regelung würde die Angleichung des Lauterkeitsrechts bezwecken und zugleich aber für den gesamten Bereich den Mitgliedstaaten erlauben, eigene Regelungen zu erlassen, sobald diese Vorschriften besitzen, die aus kulturellen Gründen sehr unterschiedlich ausfallen. Damit ginge das Harmonisierungsbemühen völlig ins Leere.[702] Der Begriff der guten Sitten ist daher keineswegs als Synonym für die Regelung der guten Sitten des früheren deutschen Rechts zu verstehen,[703] sondern bedarf einer gemeinschaftsrechtlichen autonomen Auslegung.[704]

Zur Ermittlung des Gedankengehalts, der hinter den Begriffen „gute Sitten" und „Anstand" steckt, kann ein Vergleich mit der englischen und der französischen Fassung dienen. Die englische Fassung spricht von „taste and decency" und die französische Fassung von „bon goût et la bienséance". Es geht also um Wert- und Moralvorstellungen, um Fälle des „unhöflichen oder geschmacklosen Verhaltens",[705] die in den Mitgliedstaaten aus kulturellen Gründen sehr unterschiedlich ausfallen können. Dazu zählen beispielsweise Regelungen zur Regulierung pornografischer,

---

697 *Köhler*, WRP 2015, 798, 799.

698 BT-Drucks. 15/1487, S. 16.

699 *Sosnitza*, WRP 2006, 1, 4.

700 BGH, Urteil vom 7.11.2002 – I ZR 64/00, GRUR 2003, 356, 357 – Präzisionsmessgeräte; BGH, Urteil vom 12. 12. 2002 – I ZR 221/00, GRUR 2003, 359, 361 – Pflegebett.

701 Sosnitza, WRP 2006, 1, 4; Ebenso *Henning-Bodewig*, GRUR Int. 2004, 183, 185; *Köhler*, NJW 2004, 2121, 2122; *Köhler/Bornkamm/Henning-Bodewig*, WRP 2002, 1317, 1325; *Sack* BB 2003, 1073; *Schünemann* WRP 2004, 925, 926, 929 f.

702 *Glöckner/Henning-Bodewig*, WRP 2005, 1311, 1320.

703 *Sosnitza*, WRP 2006, 1, 4; *Glöckner/Henning-Bodewig*, WRP 2005, 1311, 1320; *Henning-Bodewig*, WRP 2010, 1094, 1100; *HenningBodewig*, GRUR Int. 2005, 629, 633 Fn. 25.

704 Vgl. *Köhler*, WRP 2015, 798, 799.

705 *Köhler* WRP 2015, 798, 799.

religiöser, rassistischer oder schockierender Werbung sowie Regelungen, die Sexismus oder Diskriminierung zwischen den Geschlechtern betreffen.[706]

Was den Begriff „kulturelle Gründe" anbelangt, so leidet auch dieser an mangelnder Schärfe.[707] Im Hinblick auf den *effet utile* ist Erwägungsgrund 7 keineswegs dahingehend zu verstehen, dass jegliche unterschiedliche Wertvorstellung, die auf nationale kulturelle Gründe zurückzuführen ist, dem freien Regelungsraum unterfällt. Der Begriff „kulturelle Gründe" ist eng auszulegen[708]. In der Literatur wird deshalb vorgeschlagen, die „kulturellen Gründe" als Synonym für gute Sitten und Anstandsgefühl zu verstehen.[709] Die Gesetzgebungsmaterialien[710] lassen erkennen, dass es sich bei den in Erwägungsgrund 7 Satz 3–5 ausgeführten Gründen der guten Sitten und des Anstandsgefühls vor allem um solche geht, die nicht das wirtschaftliche Interesse des Verbrauchers in den Vordergrund stellen.[711] Es geht also um Fragen des Geschmacks, des Anstands und der sozialen Verantwortung.[712] Die Auslegung des Erwägungsgrunds 7 Satz 3–5 UGP-Richtlinie hat unter Berücksichtigung der übrigen Richtlinienbestimmungen zu erfolgen.[713] Mit umfasst wird der Schutz nichtwettbewerbsbezogener Allgemeininteressen – wie beispielsweise der Gesundheitsschutz oder der Schutz ethisch-moralischer Grundwerte, einschließlich des Schutzes der Menschenwürde – sowie der Schutz der Privatsphäre der Bürger.[714] Aber auch der Schutz wettbewerbsbezogener Interessen wird vom Erwägungsgrund 7 S. 3–5 UGP-Richtlinie mit umfasst, soweit dies das Allgemeininteresse in Fragen der guten Sitten und des Anstands betrifft, wie dies sich in Bezug auf die durch besonders effektive Direktmarketingmethoden begründete Nachahmungsgefahr[715] darstellt.

---

706 *Siehe Wilhelmsson*, in: *Howells/Micklitz/Wilhelmsson*, European Fair Trading Law, 2006, S. 60.

707 *Koch*, die Richtlinie gegen unlautere Geschäftspraktiken, 2006, S. 76.

708 Vgl. *Sosnitza*, WRP 2006, 1, 5; *Köhler* WRP 2015, 798, 798, der darauf hinweist, dass die Definition der „beruflichen Sorgfalt" in Art. 2 lit. h UGP-Richtlinie bereits auf die „anständigen Marktgepflogenheiten" abstellt; *Brömmelmeyer*, GRUR 2007, 295, 299; *Jungheim/Haberkamm*, VuR 2009, 250, 253; *Koch*, Die Richtlinie gegen unlautere Geschäfspraktiken, 2006, S. 78 f.

709 *Koch*, die Richtlinie gegen unlautere Geschäftspraktiken, 2006, S. 77.

710 Nr. 39 Begr. Kommissionsvorschlag UGP-Richtlinie, KOM (2003) 356 endg. S. 11.

711 Vgl. *Apetz*, Die Richtlinie gegen unlautere Geschäftspraktiken, 2011, S. 214 f.; *Wilhelmsson*, in: Howells/Micklitz/Wilhelmsson, European Fair Trading Law, 2006, S. 59.

712 *Wilhelmsson*, in: Howells/Micklitz/Wilhelmsson, European Fair Trading Law, 2006, S. 59.

713 Vgl. *Apetz*, Die Richtlinie gegen unlautere Geschäftspraktiken, 2011, S. 215.

714 *Apetz*, Die Richtlinie gegen unlautere Geschäftspraktiken, 2011, S. 214 m.w.N.

715 BGH, Urteil vom 19.6.1970 – I ZR 115/68, GRUR 1970, 523, 524 – Telefonwerbung I; BGH, Urteil vom 8.6.1989 – I ZR 178/87, GRUR 1989, 753, 754 – Telefonwerbung II.

2. *Anvisierte Geschäftspraktiken in Fragen der guten Sitten und des Anstands*

Die Frage, ob Erwägungsgrund 7 sich nur auf Geschäftspraktiken bezieht, die die Entscheidungsfreiheit der Verbraucher nicht tangieren, wird in der Literatur unterschiedlich beantwortet.

a. Geschäftspraktiken ohne Einfluss auf die Entscheidungsfreiheit

Nach einer in der Literatur vertretenen Auffassung können Mitgliedstaaten Verbote in Fragen der guten Sitten und des Anstands nur dann frei regeln, wenn die Geschäftspraktiken keinen Einfluss auf die Kaufentscheidung der Verbraucher nehmen.[716] Die Richtlinie verwende den Begriff der „Belästigung“ nur im Zusammenhang mit den aggressiven Geschäftspraktiken, um den unlauteren Einfluss auf die Entscheidungs- und Verhaltensfreiheit des Verbrauchers zu beschreiben.[717] Belästigungen, die *keinen* unlauteren Einfluss auf die Entscheidungs- und Verhaltensfreiheit des Verbrauchers ausüben, regelt die Richtlinie bewusst nicht, sondern stellt den Mitgliedstaaten frei, „Geschäftspraktiken aus Gründen der guten Sitten oder des Anstands“ zu verbieten, auch wenn die Geschäftspraktiken die Wahlfreiheit des Verbrauchers nicht beeinträchtigen würden.[718]

Koch begründet seinen Standpunkt vor allem damit, dass Erwägungsgrund 7 hinsichtlich des mit der Richtlinie verfolgten Vollharmonisierungsgedanken in Widerspruch steht[719] und stützt das Ergebnis auf das Beispiel des Ansprechens von Passanten in der Öffentlichkeit.[720] Gerade der Fall des Ansprechens in der Öffentlichkeit bietet nach *Koch* keinen sicheren Beurteilungsmaßstab, ob eine Geschäftspraktik Schutz vor Beeinflussung oder andere Verbraucherinteressen in den Vordergrund stellt. Regelungen, die den Verbraucher vor Beeinflussungsversuchen schützen wolle, unterlägen hingegen dem Anwendungsbereich der Richtlinie. Es handele sich bei dem ausgewählten Beispiel des Ansprechens von Passanten um eine gesetzgeberische redaktionelle Ungenauigkeit, mit der Folge, dass diese Angelegenheit in den Anwendungsbereich der Richtlinie falle.[721] Demzufolge würde den Mitgliedstaaten hinsichtlich des Falls des Ansprechens in der Öffentlichkeit keinerlei Regulierungsspielraum zustehen.[722]

---

716 *Köhler*, WRP 2005, 793, 800; *Köhler*, WRP 2015, 798, 799; *Koch*, die Richtlinie gegen unlautere Geschäftspraktiken, 2006, S. 78.
717 *Köhler*, WRP 2005, 793, 800.
718 *Köhler*, WRP 2005, 793, 800.
719 *Koch*, die Richtlinie gegen unlautere Geschäftspraktiken, 2006, S. 78.
720 *Koch*, die Richtlinie gegen unlautere Geschäftspraktiken, 2006, S. 77 f.
721 *Koch*, die Richtlinie gegen unlautere Geschäftspraktiken, 2006, S. 78.
722 *Koch*, die Richtlinie gegen unlautere Geschäftspraktiken, 2006, S. 78.

b. *Alle Geschäftspraktiken in Fragen der guten Sitten und des Anstands unabhängig von der Beeinflussungsgefahr*

Nach anderer Auffassung bezieht sich der Regulierungsspielraum der Mitgliedstaaten auf alle Geschäftspraktiken, die Fragen der guten Sitten und des Anstands betreffen und die aus kulturellen Gründen unterschiedlich ausfallen.[723] Gerade die Betonung des Wortes „auch" in Erwägungsgrund 7 Satz 5 zeige, dass der weitergehende nationale Gestaltungsspielraum nicht nur bei fehlendem, sondern eben auch bei gegebenem Einfluss auf die Verbraucherentscheidung gegeben sein solle.[724] Das Wort „auch" ist also nach dieser Auffassung als „selbst wenn" zu verstehen.

c. *Stellungnahme: in varietate concordia*

aa. Das Motto der europäischen Union

Die Europäische Union bildet eine Wertgemeinschaft aus gemeinschaftlichen ethisch-sittlichen Überzeugungen, die für die gemeinschaftlichen Zielsetzungen und die Struktur politischer und gesellschaftlicher Institutionen den Orientierungsmaßstab bestimmen.[725] Diese Werte, die die Gründungsbasis bilden, sind in Art. 2 EU aufgezählt: die Achtung der Menschenwürde, Freiheit, Demokratie, Gleichheit, Rechtsstaatlichkeit und die Wahrung der Menschenrechte einschließlich der Minderheitsrechte. Aus diesen Werten entspringen die Grundrechte, die in der nunmehr mit den Verträgen gleichrangiger Charta der Union (Art. 6.1 EU) festgelegt wurden.[726] Die Europäische Union bedeutet Einheit und zugleich Pluralismus.[727] Die Wertegemeinschaft der Europäischen Union ist einer Zelle vergleichbar. Die oben aufgezählten Werte bilden den europäischen Kern, der alle Gemeinschaftsabläufe steuert. Der Kern wird von den kulturellen Besonderheiten einzelner Mitgliedstaten umkreist, die dem gemeinsamen Wertesystem nicht widersprechen.

Diese Konstruktion der Wertgemeinschaft wird durch das seit 2000 bestehende Motto der Europäischen Union, das „in Vielfalt geeint" lautet, unterstrichen. „Das Motto bringt zum Ausdruck, dass sich die Europäer in der EU zusammengeschlossen haben, um sich gemeinsam für Frieden und Wohlstand einzusetzen,

---

723 So *Sosnitza*, WRP 2006, 1, 4; *Augenhofer*, in: *Henning-Bodewig*, International Handbook on Unfair Competition, 2013, S. 51, Rdnr. 25; Leistner, ZEuP 2009, 56, 70 f; wohl auch *Glöckner/Henning-Bodewig*, WRP 2005, 1311, 1320; *Wilhelmsson*, in: *Howells/ Micklitz/Wilhelmsson*, European Fair Trading Law, 2006, S. 61 f.; undifferenziert *Peifer*, Schutz ethischer Werte im Europäischen Lauterkeitsrecht oder rein wirtschaftliche Betrachtungsweise?, in: *Hilty/Henning-Bodewig*, Lauterkeitsrecht und Acquis Communautaire, 2009, S. 125 f.

724 *Sosnitza*, WRP 2006, 1, 4.

725 *Wagener/Eger*, Europäische Integration, 2. Aufl. 2009, S. 17 m.w.N.

726 *Wagener/Eger*, Europäische Integration, 2. Aufl. 2009, S. 17.

727 Vgl. *Wagener/Eger*, Europäische Integration, 2. Aufl. 2009, S. 19.

und dass gleichzeitig die vielen verschiedenen europäischen Kulturen, Traditionen und Sprachen den gesamten Kontinent bereichern."[728] Das Motto stellt ein Symbol für einen gemeinsamen Orientierungsrahmen dar.[729] Dem Motto der Europäischen Union trägt auch Erwägungsgrund 7 Satz 3–5 Rechnung. Dahinter steht der Gedanke, dass in den Mitgliedstaaten Vorschriften, die Fragen der guten Sitten und des Anstands betreffen, aus kulturellen Gründen sehr unterschiedlich ausfallen können. Diese Bestimmungen beruhen auf dem Gedanken, dass ein Europa aus Mitgliedstaaten mit gleichen Wert- und Moralvorstellungen nicht existiert. Europa charakterisiert sich durch Vereinheitlichung in Vielfalt,[730] also durch eine Gemeinsamkeit der Grundsätze und zugleich durch kulturelle Pluralität.

bb. Gefahr des Verlustes der Vollharmonisierungswirkung…

Eine Interpretation des Erwägungsgrunds 7 dahingehend, dass dieser den Mitgliedstaaten Gestaltungsraum auch für Geschäftspraktiken zur Verfügung stellt, die für die Entscheidungsfreiheit des Verbrauchers relevant sind, bedeutet sicherlich einen Verlust der Harmonisierungswirkung für alle Geschäftspraktiken, die Fragen der guten Sitten und des Anstands betreffen und zugleich die Entscheidungsfreiheit des Verbrauchers beinträchtigen.

cc. …verstärkt durch Beurteilung aus Sicht des Mitgliedstaates

Dies wird durch den Umstand verstärkt, dass die Beurteilung, ob die Geschäftspraxis die geschäftliche Entscheidung der Verbraucher beeinflusst, aus der Sicht des jeweiligen Mitgliedstaates[731] zu erfolgen hat. Bedenken hinsichtlich der Beurteilung aus der Sicht der Mitgliedstaaten im Hinblick auf den Grundsatz der Vollharmonisierung erhebt *Koch*.[732]

Für eine Bewertung aus der Sicht des jeweiligen Mitgliedstaates spricht ein Vergleich zu der EuGH-Rechtsprechung. Zum einen entschied der EuGH, dass es dem nationalen Richter frei steht, nationale Gegebenheiten bei der Konkretisierung des Verbraucherleitbildes mit einfließen zu lassen, während das europäische Verbraucherleitbild nur einen Konturrahmen vorgibt.[733] Ferner entschied der EuGH, dass

728 http://europa.eu/about-eu/basic-information/symbols/motto/index_de.htm, abgerufen am 15.07.2015.

729 Vgl. *Fürstenberg*, Die europäische Wertgemeinschaft aus kultursoziologischer Sicht, S. 55, 63, in: *Oesterdiekhoff/Jegelka*, Werte und Wertewandel in westlichen Gesellschaften, 2001.

730 *Wilhelmsson*, in: Howells/Micklitz/Wilhelmsson, European Fair Trading Law, 2006, S. 59.

731 Dafür, *Veelken* WRP 2004, 1, 9; Kritisch, *Koch*, die Richtlinie gegen unlautere Geschäftspraktiken, 2006, S. 79 ff.

732 *Koch*, die Richtlinie gegen unlautere Geschäftspraktiken, 2006, S. 80.

733 EuGH Slg. 2000, I-117, 147 = WRP 2000, 289, 292 – Lifting; Zum Verbraucherleitbild im Zusammenhang mit der EuGH Rechtsprechung siehe auch *Reese/Milbradt*

die Mitgliedstaaten selbst beurteilen, ob eine nationale Vorschrift dem Verbraucherschutz dient.[734] Im Ergebnis bestimmen also die Mitgliedstaaten den Anwendungsbereich der Richtlinie. Die kulturelle Vielfalt kann also dazu führen, dass eine Gesellschaft eine Geschäftspraktik in einem Mitgliedstaat der Belästigungsgruppe zuordnet, während ein anderer Mitgliedstaat mit der Maßnahme Beeinflussungsgefahren verbindet.

dd. Das Beispiel des Ansprechens in der Öffentlichkeit

Dies trifft gerade auf das in Erwägungsgrund 7 ausgeführte Beispiel des Ansprechens von Passanten in der Öffentlichkeit zu. Die deutsche Rechtsprechung folgt[735] einem Zweispurigkeitsmodell[736] und sanktioniert das Ansprechen von Passanten einerseits wegen der Belästigung durch Beeinträchtigung der Privatsphäre und andererseits wegen der Beschränkung der Entscheidungsfreiheit durch die aus der Verlegenheitssituation eingetretenen Hemmungen[737]. Dabei spielt das zuletzt genannte Argument keine entscheidende Rolle, sondern hat, bedingt durch die Entstehung des Bildes eines aufgeklärten Verbrauchers, an Bedeutung verloren.[738]

Demgegenüber wird das Verbot der Maßnahme nach österreichischem Verständnis ausschließlich damit begründet, dass sich Verbraucher möglicherweise zu einem Kaufabschluss veranlasst fühlen, um den Werbenden loszuwerden.[739] Die unterschiedliche Qualifikation in einem Mitgliedstaat und der infolgedessen ausgelöste Ermessenspielraum gefährden den vor allem durch Art. 5 und 6 hervorgehobenen Vollharmonisierungsgedanken.[740]

Das ausgeführte Beispiel betreffend das Ansprechen von Passanten in der Öffentlichkeit zeigt aber gerade, dass die Richtlinie Geschäftspraktiken, die neben dem Anstandsgefühl auch die Entscheidungsfreiheit der Verbraucher tangieren, der freien Regulierung durch die Mitgliedstaaten unterwerfen will.[741] Das Beispiel ist verwertbar, und es handelt sich um keinen redaktionellen Fehler.[742]

---

in: *Hasselblatt*, MAH Gewerblicher Rechtsschutz, 4. Aufl. 2012, § Europarecht, Rdnr. 47 f.

734 EuGH, Urteil vom 17.10.2013, C-391/12, Rdnr. 35 – RLvS Verlagsgesellschaft

735 BGH, Urteil vom 01.04.2004 – I ZR 227/01, WRP 2004, 1160, 1161 f. – Ansprechen in der Öffentlichkeit.

736 *Glöckner*, GRUR 2013, 224.

737 BGH, Urteil vom 04.12.1964 – Ib ZR 38/63, GRUR 1965, 315, 316 – Werbewagen.

738 Vgl. BGH, Urteil vom 01.04.2004 – I ZR 227/01, GRUR 2004, 699, 700 ff. – Ansprechen in der Öffentlichkeit; BGH, Urteil vom 9.9.2004 – I ZR 93/02, GRUR 2005, 443, 444 – Ansprechen in der Öffentlichkeit II.

739 *Koch*, die Richtlinie gegen unlautere Geschäftspraktiken, 2006, S. 76.

740 *Koch*, die Richtlinie gegen unlautere Geschäftspraktiken, 2006, S. 77.

741 *Wilhelmsson*, in: Howells/Micklitz/Wilhelmsson, European Fair Trading Law, 2006, S. 61 f.

742 Dies vertritt *Koch*, die Richtlinie gegen unlautere Geschäftspraktiken, 2006, S. 78.

In Konkordanz mit dem Gedanken der Europäischen Union – in Vielfalt geeint-beabsichtigt der Europäische Gesetzgeber gerade, die kulturelle Vielfalt aufrechtzuerhalten. Daraus, dass die Richtlinie Geschäftspraktiken ohne Einfluss auf die Entscheidungsfreiheit der Verbraucher bewusst nicht regelt, folgt entgegen *Köhler* keineswegs zwingend, dass Mitgliedstaaten für Belästigungen, die sich auf die Entscheidungsfreiheit der Verbraucher auswirken, aus Gründen der guten Sitten und des Anstands keine abweichenden Regelungen erlassen dürfen. Vielmehr sind auch solche Geschäftspraktiken vom Anwendungsbereich der Richtlinie erfasst, da reine Belästigungssachverhalte nicht von vornherein in den Anwendungsbereich der Richtlinie fallen (Art. 3 Abs. 1 UGP-Richtlinie). Nach der Gegenansicht wäre Erwägungsgrund 7 Satz 3 bis 5 überflüssig.

ee. Vergleichbarkeit mit Telefonwerbung

Auch unerbetene Telefonwerbung knüpft in den Mitgliedstaaten an unterschiedliche Wertvorstellungen an. Während in Frankreich die Gefahr der Entscheidungsbeeinflussung im Vordergrund steht, begründet der BGH das Verbot unerbetener Telefonwerbung mit der Belästigungsgefahr. Telefonwerbung ist mit dem Beispiel des Ansprechens in der Öffentlichkeit vergleichbar.[743] Aus dem Beispiel des Ansprechens in der Öffentlichkeit geht hervor, dass Erwägungsgrund 7 jedenfalls Direktmarketingmaßnahmen mit einem hohen Grad an Eindringen in die Privatsphäre des Betroffenen umfasst. Diese Maßnahmen unterscheiden sich von der Massenwerbung.[744] Das Ansprechen an der Haustür, am Arbeitsplatz oder in der Öffentlichkeit zum Werbezwecke stellt ein weiteres denkbares Beispiel dar.[745] In Deutschland werden Geschäftspraktiken, die nicht auf die Vorgaben der UGP-Richtlinie beruhen, sondern Ausdruck des von Erwägungsgrund 7 Satz 3 bis 5 bestätigenden Ermessenspielraums sind in § 7 Abs. 1 UWG geregelt.[746] Unerbetene Telefonwerbung als Form des Direktmarketings dringt in die Privatsphäre des Betroffenen ein. Traditionell verfügten Mitgliedstaaten über unterschiedliche Regulierungsmechanismen. Daher ist es denkbar, dass die Telefonwerbung von dem Ausschlussbereich des Erwägungsgrunds 7 erfasst ist.[747]

---

743 So auch *Handing*, 16 Eur. Bus. L. Rev. 2005, 1117, 1120.

744 Vgl. *Glöckner*, GRUR 2013, 224, 236.

745 Vgl. *Glöckner*, GRUR 2013, 224, 236. *Timm-Wagner*, GRUR 2013, 245, 248.

746 BGH, Urteil vom 22.4.2010 – I ZR 29/09, GRUR 2010, 1113, 1114, Rdnr. 14– Grabmalwerbung; *Timm-Wagner*, GRUR 2013, 245, 248; *Köhler*, GRUR 2012, 1973, 1081 ff; *Köhler*, in: *Köhler/Bornkamm/Feddersen*, UWG, 36. Aufl. 2018, § 7 Rdnr. 9; *Ohly*, in: *Ohly/Sosnitza*, UWG, 7. Aufl. 2016, § 7 Rdnr. 11; Zur Reichweite des Erwägungsgrundes 7 Satz 3–5 im Zusammenhang mit § 7 Abs. 1 UWG siehe ferner *Köhler*, WRP 2015, 798 ff.

747 Dafür *Schaffert*, in FS Köhler, 2014, 585, 589, 590 f.

ff. Entscheidende Beurteilung am Maßstab von Nr. 26 Anhang I UGP-Richtlinie

Für die Frage, ob Telefonwerbung vom Erwägungsgrund 7 Satz 3 bis 5 UGP-Richtlinie erfasst und mithin aus dem Harmonisierungsbereich ausgeschlossen ist, liefert Nr. 26 Anhang I UGP-Richtlinie den Beurteilungsmaßstab. Nr. 26 Anhang I UGP-Richtlinie behandelt unter anderem das Ansprechen per Telefon.

Die Vorschrift lautet:

> *Kunden werden durch hartnäckiges und unerwünschtes Ansprechen über Telefon, Fax, E-Mail oder sonstige für den Fernabsatz geeignete Medien geworben, außer in Fällen und in den Grenzen, in denen ein solches Verhalten nach den nationalen Rechtsvorschriften gerechtfertigt ist, um eine vertragliche Verpflichtung durchzusetzen. Dies gilt unbeschadet des Artikels 10 der Richtlinie 97/7/EG sowie der Richtlinien 95/46/EG (1) und 2002/58/EG.*

Die Existenz der Nr. 26 in Anhang I der UGP-Richtlinie zeigt, dass die Richtlinie marktbezogene Geschäftspraktiken, die zugleich ethisch-moralische Elemente ausweisen, aus ihrem Regelungsbereich nicht ausklammern will. Die in der schwarzen Liste ausgeführten per se Verbote verzichten auf die Prüfung, ob das Verhalten des Unternehmers die Entscheidungsfreiheit des Verbrauchers beeinflusst, da diese Wertung bereits im Tatbestandsmerkmal enthalten ist. Der Nr. 26 Satz 1 liegt der Gedanke zu Grunde, dass in diesem Falle der für das Verdikt der Unlauterkeit notwendige Aggressivitätsgrad erreicht ist, weil der Grad der Einflussnahme auf die geschäftliche Entscheidung des Verbrauchers unter diesen Umständen feststeht. Nur unter der in Nr. 26 genannten Voraussetzungen kann Telefonwerbung nach der UGP-Richtlinie unter allen Umständen, d. h. ohne eine Einzelfallbeurteilung unter Berücksichtigung der in Art. 8–9 und 5 enthaltenen Wertung als unlauter sanktioniert werden.[748]

Aus dem Zusammenspiel zwischen Erwägungsgrund 7 und Nr. 26 folgen drei denkbare Konstellationen:

Denkbar erscheint, anzunehmen, dass den Mitgliedstaaten ein Regulierungsspielraum für solche Geschäftspraktiken zustehen, die den Entscheidungsspielraum der Verbraucher in geringerem Maße beeinträchtigen als in Nr. 26 vorgesehen ist. Dies würde dazu führen, dass Nr. 26 eine Mindestschutzvorschrift darstellt mit der Konsequenz, dass die Stufen zwei (Art. 8, 9 UGP-Richtlinie) und drei (Art. 5 UGP-Richtlinie) des dreistufigen Verbotskonzepts aus dem Regulierungsbereich herausfielen, da diese insoweit dem Erwägungsgrund 7 Satz 3 bis 5 und mithin dem Ermessensspielraum der Mitgliedstaaten unterlägen.[749]

---

748 Zum abschließenden Charakter des Anhangs I UGP-Richtlinie, EuGH, GRUR 2010, 244 Rdnr. 41, 45– Plus Warenhandelsgesellschaft, BGH, Urteil vom 10.2.2011 – I ZR 164/09, GRUR 2011, 936, 938 Rdnr. 25 – Double-opt-in-Verfahren.

749 So *Schaffert*, in: FS Köhler, 2014, 585, 589, 590 f.; wohl auch *Fezer*, WRP 2010, 1075, 1093; tendenziell auch *Handing*, 16 Eur. Bus. L. Rev. 2005, 1117, 1122.

Die zweite denkbare Interpretation bezieht sich darauf, die Liste des Anhangs I dahingehend zu verstehen, dass die dort regulierten Themenbereiche eine Sperrung für die „taste & decency" Klausel des Erwägungsgrunds 7 darstellen.[750] Nach dieser Ansicht könnten Telefonanrufe, die nicht erwünscht sind und zugleich hartnäckig erfolgen, nach der Abwägung der Umstände des Einzelfalles nach Art. 8, 9 UGP-Richtlinie sanktioniert werden.

Nur Telefonanrufe, die die Entscheidungsfreiheit der Verbraucher lediglich mittelbar beeinträchtigen, könnten demnach in den Mitgliedstaaten unterschiedlich geregelt werden (Erwägungsgrund 7 Satz 1 bis 2 UGP-Richtlinie).

Eine nur Mindestharmonisierung für Telefonwerbung aufgrund der Nr. 26 UGP-Richtlinie anzunehmen, widerspreche der Systematik der UGP-Richtlinie, die auf dem dreigliedrigen Verbotskonzept aufbaut. Werbeanrufe, die nicht hartnäckig erfolgen, gleichwohl aber eine erhebliche Beeinflussung des Marktverhaltens der Verbraucher bewirken, sollen nach dem Sinn und Zweck der Richtlinie (Art. 1 UGP-Richtlinie) voll harmonisierend reguliert werden. Unternehmerisches Marktverhalten, das die Privatsphäre des Verbrauchers und zugleich seine Entscheidungsfreiheit erheblich beeinträchtigt, birgt ein erhöhtes Risiko. Wertbezogenes Marktverhalten schadet dem Verbraucher in besonders hohem Maß und kann auch zu einer ruinösen Marktsituation führen, so wie die Finanzmarktkrise im Jahr 2008 gezeigt hat.[751]

In ihrem Anwendungsbereich gilt die Richtlinie abschließend. Telefonwerbung gegenüber Verbrauchern bei der die Entscheidungsfreiheit des Verbrauchers offensichtlich nicht erheblich beeinträchtigt ist, fällt von Anfang an nicht in den Anwendungsbereich der UGP-Richtlinie (Art. 3 Abs. 1 UGP-Richtlinie).[752] Eine Richtlinie kann nur in ihrem Anwendungsbereich vollharmonisierend wirken, und der Anwendungsbereich der Richtlinie erstreckt sich gerade nur auf Geschäftspraktiken, die die Entscheidungsfreiheit der Verbraucher nach einer summarischen Prüfung zu gefährden geeignet erscheinen.[753] Zu dem Ergebnis der

---

750 In diesem Sinne kann die Aussage von *Köhler* interpretiert werden, soweit er anmerkt, dass die Vorschrift des § 7 Abs. 1 UWG – dessen Existenz nicht auf den Vorgaben der UGP-Richtlinie beruht, sondern Ausdruck des von Erwägungsgrund 7 Satz 3 bis 5 bestätigenden Ermessensspielraums ist– von vornherein nicht greift, wenn das Verhalten bereits nach anderen Bestimmungen der §§ 3 Abs. 1, 4 Nr. 1 und 2 UWG und der Nr. 25, 26 und 29 Anhang I UWG oder nach sonstigen Vorschriften unzulässig ist: *Köhler*, GRUR 2012, 1073, 1082 f.

751 Vgl. *Peifer*, Schutz ethischer Werte im Europäischen Lauterkeitsrecht oder rein wirtschaftliche Betrachtungsweise?, in: *Hilty/Henning-Bodewig*, Lauterkeitsrecht und Acquis Communautaire, 2009, S. 125, 126. Vgl ferner *Habermas*, in: Die Zeit v. 6.11.2008, S. 53: „Ich hoffe, dass die neoliberale Agenda nicht mehr für bare Münze genommen, sondern zur Disposition gestellt wird. Das ganze Programm einer hemmungslosen Unterwerfung der Lebenswelt unter Imperative des Marktes muss auf den Prüfstand."

752 Siehe oben Zweiter Teil, Drittes Kapitel, D. III. 2. c. ff.

753 Siehe oben Zweiter Teil, Drittes Kapitel, B. III. 2. c. ff.

Beschränkung der Vollharmonisierungswirkung auf den Anwendungsbereich der Richtlinie führt auch die Auslegung der Binnenmarktklausel des Art. 4 UGP-Richtlinie. Nach der deutschen Sprachfassung dürfen Mitgliedstaaten den freien Dienstleistungsverkehr und den freien Warenverkehr nicht „aus Gründen, die mit dem durch diese Richtlinie angeglichenen Bereich zusammenhängen", einschränken. Das Wort „zusammenhängen" eröffnet die Möglichkeit, die Vollharmonisierungswirkung auch auf einen zusammenhängenden Bereich zu erstrecken und damit eine über den Schutz wirtschaftlicher Verbraucherinteressen hinausreichende Harmonisierungswirkung zu bestimmen.[754] Unter den „zusammenhängenden Bereich" fiele also bei diesem Verständnis auch Telefonwerbung, die sich außerhalb des Anwendungsbereichs der Richtlinie befindet, mit der Folge, dass Mitgliedstaaten daran gehindert würden, Telefonwerbung als solche, wie im deutschen § 7 UWG, lauterkeitsrechtlich zu regeln,[755] so dass Telefonwerbung, die das wirtschaftliche Interesse der Verbraucher nicht erfasst, erlaubt sein müsste.[756] Orientierungshilfe für das Verständnis der Harmonisierungswirkung bieten die französische und die englische Fassung.[757] Im französischen Text ist die Rede von "raisons relevant du domaine dans lequel la présente directive vise au rapprochement des dispositions en vigeur", der englische Text spricht von "reasons falling within the field approximated by this directive". Ein Vergleich mit anderen Sprachfassungen spricht dafür, die Harmonisierungswirkung auf den Anwendungsbereich der Richtlinie zu konzentrieren.[758] Im Übrigen zeigt Erwägungsgrund 7 UGP-Richtlinie, dass die nicht den Anforderungen des Art. 8 UGP-Richtlinie erfüllenden Praktiken (z.B. solche, bei denen der Schutz der Privatsphäre im Vordergrund steht) vom nationalen Recht dann reguliert werden können, wenn die Regulierung dem Schutz der „guten Sitten und des Anstands" dient.[759] Erwägungsgrund 7 trägt damit zum Verständnis der Harmonisierungkonzeption der Richtlinie bei[760] und konkretisiert Art. 3 und Art. 4 UGP-Richtlinie.

Somit darf Telefonwerbung außerhalb des Anwendungsbereichs der Richtlinie unter Zugrundelegung der Art. 3 Abs. 1, Art. 4 und Erwägungsgrund 7 Satz 3–5 UGP aus Gründen des Anstands und der guten Sitten lauterkeitsrechtlich verfolgt werden. Reine Belästigungsanrufe, die in der Regel bei nur einmalig erfolgtem Anruf eintreten, fallen nicht unter den Anwendungsbereich der Richtlinie und dürfen also in den Mitgliedstaaten aus Gründen des Anstands und der guten Sitten

---

754 *Apetz*, Das Verbot aggressiver Geschäftspraktiken, 2011, S. 209 m.w.N.; Unter Bezugnahme auf Telefonwerbung *Ohly*, WRP 2006, 1401, 1409 m.w.N.

755 Vgl. *Ohly*, WRP 2006, 1401, 1409.

756 Vgl. *Apetz* Das Verbot aggressiver Geschäftspraktiken, 2011, S. 209.

757 *Ohly*, WRP 2006, 1401, 1409; *Koch*, Die Richtlinie gegen unlautere Geschäftspraktiken, 2006, S. 32; Apetz, Das Verbot aggressiver Geschäftspraktiken, 2011, S. 208 f.

758 *Ohly*, WRP 2006, 1401, 1409.

759 *Henning-Bodewig*, GRUR Int 2005, 629, 633.

760 Vgl. *Apetz*, Das Verbot aggressiver Geschäftspraktiken, 2011, S. 212 ff.

unterschiedlich geregelt werden.[761] Dem trägt auch der Schutzrichtung des UWG Rechnung. Anders als die UGP-Richtlinie, die Verbraucher unmittelbar, Mitbewerber dagegen lediglich mittelbar schützt, dienen die UWG-Vorschriften dem Schutz der Verbraucher, Mitbewerber und der Allgemeinheit gleichermaßen. Deshalb findet in den BGH-Entscheidungen zur Zulässigkeit der Telefonwerbung gegenüber Verbrauchern nicht nur das Argument des Verbraucherschutzes - das laut BGH bereits dann eingreift, wenn die Entscheidungsfreiheit des Verbrauchers auch unerheblich beeinträchtigt wird - ebenfalls das Argument der Nachahmungsgefahr Berücksichtigung.[762] Nationale Regelungen, die andere Materien als der Schutz den wirtschaftlichen Interessen der Verbraucher regeln, bleiben durch die UGP-Richtlinie unberührt, auch wenn es zu Überschneidungen mit dem wirtschaftlichen Verhalten des Verbrauchers kommt.[763]

Letztlich spricht gegen den Ausschluss der Telefonwerbung aus dem Anwendungsbereich der Richtlinie aufgrund Erwägungsgrund 7 Satz 3–5 der Umstand, dass Erwägungsgründen keine Regelungswirkung zukommt, sondern diese lediglich als Hilfe für die Auslegung der Richtlinienbestimmungen dienen.[764] Erwägungsgrund 7 begründet keine „Ausnahme von der UGP-Richtlinie und insbesondere von der Vollharmonisierung für aggressive Geschäftspraktiken durch Art. 8, 9 UGP-Richtlinie [...], die außerhalb des Ausnahmekatalogs in Art. 3 UGP-Richtlinie steht“[765] bzw. keine „modifizierte Bereichsausnahme“[766] im Sinne einer „Öffnungsklausel“.[767] [768] Aus diesem Grund kann auch nicht davon ausgegangen werden, dass das Ansprechen in der Öffentlichkeit oder die Briefkastenwerbung aus dem Anwendungsbereich der Richtlinie gänzlich ausgeschlossen sind.[769] Auch hier gilt, dass Mitgliedstaaten an die Vorgaben der UGP-Richtlinie gebunden sind, falls diese Praktiken die Entscheidungsfreiheit der Verbraucher in unlauterer Weise

---

761 Ebenso *Handing*, 16 Eur. Bus. L. Rev. 2005, 1117, 1120.

762 BGH, Urteil vom 19.6.1970 - I ZR 115/68, GRUR 1970, 523, 524 – Telefonwerbung I; BGH, Urteil vom 8.6.1989 - I ZR 178/87, GRUR 1989, 753, 754 - Telefonwerbung II.

763 *Wilhelmsson*, in: Howells/Micklitz/Wilhelmsson, European Fair Trading Law, 2006, S. 59.

764 *Bleckmann*, NJW 1982, 1177, 1178 f.; *Dederichs*, EuR 2004, 345, 358 f.; *Apetz*, Das Verbot aggressiver Geschäftspraktiken, 2011, S. 67 Fn. 220 m.w.N.; *Riesenhuber*, *in: Riesenhuber*, Europäische Methodenlehre, 3. Aufl. 2015, S. 215 ebenfalls m.w.N.; Vgl. oben zu europäischen Auslegungsgrundsätzen Zweiter Teil, Erstes Kapitel, II. D.

765 So aber *Mankowski*, in: *Fezer/Büscher/Obergfell*, UWG, 3. Aufl. 2016, § 7 Rdnr. 28; Ebenso *Köhler*, GRUR 2012, 1073, 1081 f.

766 *Sosnitza*, WRP 2006, 1, 6 f.

767 *Sosnitza*, WRP 2006, 1, 6 f.; zustimmend *Henning-Bodewig*, WRP 2010, 1094, 1100.

768 Wie hier *Apetz*, Das Verbot aggressiver Geschäftspraktiken, 2011, S. 212.

769 So auch *Apetz*, Das Verbot aggressiver Geschäftspraktiken, 2011, S. 216; a.A. BGH, Urteil vom 22.4.2010 - I ZR 29/09, GRUR 2010, 1113 Rdnr. 13 f. – Grabmalwerbung; BGH, Urteil vom 17.8.2011 – I ZR 134/10, GRUR 2012, 82 Rdnr. 16 - Auftragsbestätigung.

potenziell gefährden. Sie dürfen solche Praktiken nur aus Gründen des Anstands und der guten Sitten, worunter auch die Privatsphäre fällt, im nationalen Recht verbieten.[770] Das bedeutet: § 7 Abs. 1 UWG, der auf Erwägungsgrund 7 Satz 3–5 UGP-Richtlinie beruht, steht nicht außerhalb des von der Richtlinie harmonisierten Bereichs.[771]

E. Zusammenfassung

1. Die UGP-Richtlinie 2005/29/EG enthält ein dreistufiges Verbotssystem unlauterer Geschäftspraktiken gegenüber Verbrauchern. Auf Stufe drei stehen die 31 im Anhang 1 UGP-Richtlinie aufgezählten Verbotstatbestände, die unter allen Umständen als unlauter zu qualifizieren sind. Die Stufe zwei enthält in Art. 6 bis 9 Konkretisierungstatbestände der irreführenden und der aggressiven Geschäftspraktiken, wozu auch die Telefonwerbung zählt. Die erste Stufe setzt in Art. 5 UGP-Richtlinie eine Generalklausel fest.
2. Der Anwendungsbereich der UGP-Richtlinie erstreckt sich in persönlicher Hinsicht auf das Verhältnis Verbraucher-Unternehmer. Der sachliche Anwendungsbereich erstreckt sich gemäß Art. 3 UGP-Richtlinie auf unlautere Geschäftspraktiken i.S.d. Art. 5 UGP-Richtlinie. Die Prüfung des Anwendungsbereichs ist dabei nicht gleichlaufend mit der Prüfung der Unlauterkeit einer Geschäftspraktik i.S.d. Art. 5 UGP-Richtlinie, da ein zu restriktives Verständnis des Anwendungsbereichs die Sanktionierung unlauteren Marktverhaltens erheblich erschweren würde, der Sinn und Zweck der Richtlinie wäre sinnentleert. Das heißt, es wird nicht positiv festgestellt, ob das Unternehmensverhalten den Erfordernissen der beruflichen Sorgfalt widerspricht und die Entscheidungsfreiheit konkret wesentlich beeinflusst wurde, sondern es wird lediglich geprüft, ob das Unternehmensverhalten geeignet erscheint, marktwirtschaftlichen Verhaltenspflichten, die mit Billigkeits- oder Treu- und Glauben- Grundsätzen zusammenhängen zu widersprechen und das wirtschaftliche Verhalten der Verbraucher potenziell wesentlich zu beeinflussen.
3. Der Grundsatz der Vollharmonisierung der UGP-Richtlinie wird insbesondere aus der Binnenmarktklausel des Art. 4 UGP-Richtlinie hergeleitet. Telefonwerbung, die nach der UGP-Richtlinie das Marktverhalten des Verbrauchers unerheblich beeinflusst, fällt nicht unter den Anwendungsbereich der Richtlinie. Diese darf in den Mitgliedstaaten unter Zugrundelegung der Art. 3 Abs. 1, Art. 4 und Erwägungsgrund 7 Satz 3 – 5 UGP-Richtlinie aus Gründen des Anstands

770 Vgl. *Apetz*, Das Verbot aggressiver Geschäftspraktiken, 2011, S. 216 f.

771 a.A. BGH, Urteil vom 22.4.2010 – I ZR 29/09, GRUR 2010, 1113 Rdnr. 13 – Grabmalwerbung; BGH, Urteil vom 17.8.2011 – I ZR 134/10, GRUR 2012, 82 Rdnr. 16 – Auftragsbestätigung; LG Ulm, Urteil vom 11.01.2013 – 10 O 102/12, WRP 2013, 676, 678 – Wirtschaftsdatenbank; *Köhler* GRUR 2012, 1073, 1081; *Mankowski*, in: *Fezer/Büscher/Obergfell*, UWG, 3. Aufl. 2016, § 7 Rdnr. 28.

und der guten Sitten lauterkeitsrechtlich geregelt werden. Der Begriff der guten Sitten umfasst Wert- und Moralvorstellungen, um Fälle des „unhöflichen oder geschmacklosen Verhaltens“,[772] die in den Mitgliedstaaten aus kulturellen Gründen sehr unterschiedlich ausfallen können. Der Begriff „kulturelle Gründe“ ist eng auszulegen. Es geht also um Fragen des Geschmacks, des Anstands und der sozialen Verantwortung.[773] Mit umfasst wird der Schutz nichtwettbewerbsbezogener Allgemeininteressen, – wie beispielsweise der Gesundheitsschutz oder der Schutz ethisch-moralischer Grundwerte, einschließlich des Schutzes der Menschenwürde – sowie der Schutz der Privatsphäre der Bürger.[774] Aber auch der Schutz wettbewerbsbezogener Interessen wird vom Erwägungsgrund 7 S. 3–5 UGP-Richtlinie mit umfasst, soweit das Allgemeininteresse in Fragen der guten Sitten und des Anstands betroffen wird wie beispielsweise im Falle der durch besonders effektive Direktmarketingmethoden begründeten Nachahmungsgefahr. [775] Erwägungsgrund 7 Satz 3–5spiegelt die die Zielbestimmung Europas – Vereinheitlichung in Vielfalt,[776] verstanden als eine Gemeinsamkeit der Grundsätze und zugleich durch kulturelle Pluralität – wieder. Erwägungsgrund 7 Satz 3–5 umfasst nach umstrittener Ansicht auch Geschäftspraktiken, die die Entscheidungsfreiheit der Verbraucher tangieren. Reine Belästigungssachverhalte fallen von Vornherein nicht in den Anwendungsbereich der Richtlinie (Art. 3 Abs. 1 UGP-Richtlinie). Nach der Gegenansicht wäre Erwägungsgrund 7 Satz 3–5 überflüssig. Im Übrigen zeigt auch das Beispiel des Ansprechens in der Öffentlichkeit in Erwägungsgrund 7, dass die Vorschrift nicht nur reine Belästigungssachverhalte aus der Richtlinie ausklammern will. Die Beurteilung, ob die Geschäftspraxis Fragen der guten Sitten und des Anstands berührt, erfolgt aus der Sicht des jeweiligen Mitgliedstaates. Während Deutschland in das Ansprechen der Passanten primär eine Belästigung sieht, und die Entscheidungsfreiheit nur eine sekundäre Rolle spielt, wird das Verbot der Maßnahme nach österreichischem Verständnis ausschließlich damit begründet, dass sich Verbraucher möglicherweise zu einem Kaufabschluss veranlasst fühlen, um den Werbenden loszuwerden.[777] Auch unerbetene Telefonwerbung knüpft in den Mitgliedstaaten an unterschiedliche Wertvorstellungen an und erfährt in den Mitgliedstaaten eine unterschiedliche Beurteilung. Während in Frankreich die Gefahr der Entscheidungsbeeinflussung im Vordergrund steht, begründet

---

772 *Köhler* WRP 2015, 798, 799.

773 *Wilhelmsson*, in: Howells/Micklitz/Wilhelmsson, European Fair Trading Law, 2006, S. 59.

774 *Apetz*, Die Richtlinie gegen unlautere Geschäftspraktiken, 2011, S. 214 m.w.N.

775 BGH, Urteil vom 19.6.1970 – I ZR 115/68, GRUR 1970, 523, 524 – Telefonwerbung I; BGH, Urteil vom 8.6.1989 – I ZR 178/87, GRUR 1989, 753, 754 – Telefonwerbung II.

776 *Wilhelmsson*, in: Howells/Micklitz/Wilhelmsson, European Fair Trading Law, 2006, S. 59.

777 *Koch*, die Richtlinie gegen unlautere Geschäftspraktiken, 2006, S. 76.

der BGH das Verbot unerbetener Telefonwerbung mit der Belästigungsgefahr. Die Existenz der Nr. 26 in Anhang I der UGP-Richtlinie zeigt, dass die Richtlinie marktbezogene Geschäftspraktiken, die zugleich ethisch-moralische Elemente ausweisen, aus ihrem Regelungsbereich nicht ausklammern will.

4. Telefonwerbung, die in den Anwendungsbereich der Richtlinie fällt, unterliegt dem dreigliedrigen Verbotskonzept der Richtlinie. . Erwägungsgrund 7 begründet keine Ausnahme von der Vollharmonisierungswirkung der Richtlinie in Bezug auf aggressive Geschäftspraktiken. Nr. 26 Anhang I UGP-Richtlinie ist nicht als Mindestschutznorm zu verstehen. Erwägungsgrund 7 dient der Auslegung der Reichweite der Harmonisierungskonzeption der Richtlinie[778] und konkretisiert Art. 3 und Art. 4 UGP-Richtlinie. Reine Belästigungsanrufe, die in der Regel bei nur einmalig erfolgtem Anruf eintreten, fallen nicht unter den Anwendungsbereich der Richtlinie und dürfen also in den Mitgliedstaaten aus Gründen des Anstands und der guten Sitten unterschiedlich geregelt werden. Das Ansprechen in der Öffentlichkeit oder die Briefkastenwerbung sind nicht aus dem Anwendungsbereich der Richtlinie gänzlich ausgeschlossen sind.[779] Auch hier gilt, dass Mitgliedstaaten an die Vorgaben der UGP-Richtlinie gebunden sind, falls diese Praktiken die Entscheidungsfreiheit der Verbraucher in unlauterer Weise potenziell gefährden, und dürfen solche Praktiken nur aus Gründen des Anstands und der guten Sitten, worunter auch die Privatsphäre fällt, im nationalen Recht verbieten.[780] Das bedeutet: § 7 Abs. 1 UWG, der auf Erwägungsgrund 7 Satz 3–5 UGP-Richtlinie beruht, steht nicht außerhalb des von der Richtlinie harmonisierten Bereichs.[781]
5. Der Anwendungsbereich einer Richtlinie ist von dem Schutzzweck der Richtlinie strikt zu trennen. Die Beschränkung des Anwendungsbereichs auf das Verhältnis Verbraucher-Unternehmer hat keine Auswirkung auf den Schutzzweck der UGP-Richtlinie. Die UGP-Richtlinie schützt das Funktionieren des Binnenmarkts sowie unmittelbar die wirtschaftlichen Interessen der Verbraucher und mittelbar die Interessen der Unternehmen.

---

778 Vgl. *Apetz*, Das Verbot aggressiver Geschäftspraktiken, 2011, S. 212 ff.

779 So auch *Apetz*, Das Verbot aggressiver Geschäftspraktiken, 2011, S. 216; a.A. BGH, Urteil vom 22.4.2010 – I ZR 29/09, GRUR 2010, 1113 Rdnr. 13 f. – Grabmalwerbung; BGH, Urteil vom 17.8.2011 – I ZR 134/10, GRUR 2012, 82 Rdnr. 16 – Auftragsbestätigung.

780 Vgl. *Apetz*, Das Verbot aggressiver Geschäftspraktiken, 2011, S. 216 f.

781 a.A. BGH, Urteil vom 22.4.2010 – I ZR 29/09, GRUR 2010, 1113 Rdnr. 13 – Grabmalwerbung; BGH, Urteil vom 17.8.2011 – I ZR 134/10, GRUR 2012, 82 Rdnr. 16 – Auftragsbestätigung; LG Ulm, Urteil vom 11.01.2013 – 10 O 102/12 WRP 2013, 676, 678 – Wirtschaftsdatenbank; *Köhler* GRUR 2012, 1073, 1081; *Mankowski*, in: *Fezer/Büscher/Obergfell*, UWG, 3. Aufl. 2016, § 7 Rdnr. 28.

Viertes Kapitel – Das Verhältnis beider Richtlinien zueinander

Die Möglichkeit, Werbeanrufe ohne die Einwilligung der betroffenen Person per se zu verbieten, räumt den Mitgliedstaaten Art. 13 DSRL 2002/58/EG ein. Das Opt-in-Modell der DSRL 2002/58/EG geht sogar über das per se Verbot der Nr. 26 Anhang I UGP-Richtlinie hinaus. Das Opt-in-Modell verlangt keine Hartnäckigkeit des Telefonkontakts. Hartnäckig ist dabei als wiederholt bzw. mehrmalig zu verstehen, wie ein Vergleich mit der französischen, englischen und italienischen Sprachfassung zeigt – persistent, répété, ripetute.[782] Ein Anruf ohne das Vorliegen der Einwilligung des Betroffenen kann also verboten werden.[783]

Es stellt sich nun die Frage, wie das Verhältnis beider Richtlinien betreffend die Regulierung der Telefonwerbung zu verstehen ist. Konkret geht es um das Verhältnis der Nr. 26 Anhang I UGP-Richtlinie zum Art. 13 Abs. 3 DSRL 2002/58/EG. Neben dem Wortlaut der Nr. 26 selbst ist Erwägungsgrund 14 Satz 6–7 UGP Richtlinie heranzuziehen. Die Vorschrift lautet:

> „Diese Richtlinie sollte das bestehende Gemeinschaftsrecht unberührt lassen, das den Mitgliedstaaten ausdrücklich die Wahl zwischen mehreren Regelungsoptionen für den Verbraucherschutz auf dem Gebiet der Geschäftspraktiken lässt. Die vorliegende Richtlinie sollte insbesondere Artikel 13 Absatz 3 der Richtlinie 2002/58/EG des Europäischen Parlaments und des Rates vom 12. Juli 2002 über die Verarbeitung personenbezogener Daten und den Schutz der Privatsphäre in der elektronischen Kommunikation (1) unberührt lassen."

Nachdem das Verhältnis beider Richtlinien zueinander nachfolgend geklärt wird, wird auf die Richtlinienumsetzung in den Mitgliedstaaten einzugehen sein. In Deutschland wird heftig diskutiert, ob § 7 Abs. 2 Nr. 2 UWG die Umsetzungspflicht vollständig erfüllt. Auslöser dieser Diskussion ist der Umstand, dass der Gesetzgeber von der Opt-in-Option Gebrauch gemacht und Art. 13 Abs. 3 Alt. 1 DSRL 2002/58/EG allerdings nur im Verhältnis zu Verbrauchern in Lauterkeitsrecht, in § 7 Abs. 2 Nr. 2 Alt. 1 UWG, umgesetzt hat. Dies führe zu einer Durchsetzung von Datenschutz mittels Wettbewerbsrechts[784]. Beanstandet wird ferner, dass Nr. 26

---

782 Ebenso, *Köhler, WRP 2013, 567 Fn. 8; Zech, WRP 2013, 1434, 1435 Rdnr. Fn. 15; Schöler*, in Harte/Henning UWG, 3. Aufl. 2013, § 7 Rdnr. 189; *Ohly*, in: *Ohly/Sosnitza*, 7. Aufl. 2016, § 7 Rdnr. 37; *Engels/Brunn*, GRUR 2010, 886, 888; *Leible*, in: MünchKomm, UWG, 2. Aufl. 2014, Rdnr. 109; a. A. *Bernreuther*, WRP 2009, 390, 395, der die Hartnäckigkeit auch dann bejaht, wenn der Anrufer nach dem Anruf nicht auflegt, obwohl der Angerufene das Telefonat erkennbar nicht wünscht.

783 Vgl. *Zech*, WRP 2013, 1434, 1435 Rdnr. 15.

784 Dazu *Zech*, WRP 2013, 1434.

UGP-Richtlinie die Telefonwerbung betreffend[785] nicht im Anhang zu § 3 Abs. 3 UWG aufgenommen wurde.[786]

Zum einem geht es um die Frage, ob ein Spezialitätsverhältnis zwischen den beiden Richtlinien bezüglich der Regulierung von Telefonwerbung besteht. Diese Frage ist umstritten. Da nach der hier vertretenen Auffassung die Antwort negativ ist, ist es notwendig den Kongruenzbereich beider Richtlinien genau zu definieren, um den Umfang der Umsetzung zu ermitteln. *Zum anderen* ist zu untersuchen, ob nach dem Unionsrecht vorgesehene zivilrechtliche Durchsetzungsmechanismen eine ausschließliche Regelung darstellen. Die Forschungsergebnisse sollen Auskunft darüber geben, ob § 7 Abs. 2 Nr. 2 UWG mit der UGP-Richtlinie und mit der DSRL 2002/58/ EG konform ist.

A. Vorrang der UGP-Richtlinie

Nach einer in der Literatur vertretenen Meinung verdrängt Nr. 26 UGP-Richtlinie als spezielle Vorschrift die ältere DSRL 2002/58/EG.[787] Dies ergebe sich aus dem Wort „unbeschadet" in Nr. 26 Satz 2 UGP-Richtlinie. Satz 2 enthalte nicht etwa die Bestimmung, dass Satz 1 Art. 10 der Richtlinie 97/7/EG die Richtlinien 95/46/EG und 2002/58/EG nicht berührt, vielmehr stelle Satz 2 nur fest, dass Satz 1 neben den genannten Richtlinien gelte, , damit die UGP-Richtlinie keinen Schaden nehme und sie ihrerseits vorrangig gelten könne.[788] Dies ergebe sich auch aus einem Vergleich mit den anderen Sprachfassungen. Während andere Sprachfassungen „without prejudice", sans préjudice" bzw. „sin perjuicio" sowohl in Nr. 26 UGP-Richtlinie als auch in Erwägungsgrund 14 verwenden, wechsele die deutsche Fassung in Erwägungsgrund 14 auf das Wort „unberührt".[789] Vor allem in Hinblick auf die erwünschte Vollharmonisierung im Bereich Telefonwerbung folge, dass Nr. 26 UGP-Richtlinie ein einheitliches Rechtssystem für Wettbewerbsbeziehungen im Binnenmarkt schaffen solle, von dem durch allgemeine Verbote nicht mehr abgewichen werden dürfe.[790]

---

785 Eine Teilumsetzung der Nr. 26 Anhang I UGP-Richtlinie, nämlich die Regelung für Werbung mittels „sonstiger für den Fernabsatz geeigneter Medien" erfolgte in § 7 Abs. 2 Nr. 1 UWG, BT-Drucks. 16/10145, S. 29. Kritisch, *Köhler* WRP 2015, 798, 801 f.

786 Vgl. *Köhler*, WRP 2015, 798, 800, Rdnr. 18; S. 802 Rdnr. 31.

787 *Engels/Brunn,* GRUR 2010, 886, 888 f.

788 *Engels/Brunn,* GRUR 2010, 886, 888.

789 *Engels/Brunn,* GRUR 2010, 886, 889.
Engels/Brunn, GRUR 2010, 886, 889.

790 *Engels/Brunn,* GRUR 2010, 886, 889.

B. Vorrang der DSRL 2002/58/EG

Einige Stimmen in der Literatur propagieren eine vorrangige Geltung der DSRL 2002/58/EG.[791] Dies folge nach einem Teil der Literatur bereits aus Art. 3 Abs. 4 UWG-Richtlinie.[792] Ebenfalls sehe der deutsche Gesetzgeber die DSRL 2002/58/EG als vorrangig im Verhältnis zu der UGP-Richtlinie. Der Gesetzgeber halte im Rahmen der UWG-Novelle 2008 Nr. 26 UGP-Richtlinie zur Telefonwerbung für nicht umsetzungsbedürftig, offenbar weil nach seiner Auffassung, Art 13. Abs. 1 und 3 DSRL 2002/58/EG gegenüber Nr. 26 Satz 1 Anhang I UGP-Richtlinie spezieller sei.[793] Der Gesetzgeber interpretiere Erwägungsgrund 14 dahingehend, dass dieser eine Vollharmonisierung im Bereich Telefonwerbung ausschließe.[794]

C. Koexistenz der UGP-Richtlinie und der DSRL 2002/58/EG

Der BGH und ein Teil der Literatur positionieren sich dahingehend, dass die Regelungen der UGP-Richtlinie und der DSRL 2002/58/EG nebeneinander gelten.[795] Gerade aus der Verwendung des Begriffs „unbeschadet" in Nr. 26 Satz 2 UGP-Richtlinie folge, dass der Richtliniengeber die Regelung in Art. 13 Richtlinie 2002/58/EG nicht antasten wollte.[796] Diese Wortlautauslegung findet

---

791 *Burmeister*, Belästigung als Wettbewerbsverstoß, 2006, S. 13 f.; *Mankowki*, in: *Fezer/Büscher/Obergfell*, UWG, 3. Aufl. 2016, § 7 Rdnr 4, 25; *Mankowski*, WRP 2008, 15, 20; *Burmeister*, Belästigung als Wettbewerbsverstoß, 2006, S. 13 f; *Köhler/Lettl*, WRP 2003, 1019, 1034 Rdnr. 61, S. 1055 Rdnr. 193; *Lettl*, WRP, 2004, 1079, 1086, 1122 f.; *Lettl*, WRP 2009, 1315, 1319; *Apostolopoulos*, WRP 2004, 841, 843 Fn. 33, 850; Begr RegE UWG 2008, Bt-Drucks. 16/10145 S. 29.29; *Seichter*, WRP 2005, 1087, 1094; *Seichter/Witzmann*, WRP 2007, 699, 701; *Howells*, in: *Howells/Micklitz/Wilhelmsson*, European Fair Trading Law, 2006, S. 181; *Koch*, Die Richtlinie gegen unlautere Geschäftspraktiken, 2006, S. 30, 115 f., 122 f.; WRP 2004, 1, 25; *Nippe*, WRP 2007, 19, 23.

792 *Mankowski*, in: *Fezer/Büscher/Obergfell*, UWG, 3. Aufl. 2016, § 7 Rdnr 4, 25.; *Mankowski*, WRP 2008, 15, 20; *Stuby*, Unlautere Praktiken, 2007, S. 76 ff; a.A.: *Veelken*, WRP 2004, 1, 25; *Köhler*, WRP 2015, 798, 802; *Pahlow*, in: *Teplitzky/Peifer/Leistner*, GK-UWG, 2. Aufl. 2013, § 7 Rdnr. 12.

793 *Köhler*, WRP 2013, 567, 570 Rdnr. 27.

794 Vgl. BT-Drucks 16/10145 S. 29.

795 BGH, Urteil vom 10.2.2011 – I ZR 164/09, GRUR 2011, GRUR 2011, 936 – Double-opt-in-Verfahren; *Köhler*, WRP 2012, 1329; *Köhler*, WRP 2013, 567; *Köhler*, WRP 2015, 798; *Köhler*, in: *Köhler/Bornkamm/Feddersen*, UWG 36. Auf. 2018, § 7 Rdnr. 124 a; *Ohly*, in: *Ohly/Sosnitza*, UWG, 7. Aufl. 2016, § 7 UWG Rdnr. 9 ff.; *Ohly*, GRUR 2004, 889, 892; *Ohly*, WRP 2006, 1401, 1411; *Handig*, Harmonisierung des Lauterkeitsrechts in der EU, 2006, S. 74 f.; *Apetz*, Das Verbot aggressiver Geschäftspraktiken, 2011, S. 275 ff; S. 613 f.

796 BGH, Urteil vom 10.2.2011 – I ZR 164/09, GRUR 2011, GRUR 2011, 936, 938, Rdnr. 26 – Double-opt-in-Verfahren; *Köhler*, WRP 2012, 1329; *Köhler*, WRP 2013, 567.

zudem ihre Bestätigung in den beiden letzten Sätzen des Erwägungsgrunds 14 UGP-Richtlinie.[797]

D. Stellungnahme

Beide Richtlinien gelten nebeneinander.

I. Kein Vorrang der DSRL gegenüber der UGP-Richtlinie

Die unterschiedlichen Zweckrichtungen beider Richtlinien zeigen, dass ein allgemeiner Vorrang der DSRL 2002 gegenüber der UGP-Richtlinie 2005 und mithin des Art. 13 DSRL 2002/58/EG gegenüber Nr. 26 UGP-Richtlinie nicht aus Art. 3 Abs. 4 UGP Richtlinie folgen kann.[798] Die Vorschrift lautet:

> „Kollidieren die Bestimmungen dieser Richtlinie mit anderen Rechtsvorschriften der Gemeinschaft, die besondere Aspekte unlauterer Geschäftspraktiken regeln, so gehen die Letzteren vor und sind für diese besonderen Aspekte maßgebend."

Nach *Veelken* ergibt sich das mangelnde Spezialitätsverhältnis beider Richtlinien bereits daraus, dass die DSRL 2002/58/EG keine Aspekte unlauterer Geschäftspraktiken regelt, da diese Begrifflichkeit i.S.d. UGP-Richtlinie (Art. 2 lit. d) i.V.m. Art. 5 Abs. 2) zu verstehen ist und mithin nur Regelungen, die dem Schutz der Entscheidungsfreiheit der Verbraucher dienen, umfasst.[799]

Burmeister dagegen ist der Ansicht, die DSRL 2002/58/EG regele eine unlautere Geschäftspraktik i.S.d. Art. 3 Abs. 4 UGP-Richtlinie. Die UGP-Richtlinie weise in Erwägungsgrund 14 und Anhang I Nr. 26 daraufhin, dass Regelungen der Datenschutzrichtlinie davon unberührt blieben. Die unterschiedlichen Normzwecke beider Richtlinien schlössen nicht aus, dass die Datenschutzrichtlinie unlautere Geschäftspraktiken i.S.d. Art. 3 Abs. 4 regele, zumal sowohl Nr. 26 Anhang I UGP-Richtlinie als auch die Datenschutzrichtlinie Regelungen betreffend die Kontaktaufnahme durch automatischen Anruf, Fax, elektronische Post und Telefon regele.[800]

Nach *Mankowski* sei eine eingeschränkte Interpretation der unlauteren Geschäftspraktiken nicht geboten.[801]

---

568 Rdnr. 8; *Köhler*, WRP 2015, 798, *Köhler*, in: *Köhler/Bornkamm/Feddersen*, UWG 36. Aufl. 2018, § 7 Rdnr. 124 a.

797 BGH, Urteil vom 10.2.2011 – I ZR 164/09, GRUR 2011, GRUR 2011, 936, 938, Rdnr. 26 – Double-opt-in-Verfahren; a.A. Begr RegE UWG 2008, Bt-Drucks. 16/10145 S. 29.

798 *Engels/Brunn*, GRUR 2010, 886, 889; *Köhler*, WRP 2012, 1329, 1332, Fn. 15; *Köhler*, WRP 2015, 798, 802 Rdnr. 35.

799 *Veelken*, WRP 2004, 1, 25; Ebenso *Apetz*, Das Verbot aggressiver Geschäftspraktiken, 2011, S. 275 ff.

800 *Burmeister*, Belästigung als Wettbewerbsverstoß, 2006, S. 14.

801 In diesem Sinne *Mankowski*, in: *Fezer/Büscher/Obergfell*, UWG, 3. Aufl. 2016, § 7 Rdnr. 4 b.

Will man „unlautere Geschäftspraktiken" weit auslegen, im Sinne von Lauterkeitsrecht, gelangt man zu der Frage, ob die DSRL 2002/58/EG und mithin der Schutz des informellen Selbstbestimmungsrechts zum *acquis communautaire* des europäischen Lauterkeitsrechts gehört. [802] Die Frage kann offenbleiben. Selbst wenn die DSRL 2002/58/EG Aspekte des Lauterkeitsrechts regelt, bezieht sich diese nicht auf die Entscheidungsfreiheit der Verbraucher, und darauf kommt es an. Sie regelt einen ganz anderen Aspekt des Lauterkeitsrechts, nämlich den Privatsphärenschutz natürlicher Personen, und dient damit allenfalls reflexartig dem Schutz der geschäftlichen Entscheidungsfreiheit der Verbraucher.[803] Daher kann kein Spezialitätsverhältnis bestehen, da nicht angenommen werden kann, dass der Schutz der Individualsphäre natürlicher Personen spezieller ist als der Schutz der wirtschaftlichen Interessen des Verbrauchers. Bei Telefonwerbung als potenziell aggressive Geschäftspraktik i.S.d. UGP-Richtlinie überschneiden sich diese beiden Schutzrichtungen. Belästigung i.S.d. UGP-Richtlinie birgt die die Gefahr der erheblichen Beeinflussung der Entscheidungsfreiheit betroffener Verbraucher und des Eindringens in der Privatsphäre.[804] In diesem Zusammenhang verlangt die Bestimmung des Belästigungsgrads eine wertende Betrachtung. Es geht um solche Belästigungen, die eine erhebliche Überrumpelungswirkung entfalten. Dies kann sogar dann geschehen, wenn im Rahmen eines geltenden Opt-in-Modells der Verbraucher seine Einwilligung in die Telefonwerbung erteilt hat, aber die Art und Weise des Kontakts ihn dennoch belästigt und überrumpelt, etwa weil der Anruf zur Unzeit am Wochenende oder nachts erfolgt. Dieses Beispiel zeigt, dass die Regelung in Art. 13 DSRL 2002/58/EG, selbst wenn die Mitgliedstaaten das Opt-in-Modell implementieren und erst recht, wenn das Opt-out-Modell gilt, die Entscheidungsfreiheit der Verbraucher nicht lückenlos schützen kann. In Anbetracht der bezweckten Vollharmonisierung durch die UGP-Richtlinie und ihren Schutzzweck kann dies nicht gewollt sein. Daher kann die Regelung in Art. 13 Abs. 3 DSRL 2002/58/EG nicht spezieller gegenüber der Regelung der Nr. 26 UGP-Richtlinie sein. Dagegen spricht auch die Formulierung in Erwägungsgrund 14 Satz 6 UGP-Richtlinien[805]. Die Formulierung „auf dem Gebiet der Geschäftspraktiken" drückt aus, dass aus der Sicht des Gesetzgebers die DSRL 2002/58/EG in

---

802 Bejahend, *Köhler/Lettl*, WRP 2003, 1019, 1055; *Busch*, in: *Schmidt-Kessel/Schubmehl*, Lauterkeitsrecht in Europa, 2011, S. 40 f.; Umfassend dazu *Apetz*, Das Verbot aggressiver Geschäftspraktiken, 2011, S. 251 ff; Zur Auslegung des Begriffs „unlauterer Wettbewerbs" i.S.d. Art. 6 ROM II siehe *Wadlow*, I.P.Q. 2012, 1, 8 ff.

803 Vgl *Apetz*, Das Verbot aggressiver Geschäftspraktiken, 2011, S. 276.

804 Zum Verständnis der Belästigung i.S.d. UGP-Richtlinie siehe *Micklitz/Rott*, in: *Dauses*, Handbuch des EU-Wirtschaftsrechts, 38. EL September 2015, H. V. Rdnr. 648.

805 „Diese Richtlinie sollte das bestehende Gemeinschaftsrecht unberührt lassen, das den Mitgliedstaaten ausdrücklich die Wahl zwischen mehreren Regelungsoptionen für den Verbraucherschutz auf dem Gebiet der Geschäftspraktiken lässt."

Art. 13 Geschäftspraktiken regelt.[806] Direktwerbung ist schließlich unter der Definition der Geschäftspraktik in Art. 2 lit d) UGP-Richtlinie zu subsumieren. Hätte der Gesetzgeber gewollt, dass alle Regelungen betreffend Geschäftspraktiken unter der Subsidiaritätsklausel des Art. 3 Abs. 4 UGP-Richtlinie fallen, hätte er auf das Merkmal „unlauter" verzichtet.

Die DSRL 2002/58/EG ist daher nicht vorrangig.

II. Kein Vorrang der Nr. 26 UGP-Richtlinie

Die umgekehrte Hypothese, wonach Nr. 26 UGP-Richtlinie Vorrang vor Art. 13 Abs. 3 DSRL 2002/58/EG hat, überzeugt nicht. Der Vorrang kann nicht aus dem Wortlaut der Nr. 26 Satz 2 abgeleitet werden. Zum einen schreibt der eindeutige Wortlaut des Erwägungsgrunds 14 Satz 7 UGP-Richtlinie vor, dass die UGP-Richtlinie den Anwendungsbereich des Art. 13 Abs. 3 DSRL 2002/58/EG nicht einschränkt.[807] Zudem drückt gerade das Wort „unbeschadet" in Nr. 26 UGP-Richtlinie aus, dass die DSRL 2002/58/EG neben der Nr. 26 UGP-Richtlinie uneingeschränkt gilt.[808] Durch die Regelung in Nr. 26 UGP-Richtlinie soll der Geltungsbereich der DSRL 2002/58/EG nicht beeinträchtigt werden.

Bekräftigt wird diese Auslegung der deutschen Fassung zudem durch dasselbe Verständnis in anderen Sprachfassungen. So enthält die französische Fassung die Wortwahl „sans préjudice" während die englische Fassung den gleichbedeutenden Ausdruck „without prejudice" wählte.[809] Dass die deutsche Fassung in Nr. 26 UGP-Richtlinie nicht die Formulierung „berührt nicht", – so wie in Erwägungsgrund 14 Satz 6–7 – enthält, berechtigt nicht zu der Annahme, dass dadurch der Vorrang der UGP-Richtlinie hervorgehoben werden soll.[810] Vielmehr ist „unbeschadet" in Nr. 26 und „berührt nicht" in Erwägungsgrund 14 Satz 6–7 als Synonym und dementsprechend als austauschbar zu verstehen. Noch deutlicher wird dieser Auslegungsbefund durch die rumänische Fassung, die eine umgekehrte Wortwahlreihenfolge bietet. Der Ausdruck „nu atinge" in Nr. 26 entspricht dem deutschen Verständnis von „berührt nicht", während in Erwägungsgrund 14 von „să nu aducă atingere"

---

806 Siehe *Apetz*, Das Verbot aggressiver Geschäftspraktiken, 2011, S. 276 Fn. 808, S. 245 f. der darauf hinweist, dass die DSRL 2002/58/EG Schutz vor einer „Werbung auf Kosten des Empfängers" als Teilaspekt des Lauterkeitsrechts gewährt, dies jedoch mit dem Anwendungsbereich der UGP-Richtlinie nicht konkurriert, da dessen Regelungsbereich auf den Schutz der geschäftlichen Entscheidungsfreiheit der Verbraucher beschränkt ist.

807 So auch *Köhler*, WRP 2012, 1329, 1331; BGH, Urteil vom 10.2.2011 – I ZR 164/09, GRUR 2011, GRUR 2011, 936, 938, Rdnr. 26 – Double-opt-in-Verfahren.

808 WRP 2013, 567. 568 Rdnr. 8; *Köhler*, in: *Köhler/Bornkamm/Feddersen*, UWG 36. Aufl. 2018, § 7 UWG Rdnr. 124 a; BGH, Urteil vom 10.2.2011 – I ZR 164/09, GRUR 2011, GRUR 2011, 936, 938, Rdnr. 26 – Double-opt-in-Verfahren

809 *Köhler*, WRP 2013, 567. 568 Rdnr. 8.

810 So aber *Engels/Brunn*, GRUR 2010, 886, 888 f.

die Rede ist, was in der deutschen Sprache mit dem Ausdruck „keinen Schaden zufügen" korrespondiert. Zu diesem Verständnis des Wortes „unbeschadet" führt auch eine gemeinschaftsrechtliche gebietsübergreifende Auslegung. Art. 15a DSRL 2002/58/EG verwendet ebenfalls das Wort „unbeschadet" i.S.d. hier vertretenen Auffassung, um eine Nebeneinander- Geltung auszudrücken.

E. Zusammenfassung

Das Verhältnis der UGP-Richtlinie und der DSRL 2002/58/EG zueinander ist umstritten.

Nach der hier vertretenen Auffassung besteht kein Spezialitätsverhältnis; beide Richtlinien gelten nebeneinander. Die unterschiedlichen Zweckrichtungen beider Richtlinien verhindern, dass aus Art. 3 Abs. 4 UGP ein allgemeiner Vorrang der DSRL 2002/58/EG folgt.

Ferner sprechen der Wortlaut der Nr. 26 und Erwägungsgrund 14 Satz 6–7 UGP-Richtlinie dafür, dass die UGP-Richtlinie und die DSRL 2002/58/EG nebeneinander gelten.

In Konsequenz dessen ist sowohl Art. 13 Abs. 3 DSRL 2002/58/EG als auch Nr. 26 UGP-Richtlinie in den Mitgliedstaaten umzusetzen.

Die DSRL 2002/58/EG soll nach einem Vorschlag der Kommission vom 10.1.2017 (Com(2017) 10 final) durch eine **Verordnung über Privatsphäre und elektronische Kommunikation** (auch ePrivacy Verordung genannt) mit Wirkung ab dem 25.5.2018[811] ersetzt werden. Damit würde Art. 13 RL 2002/58/EG durch Art. 16 dieser Verordnung ersetzt.[812] Gleichwohl muss Nr. 26 UGP-Richtlinie umgesetzt werden.

---

811 Am 25.5.2018 EU-Rat einen Sachstandsbericht veröffentlicht und über den Stand der aktuellen Prüfung des Vorschlags für die ePrivacy VO informiert.

812 *Köhler*, in: *Köhler/Bornkamm/Feddersen*, UWG, 36. Aufl. 2018, § 7 Rdnr. 9 a.

Fünftes Kapitel – Richtlinienumsetzung in Frankreich

Im Folgenden wird die Umsetzung in Deutschland, Frankreich und England dargestellt.

Den Schutz der Verbraucher vor aggressiven Geschäftspraktiken thematisierte in Frankreich der Autor Jean Calais-Auloy in seinem Werk aus 1970 „Les ventes aggressives", jedoch ging seine Konzeption weiter als die der UGP-Richtlinie betreffend aggressive Geschäftspraktiken.[813]

Was die aggressiven Geschäftspraktiken in Frankreich anbelangt, wird eine Parallele zu der Rechtsprechung der Cour de cassation betreffend das Verständnis der Art. 1111 ff. gezogen, die über den vice du consentement, also die Willensbeeinflussung durch Gewalt oder Drohung handeln.[814]

Die UGP-Richtlinie wurde durch das Gesetz zur Förderung des Wettbewerbs zugunsten der Verbraucher vom 3.1.2008 (Loi Chatel)[815] und durch das Gesetz zur Modernisierung der Wirtschaft vom 4.8.2008 (Loi LME)[816] im *Code de la consommation* implementiert.[817]

Art. 8 UGP-Richtlinie wurde in Art. 122–11 Abs. 1 Code de la consommation implementiert, während Art. 9 UGP-Richtlinie in Art. 122–11 Abs. 2 Code de la

---

813 Vgl. *Apetz*, das Verbot aggressiver Geschäftspraktiken, 2011, S. 34; Siehe auch *Ambroise-Castérot*, Répertoire de droit pénal et de procédure pénale, Dalloz 2009, Stand März 2014, Rdnr. 226.

814 Vgl. *Apetz*, das Verbot aggressiver Geschäftspraktiken, 2011, S. 34; *Ambroise-Castérot*, Répertoire de droit pénal et de procédure pénale, Dalloz 2009, Stand März 2014, Rdnr. 227.

815 Loi n° 2008–3 du 3 janvier 2008 pour le développement de la concurrence au service des consommateurs, JO du 4.1.2008, 258; *Cannarasa*, La réforme des pratiques commerciales déloyales par la loi Chatel: le droit commun à la rencontre du droit de la consommation, JCP 2008. I. 180; *Bruschi*, La loi n° 2008–3 du 3 janvier 2008 et l'amélioration de la protection des consommateurs, Lamy affaires 2008, n° 24, p. 51; *Ferrier/ Ferré*, La réforme des pratiques commerciales: loi n° 2008–3 du 3 janvier 2008, CCC 2008, Étude n 2.

816 LOI n° 2008–776 du 4 août 2008 de modernisation de l'économie, JO du 5.8.2008, 12471; *Fenouillet*, La loi de modernisation de l'économie du 4 août 2008 et réforme des pratiques commerciales déloyales, RDC 2009, n°1, p. 128; *Rochfeld*, Du droit de la consommation au droit de la régulation du marché: des dangers des listes et de l'harmonisation maximale, RTD 2008, 732; *Ambroise-Castérot*, Les nouvelles pratiques commerciales déloyales après la loi LME du 4 août 2008, AJ Pénal 2009,22.

817 Siehe auch *Mourre*, Pratiques commerciales déloyales: cadre communautaire et transposition en droit français, Dalloz actualité 14 octobre 2011.

consommation wiederzufinden ist. Nr. 26 Anhang I UGP-Richtlinie wurde durch Art. 122–11–1 Nr. 3 umgesetzt.[818]

Durch die ausgewählte Terminologie, nah an dem Wortlaut des Art. 1112 Code Civil betreffend die Willensbeeinflussung durch Gewalt, unterstreicht der französische Gesetzgeber den strafrechtlichen repressiven Charakter aggressiver Geschäftspraktiken.[819] Dies wird darüber hinaus durch die vorgesehenen Sanktionen strafrechtlicher Natur deutlich. Nach Art. 122–12 Code de la consommation droht für den Fall der Verwirklichung des Tatbestands einer aggressiven Geschäftspraktik bis zu 2 Jahre Freiheitsstrafe oder eine Geldstrafe bis zu 300.000 Euro. Unternehmen riskieren zudem nach Art. 122–13 Code de la consommation ein Berufsverbot von bis zu 5 Jahren. Darüber hinaus sind Folgeverträge nichtig gemäß Art. 122–15 Code de la consommation.[820]

Betreffend Folgeverträge bleibt anzumerken, dass in Frankreich die sog. „Bestätigungslösung" gilt. Gemäß Art. L 121–20 Abs. 2 Code de la consommation müssen Unternehmen telefonische Angebote über Waren oder Dienstleistungen den Verbrauchern in Textform oder auf einem dauerhaften Datenträger erneut zugänglich machen. Verbraucher sind an via Telefon geschlossene Verträge nur dann gebunden, wenn sie das Angebot schriftlich angenommen und unterschrieben haben oder die Annahme in elektronischer Form erteilt haben. Diese französische Regelung erinnert an die durch Art. 8 Abs. 6 Verbraucherrechterichtlinie 2011/83/EU vorgesehene Möglichkeit für die Mitgliedstaaten, galt jedoch bereits vor dem Erlass der Unionsregelung. In Deutschland konnte sich die Bestätigungslösung trotz einiger Befürwortungen in der Literatur[821] und Reformanregungen[822] nicht durchsetzen.

Was Art. 13 Abs. 1 und Abs. 2 DSRL 2002/58/EG anbelangt, hat Frankreich diese Bestimmungen in Art. 34–5 *Code des postes et des communications électroniques*, der in Art. L-121–20–5 *Code de la consommation* wiederholt wird, umgesetzt. Dies betrifft allerdings nur Direktwerbung (prospection directe) via elektronischer Post, Fax, oder automatischer Anrufsysteme. Telefonwerbung bleibt weiterhin erlaubt, es sei denn, der Angerufene hat sein Widerspruch geäußert. Die Widerspruchslösung des Art. 13 Abs. 3 ist jedoch nicht in Art. 34–5 *Code des postes et*

---

818 Nr. 3 lautet: "(Sont réputées agressives au sens de l'article L. 122–11 les pratiques commerciales qui ont pour objet:)" "De se livrer à des sollicitations répétées et non souhaitées par téléphone, télécopieur, courrier électronique ou tout autre outil de communication à distance."

819 *Conte*, Brèves observations à propos de l'incrimination des pratiques commerciales agressives, Dr. pénal 2008, Études n° 3.

820 *Ambroise-Castérot*, Répertoire de droit pénal et de procédure pénale, Dalloz 2009, Stand März 2014, Rdnr. 235.

821 *Fezer*, GRUR-Prax 2011, 361; *Ohly*, GRURPrax 2011, 366; *Nowak-Over*, GRUR-Prax 2011, 4.

822 Siehe Stellungnahme Bundesrat, BR-Drs. 553/08, S. 6 f.; BT-Drs. 271/11 (B), Anlage, S. 1 f.

des communications électroniques aufgenommen worden. Wer verhindern will, dass seine Daten zwecks Telefonwerbung benutzt werden, kann sich in die Liste „anti-prospection“ (ehemalige „liste orange“) seines Telefonanbieters eintragen lassen. Darüber hinaus besteht die Möglichkeit, Werbung zu widersprechen, indem man in die „Pacitel“ Liste der Pacitel Gesellschaft bis zu sechs Telefonnummern, die man für Werbezwecke exkludieren will, eintragen lässt. Der Gesellschaft gehören 80% der Wirtschaftsunternehmen an.[823] Die Eintragung erfolgt direkt über die Internetseite http://www.pacitel.fr/ und kann sowohl von Privatpersonen als auch von Unternehmen veranlasst werden.

Wegen Verstößen gegen Art. 34–5 Code des postes et des communications électroniques kann die *l'autorité administrative chargée de la concurrence et de la consommation* nach dessen Abs. 8 eine Verwaltungsstrafe von bis zu 3.000 Euro für eine natürliche Person und bis zu 15.000 Euro für eine juristische Person verhängen. Ihr stehen die Befugnisse nach Maßgabe der Art. L 450–1 bis L 450–4, L 450–7, L 450–8, L 470–1 und L 470–5 *Code de commerce* zu.

Darüber hinaus ist nach Art. 34–5 Abs. 6 *Code des postes et des communications électroniques la Commission nationale de l'informatique et des libertés* (CNIL) zuständig für die Einhaltung der Regelungen dieses Artikels und kann Beschwerde empfangen.

CNIL ist in Frankreich die Institution, die für die Achtung der Privatsphäre der Bürger zuständig ist. CNIL stellt auf ihre Internetseite einen Verhaltenskodex, der Hinweise betreffend die Zulässigkeit von Direktmarketing inklusive Telefonwerbung beinhaltet.[824]

823 http://www.cnil.fr/fileadmin/documents/Guides_pratiques/CNIL_Telephonie.pdf, S. 6 abgerufen am 24.10.2015.

824 http://www.cnil.fr/fileadmin/documents/Guides_pratiques/CNIL_Telephonie.pdf, S. 6 abgerufen am 24.10.2015.

Sechstes Kapitel – Richtlinienumsetzung in Großbritannien

Während in Deutschland die Regelung zur Telefonwerbung aus beiden Richtlinien in § 7 Abs. 2 Nr. 2 UWG umgesetzt wurde, erließ Großbritannien zwei Sondergesetze.

Die UGP-Richtlinie wurde in *Consumer Protection from Unfair Trading Regulations 2008 umgesetzt*[825]. Art. 8 UGP-RL wurde mit Regulation 7 (1) CPRs unter Miteinbeziehung der drei Gruppen von aggressiven Geschäftspraktiken mit einer starken wortwörtlichen Übernahme der europäischen Formulierung umgesetzt.[826] Auch Art. 9 UGP-RL hat eine wortgleiche Umsetzung in Regulation 7 (2) CPRs erfahren. Das per se Verbot der Nr. 26 Anhang I UGP-Richtlinie wurde wortgleich in Nr. 26 Schedule 1 CPRs übernommen.[827]

Für die Einhaltung der CPRs Vorschriften sorgte bis zu dessen Schließung zum 1.4.2014 das *Office of Communications* (OFT). Seine Aufgaben werden nun von der *Competition & Markets Authority* (CMA) und vom *Citizens Advice*, das für Verbraucherberatung zuständig ist, übernommen.[828] Bereits vor der Schließung erfolgten eine Strukturierung und eine Aufgabenumverteilung auf weitere Institutionen, so z.B. die *Local authority Trading Standards Services* (TSS).[829] Das OFT hat Hinweise zur Telefonwerbung unter der *Guidance on the consumer protection from Unfair Trading Regulations*[830] veröffentlicht, worauf nunmehr die CMA verweist. Bei Konflikten mit dem vom CMA veröffentlichen *Guidance on the CMA's approach to use of its consumer powers* gilt letzterer.[831] Verstöße gegen CPRs wurden im Entreprise

---

825 Zur Implementierung in Großbritannien siehe Departement for Business Enerprise & Regulatory Reform (BEER), Guidance on the UK Regulations (May 2008) implementing the Unfair Commercial Practices Directive, https://www.gov.uk/government/uploads/system/uploads/attachment_data/file/284442/oft1008.pdf, abgerufen am 21.08.2017; *Keirsbilck*, 20 Eur. Bus. L. Rev. 509, 2009, 507, 510 ff.

826 *Keirsbilck*, 20 Eur. Bus. L. Rev. 509, 2009, 507, 510.

827 Schedule 1 CPRs – Commercial practices which are in all circumstances considered unfair – Nr. 26 "Making persistent and unwanted solicitations by telephone, fax, e-mail or other remote media except in circumstances and to the extent justified to enforce a contractual obligation."

828 Guidance on the CMA's approach to useof its consumer powers https://www.gov.uk/government/uploads/system/uploads/attachment_data/file/288624/CMA7_Consumer_Protection_guidance.pdf, 1.2, S. 2, abgerufen am 21.08.2017.

829 Guidance on the CMA's approach to use of its consumer powers, 1.2, S. 2,

830 https://www.gov.uk/government/uploads/system/uploads/attachment_data/file/284442/oft1008.pdf, abgerufen am 21.08.2017.

831 Guidance on the CMA's approach to use of its consumer powers, 1.3, S. 2.

Act von 2002 als *Community infringements* aufgenommen.[832] Die CMA kann neben TSS nach Entreprise Act vom 2002, Teil 8 in der Fassung vom 2013[833], Verstöße gegen CPRs ahnden. Während die meisten Verstöße gegen CPRs als *criminal offences* gelten, werden Verstöße gegen die Vorschriften betreffend aggressive Geschäftspraktiken und gegen die Bestimmungen der schwarzen Liste als *liability offences* geahndet.[834]

Bei der Umsetzung des Art. 13 Abs. 3 der Datenschutzrichtlinie für elektronische Kommunikation wählte England das Opt-out-Modell. Die Umsetzung erfolgte in der *Privacy and Electronic Communications Regulations* (PECR) aus dem Jahr 2003. Nach Sec. 21(1) PECR sind Anrufe dann verboten, wenn der Adressat dem Werbenden mitgeteilt hat, dass er solche Anrufe nicht wünscht oder sich in eine Robinsonliste hat eintragen lassen. In Ausnahmefällen können ständige Anrufe den Tatbestand der *action for private nuisance* (Besitzstörung) erfüllen.[835]

Die Durchsetzung dieser Vorschriften wird durch das System der Selbstkontrolle stark unterstützt. Insbesondere für die Durchsetzung der in Großbritannien wichtigsten Vorschrift aus der PECR sorgt die Einrichtung *Office of the Information Commissioner* (ICO)[836] ICO ist ein regierungsunabhängiges Organ, das dem Parlament jährlich Bericht erstattet und von dem Justizministerium finanziert wird. Seine Aufgaben bestehen in der Überwachung und dem Schutz personenbezogener Daten, Förderung der Transparenz und Förderung des Zugangs zu Informationen der öffentlichen Verwaltung. Die Entscheidungen des ICO können von britischen Gerichten revidiert werden. Auf seiner Internetseite stellt das ICO Verhaltensrichtlinien und Verhaltenskodex[837] für Unternehmer und Verbraucher bereit. Für werbende Unternehmer ist zunächst der *Guide to privacy and electronic communications*[838] von Bedeutung. Ab Seite 7 behandelt der Guide die rechtlichen Rahmen, die für Telefonanrufe unter Einhaltung der PECR gelten. Es wird klargestellt, dass werbende Anrufe grundsätzlich erlaubt sind, es sei denn, die Geworbenen haben dem Werbenden den Wunsch, von Anrufen verschont zu bleiben, mitgeteilt. Insbesondere können sich Verbraucher in das Opt-out-Register, The Telephone

---

832 Schedule 13 to the Enterprise Act 2002; *Keirsbilck*, 20 Eur. Bus. L. Rev. 509, 2009, 507, 515.

833 Part 8 Entreprise Act 2002, http://www.legislation.gov.uk/ukpga/2002/40/part/8, abgerufen am 21.08.2017.

834 *Keirsbilck*, 20 Eur. Bus. L. Rev. 509, 2009, 507, 516.

835 *Ohly*, in: *Schricker*, Recht der Werbung in Europa, 1995, S. 46. Rdnr. 93; *Groom/Evans/Smith*: in: *Maxeiner/Schotthöfer*, Advertising Law in Europe and North America, 1992, S. 291.
Tatbestands Hunter v Canary Wharf, [1997] 2 All ER, S. 426.

836 http://www.ico.org.uk/

837 *Hart*, NLJ 240, 2007, 157.

838 http://www.ico.org.uk/for_organisations/guidance_index/~/media/documents/library/Privacy_and_electronic/Practical_application/guide_to_privacy_and_electronic_communications.ashx, abgerufen am 21.9.2015.

Preference Service (TPS), eintragen. Unternehmen können Eintragungen im Corporate Telephone Preference Service (CTPS) veranlassen. Der Guide enthält zudem den Hinweis, dass Unternehmen bei der Tätigung eines Werbeanrufs verpflichtet sind, sich zu identifizieren und auf Anfrage eine gültige Adresse oder Telefonnummer zu hinterlassen. Explizit ausgedrückt wird ferner, dass ein Unternehmen von seiner Verantwortung gegenüber der Einhaltung der Regeln zum Telefonmarketing nicht befreit wird, wenn es ein Callcenter eingeschaltet hat. Für Telefonmarketing hat das ICO einen Guide mit Empfehlungen erstellt, der ebenfalls online abrufbar ist.[839] Dem ICO steht die Befugnis zu, bei Verstößen gegen die PECR Geldsanktionen bis zu einer Summe von 500.000 Pfund zu erlassen. Auf der Basis der section 55A of the Data Protection Act 1998 (DPA), einer Vorschrift, die durch PECR 2011 erlassen wurde, verhängte das ICO zum Beispiel mit Schreiben vom 27.7.2015 ein Bußgeld in Höhe von 75.000 Pfund gegen das Unternehmen „Cold Call Eliminations Ltd", das besonders schutzbedürftige ältere Verbraucher anrief und vorgab, von TPS oder vom ICO zu sein, in der Absicht, Schutzsysteme gegen cold calling zu verkaufen und damit einen Verstoß gegen regulation 21 PECR beging.[840]

Im Übrigen übernimmt in Großbritannien das System der Selbstregulierung eine wichtige Rolle bei der Werberegulierung. Sprachanrufe fallen als mündliche Kommunikationsformen nicht unter den Anwendungsbereich des Code of Advertising, Sales Promotion and Direct Marketing.[841] (CAP-Code), der vom *Comittee of Advertising Practice* erlassen wurde.[842] Für die Telefonwerbung von Bedeutung sind die Vorschriften der *Direct Marketing association* (DMA), die für ihre Verbandsmitglieder Verhaltenscodizes aufstellt, um sicherzustellen, dass Unternehmen im Einklang mit der Rechtsordnung handeln und somit den Konsumenten gegenüber ein gutes Image behalten. Die von der DMA aufgestellten Codizes gehen teilweise über die gesetzlichen Anforderungen hinaus.

---

839 https://ico.org.uk/media/for-organisations/documents/1555/direct-marketing-guidance.pdf, abgerufen am 21.9.2015.

840 https://ico.org.uk/media/action-weve-taken/mpns/1432532/cold-call-eliminations-ltd-monetary-penalty-notice.pdf, abgerufen am 20.9.2015.

841 *Mayer-Uellner*, Die Werbeselbstregulierung der britischen Advertising Standards Authority, 2006, S. 159.

842 Umfassend zum CAP *Mayer-Uellner*, Die Werbeselbstregulierung der britischen Advertising Standards Authority, 2006; *Jergolla*, Die Werbeselbstkontrolle in Großbritannien, 2003; *Jergolla*, WRP 2003, 431; *Jergolla*, WRP 2003, 606.

Siebtes Kapitel – Richtlinienumsetzung in Deutschland

Die Auswahl des Opt-in-Modells und die Implementierung beider Richtlinien im UWG in § 7 Abs. 2 Nr. 2 und § 4 a UWG betreffend die Vorschriften zur Zulässigkeit der Telefonwerbung führt in Deutschland zu der klärungsbedürftigen Problematik, ob die UGP-Richtlinie und Art. 13 Abs. 3 DSRL 2002/58/EG vollständig umgesetzt wurden.

A. Unzureichende Umsetzung der UGP-Richtlinie in das UWG?

Wie oben festgestellt, gelten die UGP-Richtlinie und die DSRL 2002/58/EG nebeneinander.

Das Verhältnis zwischen Nr. 26 Anhang I UGP-Richtlinie und Art. 13 Abs. 3 DSRL 2002/58/EG gibt Auskunft darüber, ob § 7 Abs. 2 Nr. 2 UWG mit der UGP-Richtlinie rechtskonform ist oder Nr. 26 Anhang I UGP-Richtlinie noch der Umsetzung bedarf. Was den Umfang des Geltungsbereichs der Nr. 26 anbelangt, existiert keine Einstimmigkeit. Es wird darüber gestritten, ob Nr. 26 Anhang I UGP-Richtlinie durch Art. 13 Abs. 3 Alt. 1 DSRL 2002/58/EG absorbiert wird.

I. Konsumtion der Nr. 26 UGP-Richtlinie durch Art. 13 Abs. 3 1.Alt DSRL 2002/58/EG

Der BGH verleiht Nr. 26 UGP-Richtlinie eigenständige Bedeutung nur in dem Falle, dass die Mitgliedstaaten das Opt-out-Modell gewählt haben.[843] Soweit die Mitgliedstaaten ein Opt-in-Modell implementiert haben – so wie Deutschland in § 7 Abs. 2 Nr. 2 Alt. 1 UWG –, sei Nr. 26 UGP-Richtlinie in dem Opt-in-Modell als im Verhältnis dazu mildere Regelung inbegriffen und müsse nicht mehr gesondert umgesetzt werden.[844]

II. Inhaltliche Divergenz der Nr. 26 und des Opt-in-Modells

Demgegenüber plädieren einige Stimmen in der Literatur[845] für eine Umsetzungspflicht der Nr. 26 Anhang I UGP-Richtlinie in das nationale Recht unter der

---

843 BGH, Urteil vom 10.2.2011 – I ZR 164/09, GRUR 2011, GRUR 2011, 936, 938, Rdnr. 27 – Double-opt-in-Verfahren.

844 In diesem Sinne auch *Schaffert*, in: FS Köhler, S. 585, 589.

845 *Köhler*, WRP 2012, 1329; *Köhler*, WRP 2013, 567, 568 Rdnr. 11f.; *Bernreuther*, MMR 2012, 284; *Apetz*, Das Verbot aggressiver Geschäftspraktiken, 2011, S. 275 ff, 613 f.;

Beibehaltung einer dreistufigen Lauterkeitsprüfung, unabhängig von der nach Art. 13 Abs. 3 DSRL 2002/58/EG getroffenen Rechtswahl.

1. Unterschiedliche Schutzzwecke

Diese Ansicht stützt sich auf die unterschiedlichen Schutzzwecke beider Richtlinienbestimmungen. Während Art. 13 DSRL 2002/58/EG den individuellen Schutz der Privatsphäre natürlicher Personen und den Schutz der berechtigten Interessen juristischer Personen bezweckt, visiert Nr. 26 Satz 1 Anhang I UGP-Richtlinie den kollektiven Schutz wirtschaftlicher Interessen der Verbraucher an, insbesondere ihre geschäftliche Entscheidungsfreiheit.[846] Selbst wenn man den Begriff des Verbraucherschutzes weit fasse, fiele der Schutz der Privatsphäre nicht darunter[847], wie Art. 38 Grundrechte-Charta einerseits und Art. 7 und 8 Grundrechte-Charta andererseits zeigen würden.[848] Daraus folgen auch die unterschiedlichen Voraussetzungen für unerbetene Telefonwerbung in Art. 13 Abs. 3 DSRL 2002/58/EG einerseits und in Nr. 26 Satz 1 UGP-Richtlinie andererseits.[849] Zwar würden beide Regelungen an die für unerbetene Werbeanrufe charakteristische Belästigung anknüpfen, allerdings sei die Privatsphäre bereits durch einen einmaligen Anruf beeinträchtigt, während die geschäftliche Entscheidungsfreiheit nach der Wertung des Gesetzgebers erst durch „hartnäckige und unerwünschte“ Anrufe erheblich beeinträchtigt wäre.[850]

Im Falle ausschließlicher Maßgeblichkeit der Opt-in-Regelung befürchtet *Bernreuther* eine Platzierung der Telefonwerbung außerhalb des Lauterkeitsrechts, verbunden mit einem Verlust der Bedeutung der Merkmale „hartnäckig und unerwünscht“, wie die deutsche lauterkeitsrechtliche Regulierung der Werbung gegenüber Verbrauchern in § 7 Abs. 2 Nr. 2 Alt. 1 UWG zeige.[851] Falls eine vorher ausdrücklich erteilte Einwilligung nicht vorliege, komme es nicht mehr darauf an, ob der Anruf „hartnäckig“ gewesen sei.[852] Dass die Bewertung der Telefonwerbung in Deutschland außerhalb des Lauterkeitsrechts stehe, zeige auch die Formulierung des Gesetzgebers, wonach Telefonwerbung unzulässig, nicht jedoch unlauter sei.[853] Die lauterkeitsrechtliche Bewertung der Telefonwerbung müsse immer, unabhängig von einem etwaigen Ausbleiben der Einwilligung und unter

---

tendenziell auch *Emmerich*, Unlauterer Wettbewerb, 9. Aufl. 2012, S. 196, § 13 Rdnr. 35.

846 *Köhler*, WRP 2012, 1329, 1331 f.; *Apetz*, Das Verbot der aggressiven Geschäftspraktiken, 2011, S. 275, 613 f., 614; *Bernreuther*, MMR 2012, 284, 286.

847 a.A. OLG Köln, Urteil vom 7.12.2012 – 6 U 69/12, WRP 2013, 659 Rndr. 10.

848 *Köhler*, WRP 2013, 567, 568 Rdnr. 11ff.

849 *Köhler*, WRP 2012, 1329, 1332.

850 *Köhler*, WRP 2012, 1329, 1332.

851 *Bernreuther*, MMR 2012, 284, 286.

852 *Bernreuther*, MMR 2012, 284, 286.

853 *Bernreuther*, MMR 2012, 284, 286.

Berücksichtigung des Merkmals „hartnäckig“ und „unerwünscht“, nach dem Stufensystem – schwarze Liste, Unlauterkeit nach Art. 8 oder 9 UGP Richtlinie, Unlauterkeit nach der Art. 5 UGP-Richtlinie genau geprüft werden.[854]

Neben den unterschiedlichen Schutzzweckrichtungen liefert *Köhler* weitere Argumente für eine unabhängige Koexistenz der Nr. 26 und des Art. 13 Abs. 3 DSRL 2002/58/EG, die aus einem Vergleich beider Richtlinien entspringen.[855]

2. *Unterschiedliche Personengruppen*

Die beiden Richtlinien würden unterschiedliche Personengruppen schützen.[856] Art. 13 Abs. 3 DSRL gelte nach Abs. 5 nur für Teilnehmer, die natürliche Personen sind. Juristische Personen müssten Mitgliedstaaten nach Abs. 5 in Bezug auf unerbetene Nachrichten lediglich ausreichend schützen. Demgegenüber gelte Nr. 26 Satz 1 Anhang I UGP-Richtlinie nur für Verbraucher.[857] Die Auswahl unterschiedlicher Terminologie durch den Gesetzgeber stelle keinen Zufall dar. Hätte er durch Art. 13 DSRL 2002/58/EG nur Verbraucher schützen wollen, hätte er dies explizit geregelt, dies habe er allerdings auch im Zuge der Änderung des Art. 13 DSRL 2002/58/EG durch die Richtlinie 2009/136/EG nicht getan.[858]

3. *Unterschiedliche Sachweite*

Ferner würden die unterschiedlichen Sachweiten für die Geltung beider Richtlinienbestimmungen sprechen. Ein Vergleich mit anderen Sprachfassungen zeige, dass sich Nr. 26 Anhang I UGP-Richtlinie nicht nur auf Werbung bezieht, „sondern ganz allgemein die „Aufforderung“ eines Verbrauchers mittels Telefonanrufen usw., eine bestimmte geschäftliche Handlung zu treffen, umfasst.[859] Erfasst sei daher auch das Ansprechen von Verbrauchern nach Geschäftsabschluss, wie die wiederholte und unerwünschte Mahnung eines Schuldners.[860] Dies erkläre auch die zugelassene Restriktion in Nr. 26 Anhang I UGP-Richtlinie für die Durchführung vertraglicher Verpflichtungen.[861]

---

854 Mit ausführlicher Beschreibung aller Varianten, *Bernreuther*, MMR 2012, 284, 286 ff.
855 *Köhler*, WRP 2012, 1329, 1331 ff; *Köhler*, GRUR 2012, 10731080 ff.
856 *Köhler*, WRP 2012, 1329, 1331; *Köhler*, GRUR 2012, 1073, 1080.
857 *Köhler*, WRP 2012, 1329, 1331.
858 *Köhler*, WRP 2012, 1329, 1331.
859 *Köhler*, WRP 2012, 1329, 1332; WRP 2015, 798, 891 Rdnr. 22–24; S. 892 Rdnr. 31; ebenso, *Mankowsi*, in: Fezer, UWG, 3. Aufl. 2015, § 7 Rdnr. 98; *Leible*, in MünchKomm, UWG, 2. Aufl. 2014, § 7 Rdnr. 105.
860 *Köhler*, WRP 2012, 1329, 1332.
861 *Köhler*, WRP 2012, 1329, 1332.

4. *Unterschiedliche Rechtsdurchsetzungsbestimmungen*

Vor allem aber resultiere die Geltung beider Richtlinienbestimmungen nebeneinander aus den wesentlichen Unterschieden in der Rechtsdurchsetzung., da die UGP-Richtlinie kollektiven Rechtsschutz gewährt, während die DSRL 2002/58/EG individuellen Rechtsschutz gewährleistet[862]

III. Diskussion und eigener Standpunk

Entgegen dem BGH[863] ergibt sich die Konsumtion der Nr. 26 durch die Wahl eines Opt-in-Modells des Art. 13 DSRL 2002/58/EG keineswegs so eindeutig, dass eine Vorabentscheidung durch den EuGH entbehrlich ist. Im Gegenteil. Stärkere Argumente sprechen dafür, dass die Wahl des Opt-in-Modells Art. 13 Abs. 3 Alt. 1 DSRL 2002/58/EG die Mitgliedstaaten von der Umsetzungspflicht der Nr. 26 nicht befreit. Nr. 26 behält auch dann einen eigenständigen Aussagegehalt. Die Zulässigkeit der Telefonwerbung hat sich nach dem UWG an der dreistufigen Verbotsprüfung zu orientieren.

1. *Nr. 26 umfasst nicht nur Werbung*

Die Umsetzungspflicht der Nr. 26 UGP-Richtlinie ergibt sich daraus, dass Art 13 Abs. 3 und Nr. 26 UGP-Richtlinie unterschiedliche sachliche Anwendungsbereiche ausweisen. Art. 13 Abs. 3 DSRL 2002/58/EG bezieht sich auf Werbung. Ein Vergleich mit anderen Sprachfassungen ergibt, dass Nr. 26 nicht nur (Direkt-)Werbung, sondern auch Geschäftshandlungen bei und nach dem Geschäftsabschluss[864], mithin jede „„Aufforderung" eines Verbrauchers mittels Telefonanrufen usw., nämlich eine bestimmte geschäftliche Entscheidung zu treffen", umfasst[865]. Aus der französischen Sprachfassung „Se livrer à des sollicitations répétées et non souhaitées" und aus der englischen Sprachfassung „Making persistent and unwanted solicitations" wird deutlich, dass Nr. 26 nicht allein das hartnäckige und unerwünschte Ansprechen im Sinne eines Bedrängens von Verbrauchern zwecks Bestimmung zu einem Vertragsschluss, bezweckt.[866] Dafür spricht auch der Umstand, dass die UGP-Richtlinie allgemein Schutz vor unlauteren Geschäftspraktiken vor, während und nach

---

862 *Köhler*, WRP 2012, 1329, 1332; *Köhler*, WRP 2015, 798, 891 Rdnr. 22; *Köhler*, GRUR 2012, 1073, 1080; Ebenso *Apetz*, Das Verbot aggressiver Geschäftspraktiken, 2011, S. 278 f.

863 So eindeutig BGH, Urteil om 10.2.2011 – I ZR 164/09, GRUR 2011, GRUR 2011, 936, 938 Rdnr. 27 – Double-opt-in-Verfahren.

864 *Köhler*, WRP 2012, 1329, 1332.

865 *Köhler*, WRP 2012, 1329, 1332; *Köhler* WRP 2015, 798, 802; ebenso, *Mankowsi*, in: Fezer, UWG, 3. Aufl. 2015, § 7 Rdnr. 98; *Leible*, in: MünchKomm, UWG, 2. Aufl. 2014, § 7 Rdnr. 105.

866 *Köhler*, WRP 2012, 1329, 1332 Fn. 16.

dem Vertragsschluss gewährt, entgegen dem früheren UWG, das bis zum Inkrafttreten der UGP-Richtlinie nur Geschäftshandlungen vor dem Vertragsschluss umfasste.[867] Die Grenze der Lauterkeit zieht Nr. 26 Satz 1 UGP-Richtlinie selbst. Demnach können unerwünschte und hartnäckige Aufforderungen in den Grenzen, in denen dies nach nationalem Recht gerechtfertigt sind um eine vertragliche Verpflichtung durchzusetzen, erlaubt sein. „Hartnäckig" ist im Sinne von „wiederholt", also mindestens zweimalig zu verstehen.[868] Eine Rechtfertigung könnte sich bei der wiederholten Aufforderung an einen Verbraucher, den Kaufpreis zu zahlen, ergeben, da diese einer vertraglichen Durchsetzungspflicht dient.[869] In diesem Fall steigt die Toleranzgrenze für Wiederholungsversuche.

Nr. 26 Satz 1 UGP-Richtlinie wurde in Bezug auf das Mittel Telefon überhaupt nicht umgesetzt. Die Vorschrift ist bereits deshalb umzusetzen, weil sie nicht nur Telefonanrufe erfasst, die Werbung darstellen so wie § 7 Abs. 2 Nr. 2 UWG.[870] Aus diesem Grund ist auch Art. 7 Abs. 2 Nr. 1[871] der Nr. 26 Satz 1 Anhang I UGP-Richtlinie in Bezug auf Fax und sonstige für den Fernabsatz geeignete Medien nicht vollständig umgesetzt. Ohne eine ausdrückliche Umsetzung der Nr. 26 Anhang I UGP-Richtlinie sind unerwünschte und wiederholte Anforderungen, sofern sie keine Werbung darstellen, richtlinienkonform nach § 7 Abs. 1Satz 1 UWG bzw. nach § 4 a UWG (früher nach § 4 Nr. 1 und 2 UWG) zu sanktionieren.[872]

2. Unterschiedliche Personenkreise

Die Tatsache, dass die UGP Richtlinie zwingende Schutzvorschriften für das Verbraucher-Unternehmer-Verhältnis vorsieht, während Art. 13 Abs. 3 DSRL 2002/58/EG nach ihrem Abs. 5 zwingend für natürliche Personen gilt, könnte dazu führen, dass der persönliche Anwendungsbereich der DSRL 2002/58/EG zwingend weiter als der der UGP-Richtlinie definiert werden muss. Dies hätte aber keine

---

867 *Pflüger*, GRUR Int 2008, 628.

868 *Köhler, WRP 2013, 567 Fn. 8; Zech, WRP 2013, 1434, 1435 Rdnr. Fn. 15; Schöler*, in: Harte/Henning UWG, 3. Aufl. 2013, § 7 Rdnr. 189; *Ohly*, in: *Ohly/Sosnitza*, 7. Aufl. 2016, § 7 Rdnr. 37; *Engels/Brunn*, GRUR 2010, 886, 888; *Leible*, in MünchKomm, UWG, 2. Aufl. 2014, § 7 Rdnr. 109; a. A. *Bernreuther*, WRP 2009, 390, 395, der die Hartnäckigkeit auch dann bejaht, wenn der Anrufer nach dem Anruf nicht auflegt, obwohl der Angerufene das Telefonat erkennbar nicht wünscht.

869 Weitere Beispiele bei *Köhler*, GRUR 2012, 1073, 1078.

870 Für eine Umsetzung der Nr. 26 plädiert *Köhler, Köhler* WRP 2015, 798, 802 Rdnr. 47; tendenziell auch *Mankowsi*, in: Fezer, UWG, 3. Aufl. 2015, § 7 Rdnr. 98.

871 „1. bei Werbung unter Verwendung eines in den Nummern 2 und 3 nicht aufgeführten, für den Fernabsatz geeigneten Mittels der kommerziellen Kommunikation, durch die ein Verbraucher hartnäckig angesprochen wird, obwohl er dies erkennbar nicht wünscht;"

872 Vgl. *Leible*, in: MünchKomm, UWG, 2. Aufl. 2014, § 7 Rdnr. 105, der allerdings keine Richtlinienrechtswidrigkeit annimmt.

Konsequenz für eine richtlinienkonforme Umsetzung der UGP-Richtlinie in Hinblick darauf, dass § 2 Abs. Nr. 2 Alt. 1 UWG auf Verbrauchereigenschaft abstellt, sondern wirkt sich möglicherweise auf die Umsetzung der DSRL 2002/58/EG aus und wird deshalb an dieser Stelle behandelt. Der Anwendungsbereich der DSRL umfasst natürliche Personen und nicht nur Verbraucher, weil diese die betroffenen Personen vor Beeinträchtigungen ihrer Privatsphäre schützen will, wenn sie also als „Mensch" betroffen[873] sind und nicht für den Fall, dass diese in ihrer Marktrolle als Verbraucher belästigt und zu einer unfreiwilligen Entscheidung bestimmt werden.

3. *Lauterkeitsrechtliche Prüfung*

Die Ansicht, wonach das Opt-in-Modell Nr. 26 UGP-Richtlinie absorbiert, platziert die Regulierung der Telefonwerbung außerhalb des gegenüber Verbrauchern vollständig harmonisierten Lauterkeitsrechts.[874] Die Wertungen des dreigliedrigen Verbotssystems finden damit keine ausreichende Berücksichtigung. Die unterschiedlichen Zweckrichtungen beider Richtlinienbestimmungen erfordern eine lauterkeitsrechtliche Prüfung anhand des dreistufigen Verbotskonzepts.[875] Erwägungsgrund 7 UGP-Richtlinie stellt auch keine Ausnahme von dem Grundsatz der Vollharmonisierung dar und klammert insofern die Prüfung der Unlauterkeit der Telefonwerbung nach dem Drei-Stufen-System nicht aus.[876] Die Beurteilung der Telefonwerbung am Maßstab der Nr. 26, Art. 8, 9 UGP-Richtlinie ist zwingend. Telefonwerbung, die nicht von Nr. 26 Satz 1 UGP-Richtlinie erfasst wird, unterliegt einer Einzelfallbeurteilung nach den Art. 8, 9 UGP-Richtlinie.[877] Ein einmaliger (auch unerwünschter) Anruf kann nicht nach Nr. 26 UGP-Richtlinie verboten werden. Ein einmaliger Anruf kann aber unter Hinzutreten besonderen Umständen nach Art. 8, 9 UGP-Richtlinie unzulässig sein. Ein einzelner Werbeanruf kann also beim Hinzutreten besonderer Umstände die Entscheidungsfreiheit des Verbrauchers in erheblicher Weise im Sinne von 8 UGP-RL beeinträchtigen.[878] Auch

---

873 *Ohly*, WRP 2006, 1401, 1411.

874 *Bernreuther*, MMR 2012, 284, 285 ff.

875 Ausführlich *Bernreuther*, MMR 20122, 284, 286 ff.

876 So aber *Schaffert*, in: FS Köhler, S. 585, 589. *Schaffert* räumt auch Nr. 26 UGP-Richtlinie keine eigenständige Bedeutung ein, falls eine nationale Rechtsordnung, ein Opt-in-Modell implementiert hat: Aus Nr. 26 Satz 2 UGP-Richtlinie, „unabhängig davon aber jedenfalls aus Erwägungsgrund 7 der UGP-Richtlinie" ginge hervor, dass eine Auslegung des § 7 Abs. 2 Nr. 2 UWG nicht nur am Maßstab der Art. 8 und 9 UGP-Richtlinie, sondern auch am Maßstab der Nr. 26 UGP-Richtlinie entbehrlich sei; a.A.: *Köhler*, WRP 2012, 1329, 1330 f.; Vgl. auch die obigen Ausführungen zur Vollharmonisierungswirkung der UGP-Richtlinie, Zweiter Teil, Drittes Kapitel, C.

877 *Köhler*, WRP 2012, 1329, 1331.

878 So auch *Bernreuther*, MMR 284, 286; a.A., *Apetz*, Das Verbot der aggressiven Geschäftspraktiken, 2011, S. 460 f.

kann ein wiederholter Anruf, selbst wenn die Einwilligung vorliegt, trotzdem unerwünscht sein, wenn dies beispielsweise zur Unzeit (abends nach 21 Uhr oder am Wochenende) erfolgt und fällt unter Nr. 26.

Für Deutschland ergibt die Einhaltung des dreigliedrigen Verbotssystems für Anrufe, die die Entscheidungsfreiheit der Verbraucher potenziell wesentlich beeinflussen folgendes Bild:

1. Werbeanrufe ohne Einwilligung des Verbrauchers sind nach § 7 Abs. 2 Nr. 2 Alt. 1 UWG verboten.
2. Werbeanrufe, für die eine Einwilligung eingeholt wurde, können dennoch unlauter sein:
   2.1. Erfolgen Anrufe für die eine Einwilligung vorliegt wiederholt und/oder zur Unzeit, ist der Tatbestand der Nr. 26 Anhang I UGP-Richtlinie erfüllt. Bei einer krassen Wiederholung, zum Beispiel drei Mal täglich, können Anrufe mit Einwilligung trotzdem unerwünscht sein, auch wenn diese nicht zur Unzeit erfolgen. Anrufe, die den Tatbestand der Nr. 26 Anhang I erfüllen, sind im Wege richtlinienkonformer Auslegung im Lichte der Nr. 26 UGP-Richtlinie nach § 4 a UWG (früher nach § 4 Nr. 1 UWG) zu prüfen und per se zu verbieten.[879] Denkbar erscheint äußert störende Anrufe, die beispielsweise zur Unzeit erfolgen, über § 7 Abs. 2 Nr. 2 Alt. 1 UWG lauterkeitsrechtlich zu unterbinden: die Einwilligungserklärung kann dahingehend ausgelegt werden, dass diese solche Werbeanrufe nicht umfasst, mit der Folge, dass eine für den konkreten Fall und in Kenntnis der Sachlage abgegebene Willenserklärung fehlt und ein Verstoß gegen § 7 Abs. 2 Nr. 2 Alt. 1 UWG vorliegt.
   2.2. Einmalige Anrufe mit Einwilligung des betroffenen Verbrauchers[880], die aber in Anlehnung an die Wertungen der Art. 8, 9 UGP-Richtlinie (Fallgruppe Beeinträchtigung der Entscheidungsfreiheit durch Belästigung) einen solchen Belästigungsgrad aufweisen, dass die Entscheidungsfreiheit des Verbrauchers erheblich beeinträchtigt wird und er zu einer geschäftlichen Entscheidung veranlasst wird, die er ansonsten nicht getroffen hätte, können nach § 4 a UWG, früher nach § 3 Abs. 1, § 4 Nr. 1[881] verboten werden. So namentlich, wenn der Anrufer besonders intensiv auf den Verbraucher eingewirkt hat, um ihn zu einem Geschäftsabschluss zu bewegen.[882] Auch ein Anruf, der zur Unzeit erfolgt, ist unerwünscht und kann auf die Entscheidungsfreiheit des Verbrauchers erheblichen Einfluss nehmen, etwa, weil der Verbraucher sich zum Vertragsschluss nur deshalb

879 Vgl. Köhler WRP 2013, 567, 570, Rdnr. 28.

880 Auch bei Telefonwerbung gegenüber sonstigen Marktteilnehmern können die Verbotstatbestände der § 3 Abs. 1, § 4 Nr. 1 und 3 eingreifen, *Köhler,* WRP 2012, 1329, 1334.

881 Vgl. *Köhler,* WRP 2013, 567, 570, Rdnr. 28; *Köhler,* WRP 2012, 1329, 1334.

882 *Köhler,* WRP 2012, 1329, 1334.

bestimmen lässt, um an Feiertagen, Wochenenden oder zu den Schlafenzeiten seine Ruhe zu haben.[883]

Bis zur BGH-Entscheidung vom 21.4.2016[884] konnten, soweit bekannt, keine praktischen Erfahrungen mit der Beurteilung der Telefonwerbung nach § 4 Nr. 1 UWG aufgezeichnet werden. Gerichten wurde unterstellt von der ausschließlichen Beurteilung der Telefonwerbung nach § 7 Abs. 2 Nr. 2 UWG auszugehen.[885] In der obigen Entscheidung prüft BGH, ob einen Schadensersatzanspruch nach §§ 3, 9 UWG in Verbindung mit § 4 Nr. 1 UWG a.F. besteht, nachdem das Gericht einen Schadensersatzanspruch nach § 823 II i.V.m. § 7 Abs. 2 Nr. 2 UWG mangels Schutzzwecks der Norm verneinte. Die Entscheidung bezieht sich allerding auf das b2b-Verhältnis. Der Fall liegt daher außerhalb des Anwendungsbereichs der Richtlinie.

3. Subsidiär ist auf die Generalklausel des § 3 Abs. 2 UWG bzw. § 3 Abs. 1 UWG im b2c-Verhältnis abzustellen.[886]

Die Drei-Stufenprüfung lässt erkennen, dass das per se Verbot des § 7 Abs. 2 Nr. 2 Alt. 1 UWG und somit die erste Stufe strengere Maßstäbe setzt, als das Unionsrecht in Nr. 26 UGP-Richtlinie. Die Implementierung der Bestimmung des Art. 13 Abs. 3 1. Alt DSRL 2002/58/EG in § 7 Abs. 2 Nr. 2 UWG hat also dazu geführt, dass ein neues per se Verbot entstanden ist, das der Anhang I UGP-Richtlinie nicht kennt. Dies stößt auf Bedenken[887] im Hinblick auf die EuGH-Rechtsprechung *Plus Warenhandelsgesellschaft*[888], wonach die per se Verbote des Anhangs I UGP-Richtlinie abschließend sind. Ein Widerspruch zu diesem Grundsatz liegt allerdings nicht vor. Die nachfolgenden Ausführungen werden im Übrigen zeigen, dass die Regelung in § 7 Abs. 2 Nr. 2 UWG nicht dazu führt, dass der Verstoß gegen Art. 13 Abs. 3 Alt. 1 DSRL 2002/58/EG mit lauterkeitsrechtlichen Mitteln sanktioniert wird und dass der „nationale lauterkeitsrechtliche Überschuss" des § 7 Abs. 2 Nr. 2 UGP-Richtlinie im Einklang mit der UGP-Richtlinie steht.

883 Vgl. *Köhler*, WRP 2012, 1329, 1334.
884 BGH, Urteil vom 21.4.2016 – I ZR 276/14, ZVertriebsR 2016, 254.
885 *Köhler*, WRP 2013, 567, 570, Rdnr. 30.
886 *Bernreuther*, MMR 2012, 284, 286; A.a Köhler, WRP 2012, 1329, Fn. 30, Die Generalklausel des § 3 Abs. 2 Satz 2 UWG erlange im Zusammenhang mit belästigenden Anrufen keine Bedeutung. Der Vorschrift komme nicht die Aufgabe zu, Sachverhalte zu erfassen, die in den Anwendungsbereich der aggressiven oder irreführenden Geschäftspraktiken fallen, aber deren Tatbestände nicht voll erfüllen.
887 Vgl. *Bernreuther*, MMR 2012, 284, 284, der im Ergebnis einen Widerspruch zu der EuGH-Rechtsprechung annimmt.
888 EuGH, GRUR 2010, 244 Rdnr. 41, 45– Plus Warenhandelsgesellschaft.

4. Rechtsdurchsetzung durch Lauterkeitsrecht?

Es steht außer Frage, dass die UGP-Richtlinie der Gewährleistung des freien Wettbewerbs und dem Schutz der wirtschaftlichen Interessen des Verbrauchers dient, während die DSRL 2002/58/EG die Privatsphäre natürlicher Personen als Ausdruck des Persönlichkeitsrechts schützt (Art. 1 Abs. 1 DSRL 2002/58/EG).[889] Dabei gehört der Schutz der Privatsphäre nicht zum Verbraucherschutz.[890] Diese Unterschiede werden durch Art. 7, 8 Grundrechte-Charta einerseits und Art. 38 Grundrechte-Charta andererseits deutlich.[891] Verbraucherschutz dient dem Rechtsgüterschutz und dem Schutz der wirtschaftlichen Interessen der Verbraucher. Er bezieht sich nicht auf eine konkrete schutzbedürftige Person, sondern bezeichnet eine Marktrolle, ein Marktverhalten[892]. Die UGP-Richtlinie schützt also den Verbraucher „gerade in seiner Verbraucherfunktion".[893]. In diesem Sinne bezweckt die UGP-Richtlinie den Schutz der Entscheidungsfreiheit des Verbrauchers als Marktteilnehmer und fordert zutreffende Informationen für seine geschäftliche Entscheidung sowie, dass er diese Entscheidung frei von unsachlichem Einfluss treffen kann.[894] Demgegenüber dienen die datenschutzrechtlichen Vorschriften der DSRL 2002/58/EG nicht der Sicherung der entscheidungsrelevanten Informationen und der Entscheidungsfreiheit des Verbrauchers, sondern dazu, die Persönlichkeit und die Privatsphäre des *individuell* Betroffenen zu schützen.[895] Der Schutz der DSRL 2002/58/EG greift also ein, wenn der Verbraucher oder eine sonstige natürliche Person „als Mensch"[896] betroffen ist, wenn also die Werbemaßnahme seine Privatsphäre tangiert. Die Regulierung unerbetener Nachrichten durch die DSRL 2002/58/EG betrifft zugleich das ökonomische Leben der betroffenen Personen. Sofern das wirtschaftliche Interesse des Verbrauchers neben seiner Privatsphäre zugleich tangiert wird, wird ersteres durch die DSRL 2002/58/EG nur reflexartig geschützt.[897]

Aus dieser Unterscheidung resultiert, dass die UGP-Richtlinie mit der eingeräumten Klagebefugnis zugunsten der Mitbewerber und Verbände (Art. 11 Abs. 1) ein kollektives Verbraucherinteresse verfolgt. Individuelle Klagerechte sind dagegen nicht vorgesehen. Die DSRL 2002/58/EG verpflichtet dagegen die Mitgliedstaaten im durch die RL 2009/136/EG neu eingeführten Art. 13 Abs. 6,

---

889 *Ohly*, in: *Ohly/Sosnitza*, UWG, 7. Aufl. 2016, § 7 Rdnr. 10; *Wunderle*, Verbraucherschutz im Europäischen Lauterkeitsrecht, 2010, S. 195.

890 *Köhler*, WRP 2013, 567, 568 Rdnr. 13; a.A. OLG Köln, Urteil vom 7.12.2012 – 6 U 69/12, WRP 2013, 659 Rdnr. 10.

891 *Köhler*, WRP 2013, 567, 568 Rdnr. 13.

892 *Köhler*, WRP 2013, 567, 568 Rdnr. 13.

893 *Ohly*, WRP 2006, 1401, 1411.

894 Vgl. *Zech*, WRP 2013, 1434, 1435 Rdnr. 9.

895 *Zech*, WRP 2013, 1434, 1435 Rdnr. 9.

896 *Ohly*, WRP 2006, 1401, 1411.

897 *Wunderle*, Verbraucherschutz im Europäischen Lauterkeitsrecht, 2010, S. 195.

natürlichen oder juristischen Personen, die durch Verstöße gegen die Umsetzungsvorschriften beeinträchtigt werden, individuelle Klagerechte zu gewähren.[898] Nachfolgend sind drei Konstellationen zu unterscheiden:

a. Wesentliche Beeinflussung des Marktverhaltens von Verbrauchern

Im Einklang mit der UGP-Richtlinie steht die Klagemöglichkeit von Verbänden und Mitbewerbern in Fällen, in denen Telefonwerbung die Entscheidungsfreiheit der Verbraucher wesentlich tangiert, entweder weil der Tatbestand des per se Verbots nach Nr. 26 Anhang I UGP-Richtlinie erfüllt ist oder, falls nicht, im Rahmen einer Wertung nach Art. 8, 9 UGP-Richtlinie.[899] Letztere früher durch eine richtlinienkonforme Auslegung in § 4 Nr. 1 UWG am Maßstab des Art. 8 und 9 UGP-Richtlinie[900]; nunmehr erfolgt eine Beurteilung nach § 4 a UWG 2015.[901]

b. Juristische Personen als Betroffene

Die Fälle, in denen nicht natürliche, sondern juristische Personen betroffen sind, bereiten keine Schwierigkeiten. Für diese trifft die DSRL 2002/58/EG keine abschließende Regelung.[902]

c. Natürliche Personen, deren Entscheidungsfreiheit nicht wesentlich beeinflusst wird

Einige Stimmen in der Literatur sehen die lauterkeitsrechtliche Bekämpfung von Anrufen, die unter der Belästigungsschwelle der Richtlinie liegen, als problematisch.

aa. Köhler und die zustimmende Literaturansicht

Soweit Telefonwerbung die Entscheidungsfreiheit des Verbrauchers nicht wesentlich beeinflusst, nimmt *Köhler*[903] an, die unterschiedlichen Rechtsdurchsetzungsbestimmungen der UGP-Richtlinie einerseits und der DSRL 2002/58/EG andererseits verböten ein Vorgehen von Mitbewerbern und Verbänden nach § 8 Abs. 3 UWG. Diese könnten höchstens als Verbrauchervertreter oder im Wege der Prozessstandschaft vorgehen.[904] Nach Art. 11 Abs. 1 UGP-Richtlinien müssten die Mitgliedstaaten jedenfalls Mitbewerbern und Verbänden die Klagebefugnis einräumen.

---

898 *Köhler,* WRP 2013, 567, 568 Rdnr. 15
899 Vgl. *Köhler,* WRP 2013, 567, 567 Rdnr. 4.
900 Vgl. *Köhler,* WRP 2012, 1329, 1333 f.
901 Siehe oben Zweiter Teil, Siebtes Kapitel, A. III. 3.
902 Vgl. oben Zweiter Teil, Zweites Kapitel, II.
903 *Köhler,* WRP 2012, 1329, 1332 ff; *Köhler,* GRUR 2012, 1073, 1080 f; WRP 2015, 798, 802 f.; WRP 2013, 567 ff; Zustimmend Zech, WRP 2013, 1343.
904 *Köhler,* WRP 2012, 1329, 1334; WRP 2013, 567, 570 Rdnr. 33.

Dagegen verpflichtet die Regelung in Art. 13 Abs. 6 Satz 1 DSRL 2002/58/EG die Mitgliedstaaten, sicherzustellen, dass betroffene natürliche und juristische Personen Verstöße gegen die entsprechenden nationalen Vorschriften gerichtlich geltend machen können – also Individualschutz gewähren –, während im letzten Falle die Verwaltungskontrolle nur ergänzend vorgesehen sei.[905] Die DSRL 2002/58/EG enthalte keine Mindestharmonisierungsklausel, sondern treffe in den Art. 13 Abs. 6, 15 und 15a eine abschließende Regelung.[906] Die DSRL 2002/58/EG räumt Mitbewerbern und Verbänden – anders als die UGP-Richtlinie – keine Klagebefugnis ein.[907] Dass dies keine Gesetzeslücke sei, ergebe sich aus der Unterlassungsrichtlinie 2009/22/EG, die die Angleichung der Rechtsvorschriften der Mitgliedstaaten über Unterlassungsklagen zum Schutz der Kollektivinteressen der Verbraucher regelt, da diese die UGP-Richtlinie im Anhang I aufführe, nicht hingegen die DSRL 2002/58/EG.[908] Dementsprechend könnten Verstöße gegen § 7 Abs. 2 Nr. 2–4 und Abs. 3 UWG von Mitbewerbern oder sonstigen Marktteilnehmern und Verbänden für durch unzulässige Werbung betroffene Verbraucher allenfalls vertretungsweise oder in Prozessstandschaft verfolgt werden.[909] Die Vorschrift der § 7 Abs. 2 Nr. 2–4 UWG würden nicht die Kollektivinteressen der Verbraucher schützen, da diese Vorschrift keine korrekte Umsetzung der UGP-Richtlinie und der DSRL 2002/58/EG darstelle.[910]

bb. BGH und die zustimmende Literaturansicht

Dazu hat der BGH in der Entscheidung *Telefonwerbung für DSL-Produkte* Stellung genommen. Aus dem Umstand, dass die RL 2009/22/EG in ihrem Anhang I die RL 2002/58/EG nicht aufführt ließe sich nicht ableiten, dass dem beklagten Mitbewerber die Aktivlegitimation für die Geltendmachung eines Anspruchs nach §§ 8 Abs. 1, 7 Abs. 2 Nr. 2 UWG fehlt.[911] Laut BGH seien Art. 13 Abs. 6 und Art. 15, 15a DSRL 2002/58/EG in der durch die RL 2009/136/EG geänderten Fassung nicht abschließend und schlössen insoweit die Aktivlegitimation der Verbände nicht aus.[912] Die Unterlassungsklagenrichtlinie 2009/22/EG bezwecke lediglich die

905 *Köhler*, WRP 2015, 798, 802 f.

906 *Köhler*, WRP 2012, 1329, 1332; *Köhler*, GRUR 2012, 1073, 1080; *Zech*, WRP 2013, 1434, 1434 Rdnr. 2; 1436 Rdnr. 18.

907 *Köhler*, WRP 2015, 798, 802 Rdnr. 37; *Köhler*, WRP 2012, 1329, 1332 f.

908 *Köhler*, WRP 2012, 1329, 1332; *Köhler*, GRUR 2012, 1073, 1080; *Köhler*, WRP 2015, 798, 802 Rdnr. 36 f.; *Zech*, WRP 2013, 1434, 1436 Rdnr. 19; Zech, WRP 2013, 1434, 1434 Rdnr. 2; 1436 Rdnr. 18.

909 *Köhler*, WRP 2012, 1329, 1334; *Köhler*, GRUR 2012, 1073, 1080.

910 *Köhler*, WRP 2013, 1464, 1464.

911 BGH, Urteil vom 20.3.2013 – I ZR 209/11, MMR 2014, 112, 113 Rdnr. 17 – Telefonwerbung für DSL Produkte.

912 BGH, Urteil vom 20.3.2013 – I ZR 209/11, MMR 2014, 112, 113 Rdnr. 12 ff. – Telefonwerbung für DSL Produkte; zustimmend *Menebröcker*, GRUR-Prax 2013, 451; *Ohly*,

Möglichkeit eines grenzüberschreitenden Vorgehens von Verbraucherschutzverbänden bei innergemeinschaftlichen Verstößen.[913] Überdies räume Art. 7 Richtlinie 2009/22/EG den Mitgliedstaaten die Option ein, Bestimmungen zu erlassen oder beizubehalten, die den qualifizierten Einrichtungen wie die Verbraucherverbände oder sonstigen betroffenen Personen weitergehende Rechte zur Klageerhebung verleihen. Auch *Schaffert* betont, dass die Richtlinie 2009/136/EG in keiner Weise erkennen lässt, dass diese nicht nur Mindest-, sondern auch Höchstvorgaben für den Schutz im Hinblick auf Verstöße gegen Vorschriften, die Mitgliedstaaten zur Umsetzung der DSRL 2002/58/EG bestimmen können, setzt.[914] Auch nehme Art. 15 Abs. 2 DSRL 2002/59/EG Bezug auf Art. 24 DSRL 95/46/EG, wonach die Mitgliedstaaten „geeignete Maßnahmen [ergreifen], um die volle Anwendung der Bestimmungen dieser Richtlinie sicherzustellen, und legen insbesondere die Sanktionen fest, die bei Verstößen gegen die zur Umsetzung dieser Richtlinie erlassenen Vorschriften anzuwenden sind“. Wären die Vorschriften über Individualrechtsschutz und verwaltungsrechtliche Kontrolle abschließend, so hätte es dieser Bestimmung nicht bedurft.[915]

Ohly bringt zudem vor, das EU-Recht strebe hinsichtlich des Schutzes der Privatsphäre ein hohes Niveau an, so dass eine zusätzliche Sanktion dem *effet utile* diene.[916]

cc. Eigener Ansatz

Über die Frage ob, Art. 13 Abs. 6 und Art. 15, 15a DSRL 2002/58/EG ausschließlichen Charakter haben, kann nur der EuGH eine verbindliche Antwort liefern. Nach der hier vertretenen Auffassung schließen die Unterschiede in der Schutzzweckverfolgung nicht zwingend aus, dass der Schutz der Privatsphäre ebenfalls kollektiv ausgestattet werden kann. Gerade die „Verwaltungsregelung“ in Art. 15a Abs. 2, die eine Art „kollektiven“ Rechtschutz“ beinhaltet, spricht dafür.[917] Wenn nach dieser Richtlinienbestimmung nationale Behörden und andere zuständige Stellen befugt sind, die Einstellung der in Art. 15a Abs. 2 genannten Verstöße anzuordnen – in Deutschland kann die Bundesnetzagentur gemäß Art. 15a Abs. 1 DSRL 2002/58/EG i.V.m. § 20 UWG auch Bußgelder verhängen – müssen Verbandsklagen ebenfalls zulässig sein. Der Vollharmonisierungscharakter der DSRL 2002/58/EG wird damit nicht übergangen. Der kollektive Schutz ist nicht strenger im Vergleich

in: *Ohly/Sosnitza*, UWG, 7. Aufl. 2016, § 7 UWG Rdnr. 9; *Schaffert*, in: FS Köhler, S. 585, 590 ff.

913 BGH, Urteil vom 20.3.2013 – I ZR 209/11, MMR 2014, 112, 113 Rdnr. 16 f. – Telefonwerbung für DSL Produkte.

914 *Schaffert*, in: FS Köhler, S. 585, 590 ff.

915 *Ohly*, in: *Ohly/Sosnitza*, UWG, 7. Aufl. 2016, § 7 UWG Rdnr. 9.

916 *Ohly*, in: *Ohly/Sosnitza*, UWG, 7. Aufl. 2016, § 7 UWG Rdnr. 9.

917 *Köhler*, WRP 2013, 567,569 Rdnr.21, zieht einen gegenteiligen Rückschluss aus der Vorschrift des Art. 15 a Abs. 2 DSRL 2002/58/EG.

zu der Individualklage, sondern stellt lediglich eine begleitende Rechtsdurchsetzungsalternative hierzu dar[918], die nicht geeignet ist, die Vollharmonisierungswirkung der DSRL auf Durchsetzungsebene auszuhöhlen.

Die Frage, ob Art. 13 Abs. 6 und Art. 15, 15a DSRL 2002/58/EG ausschließlichen Charakter haben, entfaltet allerdings für die Klärung der Zulässigkeit der lauterkeitsrechtlichen Durchsetzung von Verstößen gegen § 7 Abs. 2 Nr. 2 1. und 2. Alt. UWG keine präjudizielle Wirkung. Der reine Belästigungsschutz ist in UWG nicht datenschutzrechtlicher, sondern lauterkeitsrechtlicher Natur und liegt zugleich außerhalb des Anwendungsbereichs der Richtlinie. Um diese These zu beweisen, werden nachfolgend die auf europäischer, aber auch auf nationaler Ebene zu beachtenden Unterschiede zwischen der Schutzzweckverfolgung des Lauterkeitsrechts einerseits und des Datenschutzrechts andererseits näher untersucht.

Die auf die Zulässigkeit der Telefonwerbung anwendbaren Vorschriften der UGP-Richtlinie wirken, wie bereits oben dargestellt vollharmonisierend, soweit der Verbraucher als Marktakteur in seiner Entscheidungsfreiheit erheblich betroffen ist und somit der Anwendungsbereich der UGP-Richtlinie eröffnet ist. In diesem Falle schreibt Art. 11 Abs. 1 UGP-Richtlinie kollektiven Rechtsschutz vor, so dass die Anwendbarkeit des § 8 Abs. 3 UWG unbedenklich ist.

Der reine Belästigungsschutz, ggf. verbunden mit einer offensichtlich unerheblichen Beeinflussung der Entscheidungsfreiheit des Verbrauchers, konkurriert nicht mit dem Anwendungsbereich der UGP-Richtlinie. Der reine Belästigungsschutz kann im nationalen Recht als Marktverhaltensregelung im UWG weiterhin Bestand haben und kann auch kollektiv gestaltet werden.[919] Überdies sieht auch Erwägungsgrund 7 Satz 3 bis 5 UGP-Richtlinie vor, dass Belästigungsschutz von Mietgliedstaaten lauterkeitsrechtlich reguliert werden kann. Die Regelung des § 7 Abs. 2 Nr. 2 UWG weist eine Doppelwirkung auf: sie ist lauterkeitsrechtliche und datenschutzrechtliche Bestimmung zugleich. Dies ergibt sich daraus, dass in § 7 Abs. 2 Nr. 2 UWG die BGH-Grundsätze zur Zulässigkeit der Telefonwerbung und Art. 13 Abs. 3 Alt. 1 DSRL 2002/58/EG kodifiziert wurden.[920] Der Gesetzgeber ist offensichtlich vom selben Regelungsgehalt der BGH-Grundsätze einerseits und des Art. 13 Abs. 3 Alt. 1 DSRL 2002/58/EG andererseits ausgegangen, was aber nicht zutrifft. Die BGH-Rechtsprechung urteilt nicht die Verletzung der Privatsphäre eines bestimmten Verbrauchers, sondern stellt ebenfalls auf den Verbraucher als Marktakteur ab und sanktioniert das Marktverhalten eines Unternehmens. Der Rechtsschutz ist kollektiv ausgestattet.

Demnach ergeben sich keine Konkurrenzfragen des Marktverhaltensrechts mit dem Datenschutzrecht, weder im Hinblick auf die Aktivlegitimation noch im Hinblick auf die Durchsetzungsmechanismen, die sich nach der Aktivlegitimation der Person richten. Die Unzulässigkeit der Telefonwerbung wegen eines

---

918 Vgl. *Ohly*, in: *Ohly/Sosnitza*, UWG, 7 Aufl. 2016, § 7 UWG Rdnr. 9.

919 Siehe oben Zweiter Teil Drittes Kapitel D. III. 2. c. ff.

920 BT-Drucks. 15/1487, S. 21.

Anrufs, der die Belästigungsintensität der UGP-Richtlinie nicht erreicht, fällt nicht in den Bereich der UGP-Richtlinie und beruht auf nationalem Lauterkeitsrecht. Der Durchsetzungsmechanismus lauterkeitsrechtlicher Regelung kann in diesem Falle kollektiv ausgestattet werden. § 7 Abs. 2 Nr. 2 Alt. 1 UWG sanktioniert aber zugleich ein Verstoß gegen die Missachtung der Vorschriften zum Schutz der Privatsphäre i.S.d. Art. 13 Abs. 3 UGP-Richtlinie. Der Durchsetzungsmechanismus individueller Grundfreiheiten muss zwingend individuellen Charakter haben.

Eine an dem verfolgten Schutzzweck orientierte Analyse der BGH-Rechtsprechung in § 7 Abs. 2 Nr. 2 UWG wird aufzeigen, dass die per se Unzulässigkeit der Telefonwerbung in Deutschland lauterkeitsrechtlichen Ursprungs ist und der Schutz kollektiv ausgestattet ist.

i. Kodifizierte lauterkeitsrechtliche Bekämpfung der Telefonwerbung gegenüber Verbrauchern

Die deutsche Rechtsprechung sanktionierte bereits vor der Aufnahme des § 7 Abs. 2 Nr. 2 in das UWG auf der Basis des § 1 UWG a.F. die Geschäftspraktik Telefonwerbung als unlauteres Marktverhalten. Das Verbot wirkt generalpräventiv, also gegenüber jedermann.[921] Dies unterscheidet sich von der Verfolgung der Verletzung der Privatsphäre, die einen individuell konkreten Schutz aufweist. Die BGH-Rechtsprechung basiert – anders als das Lauterkeitsrecht der UGP-Richtlinie, die unmittelbar nur das wirtschaftliche Marktverhalten des Verbrauchers zwecks Binnenmarktforderung schützt – auf dem integrierten Lauterkeitsmodell, wonach Verbraucher, Mitbewerber und die Allgemeinheit gleichermaßen geschützt werden (§ 1 UWG). In einem ersten Schritt geht der BGH zunächst auf die Kollision der Interessen der Verbraucher und der Mitbewerber und in einem zweiten Schritt auf die Interessen der Allgemeinheit an einem unverzerrten Wettbewerb ein.

(1) Der Verbraucherschutz

Der BGH entscheidet den Konflikt[922] zwischen den Interessen der Verbraucher auf Wahrung der Privatsphäre und den durch Art. 5 Abs. 1[923] und Art. 12 Abs. 1 GG[924] geschützte Wirtschaftsinteressen der Werbenden zugunsten der Verbraucher. Der Verbraucherschutz i.S.d. BGH-Rechtsprechung unterscheidet sich von dem der UGP-Richtlinie. So weist der nationale Begriff der Belästigung i.S.d. § 7 UWG

---

921 Vgl. *Köhler*, WRP 2015, 798, 802 f. Rdnr. 37.

922 Zur gesetzlichen Schlichtung einer Konfliktsituation im Lauterkeitsrecht vgl. *Köhler*, in: *Köhler/Bornkamm/Feddersen*, UWG, 36. Aufl. 2018, § 1 Rdnr. 42.

923 *Paschke*, WRP 2002, 1219, 1221; allgemein zum Grundrecht auf Meinungsfreiheit für Wirtschaftswerbung mit wertendem und meinungsbildendem Inhalt, BVerfG NJW 1986, 1533, 1534 – Arztwerbung; BVerfGE 102, 347, 359 –Benetton.

924 Umfassend, *Dendorfer*, Aktives Telefonmarketing, 2003, S. 86 ff.

gewaltige Unterschiede im Verhältnis zu dem autonom[925] zu bestimmenden Begriff des Art. 8 UGP-Richtlinie auf.[926] Aus BGH-Sicht tritt die Belästigung bereits mit dem Anruf ein.[927] Die Art und Weise des Telefonats oder dessen Inhalt verstärken diesen unerwünschten Effekt. Die Belästigung i.S.d. Richtlinie ist von der Art und Weise des erfolgten Anrufs und/oder dessen Inhalt abhängig, denn dadurch kann die Belästigung derart gravierend sein, dass die Entscheidungsfreiheit der Verbraucher in erheblicher Weise beeinträchtigt wird.[928] Art. 9 UGP-Richtlinie stellt Kriterien dar, die Auskunft darüber geben, ob die Mittel der Belästigung, Nötigung, oder der unzulässigen Beeinflussung zur erheblichen Beeinträchtigung der Entscheidungs- oder Verhaltensfreiheit des Durchschnittsverbrauchers in Bezug auf das Produkt eingesetzt worden sind. So bezieht sich das per se Verbot der Nr. 26 auf die Art und Weise des Anrufs (hartnäckig und unerwünscht). Kernbestandteil der Belästigung i.S.d. UGP-Richtlinie ist auch die Beeinträchtigung der Privatsphäre[929]. Allein der Einsatz des Mittels der Belästigung macht die Geschäftspraktik jedoch noch nicht aggressiv und daher noch nicht unlauter. Erforderlich ist zudem, dass die Belästigung die Entscheidungs- oder die Verhaltensfreiheit des Verbrauchers erheblich beeinträchtigt und aufgrund dessen (Kausalzusammenhang)[930] der Verbraucher tatsächlich oder voraussichtlich dazu veranlasst wird, eine geschäftliche Entscheidung zu treffen, die er andernfalls nicht getroffen hätte. Der Privatsphärenschutz i.S.d. UGP-Richtlinie ist daher an die geschäftliche Entscheidungsfreiheit des Verbrauchers gekoppelt. Dass die UGP-Richtlinie einen reinen Belästigungsschutz ablehnt, bringen neben Art. 8 UGP-Richtlinie auch Art. 1 UGP-Richtlinie und der der Auslegung dieser Vorschriften dienende Erwägungsgrund 7 UGP-Richtlinie zur Geltung.[931] Der Begriff der „Belästigung" i.S.d. UGP-Richtlinie stimmt also nicht mit dem Belästigungsbegriff des UWG überein, weil die Richtlinie immer eine Beeinträchtigung der wirtschaftlichen Autonomie des Verbrauchers verlangt.[932] Die Entscheidungsfreiheit in Bezug auf Telefonwerbung

---

925 *Micklitz/Rott*, in: *Dauses*, Handbuch des EU-Wirtschaftsrechts, 38. EL September 2015, H. V. Rdnr. 648.

926 *Wunderle*, Verbraucherschutz im Europäischen Lauterkeitsrecht, 2010, S. 250, 253.

927 Die Formulierung in der Begr. RegE. UWG, BT-Drucks 15/1487, S. 20, § 7 UWG sanktioniere all diejenigen Handlungen, die" bereits wegen der Art und Weise unabhängig von ihrem Inhalt als Belästigung" empfunden werden, stellt sich als missverständlich dar.

928 Vgl. *Apetz*, Das Verbot aggressiver Geschäftspraktiken, 2011, S. 227, der von einer unzumutbaren Beeinträchtigung der Privatsphäre der Verbraucher spricht.

929 *Apetz*, Das Verbot aggressiver Geschäftspraktiken, 2011, S. 227.

930 Umfassend *Apetz*, Das Verbot aggressiver Geschäftspraktiken, 2011, S. 257 ff.

931 Ausführlich *Apetz*, Das Verbot aggressiver Geschäftspraktiken, 2011, S. 236 ff.

932 *Micklitz/Rott*, in: *Dauses*, Handbuch des EU-Wirtschaftsrechts, 38. EL September 2015, H. V. Rdnr. 648.

stand auch in Deutschland zur Diskussion, jedoch nicht bei der Gruppe der Belästigung, sondern bei der Gruppe der Überrumpelung, die mit Nötigung gleichgesetzt wurde.[933]

(2) Schutz der Entscheidungsfreiheit des Verbrauchers

Zudem sieht der BGH die Art und Weise des Gesprächsverlaufs als potenziell geeignet, eine zusätzliche Belästigung zu enthalten, da eine explosive Negativstimmung eintreten könnte. [934] In einer neusten Entscheidung vom 21.4.2016 betonnte BGH ausdrücklich, dass der Schutzzweck der Norm § 7 UWG nicht die Entscheidungsfreiheit der Verbraucher umfasst. Die Einbeziehung der Entscheidungsfreiheit des Umworbenen in den Schutzbereich von § 7 UWG würde zudem die auch durch das Unionsrecht nahegelegten systematischen Grenzen zu § 4a Abs. 1 Satz 2 Nr. 1 UWG verwischen.[935] Eine gegebene Überrumpelungssituation und die damit einhergehende Beeinträchtigung der Entscheidungsfreiheit gehöre nicht zum Bereich der Gefahren, die § 7 Abs. 2 Nr. 2 UWG verhindern will.[936] Die Entscheidungsfreiheit der Verbraucher hat der BGH in seiner Rechtsprechung auch wegen der Art und Weise der Ansprache als tangiert angesehen, wenn diese zu einer Zeit erfolgt, die dem Verbraucher eine sachliche und ruhige Prüfung nicht erlaubt.[937] Die Beeinträchtigung der Entscheidungsfreiheit des Verbrauchers ist allerdings keine Voraussetzung für das lauterkeitsrechtliche Verbot der Telefonwerbung. Allein das besondere Überraschungs- und Überrumpellungsmoment, das den Adressaten zu übereilten und unüberlegten Entscheidungen zu veranlassen vermag, wirkt bereits unmittelbar wettbewerbsverfälschend. [938]

(3) Schutz der Privatsphäre

Ausschlaggebend für das Verbot der Telefonwerbung gegenüber Verbrauchern ohne deren Einwilligung ist also der Schutz der Privatsphäre. Dieses Vorhaben gleicht dem Schutzzweck der DSRL 2002/58/EG, der ebenfalls den Schutz der Privatsphäre gerade im Hinblick auf die Gefahren, die moderne Kommunikationsarten eröffnen, anvisiert.[939] Die DSRL 2002/58/EG verwendet im Art. 13 Abs. 3 den

933 *Zöller*, GRUR 1992, 297
934 BGH, Urteil vom 19.6.1970 - I ZR 115/68, GRUR 1970, 523, 524 – Telefonwerbung I; BGH, Urteil vom 8.6.1989 – I ZR 178/87, GRUR 1989, 753, 754 – Telefonwerbung II.
935 BGH, Urteil vom 21.4.2016 – I ZR 276/14, ZVertriebsR 2016, 254, 256 Rdnr. 16.
936 BGH, Urteil vom 21.4.2016 – I ZR 276/14, ZVertriebsR 2016, 254, 257 Rdnr. 21.
937 BGH, Urteil vom 08.07.1999 – I ZR 118/97, GRUR 2000, 235, 236 – Werbung am Unfallort VI.
938 Glöckner, Europäisches Lauterkeitsrecht, 2006, S. 453.
939 Der Schutz der Privatsphäre ist gemeinschaftsrechtlich durch Art. 8 Abs. 1 EMRK gewährleistet, in Art. 7 Grundrechtecharta niedergelegt und von der EuGH-Rechtsprechung als Grundrecht anerkannt: EuGH Urteil vom 8.4.1992 C-62/90, Slg. 1992, I-2575 ff. Rdnr. 23 – Kommission/Deutschland.

Begriff der „unerbetenen Nachrichten", jedoch findet der Begriff der „belästigenden Anrufe" in Art. 10 lit. a) DSRL 2002/58/EG explizite Anwendung. Der Anruf als solcher stellt eine unzumutbare Belästigung dar, denn dadurch wird die Privatsphäre des Verbrauchers als Ausprägung des allgemeinen Persönlichkeitsrechts nach Art. 1 Abs. 1 i.V.m. Art. 1 Abs. 2 GG in unzumutbarer Weise beeinträchtigt.[940] Der Schutz der Individualsphäre steht im Vordergrund gegenüber dem wirtschaftlichen Gewinnstreben.[941] Der BGH unterscheidet im Zusammenhang mit Telefonwerbung nicht zwischen der Privatsphäre, die üblicherweise mit dem Wohnraum zusammenhängt, und der Individualsphäre, die sich auf den öffentlichen Raum bezieht und typischerweise als wenig schutzwürdig qualifiziert wird[942]. Im Zusammenhang mit Telefonwerbung geht der BGH von einer Begriffsidentität der Privat- und der Individualsphäre aus.[943] Das Interesse Einzelner, von Werbeinformationen verschont zu bleiben, besteht unabhängig von Wohnraum.[944] Dies gilt vor allem in Hinblick auf die Benutzung mobiler Telefonie, die Werbenden ein spontanes Eindringen in die Individualsphäre des Verbrauchers ortsunabhängig erlaubt. Die Sphäreneinteilung ist daher für die Konstellation der Telefonwerbung wenig geeignet, da diese die Gefahr einer vorweggenommenen Interessenabwägung in sich birgt und das, auch außerhalb des Wohnraums genau so vorhandene Interesse des Verbrauchers, mit Werbeanrufen nicht konfrontiert zu werden, nicht hinreichend berücksichtigen würde. Der Wille des Verbrauchers, sich mit Telefonwerbung nicht auseinandersetzen zu müssen und seine Individualsphäre in und außerhalb des Wohnraums intakt zu halten, ist Ausprägung seines allgemeinen Persönlichkeitsrechts und unterscheidet sich von den durch die UGP-Richtlinie verfolgten wirtschaftlichen Interessen des Verbrauchers, eine unverfälschte geschäftliche Entscheidung zu treffen. Der Schutz der Privatsphäre ist also dem Schutz der Entscheidungsfreiheit des Verbrauchers zeitlich vorgeschaltet.[945] Der BGH merkte an, die Belästigung hänge mit den Eigenarten des Mediums Telefon zusammen, das ein unkontrollierbares Eindringen in die Privatsphäre des Angerufenen erlaubt.[946] In erster Linie ist dem Verbraucher

---

940 Ausführlich, *Mummenhoff*, Persönlichkeitsschutz gegen unerbetene Werbung auf privaten Telefonanschlüssen, 2011.

941 BGH, Urteil vom 19.6.1970 – I ZR 115/68, GRUR 1970, 523, 524 – Telefonwerbung I; BGH, Urteil vom 8.6.1989 – I ZR 178/87, GRUR 1989, 753, 754 – Telefonwerbung II.

942 Vgl. OLG Hamburg, Urteil vom 20.04.1989 – 3 U 152/88, DB 1989, 1407, 1408.

943 Vgl. Privatsphäre: BGH, Urteil vom 16.12.1993 – I ZR 285/91, GRUR 1994, 380, 381 – Lexikothek, Privatsphäre; Individualsphäre: BGH, Urteil vom 08.11.1989 – I ZR 55/88, GRUR 1990, 280, 281 – Telefonwerbung III; ebenso Begr. RegE UWG 2004, Bt-Drucks. 15/1487, S. 21.

944 Vgl. *Burmeister*, Belästigung als Wettbewerbsverstoß, 2006, S. 41. Für eine vorzunehmende Unterscheidung plädiert *Hartwig*, CR 2005, 340, 341; Zur Unterscheidung der Individual- und der Privatsphäre siehe *Freund*, Das Persönlichkeitsrecht des Umworbenen, 1983, S. 173 ff.

945 *Burmeister*, Belästigung als Wettbewerbsverstoß, 2006, S. 42.

946 BGH, Urteil vom 19.6.1970 – I ZR 115/68, GRUR 1970, 523, 524 – Telefonwerbung I; BGH, Urteil vom 8.6.1989 – I ZR 178/87, GRUR 1989, 753, 754 – Telefonwerbung II.

die Wahl des Mediums entzogen, er wird per Telefon kontaktiert, obwohl er seinen Anschluss für andere Zwecke vorgesehen hat.[947] Bereits das Klingeln als solches belästigt, da der Verbraucher seine aktuelle Tätigkeit unterbrechen muss. Überdies geht der Verbraucher meistens an den Apparat.[948] Der Verbraucher sieht sich gezwungen, sich mit dem Inhalt des Gesprächs auseinanderzusetzen, da ihm zunächst der Zweck des Anrufs nicht klar ist. Der Eingriff in das personale Selbstbestimmungsrecht[949] tritt also deutlich auf. Dies gilt insbesondere dann, wenn der Anrufer höflich auftritt, da Höflichkeit ebenfalls Höflichkeit auslöst.[950] So erhält der Anrufer die unmittelbare Aufmerksamkeit des Verbrauchers, der gezwungen ist, sich auf die Stimme zu konzentrieren.[951] Dem Verbraucher verbleibt mithin nur die Wahl der Reaktion auf die Werbebotschaft, nicht hingegen die vorherige Abwehrmöglichkeit.[952] Dies gilt auch für die Verbraucher, die nach der Kontaktaufnahme mit aktiver Abwehr reagieren[953]. Nach der hergestellten Kontaktaufnahme beginnt die Konfrontation des Verbrauchers mit den Verkaufstalenten und der Überredungskunst[954] des besonders geschulten Anrufpersonals.

(4) Bindung von Ressourcen

Die Unzulässigkeit der Telefonwerbung ohne die erkennbare Zustimmung des Verbrauchers beruht zudem auf der Bindung von Ressourcen des Empfängers (Zeitaufwand, Vorhaltekosten von Empfangseinrichtungen).[955]

(5) Die Nachahmungsgefahr

Neben diesem Konflikt zwischen Einzelinteressen spielt der Schutz der Allgemeinheit vor Auswüchsen im Wettbewerb - verstanden als Schutz des Wettbewerbs als Institution[956] - eine prägende Rolle bei der Entscheidungsbegründung.[957] Der

---

947 BGH, Urteil vom 19.6.1970 - I ZR 115/68, GRUR 1970, 523, 524 – Telefonwerbung I; *Mummenhoff*, Persönlichkeitsschutz gegen unerbetene Werbung auf privaten Telefonanschlüssen, 2011, S. 212.

948 *Dendorfer*, Aktives Telefonmarketing, 2003, S. 69.

949 Vgl. *Burmeister*, Belästigung als Wettbewerbsverstoß, 2006, S. 41.

950 BGH, Urteil vom 19.6.1970 - I ZR 115/68, GRUR 1970, 523, 524 – Telefonwerbung I; BGH, Urteil vom 8.6.1989 – I ZR 178/87, GRUR 1989, 753, 754 – Telefonwerbung II.

951 *Mummenhoff*, Persönlichkeitsschutz gegen unerbeten Werbung auf privaten Telefonanschlüssen, 2011, S. 212.

952 *Dendorfer*, Aktives Telefonmarketing, 2003, S. 75.

953 *Ehlers*, WRP 1983, 187, 190.

954 Vgl. *Mummenhoff*, Persönlichkeitsschutz gegen unerbetene Werbung auf privaten Telefonanschlüssen, 2011, S. 212; *Gilles*, Das Recht des Direktmarketing, 1982, S. 47, Rdnr. 57.

955 BGH, Urteil vom 21.4.2016 – I ZR 276/14, ZVertriebsR 2016, 254, 256 Rdnr. 16.

956 *Köhler*, in: *Köhler/Bornkamm/Feddersen*, UWG, 36. Aufl. 2018, § 1 Rdnr. 42.

957 Siehe auch *Nordemann*, WRP 1969, 16, 17, der zutreffend ausführt, dass die Unzulässigkeit der Telefonwerbung aus lauterkeitsrechtlicher Sicht nicht allein wegen des Eindringens in die Privatsphäre verboten werden kann. Eine Mindermeinung

BGH verbietet Telefonwerbung in Hinblick auf die Nachahmungsgefahr.[958] Aufgrund der Effizienz dieser Methode, vor allem weil es sich um eine zeitlich und finanziell nicht besonders aufwendige Methode handelt, fürchtet der BGH ein unkontrollierbares Expandieren, das zu einer Verwilderung der Wettbewerbssitten führt.[959] Die Nachahmungsgefahr konkretisiert sich dadurch, dass andere Mitbewerber sich gezwungen sehen könnten, sich ebenfalls dieser unsittlichen Methode zu bedienen, um von einer Marktzugangs- oder einer Markterhaltungschance profitieren zu können: „es ist weiter zu berücksichtigen, daß eine Werbemethode auch dann unlauter ist, wenn sie den Keim zu einem immer weiteren Umsichgreifen in sich trägt und damit zu einer Verwilderung der Wettbewerbssitten führt, weil die Mitbewerber aus Wettbewerbsgründen gezwungen wären, diese Wettbewerbsmethode nachzuahmen".[960] Die Nachahmung ist für das Lauterkeitsrecht isoliert betrachtet zwar nicht sanktionierungsbedürftig d.h. eine Werbemethode wird nicht „schon dadurch unlauter, dass diese von anderen übernommen werden kann."[961] Im Bereich der Werbung geht es aber gerade um die Kumulierung werblicher Ansprachen, die die Belästigung ausmachen und dadurch zur Unzumutbarkeit und zur Unlauterkeit führen. Es ist lauterkeitsrechtlich nicht auf die im Einzelfall konkrete Belästigung, sondern auf das Massenphänomen abzustellen, so dass bereits ein einmaliger Anruf oder eine einzelne E-Mail die Nachahmungsgefahr in sich trägt.[962] Das UWG nimmt das Allgemeininteresse nur insoweit in Schutz, als es um marktbezogene Handlungen geht.[963] Diese Voraussetzung ist erfüllt, auch wenn man auf den Anruf als solchen, unabhängig von dessen Inhalt, abstellt. Das bloße Anrufen stellt eine Geschäftspraktik und somit ein Marktverhalten dar. Der Anruf selbst als für das Telefongespräch notwendige einleitende Maßnahme, unterliegt der Definition der geschäftlichen Handlung des § 2 Abs. 1 Nr. 1 UWG. Ein einziges Telefonat als solches unterliegt auch der Definition der Geschäftspraxis in Art. 2 lit. d)

---

lehnt die Begründung der Sittenwidrigkeiten durch Nachahmungsgefahr ab: *Böhm*, MMR1999, 643, 646; *Wienke*, WRP 1986, 455,456.

958 Vgl. *Hasselblatt*, in: *Gloy/Loschelder/Erdmann*, Handbuch des Wettbewerbsrechts, 4. Aufl. 2010, S. 1458, f. § 61 Rdnr. 3, S. 1464 § 61 Rdnr. 13, S. 1503 f. § 61 Rdnr. 119; Davon zu unterscheiden ist der Fall der Nachahmung einer bestimmten Werbung, also die inhaltliche Übernahme, die traditionell dem Anwendungsbereich des Behinderns zugerechnet wird, dazu *Beater*, Nachahmen im Wettbewerb, 1995, S. 182 ff.

959 BGH, Urteil vom 19.6.1970 - I ZR 115/68, GRUR 1970, 523, 524 – Telefonwerbung I.

960 BGH, Urteil vom 19.6.1970 - I ZR 115/68, GRUR 1970, 523, 524 – Telefonwerbung I; Kritisch *Bülow*, GRUR 1976, 180, 182; *Schütz*, WRP 1993, 168; *Rothley*, Persönlichkeitsverletzung durch unverlangte kommerzielle Kommunikation, 2003, S. 243 f.

961 *Hasselblatt*, in: *Gloy/Loschelder/Erdmann*, Handbuch des Wettbewerbsrechts, 4. Aufl. 2010, S. 1459., § 61 Rdnr. 3.

962 Vgl. *Hasselblatt*, in: *Gloy/Loschelder/Erdmann*, Handbuch des Wettbewerbsrechts, 4. Aufl. 2010, S. 1459., § 61 Rdnr. 3, insb. Fn. 15.

963 *Ohly*, in: *Ohly/Sosnitza*, UWG, 7. Aufl. 2016, § 1 Rdnr. 9.

UGP-Richtlinie, aber eben nicht dem Anwendungsbereich, der sich auf unlautere Geschäftspraktiken bezieht. (Art. 3 Abs. 1 UGP-Richtlinie).

(6) Erlangung eines Vorsprungs durch Rechtsbruch

Die lauterkeitsrechtliche Dimension unerlaubter Telefonwerbung kann ferner auf den Gedanken der ungerechtfertigten Erlangung eines Vorsprungs durch Rechtsbruch gestützt werden[964], weil das Eindringen in die Privatsphäre des Werbeadressaten die Gefahr der Begehung einer unerlaubten Handlung wegen der Verletzung des allgemeinen Persönlichkeitsrechts oder des Rechts am eingerichteten und ausgeübten Gewerbebetriebs birgt.[965] Zu beachten ist, dass nicht jede Beeinträchtigung des persönlichen Bereichs des Einzelnen im Rahmen der deliktischen Prüfung eine Verletzung des allgemeinen Persönlichkeitsrechts darstellt[966], bzw. nicht jede Beeinträchtigung der Berufssphäre die Annahme der Verletzung des Rechts am eingerichteten und ausgeübten Gewerbebetriebs rechtfertigt.

ii. Aktualität dieser Entscheidungsgrundsätze

47 Jahre nach dem Erlass der ersten BGH-Entscheidung zur Zulässigkeit der Telefonwerbung gegenüber Verbrauchern wirken die Argumente des BGH abgeschwächt.[967] Diese Abschwächung ist unter Betrachtung der Entwicklung des Verbraucherleitbilds einerseits und der Entwicklungen der technischen Kommunikation andererseits zu konstatieren. Die Nachahmungsgefahr ist heutzutage weniger hoch als vor 47 Jahren einzuschätzen. Dies hängt mit der Entwicklung der technischen Kommunikation zusammen. Während in den 70 Jahren das Medium Telefon eine rasante Verbreitung erfahren hat, die eine attraktive Methode der Direktwerbung bot, gewann in den letzten Jahren das Internet mehr und mehr an Bedeutung. Direktmarketing wird daher nicht mehr nur mittels Telefon, sondern vor allem durch E-Mail betrieben. Daher wird der Wettbewerb durch Telefonwerbung weniger intensiv beeinträchtigt. Die Effizienz dieser Methode dürfte aufgrund der Änderung des Marktverhaltens des Verbrauchers auch gemindert sein. Das heutige Verbraucherleitbild ist kein Wunsch, sondern Realität. Während

---

964 *Glöckner*, Europäisches Lauterkeitsrecht, 2006, S. 454.

965 Siehe auch *Glöckner*, Europäisches Lauterkeitsrecht, 2006, S. 454, der aber nicht klar stellt, dass nicht jeder unerwünschte Werbeanruf den Tatbestand der unerlaubten Handlung im Sinne von § 823 BGB erfüllt.

966 *Rothley*, Persönlichkeitsverletzung durch unverlangte kommerzielle Kommunikation, 2003, S. 240 f.

967 Für eine Liberalisierung des Telefonmarketing als zeitgemäß empfundene Lösung positioniert sich *Paschke*, WRP 2002, 1219.

Verbraucher in den 70er Jahren, als die Sättigungstendenzen der Märkte sich erstmalig deutlich etablierten, mit einer größeren Auswahl an Produkten überrascht und überflutet wurden und Marketingmaßnahmen deshalb große Manipulationswirkung versprachen, haben sich Verbraucher in den letzten Jahren Abwehrmechanismen gegen solche Praktiken angeeignet, auch wenn gerade die Produktauswahl gestiegen ist. Sie haben ihr Verhalten den Marktgegebenheiten angepasst und gelernt, Manipulationsgefahren zu erkennen, Quellen zu vergleichen und ihre Informationen über sichere Quellen zu beziehen. Gleichzeitig reagieren auch werbende Unternehmen und passten ihr Verhalten an. Werbende haben erkannt, dass ein direktes Vorgehen bei Verbrauchern abstoßend wirkt und diese dann eine Abwehrhaltung einnehmen. Das Abtelefonieren einer vorgegebenen Liste verspricht wenig Erfolg. Diesen Absatzdruck von „oben nach unten" erkennen Anrufer mit durchschnittlichem Verstand sofort. Auch weitere Überzeugungsversuche nach einer klaren Absage versprechen wenig Erfolg. Deshalb sind Werbende auf die Entwicklung subtiler Beeinflussungsmethoden angewiesen.

Die Vorstellung, dass der Durchschnittsverbraucher sich nur schwer einem Anruf entledigen kann, bevormundet den Verbraucher und wirkt befremdlich. Der BGH selbst hat sich seitdem von dem empirisch zu beurteilenden Verbraucherleitbild getrennt. Seit dem *Orient-Teppichmuster*-Urteil[968] verzichtete der BGH auf seine Konzeption über das empirisch zu beurteilende Leitbild des flüchtigen, unkritischen Verbrauchers[969], der keine grammatikalischen Überlegungen anstellt, von dem keine Fachkenntnisse erwartet werden[970] und der Ankündigungen weder genau noch vollständig oder mit kritischer Überlegung würdigt.[971] Nunmehr gilt das Bild des souveränen Marktbürgers. Diese Änderung ist (auch) auf unionsrechtliche Einflüsse zurückzuführen,[972] entspricht aber dem Marktgeschehen. Von dem marktsouveränen Verbraucher wird verlangt, dass er seinen Telefongesprächspartner loswerden kann. Telefonwerbung gegenüber besonderen Verbrauchergruppen, die zum Beispiel aufgrund des Alters besonders beeinflussbar sind, unterliegt einer Sonderbehandlung. Der Grundsatz muss aber lauten, dass sich der durchschnittlich

968 BGH, Urteil vom 20.10.1999 – I ZR 167/97, GRUR 2000, 619, 621 – Orient-Teppichmuster; ständige BGH – Rspr.: BGH, Urteil vom 2.10.2003 – I ZR 150/01, GRUR 2004, 244, 245 – Marktführerschaft; BGH, Urteil vom 7.7.2005 – I ZR 253/02, GRUR 2005, 877, 879 – Werbung mit Testergebnis; BGH, Urteil vom 11.1.2007 – I ZR 87/04, GRUR 2007, 805, 807 – Irreführender Kontoauszug.

969 Vgl. *Micklitz/Keßler*, WRP 2003, 919, 923.

970 BGH, Urteil vom 23.10.1956 – I ZR 76/54, GRUR 1957, 128, 130.

971 BGH, Urteil vom 23.01.1959 – I ZR 14/58, GRUR 1959, 365, 366; BGH, Urteil vom 22.10.1992 – I ZR 284/90, GRUR 1993, 127, 128.

972 Vgl. oben Zweiter Teil, Drittes Kapitel II. A.

informierte und verständige, situationsbedingt aufmerksame Verbraucher[973] einem unerwünschten Werbegespräch entziehen kann.

Im Zeitalter des herrschenden Zeitmangels und der Hektik finden Verbraucher, durch diese Umstände angetrieben, ausreichende Abwehrmechanismen, um lästige bzw. „nervige" Anrufe zu beenden. Gleichzeitig dürfte gerade die Zeitmangelempfindung die Beeinträchtigung der Privatsphäre und die Belästigungsempfindung, also die Abneigung des Verbrauchers, sich mit der Telefonwerbung überhaupt auseinandersetzen zu müssen, verstärken, so dass die Privatsphäre des Verbrauchers eines hohen Schutzes bedarf. Der Zwang, sich mit dem Anruf auseinandersetzen zu müssen, um sich Gewissheit über den Zweck des Anrufs zu verschaffen, gilt nach wie vor, auch nach der Einführung des Verbots der Rufnummernunterdrückung. Werberufnummern sind nicht immer erkennbar. Hinzu kommt, dass die angezeigte Rufnummer derart manipulierbar ist, dass anhand eines Rückrufs der ursprüngliche Anrufer nicht ermittelt werden kann. Diese Methode ist bereits aus der Skype-Telefonie, im Rahmen derer eine beliebige Rufnummer erscheint, bekannt.

Überdies birgt Telefonwerbung trotz des aktuell geltenden Verbraucherleitbilds die Gefahr der unsachlichen Beeinflussung, insofern als Verbraucher im Rahmen der kommerziellen Kommunikation via Telefon gefährdet sind, eine spontane unüberlegte geschäftliche Entscheidung zu treffen. Diese Überrumpelungsgefahr trägt jedoch bis zu einem gewissen Grad jede Direktwerbemaßnahme in sich, auch dann, wenn sie mit Einwilligung des Betroffenen erfolgt.[974] Ein besonderes Gewicht kann daher der Überrumpelung nur im konkreten Fall zukommen. Die Gefahr der Überrumpelung wird ansonsten ausreichend durch die Möglichkeit des Widerrufs von Fernabsatzverträgen konterkariert.

Die Literatur[975] begründet zudem die Belästigung des Verbrauchers durch den erfolgten Eingriff in seine negative Meinungsfreiheit aus Art. 5 Abs. 1 GG. Unerwünschte Telefonwerbung beeinträchtigt das „Recht, nicht zuhören zu müssen" und die Werbeinformationen frei auswählen zu können.[976]

Der Privatsphärenschutz und die Nachahmungsgefahr rechtfertigen auch gegenwärtig ein per se Verbot der Telefonwerbung gegenüber Verbrauchern bei Fehlen deren Einwilligung. Dieses per se Verbot kollidiert nicht mit dem Unionsrecht und kann aufrecht erhalten bleiben. Das Marktverhalten des Verbrauchers muss keine bestimmte Beeinflussungsrelevanz erreichen, um lauterkeitsrechtlich

973 Vgl. Erwägungsgrund 18 UGP-Richtlinie; EUGH NJW 1998, 3183 ff.– Gut Springenheide; EUGH Slg. 2000, I – 135 ff. Rdnr. 27–Lifting; EUGH Slg. 2001, I – 7945 ff. Rdnr .52 – Toschiba/Katun.

974 Vgl. *Busche/Kraft*, WRP 1998, 1142, 1441, die mit unaufgeforderter Werbung eine immanente Belästigung verbinden: „Diese Art der Werbung lebt davon, daß sie stört, um Aufmerksamkeit auf sich zu lenken."

975 *Fikentscher/Möllers*, NJW 1998, 1337, 1342 ff.; *Dendorfer*, Aktives Telefonmarketing, 2003, S. 81 f.

976 *Fikentscher/Möllers*, NJW 1998, 1337, 1338 m.w.N.

geschützt werden zu dürfen.[977] Die UGP-Richtlinie erlaubt auch reinen Belästigungsschutz (Erwägungsgrund 7 Satz 3 bis 5 UGP-Richtlinie).

iii. Lauterkeitsrechtliche Bekämpfung der Telefonwerbung gegenüber sonstigen Marktteilnehmern

Telefonwerbung im b2b-Verhältnis ist vom Anwendungsbereich der UGP-Richtlinie ausgeklammert. Die Existenz des § 7 Abs. 2 Nr. 2 2. Alt UWG bereitet keine Bedenken im Hinblick auf die UGP-Richtlinie. Ebenfalls keine Bedenken ergeben sich im Hinblick auf einen möglichen ausschließlichen Charakter der Art. 13 Abs. 6 und Art. 15, 15a DSRL 2002/58/EG. Auch die b2b-Regelung in § 7 Abs. 2 Nr. 2 Alt. 2 UWG weist ebenso wie die b2c-Regelung der 1. Alt eine zweispurige Zweckverfolgung auf. Einerseits verfolgt die Vorschrift die Umsetzung des Art. 13 Abs. 3, 5 DSRL 2002/58/EG und andererseits die Umsetzung der Rechtsprechung zur Telefonwerbung gegenüber Gewerbetreibenden.

Im b2b-Verhältnis konkurrieren gleichrangige Marktinteressen, nämlich das Gewinnstreben beider Marktakteure. Die Unzulässigkeit der Telefonwerbung gegenüber Gewerbetreibenden begründete der BGH mit dem Schutz vor Beeinträchtigungen der beruflichen Sphäre. Zwar ist die Überrumpelungsgefahr geringer, da Unternehmen mit Werbeanrufen eher rechnen als Verbraucher dies tun. Auch kann keine Belästigung im Individualbereich erfolgen. Allerdings haben auch Unternehmen ein Interesse am Schutz der Betriebsabläufe.[978] Bei Eindringen in die Unternehmenssphäre kommt ein Eingriff in das Recht am eingerichteten und ausgeübten Gewerbebetrieb und ein individuelles Vorgehen nach § 823 BGB in Betracht. Ein Eingriff in den eingerichteten und ausgeübten Gewerbebetrieb liegt allerdings nur dann vor, wenn der Eingriff die Grundlage des Betriebs bedroht, den Funktionszusammenhang der Betriebsmittel auf längere Zeit aufhebt oder seine Tauglichkeit als solche in Frage stellt.[979] Doch diese Eingriffsintensität in die Unternehmenssphäre braucht für eine lauterkeitsrechtliche Untersagung der Telefonwerbung nicht erreicht zu werden. Die Störung des betrieblichen Ablaufs als solchen, die Tatsache, dass der Unternehmen über seine finanziellen und zeitlichen Ressourcen nicht frei disponieren kann[980], da Kosten für die Arbeitnehmer abgelenkt und die Kommunikationslinien für wichtige Kontakte blockiert werden, rechtfertigt eine Marktstörung im Vertikalverhältnis und ein lauterkeitsrechtliches

---

977 Vgl. *Zech*, WRP 2013, 1434, 1434 f. Rdnr. 7 ff. *Zech* stuft die §§ 28 ff. BDSG als Marktverhaltensregelungen ein, jedoch nicht als Marktverhaltensregelung zum Schutz der Verbraucher i. S.d. § 4 Nr. 11 UWG ein.

978 BGH, Urteil vom 24.01.1991 – I ZR 133/89, GRUR 1991, 764, 765 – Telefonwerbung IV; BGH, Urteil vom 21.4.2016 – I ZR 276/14, ZVertriebsR 2016, 254, 256 Rdnr. 16.

979 Vgl. *Burmeister*, Belästigung als Wettbewerbsverstoß, 2006, S. 44; *Sack*, VersR 2006, 1001; *Sack*, WRP 2009, 1330.

980 BGH, Urteil vom 21.4.2016 – I ZR 276/14, ZVertriebsR 2016, 254, 256 Rdnr. 16.

Vorgehen.[981] Die Beurteilung einer Wettbewerbshandlung als unlauter setzt nicht voraus, dass diese zugleich eine unerlaubte Handlung im Sinne von § 823 BGB darstellt.[982]

Bezüglich der Nachahmungsgefahr wird nach oben verwiesen. In Anbetracht der geringeren Manipulationschancen als im Verhältnis zu Verbrauchern ist ebenfalls mit einer absteigenden Erfolgsquote und daher mit einer geringeren Nachahmungsgefahr zu rechnen.

Dies ändert nichts daran, dass § 7 Abs. 2 Nr. 2 UWG ein Marktverhalten zugunsten der Verbraucher, der Allgemeinheit und der Mitbewerber[983] regelt. Ein Verstoß gegen diese Vorschrift kann ebenfalls kollektiv verfolgt werden.

B. Unzureichende Umsetzung der DSRL 2002/58/EG in das UWG?

I. Verbraucher vs. sonstige Marktteilnehmer

Die vorgenommene Kategorisierung in § 7 Abs. 2 Nr. 2 UWG schadet nicht.

Köhler nimmt an, die vorgenommene Unterscheidung zwischen Verbrauchern und sonstigen Marktteilnehmern in § 7 Abs. 2 Nr. 2 UWG sei mit Art. 13 Abs. 3, Abs. 5 DSRL 2002/58/EG unvereinbar, da diese nur die Unterscheidung zwischen natürlichen und juristischen Personen kenne.[984]

Nach der hier vertretenen Auffassung folgt aus den unterschiedlichen geschützten Personenkreisen keine Unvereinbarkeit des § 7 Abs. 2 Nr. 2 UWG mit Art. 13 Abs. 3 DSRL. Die Richtlinie trennt zwar zwischen natürlichen und juristischen Personen, während in § 7 Abs. 2 Nr. 2 Alt. 1 UWG das Opt-in-Modell nur im Verhältnis gegenüber Verbrauchern umgesetzt wurde und nicht jede natürliche Person ein Verbraucher ist. Bei der Regelung für sonstige Marktteilnehmer in § 7 Abs. 2 Nr. 2 UWG unterscheidet der Gesetzgeber nicht zwischen natürlichen und juristischen Personen. Dennoch verbietet Art. 13 Abs. 3 und Abs. 5 DSRL 2002/58/EG den Mitgliedstaaten nicht, das Opt-in-Modell nur für bestimmte natürliche Personen, beispielsweise nur für Verbraucher umzusetzen. Wie bereits oben aufgezeigt, enthält Art. 13 Abs. 3 DSRL 2002/58/EG eine Wahl- und Umsetzungspflicht, gewährt jedoch Gestaltungsraum. Art. 13 Abs. 3 DSRL 2002/58/EG gestattet den Mitgliedstaaten, das ausgesuchte Modell abzustufen, solange die Oberschutzgrenze der 1. Alt. (Opt-in) und die Mindestschutzgrenze der 2. Alt. (Opt-out) ausreichende

981 BGH, Urteil vom 24.01.1991 – I ZR 133/89, GRUR 1991, 764, 765 – Telefonwerbung IV; *Burmeister*, Belästigung als Wettbewerbsverstoß, 2006, S. 44.

982 *Burmeister*, Belästigung als Wettbewerbsverstoß, 2006, S. 44.

983 Zu der Frage, inwiefern § 7 UWG dem Schutz der Mitbewerber dient siehe *Burmeister*, Belästigung als Wettbewerbsverstoß, 2006, 66–68.

984 *Köhler*, WRP 2012, 1329, 1333.

Berücksichtigung finden.[985] Der Mindestschutz ist in § 7 Abs. 2 Nr. 2 Alt. 2 UWG enthalten, da die Vorschrift auf sonstige Marktteilnehmer abstellt und mithin natürliche Personen, die keine Verbraucher sind, in den Anwendungsbereich der Norm fallen.

II. Individualschutz nach den BGB-Vorschriften

Da die DSRL Richtlinie den betroffenen Personen Individualschutz zur Geltendmachung von Verstößen gegen die den Art. 13 Abs. 3 DSRL 2002/58/EG umsetzenden nationalen Vorschriften einräumt, ist es fraglich, ob die Vorschrift deshalb unzureichend im UWG umgesetzt wurde, da dieses eine solche Möglichkeit in § 8 UWG gerade nicht vorsieht.

Art. 13 Abs. 6 Satz 1 DSRL 2002/58/EG in der durch die RL 2009/136/EG geänderten Fassung sieht vor, dass betroffene natürliche und juristische Personen Verstöße gegen die entsprechenden nationalen Vorschriften gerichtlich geltend machen können, während der Verwaltungskontrolle nur eine ergänzende Rolle zukommt.[986] Ferner ergibt sich aus dem Zusammenspiel zwischen Art. 15 Abs. 2 DSRL 2002/58/EG und Art. 22 DSRL 95/46/EG, dass natürliche Personen zwingend die Möglichkeit der gerichtlichen Geltendmachung von Ansprüchen haben müssen.[987] Nach Art. 15 Abs. 2 DSRL gelten die Bestimmungen des Kapitels III der Richtlinie 95/46/EG über Rechtsbehelfe, Haftung und Sanktionen im Hinblick auf innerstaatliche Vorschriften, die nach der vorliegenden Richtlinie erlassen werden, und im Hinblick auf die aus dieser Richtlinie resultierenden individuellen Rechte. Mithin nimmt Art. 15 Abs. 2 DSRL 2002/58/EG Bezug auf Art. 22 DSRL 95/46/EG, die die Mitgliedstaaten verpflichtet, sicherzustellen, „daß jede Person bei der Verletzung der Rechte, die ihr durch die für die betreffende Verarbeitung geltenden einzelstaatlichen Rechtsvorschriften garantiert sind, bei Gericht einen Rechtsbehelf einlegen kann." Der lauterkeitsrechtliche Kollektivschutz der Verbraucher (Art. 11 Abs. 1 UGP-Richtlinie) und der Individualschutz bestehen nebeneinander.[988] Besonders deutlich trete dies „in der Regelung der Werbung mittels Anrufmaschinen, Faxgerät und E-Mail in Erscheinung: Das Verbot aus Art. 13 Abs. 1 EK-DSRL gilt uneingeschränkt, also ohne die Möglichkeit der Wahl zwischen opt-in und opt-out. Wäre es nach der EK-Datenschutzrichtlinie gestattet, dieses Verbot über die bestehenden Sanktionsmechanismen auch mittels Klagen von Mitbewerbern und Verbänden durchzusetzen, so liefe das Verbot aus Nr. 26 S. 1 Anh I UGP, soweit es die Werbung betrifft, leer."[989]

---

985 Siehe oben Zweiter Teil, Zweites Kapitel, B. IV. 3.
986 *Köhler*, WRP 2015, 798, 802 f.
987 Vgl. *Köhler*, WRP 2015, 798, 802.
988 Vgl. *Köhler*, WRP 2015, 798, 802.
989 Vgl. *Köhler*, WRP 2015, 798, 802.

In Folgenden bleibt zu untersuchen, ob das nationale Recht ausreichenden Individualschutz gewährt.

1. Individualklage bei Verstößen gegen die Privatsphäre

a. Schadensersatzanspruch nach § 823 Abs. 2 BGB i.V.m. § 7 Abs. 2 Nr. 2 UWG

Umstritten ist im Rahmen der Schadensersatzprüfung nach § 823 Abs. 2 BGB wegen Verletzung eines Schutzgesetzes, ob § 7 Abs. 2 Nr. 2 UWG ein Schutzgesetz darstellt. Die Auseinandersetzung mit dieser Frage erfolgt durch Literatur und Gerichte unter dem Gesichtspunkt, ob die Vorschriften des UWG Schutzgesetze darstellen.

aa. § 7 Abs. 2 Nr. 2 UWG als Schutzgesetz i.S.d. § 823 Abs. 2 UWG

In jüngster Zeit postulierte das Landgericht Bonn[990] die Anerkennung des § 7 Abs. 2 Nr. 2 als Schutzgesetz i.S.d. § 823 BGB. Das Gericht erkannte die Vorschriften des UWG als Schutzgesetz i.S.d. § 832 Abs. 2 BGB, da das UWG nicht nur dem Schutz der Mitbewerber im Horizontalverhältnis, sondern auch dem Schutz der Verbraucher und der Allgemeinheit im Vertikalverhältnis diene.[991] Auch *Loeck* nimmt unter Berücksichtigung der in § 1 UWG genannten Schutzzweckregelung an, dass § 7 UWG gegenüber Verbrauchern und sonstigen Marktteilnehmern, ausschließlich Mitbewerbern, für die UWG einen speziellen Regelungsregime vorsieht, generell ein Schutzgesetz darstellt.[992]

bb. Keine Schutzgesetzeigenschaft

Demgegenüber geht die überwiegende Auffassung[993] davon aus, dass § 7 Abs. 2 Nr. 2 UWG kein Schutzgesetz i.S.d. § 823 Abs. 2 BGB darstellt. Der BGH begründet

---

990 LG Bonn, Urteil vom 5.8.2014 – 8 S 46/14, BeckRS 2015, 06600.

991 LG Bonn, Urteil vom 5.8.2014 – 8 S 46/14, BeckRS 2015, 06600; ebenso *Alermann*, Die Zulässigkeit unverlangter E-Mail-Werbung nach der UWG-Novelle, S. 121ff.; *Wimmer-Leonhard*, GRUR 2004, 12, 20; *Sack*, BB 2003, 1073, 1080; *Sack*, GRUR 2004, 625; *Säcker*, WRP 2004, 1199, 1219; AG Essen, Urteil vom 20.11.2006 – 23 C 146/06; *Emmerich*, Unlauterer Wettbewerb, 9. Aufl. 2012, S. 230 f., § 14 Rdnr. 74; *Fezer*, in: *Fezer*, UWG, 2. Aufl. 2010, Einl E Rdnr 388.

992 *Loeck*, Die unzumutbare Belästigung, 2011, S. 158 ff., 169 f.

993 LG Hamburg, Urteil vom 17.12.2014 – 416 HKO 158/14, BeckRS 2015, 10400; LG Kassel, Beschluss vom 13.6. 2014 – 1 S 118/14; BGH, Urteil vom 14.05.1974 – VI ZR 48/73, GRUR 1975, 150 – Prüfzeichen; bzgl. §§ 8 und 9 UWG *Köhler*, in *Köhler/Bornkamm/Feddersen*, UWG 36. Aufl. 2018, Einl. Rdnr. 7.5; § 9 Rdnr. 10; *Köhler*, GRUR 2003, 265 ff.; *Goldmann*, in: *Harte-Bavendamm/Henning-Bodewig*, UWG, 4. Aufl. 2016, § 9 Rdnr. 13; bzgl. § 3 UWG *Ohly*, in: *Ohly/Sosnitza*, UWG, 7. Aufl. 2016, Einl. D Rdnr. 62; allgemein zu UWG Begr. RegE UWG BT-Drucks. 15/1487, S. 22; *Ohly*, in *Ohly/Sosnitza*, UWG, 7. Aufl. 2016, Einf. A Rdnr. 11.

dies damit, dass die Aktivlegitimation im UWG für Schadensersatzansprüche speziell geregelt und § 823 Abs. 2 BGB deshalb unanwendbar ist.[994]

Nach der Begründung zum Regierungsentwurf[995] sollen die auch dem Verbraucherschutz dienenden Normen §§ 3, 4 Nr. 1, 2, 6, 9 a), § 7 Abs. 2 Nr. 2 UWG nicht als Schutzgesetze i.S.d. § 823 Abs. 2 BGB anerkannt werden. Die Regelungen zu den zivilrechtlichen Folgen seien abschließend.[996] Eine Ausnahme bilden die Straftatbestände der §§ 16–19 UWG, da insoweit keine erschöpfende Regelung der zivilrechtlichen Rechtsfolge bestehe.[997] Trotz der Aufnahme der Schutzzwecktrias im UWG bezweckte der Gesetzgeber damit nicht, den Verbrauchern und sonstigen Marktteilnehmern ein subjektives Recht einzuräumen und für Verbraucher individuelle Ansprüche anzuerkennen.[998] Das UWG gewähre lediglich einen mittelbar-kollektiven, aber keinen originär-individuellen Verbraucherschutz.[999] Ein Vertragsauflösungsrecht sei im UWG gerade nicht vorgesehen, das Rücktrittsrecht des § 13a UWG[1000] sei durch die UWG Novelle-2004 auch gerade gestrichen worden.[1001] Die Aberkennung individueller Rechte der Verbraucher begründet der Gesetzgeber mit dem hohen wettbewerbsrechtlichen Schutzniveau, das zugunsten der Verbraucher dem Wettbewerb bereits Grenzen setze. Die Anerkennung individueller Rechte der Verbraucher würde die anbietenden Unternehmer wegen der zu erwartenden hohen Zahl an Klagen sehr stark belasten, was wiederum nur durch das Senken des Schutzniveaus konterkariert werden könne.[1002] Die Systematik sowie der Sinn und Zweck des UWG sprächen gegen die Anerkennung der §§ 3, 7 UWG als Schutzgesetze i.S.d. § 823 BGB.[1003] Insbesondere würde eine solche Anerkennung zu Widersprüchen zum Bürgerlichen Recht, etwa zu den in §§ 119, 123, 355 BGB festgesetzten Fristen und Wertungen, und zu einer Aufweichung des Grundsatzes *pacta sunt servanda* führen.[1004] Im Ergebnis würde bei Anerkennung eines Individualanspruchs ein Wettbewerbsverstoß zur Nichtigkeit des Vertrages führen, was jedoch nach überwiegender Ansicht gerade nicht gewollt sei.[1005] Individualrechte

---

994 BGH, Urteil vom 14.05.1974 – VI ZR 48/73, GRUR 1975, 150 – Prüfzeichen.

995 Begr. RegE 15/1487, S. 22.

996 Begr. RegE 15/1487, S. 22; ebenso LG Hamburg, Urteil vom 17.12.2014 – 416 HKO 158/14, BeckRS 2015, 10400.

997 Begr. RegE 15/1487, S. 22.

998 Begr. RegE 15/1487, S. 22; LG Hamburg, Urteil vom 17.12.2014 – 416 HKO 158/14, BeckRS 2015, 10400.

999 *Ohly*, in: *Ohly/Sosnitza*, UWG, 7. Aufl. 2016, Einf. A Rdnr. 11.

1000 Wegen der engen Voraussetzungen wurde § 13 a UWG praktische Bedeutung abgesprochen, *Weiler*, WRP m2003, 423, 423.

1001 *Ohly*, in: *Ohly/Sosnitza*, UWG, 7. Aufl. 2016, Einf. A Rdnr. 11.

1002 Begr. RegE 15/1487, S. 22.

1003 LG Hamburg, Urteil vom 17.12.2014 – 416 HKO 158/14, BeckRS 2015, 10400.

1004 *Ohly*, in: *Ohly/Sosnitza*, UWG, 7. Aufl. 2016, Einf. D Rn. 68; LG Hamburg, Urteil vom 17.12.2014 – 416 HKO 158/14, BeckRS 2015, 10400; *Weiler*, WRP 2003, 423, 427 ff.

1005 LG Hamburg, Urteil vom 17.12.2014 – 416 HKO 158/14, BeckRS 2015, 10400.

im Falle einer wettbewerbswidrigen Werbung ergeben sich bereits aus den allgemeinen Normen des Bürgerlichen Rechts (Ansprüche aus *culpa in contrahendo*, §§ 311 Abs. 2, 241 Abs. 2, 280 I BGB, aus Vertragsverletzung, §§ 280 ff. BGB, aus Sachmängelrechten, §§ 433 ff. BGB und aus Deliktsrecht, §§ 823 ff. BGB). Hinzu kommen die allgemeinen Vertragsauflösungsrechte (§§ 119, 123 BGB, Widerrufsrechte bei Verbraucherverträgen, §§ 355 ff BGB) [1006], die dem Schutz des Verbrauchers in ausreichendem Maße Rechnung tragen.[1007] Eine Nichtigkeit des Vertrages wäre ein viel zu grobschlächtiges Instrument und in der Sache nicht gerecht[1008], denn das Interesse des Vertragspartners muss nicht zwingend auf eine Lösung vom Vertrag gerichtet sein, vielmehr kann der Vertragspartner auch ein Interesse an Einhaltung oder Anpassung des infolge eines unlauteren Verhaltens abgeschlossenen Vertrags haben.[1009] Zudem widerspricht die Gewährung von Verbraucherindividualrechten dem Grundsatz der Vollharmonisierung der UGP-Richtlinie, die auf Rechtsfolgeseite ebenfalls einen kollektiven Verbraucherrechtsschutz anstrebt. Die Richtlinie verfolgt den Gedanken der Marktintegration durch ein harmonisiertes Verbraucherschutzrecht. Insbesondere würde das Vertragsauflösungsrecht neue Handelshemmnisse schaffen und sowohl aus der Sicht der Anbieter als auch der Abnehmer keinen einheitlichen Rechtsrahmen gewähren, solange nicht alle Mitgliedstaaten ein Lösungsrecht vorschreiben.[1010]

cc. Eigener Ansatz – differenzierende Betrachtung

Tatsächlich weisen die Anspruchsgrundlagen des UWG im Vergleich zum Immaterialgüterrecht und zum Zivilrecht kollektivrechtlichen Charakter auf. Die Einräumung von Individualschutz zugunsten von Verbrauchern bzw. von Unternehmen in Ermangelung eines Wettbewerbsverhältnisses widerspricht dem Sinn und Zweck des UWG, so dass grundsätzlich die UWG-Vorschriften kein Verbotsgesetz i.S.d. § 823 BGB darstellen können. Die gegenteilige Auffassung macht die Nichtigkeit der Folgeverträge zum Grundsatz, denn § 823 Abs. 2 BGB eröffnet den Weg zur Vertragsaufhebung. Ein weitergehender Schutz durch das UWG, etwa durch Einräumung eines allgemeinen Vertragsauflösungsrechts[1011] im Falle wettbewerbswidriger Werbung, würde das bürgerlich-rechtliche Schutzsystem sprengen und die darin enthaltenen Wertungen unterlaufen.[1012] Zudem widerspricht die Gewährung von Verbraucherindividualrechten dem Grundsatz der Vollharmonisierung der UGP-Richtlinie, die auf Rechtsfolgeseite ebenfalls einen

1006 *Köhler/Bornkamm/Henning-Bodewig*, WRP 2002, 1317, 1327; ebenso *Ohly*, in: *Ohly/Sosnitza*, UWG, 7. Aufl. 2016, Einf. D Rn. 68 m.w.N.

1007 *Beater*, Unlauterer Wettbewerb, 2011, § 14 Rn. 1090.

1008 *Beater*, Unlauterer Wettbewerb, 2011, § 14 Rn. 1088.

1009 *Beater*, Unlauterer Wettbewerb, 2011, § 14 Rn. 1089.

1010 *Weiler*, WRP 2003, 423, 425.

1011 Dazu *Weiler*, WRP 2003, 423.

1012 *Köhler/Bornkamm/Henning-Bodewig*, WRP 2002, 1317, 1327; *Weiler*, WRP 2003, 423.

kollektiven Verbraucherrechtsschutz anstrebt. Die Richtlinie verfolgt den Gedanken der Marktintegration durch ein harmonisiertes Verbraucherschutzrecht. Insbesondere ein Vertragsauflösungsrecht würde aber neue Handelshemmnisse schaffen und sowohl aus der Sicht der Anbieter als auch der Abnehmer keinen einheitlichen Rechtsrahmen gewähren, soweit nicht alle Mitgliedstaaten ein Lösungsrecht vorschreiben.[1013] Die überwiegende Meinung überzeugt grundsätzlich, gilt jedoch nicht für § 7 Abs. 2 Nr. 2 UWG. Soweit unerbetene Telefonwerbung die Privatsphäre der Verbraucher tangiert ist § 7 Abs. 2 Nr. 2 zwingendes Schutzgesetz i.S.d. § 823 Abs. 2 BGB. Wie bereits oben untersucht, handelt es sich bei der Vorschrift des § 7 Abs. 2 Nr. 2 UWG um keine reine lauterkeitsrechtliche Vorschrift. Die Regelung weist auch einen datenschutzrechtlichen Charakter auf und enthält mithin Individualschutzelemente. Diese Eigenschaft kommt dadurch zum Tragen, dass § 7 Abs. 2 Nr. 2 UWG nicht nur die BGH-Grundsätze zum Lauterkeitsrecht verkörpert, sondern darüber hinaus nach dem Willen des Gesetzgebers auch Art. 13 Abs. 3 DSRL 2002/58/EG umsetzt.[1014] Datenschutz als Schutz des Einzelnen vor Beeinträchtigung seiner Privatsphäre und seines Selbstbestimmungsrechts ist individualrechtlich angelegt. Art. 13 Abs. 6, Art. 15 Abs. 2 DSRL 2002/58/EG schreiben zwingenden Individualrechtsschutz vor.[1015]

Daher ist § 7 Abs. 2 Nr. 2 zwingend Schutzgesetz i.S.d. § 823 Abs. 2 BGB[1016] soweit unerbetene Telefonwerbung die Privatsphäre der Verbraucher tangiert.

b. § 7 Abs. 2 Nr. 2 UWG als Verbotsgesetz i.S.d. § 134 BGB

Ebenfalls umstritten ist die Frage, ob § 7 Abs. 2 Nr. 2 UWG als Verbotsgesetz i.S.d. § 134 BGB anzusehen ist. § 134 BGB qualifiziert Rechtsgeschäfte, die gegen ein gesetzliches Verbot verstoßen für nichtig, soweit sich aus dem Gesetz nicht ein anderes ergibt. Verbotsvorschriften i.S.d. § 134 BGB sind solche Vorschriften, die eine grundsätzlich mögliche rechtsgeschäftliche Regelung wegen ihres Inhalts oder der Umstände ihres Zustandekommens untersagen.[1017] Das Gesetz muss sich – in Ermangelung einer ausdrücklichen Regelung – seinem Sinn und Zweck nach nicht nur gegen den Abschluss des Rechtsgeschäfts, sondern auch gegen seine privatrechtliche Wirksamkeit und damit gegen seinen wirtschaftlichen Erfolg richten.[1018]

1013 *Weiler*, WRP 2003, 423, 425.

1014 BT-Drucks. 15/1487, S. 21.

1015 Mit derselben Argumentation stellt auch § 7 Abs. 2 Nr. 3 ein Schutzgesetz im Sinne des § 823 Abs. 2 BGB dar. Diese Vorschrift beruht auf Art. 13 Abs. 1 DSRL 2002/58/EG.

1016 Mit derselben Argumentation stellt auch § 7 Abs. 2 Nr. 3 ein Schutzgesetz i.S.d. § 823 Abs. 2 BGB dar. Diese Vorschrift beruht auf Art. 13 Abs. 1 DSRL 2002/58/EG.

1017 Palandt/*Ellenberger*, 75. Aufl. 2016, § 134 Rdnr. 2; AG Lahr, Urteil vom 23.07.2014 – 5 C 246/13, BeckRS 2014, 18425.

1018 BGH, Urteil vom 30.04.1992 – III ZR 151/91, NJW 1992, 2021.

Überwiegend[1019] wird angenommen, dass § 7 Abs. 2 Nr. 2 UWG kein Verbotsgesetz i.S.d. § 134 BGB darstellt. Das UWG dient in erster Linie dem Schutz des fairen Wettbewerbs, insbesondere den Interessen der gesetzeskonform agierenden Mitbewerber. Ein Verstoß gegen §§ 3 ff. UWG kann nach überwiegender Ansicht nicht die Nichtigkeit des geschlossenen Vertrages zur Folge haben, da die Vorschriften des UWG lediglich auf die Art und Weise des Zustandekommens des Vertragsschlusses, nicht aber auf das hieraus folgende inhaltliche Geschäft abstellen.[1020] Das UWG verbietet unlautere Wettbewerbshandlungen, nicht aber die Durchführung der dadurch zustande gekommenen Rechtsgeschäfte.[1021] Gegenüber einer vertraglichen Verpflichtung zu wettbewerbswidrigem Verhalten wirkt das UWG jedoch als Verbotsgesetz.[1022] In diesem Sinne entschied das LG Stuttgart[1023], dass ein Werbevertrag, der die Durchführung aktiver Telefonwerbung für Druckerzeugnisse zum Inhalt hatte, wegen Verstoßes gegen § 134 UWG nichtig ist. Das Gericht qualifizierte den Inhalt des Vertrages als unlauter i.S.d. § 1 UWG a.F. Folgeverträge sind daher nicht nichtig, es sei denn, der Vertrag ist seinem Inhalt nach auf die Vornahme einer wettbewerbswidrigen Handlung gerichtet.

Das AG Bremen[1024] vertrat demgegenüber die Auffassung, dass § 7 Abs. 2 Nr. 2 UWG ein Verbotsgesetz i.S.d. § 134 BGB begründet und qualifizierte einen im Rahmen eines unerbetenen Telefonanrufs abgeschlossenen Telekommunikationsvertrag als nichtig. Ebenso plädiert *Fezer*[1025] für die Nichtigkeit des infolge Telefonwerbung abgeschlossenen Vertrages. Diesen Auffassungen ist nicht zu zustimmten. Insbesondere überzeugt das vom AG Bremen ausgeführte Verbraucherschutzargument, das speziell im Rahmen eines Telekommunikationsvertrages aufgrund der Komplexität und der hohen Überrumpelungsgefahr bestehe, nicht. Das Gericht führt nämlich an, der vom Gesetzgeber intendierte Verbraucherschutz drohe ausgehöhlt zu werden, da der Mitbewerber mangels Kenntnis des Sachverhalts nicht abmahnen werde und dem Verbraucher nach BGB kein ausreichender Schutz zur Verfügung stünde.[1026]

1019 LG Hamburg, Urteil vom 17.12.2014 – 416 HKO 158/14, BeckRS 2015, 10400 für das b2b-Verhältnis; AG Lahr, Urteil vom 23.07.2014 – 5 C 246/13, BeckRS 2014, 18425 für das b2c-Verhältnis; *Armbrüster*, in: MünchKomm, BGB, 7. Aufl. 2015, § 134 Rn. 67; LG Bonn, Urteil vom 5.8.2014 – 8 S 46/14, BeckRS 2015, 06600.

1020 LG Hamburg, Urteil vom 17.12.2014 – 416 HKO 158/14, BeckRS 2015, 10400 für das b2b-Verhältnis; AG Lahr, Urteil vom 23.07.2014 – 5 C 246/13, BeckRS 2014, 18425 für das b2c-Verhältnis; *Armbrüster*, in: MünchKomm, BGB, 7. Aufl. 2015, § 134 Rn. 67.

1021 OLG München, Urteil vom 06.04.1995 – 29 U 2134/95, AfP 1997, 480, 481.

1022 *Armbrüster*, in: MünchKomm, BGB, 7. Aufl. 2015, § 134 Rn. 67 m.w.N; Vgl. auch *Reichelsdorfer*, WRP 1998, 142.

1023 LG Stuttgart, Urteil vom 28.02.1992 – 5 KFH 197/91; ebenso AG Nürnberg, Urteil vom 28.7.1995 – AZ.: 15 C 11767/94; zustimmend *Reichelsdorfer*, WRP 1998, 142.

1024 AG Bremen, Urteil vom 21.11.2013 – 9 C 573/12, BeckRS 2013, 21087.

1025 *Fezer*, WRP 2007, 855, 859 ff.

1026 AG Bremen, Urteil vom 21.11.2013 – 9 C 573/12, BeckRS 2013, 21087.

Dem ist entgegenzuhalten, dass der Verbraucher im Falle eines unerbetenen Anrufs trotz mangelnder Aktivlegitimation für eine Klage nach dem UWG nicht schutzlos gestellt ist. Ihm stehen deliktsrechtliche und vertragsrechtliche Rechtsinstrumente (Widerruf) zur Verfügung. Überdies ist effektiver Verbraucherschutz durch die Nichtigkeitserklärung von Verträgen, die infolge eines Verstoßes gegen § 7 Abs. 2 Nr. 2 UWG zustande kommen, nicht erreicht, da der Verbraucher keinen individuell durchsetzbaren Anspruch zur Abwehr unerbetener Anrufe erhält. § 134 BGB kommt nur dann ins Spiel, wenn die Parteien in Streit geraten und der Verbraucher sich auf § 134 BGB beruft.

c. *Unterlassungsanspruch nach §§ 1004 Abs. 1 S. 2, 823 Abs. 1 BGB analog und Schadensersatzanspruch nach § 823 Abs. 1 BGB*

Der Individualverbraucherschutz ist nicht etwa subsidiär im Vergleich zu dem Kollektivverbraucherschutz nach § 8 Abs. 3 UWG, sondern steht gleichrangig neben dem lauterkeitsrechtlichen Schutz.[1027] Liegen die Voraussetzungen einer unlauteren Wettbewerbshandlung vor, so kann der Geschädigte sowohl nach §§ 3, 8 ff. UWG als auch nach § 823 I BGB bzw. §1004 BGB in analoger Anwendung vorgehen.[1028] Das heißt, der betroffene Verbraucher ist nicht daran gehindert, zusätzlich zu der Klagemöglichkeit aus Bürgerlichem Recht einen Verband oder eine Behörde einzuschalten,[1029] aber auch nicht primär darauf angewiesen. Der kollektive Verbraucherschutz bringt weitere Vorteile. Nur durch den kollektiven Rechtsschutz kann gewährleistet werden, dass Verbraucher einen Anspruch nicht nur gegenüber dem bei einer Individualklage Passivlegitimierten[1030], sondern gegenüber jedermann erlangen.[1031] Bei Klagen nach dem BGB müsste der Werbende seine Werbehandlung nur gegenüber dem Kläger einstellen und könnte seine Wettbewerbshandlung gegenüber anderen Verbrauchern fortsetzen, so dass wettbewerbsrechtlich nichts gewonnen wäre.[1032]

Die Zivilrechtsordnung eröffnet der durch unerbetene Telefonwerbung belästigten Person zusätzlichen Individualrechtschutz wegen Verletzung des allgemeinen Persönlichkeitsrechts.[1033] Trotz Befürwortern aus der Reihe der

---

1027 a.A. *Altermann*, Die Zulässigkeit unverlangter E-Mail-Werbung nach der UWG-Novelle, 2006, S. 127.

1028 *Ohly*, in: *Ohly/Sosnitza*, UWG, 7. Aufl. 2016, Einl. D Rdnr. 62.

1029 Vgl. *Mummenhoff*, Persönlichkeitsschutz gegen unerbetene Werbung auf privaten Telefonanschlüssen, 2011, S. 277.

1030 Zu der Frage, wer als Anspruchsgegner des Unterlassungsanspruchs anzusehen ist die umfassende Ausführung bei *Mummenhoff*, Persönlichkeitsschutz gegen unerbetene Werbung auf privaten Telefonanschlüssen, 2011, S. 285 ff.

1031 *Burmeister*, Belästigung als Wettbewerbsverstoß, 2006, S. 53.

1032 *Köhler*, in: *Köhler/Bornkamm/Feddersen*, UWG, 36. Aufl. 2018, § 8 Rdnr. 3.4.

1033 Zur Unterscheidung zwischen dem verfassungsrechtlichen und dem zivilrechtlichen Persönlichkeitsrecht siehe *Rixecker*, in: MünchKomm BGB, 7. Aufl. 2015, § 12 Anh., Rdnr. 4.

Rechtswissenschaft entschloss sich der historische BGB-Gesetzgeber gegen die Aufnahme eines allgemeinen Persönlichkeitsrechts in das BGB, im Gegensatz zu dem französischen Nachbargesetzgeber, der bereits 1970 in Art. 9 Code Civil einen umfassenden gesetzlichen Schutz der Persönlichkeit verankerte.[1034] Den Grund für den zivilrechtlichen[1035] Schutz des Persönlichkeitsrechts bilden in Deutschland der verfassungsrechtliche Auftrag der Art. 1 Abs. 1, Art. 2 Abs. 1 GG und der menschenrechtliche Auftrag des Art. 8 EMRK.[1036] Unerbetene Telefonwerbung tangiert das allgemeine Persönlichkeitsrecht der umworbenen Person[1037], weil dem Einzelnen die Selbstbestimmung über die Art der Kommunikation entzogen wird und dieser sich nun dem Zwang zu der Annahme des Anrufs und der Auseinandersetzung mit dem Anrufer ausgesetzt sieht.[1038] Das Recht am gesprochenen Wort schützt nicht nur vor dessen Aufzeichnung und Konservierung.[1039] Als Teil des Persönlichkeitsrechts, das das Recht beinhaltet selbständig darüber zu entscheiden, wem das gesprochene Wort zugänglich sein soll, schützt es auch vor der stillen Teilhabe an einer Kommunikation.[1040] Anspruchsgrundlage für einen Unterlassungsanspruch bei Verletzung des Persönlichkeitsrechts bilden §§ 1004 Abs. 1 S. 2, 823 Abs. 1 BGB analog.[1041] Schadensersatz kann die betroffene Person nach § 823

1034 Siehe *Ohly* GRUR Int. 2004, 902, 904, 906 m.w.N; *Boyd*, Ent. L. R. 2002, 1, 4.

1035 Zur Unterscheidung zwischen dem verfassungsrechtlichen und dem zivilrechtlichen Persönlichkeitsrecht siehe *Rixecker*, in: MünchKomm BGB, 7. Aufl. 2015, § 12 Anh., Rn. 4.

1036 BVerfGE, Beschluss vom 23.04.1986 – 2 BvR 487/80, 73, 261; *Rixecker*, in MünchKomm BGB, 7. Aufl. 2015, § 12 Anh., Rn. 2; *Jarass*/Pieroth, 13. Aufl. 2014, Art. 1 GG, Rn. 52; Diese Auffassung spricht den Grundrechten nur eine mittelbare Drittwirkung zu; der Staat ist verpflichtet, das Persönlichkeitsrecht des Einzelnen durch eine der Verfassung genugtuende Gestaltung des Privatrechts hinreichend zu schützen; Demgegenüber nimmt der BGH an, dass das allgemeine Persönlichkeitsrecht über Art. 1 Abs. 3 GG auch im Privatrechtsverkehr gegenüber jedermann Geltung entfaltet, BGH, Urteil vom 2.4.1957 – VI ZR 9/56, – Krankenpapiere.

1037 Soergel/*Beater*, § 823 BGB Anh. IV, Rn. 48; Ausführlich *Mummenhoff*, Persönlichkeitsschutz gegen unerbetene Werbung auf privaten Telefonanschlüssen, 2011, S. 161 ff., S. 211 ff. S. 244–247.

1038 Soergel/*Beater*, § 823 BGB Anh. IV Rn. 82; *Mummenhoff*, Persönlichkeitsschutz gegen unerbetene Werbung auf privaten Telefonanschlüssen, 2011, S. 244 m.w.N.

1039 *Rixecker*, in: MünchKomm BGB, 7. Aufl. 2015, § 12 Anh., Rn. 109.

1040 *Rixecker*, in: MünchKomm BGB, 7. Aufl. 2015, § 12 Anh., Rn. 109; BVerfG NJW 2002, 3619; BGH NJW 2003, 1727.

1041 LG Heidelberg, Urteil vom 11.12.2007 – 2 O 173/07, MMR 2008, 258; OLG Frankfurt, Beschluss vom 27.10.2010 – 6 W 1 34/10, BeckRS 2012, 16089. Zu den einzelnen Voraussetzungen eingehend *Mummenhoff*, Persönlichkeitsschutz gegen unerbetene Werbung auf privaten Telefonanschlüssen, 2011, S. 278 ff.

Abs. 1 BGB verlangen.[1042] Ansprüche aus § 823 Abs. 2 i.V.m. 7 UWG haben Vorrang vor dem Auffangtatbestand des § 823 Abs. 1. BGB.[1043]

Das allgemeine Persönlichkeitsrecht wird von der herrschenden Meinung[1044] als sonstiges Recht i.S.d. § 823 Abs. 1 BGB anerkannt. Als Rahmenrecht[1045] gewährleistet das APR erstens einen angemessenen Schutz auch vor neuen Verletzungsarten, die insbesondere als Folge technischer Entwicklung entstehen.[1046] Zweitens ergeben sich der Schutzbereich und vor allem auch die Frage der Rechtswidrigkeit erst aus einer umfassenden, das Persönlichkeitsrecht auf der einen und die Kommunikationsfreiheiten auf der anderen Seite, die Grundrechte des Grundgesetzes und die leitenden Grundsätze der EMRK berücksichtigende Güter- und Interessenabwägung.[1047] Die Rechtswidrigkeit wird nicht indiziert[1048], sondern bedarf einer umfassenden Güter- und Interessenabwägung des individuell Betroffenen einerseits und des Werbenden andererseits.[1049]

Die konkrete Prüfung verlangt also eine doppelte Interessenabwägung. Zuerst erfolgt eine abstrakte Interessenabwägung zwecks Bestimmung des Schutzbereiches des Persönlichkeitsrechts bzw. des Rechts am eingerichteten und ausgeübten Gewerbebetrieb. Der Schutzbereich wird bei Telefonwerbung nicht nur nach dem Gegenstand des zu schützenden Interesses, sondern auch und vor allem nach der Art und den Umständen seiner Beeinträchtigung zu ermitteln sein.[1050] Hier kann auf die im Rahmen des § 7 Abs. 2 Nr. 2 UWG durch den BGH vorgenommene

---

1042 Detaillierte Prüfung bei *Mummenhoff,* Persönlichkeitsschutz gegen unerbetene Werbung auf privaten Telefonanschlüssen, 2011, S. 295 ff.

1043 *Sack,* VersR 2006, 1001; *Sack,* WRP 2009, 1330, 1334; *Loeck,* Die unzumutbare Belästigung, 2011, S. 174 f.

1044 BGH, Urteil vom 2.4.1957 – VI ZR 9/56 – Krankenpapiere; BGH, Urteil vom 14.02.1958 – I ZR 151/56, – Herrenreiter; *Emmerich,* Schuldrecht BT, 13. Aufl. 2012, § 22 Rn. 15; *Rixecker,* in: MünchKomm BGB, 7. Aufl. 2015, § 12 Anh.,Rn. 2.

1045 BGH, Urteil vom 2.4.1957 – VI ZR 9/56 – Krankenpapiere; BGH, Urteil vom 30.10.2012 – VI ZR 4/12, NJW 2013, 229 - Gazprom-Manager; BGH, Urteil vom 20.12.2011 – VI ZR 261/10, NJW 2012, 771 m.w.N. - Babyklappe; *Medicus/Lorenz,* Schuldrecht BT, 17. Aufl. 2014 Rn. 1308 ff.; *Mummenhoff,* Persönlichkeitsschutz gegen unerbetene Werbung auf privaten Telefonanschlüssen, 2011, S. 148 ff m.w.N.; *Medicus/Petersen,* Bürgerliches Recht, 25. Aufl. 2015, Rn. 615.

1046 *Mummenhoff,* Persönlichkeitsschutz gegen unerbetene Werbung auf privaten Telefonanschlüssen, 2011, S. 172.

1047 BGH, Urteil vom 19.3.2013 – VI ZR 93/12, NJW 2013, 1681 m.w.N. - Kachelmann; *Rixecker,* in MünchKomm BGB, 7. Aufl. 2015, § 12 Anh., Rn. 10.

1048 BGH, Urteil vom 2.4.1957 – VI ZR 9/56, – Krankenpapiere; BGH, Urteil vom 19.12.1978 – VI ZR 137/77, GRUR 1979, 418 – Telefongespräch; *Rixecker,* in: MünchKomm BGB, § 12 Anh., Rdnr. 8; Palandt/*Sprau,* BGB, 75. Aufl. 2016, § 823 BGB, Rdnr. 95; Soergel/*Beater,* § 823 BGB Anh. IV, Rn. 48.

1049 Ausführlich zu der konkreten Abwägung *Mummenhoff,* Persönlichkeitsschutz gegen unerbetene Werbung auf privaten Telefonanschlüssen, 2011, S. 217 ff.

1050 *Rixecker,* in: MünchKomm BGB, 7. Aufl. 2015, § 12 Anh., Rn. 10.

abstrakt-generelle Interessenabwägung zurückgegriffen werden.[1051] Im zweiten Schritt ist im Rahmen der Rechtswidrigkeit eine umfassende konkrete Interessenabwägung vorzunehmen.[1052] Hier ist ein Rückgriff auf wettbewerbsrechtliche Beurteilungskriterien – wie in der Praxis[1053] gebräuchlich – mit Vorsicht vorzunehmen.[1054] Aus einem Wettbewerbsverstoß darf nicht auf die Verletzung eines individuellen Rechtsguts geschlossen werden. Eine mögliche unterschiedliche Beurteilung nach dem UWG einerseits und nach dem BGB andererseits ist nicht widersprüchlich[1055], sondern sogar geboten. Denn primäres Rechtsgut des § 823 Abs. 1 UWG ist der Schutz von individuellen Rechten und Rechtsgütern, während das UWG primär wettbewerbs- und wirtschaftsbezogenes Fehlverhalten sanktioniert. Eine nach dem UWG unlautere Handlung bedeutet nicht zwangsläufig eine Rechtsverletzung i.S.d. § 823 BGB.[1056] Überdies begründet der Anruf als solcher nach dem UWG keine wettbewerbswidrige Handlung. Zu der Unlauterkeit des Anrufs gelangt der BGH – wie oben erläutert – erst unter Berücksichtigung der Nachahmungsgefahr. Die pauschale Annahme einer Rechtsgutverletzung bei Telefonwerbung ohne Einwilligung würde ein Verhalten nach dem BGB sanktionieren, welches das UWG aber nicht sanktioniert und gerade dies würde zu Widersprüchen führen. Die Untersuchung, ob eine konkret-individuelle Rechtsgutverletzung [1057] vorliegt bedarf einer Einzelfallabwägung.[1058] Die Typisierung des § 7 Abs. 2 Nr. 2 UWG gilt nicht bei § 823 Abs. 1 BGB. Nur im Rahmen der abstrakten Beurteilung nach § 7 Abs. 2 Nr. 2 UWG wird auf den Durchschnittsverbraucher abgestellt. Im Rahmen der Interessenabwägung kann die BGH-Argumentation des BGH zur Unlauterkeit unerbetener Telefonwerbung herangezogen werden. Darüber hinaus

---

1051 Als Beispiel LG Hamburg, Urteil vom 17.12.2014 – 416 HKO 158/14, BeckRS 2015, 10400.

1052 Vgl. LG Hamburg, Urteil vom 17.12.2014 – 416 HKO 158/14, BeckRS 2015, 10400.

1053 BGH, Urteil vom 21.4.2016 – I ZR 276/14, ZVertriebsR 2016, 254, 256 Rn. 16; LG Hamburg, Urteil vom 17.12.2014 – 416 HKO 158/14, BeckRS 2015, 10400; OLG Frankfurt, Beschluss vom 27.10.2010 – 6 W 134/10, BeckRS 2012, 16089; BGH, Beschluss vom 20.5.2009 – I ZR 218/07, GRUR 2009, 980, 981, Rn. 14 – E-Mail-Werbung II; LG Essen, Urteil vom 20.4.2009 – 4 O 368/08, GRUR-RR 2009, 353; ebenso *Köhler*, in: *Köhler/Bornkamm/Feddersen*, UWG, 36. Aufl. 2018, § 7 Rn. 14; Palandt/*Bassenge*, BGB, 75. Aufl. 2016, § 1004 Rn. 10.

1054 So auch *Dendorfer*, Aktives Telefonmarketing, 2003, S. 56; *Schmid*, Freier Dienstleistungsverkehr und Recht des unlauteren Wettbewerbs, 2000, S. 28;

1055 So BGH, Beschluss vom 20.5.2009 – I ZR 218/07GRUR 2009, 980, 981, Rn. 14 – E-Mail-Werbung II; BGH, Urteil vom 21.4.2016 – I ZR 276/14, ZVertriebsR 2016, 254, 256 Rn. 16.

1056 Vgl. *Dendorfer*, Aktives Telefonmarketing, 2003, S. 56

1057 Vgl. *Weiler*, WRP 2003, 423, 428.

1058 Siehe OLG Frankfurt, Urteil vom 11.10.2007 – 3 U 294/06, BeckRS 2011, 25314 in Bezug auf die Verletzung des Rechts am eingerichteten und ausgeübten Gewerbebetrieb durch E-Mail-Werbung.

sind zwingend die konkreten Umstände des Einzelfalles, wie der Ablauf des Werbegesprächs, persönliche Merkmale des Angerufenen sowie Zeitpunkt des Anrufs zu berücksichtigen.[1059] Die Störung im Rahmen des § 823 Abs. 1 BGB muss eine *„ins Gewicht fallende Störung"*[1060] sein. Das Interesse des individuell Betroffenen auf Unterlassung bzw. Schadensersatz beruht schließlich nicht auf der Störung des Wettbewerbs durch das unlautere Verhalten.[1061] Dieses Kollektivinteresse verfolgt das UWG.

Grundsätzlich wird ein Eingriff in das allgemeine Persönlichkeitsrecht bei unerbetener Telefonwerbung auch dann anzunehmen sein, wenn der Betroffene seine Ablehnung nicht ausdrücklich mitgeteilt hat, da anders als bei der Briefkastenwerbung[1062], die für den Adressaten erkennbar eine Werbebotschaft verkörpert, für den Angerufenen ein psychologischer Zwang zur Auseinandersetzung mit dem Inhalt der Werbung entsteht.[1063] Durch die Telefonwerbung erfolgt nicht nur ein Eindringen in den persönlichen Bereich des Angerufenen, sondern darüber hinaus bietet das Medium Telefon der Werbewirtschaft, die Möglichkeit, die Stimme des Beworbenen auszuforschen und zu wirtschaftlichen Zwecken fruchtbar zu machen.[1064] Hierdurch wird dem Individuum die Selbstbestimmung über ein persönliches Merkmal entzogen. Da aber das allgemeine Persönlichkeitsrecht aus der erfolgten Kommunikation und Interaktion mit gegenteiligen Interessen entspringt, ist anders als im Rahmen des § 7 Abs. 2 Nr. 2 UWG eine bestehende geschäftliche Beziehung zu berücksichtigen, auch wenn der Anruf nicht der Durchführung dieses Geschäfts dient. Denn durch die Aufnahme von Kontakt nach außen verlässt der Angerufene den inneren Bereich des allgemeinen Persönlichkeitsrechts.[1065] Beim Bestehen einer privaten oder geschäftlichen Beziehung kann je nach Ausgestaltung dieser Beziehung ein Werbeanruf als solcher für die Verletzung des allgemeinen Persönlichkeitsrechts unter dem Gesichtspunkt der Sozialadäquanz als nicht ausreichend angesehen werden.[1066] Erforderlich ist eine hinzukommende Belästigungsintensität, etwa durch Häufigkeit, Zeitpunkt oder Dauer des Gesprächs. Eine Verletzung des allgemeinen Persönlichkeitsrechts kann zivilrechtlich auch dann verneint werden, wenn die Bedeutung der gelieferten Werbeinformation die

---

1059 *Freund*, Das Persönlichkeitsrecht des Umworbenen, 1983, S. 178 ff; *Dendorfer*, Aktives Telefonmarketing, 2003, S. 57.

1060 LG Dortmund, Urteil vom 10.06.1968 – 13 O 63/68, BB 1968, 970.

1061 Vgl. *Weiler*, WRP 2003, 423, 428.

1062 BGH, Urteil vom 20.12.1988 – VI ZR 182/88, GRUR 1989, 225 – Handzettel-Wurfsendung.

1063 *Schmid*, Freier Dienstleistungsverkehr und Recht des unlauteren Wettbewerbs, 2000, S. 28 m.w.N.

1064 Vgl. *Rixecker*, in MünchKomm BGB, 7. Aufl. 2015, § 12 Anh., Rn. 3.

1065 Ähnlich *Schmid*, Freier Dienstleistungsverkehr und Recht des unlauteren Wettbewerbs, 2000, S. 29.

1066 Vgl. *Schmid*, Freier Dienstleistungsverkehr und Recht des unlauteren Wettbewerbs, 2000, S. 29.

Nachteile für die Persönlichkeit des Beworbenen überwiegt.[1067] Nach *Rixecker*[1068] begründet der Anruf als solcher keine Verletzung des allgemeinen Persönlichkeitsrechts, es sei denn, es liegt ein Missbrauch vor. Unerwünschte Telefonate gehörten zum typischen Risiko desjenigen, der einen Fernsprechanschluss führt. Einen Eingriff in das Persönlichkeitsrecht erfolge dann, wenn der Anruf zu Zeiten stattfindet, in denen niemand mit Belästigungen rechnen muss, oder wenn er trotz erkennbaren Widerspruchs fortgesetzt oder wiederholt wird.[1069] Der Beworbene könne Rechtsschutz durch Auflegen des Hörers erlangen.[1070] Im Übrigen bestehe zugunsten des Verbraucherschutzes die Möglichkeit, den Rufnummermissbrauch verwaltungsgerichtlich geltend zu machen.[1071] Willigt der Betroffene hingegen ein, so ist der Eingriff nicht rechtswidrig.[1072]

2. *Individualklage bei Eingriffen in die berufliche Sphäre*

Bei unerbetener Telefonwerbung im Verhältnis zu Unternehmen kommt ein Schadensersatzanspruch nach § 823 Abs. 1 BGB und ein Unterlassungsanspruch nach §§ 1004 Abs. 1 Satz 2, 823 Abs. 1 BGB analog unter dem Gesichtspunkt der Verletzung des Rechts am eingerichteten und ausgeübten Gewerbebetrieb in Betracht.[1073] Der Anspruch kann zudem bei natürlichen Personen auf die Verletzung des Unternehmenspersönlichkeitsrechts gestützt werden.[1074] Im Falle eines Mitbewerberverhältnisses genießen Ansprüche aus §§ 8, 9 UWG[1075] i.V.m. § 7 Abs. 2 Nr. 2 UWG Vorrang gegenüber den Ansprüchen aus § 823 Abs. 1 BGB unter dem Gesichtspunkt des Eingriffs in das Recht am eingerichteten und ausgeübten Gewerbebetrieb, da letztere grundsätzlich lediglich eine lückenfüllende Funktion haben.[1076]

1067 Vgl. *Rixecker*, in MünchKomm BGB, 7. Aufl. 2015, § 12 Anh., Rn. 110.

1068 *Rixecker*, in MünchKomm BGB, 7. Aufl. 2015, § 12 Anh., Rn. 124.

1069 *Rixecker*, in MünchKomm BGB, 7. Aufl. 2015, § 12 Anh., Rn. 124.

1070 *Rixecker*, in MünchKomm BGB, 7. Aufl. 2015, § 12 Anh., Rn. 124.

1071 *Rixecker*, in MünchKomm BGB, 7. Aufl. 2015, § 12 Anh., Rn. 124.

1072 Ähnlich *Schmid*, Freier Dienstleistungsverkehr und Recht des unlauteren Wettbewerbs, 2000, S. 29.

1073 LG Hamburg, Urteil vom 17.12.2014 - 416 HKO 158/14, BeckRS 2015, 10400; LG Heilbronn, Urteil vom 4.1.2013 - 8 O 261/12 Ka, BeckRS 2013, 00940; a.A *Schmid*, Freier Dienstleistungsverkehr und Recht des unlauteren Wettbewerbs, 2000, S. 36 ff. verneint die erforderliche Betriebsbezogenheit. Zu diesem Erfordernis siehe BGH, Urteil vom 09.12.1958 – VI ZR 199/57, BGHZ 29, 65, 74 – Stromunterbrechung.

1074 LG Hamburg, Urteil vom 17.12.2014 - 416 HKO 158/14, BeckRS 2015, 10400.

1075 Zu den einzelnen Voraussetzungen vgl. *Altermann*, Die Zulässigkeit unverlangter E-Mail-Werbung nach der UWG-Novelle, 2006, 193 ff.

1076 BGH, Urteil vom 22.12.1961 – I ZR 152/59, GRUR 1962, 310, 314 – Gründerbildnis; BGH, Urteil vom 28.09.1973 – I ZR 136/71, GRUR 1974, 99, 100 – Brünova; BGH, Urteil vom 08.10.1971 – I ZR 12/70, GRUR 1972, 189, 191 – Wandsteckdose II; BGH, Urteil vom 24.02.1983 – I ZR 207/80, GRUR 1983, 467, 468 – Photokina; BGH, Urteil vom 24.6.2004 – I ZR 26/02, GRUR 2004, 877, 880 – Werbeblocker; *Köhler*, in: *Köhler/*

Die oben zum Persönlichkeitsrecht ausgeführten Grundsätze gelten auch für das Recht am eingerichteten und ausgeübten Gewerbebetrieb. Insbesondere darf von der Unlauterkeit der ohne Einwilligung erfolgten Telefonwerbung nicht auf die Verletzung des Individualrechtsguts geschlossen werden.[1077] Inhalt und Grenzen des Schutzes und die Rechtswidrigkeit ergeben sich erst aus einer Interessen- und Güterabwägung mit der im Einzelfall konkret kollidierenden Interessen anderer.[1078] Die Rechtswidrigkeit wird nicht indiziert.[1079] Ein Eingriff in den eingerichteten und ausgeübten Gewerbebetrieb liegt allerdings dann vor, wenn der Eingriff die Grundlage des Betriebs bedroht, den Funktionszusammenhang der Betriebsmittel auf längere Zeit aufhebt oder seine Tauglichkeit als solche in Frage stellt.[1080] In der Rechtsprechung finden sich Entscheidungen, die einen Eingriff in das Unternehmensrecht aufgrund unerbetener Telefonwerbung bejaht haben.[1081] Eine Begründung, warum Telefonwerbung nicht mehr als sozialadäquat zu qualifizieren ist, fehlt aber bisher.[1082] Bei Telefonwerbung ist es nicht ersichtlich, wer und in welcher Angelegenheit anruft. Zudem kann sich der Beworbene im Vergleich zu E-Mail-Werbung den Zeitpunkt der Auseinandersetzung mit dem Anruf nicht frei aussuchen.[1083] Selbst bei E-Mail-Werbung geht BGH pauschal von einer Rechtsgutverletzung aus.[1084] Das OLG Frankfurt verneinte dagegen einen Eingriff

---

Bornkamm/Feddersen, UWG, 36. Aufl., 2018, Einl. Rn. 7.4; *Sack* WRP 2009, 1330, 1334; *Sack*, in: FS Ullmann 825, 829; *Sack*, VersR 2006, 1001.

1077 So aber BGH, Urteil vom 21.4.2016 – I ZR 276/14, ZVertriebsR 2016, 254, 256 Rn. 16.

1078 OLG Frankfurt, Urteil vom 11.10. 2007 – 3 U 294/06, BeckRS 2011, 25314.

1079 LG Hamburg, Urteil vom 17.12.2014 – 416 HKO 158/14, BeckRS 2015, 10400; OLG Düsseldorf, Urteil vom 24.5.2006 – 15 U 45/06, BeckRS 2006, 06932; Palandt/ *Sprau*, BGB, 75. Aufl. 2016, § 823 Rn. 95, 126;

1080 Vgl. *Burmeister*, Belästigung als Wettbewerbsverstoß, 2006, S. 44; *Sack*, VersR 2006, 1001; *Sack*, WRP 2009, 1330.

1081 LG Hamburg, Urteil vom 17.12.2014 – 416 HKO 158/14, BeckRS 2015, 10400; LG Heilbronn, Urteil vom 4.1.2013 – 8 O 261/12 Ka, BeckRS 2013, 00940; auch BGH, Urteil vom 21.4.2016 – I ZR 276/14, ZVertriebsR 2016, 254, 256 Rn. 16, der Schadensersatzanspruch scheiterte allerdings, weil der konkrete Schade nicht festgestellt werden konnte; siehe in Bezug auf E-Mail-Werbung OLG Düsseldorf, Urteil vom 24.05.2006 – 15 U 45/06, BeckRS 2006, 06932; BGH, Beschluss vom 20.5.2009 – I ZR 218/07, GRUR 2009, 980 – E-Mail-Werbung II.

1082 Vgl. *Schmid*, Freier Dienstleistungsverkehr und Recht des unlauteren Wettbewerbs, 2000, S. 39: „Solange Außenstehende die von einem Betrieb eröffneten Kommunikationswege im üblichen Umfang nutzen, stellen sich die Interessen der Werbenden an der Kontaktaufnahme und die des Gewerbetreibenden an der ungestörten Geschäftstätigkeit als gleichrangig dar: Die Telefonwerbung im geschäftlichem Bereich ist hier als eine dem freien Wettbewerb immanente und sozialadäquate Begleiterscheinung hinzunehmen."

1083 BGH, Urteil vom 11.3.2004 – I ZR 81/01, GRUR 2004, 517 – E-Mail-Werbung I.

1084 BGH, Beschluss vom 20.5.2009 – I ZR 218/07GRUR 2009, 980 – E-Mail-Werbung II.

mangels ausreichender Störungsintensität.[1085] Bloße Belästigungen und sozial übliche Behinderungen reichen für die Annahme eines betriebsbezogenen Eingriffs nicht aus.[1086] Weiterhin liegt eine Persönlichkeitsverletzung nicht vor, sofern für den E-Mail-Adressaten – ähnlich der Briefwerbung – erkennbar ist, dass es sich um Werbung handelt. Werbung ist als Alltagsgeschehen wahrzunehmen, wenn sich niemand gezwungen sieht, sich mit der Werbung auseinanderzusetzen.[1087] Die E-Mail-Werbung verletzt das Persönlichkeitsrecht des Beworbenen in der Regel nur dann, wenn sein ausgedrückter Wille, die Werbung nicht zu wollen, unbeachtet geblieben ist.[1088] Ist dies nicht der Fall, dann kann es richtigerweise bei unerbetener E-Mail-Werbung nicht entscheidend darauf ankommen, ob die E-Mail-Sendung einmalig oder wiederholt erfolgte.[1089] Entscheidend sind die Umstände des Einzelfalles. So hat das OLG Düsseldorf das Interesse an einer ungestörten Ausübung des Kanzleibetriebs höher bewertet als das Interesse an einer bequemen und kostengünstigen Werbemethode.[1090] Unter Bezugnahme auf die Rechtsprechung des BGH[1091] stellte das Gericht fest, dass für die Unzumutbarkeit der Belästigung eine Beeinträchtigung von gewisser Intensität erforderlich ist. Bloße Belästigungen und sozial übliche Behinderungen reichen demnach für die Annahme eines betriebsbezogenen Eingriffs nicht aus.[1092] In diesem Sinne nahm das OLG Düsseldorf an, dass die Löschung unerbetener E-Mail-Werbung in kurzer Zeit und ohne deren Öffnung erfolgen kann. Besonders zu berücksichtigen war, dass der Betroffene, als Anwaltskanzlei eine besonders aufmerksame und zeitaufwendige Prüfung der Korrespondenz vollziehen muss, um nicht aus Versehen E-Mails zu löschen, die keine Werbung enthalten, da in diesem Falle ein Haftungsfall droht.[1093]

Als Zwischenergebnis steht fest: Aufgrund der Doppelnatur des § 7 Abs. 2 Alt. 1 UWG – datenschutzrechtlich sowie lauterkeitsrechtlich – ist es dogmatisch möglich und europarechtlich zwingend § 7 Abs. 21 UWG als Schutzgesetz i.S.d. § 823 Abs. 2 BGB anzuerkennen, soweit Verbraucher betroffen sind. Ferner folgt aus der Verletzung des § 7 Abs. 2 Nr. 2 UWG folgt nicht zwingend eine Verletzung des allgemeinen Persönlichkeitsrechts bzw. des Rechts am eingerichteten und ausgeübten Gewerbebetriebs. Die UWG-Vorschriften verkörpern eine abstrakte Interessenabwägung der Marktakteure und berücksichtigen auch die Nachahmungsgefahr als

---

1085 OLG Frankfurt, Urteil vom 11.10.2007 – 3 U 294/06, BeckRS 2011, 25314.

1086 BGH, Urteil vom 29.01.1985 – VI ZR 130/83, NJW 1985, 1620.

1087 Vgl. *Rixecker*, in MünchKomm BGB, 7. Aufl. 2015, § 12 Anh., Rn. 123.

1088 BGH, Urteil vom 20.12.1988 – VI ZR 182/88, BGHZ 106, 229 – Handzettel-Wurfsendung.

1089 Zum Rechtsstreit vgl. die Hinweise bei BGH, Beschluss vom 20.5.2009 – I ZR 218/07, GRUR 2009, 980, 981 Rdnr. 11 – E-Mail-Werbung II.

1090 OLG Düsseldorf, Urteil vom 24.5.2006 – 15 U 45/06, BeckRS 2006, 06932.

1091 OLG Düsseldorf, Urteil vom 24.5.2006 – 15 U 45/06, BeckRS 2006, 06932.

1092 BGH, Urteil vom 29.1.1985 – VI ZR 130/83NJW 1985, 1620.

1093 OLG Düsseldorf, Urteil vom 24.5.2006 – 15 U 45/06, BeckRS 2006, 06932.

Marktgeschehen. Schadensersatz- und Unterlassungsansprüche nach dem BGB bedürfen hingegen einer konkreten Einzelfallprüfung.

3. *Künftige Rechtslage: Rechtsbehelfe des Endnutzers nach der ePrivacy VO*

Die DSRL 2002/58/EG soll nach einem Vorschlag der Kommission vom 10.1.2017 (Com(2017) 10 final) durch eine Verordnung über Privatsphäre und elektronische Kommunikation (auch ePrivacy Verordung genannt) mit Wirkung ab dem 25.5.2018[1094] ersetzt werden. Damit würde Art. 13 RL 2002/58/EG durch Art. 16 dieser Verordnung ersetzt.[1095]

Art. 22 der ePrivacy VO verleiht jedem Endnutzer elektronischer Kommunikationsdienste, dem wegen eines Verstoßes gegen diese Verordnung ein materieller oder immaterieller Schaden entstanden ist, hat **Anspruch auf Schadenersatz gegen den Rechtsverletzer**, es sei denn der Rechtsverletzer weist im Einklang mit Artikel 82 der Verordnung (EU)2016/679 (DSGVO) nach, dass er in keinerlei Hinsicht für den Umstand, durch den der Schaden eingetreten ist, verantwortlich ist.

Jeder Endnutzer hat nach zudem nach Art. 21 Abs. 1 ePrivacy VO unbeschadet anderweitiger verwaltungsrechtlicher oder gerichtlicher Rechtsbehelfe dieselben Rechte, wie sie in Art. 77, 78 und 79 DSGVO vorgesehen sind. Für die private Rechtsdurchsetzung ist Art. 79 DSGVO maßgebend („Recht auf gerichtlichen Rechtsbehelf").[1096]

Die ePrivacy VO räumt zudem in Art. 21 Abs. 2 jeder natürlichen oder juristischen Person, die kein Endnutzer ist und gegen die vorliegende Verordnung beeinträchtigt wird und ein berechtigtes Interesse an der Einstellung oder dem Verbot solcher Verstöße hat, einschließlich der Betreiber elektronischer Kommunikationsdienste, die ihre berechtigten Geschäftsinteressen schützen wollen, das Recht, gegen solche Verstöße gerichtlich vorzugehen.

C. § 7 Abs. 2 Nr. 2 UWG und europäisches Primärrecht

Nach einer in der Literatur vertretenen Meinung verstößt § 7 Abs. 2 Nr. 2 UWG gegen Art. 56 AEUV.[1097] § 7 Abs. 2 Nr. 2 UWG führe zu einer unzulässigen

1094 Am 25.5.2018 EU-Rat einen Sachstandsbericht veröffentlicht und über den Stand der aktuellen Prüfung des Vorschlags für die ePrivacy VO informiert.

1095 *Köhler*, in: *Köhler/Bornkamm/Feddersen*, UWG, 36. Aufl. 2018, § 7 Rdnr. 9 a.

1096 *Köhler*, in: *Köhler/Bornkamm/Feddersen*, UWG, 36. Aufl. 2018, § 7 Rdnr. 9 e.

1097 *Engels/Brunn*, GRUR 2010, 886, 890 ff.; a.A. *Köhler*, GRUR 2015, 789, 799; Köhler geht in Bezug auf § 7 Abs. 1 UWG davon aus, dass dieser nur Verkaufsmodalitäten i.S. d. Keck-Rechtsprechung regele und ein Verstoß gegen Art. 34 ff. AEUV, Art. 56 ff. AEUV infolgedessen ausgeschlossen ist.

Beschränkung des freien Dienstleistungsverkehrs innerhalb der Gemeinschaft für Angehörige der Mitgliedstaaten, die in einem anderen Staat der Gemeinschaft als demjenigen des Leistungsempfängers ansässig sind,[1098] wenn also der Anruf aus dem europäischen Ausland[1099] erfolgt.

I. Keine Kontrolle an Maßstab der Grundfreiheit für durch Sekundärrecht harmonisierte Bereiche

Es ist jedoch zu differenzieren. Sofern Telefonwerbung sekundärrechtlich abschließend geregelt ist, erübrigt sich eine Kontrolle gemessen an den Grundfreiheiten. Das Primärrecht erlangt Bedeutung nur in den Bereichen, in denen das Sekundärrecht keine abschließende Regelung trifft.[1100] Die Frage nach der Vereinbarkeit einer mitgliedstaatlichen Maßnahme mit Art. 34 bzw. 56 AEUV ist obsolet, wenn für den fraglichen Bereich bereits eine abschließende Regelung besteht. Wenn das Sekundärrecht vollharmonisierend wirkt, ergeben sich die maßgeblichen Kriterien zur Beurteilung der Zulässigkeit der mitgliedstaatlichen Maßnahmen, die in ihren Anwendungsbereich fallen[1101] - vorausgesetzt das Sekundärrecht ist primärrechtskonform - aus dem Sekundärrecht selbst.[1102] Hierbei gilt zu berücksichtigen, dass

---

1098 *Engels/Brunn,* GRUR 2010, 886, 890.

1099 *Engels/Brunn,* GRUR 2010, 886, 891.

1100 EuGH, Urteil vom 12.10.1993, C-37/92, Slg. 1993, I-4947 ff. Rdnr. 9 – Vanacker und Lesage; EUGH, Urteil vom 11.7.1974, 8/74, Slg. 194, 87 - Dasonivill e; EuGH, Urteil vom 13.12.2001, C-324/99, Slg. I-9897, Rdnr. 32 - Daimler Chrysler; EuGH, Urteil vom 23.4.2009, C-261/07, C-299/07, GRUR 2009, 599, Rdnr. 67 – VTB/Total Belgium und Galatea/Sanoma; *Busch,* in: *Schmidt-Kessel/Schubmehl,* Lauterkeitsrecht in Europa, 2011, S. 3, S. 50; *Schmid,* Freier Dienstleistungsverkehr und Recht des unlauteren Wettbewerbs, 2000, S. 275; *Apetz,* Das Verbot aggressiver Geschäftspraktiken, 2011, S. 89 m.w.N. zur EuGH Rechtsprechung in Fn. 288, S. 201 Fn. 636, m.w.N. *Schricker,* Recht der Werbung in Europa, Einf., Rdnr. 194; Zur vom EuGH positiv bewerteten Zulässigkeit eines durch das niederländische Ministerium gegenüber einem Unternehmen erteilten per se Verbots der Telefonwerbung für Finanzdienstleistungen gegenüber Privaten ohne deren vorheriges Einverständnis, EuGH, Urteil vom 10.05.1995, C 384/93 - Alpine Investements, Slg. 1995, I-1141. Der EuGH schließt zuerst die Einschlägigkeit der Richtlinie 85/577/EWG des Rates vom 20. 12. 1985 betreffend den Verbraucherschutz im Falle von außerhalb von Geschäftsräumen geschlossenen Verträgen für telefonisch geschlossene Verträge sowie für Verträge über Wertpapiere (Art. 3 Abs. 2 Buchst. e) aus (Rdnr. 14).

1101 Vgl. EuGH, Urteil vom 17.10.2013, C-391/12, Rdnr. 41 - RLvS Verlagsgesellschaft.

1102 EuGH, GUR 2004, 174 Rdnr. 48, 52–54 - Doc Morris; Vgl. auch *Schricker,* Recht der Werbung in Europa, Einf., Rdnr. 194; *Leible/ T. Streinz,* in: *Grabitz/Hilf/Nettesheim,* Das Recht der Europäischen Union, 57. Ergänzungslieferung 2015, Art. 36 AEUV Rdnr. 14; Henning-Bodewig, GRUR Int 2010, 549, Fn. 41.
Schmid, Freier Dienstleistungsverkehr und Recht des unlauteren Wettbewerbs, 2000, S. 275, 337 f.

eine abschließende Regelung auch durch die Festlegung eines Spielraums im Rahmen fester Mindest- und Höchststandard möglich ist.[1103]

1. *Vollharmonisierungswirkung des Art. 13 Abs. 3 DSRl 2002/58/EG*

Eine abschließende Harmonisierung bewirkt im Umkehrschluss zu Art. 15 Abs. 1 DSRL 2002/58/EG deren Art 13[1104], der betreffend Telefonwerbung gegenüber natürlichen Personen in Abs. 3 einen Mindest- und Höchststandard legt.[1105] Aus dem an der Widerspruchslösung orientierten Art. 10 Abs. 2 Fernabsatzrichtlinie kann sich nichts Gegenteiliges ergeben. Nach dem Inkrafttreten der Verbraucherrechterichtlinie 2011/83/EU ist die Fernabsatzrichtlinie 97/7/EG außer Kraft getreten. Vorher wurde zum Teil vertreten, dass Art. 10 Abs. 2 RL 97/7/EG im Bereich der individuellen Telefonwerbung, die die Tatbestandsvoraussetzungen beider Richtlinien erfüllt, also bei Telefonwerbung im Zusammenhang mit Fernabsatzverträgen im Verhältnis zu Verbrauchern, die Fernabsatzrichtlinie dem vollharmonisierenden[1106] Art. 12 Abs. 2 RL 97/66/EG (jetzt Art. 13 Abs. 3 DSRL 2002/58/EG) als *lex specialis* vorgehe.[1107] Da die Fernabsatzrichtlinie im Bereich Telefonwerbung nur einen Mindestschutz für Verbraucher festsetzte, waren nationale Vorschriften, die auf ein höheres Schutzniveau, abzielten an den Grundfreiheiten zu messen.[1108] Ob die DSRL 2002/58/EG die Bestimmungen der Fernabsatzrichtlinie betreffend Direktwerbung mit umfasste[1109], ist seit der Aufhebung dieser – anlässlich des Inkrafttretens der Verbraucherrechterichtlinie 2011/83/EU am 12.12.2011 – nunmehr irrelevant.[1110] Die Verbraucherrechterichtlinie[1111] enthält keine dem Art. 10 Abs. 2 RL 97/7/EG vergleichbare Regelung, die Vorschrift wurde ersatzlos gestrichen. Im Anhang II der Verbraucherrechterichtlinie fehlt in der Entsprechungstabelle eine

1103 *Schmid*, Freier Dienstleistungsverkehr und Recht des unlauteren Wettbewerbs, 2000, S. 169, Fn. 340; *Steindorf*, EG-Vertrag und Privatrecht, 2006, S. 413; Siehe auch *Lutter*, in: FS Everling, Band 1, S. 765, 767 ff.

1104 *Lettl*, WRP 2004, 1079, 1121.

1105 EuGH, EuZW 2004, 245 Rdnr. 95 ff. – Lindquist; EuGH, EuZW 12, 37 Rdnr. 30 – ASNEF/FECEMD.

1106 Die Fernabsatzrichtlinie war im Gegensatz zu der DSRL 97/66/EG keine Mindestrichtlinie, *Micklitz/Reich*, Die Fernabsatzrichtlinie, 1998, S. 83; *Schmid*, Freier Dienstleistungsverkehr und Recht des unlauteren Wettbewerbs, 2000, S. 177.

1107 *Schmid*, Freier Dienstleistungsverkehr und Recht des unlauteren Wettbewerbs, 2000, S. 186 m.w.N.

1108 *Schmid*, Freier Dienstleistungsverkehr und Recht des unlauteren Wettbewerbs, 2000, S. 175 m.w.N.

1109 So *Lettl*, WRP 2004, 1079,1121.

1110 Art. 31 RL 2011/83/EU.

1111 Bezüglich Telefonwerbung trifft die Verbraucherrechterichtlinie eine einzige Bestimmung in Art. 8 Abs. 6, wonach die optionale Bestätigungslösung zulässig ist.

ersetzende Vorschrift, es wird aber an dieser Stelle auf Art. 13 DSRL 2002/58/EG verwiesen.

2. Vollharmonisierungswirkung der UGP-Richtlinie

Wie bereits dargestellt wirkt die UGP-Richtlinie im Bereich Telefonwerbung im Verhältnis zu Verbrauchern *in ihrem Anwendungsbereich* vollharmonisierend.[1112] Nicht umfasst werden lediglich Werbeanrufe, die die Entscheidungsfreiheit der Verbraucher offensichtlich unwesentlich beeinflussen.[1113]

II. Nicht harmonisierte Bereiche der Telefonwerbung

Nationale Regelungen betreffend Werbeanrufe gegenüber juristischen Personen mit grenzüberschreitendem Bezug sind an das primäre Gemeinschaftsrecht zu messen,[1114] da dieser Bereich sekundärrechtlich nicht abschließend geregelt ist. Die DSRL 2002/58/EG schützt anders als die Richtlinie 95/46/EG auch die Interessen juristischer Personen.[1115] Allerdings trifft sie in diesem Verhältnis keine abschließende Regelung, sondern verpflichtet nur die Mitgliedstaaten im Rahmen des Gemeinschaftsrechts und der geltenden einzelstaatlichen Rechtsvorschriften dazu, dafür Sorge zu tragen, dass die berechtigten Interessen anderer Teilnehmer als natürlicher Personen in Bezug auf unerbetene Nachrichten ausreichend geschützt werden. Ein ausreichender Schutz wird nach Art. 13 Abs. 5 DSRL 2002/58/EG i.V.m. Erwägungsgrund 45 mit dem Opt-out-Prinzip als erreicht angesehen.[1116] Das per se Verbot gilt in Deutschland allein gegenüber Verbrauchern. Die Regelung des § 7 Abs. 2 Nr. 2 2. Alt UWG knüpft die Zulässigkeit der Telefonwerbung gegenüber sonstigen Teilnehmern an das Vorliegen deren zumindest mutmaßlicher Einwilligung[1117]

Es ist zwischen Telefonwerbung für Produkte, Telefonwerbung als Dienstleistung und Telefonwerbung für eine Dienstleistung zu differenzieren.

Köhler[1118] geht in Bezug auf § 7 Abs. 1 UWG davon aus, dass die Vorschrift nur Verkaufsmodalitäten i.S.d. *Keck*-Rechtsprechung regelt und ein Verstoß gegen

1112 Siehe oben Zweiter Teil, Drittes Kapitel, D.

1113 Siehe oben Zweiter Teil Drittes Kapitel D. III. 2. c. ff.

1114 Vgl. *Schmid*, Freier Dienstleistungsverkehr und Recht des unlauteren Wettbewerbs, 2000, S. 187.

1115 Vgl. noch zur Vorgängerrichtlinie 97/66/EG *Schmid*, Freier Dienstleistungsverkehr und Recht des unlauteren Wettbewerbs, 2000, S. 175.

1116 *Altermann*, Die Zulässigkeit unverlangter E-Mail-Werbung nach der UWG-Novelle, 2006, S. 63.

1117 Vgl. *Schmid*, Freier Dienstleistungsverkehr und Recht des unlauteren Wettbewerbs, 2000, S. 337 f. sowie S. 339 ff. für eine ausführliche Prüfung eines Verstoßes gegen den deutschen Grundsatz zur Zulässigkeit der Telefonwerbung gegen die Dienstleistungsfreiheit.

1118 *Köhler*, GRUR 2015, 798, 799

Art. 34 ff. AEUV, Art. 56 ff. AEUV infolgedessen ausgeschlossen sei. Aus § 7 Abs. 1 S. 2 UWG gehe hervor, dass § 7 Abs. 1 UWG Werbung inkludiert. Unstreitig kommt Art. 34 AEUV nicht zur Anwendung, da Telefonwerbung in Bezug auf Waren lediglich zu den Verkaufsmodalitäten gehört.[1119]

Bezüglich der Dienstleistungsfreiheit ist zwischen Werbung für eine Dienstleistung und Werbung als Dienstleistung zu differenzieren. Soweit es um die Werbung als Dienstleistung geht, stellt die Vermarktung und die Werbung selbst eine Dienstleistung und keine Verkaufsmodalität dar. Die Zulässigkeit der Werbung als Dienstleistung, beispielsweise die Tätigkeit einer Werbeagentur, fällt unstreitig in den Anwendungsbereich des Art. 56 AEUV[1120].

Die Übertragbarkeit der *Keck*-Rechtsprechung auf Werbung für Dienstleistungen ist dagegen umstritten.[1121]

Der EuGH ordnete Telefonwerbung für beworbene Dienstleistungen in *Alpine Investments* ausdrücklich dem freien Dienstleistungsverkehr zu, unabhängig davon, dass es sich bei der Dienstleistung um „bloße Angebote" handele, für die es noch keinen Empfänger gebe.[1122] Streitgegenstand war ein vom niederländischen Ministerium der Finanzen gegenüber einer auf Warentermingeschäfte spezialisierten niederländischen Gesellschaft ausgesprochenes Verbot, welches ihr untersagte, Privaten *auch in anderen Mitgliedstaaten* (unter anderem in Belgien, Frankreich und dem Vereinigten Königreich) ohne deren schriftliche Zustimmung Dienstleistungen telefonisch anzubieten. Die Maßnahme soll gerade Werbemaßnahmen im Ausland verbieten.

Alpine Investments zeigt, dass eine Anwendbarkeit der Grundsätze betreffend Verkaufsmodalitäten jedenfalls für Regelungen des Bestimmungslandes in Frage kommen; Regelungen der Herkunftsstaaten, die grenzüberschreitende Dienstleistungserbringung betreffen - auch wenn sie lediglich Verkaufsmodalitäten regeln - und unmittelbar den Zugang zum Dienstleistungsmarkt anderer Mitgliedstaaten

---

1119 *Leistner/Pothmann*, WRP 2003, 815, 819; *Schrick*, MMR 2000, 399, 403, *Altermann*, Die Zulässigkeit unverlangter E-Mail-Werbung nach der UWG-Novelle, 2006, S. 67–70; ausführlich zur Warenverkehrsfreiheit mit Fokus auf Werbung vgl. *Schmid*, Freier Dienstleistungsverkehr und Recht des unlauteren Wettbewerbs, 2000, S. 274 ff.

1120 *Leistner/Pothmann*, WRP 2003, 815, 820; *Ayad*, CR 2001, 533, 535 f; *Altermann*, Die Zulässigkeit unverlangter E-Mail-Werbung nach der UWG-Novelle, 2006, S 71.

1121 Bejahend, *Ayad*, CR 2001, 533, 535; *Günther*, CR 1999, 172, 177 f.; *Schrick*, MMR 2000, 399, 404; Vgl. auch *Everling*, ZLR 1994, 221, 231; *Mülbert*, ZHR, 159 (1995), 2, 29; *Reuthal*, WRP 1997, 1154, 1158; *Eberhartinger*, EWS 1997, 43, 49 f.; verneinend, *Stuyck*, WRP 1994, 578, 584; *Idot*, CMLR 1996, 113, 122 f.; *Schmid*, Freier Dienstleistungsverkehr und Recht des unlauteren Wettbewerbs, 2000, S. 335 f.; ausführlich zum Meinungsstand *Schmid*, Freier Dienstleistungsverkehr und Recht des unlauteren Wettbewerbs, 2000, S. 308 ff.

1122 EuGH, Urteil vom 10.05.1995, C-384/93 - Alpine Investements, Slg. 1995, I-1141, 1174, Rdnr. 19.

beeinflussen, fallen somit in den Anwendungsbereich des Art. 56 AEUV.[1123] Die durch die *Keck*-Rechtsprechung etablierte Einschränkung der Warenverkehrsfreiheit ist auf die Konstellation der Beeinträchtigung der Dienstleistungsfreiheit durch den Staat des Dienstleistungserbringers, die eine unmittelbare Beschränkung in Bezug auf Verkaufsmodalitäten zum Gegenstand hat, nicht übertragbar.[1124] Der Grund für die Privilegierung der Verkaufsmodalitäten liege darin, dass die Anwendung derartiger Regelungen nicht geeignet sei, den Marktzugang für diese Erzeugnisse im Einfuhrmitgliedstaat zu sperren oder stärker zu behindern, als sie dies für inländische Erzeugnisse tue. In dem zu entscheidenden Fall gehe das Verbot aber vom Mitgliedstaat aus, in dem der Leistungserbringer ansässig sei und betreffe nicht nur die Angebote, die an Leistungsempfänger ergingen, die im Gebiet desselben Staates ansässig seien oder sich dorthin begeben, um Dienstleistungen entgegenzunehmen, sondern auch die Angebote an Leistungsempfänger in einem anderen Mitgliedstaat. Deshalb beeinflusse es unmittelbar den Zugang zum Dienstleistungsmarkt in den anderen Mitgliedstaaten und sei daher geeignet, den innergemeinschaftlichen Dienstleistungsverkehr zu behindern.[1125] Die Entscheidung betraf also eine Regelung eines Mitgliedstaates, die einem Unternehmen eine bestimmte Werbemaßnahme – nämlich das Cold-Calling – gerade auch im Ausland verbieten sollte.[1126] Im Umkehrschluss zu *Alpine Investments* folgt, dass ein Werbeverbot im Inland, das auch ausländische Anbieter zu beachten haben, per se keine Beschränkung der Dienstleistungsfreiheit darstellt und die *Keck*-Rechtsprechung hier Anwendung findet.[1127] Wenn nach der *Keck*-Rechtsprechung Verkaufsmodalitäten, die für alle in- und ausländische Werbetreibende gleich gelten und den Absatz ausländischer Waren rechtlich und tatsächlich in gleicher Weise berühren würden, ungeeignet seien, den zwischenstaatlichen Handel zu behindern, dann kann in Hinblick auf die Dienstleistungsfreiheit keine andere Beurteilung gelten.[1128]

Gegen die Übertragbarkeit der *Keck*-Rechtsprechung auf Dienstleistungen wird vorgebracht, dass dann sowohl die Regelungen durch den Staat des Leistungsempfängers als auch den des Leistungserbringers vom Anwendungsbereich des Art. 56 AEUV ausgenommen werde.[1129] Da der Erbringer die Regelungen beider Staaten beachten müsste, wäre die Dienstleistungsfreiheit wertlos.

1123 *Schmid*, Freier Dienstleistungsverkehr und Recht des unlauteren Wettbewerbs, 2000, S. 327 f.

1124 EuGH, Urteil vom 10.05.1995, C-384/93 – Alpine Investements, Slg. 1995, I-1141, 1174, Rdnr. 34–38.

1125 EuGH v. 10. 5. 1995, Rs. C-384/93 – Alpine Investments, Slg. 1995, I-1141 N. 32 ff.

1126 *Ayad*, CR 2001, 533, 535.

1127 *Ayad*, CR 2001, 533, 535; Günther, CR 1999, 172, 177 f.; *Schrick*, MMR 2000, 399, 404.

1128 *Schrick*, MMR 2000, 399, 404.

1129 Schlussanträge des Generalanwalts Francis G. Jacobs, vom 26.01.1995 in der Rs. 384/93 (Alpine Investements), Slg. 1995, I-1141, I-1159; Nr. 61; *Schrick*, MMR 2000, 399, 404.

Die Argumentation gegen die Übertragbarkeit der *Keck*-Rechtsprechung auf Dienstleistungsfreiheit und somit auf die Telefonwerbung überzeugt nicht. Durch die Übertragung der *Keck*-Rechtsprechung auf die Dienstleistungsfreiheit wäre Art. 56 AEUV nicht stärker eingeschränkt als Art. 34 AEUV.[1130]

Daher stellen nationale Beschränkungen, die Telefonwerbung betreffen, keine Verletzung des Art. 56 AEUV dar.[1131]

D. Zusammenfassung

1. Umsetzungsdefizite betreffend Nr. 26 Satz 1 Anhang I UGP-Richtlinie ergeben sich bereits daraus, dass diese nicht nur Werbung, sondern jede Geschäftshandlung bei und nach dem Geschäftsabschluss erfasst, wie ein Vergleich mit anderen Sprachfassungen zeigt. Geschäftshandlungen, die hartnäckig und wiederholt erfolgen, jedoch keine Werbung darstellen und insofern von § 7 Abs. 2 Nr. 2 UWG nicht erfasst werden, können im Wege richtlinienkonformer Auslegung nach § 4 a UWG (bis zur UWG Novelle 2015 nach § 4 Nr. 1 und 2 UWG) aufgefangen werden. Das Merkmal „hartnäckig" ist im Sinne von „wiederholt" zu verstehen.
2. Im Bereich Telefonwerbung wird Nr. 26 Anhang I UGP-Richtlinie durch Art. 13 Abs. 1 Alt. 1 DSRL 2002/58/EG nicht konsumiert. Es sind Fälle denkbar, in denen trotz Vorliegen einer Einwilligung der Tatbestand der Nr. 26 UGP-Richtlinie

1130 *Sack*, WRP 1998, 103, 113; *Schrick*, MMR 200, 399, 404.

1131 Ebenso in Bezug auf E-Mail-Werbung, *Altermann*, Die Zulässigkeit unverlangter E-Mail-Werbung nach der UWG-Novelle, 2006, S 73: Jedenfalls wäre eine Rechtfertigung der Beschränkung der Telefonwerbung gegenüber natürlichen Personen mit dem in der Alpine-Investements-Entscheidung nicht angesprochenen Schutz vor dem belästigenden Eindringen in die Privatsphäre und mit dem Schutz des lauteren Wettbewerbs zu begründen. Bei Verbrauchern kommen noch verbraucherschützende Aspekte in Betracht: *Köhler*, in: *Köhler/Bornkamm/Feddersen*, UWG, 36. Aufl. 2018, § 7 Rdnr. 120; *Glöckner*, GRUR Int 2000, 29, 35 f.; *Lettl*, WRP 2004, 1079, 1120.; Was Werbung gegenüber Unternehmen anbelangt, bildet der Schutz des Unternehmens vor unerbetenen Störung ein Rechtfertigungsgrund: *Köhler*, in: *Köhler/Bornkamm/Feddersen*, UWG, 36. Aufl. 2018, § 7 Rdnr. 120; EuGH führte als zwingende Gründe des Allgemeininteresses den Schutz des guten Rufs des niederländischen Finanzsektors. Betreffend den Verbraucherschutz stellte der EuGH auf den Überrumpelungseffekt ab. Verbraucher werden durch cold calling überrascht, so dass ihnen die Möglichkeit entzogen wird, sich über die Risiken, die sich aus der Art der ihnen vorgeschlagenen Transaktionen ergeben, zu informieren oder die Qualität und den Preis der Dienstleistungen des Anrufers mit den Angeboten der Konkurrenten zu vergleichen, was aber besonders in dem für die meisten Kapitalanleger undurchschaubaren Bereich des Warenterminmarkts unerlässlich sei: EuGH, Urteil vom 10.05.1995, C-384/93 – Alpine Investements, Slg. 1995, I-1141, 1174, Rdnr. 46 ff.

verwirklicht wird. Dies ist namentlich dann der Fall, wenn Werbeanrufe, für die grundsätzlich eine Einwilligung vorliegt, wiederholt und zur Unzeit erfolgen. Solche Telefonanrufe sind trotz vorheriger Einholung der Einwilligungserklärung hartnäckig und unerwünscht, verwirklichen mithin den Tatbestand der Nr. 26 Anhang I UGP-Richtlinie und müssen ohne Wertungsmöglichkeit verboten werden. Für die Lösung dieser Problematik bietet sich auf nationaler Ebene entweder den Weg über eine richtlinienkonforme Auslegung des § 4 a UWG (bis zur UWG Novelle 2015 über die richtlinienkonforme Auslegung des § 4 Nr. 1 UWG) im Lichte der Nr. 26 UGP-Richtlinie oder, indem man die Einwilligungserklärung derart auslegt, dass diese solche außerordentlich störenden Fälle nicht umfasst und infolgedessen eine für den konkreten Fall und in Kenntnis der Sachlage abgegebene Willenserklärung fehlt.

Im Übrigen erfordern die unterschiedlichen Zweckrichtungen beider Richtlinien, dass für Anrufe, die in den Anwendungsbereich der UGP-Richtlinie fallen, die dreistufige Lauterkeitsprüfung durchgeführt wird. Einmalige Anrufe mit Einwilligung des betroffenen Verbrauchers können, gemessen an den Wertungen der Art. 8, 9 UGP-Richtlinie, einen solchen Belästigungsgrad aufweisen, dass dessen Entscheidungsfreiheit erheblich beeinträchtigt wird und ihn zu einer geschäftlichen Entscheidung veranlassen kann, die er ansonsten nicht getroffen hätte. Dies ist denkbar, wenn der Anrufer besonders intensiv auf den Verbraucher eingewirkt hat, um ihn zu einem Geschäftsabschluss zu bewegen, oder der Anruf zur Unzeit erfolgt. Solche Anrufe können nach § 4 a UWG 2015 früher §§ 3 Abs. 1, 4 Nr. 1 UWG verboten werden. Dies gilt unabhängig von den Bestimmungen der UGP-Richtlinie auch für Telefonanrufe gegenüber sonstigen Marktteilnehmern, für die eine mutmaßliche Einwilligung vorliegt, das Gespräch aber wegen der Art oder des Inhalts des Anrufs in unzumutbarer Weise belästigend wirkt.

3. Das Nebeneinandergelten der UGP-Richtlinie und des Art. 13 Abs. 3 DSRL 2002/58/EG unterstreicht auch die vorhandenen Unterschiede in der Rechtsdurchsetzung. Während die UGP-Richtlinie in Art. 11 Abs. 1 einen kollektiven Verbraucherschutz vorsieht, räumt die DSRL 2002/58/EG natürlichen oder juristischen Personen durch den in die Richtlinie 2009/136/EG neu eingeführten Art. 13 Abs. 6 individuelle Klagerechte wegen Beeinträchtigung der Privatsphäre infolge der Verstöße gegen die Umsetzungsvorschriften ein. Aufgrund der Unterschiede in der Rechtsdurchsetzung nimmt *Köhler* an, ein Vorgehen von Mitbewerbern und Verbänden nach § 8 Abs. 3 UWG sei nicht zulässig, soweit Telefonwerbung die Entscheidungsfreiheit der Verbraucher wesentlich beeinflusst, also soweit der Anwendungsbereich der UGP-Richtlinie eröffnet ist. Verbände könnten nur im Wege der Prozessstandschaft klagen. Art. 13 Abs. 6 und Art. 15, 15a DSRL 2002/58/EG hätten ausschließlichen Charakter.

Die vorgegebenen Unterschiede in der Rechtsdurchsetzung schließen jedoch nicht aus, dass der Schutz der Privatsphäre ebenfalls kollektiv ausgestattet werden kann. Art. 13 Abs. 6 und Art. 15, 15a DSRL 2002/58/EG weisen keinen Ausschließlichkeitscharakter auf. Gerade die „Verwaltungsregelung" in Art. 15a Abs. 2, die eine Art „kollektiven Rechtschutz" beinhaltet, spricht dafür, dass die DSRL 2002/58/EG kollektive Rechtsdurchsetzung nicht verbietet, wenn diese die individuelle Rechtdurchsetzungsmöglichkeit begleitet. Die Zulässigkeit der Verbandsklage nach § 8 Abs. 3 UWG wegen eines Verstoßes gegen § 7 Abs. 2 Nr. 2 Alt. 1 UWG, soweit die unerbetene Telefonwerbung über den Anwendungsbereich der UGP-Richtlinie hinausgeht, ergibt sich allerdings bereits daraus, dass die Vorschrift nicht nur eine datenschutzrechtliche, sondern auch eine lauterkeitsrechtliche Sanktionierung unerbetener Telefonwerbung beabsichtigt. Dies ergibt sich daraus, dass in § 7 Abs. 2 Nr. 2 durch die UWG Novelle-2004 die BGH-Grundsätze zur Zulässigkeit von Telefonwerbung kodifiziert wurden, und die Prüfung erfolgte im lauterkeitsrechtlichen Bereich, auf der Basis des § 1 UWG a.F.[1132] Der kollektive Verbraucherschutz wird nach §§ 8 ff. UWG gewährleistet. Darüber hinaus bezweckt § 7 Abs. 2 Nr. 2 UWG den Schutz der Privatsphäre, da die Vorschrift zugleich Art. 13 Abs. 3 Alt. 1 DSRL 2002/58/EG umsetzt. Der individuelle Verbraucherschutz wird durch die Möglichkeit der gerichtlichen Geltendmachung von BGB-Ansprüchen wegen Verletzung der Privatsphäre verwirklicht. Der Individualschutz darf im b2c-Bereich der Telefonwerbung nicht subsidiär im Verhältnis zum kollektiven Verbraucherschutz sein.

4. Zwar implementiert § 7 Abs. 2 Nr. 2 UWG den Art. 13 Abs. 1 Alt. 1 DSRL 2002/58/EG unvollkommen, als dass die Vorschrift Telefonwerbung ohne vorherige Einwilligung nur im Verhältnis zu Verbrauchern sanktioniert, während Art. 13 Abs. 1 Alt. 1 DSRL 2002/58/EG im Verhältnis zu natürlichen Personen gilt. Jedoch wurde dadurch das Unionsrecht nicht unzureichend umgesetzt. Art. 13 Abs. 3 DSRL 2002/58/EG sieht als 2. Alternative die Wahl eines Opt-out-Prinzips als Mindestschutz. Dieser Mindestschutz ist in § 7 Abs. 2 Nr. 2 Alt. 2 UWG enthalten, da die Vorschrift auf sonstige Marktteilnehmer abstellt und mithin natürliche Personen, die keine Verbraucher sind, in den Anwendungsbereich der Norm fallen. Eine flexible Gestaltung des Opt-in-Modells bleibt den Mitgliedstaaten vorbehalten, solange die Umsetzungsvorschriften die Obergrenze des Höchstschutzes des Art. 13 Abs. 3 Alt. 1 DSRL 2002/58/EG und die Untergrenze des Mindeststandards des Art. 13 Abs. 3 Alt. 2 DSRL 2002/58/EG nicht missachten.
5. Natürliche Personen, die eine Verletzung der Privatsphäre durch unerbetene Anrufe behaupten, besitzen eine Direktklagemöglichkeit wegen Verletzung des allgemeinen Persönlichkeitsrechts, gerichtet auf Schadensersatz nach § 823 Abs. 1 BGB bzw. bei Wiederholungsgefahr auf Unterlassung gemäß §§ 823 Abs. 1,

1132 BT-Drucks. 15/1487, S. 21.

1004 BGB analog.[1133] Unternehmen können sich auf die Verletzung des Rechts am eingerichteten und ausgeübten Gewerbebetrieb berufen, um Schadensersatz oder einen Unterlassungsanspruch zu erwirken. Da sowohl das allgemeine Persönlichkeitsrecht als auch das Recht am eingerichteten und ausgeübten Gewerbebetrieb ein Rahmenrecht darstellt, muss eine Interessenabwägung sowohl für den Anwendungsbereich als auch für die Rechtswidrigkeit, die nicht indiziert wird, vorgenommen werden. Die Interessenabwägung im Rahmen der Rechtswidrigkeitsprüfung muss die konkreten Umstände des Einzelfalles berücksichtigen. Aus einem lauterkeitsrechtlichen Verstoß darf nicht auf eine Verletzung des Persönlichkeitsrechts oder des Rechts am eingerichteten und ausgeübten Gewerbebetrieb geschlossen werden, was die gerichtliche Praxis zum Teil übersieht. Primäres Rechtsgut des § 823 Abs. 1 BGB ist der Schutz von individuellen Rechten und Rechtsgütern, während das UWG primär wettbewerbs- und wirtschaftsbezogenes Fehlverhalten sanktioniert. Deshalb können die lauterkeitsrechtlichen Kriterien der BGH-Rechtsprechung zur Zulässigkeit der Telefonwerbung nach dem Lauterkeitsrecht nur als Orientierungshilfe herangezogen werden. Da es im Rahmen des § 823 Abs. 1 BGB um die konkret-individuelle Rechtsgutverletzung geht, bedarf es einer ins Gewicht fallende Störung, während § 7 Abs. 2 Nr. 2 Alt. 1 UWG auf den Durchschnittsverbraucher abstellt.

6. § 7 Abs. 2 Nr. 2 UWG stellt, wenn Verbraucher betroffen sind, ein Schutzgesetz i.S.d. des § 823 Abs. 2 BGB dar. Ein Verbotsgesetz i.S.d. § 134 BGB begründet § 7 Abs. 2 UWG dagegen nicht. Die DSRL 2002/58/EG wurde mithin ausreichend umgesetzt.
7. Die Richtlinienumsetzung in Deutschland ist auch EU-Rechtskonform. Telefonwerbung gegenüber Privaten wird nämlich nicht an Maßstab des Primärrechts gemessen, da diese durch die DSRL 2002/58/EG abschließend geregelt sind. Für Telefonwerbung, die gegenüber Verbraucher erfolgt trifft zudem die UGP Richtlinie eine abschließende Regelung, sofern Telefonwerbung deren wirtschaftlichen Interessen wesentlich zu beeinflussen geeignet erscheint. Werbeanrufe gegenüber juristischen Personen unterliegen dagegen mangels sekundärrechtlicher abschließender Regelung der Konformitätsprüfung nach Art. 34, 56 AEUV. Soweit es sich um Telefonwerbung für eine Ware handelt findet die *Keck*-Rechtsprechung Anwendung. Telefonwerbung als Dienstleistung unterliegt der Konformitätsprüfung nach Art. 56 AEUV. Die Anwendbarkeit der Keck-Rechtsprechung auf Telefonwerbung für eine Dienstleistung ist umstritten. Nach der hier vertretenen Auffassung folgt im Umkehrschluss zu der EUGH-Entscheidung *Alpine Investments*, dass ein Werbeverbot im Inland, das auch ausländische Anbieter zu beachten haben, per se keine Beschränkung der Dienstleistungsfreiheit darstellt; die *Keck*-Rechtsprechung findet insoweit Anwendung.

1133 LG Heidelberg, Urteil vom 11.12.2007 – 2 O 173/07, MMR 2008, 258; OLG Frankfurt, Beschluss vom 27.10.2010 – 6 W 1 34/10, BeckRS 2012, 16089.

Dritter Teil – Die Einwilligung in die Telefonwerbung

Erstes Kapitel – Anforderungen an die Einwilligung nach dem Opt-in-Prinzip

Die Einwilligung kann im Allgemeinen tatsächlicher Natur sein, das heißt ausdrücklich oder konkludent erfolgen oder es kann sich um eine mutmaßliche Einwilligung handeln. Das Opt-in-Modell des § 7 Abs. 2 Nr. 2 Alt. 1 UWG verlangt als Legitimationsgrundlage für einen Werbeanruf gegenüber Verbrauchern eine vorher *ausdrücklich* erklärte Einwilligung.[1134] Voraussetzung für die Telefonwerbung gegenüber anderen Marktteilnehmern als Verbraucher ist nach § 7 Abs. 2 Nr. 2 Alt. 2 UWG zumindest das Vorliegen einer mutmaßlichen Einwilligung. Eine konkludent oder ausdrücklich erklärte Einwilligung gestaltet erst recht die Zulässigkeit eines Werbeanrufs gegenüber Unternehmen.

Der Begriff der Einwilligung ist im UWG nicht legaldefiniert. Es ist daher Aufgabe der Rechtsprechung und der Literatur, die Voraussetzungen einer wirksamen Einwilligung zu konkretisieren. Die Bestimmung der Anforderungen an die Einwilligung gehört zu den „schwierigsten und umstrittenen Fragen der Werbung mit Fernkommunikationsmitteln" und hat eine hohe Position in den top der „sensibelsten verbraucherpolitischen Themen" erreicht.[1135] Die Feststellung, ob eine Einwilligung vorliegt und wie weit diese reicht, ist einzelfallabhängig.[1136]

A. Natur der Einwilligung

Die Einwilligung versteht sich als einseitige Erklärung, die ihrem Empfänger die Vornahme einer tatsächlichen Handlung gestattet.[1137] Die Einwilligung, auch als Einverständnis bezeichnet, unterscheidet sich von der Einwilligung i.S.d. § 183 BGB. Die Einwilligung in die Telefonwerbung gestattet ihrem Empfänger die Vornahme einer tatsächlichen Handlung, nämlich den Eingriff in die Privatsphäre bzw. berufliche Sphäre, während die Einwilligung i.S.d. § 183 BGB lediglich die Zustimmung zu einem Rechtsgeschäft bewirkt.[1138] Die Einwilligung in die

---

1134 Vgl. auch BT-Drucks 16/10734, S. 13.

1135 *Köhler*, GRUR 2008, 927, 928.

1136 Vgl. BGH, Urteil vom 8.11.1989 – I ZR 55/88, GRUR 1990, 280, 281 – Telefonwerbung III: „Ob eine Einverständniserklärung vorliegt, ist eine Frage des einzelnen Falles."

1137 *Ohly*, in: *Ohly/Sosnitza*, UWG, 7. Aufl. 2016, § 7 Rdnr. 48.

1138 *Ohly*, in: *Ohly/Sosnitza*, UWG, 7. Aufl. 2016, § 7 Rdnr. 48; *Köhler*, in: *Köhler/Bornkamm/Feddersen*, UWG, 36. Aufl. 2018, Rdnr. 143; *Seichter/Witzmann*, WRP 2007, 699, 701; BT-Drucks. 16/ 10734 S. 12; *Pahlow*, in: *Teplitzky/Peifer/Leistner*, GK-UWG, 2. Aufl. 2013, § 7 Rdnr. 155.

Telefonwerbung betrifft also eine Verfügung.[1139] Die Einwilligung kann vertraglich oder einseitig erklärt werden.[1140]

Die Rechtsnatur der Einwilligung ist umstritten. Nach einer Auffassung handele es sich bei der Einwilligung i.S.d. § 7 UWG um eine geschäftsähnliche Handlung[1141], während eine weitere Auffassung der Meinung ist, die Einwilligung sei eine einseitige empfangsbedürftige Willenserklärung.[1142] Im Ergebnis gelangen alle Auffassungen zu einer weitgehenden Anwendbarkeit der §§ 104 ff. BGB.[1143] Der konkrete Zweck der Einwilligung und ihre Reichweite sind nach §§ 133, 157 BGB auszulegen.[1144]

Im Zusammenhang mit der Bestimmung der Rechtsnatur der Einwilligung im Privatrecht wird eine Unterscheidung zwischen verschiedenen Rechtsgebieten, auf denen die Einwilligung Bedeutung erlangt, vorgenommen. Im Medizinrecht hat sich der BGH für die Einordnung der Einwilligung als geschäftsähnliche Handlung ausgesprochen.[1145] Hervorgegangen aus dem Kommerzialisierungsgedanken – Einwilligung als Kommerzialisierungsinstrument vor allem in der Online-Welt – findet sich im Datenschutzrecht vermehrt die Auffassung, die Einwilligung sei ein schuldrechtlicher Vertrag, da sie auf den Austausch von Leistungen gerichtet sei.[1146] Die preisgegebenen Daten haben in diesem Sinne einen wirtschaftlichen Wert, den der Einwilligende mit der Abgabe der Einwilligung veräußert. Im Gegenzug dafür bekommt er Rabatte, Werbegeschenke, kostenlose Online-Dienste etc.[1147] Im Zusammenhang mit Telefonwerbung hat der BGH die Natur der Einwilligung nicht ausdrücklich bestimmt. Jedoch geht aus der vom BGH[1148] verwendeten Formulierung im Zusammenhang mit der Frage, ob eine Einwilligungsklausel betreffend Telefonwerbung der AGB-Kontrolle unterliegt, hervor, dass der BGH

1139 *Pahlow*, in: *Teplitzky/Peifer/Leistner*, GK-UWG, 2. Aufl. 2013, § 7 Rdnr. 155.

1140 Vgl. *Schöler*, in: *Harte-Bavendamm/Henning-Bodewig*, UWG, 4. Aufl. 2016, § 7 Rdnr. 240 ff.

1141 *Köhler*, in: *Köhler/Bornkamm/Feddersen*, UWG, 36. Aufl. 2018, § 7 Rdnr. 143, unter Verweis auf BGH, Urteil vom 29.04.2010 – I ZR 69/08, WRP 2010, 916– Vorschaubilder.

1142 *Mankowski*, in: *Fezer/Büscher/Obergfell*, UWG, 3. Aufl. 2016, Rdnr. 127; *Ohly*, in: *Ohly/Sosnitza*, UWG, 7. Aufl. 2016, § 7 Rdnr. 48; *Pahlow*, in: *Teplitzky/Peifer/Leistner*, GK-UWG, 2. Aufl. 2013, § 7 Rdnr. 156.

1143 *Ohly*, in: *Ohly/Sosnitza*, UWG, 7. Aufl. 2016, § 7 Rdnr. 48.

1144 *Ohly*, in: *Ohly/Sosnitza*, UWG, 7. Aufl. 2016, § 7 Rdnr. 49.

1145 BGH, Urteil vom 05.12.1958 – VI ZR 266/57, BGHZ 29, 33, 36.

1146 *Buchner*, DuD 2010, 39.

1147 *Buchner*, DuD 2010, 39.

1148 BGH, Urteil vom 25. 10. 2012 – I ZR 169/10, GRUR 2013, 513 – Einwilligung in Werbeanrufe II; BGH, Urteil vom 27.1.2000 – I ZR 241/97, GRUR 2000, 818 – Telefonwerbung VI; BGH, Urteil vom 16.3.1999 – XI ZR 76/98, MMR 1999, 477 – Formularmäßige Einverständniserklärung zur Telefonwerbung; BGH, Urteil vom 24.3. 1999 – IV ZR 90–98 NJW 1999, 2279 – Private Vorsorge bei Arbeitslosigkeit.

der Einwilligung in die Telefonwerbung rechtsgeschäftlichen Charakter zuspricht. Der BGH problematisiert jedoch nicht, ob die Einwilligung eine rechtsgeschäftliche Erklärung ist, sondern konzentriert sich auf die Frage, ob die Einseitigkeit der rechtsgeschäftlichen Erklärung der Annahme einer AGB-Kontrolle im Wege stehen könnte.[1149] Hätte der BGH die Einwilligung in die Telefonwerbung als rechtsgeschäftsähnliche Handlung angesehen, dann hätte das Gericht diese als solche bezeichnet und eine analoge[1150] Anwendung der AGB-Vorschriften in Betracht gezogen.

Gerade am Beispiel der Einwilligung in die Telefonwerbung wird ersichtlich, dass diese von einem rechtsgeschäftlichen Willen des Einwilligenden getragen wird. Den Umstand, dass die Einwilligung ein tatsächliches Handeln betrifft, schadet dabei nicht, wie ein Vergleich mit der dinglichen Einigung des deutschen Sachenrechts zeigt. Die dingliche Einigung i.S.d. § 929 BGB stellt einen dinglichen Vertrag dar[1151]. Sie weist insofern einen rechtsgeschäftlichen Charakter auf und ist auf den Vollzug einer tatsächlichen Handlung gerichtet, nämlich die Übergabe, verstanden als Besitzerwerb auf Erwerberseite unter vollständigem Besitzverlust auf Veräußererseite auf Veranlassung des Eigentümers.[1152] Im Mittelpunkt des Ansatzes, dass die Einwilligung rechtsgeschäftlicher Natur ist, steht die Idee der Selbstbestimmung und Selbstverantwortung des Individuums, sein Rechtsverhältnis nach seiner Willkür zu gestalten; diese Gestaltungsfreiheit wird dem Einzelnen durch das Institut der Privatautonomie verliehen.[1153] Diesen Ansatz leitet *Ohly* aus dem römischen Rechtssprichwort *volenti non fit iniuria* - Niemand kann sich über eine Handlung beschweren, die mit seinem Willen vorgenommen wurde – her. In diesem Sinne räumt die Rechtsordnung dem Einzelnen die Befugnis ein, über seine Privatsphäre bzw. über seine berufliche Sphäre frei zu bestimmen.

Gegen die Rechtsgeschäftslehre und gegen die Theorie der rechtsgeschäftlichen Handlung wird argumentiert, dass der Einwilligende - ähnlich wie im Rahmen von § 286 bei der Mahnung - anlässlich der Abgabe seiner Erklärung über keine Rechtsfolgen nachdenkt.[1154] Diesen Einwendungen ist entgegenzuhalten, dass der Einwilligende die Umwandlung des Verbots in ein Gebot als Rechtsfolge vor Augen hat. Damit spiegelt der Einwilligende seinen Willen wieder. Ein Rechtsgeschäft ist die Einwilligung also deshalb, weil sie einen Kommunikationsakt mit dem Inhalt „du darfst“ verkörpert.[1155] Die Werbehandlung ist erlaubt, weil der Einwilligende es so will und nicht weil dies das Ergebnis einer objektiven Abwägung

1149 *Wahl*, WRP 2010, 599,601.
1150 Zu der analogen Anwendung der §§ 305 ff. BGB auf geschäftsähnliche Handlungen siehe *Schlosser*, in: Staudinger BGB, Neubearb. 2013, § 305 Rdnr. 7.
1151 Vgl. *Baur/Stürner*, Sachenrecht, 18. Aufl. 2009, § 5 I, S. 42 ff, Rdnr. 1 ff.
1152 *Baur/Stürner*, Sachenrecht, 18. Aufl. 2009, § 51 B II, C I, S. 640, Rdnr. 12.
1153 *Ohly*, „Volenti non fit iniuria“ Die Einwilligung im Privatrecht, 2002, S. 207.
1154 *Ohly*, GRUR 2012, 983,985.
1155 *Ohly*, GRUR 2012, 983,985.

der beteiligten Interessen darstellt.[1156] Indem der Angerufene in das Eindringen in die Privatsphäre einwilligt, also seine Erlaubnis erteilt, gestaltet er das Rechtsverhältnis zwischen ihm und Werbenden um.[1157] Das generelle Eingriffsverbot wird durch eine spezielle, zweckgebundene Eingriffsbefugnis modifiziert.[1158] Der Werbende darf den privaten oder den beruflichen Bereich des Umworbenen zwecks Absatz von Produkten oder Dienstleistungen betreten.

Die Einwilligung steht insofern nicht mit einem Verzicht von Ansprüchen in Zusammenhang und begründet insofern keine Verpflichtung, sondern wirkt verfügungsähnlich[1159], so wie die Ermächtigung (§ 185 Abs. 1 BGB) oder die Vollmacht (§ 167 BGB).[1160] Durch die Einwilligung erlaubt der Einwilligende dem Werbenden ein Eindringen in seinen privaten bzw. geschäftlichen Bereich, für den er bislang rechtlich allein zuständig war. Die Einwilligung stellt deshalb ein Befugnis erweiterndes Rechtsgeschäft dar.[1161]

B. Konkretisierung der Einwilligung

I. Verfassungsrechtliche Wertungen

Wie oben beschrieben rechtfertigt sich die Existenz einer Einwilligung nicht mit der Vornahme einer Abwägung der beteiligten Interessen, sondern ist Ausdruck des individuellen Rechts auf Selbstbestimmung des Einzelnen. Gleichwohl ist im Rahmen der Beurteilung, welchen Anforderungen eine Einwilligung in die Werbung genügen muss - sprich: im Zusammenhang mit der Auslegung und Anwendung des Einwilligungsbegriffs - eine Abwägung der Interessen von Werbenden und Werbeadressaten vorzunehmen,[1162] weil die Einwilligung in die Telefonwerbung im Lichte der Verfassung auszulegen ist. Ein unerbetener Anruf dringt in die Privatsphäre natürlicher Personen bzw. in die betriebliche Sphäre der Unternehmen ein und muss daher verfassungsrechtlichen Vorgaben, die über das Institut der Drittwirkung von Grundrechten als objektive Rechtsordnung auch im Privatrecht zu berücksichtigen sind, genügen.[1163] Die Grundrechte entfalten demnach insbesondere bei der Konkretisierung der Generalklausel wie § 138 BGB eine Ausstrahlwirkung in das Privatrecht.[1164] Dieser Grundsatz ist auf alle gesetzlich

---

1156 *Ohly*, GRUR 2012, 983,984.

1157 *Pahlow*, in: *Teplitzky/Peifer/Leistner*, GK-UWG, 2. Aufl. 2013, § 7 Rdnr. 155.

1158 *Ohly*, „Volenti non fit iniuria" Die Einwilligung im Privatrecht, 2002, S. 207.

1159 Vgl auch *Pahlow*, in: *Teplitzky/Peifer/Leistner*, GK-UWG, 2. Aufl. 2013, § 7 Rdnr. 155.

1160 Vgl *Ohly*, GRUR 2012, 983,985.

1161 Vgl *Ohly*, GRUR 2012, 983,985.

1162 Vgl. *Köhler*, GRUR 2008, 927, 928.

1163 BVerfGE 81, 242; 89, 214; *Canaris*, Grundrechte und Privatrecht, 1999, *Hager*, JZ 1994, 373 ff.

1164 BVerfGE 7, 198, 205 f; 42, 143, 148; 73, 261, 269; 89, 214, 229.

nicht konkretisierende Bereiche zu erweitern, mit der Maßgabe, dass die Rechtsprechung in diesen Fällen verfassungsrechtliche Wertungen besonders zu berücksichtigen hat.[1165] Da die Einwilligung gesetzlich nicht geregelt ist, bedarf es einer methodologischen Lückenfüllung, die den Wertungen der Verfassung entsprechen muss. Bei der Konkretisierung der Voraussetzungen für das Vorliegen einer Einwilligung handelt es sich - so wie bei der Anwendung einer Generalklausel - um richterliche Rechtsfortbildung.[1166]

II. Zwingende europäische Vorgaben – Auslegung im Lichte der Richtlinie[1167]

Für die Konkretisierung des Einwilligungsbegriffs in § 7 Abs. 2 Nr. 2 UWG ist die Einwilligung i.S.d. DSRL2002/58/EG maßgeblich, da in § 7 Abs. 2 Nr. 2 UWG dessen Art. 13 Abs. 3 umgesetzt wurde.[1168] Nach Art. 13 Abs. 3 Hs. 1 Alt. 1 DSRL 2002/58/EG bedürfen Telefonanrufe der Einwilligung betroffener Teilnehmer oder Nutzer. Die Einwilligung dient als Legitimation für die Verarbeitung personenbezogener Daten, also dem Schutz der Privatsphäre und ermöglicht betroffenen Personen die Kontrolle über ihre Privatsphäre zu wahren. Im Hinblick auf das Grundrecht auf Achtung der Privatsphäre und unter Berücksichtigung dessen, dass eine Einwilligung einen möglichen Grundrechtsverzicht bedeutet, sind an die Einwilligung strenge Anforderungen zu stellen.[1169] Für die Auslegung der Terminologie „Einwilligung eines Nutzers oder Teilnehmers“ bestimmt Art. 2 Satz 2 lit. f) und Erwägungsgrund 17 Satz 1 DSRL 2002/58/EG, dass dieser wie die Einwilligung der betroffenen Person i.S.d. Richtlinie 95/46/EG (DSRL 95/46/EG), also unter Heranziehung des Art. 2 lit. h) und der Bestimmungen des Art. 7 lit. a) DSRL 95/46/EG zu verstehen ist. Einwilligung i.S.d. Art. 2 lit. h) DSRL 95/46/EG bedeutet

> „jede Willensbekundung, die ohne Zwang, für den konkreten Fall und in Kenntnis der Sachlage erfolgt und mit der die betroffene Person akzeptiert, dass personenbezogene Daten, die sie betreffen, verarbeitet werden.“

Zum Teil wird angenommen, die Definition des Art. 2 lit. f) DSRL 2002/58/EG i.V.m. Art. 2 lit. b DSRL 95/46/EG sei unmittelbar und zwingend nur für die Auslegung

---

1165 *Ohly*, „Volenti non fit iniuria“. Die Einwilligung im Privatrecht, 2002, S. 84 m.W.N.

1166 *Ohly*, „Volenti non fit iniuria“. Die Einwilligung im Privatrecht, 2002, S. 84.

1167 Zur sprachlichen Auswahl „Auslegung im Lichte der Richtlinie“ statt „richtlinienkonforme Auslegung“ vgl. *Glöckner*, GRUR 2013, 224, 229.

1168 Ebenso *Köhler*, NJW 2009, 2567, 2568; *Pahlow*, in: *Teplitzky/Peifer/Leistner*, GK-UWG, 2. Aufl. 2013, § 7 Rdnr. 11; *Loeck*, Die unzumutbare Belästigung, 2011, S. 63, Fn. 224.
BGH, Urteil vom 25. 10. 2012 – I ZR 169/10, GRUR 2013, 531, 533 Rdnr. 23 - Einwilligung in Werbeanrufe II.

1169 Siehe Artikel-29-Datenschutzgruppe, WP 187, Stellungnahme 15/2011, S. 10 betreffend die Einwilligung in die Verarbeitung personenbezogener Daten.

des in § 7 Abs. 2 Nr. 3 UWG verwendeten Begriffs der Einwilligung heranzuziehen.[1170] § 7 Abs. 2 Nr. 3 UWG setze Art. 13 Abs. 1 DSRL 2002/58/EG, der eine vorherig ausdrücklich erteilte Einwilligung verlange, um und die Vorschrift sei vollharmonisierend, so dass die Mitgliedstaaten keine strengeren Anforderungen an die Einwilligung stellen dürften als in der Richtlinie vorgesehen.[1171] Es wäre zwar rechtlich zulässig, das Merkmal der "vorherigen ausdrücklichen Einwilligung" in § 7 Abs. 2 Nr. 2 Alt. 1 UWG anders als dasselbe Merkmal des § 7 Abs. 2 Nr. 3 UWG auszulegen.[1172] Jedoch gebiete es sich unter dem Gesichtspunkt der Einheitlichkeit der Rechtsordnung, für die Auslegung des Begriffs der Einwilligung in § 7 Abs. 2 Nr. 2 Alt. 1 UWG die Legaldefinition des Art. 2 S. 2 lit. f) der Richtlinie 2002/58/EG i.V.m. der Art. 2 lit. h) der Richtlinie 95/46/EG zu beachten.[1173]

Die Auslegung des Begriffs der Einwilligung i.S.d. § 7 Abs. 2 Nr. 2 Alt. 1 UWG im Lichte des Art. 2 lit. f DSRL 2002/58/EG i.V.m. Art. 2 lit. b DSRL 95/46/EG ist nicht nur geboten, sondern zwingend.[1174] Zwar wirkt nur Art. 13 Abs. 1 DSRL 2002/58/EG vollharmonisierend im klassischen Sinne. Art. 13 Abs. 3 DSRL 2002/58/EG setzt dagegen einen Mindest- und einen Höchststandard verbindlich fest. Den Mitgliedstaaten steht in Bezug auf die Gestaltung der Zulässigkeitsvoraussetzungen für die Telefonwerbung ein Spielraum zu, sie müssen nur bei dem ausgesuchten Modell die verbindliche Unter- (Opt-out-Modell) und Obergrenze (Opt-in-Modell) beachten., das auf eine vorherig erteilte Einwilligung verlangt. Für die Auslegung des Begriffs der Einwilligung steht den Mitgliedstaaten dagegen keinerlei Auslegungsspielraum zu. Der Begriff der Einwilligung ist gemeinschaftskonform auszulegen.[1175]

Um die Gefahr einer unterschiedlichen Auslegung des Begriffs der Einwilligung zu vermeiden, hat nach Erwägungsgrund 65 DSRL 1995/46/EG eine unabhängige Arbeitsgruppe „zur einheitlichen Anwendung der zur Umsetzung dieser Richtlinie erlassenen einzelstaatlichen Vorschriften beizutragen" und die Kommission zu beraten. Diese Aufgabe hat die Arbeitsgruppe „Artikel-29-Datenschutzgruppe" (Art. 29) übernommen. Art. 15 Abs. 3 DSRL 2002/58/EG verweist ebenfalls auf Art. 29 f. DSRL 2002/58/EG. Nach Art. 29 DSRL 1995/46/EG setzt sich die Gruppe zusammen aus den Vertretern der in Art. 28 erwähnten unabhängigen Kontrollstellen und der Kommission (Abs. 2), ist unabhängig, hat beratende Funktion (Abs. 1)

1170 *Leible*, in: MünchKomm, UWG, 2. Aufl. 2014, § 7 Rdnr. 122; *Lettl*, WRP 1315, 1324 f.; *Ohly*, in: *Ohly/Sosnitza*, UWG, 7. Aufl. 2016, § 7 Rdnr. 66.

1171 *Lettl*, WRP 1315, 1324.

1172 *Lettl*, WRP 1315, 1324.

1173 *Lettl*, WRP 1315, 1324 f.; *Leible*, in: MünchKomm, UWG, 2. Aufl. 2014, § 7 Rdnr. 122. *Lettl*, WRP 1315, 1324 f.

1174 Ebenso *Köhler*, NJW 2009, 2567, 2568; *Pahlow*, in: *Teplitzky/Peifer/Leistner*, GK-UWG, 2. Aufl. 2013, § 7 Rdnr. 11; *Loeck*, Die unzumutbare Belästigung, 2011, S. 63, Fn. 224.

1175 Vgl. oben Zweiter Teil, Zweites Kapitel, II. D. 3.

und gibt sich eine Geschäftsordnung (Abs. 6). Zur Auslegung des Einwilligungsbegriffs hat die Artikel-29-Datenschutzgruppe zwei Arbeiten veröffentlicht: Zum einen die Stellungnahme 5/2004 zu unerbetenen Werbenachrichten im Sinne von Art. 13 der Richtlinie 2002/58/EG und zum anderen die Stellungnahme 15/2011 zur Definition von Einwilligung. Die Artikel-29-Datenschutzgruppe hat die Erfordernisse an eine wirksame Einwilligung erarbeitet und diese mit praktischen Beispielen, die auf nationalen Erfahrungen basieren, illustriert. Diese Auslegungshilfe wird im Folgenden bei der Untersuchung einzelner Voraussetzungen der Einwilligung i.S.d. Art. 13 Abs. 3 Alt. 1 DSRL 2002/58/EG berücksichtigt.

Ferner wird Art. 4 Nr. 8 Datenschutzgrundverordnung-Entwurf aus dem Jahre 2012 berücksichtigt, der eine detaillierte Definition der Einwilligung beinhaltet.[1176]

Der Sinn und Zweck der Einwilligung erfordern, dass die Einwilligung vor der Vornahme der Werbehandlung erteilt werden muss.[1177]

1. *Ohne Zwang*

Die Einwilligung hat nach Art. 2 lit. h) DSRL 95/46/EG ohne Zwang zu erfolgen. Dies bedeutet, dass die betroffene Person eine tatsächliche Wahlmöglichkeit besitzen muss, ohne physisch oder psychisch unter Druck gesetzt worden zu sein.[1178] Es darf kein Risiko einer Täuschung, Einschüchterung, Nötigung bzw. schlimmerer Folgen bestehen, falls die Einwilligung ausbleibt.[1179] An einer freien Entscheidung fehlt es, wenn der Verbraucher die Äußerung in einer Situation wirtschaftlicher oder sozialer Schwäche tätigt oder ihn übermäßige Anreize finanzieller oder sonstiger Art zu der Äußerung verleiten.[1180] Ob die Einwilligung ohne Zwang erfolgt, ist insbesondere in Beschäftigungsverhältnissen, aufgrund der gegebenen Abhängigkeit, und im öffentlichen Bereich, zum Beispiel im Gesundheitswesen, besonders zu prüfen.[1181] Prinzipiell gilt die Einwilligung als unzureichend, wenn die Möglichkeit eines wirkungsvollen Widerrufs nicht eingeräumt wird.[1182]

2. *In Kenntnis der Sachlage*

Ferner muss die Einwilligung in Kenntnis der Sachlage erfolgen. In Kenntnis der Sachlage handelt der Werbeadressat, wenn ihm bekannt ist, dass seine

1176 Vorschlag für Verordnung zum Schutz natürlicher Personen bei der Verarbeitung personenbezogener Daten und zum freien Datenverkehr (Datenschutz-Grundverordnung), COM 2012(11) endg., COD 2012/011, Brüssel, 25.1.2012.
1177 Artikel-29-Datenschutzgruppe, WP 187, Stellungnahme 15/2011, S. 11.
1178 *Lettl*, WRP 2009, 1315, 1327.
1179 Artikel-29-Datenschutzgruppe, WP 187, Stellungnahme 15/2011, S. 15, 41.
1180 *Lettl*, WRP 2009, 1315, 1327.
1181 Artikel-29-Datenschutzgruppe, WP 187, Stellungnahme 15/2011, S. 16 ff, 41.
1182 Artikel-29-Datenschutzgruppe, WP 187, Stellungnahme 15/2011, S. 15, 41.

personenbezogenen Daten für Direktwerbung, die ohne seine Einwilligung verboten wäre,[1183] verwendet werden. Es handelt sich um eine Informationspflicht. Wenn die Einwilligung im Zeitpunkt der Datenerhebung erfolgt, stimmt die Informationspflicht mit der des Art. 10 der Richtlinie 95/46/EG überein.[1184] Erfolgt die Einwilligung später, aufgrund einer Zweckänderung, dann muss sich die Informationspflicht auf die konkrete Situation beziehen.[1185]

3. *Für den konkreten Fall*

Praktisch bedeutsam ist das Kriterium einer Einwilligung für den konkreten Fall. Daraus ergibt sich, dass eine „Generaleinwilligung"[1186] unzureichend ist. Eine allgemeine und umfassende Einwilligung in die Telefonwerbung ohne konkreten Bezug auf die Art der beworbenen Produkte oder Dienstleistungen, wie z.B. "Bankdienstleistungen aller Art"[1187]genügt nicht. . Die Einwilligung muss sich „auf eine konkrete Verarbeitung von Daten über die betroffene Person durch einen bestimmten Verantwortlichen und für bestimmte Zwecke"[1188] beziehen. Unzweifelhaft muss die Einwilligung eine konkrete Werbeperson betreffen, das heißt eine Eintragung in einer öffentlichen Opt-in-Liste genügt dieser Anforderung nicht.[1189] Die Artikel-29-Datenschutzgruppe empfiehlt, dass diese konkreten Informationen in speziellen Einwilligungsklauseln und nicht in den Allgemeinen Geschäftsbedingungen enthalten sollten.[1190]

4. *Durch aktives Tun*

Die Artikel-29-Datenschutzgruppe schließt in ihrer Stellungnahme 15/2011 zur Definition der Einwilligung allgemein die Möglichkeit aus, dass eine gültige Einwilligung durch Schweigen bzw. beim Fehlen einer Handlung eingeholt werden kann.[1191] Das Merkmal „Willensbekundung" setzt ein Handeln voraus.[1192] Der Begriff „Willensbekundung" sei dehnbar, aber er scheine eine Handlung zu fordern."[1193] Ferner resultiert aus dem Erfordernis, dass die betroffene Person ihre

1183 Dahlgrün, Direktmarketing gegenüber Privatpersonen in der europäischen Rechtsvereinheitlichung, 2004, S. 109.
1184 Artikel-29-Datenschutzgruppe, WP 187, Stellungnahme 15/2011, S. 23.
1185 Artikel-29-Datenschutzgruppe, WP 187, Stellungnahme 15/2011, S. 23.
1186 Vgl. *Köhler/Lettl*, WRP 2003,1019, 1025; Lettl, WRP 2009, 1315, 1326.
1187 *Lettl*, WRP 2009, 1315, 1326.
1188 KOM (1992) 422, 1, 12.
1189 *Dahlgrün*, Direktmarketing gegenüber Privatpersonen in der europäischen Rechtsvereinheitlichung, 2004, S. 109.
1190 Artikel-29-Datenschutzgruppe, WP 187, Stellungnahme 15/2011, S. 41.
1191 Artikel-29-Datenschutzgruppe, WP 187, Stellungnahme 15/2011, S. 14 f.; 28 f.
1192 Artikel-29-Datenschutzgruppe, WP 187, Stellungnahme 15/2011, S. 14.
1193 Artikel-29-Datenschutzgruppe, WP 187, Stellungnahme 15/2011, S. 14.

Einwilligung *zum Ausdruck bringen* muss, und aus dem Kriterium der Bekundung einer Einwilligung *ohne jeden Zweifel*, dass eine simple Handlung nicht ausreicht und, dass irgendeine Art von Handlung erforderlich ist.[1194] Das Merkmal *ohne jeden Zweifel* ist zwar nicht in der Definition der Einwilligung des Art. 2 lit. h) DSRL 95/46/EG enthalten, worauf die DSRL 2002/58/EG verweist, sondern befindet sich im Art. 7 lit. a) DSRL 95/46/EG. Jedoch ergibt sich aus Erwägungsgrund 17 der Richtlinie 2002/59/EG, dass die Richtlinie nicht nur auf die Definition der Einwilligung i.S.d. DSRL 95/46/EG verweist, sondern alle der Präzision des Begriffs der Einwilligung dienenden Vorschriften der DSRL 95/46/EG miteinbezogen wissen will. Zu Recht erhebt also die Artikel-29-Datenschutzgruppe die Forderung, dass zur Einholung einer wirksamen Einwilligung das Merkmal *ohne jeden Zweifel* gehört und plädiert für die Aufnahme des Merkmals in die Legaldefinition der Einwilligung.[1195] *Ohne jeden Zweifel* bedeutet, dass das Verfahren zur Einholung und Erteilung einer Einwilligung *keinen Zweifel* an der Einwilligungsabsicht der betroffenen Person lassen darf.[1196] Die begleitenden Umstände, die zur Annahme einer Einwilligung berechtigen, müssen hinreichend eindeutig sein und keinen Zweifel über die Existenz eines Betätigungswillens zulassen. Das Schweigen einer Person oder das Ausbleiben einer Handlung ist von Natur aus mehrdeutig. Einerseits könnte die betroffene Person dadurch ihre Zustimmung zum Ausdruck bringen, andererseits könnte sie lediglich signalisieren, dass sie die (Einwilligungs-) Handlung nicht vornehmen möchte.[1197] Darüber hinaus macht Erwägungsgrund 25 des Vorschlags für die Datenschutz-Grundverordnung vom 27.1.2012 deutliche Angaben in Bezug auf das Erfordernis einer Handlung. In Erwägungsgrund 25 heißt es: „Die Einwilligung sollte explizit mittels einer geeigneten Methode erfolgen, die eine ohne Zwang, für den konkreten Fall und in Kenntnis der Sachlage abgegebene Willensbekundung der betroffenen Person in Form einer Erklärung oder einer eindeutigen Handlung ermöglicht, die sicherstellt, dass der betreffenden Person bewusst ist, dass sie ihre Einwilligung in die Verarbeitung personenbezogener Daten gibt, etwa durch Anklicken eines Kästchens beim Besuch einer Internetseite und durch jede sonstige Erklärung oder Verhaltensweise, mit der die betroffene Person in dem jeweiligen Kontext klar und deutlich ihr Einverständnis mit der beabsichtigten Verarbeitung ihrer personenbezogenen Daten signalisiert. Eine stillschweigende Einwilligung ohne Zutun der betroffenen Person stellt daher keine Einwilligung dar."

Zur Veranschaulichung, dass das Unterbleiben einer Handlung bzw. das Schweigen keine Einwilligungserteilung bewirken kann, dienen folgende Beispiele der Artikel-29- Datenschutzgruppe.

1194 Artikel-29-Datenschutzgruppe, WP 187, Stellungnahme 15/2011, S. 14.
1195 Artikel-29-Datenschutzgruppe, WP 187, Stellungnahme 15/2011, S. 25, 44.
1196 Artikel-29-Datenschutzgruppe, WP 187, Stellungnahme 15/2011, S. 25.
1197 Artikel-29-Datenschutzgruppe, WP 187, Stellungnahme 15/2011, S. 28.

Beispiel 1:

Das Passivbleiben oder Nicht-Anklicken einer Schaltfläche bedeutet kein Einverständnis mit der Verwendung von Daten zu dem in der Voreinstellung bestimmten Zweck. Das Beispiel bezieht sich auf die Voreinstellung in einem privaten Netzwerk, auf die Nutzer nicht zuzugreifen brauchen, um das Netzwerk zu nutzen und wonach die „Freunde-von-Freunden-Kategorie" die gesamten personenbezogenen Daten sehen können, falls der Nutzer passiv bleibt oder die Schaltfläche nicht anklickt. Beim Untätigkeitsbleiben darf der für die Datenverarbeitung Verantwortliche nicht annehmen, dass der Betroffene einwilligt, seine gesamten Informationen für alle „Freunde von Freunden" sichtbar gestalten zu wollen, da das passive Verhalten Unsicherheiten bzw. Zweifel diesbezüglich hervorruft.[1198]

Beispiel 2:

Ferner darf der Werbende nicht vom Vorliegen einer Einwilligung ausgehen, wenn er Werbeadressaten mittels Brief oder E-Mail darüber informiert, dass das Ausbleiben einer Antwort eine Einwilligung in die Verwendung von Daten zu Werbezwecken oder zur Übermittlung von Daten an ein Werbeunternehmen, das diese seinerseits zu Werbezwecken nutzen möchte, bedeutet. Die Situation ist vorliegend nicht eindeutig, denn das Schweigen weist einen Mehrdeutigkeitsgehalt auf. Eine implizite Einwilligung[1199] erfüllt nicht die Voraussetzungen einer Einwilligung i.S.d. Richtlinie 95/46/EG. Dies gilt auch dann, wenn dem Adressaten eine Frist gesetzt wird, binnen derer er eine Antwort äußern und eventuell der Werbehandlung widersprechen soll. Diese Vorgehensweise läuft zudem auf ein Opt-out-Verfahren hinaus, das den Anforderungen einer Einwilligung nicht entspricht.[1200]

Beispiel 3:

Auch bereits angekreuzte Kästchen, beispielsweise auf einer Webseite, erlauben nicht den Schluss auf das Vorliegen einer Einwilligung.[1201] Es handelt sich hierbei ebenfalls um ein Opt-out-Modell. Das Ausbleiben eines Widerspruchs kann nicht mit einer zweifelsfrei erfolgten Willensbekundung gleichgesetzt werden. Die Voraussetzungen einer gültigen vorherigen Einwilligung wären bei einem Online-Verfahren aber dann erfüllt, wenn der Betroffene sich auf einer Webseite anmeldet, seine Einwilligung erteilt und anschließend gebeten wird, zu bestätigen, dass er die angemeldete Person ist und die Einwilligung erteilt hat.[1202]

1198 Artikel-29-Datenschutzgruppe, WP 187, Stellungnahme 15/2011, S. 28.
1199 Siehe auch Artikel-29-Datenschutzgruppe, WP 90, Stellungnahme 5/2004 S. 5.
1200 Artikel-29-Datenschutzgruppe, WP 187, Stellungnahme 15/2011 S. 28 f.
1201 Artikel-29-Datenschutzgruppe, WP 90, Stellungnahme 5/2004, S. 29.
1202 Artikel-29-Datenschutzgruppe, WP 90, Stellungnahme 5/2004, S. 5.

5. *Einwilligung in der Online-Welt oder am Telefon*

Die Einwilligung in den Empfang von Werbung kann nach Gemeinschaftsrecht durch ein Online-Verfahren eingeholt werden. Erwägungsgrund 17 Satz 2 DSRL 2002/58/EG erwähnt ausdrücklich die Möglichkeit der Einholung der Einwilligung durch Markieren eines Feldes im Internet. Artikel-29-Datenschutzgruppe führt Handlungsmöglichkeiten aus, wie die Einwilligung in der Online-Welt erklärt werden kann. Demnach kann eine ausdrückliche Einwilligung in der Online-Umgebung durch die Verwendung elektronischer oder digitaler Signaturen, durch anklickbare Schaltflächen, durch das Versenden einer bestätigenden E-Mail, durch das Anklicken von Icons usw. erteilt werden.[1203] Der für die Datenverarbeitung zuständige Mitarbeiter muss jedoch stabile Verfahren schaffen, die keinen Zweifel an der Einwilligungsabsicht der betroffenen Person erkennen lassen, was insbesondere für die Einwilligung per Telefon oder Internet Bedeutung erlangt (Authentifizierungsmaßnahmen).[1204]

Das Gemeinschaftsrecht sieht keine Form für die Erteilung der Einwilligung vor. Die Einwilligung muss nicht aufzeichenbar sein, so dass die Einwilligung in den Erhalt von Werbeangeboten auch keine elektronische Signatur erfordert.[1205] Die für die Datenverarbeitung verantwortliche Person trifft allerdings im Hinblick auf das Vorliegen der Einwilligung die Darlegungs- und die Beweislast.[1206] Aufgrund dessen erklärt die Artikel-29- Datenschutzgruppe[1207], dass die Mitgliedstaaten in bestimmten Fällen die Form der Einwilligung festlegen können.[1208]

C. Wettbewerbsrechtliche versus datenschutzrechtliche Einwilligung

Es ist unerlässlich, eine Unterscheidung zwischen der Einwilligung in die Telefonwerbung im Sinne von § 7 Abs. 2 Nr. 2 UWG und der Einwilligung in die Verwendung personenbezogener Daten für Zwecke der Werbung i.S.d. § 28 Abs. 3 S. 1 i.V.m. § 4 BDSG[1209] zu

1203 Artikel-29-Datenschutzgruppe, WP 187, Stellungnahme 15/2011, S. 29 ff.
1204 Artikel-29-Datenschutzgruppe, WP 187, Stellungnahme 15/2011, S. 25.
1205 Artikel-29-Datenschutzgruppe, WP 187, Stellungnahme 15/2011, S. 31.
1206 Artikel-29-Datenschutzgruppe, WP 187, Stellungnahme 15/2011, S. 31.
1207 Artikel-29-Datenschutzgruppe, WP 187, Stellungnahme 15/2011, S. 31 f.
1208 Z.B. Art. 28 Abs. 3a BDSG; Art. 94 TKG.
1209 Bis zur BDSG-Novelle II (Gesetz zur Änderung datenschutzrechtlicher Vorschriften, BGBl. 2009 I, S. 2814, in Kraft getreten am 1.09.2009) konnten Daten zum Zwecke der Werbung sowie der Markt- und Meinungsforschung nach § 28 Abs. 3 S. 1 Nr. 3 BDSG a. F. ohne Einwilligung übermittelt und benutzt werden, wenn diese listengemäß zusammengefasste Daten, die sich auf bestimmte Angaben wie die Zugehörigkeit zu dieser Personengruppe, Berufs-, Branchen- oder Geschäftsbezeichnung, Namen, Titel, akademischen Grad, Anschrift und Geburtsjahr beschränkten und nicht ersichtlich war, dass der Betroffene ein schutzwürdiges Interesse an dem

treffen.[1210] Dem Unternehmer bringt die im b2b-Verhältnis geltende Erleichterung der Zulässigkeit der Werbung nach § 7 Abs. 2 Nr. 2 Alt. 2 UWG praktisch keine Vorteile, wenn der Beworbene eine natürliche Person ist und der Werbende seine datenschutzrechtliche Einwilligung nicht eingeholt hat. Die datenschutzrechtliche Einwilligung bedarf in der Regel der Schriftform i.S.d. § 126 Abs. 1 BGB, d. h. diese muss durch eigenständige Unterschrift erteilt werden.[1211] Nur ausnahmsweise genügt eine mündliche Einwilligung gemäß § 28 Abs. 3 lit. a) BDSG, wenn diese schriftlich bestätigt wird.

I. Die Schutzrichtung als Unterscheidungsmerkmal

Die Literatur [1212] nimmt die Unterscheidung zwischen der wettbewerblichen Einwilligung einerseits und der datenschutzrechtlichen Einwilligung andererseits anhand der unterschiedlichen Zweckrichtungen, die das UWG und das BDSG verfolgen vor. Im Bereich Telefonwerbung treffen beide Zweckrichtungen aufeinander. Das BDSG schützt nach § 1 Abs. 1 das informationelle Selbstbestimmungsrecht des Betroffenen[1213] als Ausprägung des allgemeinen Persönlichkeitsrechts (Art 2 Abs. 1 i.V.m. Art. 1 Abs. 1 GG) in der Gestalt der vom BVerfG definierten Befugnis des Einzelnen, selbst darüber zu entscheiden, wer seine persönlichen Daten kennt

---

Ausschluss der Übermittlung oder Nutzung hat (sog. Listenprivileg). Vgl. *van Raab/ Mayer-van Raab*, VuR 2009, 103, 104. Das Listenprivileg wurde durch die Datenschutzreform auf einige Ausnahmen eingeschränkt. Nach § 28 Abs. 3 S. 2 BDSG dürfen solche Daten aufgrund gesetzlicher Erlaubnis ohne Einwilligung für die Eigenwerbung (Nr. 1), für die berufsbezogene Werbung (Nr. 2) und für die Spendenwerbung (Nr 3) verarbeitet oder genutzt werden. Unter der Transparenzpflicht sind zwei weitere Ausnahmen möglich. Die Daten müssen sich auf die in § 28 Abs. 3 Satz 2 aufgeführten Angaben beschränken: *Kühling/Seidel/Sivridis*, Datenschutzrecht, 2. Aufl. 2011, S. 149. Die Telefonnummer ist jedoch in der Aufzählung nicht enthalten. Unabhängig von den Voraussetzungen nach S. 2 dürfen Listendaten für Zwecke der Werbung für fremde Angebote nach § 28 Abs. 3 S. 5 BDSG genutzt werden, wenn für den Betroffenen bei der Ansprache zum Zwecke der Werbung die für die Nutzung der Daten verantwortliche Stelle eindeutig erkennbar ist. Die Übermittlung von Listendaten an Dritte für Werbezwecke darf ohne Einwilligung des Betroffenen erfolgen, wenn bei der Werbung erkennbar ist, wer erstmals personenbezogene Daten erhoben hat. (§ 28 Abs. 3 S. 4BDSG).

1210 Vgl. *Köhler*, in: *Köhler/Bornkamm/Feddersen*, UWG 36. Aufl. 2018, § 7 Rdnr. 156.

1211 *Lenz/Rabe*, VersR 2010, 1541, 1543; *Plath/Frey*, BB 2009, 1762, 1766.

1212 *Lenz/Rabe*, VersR 2010, 1541, 1543; *Roßnagel/ Jandt*, MMR 2011, 86, 90; *Plath/ Frey*, BB 2009, 1762, 1763.

1213 *Lenz/Rabe*, VersR 2010, 1541, 1543; *Roßnagel/ Jandt*, MMR 2011, 86, 90; *Plath/ Frey*, BB 2009, 1762, 1763; Vgl. aber *Eckhardt*, MMR 2013, 383, 383: „Endgültig überholt ist damit der Ansatz, dass zwischen der wettbewerbsrechtlichen Einwilligung und der datenschutzrechtlichen Einwilligung zu unterscheiden sei [...]“

und sie nutzt.[1214] Die Schutzzweckrichtung des BDSG ist präventiver Natur.[1215] Der Betroffene soll durch das ihm zustehende Instrument der Einwilligung über die Erhebung und Verwendung seiner Daten selbst bestimmt[1216] und zum frühestmöglichen Zeitpunkt verhindert, dass es überhaupt zu einer Beeinträchtigung seines Persönlichkeitsrechts kommt.[1217] Im Gegensatz dazu richten sich die lauterkeitsrechtlichen Normen betreffend Werbung auf den Schutz der Verbraucher und Konkurrenten vor unlauteren Wettbewerbshandlungen[1218] sowie auf den Schutz des Einzelnen vor Belästigungen als Privatsphärenschutz.[1219] Wettbewerbsrechtlich geschützt nach § 7 Abs. 2 Nr. 2 Alt. 1 UWG wird das allgemeine Persönlichkeitsrecht des Verbrauchers bei Eingriffen in seine Privatsphäre durch einen unerwünschten Telefonanruf.[1220] Die wettbewerbsrechtliche Einwilligung ist daher defensiver Natur[1221] und betrifft das Einverständnis des Betroffenen mit einem tatsächlichen Eingriff in seiner Privatsphäre.[1222]Das Datenschutzrecht betrifft also die Frage des *Ob* und *Wie* der Erhebung und Verwendung personenbezogener Daten für Werbezwecke, während das Lauterkeitsrecht die Frage des *Ob* einer bestimmten Art von Werbung[1223] aufwirft.

II. Die BGH-Rechtsprechung

1. Die Payback-Entscheidung

Der BGH unterscheidet in der *Payback*-Entscheidung ebenfalls zwischen der datenschutzrechtlichen Einwilligung i.S.d. § 4 BDSG und der wettbewerbsrechtlichen Einwilligung in Bezug auf die elektronische Werbung i.S.d. § 7 Abs. 2 Nr. 3 UWG, die inhaltlich mit der Einwilligung in die Telefonwerbung nach § 7 Abs. 2 Nr. 2 UWG deckungsgleich ist.[1224] Die Unterscheidung betrifft allerdings nicht nur den Einwilligungszweck, sondern führt laut BGH zu einer unterschiedlichen Auslegung der Begrifflichkeiten. Während die Erklärung der Einwilligung in AGBs

---

1214 BVerfG, Urteil vom 15.12.1983, NJW 1984, 419, 421 – Volkszählungsurteil; *Plath/ Frey*, BB 2009, 1762, 1763.

1215 Gola/Klug/Körfferin: *Gola/ Schomerus*, BDSG, 12. Aufl. 2015, § 1 Rdnr. 6; *Plath/Frey*, BB 2009, 1762, 1763.

1216

1217 *Gola/Klug/Körfferin* in: *Gola/ Schomerus*, BDSG, 12. Aufl. 2015, § 1 Rdnr. 6.

1218 *Lenz/Rabe*, VersR 2010, 1541, 1543; *Roßnagel/ Jandt*, MMR 2011, 86, 90; *Plath/ Frey*, BB 2009, 1762, 1763.

1219 *Plath/Frey*, BB 2009, 1762, 1763.

1220 Allgemein zum Schutz des UWG vor Belästigungen, vgl. *Hanloser*, CR 2008, 713, 716.

1221 *Plath/Frey*, BB 2009, 1762, 1763.

1222 *van Raay/ Meyer-van Raay*, VuR 2009, 103, 103.

1223 *Klinger*, jurisPR-ITR 22/2008 Anm. 2 zum Urteil des BGH vom 16.07.2008, Az.: VIII ZR 348/06.

1224 *Nussbaum/Krienke*, MMR 2009, 372, 375 f; *Rogosch*, Die Einwilligung im Datenschutzrecht, 2013, S. 120.

nach §§ 4, 4 lit. a) BDSG keine gesonderte Angabe in Form einer zusätzlichen Unterschrift oder durch das Ankreuzen einer positiv formulierten Erklärung verlange, würden diese Anforderungen dringend für die wettbewerbsrechtliche Einwilligung gelten.[1225] Für die wettbewerbsrechtliche Einwilligung fordert der BGH also *ein absolutes Opt-in-Modell.*

Ferner formuliert der BGH für die wettbewerbsrechtliche Einwilligung die Notwendigkeit eines *Trennungsgebots.* Demnach könne die wettbewerbsrechtliche - anders als die datenschutzrechtliche – Einwilligung nicht in Textpassagen enthalten sein, die auch andere Erklärungen oder Hinweise beinhalten[1226]. Für die Gültigkeit der datenschutzrechtlichen Einwilligung gemäß § 4 lit. a) BDSG genüge es dagegen, dass diese besonders hervorgehoben wird[1227]. Hierdurch soll verhindert werden, dass die Einwilligung „bei Formularverträgen im so genannten Kleingedruckten versteckt wird und der Betroffene sie durch seine Unterschrift erteilt, ohne sich ihrer und ihres Bezugsgegenstands bewusst zu sein, weil er sie übersieht".[1228]

Den vorgenommenen Dualismus hinsichtlich der wettbewerbsrechtlichen Einwilligung begründet der BGH mit der richtlinienkonformen Auslegung des Einwilligungsbegriffs in § 7 Abs. 2 Nr. 3 UWG. Für die Bestimmung des Einwilligungsbegriffs verweise Art. 2 S. 2 lit. f) der DSRL 2002/58/EG auf die DSRL 95/46/EG. Mit Rücksicht auf das Ziel der Richtlinie 2002/58/EG, die Privatsphäre des Betroffenen vor neuen Risiken durch öffentliche Kommunikationsnetze zu schützen (Erwägungsgründe 5 und 6) treffe Erwägungsgrund 17 der DSRL 2002/58/EG die Bestimmung, dass die Einwilligung in jeder geeigneten Weise gegeben werden [kann], wodurch der Wunsch des Nutzers in einer spezifischen Angabe zum Ausdruck kommt, die sachkundig und in freier Entscheidung erfolgt.[1229] Aus dem Erfordernis einer „spezifischen Angabe" leitet der BGH den Grundsatz ab, dass die Einwilligung einer gesonderten Erklärung bedarf. Diese Anforderungen an die Einwilligung seien bei der Auslegung des Einwilligungsbegriffs des § 7 Abs. 2 Nr. 3 UWG[1230], wodurch Art. 13 Abs. 1 DSRL 2002/58/EG umgesetzt wurde zu

1225 BGH, Urteil vom 16.7.2008 – VIII ZR 348/06, GRUR 2008, 1010, 1011, Rdnr. 27 ff – Payback.

1226 BGH, Urteil vom 16.7.2008 – VIII ZR 348/06, GRUR 2008, 1010, 1011, Rdnr. 29 – Payback.

1227 Vgl. OLG Koblenz, Urteil vom 26.3.2014 – 9 U 1116/13, GRUR-RR 2014, 407. Die geprüfte Einwilligungsklausel genügte nicht dem Hervorhebungsgebot nach § 4 a Abs. 1 Satz 4 BDSG.

1228 BGH, Urteil vom 16.7.2008 – VIII ZR 348/06, GRUR 2008, 1010, 1011, Rdnr. 23 – Payback.

1229 BGH, Urteil vom 16.7.2008 – VIII ZR 348/06, GRUR 2008, 1010, 1012, Rdnr. 28 – Payback.

1230 Dasselbe gilt nach BGH für § 7 Abs. 2 Nr. 2, die das Opt-in-Prinzip des Art. 13 Abs. 3 Alt. 1 DSRL 2002/58/EG implementiert, BGH, Beschluss vom 14.4.2011 – I ZR 38/10, MMR 2011, 458 – Einwilligung in Telefonwerbung auf Gewinnspielkarte.

berücksichtigen.[1231] „Angesichts der spezifischen Schutzzweckanforderungen auf dem Gebiet der elektronischen Kommunikation" könne die lauterkeitsrechtliche Einwilligung anders als die datenschutzrechtliche Einwilligung nicht zusammen mit anderen Erklärungen erteilt werden (§ 4 a Abs. 1 4 a.F.).[1232] Das UWG enthalte gegenüber dem BDSG eine eigenständige Regelung, was dadurch zur Geltung komme, dass der Gesetzgeber bei der Umsetzung von Art. 13 DRL 2002/58/EG diesen nicht im Datenschutzrecht, sondern „mit Blick auf den nicht selten belästigenden Charakter solcher Werbung bewusst im Gesetz gegen den unlauteren Wettbewerb vorgenommen hat."[1233]

2. „Einwilligung in Telefonwerbung auf Gewinnspielkarte-Entscheidung"

In einer nachfolgenden Entscheidung vom 14.4.2011, die die Einwilligung in die Telefonwerbung betraf, wandte der BGH die oben genannten Grundsätze auf die Einwilligung i.S.d. § 7 Abs. 2 Nr. 2 UWG an. Das Gericht legte also ebenfalls Erwägungsgrund 17 zugrunde, um das Erfordernis einer gesonderten sich nur auf die Einwilligung in die Werbung mit einem Telefonanruf beziehende Zustimmungserklärung des Betroffenen zu rechtfertigen.[1234] Auf den Gleichlauf der Voraussetzungen der Einwilligung in die Telefonwerbung mit denen der Einwilligung in die E-Mail-Werbung hatte der BGH[1235] allerdings bereits in der Payback-Entscheidung hingedeutet, indem auf die Gesetzesmaterialien[1236] zu § 7 Abs. 2 Nr. 2 UWG a.F. Bezug nahm. In diesen heißt es ausdrücklich, dass mit dieser Bestimmung „entsprechend der Regelung der Fallgr. 3 (§ 7 III Nr. 3 UWG) die so genannte Opt-in-Lösung gewählt" worden sei.[1237]

Aktuell herrscht also im deutschen Recht ein Dualismus der datenschutzrechtlichen und wettbewerbsrechtlichen Einwilligung. Die Initiative des Gesetzgebers, dieser Spaltung entgegenzuwirken und die Anforderungen beider Einwilligungen anzugleichen, konnte sich in der Endfassung der Datenschutznovelle nicht durchsetzen. Der Gesetzesentwurf übertrug in § 28 Abs. 3a S. 2 BDSG die durch den BGH in der *Payback*-Entscheidung gestellten Grundsätze auf die datenschutzrechtliche

---

1231 BGH, Urteil vom 16.7.2008 – VIII ZR 348/06, GRUR 2008, 1010, 1012, Rdnr. 30 – Payback.

1232 BGH, Urteil vom 16.7.2008 – VIII ZR 348/06, GRUR 2008, 1010, 1012, Rdnr. 30 – Payback.

1233 BGH, Urteil vom 16.7.2008 – VIII ZR 348/06, GRUR 2008, 1010, 1012, Rdnr. 30 – Payback mit Verweis auf BT-Drucks 15/1487, S. 15, 21.

1234 BGH, Beschluss vom 14.4.2011 – I ZR 38/10, MMR 2011, 458 – Einwilligung in Telefonwerbung auf Gewinnspielkarte; siehe ferner BGH, Urteil vom 25.10.2012 – I ZR 169/10, GRUR 2013, 531, 533 Rdnr. 24 – Einwilligung in Werbeanrufe II.

1235 BGH, Urteil vom 16.7.2008 – VIII ZR 348/06, GRUR 2008, 1010, 1012, Rdnr. 30 – Payback.

1236 BT-DrucksS 15/1487, S. 15, 21.

1237 Vgl. *Nussbaum/Krienke*, MMR 2009, 372, 375 f.

Einwilligung.[1238] § 28 Abs. 3a S. 2 des Gesetzesentwurfs lautete: „Eine zusammen mit anderen Erklärungen erteilte Einwilligung ist nur wirksam, wenn der Betroffene durch Ankreuzen, durch eine gesonderte Unterschrift oder durch ein anderes, ausschließlich auf die Einwilligung in die Verarbeitung oder Nutzung der Daten für Zwecke des Adresshandels, der Werbung oder der Markt- oder Meinungsforschung bezogenes Tun zweifelsfrei zum Ausdruck bringt, dass er die Einwilligung bewusst erteilt."[1239] Aufgrund der Kritik, der Gesetzesentwurf stelle höhere Anforderungen an die Einwilligung als der BGH in der *Payback*-Entscheidung[1240], wurde die absolute Opt-in-Pflicht des § 28 Abs. 3a S. 2 BDSG in eine mildere Hervorhebungspflicht abgeändert. –„Soll die Einwilligung zusammen mit anderen Erklärungen schriftlich erteilt werden, ist sie in drucktechnisch deutlicher Gestaltung besonders hervorzuheben."[1241], um auf diese Weise der durch das sog. *Payback*-Urteil bestätigten Rechtslage Rechnung zu tragen.[1242] Im *HappyDigits*-Urteil vom 11.11.2009[1243] und im *Einwilligung in Telefonwerbung auf Gewinnspielkarte*-Beschluss vom 14.4.2011[1244], die auf Grundlage der neuen gesetzlichen Regelung in BDSG erging, hielt der BGH an seinem Standpunkt betreffend den Dualismus datenschutzrechtlicher und wettbewerbsrechtlicher Einwilligung fest.

Zusammenfassend ist also zu konstatieren, dass nach dem jetzigen Stand der Rechtsprechung eine datenschutzrechtliche Einwilligung das Hervorhebungsgebot genügen muss und auch als Auskreuzlösung (Opt-out) erklärt werden[1245] kann, während die wettbewerbsrechtliche Einwilligung i.S.d. § 7 Abs. 2 Nr. 3 und Nr. 3 UWG das Trennungsgebot und ein striktes Opt-in-Prinzip, d.h. unter Ausschluss einer Opt-out-Klausel, zu gestalten ist.[1246]

Diese Spaltung bereitet allerdings im Hinblick auf das Gemeinschaftsrecht Bedenken.

1238 Vgl. *Eckhardt*, MMR 383,383.

1239 BT-Drucks 16/12011, S. 13, S. 33.

1240 *Bull*, Stellungnahme zu dem Gesetzesentwurf der Bundesregierung zur Regelung des Datenschutzaudits und zur Änderung datenschutzrechtlicher Vorschriften (BT-Drucks. 16/12011), A-Drucks. 16(4) 560 F neu, S. 6.

1241 BT-Drucks 16/13657, S. 8.

1242 BT-Drucks 16/13657, S. 19.

1243 BGH, Urteil vom 11.11.2009 – VIII ZR 12/08, MMR 2010, 138, 139, Rdnr. 26 – HappyDigits.

1244 BGH, Beschluss vom 14.4.2011 – I ZR 38/10, MMR 2011, 458 – Einwilligung in Telefonwerbung auf Gewinnspielkarte.

1245 BGH, Urteil vom 16.7.2008 – VIII ZR 348/06, GRUR 2008, 1010, 1011, Rdnr. 21, 23 – Payback; BGH, Urteil vom 11.11.2009 – VIII ZR 12/08, MMR 2010, 138, 139, Rdnr. 26 – HappyDigits.

1246 BGH, Urteil vom 16.7.2008 – VIII ZR 348/06, GRUR 2008, 1010, 1011, Rdnr. 27–30 – Payback; BGH, Beschluss vom 14.4.2011 – I ZR 38/10, MMR 2011, 458 – Einwilligung in Telefonwerbung auf Gewinnspielkarte.

D. Die Notwendigkeit einer einheitlichen Auslegung

Die unterschiedliche Auslegung der datenschutzrechtlichen und der wettbewerbsrechtlichen Einwilligung mit unterschiedlichen Wirksamkeitsvoraussetzungen stellt sich als gemeinschaftsrechtswidrig dar.[1247]

I. Die richtlinienkonforme Auslegung als Grund für die (un) einheitliche Auslegung

1. Vergleich zwischen verschiedenen Sprachfassungen

In erster Linie findet der Dualismus der wettbewerbsrechtlichen und der datenschutzrechtlichen Einwilligung - anders als vom BGH angenommen - keine Stütze in der richtlinienkonformen Auslegung des § 7 Abs. 2 Nr. 3 UWG unter Heranziehung des Erwägungsgrunds 17 der DSRL 2002/58/EG. Vielmehr ist es gerade das Gemeinschaftsrecht, das zu einer deckungsgleichen Auslegung beider Begrifflichkeiten zwingt.[1248] Die Einwilligung i.S.d. § 4a BDSG ist im Lichte des Art. 2 lit. h) DSRL 95/46/EG, die im BDSG implementiert wurde, zu verstehen. Die gemeinschaftsrechtliche Grundlage für die wettbewerbsrechtliche Einwilligung in § 7 Abs. 2 UWG bildet die DSRL 2002/58/EG. Über die Verweisung des Art. 2 lit. f) DSRL 2002/58/EG auf die Einwilligungsdefinition des Art. 2 lit. h) DSRL 95/46/EG, ergibt sich die Einheitlichkeit des Einwilligungsbegriffs. Erwägungsgrund 17 der DSRL 2002/58/EG[1249] vermag dieses Ergebnis nicht zu verändern, denn dieser enthält für den Einwilligungsbegriff durch die Wörter „spezifischen Angabe“ keine Zusatzvoraussetzungen im Vergleich zu der Definition in Art. 2 lit. h der DSRL 95/46/EG[1250], sondern wiederholt lediglich den Inhalt des Art. 2 lit h DSRL 95/46/EG[1251] und stellt lediglich klar, dass eine Einwilligung auch konkludent (in jeder geeigneten Form) erfolgen kann. Verdeutlicht wird diese Sichtweise durch die französische und die

---

1247 *Hanloser*, CR 2008, 713, 718.

1248 *Hanloser*, CR 2008, 713, 717; *Rogosch*, Die Einwilligung im Datenschutzrecht, 2013, S. 121 f; Buchner, DuD 2010, 39, 42 f.

1249 Erwägungsgrund 17 DSRL 2002/58/EG lautet: Für die Zwecke dieser Richtlinie sollte die Einwilligung des Nutzers oder Teilnehmers unabhängig davon, ob es sich um eine natürliche oder eine juristische Person handelt, dieselbe Bedeutung haben wie der in der Richtlinie 95/46/EG definierte und dort weiter präzisierte Begriff „Einwilligung der betroffenen Person“. Die Einwilligung kann in jeder geeigneten Weise gegeben werden, wodurch der Wunsch des Nutzers in einer spezifischen Angabe zum Ausdruck kommt, die sachkundig und in freier Entscheidung erfolgt; hierzu zählt auch das Markieren eines Feldes auf einer Internet-Website.

1250 Art. 2 lit. h) DSRL 95/46/EG definiert die Einwilligung als „jede Willensbekundung, die ohne Zwang, für den konkreten Fall und in Kenntnis der Sachlage erfolgt und mit der die betroffene Person akzeptiert, dass personenbezogene Daten, die sie betreffen, verarbeitet werden.“

1251 So auch *Hanloser*, CR 713, 717.

englische Fassung beider Richtlinien.[1252] Die englische Fassung des Art. 2 lit. h) DSRL 95/46/EG spricht von „any freely given specific and informed indication of his wishes“, während die französische Fassung „toute manifestation de volonté, libre, spécifique et informée“ verlangt.[1253] Erwägungsgrund 17 wiederholt diese Attribute. In der englischen Fassung wird die Terminologie „freely given, specific“ und „informed“ verwendet bzw. die französische Fassung wiederholt die Merkmale „librement, de manière spécifique und informée“ i.S.d. DSRL 95/46/EG.[1254] Dagegen unterscheidet sich die Wortlautauswahl in der deutschen Fassung beider Richtlinien ohne, dass dadurch auch eine inhaltliche Abweichung bezweckt wird. In der Definition der DSRL 95/46/EG heißt es „ohne Zwang, für den konkreten Fall“ und „in Kenntnis der Sachlage“, während die Übersetzung des Erwägungsgrunds 17 auf die Merkmale „in freier Entscheidung, in einer spezifischen Angabe“ und „sachkundig“ abstellt.[1255] In der deutschen Übersetzung wurde also das Merkmal „für den konkreten Fall“ mit dem Merkmal „in einer spezifischen Angabe“ ausgetauscht. Der BGH ist somit „einer ungenauen Übersetzung aufgesessen“.[1256]

2. *Empfehlungen der Artikel-29-Datenschutzgruppe*

Dafür, dass Erwägungsgrund 17 DSRL 2002/58/EG keine Änderungen mit sich brachte und folglich der Einwilligungsbegriff i.S.d. DSRL 95/46/EG mit dem i.S.d. DSRL 2002/58/EG deckungsgleich ist, spricht zudem die Tatsache, dass die Artikel-29-Datenschutzgruppe, die Empfehlungen zur Auslegung der Unionsbegrifflichkeiten ausspricht, offenbar ebenfalls diese Auffassung teilt. In der Stellungnahme 15/2011 zur Definition der Einwilligung nahm die Artikel-29-Datenschutzgruppe eine solche Unterscheidung nicht vor und erarbeitete vielmehr für beide Richtlinien dieselben Auslegungsgrundsätze.

II. Kein Rangverhältnis zwischen dem Privatsphärenschutz und der informationellen Selbstbestimmung

Genauso wenig ergibt sich die Diskrepanz zwischen den Voraussetzungen betreffend die datenschutzrechtliche Einwilligung einerseits und die wettbewerbsrechtliche Einwilligung andererseits aus den Schutzrichtungen, die das BDSG und das UWG verfolgen. Aus deutscher Sicht dient das BDSG der Verwirklichung der

---

1252 *Hanloser*, CR 2008, 713, 717; *Rogosch*, Die Einwilligung im Datenschutzrecht, 2013, S. 121 f.

1253 *Hanloser*, CR 2008, 713, 717; *Rogosch*, Die Einwilligung im Datenschutzrecht, 2013, S. 121 f.

1254 *Hanloser*, CR 2008, 713, 717; *Rogosch*, Die Einwilligung im Datenschutzrecht, 2013, S. 121 f.

1255 *Hanloser*, CR 2008, 713, 717.

1256 *Hanloser*, CR 2008, 713, 717.

informationellen Schutzbestimmung[1257], während § 7 Abs. 2 UWG den Schutz der Privatsphäre bezweckt.[1258] Allerdings kann dies kein überzeugendes Argument für das unterschiedliche Verständnis der Einwilligung liefern. Sowohl die informationelle Selbstbestimmung als auch das Recht auf Privatsphäre sind Ausprägung desselben Grundrechts, nämlich des allgemeinen Persönlichkeitsrechts, das aus Art. 1 Abs. 1 i.V.m. Art. 2 Abs. 1 hergeleitet wird.[1259] Zwischen den verschiedenen Facetten, die das allgemeine Persönlichkeitsrecht kennt, besteht kein Rangverhältnis.[1260] Es ist daher unzulässig, das informationelle Selbstbestimmungsrecht als weniger schutzwürdig als das Recht auf Privatsphäre einzustufen.[1261] Das allgemeine Persönlichkeitsrecht ist schließlich generell als Ausprägung der Selbstbestimmung des Einzelnen zu verstehen.

Für die Einheitlichkeit des Einwilligungsbegriffs spricht ferner der Wortlaut beider Richtlinien, die zwischen den beiden Ausprägungen nicht differenzieren. Sowohl die DSRL 95/46/EG als auch die DSRL 2002/58/EG schützen das Recht auf Privatsphäre nach deren Art. 1 Abs. 1 GG.

III. Zwischenergebnis zu IV

Trotz der unterschiedlichen Regelungszwecke, die das BDSG und das UWG mit der Regulierung des Direktmarketings verfolgen spricht die richtlinienkonforme Auslegung des datenschutzrechtlichen und des lauterkeitsrechtlichen Einwilligungsbegriffs für ein einheitliches Verständnis des Einwilligungsbegriffs.[1262] Da nicht nur die datenschutzrechtliche, sondern auch die wettbewerbsrechtliche Einwilligung im Lichte des gemeinschaftlichen datenschutzrechtlichen Einwilligungsbegriffs auszulegen ist, sieht *Eckhard* die Vornahme einer Unterscheidung zwischen den beiden sogar als endgültig überholt an.[1263]

IV. Denkbare Gestaltungsformen

Nachdem die Notwendigkeit einer einheitlichen Auslegung der datenschutzrechtlichen und der wettbewerbsrechtlichen Einwilligung feststeht, stellt sich noch die Frage, wie die Angleichung konkret zu gestalten ist. Denkbar sind zwei Möglichkeiten: Entweder findet eine Übertragung der Anforderungen für die

---

1257 *Hanloser*, CR 2008, 713, 714.

1258 *Hanloser*, CR 2008, 713, 716.

1259 Siehe *Starck*, in: *Mangoldt/Klein/Starck*, GG, 6. Aufl. 2010, Art. 2 Rdnr. 173, 177 f; *Jarass*/Pieroth, GG, 13. Aufl. 2014, Art. 2 Rdnr. 37.

1260 *Hanloser*, CR 2008, 713, 717; *Rogosch*, Die Einwilligung im Datenschutzrecht, 2013, S. 122.

1261 *Rogosch*, Die Einwilligung im Datenschutzrecht, 2013, S. 122; *Hanloser*, CR 2008, 713, 717.

1262 Vgl. *van Raay/Meyer-van Raay*, VuR, 103, 108.

1263 *Eckhardt*, MMR 2013, 383, 383.

wettbewerbsrechtliche Einwilligung nach § 7 Abs. 2 UWG, so wie diese in der Payback-Entscheidung vom BGH erarbeitet wurden, auf die datenschutzrechtliche Einwilligung i.S.d. § 4 BDSG statt, oder es wird der umgekehrte Weg eingeschlagen, mit der Folge, dass für die wettbewerbsrechtliche Einwilligung das Hervorhebungsgebot des § 4 a Abs. 1 S. 3 BDSG bzw. des § 28 Abs. 3a S. 2 BDSG ausreicht.

1. *Anpassung der datenschutzrechtlichen Einwilligung an die wettbewerbsrechtliche Einwilligung – Trennungsgebot*

Ein Teil der Literatur[1264] bevorzugt die erste Variante. Die Einwilligung in Werbung sei nicht schutzbedürftiger als die Einwilligung in Datenverarbeitung.[1265] In diesem Sinne befürwortet *Rogosch* die Einführung des Trennungsgebots auch für die datenschutzrechtliche Einwilligung und geht sogar über die vom BGH gestellten Anforderungen an das Trennungsgebot hinaus. Das wettbewerbsrechtliche Trennungsgebot des BGH bestimmt, dass die wettbewerbsrechtliche Einwilligung – anders als die datenschutzrechtliche Einwilligung – nicht in Textpassagen enthalten sein darf, die auch andere Erklärungen oder Hinweise enthalten.[1266] Dieser Aussage entnimmt *Rogosch*, dass das Trennungsgebot für die Einwilligung das Verwenden eines getrennten und gesondert zu unterzeichnenden Formulars erfordere. In Zusammenhang mit AGB würde das Verwenden eines getrennten Formulars „die Erkennbarkeit der Einwilligungsklausel deutlich steigern, indem selbst der Durchschnittbetroffene, der dem Inhalt lediglich flüchtig Aufmerksamkeit schenkt, eine höhere Möglichkeit zur Kenntnisnahme" erlangen würde.[1267] Zwar steigert ein von den AGB getrenntes Dokument für die Einwilligungsklausel die Chance derer Wahrnehmung bei den Betroffenen. Allerdings ist diese Anforderung keineswegs der *Payback*-Entscheidung zu entnehmen. Eine räumliche Trennung der Textpassagen, so wie vom BGH angefordert, kann auch im selben Dokument gelingen. Die Einwilligung darf lediglich nicht in Textpassagen enthalten sein, die auch andere Erklärungen oder Hinweise enthalten.[1268]

Ferner soll nach *Rogosch* neben dem räumlichen Trennungsgebot auch eine eigenständige Zustimmungshandlung eingeführt werden. Die Zustimmung zu den AGB und zur datenschutzrechtlichen Einwilligung soll nicht durch eine einzige Aktion eingeholt werden.[1269] Dies entspricht der vom BGH gestellten Anforderung an einer eindeutigen Zustimmungserklärung, die durch zusätzliche Unterschrift

1264 *Rogosch*, Die Einwilligung im Datenschutzrecht, 2013, S. 123, S. 128 ff.
1265 *Rogosch*, Die Einwilligung im Datenschutzrecht, 2013, S. 123.
1266 BGH, Urteil vom 16.7.2008 – VIII ZR 348/06, GRUR 2008, 1010, 1011 Rdnr 23, 1012 Rdnr. 29 – Payback.
1267 *Rogosch*, Die Einwilligung im Datenschutzrecht, 2013, S. 128 ff.
1268 BGH, Urteil vom 25.10.2012 – I ZR 169/10, GRUR 2013, 531, 1010, 1012, Rdnr. 29 – Einwilligung in Werbeanrufe II.
1269 *Rogosch*, Die Einwilligung im Datenschutzrecht, 2013, S. 130.

oder durch individuelles Markieren eines entsprechenden Feldes[1270] zutage treten muss.

2. *Anpassung der wettbewerbsrechtlichen Einwilligung an die datenschutzrechtliche Einwilligung – Hervorhebungsgebot*

Andere Stimmen in der Literatur sprechen sich für eine datenschutzrechtliche Interpretation auch der wettbewerbsrechtlichen Einwilligung aus.[1271] Gegen eine umgekehrte Anpassung spreche der Wille des Gesetzgebers. Zwar wurde im Zuge der BDSG-Novelle eine gesonderte Einwilligung bzw. Bestätigung auch für die datenschutzrechtliche Einwilligung vorgeschlagen, jedoch beschränkte sich dieses Vorhaben in der Endfassung des Gesetzes auf das Hervorhebungserfordernis. Nach der datenschutzrechtlichen Vorstellung kann die Einwilligung auch zusammen mit anderen Erklärungen in den typischen AGB eingeholt werden. Dieses datenschutzrechtliche Verständnis soll ohne Unterscheidung für die Einwilligung in die Werbung nach UWG gelten.[1272]

Hanloser, der sich gegen das Trennungsgebot positioniert, begründet diese Haltung mit dem Harmonisierungsgedanken des Gemeinschaftsrechts, das solche Anforderungen an die Einwilligungserklärung nicht stelle.[1273]

V. Vorschlag für die Gestaltung eines einheitlichen Konzepts

Die Einwilligung muss dem Transparenzgebot genügen und bedarf einer besonderen Zustimmungshandlung. Nachfolgend wird aufgezeigt, dass allein das Trennungsgebot und die besondere Zustimmungshandlung nach dem strikten Opt-in-Prinzip die Anforderungen an eine wirksame Einwilligung erfüllen, so dass sich die datenschutzrechtliche Einwilligung an der lauterkeitsrechtlichen Einwilligung zu orientieren hat und nicht umgekehrt.

1. *Trennungsgebot statt Hervorhebungsgebot*

Das gesetzlich verankerte Hervorhebungsgebot hinsichtlich der datenschutzrechtlichen Einwilligung in § 4 a Abs. 1 S. 4 BDSG lautet: „Soll die Einwilligung zusammen mit anderen Erklärungen erteilt werden, ist sie besonders hervorzuheben." Ferner besagt § 28 Abs. 3a S. 2 BDSG für den Fall der Einwilligung in die Datenverarbeitung zwecks Werbung: „soll die Einwilligung zusammen mit anderen

1270 BGH, Urteil vom 16.7.2008 – VIII ZR 348/06, GRUR 2008,1010, 1012 Rdnr. 29 – Payback.

1271 *Hanloser*, CR 2008, 713, 717; *Eckhardt*, MMR 2013, 380, 383; *van Raay/Meyer-van Raay, VuR* 2009, 103, 108 f.

1272 *Eckhardt*, MMR 2013, 380, 383.

1273 *Hanloser*, CR 2008, 713, 717.

Erklärungen schriftlich erteilt werden, ist sie in drucktechnisch deutlicher Gestaltung besonders hervorzuheben."

Diese Vorgaben erscheinen allerdings zur Gewährleistung der Transparenz und für die Sicherung der Vornahme einer bewussten Entscheidung unzureichend. Durch die alleinige drucktechnische Hervorhebung des äußeren Erscheinungsbildes, etwa durch die Schriftgröße, den Schrifttypus oder die Formatierung eines Rahmens[1274] wird nicht ausreichend gewährleistet, dass selbst der durchschnittlich informierte und aufmerksame Verbraucher seine Aufmerksamkeit nicht nur auf die Schriftform, sondern auch auf den Inhalt der Erklärung lenkt und diesen versteht. Sollte die Einwilligungserklärung in Textpassagen enthalten sein, die auch andere Informationen enthalten, besteht die Gefahr, dass der Verbraucher der Einwilligungserklärung keine ausreichende Aufmerksamkeit schenkt.

Daher ist es sowohl für die Einwilligung in die Verarbeitung persönlicher Daten zwecks Werbung als auch für die Einwilligung in die Telefonwerbung erforderlich, dass die schriftliche Einwilligungsklausel in einem gesonderten Text oder Textabschnitt enthalten ist. Damit sind an die Voraussetzungen der datenschutzrechtlichen Einwilligung dieselben Anforderungen zu stellen, die der BGH für eine wirksame Einwilligung im Sinne von § 7 Abs. 2 Nr. 3 UWG[1275] bzw. hinsichtlich der Einwilligung in die Telefonwerbung nach § 7 Abs. 2 Nr. 2 UWG[1276] fordert. Nicht erforderlich ist hingegen das Verwenden eines getrennten Formulars. Dies würde den Rechtsverkehr unnötig erschweren.

Das Einführen eines Trennungsgebots für die datenschutzrechtliche Einwilligung steht nicht im Widerspruch zu dem Gemeinschaftsrecht,[1277] sondern entspricht sogar den Unionsvorgaben. In jüngster Zeit hat die Europäische Kommission konkrete Schritte zur Regelung eines Transparenzgebots unternommen. Art. 7 Nr. 2 der EU-Datenschutz-Grundverordnung[1278] enthält Vorgaben über die Sicherstellung der Erkennbarkeit einer schriftlichen Einwilligung. Demnach muss das Erfordernis der Einwilligung im Falle einer schriftlich erteilten Erklärung, die

---

1274 BGH, Urteil vom 11.11.2009 – VIII ZR 12/08, MMR 2010, 138, 140 – HappyDigits. Im *HappyDigits*-Fall war allerdings die Opt-out-Klausel in der Mitte eines einseitigen Formulars platziert und als einziger Absatz der Seite mit einer zusätzlichen Umrahmung versehen. Dadurch sind nicht nur die Anforderungen an das datenschutzrechtliche Hervorhebungsgebot erfüllt, sondern diese Gestaltungsform würde darüber hinaus auch den Anforderungen an eine wettbewerbsrechtliche Einwilligung, die in einem gesonderten Text oder Textabschnitt platziert sein muss, genügen.

1275 BGH, Urteil vom 16.7.2008 – VIII ZR 348/06, GRUR 2008, 1010, – Payback

1276 BGH, Beschluss vom 14.4.2011 – I ZR 38/10, MMR 2011, 458 – Einwilligung in Telefonwerbung auf Gewinnspielkarte.

1277 So aber *Hanloser*, CR 2008, 713, 717.

1278 Vorschlag für Verordnung zum Schutz natürlicher Personen bei der Verarbeitung personenbezogener Daten und zum freien Datenverkehr (Datenschutz-Grundverordnung), COM 2012(11) endg., COD 2012/011, Brüssel, 25.1.2012, S. 51.

noch einen anderen Sachverhalt betrifft, erkennbar von diesem anderen Sachverhalt getrennt werden.

2. Gesonderte Zustimmungshandlung

Eine gesonderte Zustimmungserklärung bzw. eine spezifische Einwilligungserklärung, die etwa durch das Markieren eines bestimmten Feldes oder durch das Leisten einer Sonderunterschrift zu erfolgen hat, verlangt der BGH nur im Falle der Erteilung einer schriftlichen Einwilligung nach § 7 Abs. 2 UWG aber nicht auch nach BDSG.[1279] Da jedoch zwischen der datenschutzrechtlichen Einwilligung und der wettbewerbsrechtlichen Einwilligung kein qualitativer Unterschied besteht, ist die datenschutzrechtliche Einwilligung ebenfalls als gesonderte Zustimmungshandlung zu gestalten. Insbesondere kann nicht damit argumentiert werden, dass nur die Werbung eine Belästigung darstellt, weil ihre Folgen unmittelbar merkbar sind, wie ein überfüllter E-Mail-Account, ein nerviger Klingelton, ein unerwünschter Anruf, eine unerwünschte SMS auf dem Handy-Display[1280]. Auch die Datenverarbeitung ist mit Unannehmlichkeiten verbunden. Selbst wenn die daraus entstehenden Nachteile nicht sofort spürbar sind, birgt die Verarbeitung personenbezogener Daten die akute Gefahr verborgener Schäden, mit der Folge eines mangelnden Problembewusstseins im Datenschutzrecht.[1281] Dies führt zu einem schleichenden Verlust der informationellen Selbstbestimmung in der Gesellschaft.[1282] Welche Auswirkungen die Verarbeitung persönlicher Daten langfristig haben können, zeigen die aktuellen Skandale[1283] in der Welt digitaler Medien. Versteckte und unberechenbare Risiken in Bezug auf Speicherung und Verwendung personenbezogener Daten sind gefährlicher als jene Risiken, die bewusst in Kauf genommen werden können, wie dies bei der Einwilligung in einem konkreten Werbefall geschieht. Die Regelungen hinsichtlich der datenschutzrechtlichen Einwilligung müssen also unter Berücksichtigung des technischen Fortschritts in den Mediendiensten angepasst werden.

Diese Anforderung soll keineswegs als Verbraucherbevormundung interpretiert werden. Der „mündige Verbraucher“ soll weiterhin frei und eigenständig unter Ausübung seines Rechts auf informationelle Selbstbestimmung entscheiden

---

1279 BGH, Urteil vom 16.7.2008 – VIII ZR 348/06, GRUR 2008, 1010, 1011 f.; Rdnr. 21 ff. - Payback.

1280 *Buchner*, DuD 2010, 39, 43; *Rogosch*, Die Einwilligung im Datenschutzrecht, 2013, S. 123.

1281 *Buchner*, DuD 2010, 39, 43; *Rogosch*, Die Einwilligung im Datenschutzrecht, 2013, S. 123.

1282 *Buchner*, DuD 2010, 39, 43.

1283 http://www.faz.net/aktuell/feuilleton/buecher/facebook-klaeger-max-schrems-mit-daten-sollten-wir-besser-gar-nichts-bezahlen-12972367.html, abgerufen am 21.08.2017; EuGH, Urteil v. 6.10.2015 C-362/14 – Maximillian Schrems / Data Protection Commissioner, MMR 2015, 753 m.Anm. *Bergt*.

können und müssen, zu welchem Preis er seine Daten preisgeben soll. Ihm sollen allerdings die Konsequenzen seiner Handlung bewusst sein, um eine freiwillige Entscheidung treffen zu können. Statistisch gesehen sorgt die Erteilung der Einwilligung in einem Formular, das dafür eine Opt-out-Klausel vorsieht, für eine höhere Einwilligungsquote als im Falle einer positiven Formulierung dieser Klausel, da eine geringere Anzahl von Kunden dazu neigen, redaktionelle Änderungen vorzunehmen.[1284] Die Mehrheit der Einwilligenden zeigt indes eine passive Haltung. Dies nutzt der Datenverarbeiter willentlich aus, um auch dann zu einer Einwilligungserklärung zu gelangen, wenn sich der Betroffene der Bedeutung seiner Handlung nicht bewusst ist.[1285] Unter Zugrundelegung des geltenden „emanzipierten" Verbraucherleitbilds, des Bildes eines mündigen Verbrauchers, stellt sich die Frage, ob die Tatsache, dass ihm die Bedeutung der Klausel nicht bewusst ist, zu seinem Lasten gehen kann und ob er in diesem Fall etwas unternehmen muss, um eine bewusste und daher freie Entscheidung treffen zu können. Der BGH erwartet bei Einhaltung des Hervorhebungsgebots, dass selbst „der flüchtige, aber durchschnittlich verständige Verbraucher [...] den Umstand der Einwilligung und die damit einhergehende Abwahlmöglichkeit zur Kenntnis nimmt"[1286] bzw. es wird von einem „flüchtigen, aber durchschnittlich verständigen Verbraucher" im Zusammenhang mit einer Durchstreichklausel, die die Abwahlmöglichkeit durch Fettdruck vorgibt, erwartet, dass er „den Umstand der Einwilligung und die Abwahlmöglichkeit zur Kenntnis nimmt."[1287] In diesem Fall liegen die Voraussetzungen für eine freiwillige Entscheidung, so wie von § 4a BDSG ausdrücklich gefordert, vor.[1288] Über die Erwartungen, die man an einen „flüchtigen, aber durchschnittlich verständigen Verbraucher" stellen kann, kann man streiten. Fakt ist, dass der Verbraucher mit dieser Frage gar nicht konfrontiert werden dürfte, da die

---

1284 OLG Köln, Urteil vom 14.12.2007 – 6 U 121/07, NJOZ 2008, 2839, 2846 bezüglich der Opt-out-Klausel in der Sache *Happy Digits* als Vorinstanz zu BGH, Urteil vom 11.11.2009 – VIII ZR 12/08, MMR 2010, 138, 13 Rdnr. 20 – HappyDigits.

1285 *Buchner*, DuD 2010, 39,42.

1286 BGH, Urteil vom 16.7.2008 – VIII ZR 348/06, GRUR 2008, 1010, 1012 Rdnr. 25 – Payback.

1287 BGH, Urteil vom 11.11.2009 – VIII ZR 12/08, MMR 2010, 138, 140 Rdnr. 31 – HappyDigits; Kritisch bzgl. der *Happy Digits*- Entscheidung, *Nord*, NJW, 2010, 3756.

1288 BGH, Urteil vom 11.11.2009 – VIII ZR 12/08, MMR 2010, 138, 139 Rdnr. 20 und Rdnr. 23 – HappyDigits zur Möglichkeit der Streichung der Klausel, unter Hinweis darauf, dass die fehlende Möglichkeit der Auskreuzung die freie Entscheidung des Verbrauchers nicht beeinträchtigt und insofern die Streichmöglichkeit einer Klausel ein vertretbares Modell darstellt: „Es trifft nicht zu, dass der durchschnittlich verständige Verbraucher, der die Klausel 1 streichen will, in einen nicht oder nur schwer lösbaren Konflikt geriete, wie die Streichung ausgeführt werden soll. Sowohl die vollständige Streichung der Klausel mittels Querstrich als auch das Ausstreichen Zeile für Zeile bis zu dem auf die Streichmöglichkeit hinweisenden Satz stehen ihm offen."

unterschiedliche Behandlung der datenschutzrechtlichen Einwilligung einerseits und der wettbewerbsrechtlichen Einwilligung andererseits, wie bereits oben aufgezeigt, nicht vertretbar erscheint.

Überdies vermerkt *Buchner* zu Recht, dass das passive Verhalten selbst eines mündigen Verbrauchers die Grundlage für die Annahme einer Einwilligung im Datenschutzrecht entbehrt. Die Konstellation, in der das Verhalten des Erklärenden selbst dann als Einwilligung gilt, wenn diesem das Erklärungsbewusstsein fehlt, ist im Bürgerlichen Recht anerkannt und beruht auf dem Gedanken des Verkehrsschutzes - Schutz des Erklärungsempfängers in seinem Vertrauen auf die Existenz eines bestimmten Erklärungstatbestands.[1289] Im Falle einer Opt-out-Klausel lässt sich die Annahme eines schutzwürdigen Vertrauens des Datenverarbeiters nicht begründen. Die Aussage, dass der Datenverarbeiter im Falle eines passiven Verhaltens seitens des Betroffenen stets darauf vertraut, dass dieser sich bewusst und gewollt verhalten hat, ist nicht glaubwürdig. Vielmehr ist dem Datenverarbeiter das mangelnde Bewusstsein des Betroffenen bekannt und dies möchte er gerade ausnutzen, in der Hoffnung, er kommt auf dieser Weise „schon" an die Einwilligung.[1290]

3. Das absolute Opt-in-Modell als einzige Gestaltungsmöglichkeit

Zudem widerspricht eine Opt-out-Erklärung, wie vom BGH im Falle datenschutzrechtlicher Einwilligung zugelassen, dem Wesen der Einwilligung.

a. Unterscheidung zwischen dem Opt-in-Modell im engeren Sinne und Opt-in-Modell im weiteren Sinne

Zunächst bedarf es einer begrifflichen Klarstellung. Es ist notwendig, eine Unterscheidung zwischen Opt-in im weiteren Sinne und Opt-in im engeren Sinne zu treffen.

Die Verwendung der Begrifflichkeiten Opt-in und Opt-out im Zusammenhang mit der Erteilung der Einwilligung mag Verwirrung auslösen. Bei einem Gestaltungsmodell, das auf dem Erfordernis einer Einwilligung in einen Werbeanruf (§ 7 Abs. 2 Nr. 2 Alt. 1 UWG, Art. 13 Abs. 3 Hs. 1 Alt. 1 DSRL 2002/58/EG) oder in die Verarbeitung personenbezogener Daten zwecks Werbung (§ 28 Abs. 3 S. 1 BDSG i.V.m. § 4 BDSG), handelt es sich um ein Opt-in-Modell. Der Gegensatz dazu bildet das auf der Widerspruchslösung basierenden Opt-out-Modell. (Art. 13 Abs. 3 Hs 1 Alt. 2 DSRL 2002/58/EG). Dennoch wird der Begriff Opt-out darüber hinaus auch im Zusammenhang mit der Gestaltung der Einwilligungserteilung verwendet.[1291]

1289 *Armbrüster*, in: MünchKomm BGB, 7. Aufl. 2015, § 119 Rdnr. 93 ff, 101.

1290 *Buchner*, DuD 2010, 39, 42.

1291 Vgl. BGH, Urteil vom 16.7.2008 – VIII ZR 348/06, GRUR 2008, 1010, 1012 Rdnr. 27 - Payback.

Das Gegensatzpaar Opt-in und Opt-out werden mithin für die Bezeichnung zweier Konstellationen benutzt.[1292]

aa. Opt-in-Begriff im weiteren Sinne

Im weiteren Sinne bezeichnet der Begriff Opt-in die Einwilligungslösung[1293] bzw. den Grundsatz der Einwilligung[1294], die der Widerspruchslösung[1295] bzw. dem Grundsatz des Widerspruchs[1296] gegenübersteht. Während nach der Einwilligungslösung die Telefonwerbung oder die Verarbeitung persönlicher Daten zu diesem Zwecke von der Erteilung der Einwilligung des Betroffenen abhängt, ist die Werbung oder die Datenverarbeitung nach der Widerspruchlösung prinzipiell erlaubt, es sei denn, der Betroffene hat einen entgegenstehenden Willen geäußert.[1297] Im deutschen Recht sind sowohl die Zulässigkeit der Telefonwerbung (gegenüber Verbrauchern, § 7 Abs. 2 Nr. 2 Var. 1 UWG) als auch die Zulässigkeit der Datenverarbeitung zum Werbezwecke nach dem Opt-in-Modell (§ 28 Abs. 3 S. 1 BDSG) gestaltet. Eine Ausnahme besteht für die Verarbeitung und Verwendung persönlicher Daten im Rahmen des Listenprivilegs. Dafür sieht § 28 Abs. 3 S. 2 BDSG beim Vorliegen der in der Vorschrift beschriebenen Voraussetzungen das Opt-out-Modell vor. Auf europäischen Ebene dienen § 13 Abs. 1 und § 13 Abs. 3 Hs. 1 Var. 1 DSRL 2002/58/EG als Beispiele für ein Opt-in-Modell. Im Gegensatz dazu steht das Opt-out-Modell des Art. 13 Abs. 3 Hs. 1 Var. 2 DSRL 2002/58/EG.

bb. Opt-in-Begriff im engeren Sinne

Das Opt-in-Modell im engeren Sinne betrifft die Frage der konkreten Klauselgestaltung eines Opt-in-Modells. Es wird zwischen der Opt-in-Klauselgestaltung als *Ankreuzlösung* und der Opt-out-Klauselgestaltung als *Auskreuzlösung* differenziert.[1298] Opt-in-Klauseln sind positiv formuliert, so dass der Betroffene aktiv tätig werden muss, um die Einwilligung zu erteilen, indem er je nach Formulierung diese ankreuzt – „Bitte hier ankreuzen, wenn die Einwilligung für...erteilt wird"[1299] bzw. eine extra Unterschrift leistet – Bitte hier unterschreiben...wenn die Einwilligung erteilt wird."

Dagegen sind Opt-out-Klauseln negativ formuliert. Der Betroffene muss tätig werden, wenn er die Einwilligung *nicht* erteilen will. Je nach Formulierung der Klausel hat er ein Kästchen anzukreuzen – „Bitte hier ankreuzen, wenn die

1292 *Hanloser*, CR 2008, 713, 715.
1293 *Hanloser*, CR 2008, 713, 715.
1294 *Fezer*, WRP 2010, 1075, 1076.
1295 *Hanloser*, CR 2008, 713, 715.
1296 *Fezer*, WRP 2010, 1075, 1076.
1297 *Fezer*, WRP 2010, 1075, 1076; *Hanloser*, CR 2008, 713, 715.
1298 *Hanloser*, CR 2008, 713, 715.
1299 Beispiel entnommen aus *Hanloser*, CR 2008, 713, 714, Fn. 13.

Einwilligung für...*nicht* erteilt wird"[1300] bzw. hat die Klausel durchzustreichen – „Streicheln sie die Klausel, wenn sie mit der Einwilligung in...nicht einverstanden sind."[1301]

b. Kritik an der Payback- und Happydigits-Entscheidung

Die Unterscheidung zwischen Opt-in- und Opt-out-Klausel im engeren Sinne nimmt der BGH in der Payback-Entscheidung vor. Der BGH lässt für die Erteilung der Einwilligung in die Verarbeitung personenbezogener Daten nach § 4 I BDSG die Auskreuzlösung genügen, während er für die Erteilung der Einwilligung in die Werbung i.S.d. § 7 Abs. 2 UWG eine Opt-in-Erklärung verlangt, bei der der Betroffene durch Ankreuzen eines Kästchens oder durch die Abgabe einer zusätzlichen Unterschrift seine Zustimmung erteilt. Diese Ansicht setzt der BGH in der *Happy Digits* Entscheidung vom 11.11.2009 – nach dem Inkrafttreten der BDS-Novelle II zum 1.9.2009 – fort[1302]

Die Entscheidung *Einwilligung in Werbeanrufe II* vom 25.10.2012 über die Wirksamkeitsvoraussetzungen einer in AGB erteilten Einwilligung in die Telefonwerbung brachte keine Änderungen mit sich. Der BGH sprach sich für die Möglichkeit der Einbindung einer Einwilligungserklärung in die Telefonwerbung in die AGB aus, die durch Ankreuzen einer entsprechend konkret formulierten Erklärung erteilt werden kann. Das Trennungsgebot sei laut BGH ausreichend beachtet, wenn die Einwilligungsklausel in einem gesonderten Text oder Textabschnitt ohne anderen Inhalt enthalten ist. Der BGH führt aus, dass eine wirksame Einwilligung „auch durch Ankreuzen einer entsprechend konkret formulierten Erklärung erteilt werden" kann. Über die Gestaltung der besonderen Zustimmungshandlung entscheidet der BGH eben nicht. Dies wird von *Eckhardt* anders gesehen. Der Formulierung „auch" entnimmt *Eckhardt*, dass dies nicht die einzige Gestaltungsform sei und der BGH darüber hinaus Opt-out-Klauseln in AGB zulassen wolle.[1303] Ebenso wie im Rahmen der datenschutzrechtlichen Erklärung für die in § 28 Abs. 3a S. 2 BDSG nur ein Hervorhebungsgebot vorgeschrieben sei, müssten auch für die wettbewerbsrechtliche Einwilligung keine weiteren Voraussetzungen gelten. Eine gesonderte Erklärung bzw. Bestätigung sei also nicht erforderlich.

Dieser Ansicht ist nicht zuzustimmen. Durch Verwendung des Wortes „auch" gibt der BGH die in der *Payback*-Entscheidung gestellten Voraussetzungen,

---

1300 Beispiel entnommen aus *Hanloser*, CR 2008, 713, 714, Fn. 14; Diese Klauselgestaltung kam in dem Fall *Payback* vor, der dem BGH zur Entscheidung vorlag: BGH, Urteil vom 16.7.2008 – VIII ZR 348/06, GRUR 2008, 1010 – Payback.

1301 Zur Zulässigkeit einer der Art formulierten Klausel und die Qualifikation als „Opt-out"-Klausel: BGH, Urteil vom 11.11.2009 – VIII ZR 12/08, MMR 2010, 138, 139, Rdnr. 22 – HappyDigits.

1302 BGH, Urteil vom 11.11.2009 – VIII ZR 12/08, MMR 2010, 138, 139 Rdnr. 26 – HappyDigits.

1303 *Eckhardt*, MMR 2013, 382, 383

wonach die wettbewerbsrechtliche Einwilligung eine besondere Zustimmungshandlung erfordert, nicht auf. Die Einwilligung in Werbung erfordert eine eindeutige Zustimmungserklärung, die durch zusätzliche Unterschrift oder individuelles Markieren eines entsprechenden Feldes bzw. Ankreuzen eines bestimmten Kästchens abzugeben ist. In der *Einwilligung in Werbeanrufe II-* Entscheidung ging es gerade um die Erteilung einer Einwilligung durch Ankreuzen eines Kästchens, so dass der BGH keinen Anlass hatte, sich mit dem Erfordernis einer gesonderten Zustimmungserklärung zu befassen. Diese Voraussetzung war ja erfüllt. Das Wort „auch“ verdeutlicht vielmehr die Tatsache, dass für die Einwilligung in die Telefonwerbung neben der ausdrücklichen, selbst formulierten Erklärung ebenso eine in die AGB einbezogene fremdformulierte Erklärung in Betracht kommt. Die Betonung der Zulässigkeit der Einholung der Einwilligung in die Telefonwerbung durch AGB schien dem BGH besonders wichtig zu sein, denn der BGH bezeichnet dieses Urteil in den Entscheidungsleitsätzen als Aufgabe seiner bisherigen Rechtsprechung *Telefonwerbung VI*, die vielfach als Ausschluss der Möglichkeit der Erteilung der Einwilligung durch AGB zitiert wurde.[1304]

c. *Die Unvereinbarkeit der Opt-out-Klausel mit dem Opt-in-Prinzip*

Eine Opt-out-Klausel ist mit dem Wesen des Opt-in-Prinzips nicht vereinbart. Es liegt in der Natur der Einwilligung, der eine Unrecht ausschließende Funktion zukommt, dass diese immer eine Opt-in-Form darstellt.[1305] Eine Einwilligung kann entweder ausdrücklich oder konkludent erklärt werden. Das stille Dulden oder das bloße Schweigen begründet dagegen keine gültige Willensäußerung.[1306] Im Rahmen eines auf der Abgabe einer Einwilligung basierenden Opt-in-Prinzips muss der Betroffene aktiv werden.[1307] Sein passives Verhalten darf nicht einer Willensbekundung gleichgestellt werden. Das bloße Schweigen ist nicht dafür geeignet, einen positiven Bedeutungsgehalt zu transportieren.[1308] Den Betroffenen trifft keine Widerspruchs- und ebenso wenig eine Antwortobliegenheit, falls der Werbende eine telefonische Werbehandlung ankündigt.[1309] Auch die Artikel-29-Datenschutzgruppe vermerkt in ihrer Stellungnahme, dass die Einwilligungserklärung i.S.d. DSRL 95/46/EG und DSRL 2002/58/EG stets einer Handlung bedarf, so dass das Nichts-Tun des Betroffenen nicht als Äußerung eines Einverständnisses mit der Verarbeitung personenbezogener Daten interpretiert werden kann.[1310] Eine Opt-out-Klausel, die negativ formuliert ist, bezweckt gerade das Einholen der

---

1304 Z. B. *Jankowski*, GRUR 2010, 495, 496.
1305 So auch *Ohly*, GRUR 2012, 983, 986.
1306 So auch *Ohly*, GRUR 2012, 983, 986; Siehe auch oben Dritter Teil, Erstes Kapitel, II. 3. 4.
1307 *Mankwoski*, in: *Fezer/Büscher/Obergfell*, UWG, 3. Aufl. 2016, § 7 Rdnr. 135
1308 Ebenso, *Gruber*, FS Koppensteiner, S. 381, 404.
1309 *Mankowski*, in: *Fezer/Büscher/Obergfell*, UWG, 3. Aufl. 2016, § 7 Rdnr. 135.
1310 Vgl. Artikel-29-Datenschutzgruppe, WP 187, Stellungnahme 15/2011, S. 14 f.; 28 f.

Zustimmungserklärung infolge bloßen Nichts-Tuns des Betroffenen. Dies ist unzulässig und läuft auf ein mit dem Wesen der Einwilligung unvereinbares (vertragliches) Opt-out-Prinzip hinaus.[1311] Nur im Rahmen eines Opt-out-Prinzips ist die beabsichtigte Handlung, zum Beispiel die Vornahme eines Werbeanrufs zulässig, solange der Betroffene nicht durch aktives Tun seinen Widerspruch angezeigt hat. Die bloße Unterlassung einer Markierung des Widerspruchsfeldes ist kein positiver Akt.[1312] Das „Nicht-Anklicken" kann nicht als Einwilligung „ohne Zweifel" gelten. Das Schweigen einer Person oder das Ausbleiben einer Handlung ist per Natur mehrdeutig, denn dadurch kann die betroffene Person einerseits die Zustimmung gemeint haben oder aber andererseits lediglich signalisiert haben, dass sie die (Einwilligungs)Handlung nicht vornehmen möchte.[1313]

Demzufolge verbietet sich die Verwendung von Auskreuzklauseln in Zusammenhang mit dem Opt-In-Prinzip. Die Tatsache, dass der Betroffene eine negativ formulierte Klausel nicht ankreuzt, lässt höchstens die Vermutung entstehen, dieser sei möglicherweise mit der Verarbeitung seiner persönlichen Daten einverstanden. Dies läuft auf eine mutmaßliche Einwilligung hinaus, die aber keine Willensbekundung darstellt und insofern nicht den Anforderungen einer gültigen Einwilligung genügt. Eine Einwilligung kann nur ausdrücklich oder konkludent erklärt werden. Der spezielle Fall einer konkludenten Willenserklärung, die durch bloßes Schweigen fingiert wird, greift im Rahmen der Einwilligungserklärung nicht.[1314] In diesem Sinne stellt auch Erwägungsgrund 25 des Vorschlags für die Datenschutz-Grundverordnung vom 27.1.2012 einen klarstellenden Hinweis: „Die Einwilligung sollte explizit mittels einer geeigneten Methode erfolgen, die eine ohne Zwang, für den konkreten Fall und in Kenntnis der Sachlage abgegebene Willensbekundung der betroffenen Person in Form einer Erklärung oder einer eindeutigen Handlung ermöglicht, die sicherstellt, dass der betreffenden Person bewusst ist, dass sie ihre Einwilligung in die Verarbeitung personenbezogener Daten gibt, etwa durch Anklicken eines Kästchens beim Besuch einer Internetseite und durch jede sonstige Erklärung oder Verhaltensweise, mit der die betroffene Person in dem jeweiligen Kontext klar und deutlich ihr Einverständnis mit der beabsichtigten Verarbeitung ihrer personenbezogenen Daten signalisiert. Eine stillschweigende Einwilligung ohne Zutun der betroffenen Person stellt daher keine Einwilligung dar."

1311 Vgl. *Mankowski*, in: *Fezer/Büscher/Obergfell*, UWG, 3. Aufl. 2016, § 7 Rdnr 145; Artikel-29-Datenschutzgruppe, WP 187, Stellungnahme 15/2011, S. 28 f.

1312 *Mankowski*, in: *Fezer/Büscher/Obergfell*, UWG, 3. Aufl. 2016, § 7 Rdnr 145.

1313 Artikel-29-Datenschutzgruppe, WP 187, Stellungnahme 15/2011, S. 28.

1314 Vgl. Artikel-29-Datenschutzgruppe, WP 187, Stellungnahme 15/2011, S. 14 f.; 28 f.

E. Verhältnis vom §§ 4, 4a, 28 BDSG und § 7 UWG

Nach § 4 Abs. 1 BDSG sind Erhebung, Verarbeitung und Nutzung personenbezogener Daten nur zulässig, soweit dieses Gesetz oder eine andere Rechtsvorschrift dies erlaubt oder anordnet oder der Betroffene eingewilligt hat. Dabei stellt § 7 UWG keine andere Rechtsvorschrift i.S.d. § 4 Abs. 1 BDSG dar[1315], vielmehr sind beide Zustimmungen gesondert zu prüfen.[1316]

Die Verarbeitung oder Nutzung personenbezogener Daten zum Zwecke des Adresshandels oder der Werbung sind nach § 28 Abs. 3 S. 1 BDSG entweder mit Einwilligung oder nach dem Listenprivileg zulässig. Die Datenverarbeitung zu Werbezwecken ist nach dem Listenprivileg des § 28 Abs. 3 Satz 3–5 BDSG ohne Einwilligung möglich, wenn dies in zusammengefassten Adresssammlungen geschieht.[1317] Das Listenprivileg gilt nach § 28 Abs. 3 Satz 2 Nr. 1, wenn die Datenverwendung für die Eigenwerbung erforderlich ist. Die Rufnummer ist allerdings in den aufgeführten Listendaten nicht enthalten; aus dem allgemein zugänglichen Rufnummernverzeichnis könnte also das Unternehmen nur die Adresse entnehmen. Die Rufnummer kann das Unternehmen hingegen aus § 28 Abs. 3 Satz 3 hinzuspeichern.[1318] Ein Adresshandel mit Rufnummern ist gesetzlich weder im b2c noch im b2b-Bereich (§ 28 III 2 Nr. 2) erlaubt. Bei der Verwendung der erhobenen Daten für eigene Werbezwecke oder zwecks Adresshandels ist § 28 Abs. 3 BDSG und § 95 Abs. 2 TKG[1319] zu beachten.

F. Zusammenfassung

1. Die Einwilligung in die Telefonwerbung ist eine einseitige empfangsbedürftige Willenserklärung, weil diese verfügungsähnlich wirkt, indem sie ein Verbot in ein Gebot umwandelt. Die Konkretisierung des Einwilligungsbegriffs ist im Licht der Verfassung und den Grundsätzen des Gemeinschaftsrechts vorzunehmen. Art. 2 Satz 2 lit. f) DSRL 2002/58/EG und Erwägungsgrund 17 Satz 1 DSRL 2002/58/EG bestimmen, dass die Einwilligung i.S.d. DSRL 2002/58/EG wie die Einwilligung der betroffenen Person i.S.d. Richtlinie 95/46/EG (DSRL 95/46/EG), also unter Heranziehung des Art. 2 lit. h) DSRL 95/46/EG und der Bestimmungen des Art. 7 lit. a) DSRL 95/46/EG zu verstehen ist. Für eine einheitliche Auslegung des Einwilligungsbegriffs durch die Mitgliedstaaten sorgen die Kommentierungen der Artikel-29-Datenschutzgruppe in der Stellungnahme 5/2004 zu unerbetenen Werbenachrichten im Sinne von Art. 13 der Richtlinie 2002/58/EG und die Stellungnahme 15/2011 zur Definition von Einwilligung.

1315 So aber OLG Koblenz, Urteil vom 26.3.2014 – 9 U 1116/13, GRUR-RR 2014, 407, 409.
1316 Vgl. *Ernst,* WRP 2009, 1455, 1462.
1317 *Ernst,* WRP 2009, 1455, 1462.
1318 *Ernst,* WRP 2009, 1455, 1462.
1319 Siehe OLG Koblenz, Urteil vom 26.3.2014 – 9 U 1116/13, GRUR-RR 2014, 407.

Die Einwilligung ist demnach eine Willensbekundung, die ohne Zwang, für den konkreten Fall, in Kenntnis der Sachlage und durch aktives Tun erfolgt. Durch diese akzeptiert die betroffene Person, dass sie zu Werbezwecken angerufen wird. Die Einwilligung kann auch online oder am Telefon in einem Verfahren eingeholt werden, das die erforderlichen Authentifizierungsmaßnahmen sicherstellt.

2. Nach der aktuellen BGH-Rechtsprechung genügt für die datenschutzrechtliche Einwilligung nach § 4 Abs. 1 BDSG das Hervorhebungsgebot. Sie kann auch mittels der sog. Auskreuzlösung (Opt-out) erklärt werden.[1320] Die wettbewerbsrechtliche Einwilligung i.S.d. § 7 Abs. 2 Nr. 2 und Nr. 3 UWG hingegen muss in einem gesonderten Text oder Textabschnitt ohne anderen Inhalt niedergeschrieben sein (Trennungsgebot)[1321]. Einwilligungen betreffend des Wettbewerbsrechts können nur durch Ankreuzen eines Kästchens oder durch die Abgabe einer zusätzlichen Unterschrift durch den Betroffenen erteilt werden. Es ist mithin das strikte Opt-in-Prinzip zu beachten.[1322]
3. Die Geltung verschiedener Voraussetzungen für die Einholung der Einwilligung im Sinne von § 7 Abs. 2 Nr. 2 und Nr. 3 UWG einerseits und von § 4 Abs. 1 BDSG andererseits lässt sich mit dem Gemeinschaftsrecht nicht vereinbaren. Beiden liegt der Einwilligungsbegriff des Art. 2 lit. h) DSRL 95/46/EG zu Grunde. Ein Vergleich der deutschen Sprachfassung des Erwägungsgrundes 17 DSRL 2002/58/EG mit der englischen und mit der französischen Fassung zeigt, dass die Vorschrift für die Einwilligung i.S.d. Art. 13 DSRL 2002/58/EG (in § 7 UWG umgesetzt) keine Zusatzvoraussetzungen enthält. Zudem geht auch die Artikel-29-Datenschutzgruppe von einer inhaltlichen Gleichheit des Einwilligungsbegriffs in der DSRL 95/46/EG einerseits und in der DSRL 2002/58/EG andererseits aus.
4. Es bedarf einer einheitlichen Gestaltung in der Art, dass die vom BGH für die wettbewerbsrechtliche Einwilligung vorgesehenen Voraussetzungen auf die datenschutzrechtliche Einwilligung übertragen werden. Das Hervorhebungsgebot gewährleistet keine ausreichende Transparenz. Die Einwilligungserklärung darf nicht in Textpassagen enthalten sein, die auch andere Erklärungen oder Hinweise enthalten. Nicht erforderlich ist hingegen das Verwenden eines getrennten Formulars für eine Einwilligungsklausel. Die Auskreuzklausel

---

1320 BGH, Urteil vom 16.7.2008 – VIII ZR 348/06, GRUR 2008, 1010, 1011, Rdnr. 21, 23 – Payback; BGH, Urteil vom 11.11.2009 – VIII ZR 12/08, MMR 2010, 138, 139, Rdnr. 26 – HappyDigits.

1321 BGH, Urteil vom 11.11.2009 – VIII ZR 12/08, MMR 2010, 138, 139 Rdnr. 26 – HappyDigits; BGH, Urteil vom 25.10.2012 – I ZR 169/10, GRUR 2013, 531, 533 Rdnr. 24 – Einwilligung in Werbeanrufe II.

1322 BGH, Urteil vom 16.7.2008 – VIII ZR 348/06, GRUR 2008, 1010, 1011, Rdnr. 27–30 – Payback; BGH, Beschluss vom 14.4.2011 – I ZR 38/10, MMR 2011, 458 – Einwilligung in Telefonwerbung auf Gewinnspielkarte.

(Opt-out-Klausel) ist unzulässig. Eine Opt-out-Klausel ist mit dem Wesen der Einwilligung nicht vereinbar, da die Einwilligung unmöglich durch Schweigen oder bloßes Nichtstun erklärt werden kann. Es bedarf mithin einer Rechtsprechungsänderung hinsichtlich der Voraussetzungen, unter denen eine datenschutzrechtliche Einwilligung wirksam eingeholt werden kann.

Zweites Kapitel – Einwilligung der Verbraucher nach § 7 Abs. 2 Nr. 2 Alt. 1 UWG

Seit dem Inkrafttreten des Gesetzes zur Bekämpfung unerlaubter Telefonwerbung am 4. August 2009 ist ein Werbeanruf gegenüber Verbrauchern gemäß § 7 Abs. 2 Nr. 2 Alt. 1 UWG nur beim Vorliegen dessen vorherig ausdrücklich erteilter Einwilligung zulässig. Eine konkludente Einwilligung genügt nach dem Wortlaut nicht mehr. Der Verbraucher muss eindeutig begreiflich machen, in welchem konkreten Fall, für welche Produkte und durch wen er mit einem Werbeanruf einverstanden ist.

A. Zeitpunkt

Dabei hat die Benennung des Zeitpunkts hinsichtlich der Einwilligungserklärung, die durch das Gesetz zur Bekämpfung unerlaubter Telefonwerbung in § 7 Abs. 2 Nr. 2 Alt. 1 UWG normiert wurde, lediglich klarstellende Funktion.[1323] Auch vorher galt der Grundsatz, dass ein Werbeanruf, der ohne eine Einwilligung des Betroffenen erfolgt, unzulässig ist.[1324] Es genügt daher nicht, dass der Werbende erst im Laufe des Gesprächs nach dem Einverständnis mit der Telefonwerbung fragt.[1325] Eine spätere Genehmigung hebt die Wettbewerbswidrigkeit nicht auf, da die Belästigung bereits eingetreten ist und nicht mehr rückgängig gemacht werden kann.[1326] Die nachträgliche Einholung der Einwilligung steht im Widerspruch zu dem Opt-in-Prinzip.[1327] Auch die nachträgliche Einholung der Einwilligung per Telefon nach dem Anruf und im Vorfeld des Werbegesprächs, also im Zeitpunkt des Eintritts der Belästigung, wird inkriminiert, da sie selbst als störend und belästigend wirkt.[1328] Ein infolge der Werbehandlung abgeschlossener Vertrag vermag ebenfalls nicht, den Vorwurf der Belästigung und die Wettbewerbswidrigkeit aufzuheben.[1329] Einwilligung i.S.d. § 7 UWG ist also als Zustimmung i.S.d. § 183 Satz 1

1323 *Köhler*, NJW 2009, 2567, 2568; *Mankowski*, in: *Fezer/Büscher/Obergfell*, UWG, 3. Aufl. 2016, § 7 UWG Rdnr. 127.

1324 BGH, Urteil vom 16.12.1993 – I ZR 285/91, GRUR 1994, 380, 381 – Lexikothek.

1325 *Ernst*, NJW 2013, 2637, 2637.

1326 BGH, Urteil vom 16.12.1993 – I ZR 285/91, GRUR 1994, 380, 381 – Lexikothek.

1327 *Fezer*, WRP 2007, 855, 858.

1328 BGH, Urteil vom 20.12.2001 – I ZR 227/99, WRP 2002, GRUR 2002, 237 – Werbefinanzierte Telefongespräche.

1329 BGH, Urteil vom 16.11.2006 – I ZR 191/03, GRUR 2007, 607, 609 – Telefonwerbung für Individualverträge.

BGB zu verstehen. Dennoch entschied sich der Gesetzgeber bewusst gegen die Übernahme der BGB-Terminologie, da sich Einwilligung i.S.d. § 183 Satz 1 BGB auf Rechtsgeschäfte bezieht, während es bei der Einwilligung i.S.d. § 7 Abs. 2 Nr. 2 UWG darum geht, einen Eingriff in die Privatsphäre zu gestatten.[1330]

B. Form

Die Einwilligung bedarf keiner speziellen Form[1331], sie kann (fern)mündlich[1332] oder in Textform erklärt werden.[1333] Es wird daher zum Teil vertreten, eine nationale Regelung, die für die Erteilung der Einwilligung zwingend die Schrift- oder Textform vorsähe, verstieße gegen das Gemeinschaftsrecht, weil das Gemeinschaftsrecht keine Formerfordernisse stelle.[1334] In Deutschland konnte sich die vom Bundesrat vorgeschlagene Einführung eines Textformerfordernisses im Gesetzgebungsverfahren betreffend das Gesetz zur Bekämpfung unerlaubter Telefonwerbung nicht durchsetzen.[1335] „Das Textformerfordernis für die Einwilligung in Telefonwerbung [würde] jedenfalls dann zu hohe Hürden für die Wirtschaft aufstellen, wenn der Gesetzgeber den Unternehmen nicht gleichzeitig eine praktikable und rechtsbeständige Möglichkeit eröffnet, die erforderlichen Einwilligungen im Massenverkehr mit vertretbarem Aufwand einzuholen."[1336] Das Gemeinschaftsrecht sieht für die Einholung der Einwilligung i.S.d. Art. 13 DSRL 2002/58/EG tatsächlich kein Formerfordernis vor. Allerdings darf daraus nicht der Rückschluss gezogen werden, die Einführung einer zwingend einzuhaltenden Form für die Einholung der Einwilligung verstoße per se gegen das Gemeinschaftsrecht. In diesem Sinne führt die Artikel-29-Datenschutzgruppe aus, dass die Mitgliedstaaten in bestimmten Fällen die Art der Einwilligung festlegen können, wie z.B. in Art. 28 Abs. 3a BDSG; Art. 94 TKG eingeführt.[1337]

C. Auslegung des Merkmals „ausdrücklich"

Fraglich ist, ob das Erfordernis einer ausdrücklichen Einwilligung in § 7 Abs. 2 Nr. 2 Alt. 1 UWG unionsrechtskonform ist.

1330 Begr. RegE. BT-Drucks. 16/10734 S. 12.
1331 Begr. RegE BT-Drucks. 16/10734 S. 19.
1332 OLG *Köln*, Urteil vom 7.12.2012 – 6 U 69/12, GRUR-RR 2013, 219, 221.
1333 *Ohly*, in: *Ohly/Sosnitza*, UWG, 7. Aufl. 2016, § 7 Rdnr. 50.
1334 *Köhler*, in: *Köhler/Bornkamm/Feddersen*, UWG, 36. Aufl. 2018, § 7 Rdnr. 145 a.
1335 Begr. RegE BT-Drucks 16/10734 S. 23 f.
1336 Begr. RegE BT-Drucks 16/10734 S. 23 f.
1337 Artikel-29-Datenschutzgruppe, WP 187, Stellungnahme 15/2011, S. 31 f.; ausführlicher dazu oben Dritter Teil, Erstes Kapitel, II. B. 5.

I. Bedeutung des Merkmals „ausdrücklich“ in § 7 Abs. 2 Nr. 2 Alt. 1 UWG

Mit Wirkung vom 4. August 2009 anlässlich des Inkrafttretens des Gesetzes zur Bekämpfung unerlaubter Telefonwerbung und zur Verbesserung des Verbraucherschutzes bei besonderen Vertriebsformen[1338] verlangt die Neufassung des § 7 Abs. 2 Nr. 2 UWG, dass der Verbraucher seine Einwilligung *ausdrücklich* erteilt. Bis dahin war eine konkludente Einwilligung ausreichend.[1339] Nach der Gesetzesbegründung soll durch die „materiell-rechtliche Verschärfung“[1340] der Anforderungen an die Einwilligung in die Telefonwerbung sowohl für Verbraucher als auch für Unternehmer Rechtsklarheit darüber geschaffen werden, ob ein Werbeanruf im konkreten Fall erlaubt ist.[1341] Damit soll der Bußgeldtatbestand des § 20 UWGauch den Anforderungen des in Art. 103 Abs. 2 GG verankerten straf- und bußgeldrechtlichen Bestimmtheitsgebot genügen.[1342]

Durch das Einfügen des Wortes „ausdrücklich“ wurden die Voraussetzungen in § 7 Abs. 2 Nr. 2 1. Alt UWG denen des § 7 Abs. 2 Nr. 3 UWG angeglichen. Damit wurde – auf das b2c-Verhältnis beschränkt – der bereits in UWG 2004 bestehende Gleichlauf beider Regelungen wiederhergestellt. Allerdings beschränkt sich das Merkmal der Ausdrücklichkeit in § 7 Abs. 2 Nr. 3 UWG anders als in § 7 Abs. 2 Nr. 2 Alt. 1 UWG nicht nur auf Verbraucher, sondern umfasst alle Werbeadressaten.[1343] Der Begriff „ausdrückliche Einwilligung“ des § 7 Abs. 2 Nr. 2 UWG entspricht daher dem Begriff „ausdrückliche Einwilligung“ des § 7 Abs. 2 Nr. 3 UWG.[1344]

Die Frage, wann eine ausdrückliche Einwilligung i.S.d. § 7 Abs. 2 Nr. 2 Alt. 1 UWG vorliegt, ist in Literatur und Rechtsprechung nicht klar beantwortet.[1345] Im Bürgerlichen Recht gilt eine Erklärung als ausdrücklich erteilt, wenn der Erklärende *expressis verbis* seinen Willen zum Ausdruck bringt, indem er sich Sätzen wie „Hiermit willige ich ein, dass [...]“; „Mit dem [...] erkläre ich mich einverstanden“

1338 BGBl. I S. 2413.

1339 BT-Drucks 16/10734 S. 12.

1340 *Köhler*, NJW 2009, 2567, 2568.

1341 BT-Drucks. 16/10734, S. 13.

1342 BT-Drucks. 16/10734, S. 13.

1343 Die mangelnde Differenzierung zwischen natürlichen und juristischen Personen, so wie in Art. 13 Abs. 1 i.V. m. Art. 13 Abs. 5 DSRL 2002/58/EG erklärt der Gesetzgeber mit dem Schutzbedürfnis der Geschäftsleute vor Belästigung: BT-Drucks 15/1487, S. 21.

1344 Vgl. BGH, Urteil vom 25.10.2012 – I ZR 169/10, GRUR 2013, 531, 533 Rdnr. 23. BGH verweist für die Definition der Einwilligung i.S.d. § 7 Abs. 2 Nr. 2 Var. 1 auf seine Rechtsprechung BGH, Urteil vom 17.7.2008 – I ZR 75/06, GRUR 2008, 923, 924 Rdnr. 16 – Faxanfrage im Autohandel, bei der es um die Konkretisierung des Einwilligungsbegriffs ging.

1345 Vgl. *Möller*, WRP 2010, 321, 326.

etc. bedient.[1346] Mithin kann sich eine ausdrückliche Einwilligung daraus ergeben, dass der Verbraucher konkret um einen Anruf bittet oder der Verbraucher bei Aufnahme des Geschäftskontakts erklärt hat, mit einem Anruf einverstanden zu sein.[1347] Bezogen auf die Telefonwerbung heißt dies, dass sich aus der Erklärung des Umworbenen *unmittelbar* das Einverständnis mit einem Werbeanruf ergeben muss.[1348] Es fragt sich, ob der Begriff „ausdrücklich" i.S.d. § 7 Abs. 2 Nr. 2 UWG anders als im Bürgerlichen Recht auszulegen ist.

1. Historische Betrachtung

Der Wortlaut in der Gesetzesbegründung zum UWG 2004 erweckt den Eindruck, der Gesetzgeber sei anlässlich der Umsetzung des Art. 13 Abs. 3 DSRL 2002/58/EG in § 7 Abs. 2 Nr. 2 UWG tatsächlich vom Erfordernis einer ausdrücklichen Einwilligung für die Telefonwerbung gegenüber Verbrauchern ausgegangen, obwohl der vorgeschlagene Gesetzestext dieses Merkmal noch nicht enthielt. Dort hieß es: „In der Fallgruppe Nummer 2 wird unter Ausnutzung des durch Art. 13 Abs. 3 der Richtlinie eröffneten Spielraums für die Fälle der individuellen Telefonwerbung, soweit sie sich an Verbraucher richtet, entsprechend der Regelung der Fallgruppe Nummer 3 die so genannte Opt-in-Lösung gewählt." Dies entspricht der derzeitigen Rechtsprechung zu § 1 UWG a. F., wonach gegenüber Privatpersonen die Werbung durch unerbetene telefonische Anrufe grundsätzlich als wettbewerbswidrig erachtet wird, es sei denn, dass der Angerufene zuvor *ausdrücklich*[1349] seine Einwilligung erklärt hat, zu Werbezwecken angerufen zu werden."[1350] *Möller*, der sich für eine Unbeachtlichkeit des Merkmals der Ausdrücklichkeit ausspricht, geht davon aus, dass „der Gesetzgeber diesem Merkmal offensichtlich selbst keine eindeutige Bedeutung beigemessen hat"[1351]. Aus der Gesetzesbegründung zu UWG 2004, wonach gegenüber Unternehmen eine mutmaßliche Einwilligung genügt, sei abzuleiten, dass der Gesetzgeber den Begriff der „ausdrücklichen Einwilligung" lediglich als Abgrenzung zu dem vermuteten Einverständnis bzw. der „mutmaßlichen Einwilligung versteht".[1352] Von diesem Verständnis soll sich der Gesetzgeber

1346 *Armbrüster* in: MünchKomm BGB, 6. Aufl. 2012, Vorbemerkung zu § 116-§ 144 Rdnr. 6.

1347 *Lettl*, Das neue UWG, 2004, S. 233, Rdnr. 542.

1348 *Köhler*, in: *Köhler/Bornkamm/Feddersen*, UWG, 36. Aufl. 2018, § 7 Rdnr. 145 a.

1349 Hervorhebung durch die Verfasserin.

1350 BT-Drucks. 15/1487, S. 21.

1351 *Möller*, WRP 2010, 321, 329, 327.

1352 *Möller*, WRP 2010, 321, 329, 327; ebenso *Loeck*, Die unzumutbare Belästigung, 2011, S. 68 und Fn. 250: Die Begriffe konkludent und ausdrücklich können in dem Zusammenhang nicht als Gegensatzpaar begriffen werden dürfen, weil sie aus dem Bürgerlichen Recht stammen und in das Gemeinschaftsrecht (bislang) keinen Eingang gefunden hätten. Dieser Auffassung ist entgegenzuhalten, dass das Gemeinschaftsrecht den Begriff der ausdrücklichen Einwilligung kennt und ihn z.B. in Art. 8 Abs. 2 lit. a DSRL 95/46/EG verwendet, es allerdings für die Einwilligung

trotz Wechsel der Legislaturperiode bei der Umsetzung der UGP-Richtlinie nicht ausdrücklich distanziert haben.[1353] Dies verdeutliche die Gegenüberstellung der ausdrücklichen zur mutmaßlichen Einwilligung in der Gesetzesbegründung zum UWG 2008.[1354] Zu dem Vorschlag, das Merkmal „ausdrücklich" einzufügen – der erst später mit dem Erlass des Gesetzes zur Bekämpfung unerlaubter Telefonwerbung umgesetzt wurde – führte der Gesetzgeber aus: „Die Zulässigkeitsvoraussetzungen für Werbeanrufe gegenüber einem Verbraucher werden dahingehend präzisiert, dass es einer ausdrücklichen vorherigen Einwilligung des Verbrauchers bedarf, so dass ein stillschweigendes Einverständnis, auf das nur aufgrund des sonstigen Verhaltens des Verbrauchers geschlossen werden kann, nicht ausreicht. Für Werbeanrufe gegenüber sonstigen Marktteilnehmern genügt weiterhin eine zumindest mutmaßliche Einwilligung".[1355] In diesem Sinne nimmt *Loeck* an, das Merkmal „ausdrücklich" diene nicht der Verschärfung, sondern lediglich der Präzisierung der Rechtslage.[1356] Auch die bisherigen unter UWG relevanten Fälle konkludenter Einwilligung ließen sich als ausdrückliche Einwilligung qualifizieren.[1357] Die Angabe der Telefonnummer in Individualverträgen oder auf individuellen Bestellformularen begründe eine ausdrückliche Einwilligung.[1358]

In der Gesetzesbegründung zum UWG 2004 ist die Rede von dem Erfordernis einer ausdrücklichen Einwilligung. Dadurch wird der Eindruck erweckt, der Gesetzgeber würde trotz des damaligen Fehlens des Merkmals „ausdrücklich" im Gesetzestext eine ausdrückliche Einwilligung verlangen, die lediglich von einer mutmaßlichen Einwilligung abzugrenzen und daher nicht i.S.d. Deutschen Bürgerlichen Rechts zu verstehen wäre. Diese Interpretation trifft allerdings nicht zu. Nicht allein der Wortlaut, sondern auch der wahre Wille des Gesetzgebers ist für die Auslegung entscheidend. Indem der Gesetzgeber in der Regierungsbegründung zum UWG 2004 ausdrücklich Bezug auf die bisherige Rechtsprechung zur Zulässigkeit der Telefonwerbung genommen hat, wollte er denselben Maßstab wie der BGH aufrechterhalten[1359] und neben der ausdrücklichen Einwilligung auch die konkludente Einwilligung für die Zulässigkeit von Werbeanrufen genügen lassen. Daher muss es sich um einen redaktionellen Fehler gehandelt haben, dass die Rechtsprechung des BGH nicht vollständig zitiert wurde.

---

in Werbemaßnahmen auf dessen Verwendung bewusst verzichtet hat, denn eine konkludente Einwilligung reicht nach dem Unionsrecht aus.

1353 *Möller*, WRP 2010, 321, 329, 327.

1354 *Möller*, WRP 2010, 321, 329, 327; ebenso *Loeck*, Die unzumutbare Belästigung, 2011, S. 69.

1355 BT-Drucks. 16/10145, S. 20.

1356 *Loeck*, Die unzumutbare Belästigung, 2011, S. 69 f.

1357 *Loeck*, Die unzumutbare Belästigung, 2011, S. 68 f.

1358 *Loeck*, Die unzumutbare Belästigung, 2011, S. 67.

1359 Zustimmend *Tonner/Reich*, VuR 2009, 95, 97.

Entgegen *Möller* ist dem Gesetzgeber bewusst, dass es zwischen einer ausdrücklichen und einer mutmaßlichen Einwilligung noch eine Zwischenstufe, nämlich die konkludente Einwilligung gibt. Der Gesetzgeber grenzt die ausdrückliche Einwilligung von der konkludenten Einwilligung ab, ohne eine Gegenüberstellung der ausdrücklichen und der mutmaßlichen Einwilligung vorzunehmen. Im Regierungsentwurf zum Gesetz zur Bekämpfung unerlaubter Telefonwerbung unterscheidet der Gesetzgeber ebenfalls zwischen der ausdrücklichen und der schlüssigen Einwilligung. Es wird präzisiert, dass die Telefonwerbung gegenüber Verbrauchern einer ausdrücklichen Einwilligung bedarf, während „ein stillschweigendes Einverständnis, auf das nur auf Grund des sonstigen Verhaltens des Verbrauchers geschlossen werden kann, nicht ausreicht."[1360] Diesbezüglich erhebt *Möller* den Einwand, der Gesetzgeber würde die ausdrückliche Einwilligung der „lediglich schlüssigen" gegenüberstellen.[1361]

Offenbar geht *Möller* davon aus, dass der Gesetzgeber die Worte stillschweigend bzw. schlüssig nicht als Synonym für konkludent verwendet, sondern damit die Konstellation einer Einwilligung durch Schweigen, also durch ein passives Verhalten, bezeichnet. Die Interpretation *Möllers* überzeugt nicht. Der Gesetzgeber führt im Rahmen der Beschreibung eines stillschweigenden Einverständnisses aus, dass auf ein stillschweigendes Einverständnis auf Grund des sonstigen Verhaltens des Verbrauchers geschlossen werden kann und nicht etwa, dass dies aus dem Schweigen hergeleitet werden kann. Die Erklärung durch Schweigen ist ein spezieller Fall der konkludenten Willenserklärung.[1362] Im engeren Sinne benennt die Bezeichnung stillschweigende Willenserklärung ausschließlich eine Willenserklärung, bei der mittelbar aus dem Schweigen in einer bestimmten Situation ein Indizienschluss auf einen bestimmten rechtsgeschäftlichen Willen gezogen wird. Im weiteren Sinne wird die stillschweigende Willenserklärung mit der der konkludenten Willenserklärung, bei der ein Rückschluss auf die Willenserklärung durch ein Handeln des Erklärenden bewirkt wird, gleichgesetzt. Der Gesetzgeber verwendet das Wort schlüssig und das Wort konkludent als Synonyme. Dies ergibt sich eindeutig aus der Tatsache, dass die Gesetzesbegründung das Wort konkludent in Klammer neben dem Wort schlüssig verwendet.[1363]

Nach dem Willen des Gesetzgebers sollte also die ausdrückliche Einwilligung von der konkludenten Einwilligung abgegrenzt werden. Erforderlich ist *de lege lata*, dass die Einwilligung des Verbrauchers unmittelbar, also *expressis verbis* zum Ausdruck kommt. Eine „weitgehende Ignoranz"[1364] des Merkmals „ausdrücklich" entspricht nicht dem Willen des Gesetzgebers.

1360 BT-Drucks. 16/10145, S. 30.
1361 *Möller*, WRP 2010, 321, 327, Fn. 61.
1362 *Armbrüster*, in: MünchKomm BGB, 7. Aufl. 2015, Vor § 116 Rdnr. 6.
1363 BT-Drucks 16/10734 S. 12.
1364 In diesem Sinne *Möller*, WRP 2010, 321, 327

2. *Praxisorientierte Betrachtung*

Durchaus würde eine „weitgehende Ignoranz“ des Merkmals „ausdrücklich“ durch die Gerichte – wie von *Möller*[1365] vorgeschlagen – in manchen Fällen zu interessengerechteren Ergebnissen, als diese mit einer ausdrücklichen Einwilligung – im Sinne einer *expresis verbis* erteilten Einwilligung –, führen. Zur Veranschaulichung dient das BGH-Urteil *Faxanfrage im Autohandel*, das am 17.7.2008, kurz vor dem Inkrafttreten des UWG 2008 und des Einführens des Merkmals „ausdrücklich“ in § 7 Abs. 2 Nr. 3 UWG, erging. Der BGH stellte klar, dass die Nachfragewerbung von der genannten Vorschrift erfasst ist und sah in der Angabe der Telefaxnummer in einem allgemein zugänglichen Verzeichnis das konkludente Einverständnis des Unternehmens, Anfragen potenzieller Kunden für die übliche Verkaufstätigkeit des Unternehmens auf diesem Gerät zu empfangen.[1366] Nach der neuen Rechtslage wäre der Sachverhalt anders zu beurteilen[1367], was allerdings den Interessen der Parteien widerspricht. So würde beispielsweise eine Anfrage eines Unternehmens per Telefax an einen Rechtsanwalt betreffend die Betreuung eines Falles gegen § 7 Abs. 2 Nr. 3 verstoßen, falls der Rechtsanwalt vorher nicht *expressis verbis* sein Einverständnis mit der Nachfrage per Telefax erklärt hätte.[1368]

Für *Möller* erscheint die Vorstellung, dass ein Gericht zu dem (sicheren Beweis-) Ergebnis kommt, eine Einwilligung liege zwar vor, diese sei aber nicht ausdrücklich erfolgt, lebensfremd und er prognostiziert eine wissentliche Ignorierung des Merkmals ausdrücklich.[1369]

Köhler wiederum weist daraufhin, dass der BGH in dem Fall *Faxanfrage im Autohandel* offenbar eine ausdrückliche Einwilligung nicht annehmen wollte und warnt vor einer Überbewertung dieses Merkmals.[1370] Die Grenze zwischen ausdrücklich und konkludent sei fließend und man könne mit gutem Grund in der Veröffentlichung der Telefaxnummer bereits eine ausdrückliche, wenngleich in ihrer Reichweite begrenzte Einwilligung sehen.[1371]

Es mag sein, dass die Frage, ob die Einwilligung konkludent erklärt werden kann, geringe praktische Relevanz ausweist, denn es ist der Anrufer, der im Streitfall das Vorliegen einer gültigen Einwilligung beweisen muss.[1372] Im Falle einer konkludenten Einwilligung wird der Unternehmer also beweisen müssen, dass das Verhalten des Verbrauchers einen sicheren Rückschluss auf die Annahme einer Einwilligung im konkreten Fall und in Kenntnis der Sachlage erlaubt hat. Dies zu

---

1365 *Möller*, WRP 321, 327.
1366 BGH, Urteil vom 17.7.2008 – I ZR 75/06, GRUR 2008, 923 – Faxanfrage im Autohandel.
1367 *Köhler*, GRUR 2008, 927, 928; *Möller*, WRP 321, 326.
1368 Beispiel nach *Möller*, WRP 321, 326.
1369 *Möller*, WRP 321, 326.
1370 *Köhler*, GRUR 2008, 927, 928.
1371 *Köhler*, GRUR 2008, 927, 928.
1372 *Köhler*, NJW 2009, 2567, 2568.

beweisen kann ebenso schwierig sein wie das Einbringen des Beweises für das Vorliegen einer ausdrücklichen Einwilligung, die mündlich erklärt wurde. Es ist deshalb zu erwarten, dass Unternehmer sich um die Einholung der Einwilligung in Textform (also ausdrücklich) bemühen werden, um das Vorliegen der Einwilligung auch beweisen zu können. Dennoch sind praktische Fälle, in denen es um die konkludente Einwilligung geht, nicht auszuschließen.

Das Merkmal der Ausdrücklichkeit in § 7 Abs. 2 Nr. 2 Alt. 1 und Nr. 3 UWG verlangt eine Einwilligung, die *expresis verbis* zum Ausdruck kommt. Wenn das Gemeinschaftsrecht zwingend eine konkludente Einwilligung zulässt, ist die Vorschrift richtlinienkonform auszulegen.[1373]

II. Anforderungen an die Einwilligung nach dem Gemeinschaftsrecht

Umstritten ist, ob die Einwilligung i.S.d. Art. 13 Abs. 3 Alt. 1 DSRL bzw. i.S.d. Art. 13 Abs. 1 DSRL 2002/58/EG konkludent erklärt werden kann.[1374] Diese Problematik gewinnt Relevanz im Zusammenhang mit der Frage, ob die Vorschriften des § 7 Abs. 2 Nr. 2 Alt. 1 und Nr. 3 UWG, die eine ausdrückliche Einwilligung verlangen, gemeinschaftskonform sind.[1375] Dabei sind die Voraussetzungen der Einwilligung in die Telefonwerbung identisch mit den Voraussetzungen der Einwilligung in die E-Mail-Werbung.[1376]

1. *Gemeinschaftskonformität ausschließlich der ausdrücklichen Einwilligung*

Eine Auffassung leitet aus Erwägungsgrund 17 Satz 2 DSRL 2002/58/EG den Grundsatz, dass die ausdrückliche Einwilligung die einzige mit der DSRL 2002/58/

1373 *Ohly*, in: *Ohly/Sosnitza*, UWG, 7. Aufl. 2016, § 7 Rdnr. 47,66.

1374 Bejahend *Köhler/Lettl*, WRP 2003,1019, 1024; *Leistner/Pothmann*, WRP 2003, 815, 821; *Dahlgrün*, Direktmarketing gegenüber Privatpersonen in der europäischen Rechtsvereinheitlichung, 2004, S. 110; *Ohly*, in: *Ohly/Sosnitza*, UWG, 7. Aufl. 2016, § 7 Rdnr. 47; verneinend *Lettl*, WRP 2009, 1315, 1325; *Köhler*, in: *Köhler/Bornkamm/Feddersen*, UWG, 36. Aufl. 2018, § 7 Rdnr. 145 a.
in Bezug auf Art. 2 lit. h) der Richtlinie 95/46/EG auch *Brühann*, in: *Grabitz/Hilf*, Das Recht der Europäischen Union 40. Ergänzungslieferung 2009, Sekundärrecht A.30 RL 95/46/EG, Art. 2 Rdnr. 27;

1375 Vgl. *Ohly*, in: *Ohly/Sosnitza*, UWG, 7. Aufl. 2014, § 7 Rdnr. 47,66.

1376 *Nussbaum/Krienke*, MMR 2009, 372, 375 f; *Rogosch*, Die Einwilligung im Datenschutzrecht, 2013, S. 120; BGH, Beschluss vom 14.4.2011 – I ZR 38/10, MMR 2011, 458 – Einwilligung in Telefonwerbung auf Gewinnspielkarte; BGH, Urteil vom 16.7.2008 – VIII ZR 348/06, GRUR 2008, 1010, 1012, Rdnr. 30– Payback mit Verweis auf BT-Drucks 15/1487, S. 15, 21; *Ohly*, in: *Ohly/Sosnitza*, UWG, 7. Aufl. 2016, § 7 Rdnr.66.

EG vereinbarte Methode darstellt, wodurch natürliche Personen ihr Einverständnis mit der Telefonwerbung zum Ausdruck bringen können.[1377]

Erwägungsgrund 17 S. 2 DSRL 2002/58/EG besagt:

> „Die Einwilligung kann in jeder geeigneten Weise gegeben werden, wodurch der Wunsch des Nutzers in einer spezifischen Angabe zum Ausdruck kommt, die sachkundig und in freier Entscheidung erfolgt; [...]"

Das Erfordernis der spezifischen Angabe könne nach *Köhler* nur durch eine ausdrückliche Einwilligung erfüllt werden.[1378] Auch *Lettl* vertritt die Auffassung, der Wortlaut des Erwägungsgrunds 17 und der Zweck der Richtlinie - Schutz der Privatsphäre der Betroffenen - würden verlangen, dass der Begriff „der spezifischen Angabe" dahingehend auszulegen sei, dass eine ausdrückliche Zustimmungserklärung erforderlich sei.[1379] Der Begriff der „spezifischen Angabe" bedeute, dass der Verbraucher die Einwilligung in Werbung mit einem Telefonanruf explizit und von anderen Erklärungen gesondert äußern muss. Aus einem bestimmten Verhalten, das keinen solchen Bezug hat, dürfe nicht auf eine Einwilligung geschlossen werden.[1380] Eine „spezifische", also explizite und gegebenenfalls gesonderte Angabe könne nur ausdrücklich erfolgen.[1381]

2. *Gemeinschaftskonformität der ausdrücklichen und der konkludenten Einwilligung*

Demgegenüber wird die Auffassung vertreten, dass der unionsrechtliche Begriff der Einwilligung zwingend sowohl die ausdrückliche als auch die konkludente Einwilligung erfasse.[1382] Dafür spreche die Entstehungsgeschichte des Art. 2 lit h) DSRL 95/46/EG.[1383] Während Art. 12 Richtlinienvorschlag der ursprünglichen Fassung[1384] verlangt hat, dass die Einwilligung *ausdrücklich* erfolgen muss und die geänderte Version des Art. 12[1385] Richtlinienvorschlag von einer *ausdrücklichen* Willensbekundung gesprochen hat, ist die Voraussetzung der Ausdrücklichkeit in

1377 *Köhler*, in: *Köhler/Bornkamm/Feddersen*, UWG, 36. Aufl. 2018, § 7 Rdnr. 145 a; *Lettl*, WRP 2009, 1315, 1325 f.

1378 *Köhler*, in: *Köhler/Bornkamm/Feddersen*, UWG, 36. Aufl. 2018, § 7 Rdnr. 145 a.

1379 *Lettl*, WRP 2009, 1315, 1325 f.

1380 *Lettl*, WRP 2009, 1315, 1325 f.

1381 *Lettl*, WRP 2009, 1315, 1326.

1382 *Dahlgrün*, Direktmarketing gegenüber Privatpersonen in der europäischen Rechtsvereinheitlichung, 2004, S. 110; *Leistner/Pothmann*, WRP 2003, 815, 821; *Köhler/Lettl*, WRP 2003,1019, 1025 Rdnr. 25.

1383 *Dahlgrün*, Direktmarketing gegenüber Privatpersonen in der europäischen Rechtsvereinheitlichung, 2004, S. 110.

1384 KOM(90) 314 endg., SYN 287 und 288 vom 13.9.1990.

1385 KOM(92) 422 endg., SYN 287 vom 15.10.1992.

der Endfassung[1386] des Art. 2 lit. h) 95/46/EG Richtlinie, der dem ursprünglichen Art. 12 Richtlinienvorschlag ähnele, entfallen.[1387] Die Streichung des Wortes ausdrücklich erklärt der Rat nicht besonders, sondern liefert eine pauschale Erklärung für „zahlreiche Änderungen". Die vorgenommenen Änderungen dienen „[...]einer Flexibilisierung; hierdurch wird ein gleichwertiges Schutzniveau gewährleistet, ohne dass es zu einer Absenkung des Schutzniveaus kommen dürfte, da diese Flexibilität unter Berücksichtigung des extrem weiten Spektrums der Verarbeitung personenbezogener Daten eine effiziente und unbürokratische Anwendung der allgemeinen Grundsätze ermöglicht."[1388]

3. *Stellungnahme*

Die Einwilligung kann nach dem Gemeinschaftsrecht ausdrücklich oder konkludent erklärt werden. Die gegenteilige Auffassung überzeugt nicht.

a. *Unsachliche Differenzierung zwischen Telefon- und E-Mail-Werbung*

Es ist nicht ersichtlich, warum *Köhler* die Einwilligung in die Telefonwerbung und die Einwilligung in die E-Mail-Werbung unterschiedlich behandelt. Der deutsche Einwilligungsbegriff des § 7 Abs. 2 Nr. 3 UWG hat sich im Wege richtlinienkonformen Auslegung an die Definition der Einwilligung aus Art. 2 S. 2 lit f) DSRL 2002/58/EG i.V.m. Art. 2 lit. h) DSRL 95/46/EG zu orientieren, da durch § 7 Abs. 2 Nr. 3 UWG Art. 13 Abs. 1 DSRL 2002/58/EG umgesetzt wurde. „Es dürfen danach mittels des Erfordernisses der „ausdrücklichen" Einwilligung keine strengeren Anforderungen an die Einwilligung aufgestellt werden als die Richtlinie aufstellt."[1389] Dies musst konsequenterweise auch für den Einwilligungsbegriff des § 7 Abs. 2 Nr. 2 Alt. 1 UWG, der Art. 13 Abs. 3 1 Hs. Alt. 1 umsetzt, gelten. Die Voraussetzungen der Einwilligung i.S.d. § 7 Abs. 2 Nr. 2 Alt. 1 UWG entsprechen denen des § 7 Abs. 2 Nr. 3 UWG[1390], und beide unterliegen derselben gemeinschaftskonformen

---

1386 *Dahlgrün*, Direktmarketing gegenüber Privatpersonen in der europäischen Rechtsvereinheitlichung, 2004, S. 110.

1387 Vgl. die geschichtliche Zusammenfassung bei Artikel-29-Datenschutzgruppe, WP 187, Stellungnahme 15/2011, S. 5 f.

1388 Gemeinsamer Standpunkt des Rates zu einem Vorschlag für eine Richtlinie des Parlaments und des Rates zum Schutz natürlicher Personen bei der Verarbeitung personenbezogener Daten und zum freien Datenverkehr, (00/287) COD, angenommen am 15.03.1995, S. 4.

1389 *Köhler*, in: *Köhler/Bornkamm/Feddersen*, UWG 36. Aufl. 2018, § 7 Rdnr. 185 a.

1390 *Nussbaum/Krienke*, MMR 2009, 372, 375 f; *Rogosch*, Die Einwilligung im Datenschutzrecht, 2013, S. 120; BGH, Beschluss vom 14.4.2011 – I ZR 38/10, MMR 2011, 458 - Einwilligung in Telefonwerbung auf Gewinnspielkarte; BGH, Urteil vom 16.7.2008 – VIII ZR 348/06, GRUR 2008, 1010, 1012, Rdnr. 30 – Payback mit Verweis auf BT-Drucks 15/1487, S. 15, 21.

Auslegung.[1391] Ab dem 25.5.2018 gilt die Definition der Einwilligung in Art. 4 Nr. 11 DS-GVO.[1392]

b. Die Wortlautauslegung des Erwägungsgrunds 17

Ferner spricht der Wortlaut des Erwägungsgrunds 17 Satz 2 dafür, dass die Einwilligung nicht nur ausdrücklich, sondern auch konkludent erklärt werden kann. Der Ausdruck „in jeder geeigneten Weise gegeben werden" lässt erkennen, dass die Einwilligung nach dem Gemeinschaftsrecht „in unterschiedlicher Form [ab] gegeben werden"[1393] kann, also auch konkludent. Im Zusammenhang mit der Einwilligung in Telefaxwerbung nach § 7 Abs. 2 Nr. 3 UWG a.F. leitete der BGH aus Erwägungsgrund 17 DSRL 2002/58/EG im Wege richtlinienkonformer Auslegung ab, dass die Einwilligung auch konkludent erklärt werden kann.[1394] Dieser Grundsatz muss auch für die Einwilligung in die Telefonwerbung nach Art. 2 Nr. 2 Alt. 1 UWG gelten. Auch die Artikel-29-Datenschutzgruppe geht davon aus, dass auf die Einwilligung aus bestimmten Handlungen geschlossen werden darf[1395], diese mithin konkludent erklärt werden kann.

Aus der Formulierung „spezifischen Angabe" folgt keineswegs zwingend, dass die Zustimmungserklärung ausdrücklich zu erfolgen hat. Dennoch ist der von *Lettl* vorgenommenen Auslegung in einem Punkt zuzustimmen, nämlich, dass das Erfordernis der „spezifischen Angabe" eine explizite und von anderen Erklärungen gesonderte Einwilligung (in Werbung durch einen Telefonanruf) verlangt[1396]. Dem hat sich später auch der BGH angeschlossen.[1397] Der BGH äußerte sich in der *Payback*-Entscheidung im Zusammenhang mit der E-Mail-Werbung[1398] über die richtlinienkonforme Auslegung der Einwilligung im Sinne von § 7 Abs. 3 Nr. 3 UWG unter Heranziehung des Merkmals der „spezifischen Angabe" des Erwägungsgrunds 17. Die Einwilligung setzt laut BGH eine gesonderte Erklärung voraus. Demnach hat sich die Zustimmungserklärung nur auf die Einwilligung in die Zusendung von E-Mail zu beziehen. Eine Einwilligung, die in Textpassagen enthalten ist, die auch andere Erklärungen oder Hinweise enthalten, genügt diesen

---

1391 Vgl. *Ohly*, in: *Ohly/Sosnitza*, UWG, 7. Aufl. 2016, § 7 Rdnr. 47, 66. Ausführlich oben Dritter Teil, Erstes Kapitel, II. B.

1392 *Köhler*, in: *Köhler/Bornkamm/Feddersen*, UWG 36. Aufl. 2018, § 7 Rdnr. 188 b.

1393 Artikel-29-Datenschutzgruppe, WP 90, Stellungnahme 5/2004, S. 5.

1394 BGH, Urteil vom 17.7.2008 – I ZR 75/06, GRUR 2008, 923 Rdnr. 16 – Faxanfrage im Autohandel.

1395 Artikel-29-Datenschutzgruppe, WP 187, Stellungnahme 15/2011, S. 27.

1396 *Lettl*, WRP 2009, 1315, 1325 f.

1397 BGH, Urteil vom 16.7.2008 – VIII ZR 348/06, GRUR 2008, 1010 – Payback; BGH, Beschluss vom 14.4.2011 – I ZR 38/10, MMR 2011, 458 – Einwilligung in Telefonwerbung auf Gewinnspielkarte.

1398 BGH, Urteil vom 16.7.2008 – VIII ZR 348/06, GRUR 2008, 1010 – Payback.

Anforderungen nicht.[1399] Die geforderte spezifische Angabe verlangt nach der Richtlinienauslegung des BGH vielmehr eine gesonderte Erklärung durch zusätzliche Unterschrift oder individuelles Markieren eines entsprechenden Feldes (Opt-in-Erklärung).[1400] Auch die Einwilligung in die Telefonwerbung muss laut BGH unter denselben Voraussetzungen wie die E-Mail-Werbung erklärt werden[1401]. Das heißt, auch diese setzt eine gesonderte – nur auf die Einwilligung in die Werbung mit einem Telefonanruf bezogene – Zustimmungserklärung des Betroffenen voraus.[1402] In dem zu entscheidenden Fall war auf einer Karte, die einer Zeitschrift beigelegt war, in einer Rubrik die Angabe von Name, Adresse und Telefonnummer mit dem Vermerk „z.B. zur Gewinnbenachrichtigung u. für weitere interessante telefonische Angebote“ vorgesehen. Die besagte Einwilligung, die sich auch auf die telefonische Benachrichtigung über einen Gewinn bezog, genügte nicht der in Erwägungsgrund 17 gestellten Voraussetzung, dass die Einwilligungserklärung in einer „spezifischen Angabe“ zu erfolgen hat.[1403]

Die Erforderlichkeit einer spezifischen Angabe bringt also zum Ausdruck, dass eine gesonderte Einwilligung erforderlich ist, die jedoch auch konkludent erfolgen kann. Das Wort „spezifisch“ in Erwägungsgrund 17 steht im Zusammenhang mit der Anforderung an eine Einwilligung für den konkreten Fall, mit anderen Worten, auf den „jeweiligen Kontext“[1404] bezogen. Die Einwilligung soll unmissverständlich, deutlich und klar, in ihrer Tragweite auf den konkreten Fall bezogen, erklärt werden. Das Isolieren der Einwilligungserklärung in (Telefon)werbung von anderen Textpassagen oder andere Einwilligungserklärungen, wie z. B. Einwilligung in eine Gewinnbenachrichtigung,[1405] bewahrt vor Missverständnissen und stellt sicher, dass der Betroffene die Einwilligung in (Telefon)werbung für einen spezifischen Zweck eindeutig abgegeben hat. Eine Generaleinwilligung ist nicht zulässig.[1406] Für den konkreten Fall wird eine Einwilligung erklärt, wenn sie sich

---

1399 BGH, Urteil vom 16.7.2008 – VIII ZR 348/06, GRUR 2008, 1010, 1012 Rdnr 27 f. – Payback.

1400 BGH, Urteil vom 16.7.2008 – VIII ZR 348/06, GRUR 2008, 1010, 1012 Rdnr 29 – Payback.

1401 BGH, Beschluss vom 14.4.2011 – I ZR 38/10, MMR 2011, 458 – Einwilligung in Telefonwerbung auf Gewinnspielkarte; So auch *Nussbaum/Krienke*, MMR 2009, 372, 375 f; *Rogosch*, Die Einwilligung im Datenschutzrecht, 2013, S. 120.

1402 BGH, Beschluss vom 14.4.2011 – I ZR 38/10, MMR 2011, 458 – Einwilligung in Telefonwerbung auf Gewinnspielkarte.

1403 BGH, Beschluss vom 14.4.2011 – I ZR 38/10, MMR 2011, 458 – Einwilligung in Telefonwerbung auf Gewinnspielkarte.

1404 Vgl. Erwägungsgrund 25 des Vorschlags für Verordnung zum Schutz natürlicher Personen bei der Verarbeitung personenbezogener Daten und zum freien Datenverkehr (Datenschutz-Grundverordnung), COM 2012(11) endg., COD 2012/011, Brüssel, 25.1.2012.

1405 BGH, Urteil vom 25.10.2012 – I ZR 169/10, GRUR 2013, 531 – Einwilligung in Werbeanrufe II.

1406 Vgl. *Köhler/Lettl*, WRP 2003,1019, 1025 Rdnr. 25.

auf eine genau umrissene konkrete Situation bezieht. Dies gilt sowohl inhaltlich als auch in formeller Sicht. Deshalb ist es notwendig, dass die Einwilligung in die Werbung von anderen Textpassagen[1407] oder von anderen Einwilligungen[1408] durch zusätzliche Unterschrift oder individuelles Markieren eines entsprechenden Feldes optisch abgetrennt wird.

c. Systematik: Das Wort ausdrücklich ist dem Unionsrecht nicht fremd

Gegen das Erfordernis einer ausdrücklichen Einwilligung spricht zudem die Tatsache, dass dem Unionsrecht das Wort „ausdrücklich“ im Zusammenhang mit der Einwilligung nicht fremd ist. So kommt das Merkmal der Ausdrücklichkeit in Art. 8 Abs. 2 lit. a) DSRL 95/46/EG bzw. Art. 9 Abs. 2 lit. a) EU-DSGVO im Zusammenhang mit der Einwilligung in die Verarbeitung bestimmter personenbezogenen Daten vor. Hätte der Unionsgesetzgeber gewollt, dass die Einwilligung i.S.d. DSRL 2002/58/EG im Allgemeinen oder allein in Bezug auf die Telefonwerbung ausdrücklich erfolgt, hätte er dieses Merkmal im Gesetzestext mit aufgenommen. Darauf hat der Unionsgesetzgeber bewusst verzichtet, wie die oben dargestellte Entstehungsgeschichte des Art. 2 lit h) DSRL 95/46/EG illustriert.[1409]

d. Vergleich mit der Datenschutzgrundverordnung

Ein Blick in der Legaldefinition der Einwilligung der DSGVO zeigt, dass der Unionsgesetzgeber bewusst auf das Einfügen des Merkmals ausdrücklich verzichtet hat. Die Einwilligung der betroffenen Personen wird in Art. 4 Nr. 11 DSGVO definiert als

> „jede freiwillig für den bestimmten Fall, in informierter Weise und unmissverständlich abgegebene Willensbekundung in Form einer Erklärung oder einer sonstigen eindeutigen bestätigenden Handlung, mit der die betroffene Person zu verstehen gibt, dass sie mit der Verarbeitung der sie betreffenden personenbezogenen Daten einverstanden ist;“

Die Willensbekundung in Form einer sonstigen eindeutigen bestätigenden Handlung bezeichnet hierbei eine konkludente Einwilligung. Das Merkmal „explizit“ kann also anders als von *Lettl*[1410] angenommen nicht nur durch eine ausdrückliche Einwilligung erfüllt werden.

1407 BGH, Urteil vom 16.7.2008 – VIII ZR 348/06, GRUR 2008, 1010 – Payback.
1408 BGH, Beschluss vom 14.4.2011 – I ZR 38/10, MMR 2011, 458 – Einwilligung in Telefonwerbung auf Gewinnspielkarte.
1409 Siehe oben Dritter Teil, Zweites Kapitel, C. II. 2.
1410 *Lettl*, WRP 2009, 1315, 1326.

III. Sonderregime für Art. 13 Abs. 3 DSRL 2002/58/EG?

Die Pflicht der Mitgliedstaaten, neben der ausdrücklichen Einwilligung im Rahmen des Opt-in-Modells auch die konkludente Einwilligung zuzulassen, ergibt sich daraus, dass das in Art. 13 Abs. 3 Hs. 1 Alt. 1 und in Art. 13 Abs. 1 DSRL 2002/58/EG verwendete Wort „Einwilligung" der Legaldefinition i.S.d. Art. 2 S. 2 lit. f) DSRL 2002/58/EG i.V.m. Art. 2 lit h) DSRL 95/46/EG entsprechen muss. Wenn das nationale Recht in § 7 Abs. 2 Nr. 2 Alt. 1 UWG und in § 7 Abs. 2 Nr. 3 UWG eine ausdrückliche Einwilligungserklärung verlangt, handelt es sich hierbei um eine überschießende und damit unzulässige Umsetzung des Opt-in-Modells.

Trotz des Wahlrechts zwischen dem Opt-in- und dem Opt-out-Modell betreffend die Zulässigkeitsvoraussetzungen der Telefonwerbung für natürliche Personen in Art. 13 Abs. 3 DSRL wirkt die Richtlinie im Übrigen vollharmonisierend. Das heißt, das von den Mitgliedstaaten ausgewählte und im nationalen Recht implementierte Modell muss sich in den von der Richtlinie vorgegebenen Rahmen wiederfinden. Das nationale Recht darf sich mithin weder unter dem Mindeststandard des von der Richtlinie bestimmten Rechtschutzes befinden, noch den Höchstschutzstandard der Richtlinie überschreiten. Der Mindestschutzstandard bietet die Möglichkeit der Widerspruchslösung im Rahmen von Opt-out-Modell (Art. 13 Abs. 3 Hs. 1 Alt. 2 DSRL 2002/58/EG) während der Höchststandard in dem Erfordernis einer ausdrücklichen *oder* konkludenten Einwilligung in die Telefonwerbung liegt (Art. 13 Abs. 3 Hs. 1 Alt. 1 DSRL 2002/58/EG).

1. *Gestaltungsspielraum*

Etwas Anderes könnte sich dann ergeben, wenn der vom Art. 13 Abs. 3 DSRL 2002/58/EG gewährte nationale Gestaltungsspielraum sich nicht nur auf die Auswahlmöglichkeit zwischen dem Opt-in- und dem Opt-out-Modell erstrecken, sondern auch die Gestaltung des jeweiligen Schutzmodells einschließen würde. Ob dies der Fall ist, mit der Folge, dass die Mitgliedstaaten auch strengere Anforderungen an die Einwilligung stellen können als Art. 2 S. 2 lit f) DSRL 2002/58/EG i.V.m. Art. 2 lit h) DSRL 95/46/EG vorsieht, hat *Lettl* untersucht.[1411] Seine Untersuchung betrifft die Richtlinienkonformität der Einwilligung in § 7 Abs. 2 Nr. 2 Alt 1 UWG. Diese erfolgt allerdings nicht aufgrund des sich in der deutschen Vorschrift befindenden Merkmals „ausdrücklich", sondern bezüglich des Merkmals „vorherig".[1412]

1411 *Lettl*, WRP 2009, 1315, 1318.

1412 Dabei lässt die Kodifizierung des Merkmals „vorherig" keinen Zweifel an die Richtlinienkonformität der Vorschrift zu. Offensichtlich, dass auch das Gemeinschaftsrecht von der Selbstverständlichkeit einer vorherigen Einwilligung ausgeht. Dies bestätigt auch die Expertengruppe Artikel-29-Datenschutzgruppe, die auf Anfrage der Kommission eine Stellungnahme zur Definition von Einwilligung gefertigt hat. Die Datenschutzgruppe stellt klar, dass immer, wenn gemäß der DSRL 2002/58/EG eine Einwilligung erforderlich ist, diese i.S.d. Richtlinie 95/46/EG zu verstehen ist, also immer einheitlich. (Artikel-29-Datenschutzgruppe, WP 187, Stellungnahme

Lettl kommt zu dem Ergebnis, dass die Mitgliedstaaten bei der Gestaltung der Anforderungen betreffend die Einwilligung keinen Restriktionen unterliegen, so dass strengere Anforderungen erlaubt seien.[1413] Aus der Empfehlung in Erwägungsgrund 42 Richtlinie 2002/58/EG, das Opt-in-Modell und nicht das Opt-out-Modell vorzuziehen, weil das Opt-in-Modell einen höheren Schutz der Privatsphäre vor unerbetenen individuellen Telefonwerbung gewährt als das Opt-out Modell, leitet *Lettl* den Rückschluss, dass eine verbindliche Vorgabe eines Opt-out-Modells zu einer Absenkung des Schutzniveaus führe. Deshalb ergebe sich im Umkehrschluss, dass eine Erhöhung des Schutzniveaus auch bei der Ausgestaltung des Opt-in-Modells nicht ausgeschlossen sein sollte, zumal dies dem Schutzzweck der Richtlinie 2002/58/EG entspreche. Aufgrund fehlender Vollharmonisierung im Bereich der Telefonwerbung und unter Heranziehung des Telos der DSRL 2002/58/EG kommen *Tonner* und *Reich* auch zu dem Ergebnis, dass eine strengere nationale Regelung als in Art. 13 Abs. 3 DSRL 2002/58/EG vorgesehen „im Dienste des Verbraucherschutzes“ erlaubt sei.[1414]

2. *Kein Gestaltungsspielraum für die Auslegung des Gemeinschaftsrechts*

Das Erfordernis der ausdrücklichen Einwilligung in § 7 Abs. 2 Nr. 2 Alt. 1 UWG widerspricht dem Sinn und Zweck der Richtlinie DSRL 2002/58/EG. Die Richtlinie strebt grundsätzlich eine Vollharmonisierung an (Art. 1 Abs. DSRL 2002/58/EG).[1415] Gerade im Bereich der Telefonwerbung ist aber durch die eingeräumte Wahlmöglichkeit zwischen dem Opt-in- und dem Opt-out-Modell in Art. 13 Abs. 3 Hs. 1 DSRL 2002/58/EG lediglich ein Mindestschutzstandard festgelegt. Erwägungsgrund 42 besagt, dass Mitgliedstaaten „einzelstaatliche Systeme beibehalten[1416] können, bei

---

15/2011, S. 35.) Deshalb ist es unschädlich, dass Art. 13 Abs. 1 DSRL 2002/58/EG das Merkmal „vorherig“ enthält, während Art. 13 Abs. 3 Hs. 1 Alt. 1 dieses Merkmal nicht explizit fordert. (Auch Art. 6 Abs. 3 DSRL 2002/58/EG bestimmt, dass die Einwilligung in die Datenverarbeitung „zuvor“ erteilt werden muss.) Die Richtlinie vermittelt entweder implizit oder explizit, dass die Einwilligung vor der Beeinträchtigung der Privatsphäre vorliegen muss, ganz i.S.d. Richtlinie 95/46/EG. (Artikel-29-Datenschutzgruppe, WP 187, Stellungnahme 15/2011, S. 35.)
Die Einwilligung dient im Rahmen eines Opt-in-Modells als Rechtsgrundlage für die Zulässigkeit der Datenverarbeitung bzw. der Telefonwerbung. In dem Zeitraum zwischen der Telefonwerbung ohne Einwilligung und Erhalt der Einwilligung ist die Telefonwerbung rechtswidrig. (Artikel-29-Datenschutzgruppe, WP 187, Stellungnahme 15/2011, WP 187, S. 35 f.).

1413 *Lettl*, WRP 2009, 1315, 1318.

1414 *Tonner/Reich*, VuR 2009, 95, 102.

1415 *Tonner/Reich*, VuR 2009, 95, 102.

1416 Das Wort „beibehalten“ hindert den nationalen Gesetzgeber, der ein Opt-in System fortgesetzt hat, nicht daran, gesetzliche Änderungen vorzunehmen, solange diese mit Art. 13 Abs. 3 in Einklang stehen. Vgl. auch *Tonner/Reich*, VuR 2009, 95, 102.

denen solche an Teilnehmer und Nutzer gerichtete Anrufe nur gestattet werde, wenn die Teilnehmer vorher ihre Einwilligung gegeben haben". Dadurch soll „das bestehende Niveau des Schutzes der Privatsphäre nicht gesenkt" werden.

Allerdings verleiht Art. 13 Abs. 3 DSRL 2002/58/EG den Mitgliedstaaten für die Regulierung der Telefonwerbung lediglich einen Spielraum, der einem gemeinschaftlich bindenden Regulierungsrahmen unterliegt. [1417] Die Mitgliedstaaten sind also verpflichtet, bei der Gestaltung des ausgesuchten Modells die vorgegebenen Harmonisierungsrahmen zu beachten. Das jeweilige Modell ist gemeinschaftskonform zu gestalten. Das Unionsrecht beansprucht also eine Harmonisierung innerhalb des jeweiligen Modells, in dem Sinne, dass die Mitgliedstaaten den Höchstschutz (Opt-in-Modell) nicht sprengen dürfen bzw. wenigstens den Mindestschutz (Opt-out-Modell) zu beachten haben. Solange der Harmonisierungsrahmen nicht gesprengt wird, sind gemischte Formen zulässig, wie beispielsweise die Geltung des Höchstschutzstandards nur für Verbraucher als der Kategorie „natürliche Personen" angehörige Gruppe. Ebenso zulässig ist die Gestaltung der Zulässigkeit der Telefonwerbung unter Übertragung der Wertungen des Art. 13 Abs. 2 DSRL 2002/58/EG.[1418]

Das Erfordernis einer ausdrücklichen Einwilligung überschreitet die Grenzen des Höchstschutzstandards. Der Ermessensspielraum bezieht sich nicht auf die Auslegung gemeinschaftsrechtlicher Rechtsbegriffe.[1419] Wenn eine Richtlinie den Mitgliedstaaten eine freie Wahl zwischen mehreren Optionen einräumt, bezieht sich der Ermessensspielraum auf die Wahlkategorie. Im Übrigen bleibt der Mitgliedstaat an die Rechtsbegriffe des Unionsrechts und deren autonome Auslegung durch den EuGH gebunden.[1420] In diesem Sinne entschied auch der EuGH[1421] in Bezug auf die Auslegung des Begriffs des Art. 5 Abs. 2 lit. b) der Richtlinie 2001/29/EG des Europäischen Parlaments und des Rates vom 22. 5. 2001 zur Harmonisierung bestimmter Aspekte des Urheberrechts und der verwandten Schutzrechte in der Informationsgesellschaft. Die Ansicht *Loeck's*, das Merkmal der Ausdrücklichkeit sei mit Art. 13 Abs. .3 DSRL 2002/58/EG vereinbart ist nicht. überzeugend. Vor allem verstößt diese Ansicht gegen das Prinzip der autonomen Auslegung europäischen Rechts. *Loeck* begründet seine Ansicht damit, dass die Einführung des

1417 *Leible*, in: MünchKomm UWG, 2. Aufl. 2014, § 7 Rdnr. 34.
1418 Vgl. oben Zweiter Teil, Zweites Kapitel, II. D. 3.
1419 *Glöckner*, GRUR 2013, 224, 227.
1420 *Ohly*, in: *Ohly/Sosnitza*, UWG, 7. Aufl. 2016, § 7 Rdnr. 47 m.w.N.
1421 EuGH GRUR 2011, 50, Rdnr. 32 – Padawan: „Insoweit folgt nach ständiger Rechtsprechung des *Gerichtshofs* aus den Erfordernissen sowohl der einheitlichen Anwendung des Unionsrechts als auch des Gleichheitssatzes, dass die Begriffe einer Vorschrift des Unionsrechts, die für die Ermittlung ihres Sinnes und ihrer Bedeutung nicht auf das Recht der Mitgliedstaaten verweist, in der Regel in der gesamten Europäischen Union eine autonome und einheitliche Auslegung erhalten müssen, die unter Berücksichtigung des Kontexts der Vorschrift und des mit der fraglichen Regelung verfolgten Ziels gefunden werden muss."

Merkmals „ausdrücklich“ eine Präzisierung, nicht jedoch eine Verschärfung der Rechtslage darstelle, weil sich die unter UWG 2004 relevanten Fälle konkludenter Einwilligungserklärungen auch als ausdrückliche Einwilligungserklärungen qualifizieren ließen.[1422] Erwägungsgrund 42 DSRL 2002/58/EG sehe ausdrücklich vor, dass die Mitgliedsstaaten einzelstaatliche Systeme, die die Zulässigkeit der Anrufe von der vorherigen Einwilligung der Betroffenen abhängig machen, beibehalten können, damit das bestehende Niveau des Schutzes der Privatsphäre nicht verringert wird.[1423]

Ein gewisser Harmonisierungsgrad kann nur dann erreicht werden, wenn die Mitgliedstaaten von einem einheitlichen Verständnis über den Begriff der Einwilligung ausgehen. Auch das Verbraucherschutzargument[1424] rechtfertigt nicht das Modell der ausschließlich ausdrücklich zu erteilenden Einwilligung. Konkrete Anhaltspunkte lässt diese Argumentation vermissen. Denkbar ist eine Herleitung aus Art. 169 Abs. 4 Satz 1 AEUV. Insoweit bleibt anzumerken, dass aus Art. 169 Abs. 4 Satz 1 AEUV kein Ermessensspielraum der Staaten, strengere Schutzmaßnahmen zugunsten von Verbrauchern beizubehalten oder zu ergreifen, hergeleitet werden kann. Art. 169 Abs. 4 AEUV gewährt den Mitgliedstaaten einen Entscheidungsspielraum nur in Hinblick auf Maßnahmen, die das Europäische Parlament und der Rat nach Art. 169 Abs. 3 AEUV gemäß dem ordentlichen Gesetzgebungsverfahren und nach Anhörung des Wirtschafts- und Sozialausschusses zur Unterstützung, Ergänzung und Überwachung der Verbraucherschutzpolitik der Mitgliedstaaten nach Art. 169 Abs. 2 lit. b) AEUV beschlossen haben. Ein auf diese Norm gestützter Sekundärrechtsakt bedarf keiner eigenen Mindeststandardschutzklausel, weil der Mindeststandard bereits kraft Primärrechts gilt.[1425] Die Regelung des Art. 169 Abs. 4 Satz 1 AEUV findet jedoch keine Anwendung auf Maßnahmen, die die Union gemäß Art. 169 Abs. 2 lit. a) AEUV zur Verwirklichung des Binnenmarkts nach Art. 114 AEUV erlässt[1426]; diese Binnenmarktkompetenz kennt keine Mindestschutzklausel.[1427]

Daher gilt die Bestimmung des Art. 169 Abs. 4 Satz 1 AEUV nicht für die Richtlinie 2002/58/EG, die insbesondere auf Grundlage des Art. 95 (jetzt Art. 114 AEUV), also zur Verwirklichung des Binnenmarkts erlassen wurde.[1428]

1422 *Loeck*, Die unzumutbare Belästigung, 2011, S. 69 f.

1423 *Loeck*, Die unzumutbare Belästigung, 2011, S. 70.

1424 So aber *Tonner/Reich*, VuR 2009, 95, 102.

1425 *Tonner*, in: *Tamm/Tonner*, Verbraucherrecht, 2012, § 4 Rdnr. 28.

1426 *Pfeiffer*, in: *Grabitz/Hilf/Nettesheim*, Das Recht der Europäischen Union, 57. Ergänzungslieferung 2015, Art. 169 AEUV Rdnr. 41.

1427 *Tonner*, in: *Tamm/Tonner*, Verbraucherrecht, 2012, § 4 Rdnr. 29.

1428 BGH, Urteil vom 20.3.2013 – I ZR 209/11, MMR 2014, 112, 113 Rdnr. 15 – Telefonwerbung für DSL-Produkte.

Insofern kann die Richtlinienkonformität des § 7 Abs. 2 Nr. 2 Alt. 1 UWG auch nicht mit dem Gestaltungsspielraum des Art. 13 Abs. 3 DSRL 2002/58/EG begründet werden.

D. Die ausdrückliche Einwilligung in die Telefonwerbung durch AGB

Eine gültige Einwilligungserklärung kann entweder durch eigene Formulierung des Erklärenden zu Stande kommen oder indem dieser eine fremde Formulierung durch Ankreuzen, Unterschreiben oder Mausklick zum eigenen Wort macht.

Die Frage, ob eine wirksame Einwilligung durch Einbettung der Einwilligungsklausel in den AGB erklärt werden kann, war Thema einer lebhaften Diskussion in der Rechtsprechung und Literatur. Die Klärung dieser Frage und die konkrete Gestaltung der Einwilligungsklausel erlangen angesichts der praktischen Relevanz der Einholung der Einwilligung durch AGB eine immense Bedeutung. In der Praxis, insbesondere bei Massengeschäften erscheint nur eine Einwilligung durch vorformulierte Klausel als taugliche Lösung. Das Massengeschäft ist darauf angewiesen, eine Vielzahl von Verbrauchern anzusprechen.[1429]

I. Der historische Streit um die Möglichkeit der Verwendung formulierter Klauseln

Zum Beginn der Diskussion über die Möglichkeit der Einholung der Einwilligung in die Telefonwerbung durch vorformulierte Formularklauseln dominierte eine restriktive Sichtweise des BGH.

1. Die Ansicht der Rechtsprechung

a. Das absolute Verbot nach der BGH-Rechtsprechung

Der BGH postulierte im Jahre 1999 vehement die per se Unzulässigkeit vorformulierter Einwilligungserklärungen ohne Rücksicht auf die konkrete Gestaltung im Einzelfall, da diese generell eine unangemessene Benachteiligung des Kunden hervorriefen.[1430]

Der XI. BGH-Senat[1431] hatte über die Zulässigkeit einer Klausel mit folgendem Inhalt zu entscheiden: „Telefonwerbung: Ich erkläre mich damit einverstanden, daß die C. AG oder eine von ihr beauftragte Stelle mich telefonisch zum Zwecke der

---

1429 Vgl. zu dem Phänomen des Massengeschäfts *Jankowski*, GRUR 2010, 495, 497; *Wahl*, WRP 2010, 599, 600; *Seichter/Witzmann*, WRP 2007, 699, 703.

1430 BGH, Urteil vom 16.3.1999 – XI ZR 76/98, MMR 1999, 477 – Formularmäßige Einverständniserklärung zur Telefonwerbung.

1431 BGH, Urteil vom 16.3.1999 – XI ZR 76/98, MMR 1999, 477 – Formularmäßige Einverständniserklärung zur Telefonwerbung.

Beratung anspricht. Dieses Einverständnis umfasst über die bestehende Geschäftsverbindung hinaus die Werbung für Produkte der Bank und ihrer Kooperationspartner... Dieses Einverständnis ist jederzeit widerrufbar [...]." Dabei hatten die Kunden die Möglichkeit, das Einverständnis durch das Leisten einer zusätzlichen Unterschrift zu erklären. Im Vordergrund der Entscheidungsbegründung zur Ablehnung der Einholung des Einverständnisses durch AGB steht die besonders schwerwiegende Beeinträchtigung der Privatsphäre des Angerufenen. Telefonwerbung stellt einen groben Missbrauch des vom Inhaber im eigenen Interesse und auf eigene Kosten unterhaltenen Telefonanschlusses zu Werbezwecken dar, blockiert den Telefonanschluss und realisiert auf diese Weise eine Zweckentfremdung. Dadurch erfolgt zudem ein praktisch unkontrollierbares Eindringen in die Lebensgewohnheiten der Zielperson, zu einem nur vom Werbenden kontrollierbaren Zeitpunkt. Darüber hinaus können sich Angerufene dem Werbegespräch meistens nur unter peinlicher Verletzung der Regeln der Höflichkeit entziehen, da das Gespräch von besonders geschulten Personen, Redegewandtheit psychologisch geschickt zu nutzen wissen, durchgeführt wird.[1432] Die Zulässigkeit vorformulierter Klauseln würde in Mitbewerberkreisen zu einer Nachahmung anspornen, was letztlich nicht nur zu einer erheblichen Belästigung der Verbraucher, sondern auch zu einer zeitlich erheblichen Blockade seines Anschlusses für erwünschte Anrufe führen würde.[1433] Der Privatsphärenschutz genießt Vorrang gegenüber dem wirtschaftlichen Gewinnstreben von Wettbewerbern, die angesichts der Werbemethodenvielfalt auf andere zur Verfügung stehende Methoden zu verweisen sind.[1434] Das Erfordernis eines ausdrücklichen oder konkludenten Einverständnisses schließt mithin laut BGH die Herbeiführung der Einverständniserklärung durch AGB aus.[1435] Weder die bestehende Kontoverbindung noch die jederzeitige Widerrufsmöglichkeit können laut BGH zu einem anderen Ergebnis führen. Die Klausel soll den Verwender nicht von der Notwendigkeit befreien, das Einverständnis des Kunden durch Individualvereinbarung herbeizuführen, und verlagere die Initiative zur Wiederherstellung der ungestörten Privatsphäre auf den Betroffenen.[1436]

1432 BGH, Urteil vom 16.3.1999 – XI ZR 76/98, MMR 1999, 477 f. – Formularmäßige Einverständniserklärung zur Telefonwerbung.

1433 BGH, Urteil vom 16.3.1999 – XI ZR 76/98, MMR 1999, 477, 478 – Formularmäßige Einverständniserklärung zur Telefonwerbung.

1434 BGH, Urteil vom 16.3.1999 – XI ZR 76/98, MMR 1999, 477, 478 – Formularmäßige Einverständniserklärung zur Telefonwerbung mit Verweis auf die frühere Rechtsprechung des BGH.

1435 BGH, Urteil vom 16.3.1999 – XI ZR 76/98, MMR 1999, 477, 478 – Formularmäßige Einverständniserklärung zur Telefonwerbung.

1436 BGH, Urteil vom 16.3.1999 – XI ZR 76/98, MMR 1999, 477, 478 – Formularmäßige Einverständniserklärung zur Telefonwerbung.

b. *Telefonwerbung VI als Pionierentscheidung*

In dem der *Telefonwerbung VI* Entscheidung zugrunde liegenden Sachverhalt war die umstrittene Klausel mit zwei Kästchen vorgesehen. Der Kunde konnte entweder das Kästchen vor dem Wort „einverstanden" oder vor den Wörtern „nicht einverstanden" ankreuzen. Unter Heranziehung des § 9 Abs. 2 Nr. 1 AGBG stufte der BGH die Klausel aufgrund der Unvereinbarkeit mit wesentlichen Grundgedanken der gesetzlichen Regelung, von der abgewichen wird - hier § 1 UWG a.F. - als unzulässig ein. Trotz des Ankreuzens der Option „einverstanden" hatte BGH die Wirksamkeit des Einverständnisses verneint. Angenommen wurde ein Verstoß gegen den vorrangigen Schutz der Privatsphäre der Verbraucher gegenüber dem wirtschaftlichen Gewinnstreben Dritter. Die die Klausel verwendende Bank dadurch beabsichtigte dadurch die Herbeiführung einer Einwilligung „für Vertragsabschlüsse in anderweitigen Geldangelegenheiten[...], die über das Vertragsverhältnis mit der Bank, mit dem die Abgabe der Einverständniserklärung in Zusammenhang steht, hinausgehen".[1437] Daran ändere auch die jederzeitige Widerrufbarkeit der vorformulierten Erklärung nichts, denn damit würde die Initiative zur Wiederherstellung der ungestörten Privatsphäre in unzulässiger Weise auf den Betroffenen verlagert.[1438]

Im Gegensatz zur *Formularmäßige Einverständniserklärung zur Telefonwerbung*- Entscheidung des XI. Senats sprach der I. Senat in *Telefonwerbung VI* die Unzulässigkeit der Telefonwerbung mit der Begründung aus, dass diese über das Vertragsverhältnis, mit dem die Einverständniserklärung in Zusammenhang stand, hinausgeht. Daraus zieht *Jankowski*[1439] den Rückschluss, der BGH betrachte vorformulierte Einverständniserklärungen als grundsätzlich zulässig, soweit sich der Werbezweck nicht über das bestehende Vertragsverhältnis hinauserstreckt. Auf diese Interpretationsmöglichkeit deuten auch *Seichter und Witzmann* hin, lassen die Frage im Ergebnis aber offen.[1440] Andere Stimmen in der Literatur zitieren die in Rede stehende Entscheidung, um die grundsätzliche Unzulässigkeit der Einholung der Einwilligung durch AGB als BGH Standpunkt darzustellen.[1441]

c. *Die Endgültige BGH-Wende in Werbeanrufe II*

Eine klare Positionierung für die Zulässigkeit der Herbeiführung der Einwilligung durch AGB nahm der BGH in seinem Urteil vom 25.19.2012.[1442] In den Entscheidungsleitsätzen führte der BGH aus, dass eine Einwilligung nicht bereits deshalb

---

1437 BGH, Urteil vom 27.1.2000 – I ZR 241/97, GRUR 2000, 818, 820 - Telefonwerbung VI.
1438 BGH, Urteil vom 27.1.2000 – I ZR 241/97, GRUR 2000, 818, 820 - Telefonwerbung VI.
1439 *Jankowski*, GRUR 2010, 495, 496.
1440 *Seichter/Witzmann* WRP 2007, 699, 703
1441 *Wahl*, WRP 2010, 599, 602; *Ernst*, NJW 2013, 2637, 2367; *Lettl*, WRP 2009, 1315, 1328.
1442 BGH, Urteil vom 25.10.2012 – I ZR 169/10, MMR 2013, 380 – Einwilligung in Werbeanrufe II.

unwirksam ist, weil sie im Rahmen einer vorformulierten Erklärung abgegeben wurde, die der Kontrolle nach §§ 305 ff. BGB unterliegt. Der BGH selbst bezeichnete diese Entscheidung als Aufgabe der BGH-Rechtsprechung in *Telefonwerbung VI.* Es handelte sich bei der Klausel um eine Einwilligungserklärung in die Telefonwerbung, welche die Betroffene durch Ankreuzen eines Kästchens im Rahmen eines Internetgewinnspiels abgegeben hatten.

Ausschlaggebend für die Rechtsprechungsänderung war die richtlinienkonforme Auslegung des § 7 Abs. 2 Nr. 2 Alt. 1 UWG im Lichte des Art. 13 Abs. 3 DSRL 2002/58/EG, aus dem hervorgeht, dass eine Einwilligung in Werbeanrufe grundsätzlich möglich ist und ein vollständiges Verbot nicht kennt. Der Ausschluss der Herbeiführung von Einwilligungserklärungen durch AGB würde aber zu einem faktischen Verbot jeder Telefonwerbung im privaten Bereich führen. Denn eine andere praktikable Möglichkeit die Einwilligung zu erhalten, besteht im modernen Geschäftsleben nicht.[1443]

In die Wege geleitet hat der BGH diese Ansicht bereits mit dem Erlass des *Payback*-Urteils.[1444] In Bezug auf die Einwilligung in die E-Mail-Werbung entschied der BGH damals schon, dass diese durch AGB eingeholt werden kann, soweit sie in einem gesonderten Text oder Textabschnitt enthalten und die Klausel positiv formuliert ist. Dieselben Voraussetzungen gelten nun ausdrücklich auch für die Einwilligung in die Telefonwerbung.

2. Die Ansicht in der Literatur

Bereits vor der Rechtsprechungsänderung des BGH hat sich die Mehrheit der Stimmen in der Literatur für die Möglichkeit der Einholung der Einwilligung in die Telefonwerbung durch ABG ausgesprochen.[1445] Nur vereinzelt stößt die tradierte BGH-Rechtsprechung zur Unzulässigkeit der Einholung der Einwilligung durch AGB auf Zustimmung in der Literatur[1446]

3. Kritische Beurteilung der tradierten BGH-Rechtsprechung

a. Unangemessene Benachteiligung nach § 307 Abs. 2 Nr. 1 BGB

In erster Linie wurde die vom BGH vorgenommene Inhaltskontrolle nach § 9 Abs. 2 Nr. 1 AGBG, der dem § 307 Abs. 2 Nr. 1 BGB entspricht, insbesondere nach der Einführung des § 7 Abs. 2 Nr. 2 UWG, als überholt angesehen. Allein

---

1443 BGH, Urteil vom 25.10.2012 – I ZR 169/10, MMR 2013, 380, 381 Rdnr. 21 – Einwilligung in Werbeanrufe II.

1444 BGH, Urteil vom 16.7.2008 – VIII ZR 348/06, GRUR 2008, 1010 – Payback.

1445 *Seichter/Witzmann*, WRP 2007, 699, 703, 704 f.; *von Westphalen*, BB 1999, 1131; *Lettl*, NJW 2001, 42; *Ayad/Schaff*, BB 2002, 1711; *Engels/Schulz-Herrnstadt*, WRP 2005, 1218.

1446 *Ernst*, ZUM 2004, 566, 567.

die formularmäßige Einholung einer Einwilligung kann keinen Verstoß gegen den Grundgedanken der gesetzlichen Regelung zur Telefonwerbung begründen. Das Erfüllen einer Tatbestandsvoraussetzung kann in der Regel keine Abweichung vom Grundgedanken einer Norm darstellen.[1447] Dies gilt umso mehr, als der BGH bzw. die gesetzliche Regelung Telefonwerbung im Falle des Vorliegens einer Einwilligung ausdrücklich erlaubt.[1448] Eine vorformulierte Einwilligungserklärung, die der AGB-Kontrolle standhält, setzt sich daher nicht in Widerspruch zu § 7 Abs. 2 Nr. 2 UWG, sondern erfüllt gerade dessen Voraussetzungen.[1449]

b. Unangemessene Benachteiligung nach § 307 Abs. 1 S. 1 BGB

Ferner beurteilte der BGH die Einwilligungsklausel in Hinblick auf die Beeinträchtigung der Privatsphäre des Verbrauchers und auf die Nachahmungsgefahr pauschal als unangemessene Benachteiligung des Verbrauchers. Diese Ansicht stößt ebenso auf Kritik in der Literatur. Maßstab der Inhaltskontrolle ist zwar § 307 Abs. 1 S. 1 BGB, ein genereller Verstoß gegen diese Vorschrift kann aber nicht angenommen werden, denn dies würde auf eine Vernachlässigung der Interessen des Verwenders hinauslaufen.[1450]

c. Das faktische Verbot der Telefonwerbung und der Widerspruch zum Unionsrecht

Gegen die per se Unzulässigkeit von vorformulierten Einwilligungserklärungen wendet die Literatur zudem mit Überzeugungskraft ein, dies führe faktisch zu einem völligen Verbot der Werbung im privaten Bereich, weil Unternehmen aus Praktikabilitätsgründen auf die Verwendung vorformulierter Einwilligungserklärungen angewiesen seien.[1451] Die gesetzliche Opt-in-Lösung wäre damit in eine Null-Lösung verkehrt.[1452]

Diese restriktive Haltung eines faktischen Verbots der Telefonwerbung lässt sich zudem mit Art. 13 Abs. 3 DSRL 2002/58/EG – die als gemeinschaftsrechtliche Vorgabe auch bei der AGB-Prüfung zu berücksichtigen ist[1453] – nicht in Einklang bringen. Denn Art. 13 Abs. 3 DSRL setzt – unabhängig vom ausgewählten

1447 *Seichter/Witzmann*, WRP 2007, 699, 703, 705.

1448 *Ayad/Schaff*, BB 2002, 1711, 1713; *Engels/Schulz-Herrnstadt*, WRP 2005, 1218, 1225.

1449 *Seichter/Witzmann*, WRP 2007, 699, 703, 705.

1450 *Engels/Schulz-Herrnstadt*, WRP 2005, 1218, 1226; *Seichter/Witzmann*, WRP 2007, 699, 703, 705.

1451 *Jankowski*, GRUR 2010, 495, 497; *Seichter/Witzmann*, WRP 2007, 699, 703, 704; *Wahl*, WRP 2010, 599, 603.

1452 *Seichter/Witzmann*, WRP 2007, 699, 703, 704; *Wahl*, WRP 2010, 599, 603.

1453 *Seichter/Witzmann*, WRP 2007, 699, 703, 704; *Wahl*, WRP 2010, 599, 603; *Engels/Schulz-Herrnstadt*, WRP 2005, 1218, 1222; *Köhler*, in: *Köhler/Bornkamm/Feddersen*, UWG, 36. Aufl. 2018, § 7 Rdnr. 151.

Opt-in- oder Opt-out-Prinzip – voraus, dass Telefonwerbung zulässig ist, im ersten Falle also, wenn eine Einwilligung vorliegt.[1454]

Dieser Argumentation folgte schließlich der BGH, wie bereits oben dargestellt, im Rahmen seiner Rechtsprechungsänderung bei dem Erlass des Urteils *Einwilligung in Werbeanrufe II*.[1455]

d. Das neue Verbraucherleitbild

Die Rechtsprechungswende war schließlich unter Zugrundelegung des neuen Verbraucherleitbilds eines durchschnittlich informierten und verständigen Verbrauchers, das der BGH zum ersten Mal in der *Orient-Teppichmuster*-Entscheidung[1456] nach den von EUGH[1457] aufgestellten Kriterien proklamiert hat, zu erwarten. Ein Ausschluss der Einholung der Einwilligung per AGB würde den Verbraucher in unzulässiger Weise bevormunden.[1458] Denn das geltende Verbraucherleitbild definiert das Maß an Schutzbedürftigkeit des Verbrauchers und setzt zugleich einen Orientierungsmaßstab für den Unternehmer. Das Verbraucherleitbild entscheidet demnach darüber, in welchem Maß der Unternehmer auf den Willen des Verbrauchers Einfluss nehmen darf bzw. welche Einwirkung der Verbraucher in seiner Entscheidungsautonomie hinnehmen muss.[1459] Es ist von dem mündigen Verbraucher zu erwarten, dass er beim Ankreuzen oder Durchstreichen einer Klausel in der Lage ist, die Informationen zu verarbeiten, die Vor- und Nachteile abzuwägen und schließlich eine bewusste Entscheidung zu treffen, wenn die Klausel den Anforderungen der AGB-Kontrolle genügt. Es ist zudem zu berücksichtigen, dass der Verbraucher selbst ein Interesse an Telefonwerbung haben kann und dass für ihn eine individuell ausgehandelte Einwilligung ebenfalls als ungeeignete, praxisuntaugliche Lösung erscheinen kann.[1460]

II. Die AGB-Kontrolle der Einwilligungsklausel

Auch nach Erlass der *Einwilligung in Werbeanrufe II*-Entscheidung bleiben einige zu klärende Punkte im Zusammenhang mit Einwilligungsklauseln. Es stellt sich die Frage, ob einseitige Einwilligungsklauseln als AGB behandelt werden können.

1454 *Wahl*, WRP 2010, 599, 603; *Jankowski*, GRUR 2010, 495, 497; *Seichter/Witzmann*, WRP 2007, 699, 703, 704; *Engels/Schulz-Herrnstadt*, WRP 2005, 1222.

1455 BGH, Urteil vom 25.10.2012 – I ZR 169/10, GRUR 2013, 531, 532, Rdnr. 21 – Einwilligung in Werbeanrufe II.

1456 BGH, Urteil vom 20.10.1999 – I ZR 167/97, GRUR 2000, 619 – Orient-Teppichmuster.

1457 EUGH, GRUR 1999, 723 – Windsurfing Chiemsee.

1458 *Engels/Schulz-Herrnstadt*, WRP 2005, 1218, 1222 f. m.w.N; *Jankowski*, GRUR 2010, 495, 498; *Seichter/Witzmann*, WRP 2007, 699, 703, 705.

1459 *Engels/Schulz-Herrnstadt*, WRP 2005, 1218, 1222 f. m.w.N.

1460 *Engels/Schulz-Herrnstadt*, WRP 2005, 1218, 1223 m.w.N.

Ferner bedarf es noch der Klärung, welcher konkreten AGB-Prüfung die Einwilligungsklausel standhalten muss.

1. Vorliegen von Allgemeinen Geschäftsbedingungen

Vor Prüfungsbeginn stellt sich die Frage, ob eine Einwilligungsklausel in die Telefonwerbung überhaupt als AGB zu qualifizieren ist. Nach § 305 Abs. 1 S. 1 BGB sind Allgemeine Geschäftsbedingungen für eine Vielzahl von Verträgen vorformulierte Vertragsbedingungen, die eine Vertragspartei (Verwender) der anderen Vertragspartei bei Abschluss eines Vertrags stellt. Keine allgemeinen Vertragsbedingungen stellen nach § 305 Abs. 1 S. 4 BGB Vertragsbedingungen dar, die zwischen den Vertragsparteien im Einzelnen ausgehandelt worden sind. Ob die Einwilligungsklausel der AGB-Kontrolle unterworfen wird, erscheint im Hinblick auf den Wortlaut des § 305 Abs. 1 BGB problematisch, weil dieser vorformulierte einseitige Erklärungen nicht umfasst.

a. Die Ansicht der Rechtsprechung

Nach ständiger BGH-Rechtsprechung[1461] unterliegen vorformulierte Einwilligungserklärungen der AGB-Kontrolle. Der Schutzzweck des Gesetzes gebiete es, „auch die vom Verwender vorformulierten einseitigen rechtsgeschäftlichen Erklärungen, die weder eine Nebenabrede enthalten noch zum notwendigen Inhalt eines gleichzeitig abgeschlossenen Vertrages gehören, den Regelungen des Gesetzes zu unterstellen, sofern sie nur im Zusammenhang mit einer vertraglichen Beziehung stehen, ohne deren rechtlicher Bestandteil zu sein."[1462] Der einseitige Charakter der Einwilligung spreche nicht gegen das Vorliegen einer Allgemeinen Geschäftsbedingung. Zwar stellen allgemeine Bestimmungen, die der Verwender bei eigenen einseitigen Rechtsgeschäften trifft, grundsätzlich keine Allgemeinen Geschäftsbedingungen im Sinne von § 305 Abs. 1 dar, da „der Verwender regelmäßig nicht fremde, sondern ausschließlich eigene rechtsgeschäftliche Gestaltungsmacht in Anspruch nimmt."[1463] Allerdings unterlägen Einwilligungserklärungen für Werbeanrufe einer anderen Beurteilung, denn sie beträfen nicht lediglich die Regelungen der „eigenen Verhältnisse" des Veranstalters, sondern würden in die geschützten Rechtspositionen Dritter eingreifen. In diesem Fall beanspruche der Verwender ebenso die rechtsgeschäftliche Gestaltungsfreiheit für sich wie bei der Formulierung eines Vertragstextes. Insbesondere könne der Kunde lediglich entscheiden,

---

1461 BGH, Urteil vom 25.10.2012 – I ZR 169/10, GRUR 2013, 513 – Einwilligung in Werbeanrufe II; BGH, Urteil vom 27.1.2000 – I ZR 241/97, GRUR 2000, 818 – Telefonwerbung VI; BGH, Urteil vom 16.3.1999 – XI ZR 76/98, MMR 1999, 477 – Formularmäßige Einverständniserklärung zur Telefonwerbung.

1462 BGH, MMR 1999, 477, 477 m.w.N.

1463 BGH, Urteil vom 25.10.2012 – I ZR 169/10, GRUR 2013, 531, 532, Rdnr. 18 – Einwilligung in Werbeanrufe II.

ob er die Erklärung abgeben wolle, ohne deren Inhalt beeinflussen zu können.[1464] Erforderlich sei, dass die vorformulierte Einwilligungserklärung im Zusammenhang mit einem Vertragsverhältnis stehe.[1465]

Diese Voraussetzungen liegen laut BGH auch dann vor, wenn die Einwilligungserklärung im Zusammenhang mit einem Gewinnspiel abgegeben wurde.[1466] Die erforderliche Sonderverbindung ergebe sich bei einem Gewinnspiel daraus, dass die Teilnahme an einem Gewinnspiel ein zusätzliches, neben dem einseitigen Rechtsgeschäft der Preisausschreibung stehendes Rechtsverhältnis mit Pflichten hinsichtlich der sorgfältigen und ordnungsgemäßen Durchführung des Spiels sowie des Schutzes der persönlichen Daten der Teilnehmer begründe. Dieses Rechtsverhältnis stelle eine schuldrechtliche Sonderverbindung dar, die jedenfalls ein vertragsähnliches Verhältnis begründe. Ob für die am Gewinnspiel interessierten Verbraucher der Eindruck entstehe, ohne Einwilligung in die Telefonwerbung sei eine Spielteilnahme nicht möglich, sei nicht relevant.[1467]

Was die Gestaltungsmöglichkeit anbelangt, ist nach der Rechtsprechung vom Vorliegen einer allgemeinen Geschäftsbedingung sowohl bei einer *Opt-in*-Klausel[1468] als auch bei einer Einwilligung, die durch eine Sonderunterschrift[1469] abgegeben wird, auszugehen.

b. Keine einheitliche Meinung in der Literatur

Während sich ein Teil des Schrifttums der Rechtsprechungsmeinung anschließt[1470], lehnen manche Stimmen in der Literatur[1471] das Vorliegen einer Allgemeinen Geschäftsbedingung im Sinne von § 305 Abs. 1 BGB ab.

1464 BGH, Urteil vom 25.10.2012 – I ZR 169/10, GRUR 2013, 531, 532, Rdnr. 19 – Einwilligung in Werbeanrufe II; BGH, Urteil vom 27.1.2000 – I ZR 241/97, GRUR 2000, 818, 819 – Telefonwerbung VI.

1465 BGH, Urteil vom 27.1.2000 – I ZR 241/97, GRUR 2000, 818, 819 – Telefonwerbung VI; BGH, Urteil vom 25.10.2012 – I ZR 169/10, GRUR 2013, 531, 532, Rdnr. 20 – Einwilligung in Werbeanrufe II.

1466 BGH, Urteil vom 25.10.2012 – I ZR 169/10, GRUR 2013, 531, 532, Rdnr.20 – Einwilligung in Werbeanrufe II.

1467 BGH, Urteil vom 25.10.2012 – I ZR 169/10, GRUR 2013, 531, 532, Rdnr. 20 – Einwilligung in Werbeanrufe II.

1468 BGH, Urteil vom 27.1.2000 – I ZR 241/97, GRUR 2000, 818 – Telefonwerbung VI; OLG Köln, Urteil vom 29.04.2009 – 6 U 218/08, MMR 2009, 470.

1469 BGH, Urteil vom 16.3.1999 – XI ZR 76/98, MMR 1999, 477 – Formularmäßige Einverständniserklärung zur Telefonwerbung.

1470 *Wahl*, WRP 2010, 599, 601; *Basedow*, in: MünchKomm BGB, 7. Aufl., 2016, § 305 Rdnr. 9 f.

1471 *Lettl*, NJW 2001, 42, 43; *Jankowski*, GRUR 2010, 495, 498 f; *Ayad/Schafft*, BB 2002, 1711; *Engels/Schulz-Herrnstadt*, WRP 2005, 1218.

aa. Eine Allgemeine Geschäftsbedingung liegt nicht vor

Zunächst soll es bereits an einer vertraglichen Bedingung im Sinne von § 305 BGB mangeln. Die Opt-in-Gestaltung einer vorformulierten Erklärung überlasse dem Verbraucher die freie Wahl, ob er die Einwilligung durch Ankreuzen oder bei „Ja"- oder „Nein"-Option bzw. durch die Abgabe einer Sonderunterschrift annehme oder ablehne. Dadurch entscheide er eigenständig über das Zustandekommen des Rechtsgeschäfts, so dass seine maximale mögliche Entscheidungsfreiheit bewahrt bleibe und folglich von einer einseitig gestellten Vertragsbedingung nicht mehr die Rede sein könne.[1472]

Des Weiteren sei die Annahme einer Allgemeinen Geschäftsbedingung von dem Schutzzweck der AGB-Kontrolle nicht umfasst. Der Schutzzweck der AGB-Kontrolle bestehe darin, die unausgewogene Risikoverteilung, die durch das Verwenden von AGB ausgelöst werde zu korrigieren und insofern das Vertragsgleichgewicht bzw. die Vertragsgerechtigkeit wiederherzustellen.[1473] Die unausgewogene Risikoverteilung kennzeichne sich dadurch, dass der Kunde sich nicht frei und eigenverantwortlich für eine bestimmte Regelung entscheide, sondern diese passiv und meist ohne Kenntnis ihres Inhalts[1474] widerspruchslos annehme.[1475] Bei einer Opt-in-Gestaltung der Einwilligungsklausel habe es der Kunde jedoch selbst in der Hand, die Einwilligung herbeizuführen oder diese abzulehnen, ohne dass seine Entscheidungsfreiheit tangiert werde.[1476] Überdies könne der Kunde sein Einverständnis jederzeit widerrufen.[1477]

bb. Eine Allgemeine Geschäftsbedingung liegt vor

Nach der der Rechtsprechung zustimmenden Literaturmeinung ist der Begriff der Vertragsbedingung sowohl in Hinblick auf den Schutzzweck der § 307 ff. BGB als auch in Hinblick auf den Schutz der Privatsphäre weit auszulegen, mit der Konsequenz, dass eine Einwilligungsklausel in die Telefonwerbung als Allgemeine Geschäftsbedingung zu qualifizieren ist. Der Verwender nehme bei der Vorformulierung einer einseitigen Einwilligung die Gestaltungsfreiheit ebenso in Anspruch wie bei der Vorformulierung eines Vertragstextes. Der Eingriff in die Gestaltungsfreiheit des Verbrauchers bei vorformulierten Erklärungen sei sogar intensiver als bei der Formulierung von Vertragsbedingungen.[1478] Auch der Wortlaut des § 308

1472 *Jankowski*, GRUR 2010, 495, 498.

1473 *Jankowski*, GRUR 2010, 495, 498; *Engels/Schulz-Herrnstadt*, WRP 2005, 1218, 1224;

1474 *Engels/Schulz-Herrnstadt*, WRP 2005, 1218, 1224; *Lettl*, NJW 2001, 42, 43.

1475 *Jankowski*, GRUR 2010, 495, 498; *Engels/Schulz-Herrnstadt*, WRP 2005, 1218, 1224.

1476 *Jankowski*, GRUR 2010, 495, 498; *Engels/Schulz-Herrnstadt*, WRP 2005, 1218, 1224; *Lettl*, NJW 2001, 42, 43.

1477 *Jankowski*, GRUR 2010, 495, 498; *Engels/Schulz-Herrnstadt*, WRP 2005, 1218, 1224;

1478 *Wahl*, WRP 2010, 599, 601 m.W.N.; *Basedow*, in: MünchKomm BGB, 7. Aufl., 2016, § 305 Rdnr. 9 f.

Nr. 1 BGB und § 309 Nr. 12 b) BGB spreche dafür, dass einseitige Erklärungen des Kunden von dem Begriff der Vertragsbedingung umfasst seien.[1479] Erforderlich ist, dass die Einwilligung im Zusammenhang mit einem Vertragsverhältnis abgegeben wurde.[1480]

2. Diskussion

Nach der hier vertretenen Auffassung stellt die Einwilligungserklärung eine rechtsgeschäftliche Willenserklärung dar,[1481] so dass die Frage, ob §§ 305 ff. BGB auf geschäftsähnliche Erklärungen Anwendung finden, keiner Erörterung bedarf.[1482] Die vorformulierte Einwilligungserklärung unterliegt der AGB-Kontrolle nach §§ 305 ff. BGB.

Der BGH verlangt für das Vorliegen einer vertraglichen Bedingung i.S.d. § 305 BGB das Vorliegen eines „Sachzusammenhangs mit einer vertraglichen Beziehung". Die Literatur versucht zu erkunden, zu welcher vertraglichen Beziehung ein Sachzusammenhang bestehen muss. Auf die Art des Vertrags kommt es grundsätzlich nicht an, insbesondere werden alle schuldrechtlichen Verträge erfasst; auch Vorverträge kommen in Betracht.[1483]

In Betracht kommt zunächst der bereits angebahnte Vertrag, der durch die Annahme der AGB zustande kommt und nicht zwingend Marketingmaßnahmen bezweckt.[1484] In diesem Fall wird kritisch hinterfragt, ob eine Allgemeine Geschäftsbedingung noch vorliegt, wenn die vorformulierte Einwilligung längere Zeit vor oder nach einem Vertragsschluss angeboten wird, wobei laut BGH[1485] ein zeitnahes Angebot oder eine Aufforderung zu einem Angebot ausreicht.

Die zweite Variante besteht darin, als ausreichend zu erachten, dass die Einwilligung selbst eine Vertragsanbahnung oder einen Vertragsabschluss bezweckt.[1486] Dann würde die Einwilligungserklärung dem Werbenden erlauben, einen Anruf zwecks Vertragsanbahnung zu tätigen.[1487] Nach dieser Auffassung stellt die zeitliche Komponente kein Hindernis mehr dar. Der BGH wolle nur zum Ausdruck zu bringen, dass es unerheblich sei, ob die Erklärung in einer relevanten Beziehung zum eigentlichen Vertragsschluss stehe.[1488]

1479 *Wahl*, WRP 2010, 599, 601 m.W.N.; *Basedow*, in: MünchKomm BGB, 7. Aufl., 2016, § 305 Rdnr. 9 f.

1480 *Wahl*, WRP 2010, 599, 601 m.W.N.; *Basedow*, in: MünchKomm BGB, 7. Aufl., 2016, § 305 Rdnr. 9 f.

1481 Vgl. oben Dritter Teil, Erstes Kapitel, I.

1482 Zur Problematik vgl. *Wahl*, WRP 2010, 599, 601.

1483 *Pfeiffer*, in: Wolf/Lindacher/Pfeiffer, AGB-Recht, § 305 Rdnr. 9, 6. Aufl. 2013.

1484 *Ayad/Schafft*, BB 2002, 1711, 1712 f.

1485 BGH, Urteil vom 02.07.1987 – III ZR 219/86, NJW 1987, 2867.

1486 Bejahend *Ayad/Schafft*, BB 2002, 1711, 1712 f; *Engels/Schulz-Herrnstadt*, WRP 2005, 1218, 1223 f.

1487 *Engels/Schulz-Herrnstadt*, WRP 2005, 1218, 1224.

1488 *Ayad/Schafft*, BB 2002, 1711, 1713.

Auch wenn Praktikabilitätsgründe dafür sprechen, auf die durch die Einwilligung bezweckte Anbahnung von Verträgen, die infolge des Telefonats zustande kommen, abzustellen, da diese Ansicht die problematische zeitliche Wirkung ausklammert, liegt die Vermutung näher, dass der BGH auf das Vertragsverhältnis abstellt, das durch die Annahme von AGB zustande kommen soll. Im Falle der Erteilung der Einwilligung im Zusammenhang mit der Teilnahme an einem Gewinnspiel ist der BGH freilich davon ausgegangen, dass dieses Spiel ein Schuldverhältnis mit Rücksichtspflichten begründet.[1489] An dieses Schuldverhältnis und nicht an die durch die Einwilligung bezweckte Vertragsanbahnung knüpfte BGH die Einwilligungsklausel und stellte den notwendigen Sachzusammenhang her.

Jedoch bedarf es möglicherweise gar nicht der Konstruktion der Anknüpfung an einen angebahnten Vertrag, wenn die Einwilligung ein selbständiges Rechtsverhältnis gestaltet. Nach *Köhler* begründet bereits die Aufforderung, eine Einwilligungserklärung für Werbeanrufe abzugeben und die nachfolgende Abgabe einer solchen Erklärung einen Vertrag in der Form einer „vertraglichen Gestattung" eines tatsächlichen Eingriffs in die Privatsphäre.[1490] Das Vorliegen eines Sachzusammenhangs ist nach *Köhler* entbehrlich.[1491] Durch die Abgabe der Einwilligungserklärung in die Telefonwerbung gestalten die Parteien ihre Rechtsbeziehung neu; aus einem abstrakt-generellen Verbot der Beeinträchtigung der Privatsphäre wird eine konkret-individuelle Eingriffserlaubnis.[1492] Dem Werbenden wird gestattet, durch das Werbetelefonat der Privatsphäre des Betroffenen näher zu kommen. Die Einwilligung hat insofern in erster Linie einen verfügungsähnlichen Charakter, so wie die Vollmacht (§ 167 BGB) oder die Ermächtigung (§ 185 BGB).[1493]

Im Ergebnis steht fest, dass die Einwilligung selbst einen Vertrag begründet, so dass das Erfordernis eines Zusammenhangs mit einer vertraglichen Beziehung der Betroffenen als zusätzliche Voraussetzung für die Anwendbarkeit der §§ 305 ff. BGB entfällt. Auch Verfügungsgeschäfte fallen unter die AGB-Kontrolle nach §§ 305 ff. BGB.[1494]

Die Anwendbarkeit der §§ 305 ff. BGB auf die Inhaltskontrolle der Einwilligung scheitert ferner auch nicht an einer Minderschutzbedürftigkeit des Betroffenen aufgrund der ihm überlassene Entscheidung über die Annahme oder Verweigerung der Einwilligungserklärung. Genauso besteht im Rahmen herkömmlicher Allgemeiner Geschäftsbedingung für den Vertragspartner die Möglichkeit, diese durch das Versagen der Unterschrift abzulehnen. Zwar lässt sich argumentieren, die Entscheidungsfreiheit des Vertragspartners sei im letzteren Fall eingeschränkter als

---

1489 BGH, Urteil vom 25.10.2012 – I ZR 169/10, GRUR 2013, 531, 532, Rdnr .20 – Einwilligung in Werbeanrufe II.

1490 *Köhler*, in: *Köhler/Bornkamm/Feddersen*, UWG, 36. Aufl. 2018, Rdnr. 152

1491 *Köhler*, in: *Köhler/Bornkamm/Feddersen*, UWG, 36. Aufl. 2018, Rdnr. 152.

1492 Vgl. *Ohly*, GRUR 2012, 983, 985.

1493 *Ohly*, GRUR 2012, 983, 985.

1494 *Basedow*, in Münchkomm BGB, 7. Aufl. 2016, § 305 Rdnr. 9.

im Falle des Ablehnens einer Einwilligung, da das Zustandekommen des Vertrages von der Annahme der AGB abhängt. Allerdings ist es von einem durchschnittlich unterrichteten und aufmerksamen Verbraucher, also von dem mündigen Verbraucher zu erwarten, dass er die Vor- und Nachteile des Zustandekommens bzw. des Ausbleibens des Vertrages richtig und autonom erfassen und abwägen kann. Mindestens genauso schwer wie die Entscheidung über das Zustandekommen des Vertrages dürfte die Abwägungsentscheidung fallen, ob ein Eindringen in die Privatsphäre durch die Annahme der Einwilligung in die Telefonwerbung erlaubt werden soll. Zumal dies nicht nur den Nachteil der Privatsphärenstörung in Aussicht stellt, sondern auch eine individualisierte und professionelle Beratung ermöglicht.

3. Die AGB-Kontrolle im Einzelnen

Die AGB-Kontrolle beinhaltet die Prüfung, ob das Überraschungsverbot des § 305c Abs. 1 BGB sowie das Transparenzgebot des § 307 Abs. 1 Satz 2 gewahrt wurden und im Übrigen keine unangemessene Benachteiligung nach § 307 Abs. 2 Nr. 1 BGB und nach § 307 Abs. 1 Satz 1 BGB vorliegt.

a. Überraschende Klauseln

Nach § 305c Abs. 1 BGB werden vorformulierte Klauseln, die nach den Umständen, insbesondere nach dem äußeren Erscheinungsbild des Vertrags, so ungewöhnlich sind, dass der Vertragspartner des Verwenders mit ihnen nicht zu rechnen braucht, nicht Vertragsbestandteil.

Das Überraschungsverbot beinhaltet mithin eine objektive Komponente, was durch das Merkmal „ungewöhnlich“ zum Ausdruck kommt und eine subjektive Komponente, in dem Sinne, dass der Verbraucher mit der Klausel „nicht zu rechnen braucht“.[1495] Entscheidend ist, ob eine Diskrepanz zwischen der Vorstellung eines redlichen Kunden von durchschnittlicher Geschäftserfahrung, Aufmerksamkeit und Umsicht und dem Klauselinhalt besteht[1496], der Klausel also ein Überrumpelungseffekt innewohnt.[1497] Eine Klausel ist insbesondere dann überraschend, wenn sie in den Vertragsbedingungen versteckt einbezogen wird, beispielsweise, wenn sie im „Kleingedruckten“ erscheint.[1498] Von dem äußeren Erscheinungsbild her gilt eine Einwilligungsklausel in die Telefonwerbung als nicht überraschend, wenn sie

1495 *Ulmer/Schäfer*, in: *Ulmer/Brandner/Hensen*, AGB-Recht, 11. Aufl., 2011, § 305c Rdnr. 11.

1496 *Basedow*, in MünchKomm BGB, 7. Aufl. 2016, § 305c Rdnr. 9; *Ayad/Schafft*, BB 2002, 1711, 1713.

1497 *Ayad/Schafft*, BB 2002, 1711, 1713; *Jankowski*, GRUR 2010, 495, 499; *Engels/Stulz-Herrnstadt*, WRP 2005, 1218, 1223.

1498 *Jankowski*, GRUR 2010, 495, 499; *Ayad/Schafft*, BB 2002, 1711, 1713.

in einem gesonderten Text oder Textabschnitt ohne anderen Inhalt enthalten ist.[1499] Erforderlich ist zudem eine Opt-in-Gestaltung der Klausel, das heißt, sie darf nur aktiv erteilt werden, entweder durch ankreuzen eines Kästchens oder durch das Leisten einer gesonderten Unterschrift[1500] unmittelbar in der Nähe der vorformulierten Klausel. Das Vorlegen eines getrennten Formulars zur Unterschrift ist indes nicht erforderlich.[1501]

Ferner entfaltet die Klausel dann einen Überrumpelungseffekt, wenn der Vertragspartner während des Gesprächs anhand von Ablenkungsmanövern oder sachfremden Erwägungen die Entscheidungsmöglichkeit des Verbrauchers zu beeinflussen versucht.[1502]

Von einer überraschenden und damit unzulässigen Einwilligungsklausel ist dann auszugehen, wenn diese mit dem Vertragszweck in keinerlei Zusammenhang steht. Eine Klausel, die keine gewisse Nähe zum Vertragszweck aufweist, stellt sich als überraschend dar.[1503] Selbst wenn heutzutage Einwilligungsklauseln in Direktmarketingmaßnahmen eine verbreitete Praxis darstellen, braucht der Kunde nicht mit Einwilligungen bezüglich solcher Produkte zu rechnen, die mit dem Vertragszweck keine Verbindung aufweisen. Zulässig sind daher nur Einwilligungsklauseln, die sich auf gleiche oder ähnliche Produkte wie im Vertrag beschrieben beziehen.

b. Transparenzgebot nach § 307 Abs. 1 S. 2 BGB

Vorformulierte Einwilligungserklärungen müssen dem Transparenzgebot des § 307 Abs. 1 Nr. 2 BGB genügen. Das Transparenzgebot verpflichtet den Verwender von Allgemeinen Geschäftsbedingungen, die Rechte und Pflichten seines Vertragspartners klar und deutlich darzustellen, damit dieser über die Tragweite der Vertragsbedingungen ausreichend informiert ist. Maßstab für das Vorliegen eines Verstoßes gegen das Transparenzgebot ist die Sicht eines durchschnittlichen Vertreters der angesprochenen Kundenkreise[1504].

In erster Linie wirkt sich das Transparenzgebot auf die äußere Gestaltung des Einwilligungsformulars aus und steht mit dem Verbot überraschender Klauseln in Zusammenhang. Verboten unübersichtliche Klauseln, in Werbeanrufe, sofern diese Erklärung an versteckter Stelle mitten in einem Textblock untergebracht ist.[1505]

1499 BGH, Urteil vom 25.10.2012 – I ZR 169/10, GRUR 2013, 531, 533, Rdnr. 24 – Einwilligung in Werbeanrufe II; *Engels/Stulz-Herrnstadt*, WRP 2005, 1218, 1224.

1500 Vgl. *Ayad/Schafft*, BB 2002, 1711, 1713; *Lettl*, WRP 2009, 1315, 1329; *Engels/Stulz-Herrnstadt*, WRP 2005, 1218, 1224.

1501 So aber *Lettl*, WRP 2009, 1315, 1329.

1502 *Ayad/Schafft*, BB 2002, 1711, 1713; *Jankowski*, GRUR 2010, 495, 499.

1503 So auch *Ernst*, WRP 2009, 1455, 1460; Vgl. aber *Lettl*, WRP 2009, 1315, 1328, der strengere Kriterien stellt. Eine Klausel sei dann überraschend, „wenn sie sich auf Inhalte bezieht, die über das konkret angebahnte Rechtsgeschäft hinausgehen."

1504 *Wurmnest*, in MünchKomm, BGB, 7. Aufl. 2016, § 307 Rdnr. 62 m.w.N.

1505 *Wurmnest*, in MünchKomm, BGB, 7. Aufl. 2016, § 307 Rdnr. 58.

Für die Einwilligung in die Telefonwerbung von Bedeutung ist die Einhaltung des Bestimmtheitsgebots. Die Klausel muss dem Vertragspartner ermöglichen, die wirtschaftlichen Nachteile und Belastungen, wie dies nach den Umständen gefordert werden kann, zu überblicken, ihm mithin eine ausgewogene Entscheidung gewährleisten.[1506] Intransparent sind Einwilligungsklauseln in Telefonwerbung, wenn diese den Gegenstand der Werbung nicht hinreichend bestimmen oder den Kreis der Werbeberechtigten nicht eindeutig erkennen lassen und sich die Einwilligung damit auf Werbeanrufe durch nicht näher benannte Drittunternehmen erstrecken soll.[1507]

In zwei im Jahr 2009 ergangenen Entscheidungen betreffend eine vorformulierte Einwilligung im Rahmen eines Gewinnspiels hatte der 5. Senat des OLG Hamburg zu dieser Problematik Stellung genommen. Es handelte sich jeweils um ein Gewinnspiel, organisiert von der Zeitschriftenbranche. Unter einer Zeile befand sich die folgende Angabe: „Telefon-Nr. (zur Gewinnbenachrichtigung und für weitere interessante telefonische Angebote der Z-GmbH aus dem Abonnentenbereich, freiwillige Angabe, das Einverständnis kann jederzeit widerrufen werden)“[1508] bzw. “Tel (z.B. zur Gewinnbenachrichtigung u. für weitere interessante Angebote der Z-GmbH)“[1509]. In Bezug auf die erstgenannte Klausel hat das OLG Hamburg einen Verstoß gegen das Transparenzgebot angenommen, da die Klausel den Gegenstand etwaiger Abonnements nicht bestimmt hat.[1510] Die zweitgenannte Klausel hat nach Auffassung des Senats ebenfalls gegen das Transparenzgebot verstoßen, weil der Gegenstand dieser Anrufe unbestimmt geblieben ist und zudem unklar war, ob, neben dem Verwender weitere Personen oder Unternehmen zwecks Werbung anrufen durften.[1511]

c. Unangemessene Benachteiligung nach § 307 Abs. 2 Nr. 1

Bei der Inhaltskontrolle nach § 307 Abs. 1 S. 1, § 307 Abs. 2 Nr. 1 BGB ist zu prüfen, ob die vorformulierte Einwilligung den Vertragspartner entgegen den Geboten von Treu und Glauben unangemessen benachteiligt. Bei dieser Prüfung spielen dann auch die europarechtlichen Wertungen eine Rolle.

Eine pauschale unangemessene Benachteiligung nach § 307 Abs. 2 Nr. 1 BGB wegen Verstoßes gegen die Grundgedanken des § 7 Abs. 2 Nr. 2 UWG kann nicht

---

1506 BGH, Urteil vom 3.6.1998 – VIII ZR 317–97, NJW 1998, 3114, 3116.

1507 *Jankowski*, GRUR 2010, 495, 500; *Wurmnest*, in MünchKomm, BGB, 7. Aufl. 2016, § 307 Rdnr. 59.

1508 OLG Hamburg, Urteil vom 4.3.2009 – 5 U 260/08, MMR 2009, 557.

1509 OLG Hamburg, Urteil vom 4.3.2009 – 5 U 62/08, GRUR-RR 2009, 351 – Einwilligung in Gewinnbenachrichtigung mit Klausel.

1510 OLG Hamburg, Urteil vom 4.3.2009 – 5 U 260/08, MMR 2009, 557, 558 – Einwilligung in Telefonwerbung.

1511 OLG Hamburg, Urteil vom 4.3.2009 – 5 U 62/08, GRUR-RR, 2009, 351, 352 – Einwilligung in Gewinnbenachrichtigung mit Klausel.

angenommen werden. Die gesetzliche Regelung erlaubt gerade die Telefonwerbung bei Vorliegen einer wirksamen Einwilligung. Deshalb kann die Wirksamkeit ihrer Erteilung nicht pauschal aufgrund einer Abweichung von der gesetzlichen Regelung begründet werden.[1512] Zudem sind die europäischen Vorgaben des Art. 13 Abs. 3 Richtlinie 2002/58/EG zu berücksichtigen. Danach ist Telefonwerbung dann erlaubt, wenn der Betroffene entweder eine Einwilligung erteilt oder wenn der Betroffene der Einwilligung nicht widerspricht. Ein vollständiges Verbot der Telefonwerbung wird gerade nicht vorgesehen. Nach der Umsetzung des Opt-in-Prinzips in § 7 Abs. 2 Nr. 2 Alt. 1 UWG muss sichergestellt werden, dass eine im modernen Geschäftsleben praktikable Möglichkeit der Einholung der Einwilligung im privaten Bereich besteht, um ein faktisches Verbot der Telefonwerbung zu verhindern.[1513] Daher ist es notwendig, dass die Einwilligungserklärung durch AGB eingeholt werden kann.[1514]

Aus der Tatsache, dass mit § 7 Abs. 2 Nr. 2 Alt. 1 UWG die Bestimmungen des Art. 13 DSRL 2002/58/EG umgesetzt wurden, folgt das Gebot der gemeinschaftskonformen Auslegung des Einwilligungsbegriffes.[1515] Insbesondere ist sicherzustellen, dass der Verbraucher für den konkreten Fall und in Kenntnis der Sachlage gehandelt hat.[1516] Eine unangemessene Benachteiligung gemäß § 307 Abs. 2 Nr. 1 BGB kann sich somit dann ergeben, wenn diese Voraussetzungen fehlen.[1517]

Im Rahmen der AGB-Kontrolle ist insofern zu prüfen, inwiefern die Einwilligung den gesetzlichen Anforderungen entspricht, ob sie also ohne Zwang, für den konkreten Fall und in Kenntnis der Sachlage erfolgt. Eine Einwilligung wird „in Kenntnis der Sachlage" erteilt, wenn der Verbraucher weiß, dass seine Erklärung ein Einverständnis darstellt und worauf sie sich bezieht.[1518]Die Einwilligung erfolgt „für den konkreten Fall", wenn klar wird, welche Produkte oder Dienstleistungen und welchen Unternehmer sie konkret erfasst.[1519] In diesem Sinne erfüllt

---

1512 *Seichter/Witzmann*, WRP 2007, 699, 703, 705.

1513 BGH, Urteil vom 25.10.2012 – I ZR 169/10, GRUR 2013, 531, 533 - Einwilligung in Werbeanrufe II.

1514 BGH, Urteil vom 25.10.2012 – I ZR 169/10, GRUR 2013, 531, 533 - Einwilligung in Werbeanrufe II; Jankowski, GRUR 2010, 495, 497; *Seichter/Witzmann*, WRP 2007, 699, 703, 704; Wahl, WRP 2010, 599, 603.

1515 BGH, Urteil vom 25.10.2012 – I ZR 169/10, GRUR 2013, 531, 533 - Einwilligung in Werbeanrufe II.

1516 *Lettl*, WRP 2009, 1315, 1329; BGH, Urteil vom 25.10.2012 – I ZR 169/10, GRUR 2013, 531, 533 - Einwilligung in Werbeanrufe II.

1517 BGH, Urteil vom 25.10.2012 – I ZR 169/10, GRUR 2013, 531, 533 - Einwilligung in Werbeanrufe II.

1518 *Köhler*, in: *Köhler/Bornkamm/Feddersen*, UWG, 36. Aufl. 2018, Rdnr. 149 b; BGH, Urteil vom 25.10.2012 – I ZR 169/10, GRUR 2013, 531, 533 Rdnr. 24 - Einwilligung in Werbeanrufe II.

1519 *Köhler*, in: *Köhler/Bornkamm/Feddersen*, UWG, 36. Aufl. 2018, Rdnr. 149 b; BGH, Urteil vom 25.10.2012 – I ZR 169/10, GRUR 2013, 531, 533 Rdnr. 24 - Einwilligung in Werbeanrufe II.

eine Klausel, die den Werbegegenstand und den Werbeberechtigten nicht konkret definiert, nicht die Voraussetzungen an eine Einwilligung für den konkreten Fall.

Ferner verstößt eine Klausel, die auf einem Opt-out-Prinzip beruht gegen die Grundgedanken des § 7 Abs. 2 Nr. 2 UWG.[1520] Erforderlich ist daher, dass die Klausel positiv formuliert ist und der Einwilligende sein Einverständnis durch aktives Handeln abgibt, indem er ein Kästchen ankreuzt oder eine Sonderunterschrift leistet.

Zu berücksichtigen ist ferner das sogenannte Kopplungsverbot. Demnach darf die Abgabe einer Einwilligungserklärung keine notwendige Bedingung für die Wirksamkeit der vertraglichen Vereinbarung darstellen.[1521] Ebenso wenig darf die konkrete Gestaltung der Einwilligungserklärung einen solchen Eindruck vermitteln.[1522] Eine derartige Kopplung verhindert, dass der Verbraucher eine Entscheidung frei vom Zwang trifft. Er kann sich einem psychischen Druck ausgesetzt fühlen, für die Einwilligungserklärung nur deshalb zu optieren, um das Zustandekommen des Vertrags nicht zu gefährden.

d. Unangemessene Benachteiligung nach § 307 Abs. 1 S. 1 BGB

aa. Produkte, die in keinem Zusammenhang mit dem Vertrag stehen

Nicht direkt aus den Bestimmungen des § 7 Abs. 2 Nr. 2 UWG ergibt sich indes der zulässige Umfang des Werbegegenstands. Aus der Definition der Einwilligung resultiert die Notwendigkeit, die Einwilligung für den konkreten Fall zu formulieren, das heißt Werbende und Werbegegenstand genau zu beschreiben. Damit ist nichts darüber gesagt, auf welche Art von Produkten sich die Einwilligungsklausel zu beziehen hat. Infolgedessen vollzieht sich die Kontrolle hinsichtlich der Gattung des Werbegegenstands entgegen der Auffassung des OLG Hamburg[1523] nicht nach § 307 Abs. 2 Nr. 1 BGB, sondern nach der allgemeinen Generalklausel des § 307 Abs. 1 BGB. Es wird mithin nicht geprüft, ob die Klausel aufgrund der Produktpalette eine unangemessene Benachteiligung wegen der Abweichung von den Grundprinzipien des § 7 Abs. 2 Nr. 2 UWG darstellt, richtet sich die Prüfung der potenziellen unangemessenen Benachteiligung nach § 307 Abs. 1 S. 1 BGB. Aus dem Einwilligungsbegriff geht nicht hervor, dass eine Einschränkung der Produkte der Art nach vorzunehmen ist, solange der Werbegegenstand konkretisiert ist.

Eine unangemessene Benachteiligung i.S.d. § 307 Abs. 1 S. 1 BGB ist gegeben, wenn der Verwender durch einseitige Vertragsgestaltung missbräuchlich eigene Interessen entgegen den Geboten von Treu und Glauben auf Kosten

---

1520 Siehe oben Dritter Teil, Erstes Kapitel, D. V. 3.

1521 *Wahl*, WRP 2010, 599, 604; *Engels/Stulz-Herrnstadt*, WRP 2005, 1218, 1227.

1522 *Wahl*, WRP 2010, 599, 604.

1523 OLG Hamburg, Urteil vom 4.3.2009 – 5 U 62/08, MMR 2009, 557 – Einwilligung in Telefonwerbung; OLG Hamburg, Urteil vom 4.3.2009 – 5 U 62/08, GRUR-RR 2009, 351, 352 – Einwilligung in Gewinnbenachrichtigung mit Klausel.

seines Vertragspartners durchzusetzen versucht, ohne von vornherein auch dessen Belange hinreichend zu berücksichtigen und ihm einen angemessenen Ausgleich zuzugestehen.[1524]

Unter diesem Gesichtspunkt könnte eine Klausel, die Werbung für Produkte beinhaltet, die über den Vertragsgegenstand hinausgehen, eine unangemessene Benachteiligung darstellen.

In der Literatur wird es als grundsätzlich unerheblich betrachtet, ob die Werbung inhaltlich auf das bestehende Vertragsverhältnis beschränkt sein soll, solange die Einwilligungsklausel dem Verbraucher eine Wahlmöglichkeit für Telefonwerbung einräumt[1525] bzw. die Transparenzkontrolle gewahrt wird.[1526] Der Verbraucher sei sich im Falle einer Option für Telefonwerbung seines Handelns bewusst und könne daher auch die Reichweite seiner Erklärung absehen. Allerdings müsse sich die Werbebefugnis auf den Vertragspartner beschränken.[1527] Wenn die Klausel transparent formuliert sei, könne der Kunde auch die belastende Wirkung der Einwilligungserklärung erkennen, so dass Marketingmaßnahmen zu Gunsten anderer Vertragsabschlüsse für ihn kein unüberschaubares und von seinem Interesse nicht abgedecktes Risiko darstellen würden.[1528]

In *Telefonwerbung IV* erklärte der BGH eine in einem Eröffnungsantrag für ein Sparkonto integrierte vorformulierte Einverständniserklärung in Telefonwerbung „in Geldangelegenheiten“ wegen Verstoßes gegen § 9 Abs. 2 Nr. 1 AGBG (entspricht § 307 Abs. 2 Nr. 1 BGB) für unwirksam. Nach Ansicht des BGH war die Klausel zu weit gefasst, da sie telefonische Werbung auch in anderweitigen, über das Vertragsverhältnis mit der Bank hinausgehende Geldangelegenheiten ermöglichte.

Das OLG Hamburg tendiert dazu, eine Einwilligung in die Telefonwerbung, die im Rahmen eines Gewinnspiels auf einer in einer Zeitschrift befindlichen Karte abgegeben wurde zwecks Gewinnspielbenachrichtigungen und höchstens noch für Werbung für Zeitschriften oder Zeitungen zuzulassen, da ansonsten diese erheblich über den konkreten Zweck des Gewinnspiels hinausginge.[1529]

Im Rahmen der Beurteilung, ob eine unangemessene Benachteiligung des Verbrauchers vorliegt, ist eine Abwägung der beteiligten Interessen vorzunehmen. Hierbei ist nicht nur der Schutz des Verbrauchers vor Missbrauch, sondern auch die wirtschaftlichen Interessen des Werbenden zu berücksichtigen.[1530] Auf der Seite des Verwenders besteht das Interesse die eigenen Geschäftsabläufe durch das

1524 BGH, Urteil vom 3.11.1999 – VIII ZR 269/98, NJW 2000, 1110.
1525 *Engels/Stulz-Herrnstadt*, WRP 2005, 1218, 1227.
1526 *Wahl*, WRP 2010, 599, 604.
1527 *Wahl*, WRP 2010, 599, 604.
1528 *Engels/Stulz-Herrnstadt*, WRP 2005, 1218, 1227.
1529 OLG Hamburg, Urteil vom 4.3.2009 – 5 U 62/08, MMR 2009, 557, 557 – Einwilligung in Telefonwerbung; OLG Hamburg, Urteil vom 4.3.2009 – 5 U 62/08, GRUR-RR 2009, 351, 352 – Einwilligung in Gewinnbenachrichtigung mit Klausel.
1530 *Engels/Stulz-Herrnstadt*, WRP 2005, 1218, 1226.

Verwenden von ABG zu rationalisieren.[1531] Es ist mithin zu berücksichtigen, dass der Verwender durchaus ein legitimes Interesse daran haben kann, eine Einwilligung in die Telefonwerbung für Produkte, die mit dem Vertragsgegenstand nicht zusammenhängen, zu betreiben, so etwa nicht nur für Zeitungsabonnements, sondern auch für andere Produkte, wie zum Beispiel Haushaltsgeräte.[1532] Das Kundeninteresse überwiegt nur bei einer Missachtung schwerwiegender Kundeninteressen.[1533] Entscheidend bei der Erteilung der Einwilligung ist, ob dem Umworbenen durch eine vorformulierte Einwilligungsklausel der Schutz genommen wird, den das grundsätzliche Erfordernis einer Einwilligung ihm bieten soll[1534]. So müssen der Schutz der Privatsphäre und das Recht auf Selbstbestimmung gewahrt bleiben. Insbesondere muss der Einwilligende eine ausgewogene Entscheidung treffen können, ob er dem Werbenden gestattet, seine Privatsphäre zu betreten. Der Verbraucher kann einer transparenten Klausel zwar entnehmen, auf welche konkreten Produkte sich sein Einverständnis beziehen würde. Es ist allerdings auch zu berücksichtigen, dass selbst der durchschnittlich aufmerksame und gut unterrichtete Verbraucher seine Aufmerksamkeit auf den Vertragsgegenstand fokussiert und er sich nur eingeschränkt Gedanken machen kann, ob ihm die Werbung für andere Produkte einen Vorteil gewährt. Dadurch ist seine Kapazität, eine durchdachte Entscheidung zu treffen, stark eingeschränkt ist. Die Einschränkung des Werbegegenstands auf Produkte, die mit dem Vertrag eine Verbindung aufweisen, entfaltet für den Werbenden keine derartige Beeinträchtigung seines Geschäftsablaufs, die in ihrer Wirkung einem „Berufsverbot" und einer „(Konsum)Blockade"[1535] gleichkommt. Denn der Werbende kann in diesem Falle auf andere Möglichkeiten ausweichen, um eine Einwilligung in Telefonwerbung für Produkte, die mit dem Vertragsgegenstand keine Verbindung aufweisen, einzuholen.

Als Alternative kann der Werbende auf die Verwendung eines Sonderformulars zurückgreifen, das eine von dem Vertragsinhalt isolierte Einwilligungsklausel zum Gegenstand hat. Durch das Verwenden von physisch getrennten Formularen für die Einwilligung und für den Vertrag, löst sich die Kopplung an den Vertrag zumindest optisch aus. Es fragt sich, ob in diesem Falle die Einwilligungsklausel der üblichen AGB-Prüfung oder einer eingeschränkten AGB-Prüfung zu unterwerfen ist.

Nach einer in der Literatur vertretenen Auffassung ist der Inhalt der isolierten Einwilligung wertungsgemäß mit einer vertraglichen Leistungsvereinbarung i.S.d. § 307 Abs. 3 S. 1 BGB vergleichbar.[1536] Dies hat zur Konsequenz, dass die materielle

1531 *Engels/Stulz-Herrnstadt*, WRP 2005, 1218, 1226; BGH, Urteil vom 23.04.1991 – XI ZR 128/90 NJW 1991, 1886, 1888.
1532 Vgl. *Engels/Stulz-Herrnstadt*, WRP 2005, 1218, 1226.
1533 BGH, Urteil vom 8.7.1998 – VIII ZR 1–98, NJW 1998, 3119, 3120.
1534 *Ayad/Schafft*, BB 2002, 1711, 1714.
1535 *Engels/Stulz-Herrnstadt*, WRP 2005, 1218, 1226.
1536 *Ayad/Schafft*, BB 2002, 1711, 1714 f.

Inhaltskontrolle nach §§ 307–309 BGB entfällt.[1537] Unberührt bleiben nur die Transparenzkontrolle und die AGB-spezifischen Schutzansätze der §§ 305 Abs. 2, 305b und 305c Abs. 1 BGB.[1538] Vertragliche Leistungsvereinbarungen enthalten bloße Abreden über den unmittelbaren Gegenstand der Hauptleistung und unterliegen deshalb nicht der Inhaltskontrolle. Der Begriff der Leistungsbeschreibung umfasst solche Klauseln, die Art, Umfang oder Güte der geschuldeten Leistung festlegen.[1539] Entsprechendes müsse für einseitige Erklärungen gelten, die ausschließlich eine Einwilligung zum Gegenstand haben.[1540]

Klauseln, die die Hauptleistung einschränken, ausgestalten oder modifizieren, unterliegen dagegen der Inhaltskontrolle.[1541] Daraus folgt, dass eine Einwilligungsklausel keine bloße Leistungsbeschreibung darstellt. Die in der Einwilligungsklausel enthaltene Beschreibung des Werbegegenstands kann nicht isoliert von der übrigen Erklärung betrachtet werden. Vielmehr bewirkt die gesamte Einwilligungsklausel im Falle der Erteilung des Einverständnisses eine Neugestaltung der Rechtsbeziehungen zwischen den Parteien. Das geschieht derart, dass ein Verbot der Werbung und der Beeinträchtigung der Privatsphäre sich in ein Gebot umwandelt.[1542] Zwar beschreibt die Einwilligung den Umfang der Gestaltung der Rechtsbeziehungen. Der Verwender kann allerdings keine Kontrollfreiheit dadurch erreichen, dass er kontrollfreie (Leistungs-) Bestimmungen sprachlich unteilbar mit kontrollunterworfenen (Neben-) Bestimmungen verbindet, da in diesem Falle die gesamte Klausel der Inhaltskontrolle unterliegt.[1543] Im Übrigen passt der Gedanke der Unterwerfung von solchen Klauseln, die per se mit der Frage zusammenhängen, ob sie eine materielle Benachteiligung beinhalten können, nicht unter dem Schutzzweck der Norm § 307 Abs. 3 S. 2 BGB. „Die Abweichung vom objektiven Recht eröffnet stets die Inhaltskontrolle; ob der Vertragspartner hierdurch unangemessen benachteiligt wird, ist schon Thema dieser Inhaltskontrolle selbst."[1544] Zwar überschreitet die Frage, ob die Einwilligungsklausel sich auf Produkte beziehen darf, die mit dem Vertragsgegenstand nicht zusammenhängen, den Umfang der Prüfung des materiell geltenden Rechts nach § 7 Abs. 2 Nr. 2 UWG. Allerdings hat, wie eben erörtert, die gesamte Prüfung nach der Inhaltskontrolle zu erfolgen, eine isolierte Prüfung einzelner Bestimmungen ist nicht möglich.

Auch findet der Ausschluss der Inhaltskontrolle für isolierte Einwilligungsklauseln keine Rechtfertigung in der mangelnden Kontrollfähigkeit oder

---

1537 *Coester*, in: Staudinger BGB, Neubearb. 2013, § 307 Rdnr. 282.

1538 *Coester*, in: Staudinger BGB, Neubearb. 2013, § 307 Rdnr. 282.

1539 *Ayad/Schafft*, BB 2002, 1711, 1714.

1540 *Ayad/Schafft*, BB 2002, 1711, 1714.

1541 *Ayad/Schafft*, BB 2002, 1711, 1714, Fn. 39.

1542 Siehe oben Dritter Teil, Erstes Kapitel, A.

1543 *Coester*, in: Staudinger BGB, Neubearb. 2013, § 307 Rdnr. 282; BGH, Urteil vom 13.11.2012 – XI ZR 500/11, NJW 2013, 995 Rdnr. 39 f.

1544 *Coester*, in: Staudinger BGB, Neubearb. 2013, § 307 Rdnr. 287.

Kontrollbedürftigkeit.[1545] Konstitutive Inhalte, die bestimmen, „was verkauft, gebaut oder vermietet wird, welche Dienste in welchem Umfang zu erbringen sind oder welche Risiken versichert werden sollen, und welche Gegenleistung jeweils zu erbringen ist, [können] in einer auf Privatautonomie und freier Marktwirtschaft aufbauenden Rechtsordnung schlechterdings nicht staatlich vorgeschrieben werden." Allerdings folgt gerade aus dem Wesen der Einwilligung, dass der Umfang der beworbenen Produkte konkretisiert werden muss. Der Gedanke der Kontrollunfähigkeit von marktbezogenen Leistungen widerspricht gerade dem Sinn und Zweck der Einwilligung, die dem Schutz des Verbrauchers vor Beeinträchtigung seiner Privatsphäre dient. Mithin kann dieser nicht auf die Einwilligung übertragen werden. Im Falle einer AGB-Kontrolle erfährt der Verbraucher einen höheren Schutz, als ihm § 307 Abs. 3 S. 1 BGB mit der Einschränkung auf das Transparenzgebot gewährt. Aus dem Gesichtspunkt der Kontrollbedürftigkeit kann sich nichts anderes ergeben, da vorhandene vorrangige Mechanismen der privatautonomen Interessenwahrung nicht greifen.[1546] Auch erscheint der Verbraucher nicht weniger schutzbedürftig. Eine isolierte Einwilligungsklausel soll dem Verbraucher gerade mehr Schutz bieten, als dies eine in der Vertragsurkunde enthaltene Einwilligungsklausel, unzureichend tun würde.

Durch die physische Trennung der Vertragsurkunde und der Einwilligungserklärung wird gewährleistet, dass der Verbraucher eine bewusste Entscheidung trifft, ob er für solche Produkte umworben werden möchte. Die Einführung eines Sonderformulars gestattet dem Verbraucher, dies mitzunehmen, die Informationen zu verarbeiten und schließlich eine bewusste und überlegene Einwilligungserklärung auch zu einem späteren Zeitpunkt abzugeben. Wenn die Einwilligungserklärung in dem AGB-Formular enthalten ist, ist der Verbraucher gezwungen, eine Entscheidung über die Abgabe oder die Ablehnung der Einwilligung in die Telefonwerbung auf der Stelle zu treffen, da er letztlich den Hauptvertrag unterschreiben möchte oder muss. Bei der Mitnahme des Einwilligungsformulars entfällt die Gefahr, dass der Verbraucher mit verschiedenen Werbeprodukten überrumpelt wird, während er seine Aufmerksamkeit auf den Vertragsgegenstand richtet. Selbst wenn der Verbraucher für die Einwilligungserklärung in der Gegenwart seines Vertragspartners optiert, sieht er aufgrund der optischen Trennung, dass es sich dabei nicht unbedingt um eine Sache handelt, die mit dem Vertragsgegenstand zusammenhängt, und kann sich aussuchen, ob er sich auch damit auseinandersetzen möchte.

Als Zwischenergebnis steht fest, dass isolierte Einwilligungserklärungen der herkömmlichen Prüfung nach §§ 305 ff. BGB unterliegen.

1545 Siehe zu dem Sinn und Zweck der eingeschränkten AGB-Kontrolle nach § 307 Abs. 3 BGB *Coester*, in: Staudinger BGB, Neubearb. 2013, § 307 Rdnr. 283 ff.

1546 Zur Kontrollbedürftigkeit siehe *Coester*, in: Staudinger BGB, Neubearb. 2013, § 307 Rdnr. 285.

bb. Andere Unternehmen als der Vertragspartner

Fraglich ist ferner, ob die oben erarbeiteten Grundsätze sich auch auf Einwilligungsklauseln, die Telefonwerbung nicht nur durch den Vertragspartner, sondern auch durch andere Werbende gestatten, erstrecken sollen. Daraus würde folgen, dass diese zwingend in einem physisch getrennten Formular zu erfolgen haben. Soweit die Klausel den Kreis der Werbeadressaten nicht konkret benennt, ist sie bereits nach § 307 Abs. 2 Nr. 1 BGB i.V.m. § 7 Abs. 2 Nr. 2 UWG unzulässig, da diese nicht für den konkreten Fall formuliert ist. Eine Klausel, die Werbung nicht nur durch den Vertragspartner, sondern auch durch unbeteiligte Dritte ermöglicht, könnte jedoch eine unangemessene Benachteiligung für den Verbraucher darstellen, auch wenn der Dritte konkret benannt wird, da der Dritte mit dem Vertrag ebenfalls in keinem Zusammenhang steht. Zu berücksichtigen ist allerdings, dass der Kunde auch ein Interesse an Telefonwerbung für bestimmte Produkte haben könnte. Es muss nur gewährleistet sein, dass der Verbraucher eine freie und bewusste Wahl hinsichtlich des Werbegegenstands trifft. Wer der Werbende ist, spielt schließlich für einen Interessenten in der Regel keine Rolle. Im Gegensatz, ein breiteres Angebot an Produkten ermöglicht dem Verbraucher eine transparente Entscheidung zu treffen, da er auf diese Weise einen Überblick über die am Markt angebotenen Produkte zwecks Vergleichs gewinnen kann. Zudem löst diese Vorgehensweise einen positiven Nebeneffekt aus, weil dies den freien Wettbewerb fördert. Somit kann eine Einwilligungsklausel die Telefonanrufe zwecks Werbung auch durch andere Unternehmen als der Vertragspartner vorsieht in der Vertragsurkunde einbezogen werden. Die Klausel hält der AGB-Kontrolle allerdings nur stand, wenn die Drittunternehmen namentlich bekannt werden[1547], da ansonsten ein Verstoß gegen § 307 Abs. 2 Nr. 1 BGB i.V.m. § 7 Abs. 2 Nr. 2 UWG vorliegt. Ein Sonderformular ist nur für die Werbung erforderlich, die sich auf Produkte erstreckt, die mit dem Vertragsgegenstand in keinem Zusammenhang stehen.

III. Einholung der Einwilligung durch Teilnahme an Gewinnspielen

Grundsätzlich stellt die Einholung der Einwilligung durch Teilnahme an Gewinnspielen eine legitime Möglichkeit dar, die Einholung der Einwilligung in Telefonwerbung für bestimmte Produkte zu bewirken, sofern die gesetzlichen Anforderungen des § 7 Abs. 2 Nr. 2 UWG gewahrt bleiben. In dem Fall befand sich neben der Rubrik zur Angabe der Telefonnummer folgende Klausel: „Tel. (z.B. zur Gewinnbenachrichtigungen u. für weitere interessante telefonische Angebote der [...]". Der BGH nahm Bezug auf die *Payback*-Entscheidung[1548] und führte aus, dass „eine Einwilligung in eine Werbung unter Verwendung von elektronischer Post

1547 OLG Koblenz, Urteil vom 26.2.2014 – 9 U 1116/13, GRUR-RR 2014, 407, 409.
1548 BGH, Urteil vom 16.7.2008 – VIII ZR 348/06, GRUR 2008, 1010, 1012 – Payback.

nach § 7 Abs. 2 Nr. 3 UWG eine gesonderte, nur auf die Einwilligung in eine solche Werbung bezogene Zustimmungserklärung des Betroffenen erfordert („Opt-in"-Erklärung) und eine Einwilligung, die in Textpassagen enthalten ist, die auch andere Erklärungen oder Hinweise enthalten, diesen Anforderungen nicht gerecht wird."[1549] Diese Anforderungen übertrug BGH zu Recht auch auf die Einwilligung in die Telefonwerbung i.S.d. § 7 Abs. 2 Nr. 2 Alt. 1 UWG. Auch die Einwilligung in die Telefonwerbung erfordert eine „gesonderte – nur auf die Einwilligung in die Werbung mit einem Telefonanruf bezogene – Zustimmungserklärung des Betroffenen."[1550] Die Einwilligungsklausel im konkreten Fall erfüllt diese Anforderungen nicht, „da sie sich nicht nur auf die Werbung mit einem Telefonanruf, sondern auch auf die telefonische Benachrichtigung über einen Gewinn bezieht."[1551] In dieser Entscheidung spricht der BGH ein Kopplungsverbot der Einwilligung in die Telefonwerbung mit einer Einwilligung in eine andere Angelegenheit – hier in die Gewinnbenachrichtigung – aus. Auf diese Weise wird sichergestellt, dass Verbraucher die Zustimmung in die Telefonwerbung nicht nur deshalb erteilen, weil diese mit einem erwünschten Anruf, etwa der Gewinnbenachrichtigung, verbunden ist.[1552]

1. Die Grundlage für das Erfordernis einer gesonderten Einwilligung

Im Ergebnis ist der BGH-Auffassung zu folgen. Klärungsbedürftig ist, woraus sich die Notwendigkeit einer spezifischen Angabe ergibt.

a. Erwägungsgrund 17 DSRL 2002/58/EG

Der BGH hat das Trennungsgebot in der *Payback*-Entscheidung aus der Notwendigkeit einer „spezifischen Angabe" aus Erwägungsgrund 17 DSRL 2002/58/EG als zusätzliche Voraussetzung zu den sich aus der Legaldefinition der Einwilligung gemäß Art. 2 S. 2 lit. f) DSRL 2002/58/EG i.V.m. Art. Art. 2 lit. h) der RL 95/46/EG ergebenden Anforderungen an einer Einwilligung ohne Zwang, für den konkreten Fall und in Kenntnis der Sachlage hergeleitet.[1553] Erwägungsgrund 17 stellt jedoch, wie ein Vergleich mit den anderen Sprachfassungen der Richtlinie zeigt, keine zusätzliche Voraussetzung für die Wirksamkeit der Einwilligung

---

1549 BGH, Beschluss vom 14.4.2011 – I ZR 38/10, MMR 2011, 458, MMR 2011, 458 – Einwilligung in Telefonwerbung auf Gewinnspielkarte.
1550 BGH, Beschluss vom 14.4.2011 – I ZR 38/10, MMR 2011, 458, MMR 2011, 458 – Einwilligung in Telefonwerbung auf Gewinnspielkarte.
1551 BGH, Beschluss vom 14.4.2011 – I ZR 38/10, MMR 2011, 458, MMR 2011, 458 – Einwilligung in Telefonwerbung auf Gewinnspielkarte.
1552 Vgl. *Schulteis*, GRUR-Prax 2011, 246.
1553 BGH, Urteil vom 16.7.2008 – VIII ZR 348/06, GRUR 2008, 1010, 1012, Rdnr. 28–30 – Payback.

dar, sondern wiederholt lediglich die Definition der Einwilligung des Art. 2 lit. h) DSRL 95/46/EG.[1554] Die Definition der Einwilligung in Art. 2 lit. h) DSRL 95/46/EG in der englischen und in der französischen Version enthält die Wörter „specific" respektive „spécifique", die der deutschen Formulierung „für den konkreten Fall" entsprechen. Während die französische und die englische Sprachfassung des Erwägungsgrunds 17 diese Wortwahl beibehalten haben, taucht in der deutschen Fassung nicht mehr die Formulierung „für den konkreten Fall", sondern die der „spezifischen Angabe".[1555]

Somit sind die Formulierungen „für den konkreten Fall" und „spezifischen Angabe" deckungsgleich.

b. Das Merkmal „für den konkreten Fall"

Das Trennungsgebot leitet sich, wie vom BGH in der *Payback*-Entscheidung im Ergebnis richtig festgestellt, aus dem Wortlaut der DSRL 2002/58/EG, der eine spezifische Angabe verlangt ab Diese Anforderung stellt allerdings keine zusätzliche Voraussetzung zu der Definition der Einwilligung dar, sondern ist als Synonym für das Merkmal „im konkreten Fall" Teil der Definition.[1556] In der nach der *Payback*-Entscheidung folgenden Entscheidung *Einwilligung in Werbeanrufe II* machte der BGH keine Ausführungen zu der Herleitung des Merkmals „spezifische Angabe". In der Entscheidung *Einwilligung in Werbeanrufe II* sah der BGH die Einwilligung „für den konkreten Fall" als gegeben, wenn „klar wird, welche Produkte oder Dienstleistungen welcher Unternehmen die Einwilligung konkret erfasst."[1557] Weiterhin verlangte der BGH bei einer durch Ankreuzen erteilten Einwilligung, dass diese „in einem gesonderten Text oder Textabschnitt ohne anderen Inhalt enthalten ist."[1558]

Eine Einwilligung für den konkreten Fall setzt also voraus, dass der Zweck der Einwilligung klar und deutlich beschrieben wird.[1559] Das Transparenzgebot im Hinblick auf die Zweckbeschreibung der Einwilligung in die Telefonwerbung erfordert nicht nur eine genaue Beschreibung der Produkte und eine Benennung der Werbeunternehmen, sondern bezieht sich auch auf die optische Gestaltung der Einwilligungserklärung. Die Art.-29-Datenschutzgruppe empfiehlt in diesem Sinne, dass Einwilligungen nicht in den Allgemeinen Geschäftsbedingungen enthalten sind. Vorzugsweise „sollten stattdessen spezielle Einwilligungsklauseln gesondert

---

1554 *Hanloser*, CR 2008, 713, 717; *Rogosch*, Die Einwilligung im Datenschutzrecht, 2013, S. 121 f.

1555 Vgl. oben Dritter Teil, Zweites Kapitel, III. B. 3. B.

1556 Vgl. oben Dritter Teil, Zweites Kapitel III. B. 3. b.

1557 BGH, Urteil vom 25.10.2012 – I ZR 169/10, GRUR 2013, 531, 533, Rdnr. 24 - Einwilligung in Werbeanrufe II.

1558 BGH, Urteil vom 25.10.2012 – I ZR 169/10, GRUR 2013, 531, 533, Rdnr. 24 - Einwilligung in Werbeanrufe II.

1559 Stellungnahme 15/2011, WP187, S. 41.

von den übrigen allgemeinen Geschäftsbedingungen verwendet werden."[1560] Ein absolutes Verbot der Erteilung der Einwilligung durch AGB ist für die Konkretisierung des Zwecks der Einwilligung jedoch nicht notwendig. Im Gegenteil, die Möglichkeit der Einholung von Einwilligungserklärungen durch AGB muss aufgrund richtlinienkonformer Auslegung des Einwilligungsbegriffs des § 7 Abs. 2 Nr. 2 UWG erhalten bleiben.[1561] Mithin reicht es aus, dass die Einwilligungsklausel sich nur auf die Werbung mit einem Telefonanruf bezieht und in einem gesonderten Text oder Textabschnitt enthalten ist. Das Gebot einer klaren und deutlich verfassten Einwilligung wird durch das Verwenden einer isolierten Einwilligungsklausel verstärkt. Für vorformulierte Einwilligungsklauseln, die sich auf andere als auf die im Vertrag angebotenen Produkte beziehen, ist das Verwenden eines von den übrigen AGB isolierten Formulars zwingend.[1562]

c. Das Merkmal „in Kenntnis der Sachlage"

In zweiter Linie weist das Trennungsgebot Berührungen mit dem Erfordernis an einer „in Kenntnis der Sachlage erteilten Einwilligung" auf. In Kenntnis der Sachlage wird die Einwilligung dann erteilt, „wenn der Verbraucher weiß, dass seine Erklärung ein Einverständnis darstellt und worauf sie sich bezieht."[1563] Das Absondern der Einwilligung von sonstigen schriftlichen Erklärungen dient unter anderem auch dazu, dem Verbraucher eine bewusste Wahrnehmung über Inhalt und Tragweite der Einwilligung zu ermöglichen. Dadurch wird der Verbraucher in der Lage sein, eine bewusste Entscheidung darüber zu treffen, ob er sein Einverständnis mit der Telefonwerbung abgibt, oder dies verweigert. In diesem Sinne fordert Erwägungsgrund 32 S. 2 Entwurf der Datenschutzverordnung „vor allem bei Abgabe einer schriftlichen Erklärung in anderem Zusammenhang" Vorkehrungen zu treffen „die sicherstellen, dass die betroffene Person weiß, dass und wozu sie ihre Einwilligung erteilt."[1564]

2. Fazit

Das Trennungsgebot mit der Anforderung einer gesondert erteilten Einwilligung geht aus der Definition der Einwilligung selbst hervor, namentlich aus den Merkmalen einer „in Kenntnis der Sachlage" und „für den konkreten Fall" erteilten Einwilligung und resultiert, anders als die BGH-Begründung, nicht aus dem Merkmal der „spezifischen Angabe" des Erwägungsgrunds 17 DSRL 2002/58/EG.

1560 Stellungnahme 15/2011, WP187, S. 41.

1561 BGH, Urteil vom 25.10.2012 – I ZR 169/10, GRUR 2013, 531, 533, Rdnr. 21 – Einwilligung in Werbeanrufe II.

1562 Vgl oben Dritter Teil, Zweites Kapitel, IV. B. 2. D. 01.

1563 BGH, Urteil vom 25.10.2012 – I ZR 169/10, GRUR 2013, 531, 533, Rdnr. 24 – Einwilligung in Werbeanrufe II.

1564 KOM (2012) 11, S. 25.

IV. Anforderungen an die Einholung der Einwilligung in der Online-Welt

Die Möglichkeit der Einholung der Einwilligung in der Online-Welt stellt sich einerseits für Unternehmen aufgrund ihrer Praktikabilität als attraktiv dar, birgt jedoch andererseits die Gefahr des Identitätsmissbrauchs und kann zu Beweiserbringungsschwierigkeiten für Unternehmen führen. Die Erteilung der Einwilligung in der Online-Welt erfordert Identifikationsmechanismen und geeignete Beweissicherungsmöglichkeiten, die auf die jeweilige Einwilligungsart abgestimmt sind. Im Falle der Erteilung der Einwilligungserklärung durch Erteilung der elektronischen Signatur ergeben sich keine Probleme. Durch die Verwendung einer elektronischen Signatur wird zum einen sichergestellt, dass die Einwilligung ohne jeden Zweifel vorliegt; der Betroffene also bewusst und in Kenntnis der Sachlage in den Empfang von Werbung eingewilligt hat. Zum anderen kann das Unternehmen das aufgezeichnete Dokument für Beweiszwecke verwenden. Problematisch erscheint die Einholung der Einwilligung durch die Online-Eintragung der Identifikationsdaten und das anschließende Anklicken einer Schaltfläche. In diesem Falle ist die Einführung eines Double-opt-in-Verfahrens – unabhängig von der beabsichtigten Werbeart (Telefonwerbung, SMS-Werbung, E-Mail-Werbung) – erforderlich. Diese Pflicht gilt generell für die Einholung der Einwilligung in der Online-Umgebung und beschränkt sich nicht auf Einholung der Einwilligung im Zusammenhang mit der Anmeldung zu Gewinnspielen oder Newsletter-Abos.

1. Verbot des Double-Opt-in-Verfahrens via Bestätigungsmail für die Einwilligung in die Telefonwerbung

a. BGH-Entscheidung zu Double-opt-in-Verfahren betreffend Telefonwerbung

Mit Urteil vom 10.2.2011 hat der BGH[1565] über die Wirksamkeit einer im Rahmen eines Double-opt-in-Verfahrens im Zusammenhang mit einem Internetspiel gewonnenen Einwilligung in Werbeanrufe entschieden.

In diesem dem BGH zur Entscheidung vorgelegten Fall ging es um eine Krankenkasse, die Verbraucher zwecks Kundenakquise durch ein beauftragtes Unternehmen telefonisch umwarb. Die Kundendaten sowie das (vermeintliche) Einverständnis in die Telefonwerbung erhielt die Krankenkasse mithilfe eines Dritten, der zu diesem Zwecke Online-Gewinnspiele organisierte.

Die Formulierung des Gewinnspielformulars lautete:

> „Ich akzeptiere die AGB und bin damit einverstanden, von [...] und deren Partnern [...] telefonisch, postalisch und per E-Mail interessante Informationen [zu] erhalten. (u.a. Telekommunikation, Energie [Strom/Gas] und Gesundheit)."

1565 BGH, Urteil vom 10.2.2011 – I ZR 164/09, GRUR 2011, 936 – Double-opt-in-Verfahren.

Die Einholung der Einwilligung als Double-opt-in-Verfahren erfolgt in zwei Schritten. Der Gewinnspielteilnehmer markiert im ersten Schritt das Feld mit der Einverständniserklärung und das Feld „teilnehmen". Daraufhin wird er via E-Mail über die Eintragung in Kenntnis gesetzt und zugleich gebeten, einen Bestätigungslink anzuklicken. Die Bestätigung und mithin auch die Einwilligung erfolgen sodann im zweiten Schritt durch das Anklicken des Links. Der BGH prüfte, ob es der Beklagten gelang, das Vorliegen des Einverständnisses mit Werbeanrufen zu beweisen, ohne vorher zu klären, ob die Einholung der Einwilligung im Double-opt-in-Verfahren überhaupt zulässig ist.[1566]

b. Beweislage und Dokumentationspflicht für den Nachweis des Einverständnisses

Der BGH stellt klar, dass die Beweislast für das Vorliegen des Einverständnisses dem werbenden Unternehmen obliegt.[1567] „Für den Nachweis des Einverständnisses ist es erforderlich, dass der Werbende die konkrete Einverständniserklärung jedes einzelnen Verbrauchers vollständig dokumentiert."[1568] Der Nachweis kann nicht durch Verfahren erbracht werden, bei denen es unklar ist, ob das Einverständnis von dem Angerufenen stammt.[1569] Der BGH verlangt eine vollständige Dokumentationspflicht des Unternehmens für Beweiszwecke, „was im Fall einer elektronisch übermittelten Einverständniserklärung deren Speicherung und die jederzeitige Möglichkeit eines Ausdrucks voraussetzt".[1570] Der Nachweis der Einwilligung kann durch Zeugenaussagen nicht erbracht werden.[1571]

c. Bestätigungsmail als Nachweis ungeeignet

Im dem streitigen Verfahren konnte die Beklagte keinen Ausdruck einer Bestätigungsmail vorlegen. Dies war letztlich entbehrlich, denn laut BGH würde der durch den Absender elektronisch bestätigte Eingang eines Online-Formulars mit Angabe einer Telefonnummer als Beweis für das Vorliegen eines Einverständnisses

---

1566 BGH, Urteil vom 10.2.2011 – I ZR 164/09, GRUR 2011, 936, 938 Rdnr. 29 ff. – Double-opt-in-Verfahren.

1567 BGH, Urteil vom 10.2.2011 – I ZR 164/09, GRUR 2011, 936, 938, Rdnr. 30 – Double-opt-in-Verfahren; Siehe auch BGH, Urteil vom 11.3.2004 – I ZR 81/01, GRUR 2004, 517, 519 – E-Mail-Werbung I.

1568 BGH, Urteil vom 10.2.2011 – I ZR 164/09, GRUR 2011, 936, Leitsatz Nr. 2 sowie S. 938 Rdnr. 31– Double-opt-in-Verfahren.

1569 BGH, Urteil vom 10.2.2011 – I ZR 164/09, GRUR 2011, 936, Leitsatz Nr. 2 sowie S. 938 Rdnr. 31– Double-opt-in-Verfahren.

1570 BGH, Urteil vom 10.2.2011 – I ZR 164/09, GRUR 2011, 936, Leitsatz Nr. 2 – Double-opt-in-Verfahren.

1571 BGH, Urteil vom 10.2.2011 – I ZR 164/09, GRUR 2011, 936, 939 Rdnr. 33 – Double-opt-in-Verfahren.

mit Werbeanrufen ohnehin nicht ausreichen.[1572] Im Rahmen eines Double-opt-in-Verfahrens für die Einholung der Einwilligung in die Telefonwerbung darf also die Telefonnummerverifizierung nicht via Bestätigungsemail erfolgen. Anders liegt die Rechtslage bei der Erteilung der Einwilligung in den Empfang von E-Mail-Werbung. Der BGH[1573] entschied diesbezüglich, dass ein Double-opt-in-Verfahren, bei dem die Aufforderung zur Bestätigung durch E-Mail eingeht, ein geeignetes Verfahren für die Einholung der Einwilligung darstellt. Der Grund dieser Unterscheidung liegt darin, dass eine Bestätigungsmail keine Übereinstimmung zwischen der Identität des Absenders und der des Inhabers der angegebenen Telefonnummer gewährleisten kann. Es kann verschiedene Gründe dafür geben, dass eine falsche Telefonnummer in ein Online-Teilnahmeformular eingetragen wird. Es kann sein, dass der Absender aus Versehen eine falsche Telefonnummer eingegeben hat, weil er in bester Absicht eine andere Person für die Werbung anmelden wollte. Gegebenenfalls kann die Angabe einer falschen Nummer mit böswilligem Hintergrund erfolgen. Ferner können Minderjährige die Telefonnummer ihrer Eltern eingetragen haben. Auch sind Belästigungs- und Schädigungsabsichten nicht auszuschließen.[1574] Kann jedoch der Werbende beweisen, dass der Telefonanschluss der E-Mail-Adresse, unter der die Bestätigung abgesandt wurde, zuzuordnen ist, trägt der Verbraucher die Beweislast dafür, dass er kein Einverständnis mit der Telefonwerbung abgegeben hat.[1575] Allein die Bestätigungsmail führt jedoch, anders als bei der E-Mail-Werbung, nicht zu einer Beweislastumkehr.[1576]

2. *Vergleich mit der Einwilligung in die E-Mail-Werbung*

Das Double-opt-in-Verfahren zur Einholung der Einwilligung in die Telefonwerbung erfordert also andere Verifizierungsmechanismen als die Einwilligung in E-Mail-Werbung. Nur für letztere erkennt die Rechtsprechung die Möglichkeit der Einholung der Einwilligung via Bestätigungsmail.[1577] Die Bestätigung mittels

---

1572 BGH, Urteil vom 10.2.2011 – I ZR 164/09, GRUR 2011, 936, 939 Rdnr. 37 – Double-opt-in-Verfahren.

1573 BGH, Urteil vom 11.3.2004 – I ZR 81/01, GRUR 2004, 517, 519 – E-Mail-Werbung I.

1574 Zu den Gründen der Falscheingabe siehe BGH, Urteil vom 10.2.2011 – I ZR 164/09, GRUR 2011, 936, 939, Rdnr. 39– Double-opt-in-Verfahren.

1575 BGH, Urteil vom 10.2.2011 – I ZR 164/09, GRUR 2011, 936, 939, Rdnr. 40 – Double-opt-in-Verfahren.

1576 BGH, Urteil vom 10.2.2011 – I ZR 164/09, GRUR 2011, 936, 939, Rdnr. 40 – Double-opt-in-Verfahren.

1577 LG Essen, Urteil vom 20.4.2009 – 4 O 368/08, GRUR-RR 2009, 353, 354; AG Berlin-Mitte, Urt. v. 11.6.2008 - 21 C 43/08, BeckRS 2008, 25029; OLG Dresden, Urteil vom 22.9.2009 - 14 U 721/09, BeckRS 2011, 03063; in dieser Richtung auch BGH, Urteil vom 10.2.2011 – I ZR 164/09, GRUR 2011, 936, 939, Rndr. 39 – Double-opt-in-Verfahren unter Verweis auf BGH, Urteil vom 11.3.2004 – I ZR 81/01, GRUR 2004, 517, 519 - E-Mail-Werbung I.

Aktivieren eines Links oder Zurücksendens einer E-Mail stellt sicher, dass die E-Mail-Werbung tatsächlich an die im Anmeldeformular eingetragene E-Mail-Adresse erfolgen soll. Mit dem Eingang der Bestätigung wird hinreichend dokumentiert, dass der Verbraucher, der im Teilnahmeformular für das Zusenden von E-Mail-Werbung optiert hat, tatsächlich sein ausdrückliches Einverständnis mit der E-Mail-Werbung erklärt hat. Es wird somit für den Regelfall ausgeschlossen, dass die Versendung von E-Mail-Werbung auf Falscheingaben beruht. Die Missbrauchsgefahr ist bei diesem Verfahren verschwindend gering, da der Empfänger durch die Bestätigung mittels Aktivieren eines Links oder Zurücksendens einer E-Mail aktiv tätig werden muss.[1578] Es darf insofern angenommen werden, dass „der Zugang zum E-Mail-Postfach in der Regel nur Personen möglich ist, die berechtigterweise Nutzername und Passwort kennen, so dass eine Betätigung des Bestätigungslinks durch einen unberechtigten Dritten ausgeschlossen ist".[1579] Dagegen kann ein Single-opt-in[1580]- oder ein Confirmed-opt-in-Modell[1581] nicht gewährleisten, dass der Werbeempfänger tatsächlich sein Einverständnis mit dem Empfang von Werbemails abgegeben hat, weshalb diese Modelle von der Rechtsprechung als ungeeignete Methode qualifiziert werden.[1582]

1578 Zustimmend *Leible*, in: MünchKomm, UWG, 2. Aufl. 2014, § 7 Rdnr. 164.

1579 *Weller*, jurisPR-ITR 3/2013 Anm. 4.

1580 Als Beispiel für ein unzulässiges Single-opt-in-Verfahren sei der Fall genannt, indem der Anbieter eines Online-Spiels Teilnehmer auffordert, ihre Daten einzutragen. Die Webseite enthält einen Link, der mit dem Hinweis ausgestattet ist, diese Daten können zu Zwecke der Werbung verwendet werden und mit der Teilnahme am Gewinnspiel erfolgt auch das Einverständnis mit der Werbung. Für die Teilnahme am Gewinnspiel ist es jedoch nicht nötig, den Link abzurufen - Beispiel leicht abgeändert aus Artikel-29-Datenschutzgruppe, WP 187, Stellungnahme 15/2011, S. 28; Ebenso um ein Single-opt-in-Verfahren handelt es sich bei dem Verfahren, wonach die Zustimmung in den Versand von E-Mail-Werbung durch die Eintragung des Betroffenen auf der Webseite des Werbenden als Empfänger des Newsletters geschehen soll, dazu LG Essen, Urteil vom 20.4.2009 – 4 O 368/08, GRUR-RR 2009, 353; siehe auch AG Hamburg, Urteil vom 11.10.2006 – 6 C 404/06, NJOZ 2008, 1990, 1993.

1581 Bei einem Confirmed-opt-in-Verfahren erhält die betroffene Person nach dem Bestellen eines Newsletter-Abonnements nach der Eintragung eine E-Mail zugeschickt, in der sie auf das soeben getätigte Abonnement hingewiesen wird. Eine Bestätigung seitens des Eintragenden wird jedoch nicht angefragt. Wenn der Empfänger untätig bleibt und der E-Mail nicht widerspricht, bekommt er weitere Werbe-E-Mails; Vgl. dazu LG Heidelberg, Urteil vom 23.09.2009 – 1 S 15/09, BeckRS 2009, 86453; AG Düsseldorf, Urteil vom 14.7.2009 – 48 C 1911/09, BeckRS 2009, 25861; Nur im Rahmen eines Double-opt-in-Verfahrens kann sich der Betroffene vor unerwünschter Werbung schützen, indem er auf die Bestätigungsaufforderung nicht reagiert. Vgl. AG Hamburg, Urteil vom 11. 10. 2006 – 6 C 404/06, NJOZ 2008, 1990, 1993.

1582 LG Heidelberg, Urteil vom 23.09.2009 – 1 S 15/09, BeckRS 2009, 86453; AG Hamburg, Urteil vom 11.10.2006 – 6 C 404/06NJOZ 2008, 1990, 1993; AG Düsseldorf,

Liegt die Bestätigung vor und bestreitet der Verbraucher dennoch das Vorliegen eines Einverständnisses, tritt eine Beweislastumkehr zu Lasten des Verbrauchers ein. Es obliegt in diesem Fall dem Verbraucher, zu beweisen, dass die unter dieser Adresse abgegebene Einwilligung in die E-Mail-Werbung nicht von ihm stammt.[1583]

3. *Klarstellungsbedürfnis*

Mit dem Hinweis, dass „ein elektronisch durchgeführtes Double-opt-in-Verfahren ein tatsächlich fehlendes Einverständnis von Verbrauchern nicht ersetzen“ kann,[1584] deutet der BGH an, dass das Double-opt-in-Verfahren via Bestätigungsaufforderung per E-Mail ungeeignet ist, ein Einverständnis mit der Telefonwerbung herbeizuführen. Diese Ansicht begründet BGH damit, dass die Bestätigungsmail im elektronischen Verfahren als Nachweis eines Einverständnisses in Werbeanrufe nicht ausreicht[1585], da „kein notwendiger Zusammenhang zwischen der E-Mail-Adresse, unter der der Teilnahmeantrag abgesandt wurde, und der in Teilnahmeantrag angegebenen Telefonnummer besteht.“[1586]

Diese Argumentation erscheint dogmatisch angreifbar, da sie die materiellrechtlichen Fragen mit prozessrechtlichen Fragen die Beweiserbringung betreffend vermengt. Das mangelnde Einverständnis in die Telefonwerbung infolge der Durchführung eines Double-opt-in-Verfahrens, also die Nichterfüllung des Tatbestands des § 7 Abs. 2 Nr. 2 Alt. 1 UWG, wird mit der Ungeeignetheit zur Beweiserbringung begründet. Bestätigt wird diese Vorgehensweise auch durch die Aufnahme folgender Formulierung in den Entscheidungsleitsatz Nr. 3: „Durch eine Bestätigungsmail im elektronischen Double-opt-in-Verfahren wird [kein]Einverständnis des Verbrauchers mit Werbeanrufen *belegt*[1587][...].“

Vorzugswürdiger erscheint es zwischen den materiell-rechtlichen Anforderungen an eine wirksame Einwilligung einerseits und den Anforderungen an die Beweiserbringung andererseits zu unterscheiden.

Die Notwendigkeit des Vorliegens einer eindeutigen Einwilligung ergibt sich zwar nicht direkt aus der Legaldefinition der Einwilligung in Art. 2 lit. h) DSRL 95/46/EG, worauf Art. 2 Abs. 2 lit. f) DSRL 2002/58/EG verweist. Art. 7 lit. a) DSRL 95/46/EG konkretisiert die Anforderungen an die Einwilligung und verlangt, dass

---

Urteil vom 14.7.2009 – 48 C 1911/09, BeckRS 2009, 25861; LG Essen, Urteil vom 20.4.2009 – 4 O 368/08, GRUR-RR 2009, 353.

1583 BGH, Urteil vom 10.2.2011 – I ZR 164/09, GRUR 2011, 936, 939, Rdnr. 37 f – Double-opt-in-Verfahren.

1584 BGH, Urteil vom 10.2.2011 – I ZR 164/09, GRUR 2011, 936, 939, Rdnr. 3636 – Double-opt-in-Verfahren.

1585 BGH, Urteil vom 10.2.2011 – I ZR 164/09, GRUR 2011, 936, 939, Rdnr. 40. – Double-opt-in-Verfahren.

1586 BGH, Urteil vom 10.2.2011 – I ZR 164/09, GRUR 2011, 936, 939, Rdnr. 3939 – Double-opt-in-Verfahren.

1587 Hervorhebung durch die Verfasserin.

die betreffende Person die Einwilligung „ohne jeden Zweifel" geäußert haben muss, damit eine Verarbeitung personenbezogener Daten zulässig ist. Aus Erwägungsgrund 17 der Richtlinie 2002/59/EG geht hervor, dass der Einwilligungsbegriff i.S.d. DSRL 2002/59/EG mit dem der DSRL 95/46/EG deckungsgleich ist, mithin auch „ohne Zweifel" erfolgen muss.[1588] Daraus ergibt sich, dass das Verfahren zur Einholung und Erteilung der Einwilligung keinen Zweifel an die Einwilligungsabsicht der betroffenen Person erwarten lassen darf.[1589] Insbesondere bei einer telefonischen Einwilligung oder einer Einwilligung per Internet ist das Vorliegen einer ohne Zweifel erfolgten Einwilligung sorgfältig zu prüfen.[1590] Das Double-opt-in-Verfahren via Bestätigungsmail gewährleistet keine Übereinstimmung zwischen der Identität der Person, deren Telefonnummer im Teilnahmeformular angegeben wurde, mit der Identität der Person, von der die Bestätigungsmail stammt. Vor dem Hintergrund dieser Mehrdeutigkeit[1591], kann von einer zweifelslosen Einwilligungserklärung nicht ausgegangen werden.

Die Aufnahme des Merkmals „ohne jeden Zweifel" in die Definition der Einwilligung oder die Aufnahme einer ähnlichen Formulierung, die sicherstellt, dass an der Einwilligungsabsicht der betroffenen Person keinen Zweifel besteht und eine auf Schweigen basierende Einwilligung ausgeschlossen ist, wurde von der Expertengruppe Artikel-29-Datenschutzgruppe vorgeschlagen.[1592] In der Definition der Einwilligung des Art. 4 Nr. 8 Datenschutzverordnung-Entwurf[1593] wurde nunmehr das Merkmal „explizit" aufgenommen[1594]. Es ist insofern davon auszugehen, dass der europäische Gesetzgeber dadurch beabsichtigte, dem Hinweis der Artikel-29-Datenschutzgruppe Folge zu leisten. Das Wort „explizit" ist geeignet sicherzustellen, dass die Einwilligung einer Handlung bedarf und auf Schweigen basierende Einwilligungen unwirksam sind. Dies bezweckte auch die Artikel-29-Datenschutzgruppe mit ihrem Vorschlag.[1595] Es erscheint jedoch fraglich, ob das Wort „explizit" darüber hinaus sicherstellen möchte, dass Werbende dem Erfordernis der Nutzung von Mechanismen, die keinen Zweifel an der Zustimmungsabsicht der betroffenen Person erkennen lassen, nachkommen.[1596]

1588 Siehe oben Dritter Teil, Erstes Kapitel, II. B. 4.

1589 Artikel-29-Datenschutzgruppe, WP 187, Stellungnahme 15/2011, S. 25.

1590 Artikel-29-Datenschutzgruppe, WP 187, Stellungnahme 15/2011, S. 25.

1591 Artikel-29-Datenschutzgruppe, WP 187, Stellungnahme 15/2011, S. 25.

1592 Artikel-29-Datenschutzgruppe, WP 187, Stellungnahme 15/2011, S. 25, S. 43 f.

1593 KOM (2012) 11, S. 48.

1594 Die Definition der Einwilligung lautet demnach: „Einwilligung der betroffenen Person jede ohne Zwang, für den konkreten Fall und in Kenntnis der Sachlage erfolgte explizite Willensbekundung in Form einer Erklärung oder einer sonstigen eindeutigen Handlung, mit der die betroffene Person zu verstehen gibt, dass sie mit der Verarbeitung der sie betreffenden personenbezogenen Daten einverstanden ist."

1595 Artikel-29-Datenschutzgruppe, WP 187, Stellungnahme 15/2011, S. 43.

1596 So die Absicht der Artikel-29-Datenschutzgruppe, WP 187, Stellungnahme 15/2011, S. 43.

4. *Double-opt-in-Verfahren für die Telefonverifizierung*

In diesem Sinne obliegt es werbenden Unternehmen insbesondere für die Online-Welt, Mechanismen einzuführen, die eine Einholung der Einwilligung ermöglichen und die Beweiserbringung sichern.[1597] Fest steht, dass ein Double-opt-in-Verfahren, das auf einer Bestätigungsmail basiert, nicht geeignet ist, die Richtigkeit der Telefonnummer zu überprüfen, da dieses eine erhöhte Manipulationsgefahr birgt. Sichere Mechanismen für die Überprüfung der Telefonnummer bietet das auf die Telefonverifizierung[1598] abgestimmte Doube-opt-in-Verfahren. Von solchen Telefonverifizierungssystemen macht die Direktmarketingbranche insbesondere nach dem Erlass des BGH-Urteils vom 10.2.2011[1599] gebrauch. Dafür gibt es technische Möglichkeiten. Vorhandene Telefonverifizierungssysteme ermöglichen sowohl die Verifizierung einer angegebenen Festnetznummer als auch die Verifizierung einer Mobilfunknummer. Werbende Unternehmen können dabei die Verifizierung der Telefonnummer bereits dann veranlassen, wenn Kunden das Anmeldeformular ausfüllen. Dabei ist es nicht notwendig, dass der Kunde das Anmeldeformular verlässt. Das werbende Unternehmen muss ein Verifizierungsprogramm auf seiner Webseite installieren.[1600] In Betracht kommt z.B. ein einheitliches Verifizierungssystem für die Verifizierung von Festnetznummern und von Mobilfunknummern. Der Kunde wird gebeten, im Anmeldeformular seine aktuelle Telefonnummer einzutragen und einen Link „jetzt anrufen“ anzuklicken. Dadurch wird die Telefonnummer über ein Ticket an den Anbieter des Verifizierungssystems übermittelt, der sodann den Kunden anruft und ihm den von dem Unternehmen ausgewählten Begrüßungstext abspielt. Zugleich wird der Kunde gebeten, einen vierstelligen Verifizierungsziffercode auf der Webseite des Unternehmens anzugeben. In diesem Zuge wird der Code von dem Server des Verifizierungsunternehmens auf den Server des auftraggebenden Unternehmens weitergeleitet, damit der Code mit der eigenen Applikation verglichen werden kann.[1601]

Aktuell wird von spezialisierten Unternehmen[1602] ein weiteres Verifizierungssystem angeboten, das eine differenzierte Vorgehensweise für die Festnetznummer einerseits und für die Mobilfunknummer andererseits vorsieht.

1597 Artikel-29-Datenschutzgruppe, WP 187, Stellungnahme 15/2011, S. 43 f.

1598 *Leible/Günther*, Anm. zu BGH, Urteil vom 10.2.2011 – Double-opt-in-Verfahren, GRUR 2011, 939,940 Rdnr. 6 weisen darauf hin, dass sich ein Verstoß gegen § 7 Abs. 2 Nr. 2 UWG durch das Einführen eines telefonischen Verifizierungssystems verhindern lässt.

1599 BGH, Urteil vom 10.2.2011 – I ZR 164/09, GRUR 2011, 936 – Double-opt-in-Verfahren.

1600 Das Erwerben eines Verifizierungsprogramms zwecks Installation auf der eigenen Webseite wird zum Beispiel von 12check verification angeboten: http://www.12check.eu/installation, abgerufen am 21.08.2014 um 15:54 Uhr.

1601 Die Schilderung des Verifizierungsablaufs stammt von http://www.12check.eu/ablauf, abgerufen am 21.08.2014.

1602 So zum Beispiel das Unternehmen „TelefonVerifizierung.de“: http://www.telefonverifizierung.de/, zuletzt abgerufen am 21.08.2017.

Dabei erfolgt die Verifizierung einer Festnetznummer über einen Service-Anruf, während die Verifizierung der Mobilfunknummer über eine Verifizierungs-SMS vorgenommen wird. Wie in dem oben beschriebenen Verfahren wird der Kunde bei der Angabe einer Festnetznummer im Registrierungsprozess über die nötige Verifizierung informiert. Im Falle einer Bestätigung erfolgt ein Anruf. Der Kunde wird, anders als im Rahmen des oben beschriebenen Systems, nicht aufgefordert einen Code anzugeben, sondern er muss im Falle der Bestätigung oder falls er die Verifizierung verweigert eine bestimmte Taste drücken. Findet eine positive Verifizierung statt, dann übermittelt das Verifizierungsunternehmen das Ergebnis dem Server des auftraggebenden Unternehmens.

Hingegen basiert das Verifizierungssystem der Mobilfunknummer auf der Angabe eines sechsstelligen Verifizierungscodes, den der Kunde via SMS nebst individuellem Begrüßungstext erhält, falls der Kunde im Verifizierungsverfahren zugestimmt hat. Wenn der Kunde den richtigen Verifizierungscode angegeben hat, wird sichergestellt, dass er Zugriff auf das Telefon hat und die Telefonnummer existiert. Beruft sich der Betroffene auf einen unberechtigten Zugriff auf das Telefongerät oder sonstige Manipulationen, trägt er die Beweislast hierfür.

5. *Rechtskonforme Gestaltung des Double-opt-in-Verfahrens*

a. *Bestätigungsanruf oder Bestätigungs-SMS als Werbung*

Für die Erteilung einer Online-Einwilligung in die Telefonwerbung ist eine Telefonverifizierung erforderlich. Während für die Online-Einwilligung in den Empfang von Werbemails eine Bestätigungsaufforderung per E-Mail und die folgende Linkbestätigung ein geeignetes Verfahren darstellen, unterliegt das Einholen der Einwilligung in die Telefonwerbung in der Online-Welt einem eigenen Verifizierungssystem. Zu konkretisieren bleibt, welcher rechtliche Rahmen für das Zusenden der Bestätigungsaufforderungen gilt. Bei einer Telefonverifizierung kann das Verfahren derart konzipiert werden, dass der Kunde den Verifizierungsvorgang durch Anklicken einer Schaltfläche auf der Unternehmer-Webseite startet, unabhängig davon, ob die Verifizierung mittels Server-Anruf oder Verifizierungs-SMS erfolgt. Fraglich ist, ob dadurch eine ausdrückliche Einwilligung in den Bestätigungsanruf oder in die Bestätigungs-SMS erfolgt oder, wenn nicht, ob der Bestätigungsanruf oder die Bestätigungs-SMS gegen § 7 Abs. 2 Nr. 2 bzw. Nr. 3 UWG verstößt. Diese Frage bedarf nur dann der Klärung, wenn der Bestätigungsanruf bzw. die Bestätigungs-SMS selbst als Werbung einzustufen wären. Diese Frage wurde bislang in Schrifttum und Rechtsprechung, soweit bekannt, nicht besonders behandelt.[1603] die Problematik ist jedoch aus dem Zusammenhang mit der Natur der Bestätigungsmail bekannt.

1603 *Leenen* weist darauf hin, dass die Münchener Entscheidung, Urteil vom 27.9.2012 – 29 U 1682/12, wonach die Bestätigungsmail Werbung darstellt und insofern einer Einwilligung bedarf, alle Opt-in-Verfahren betrifft, Double-Opt-In: nach dem OLG

b. Diskussionsstand betreffend die Natur der Bestätigungsmail

aa. Münchener OLG-Entscheidung

Im Rahmen des Double-opt-in-Verfahrens per Bestätigungsmail wird kontrovers diskutiert, ob die Bestätigungsmail ihrerseits Werbung darstellt, mit der Folge, dass diese dann gegen § 7 Abs. 2 Nr. 3 UWG verstößt. In seiner Entscheidung zum Double-opt-in-Verfahren vom 10.2.2011 geht der BGH nicht ausdrücklich auf diese Frage ein. Indem der BGH aber das double-opt-in-Verfahren für die E-Mail-Werbung als geeignete Methode zur Erlangung und Dokumentation der Einwilligung sieht[1604], erlaubt der Gerichtshof den Rückschluss, dass er die Bestätigungsmail nicht als Werbung ansieht[1605]. Die Instanzgerichte[1606] tendieren ebenfalls dazu, der bloßen Bestätigung keinen Werbecharakter zuzusprechen und das Double-opt-in-Verfahren per Bestätigungsmail als geeignete Methode für die Einholung der Einwilligung in die E-Mail-Werbung einzustufen. Das Schrifttum schließt sich überwiegend den Instanzgerichten an.[1607]

Die Diskussion[1608] betreffend die Natur einer E-Mail, die eine Aufforderung zur Bestätigung beinhaltet verursachte das OLG München durch sein am 27.9.2012

München beißt sich die Katze in den Schwanz, https://www.cmshs-bloggt.de/tmc/e-commerce-recht/double-opt-in-nach-dem-olg-muenchen-beisst-sich-die-katze-in-den-schwanz/ abgerufen am 21.08.2017.

1604 BGH, Urteil vom 10.2.2011 – I ZR 164/09, GRUR 2011, 936, 939, Rdnr. 37 – Double-opt-in-Verfahren: „Geht ein Teilnahmeantrag elektronisch ein, so kann dessen Absender durch eine E-Mail um Bestätigung seines Teilnahmewunsches gebeten werden", m.w.N. auf seine frühere Rspr. BGH, Urteil vom 11.3.2004 – I ZR 81/01, GRUR 2004, 517, 519 – E-Mail-Werbung I.

1605 So auch *Heidrich*, MMR 2013, 40, 40, Rdnr. 3; *Gramespacher*, WRP 2013, 113, 114 Rdnr. 8; *Leenen*, Nach dem OLG München beißt sich die Katze in den Schwanz, https://www.cmshs-bloggt.de/tmc/e-commerce-recht/double-opt-in-nach-dem-olg-muenchen-beisst-sich-die-katze-in-den-schwanz/, abgerufen am 21.08.2017.

1606 AG München, Urteil vom 30.11.2006 – 161 C 29330/06, GRUR-RR 2007, 128; AG Berlin-Mitte, Urteil vom 11.6.2008 – 21 C 43/08, BeckRS 2008, 25029; LG Essen, Urteil vom 20.4.2009 – 4 O 368/08, GRUR-RR 2009, 353, 354; OLG Dresden, Urteil vom 22.9.2009 – 14 U 721/09, BeckRS 2011, 03063.

1607 *Köhler*, in: *Köhler/Bornkamm/Feddersen*, UWG, 36. Aufl. 2018, § 7 Rdnr. 189; Gramespacher, WRP 2013, 113; *Mankowski*, in: *Fezer/Büscher/Obergfell*, UWG, 3. Aufl. 2016 § 7 Rdnr. 219; *Leible/Günther*, GRUR 2011, 939, 940; *Schöttler*, jurisPR-ITR 11/2009, Anm. 2; *Klinger*, jurisPR-ITR 16/2009, Anm. 3; *Ernst*, WRP 2013, 160, 162 f., Rdnr. 18; Weller, jurisPR-ITR 3/2013 Anm. 4; *Heidrich*, Anm. zu OLG München, OLG München, Urteil vom 27.09.2012 – 29 U 1682/12, MMR 2013, 40; *Redeker*, IT-Recht, 5. Aufl. 2012, D. Rdnr. 1352; a. A. *Voigt*, BB 2013, 20.

1608 *Ernst*, WRP 2013, 160; *Gramespacher*, WRP 2013, 111; *Voigt*, BB 2013, 20; *Möller*, jurisPR-WettbR 2/2013 Anm. 3; *Weller*, jurisPR-ITR 3/2013 Anm. 4; *Heidrich*, Anm. zu OLG München, OLG München, Urteil vom 27.09.2012 – 29 U 1682/12, MMR 2013, 40.

erlassenes Urteil.[1609] Das Münchener OLG hatte - nach dem Erlass des Double-opt-in-Verfahren-Urteil des BGH - entschieden, dass eine Bestätigungsmail zum Empfang eines Newsletter Werbung darstellt und wegen des Ausbleibens einer Einwilligung gegen § 7 Abs. 2 Nr. 3 UWG bzw. gegen § 823 BGB im Falle der Verletzung des allgemeinen Persönlichkeitsrechts oder des Rechts am eingerichteten und ausgeübten Gewerbebetriebs verstößt.

bb. Paradoxes Ergebnis

Der paradoxe Charakter[1610] der OLG München-Entscheidung liegt auf der Hand. Demnach ist zwar eine E-Mail-Werbung an die Person zulässig, die im Rahmen von Double-opt-in-Verfahren ihre E-Mail-Adresse abgegeben hat, nachdem diese die Bestätigungshandlung, meist Anklicken eines Links, vorgenommen hat. Allerdings ist die für das Double-opt-in-Verfahren notwendige Bestätigungsmail wegen Verstoßes gegen § 7 Abs. 2 Nr. 3 UWG als unerbetene Werbung unzulässig. Im Ergebnis hatte also in der Münchener Entscheidung die Unterlassungsklage nur in Bezug auf die erste von einer Anlageberatungsgesellschaft gesendete E-Mail Erfolg, die die Aufforderung zur Bestätigung beinhaltete, da ein Unterlassungsanspruch aus §§ 823 Abs. 1, 1004 BGB wegen rechtswidrigen Eingriffs in den eingerichteten und ausgeübten Gewerbebetrieb bejaht wurde. Dagegen hatte die Klage in Bezug auf die zweite E-Mail, die die Steuerberatungsgesellschaft empfing, keinen Erfolg. Das Gericht bejahte das Vorliegen einer Einwilligung, die Mitarbeiter mangels anderweitiger Angaben durch das Anklicken des Links abgegeben haben sollen. Widersprüchlich erscheint auch, die Bestätigungshandlung zu tätigen, um Werbung empfangen zu können und sich später dennoch darauf berufen zu können, dass man diese Bestätigungsaufforderung, die aber für den Empfang von Werbung erforderlich ist, unerwünscht und belästigend findet.[1611] Um Widersprüche zu vermeiden soll dieser Einwand dem E-Mail-Empfänger, der die Bestätigung durchgeführt hat, auch dann verwehrt bleiben, wenn die Bestätigungsmail nicht auf seine Initiative zurückzuführen ist.[1612]

cc. Bestätigungsmail als Werbung

Zur Einordnung der Bestätigungsmail in die Kategorie Werbung gelangt das Münchener Gericht unter Heranziehung des allgemeinen Sprachgebrauchs und der

---

1609 OLG München, Urteil vom 27.09.2012 - 29 U 1682/12, MMR 2013, 38; zustimmend: Voigt, BB 2013, 20; ablehnend: *Gramespacher*, WRP 2013, 113; *Ernst*, WRP 2013, 160, 162 f., Rdnr. 18; *Weller*, jurisPR-ITR 3/2013 Anm. 4; *Heidrich*, Anm. zu OLG München, OLG München, Urteil vom 27.09.2012 - 29 U 1682/12, MMR 2013, 40.

1610 So *Gramespacher*, WRP 2013, 113, 113; *Weller*, jurisPR-ITR 3/2013 Anm. 4.

1611 *Weller*, jurisPR-ITR 3/2013 Anm. 4; *Heidrich*, MMR 2013, 40, 40 Rdnr. 4.

1612 *Weller*, jurisPR-ITR 3/2013 Anm. 4.

Definition der Einwilligung in Art. 2 Nr. 1 der RL 2006/114/EG über irreführende und vergleichende Werbung und weist darauf hin, dass der BGH[1613] zur Auslegung des Begriffs Werbung denselben Weg einschlägt.[1614] Die Ansicht des OLG München vermag nicht zu überzeugen. Nach der Legaldefinition in Art. 2 Nr. 1 der RL 2006/114/EG ist Werbung jede Äußerung bei der Ausübung eines Handels, Gewerbes, Handwerks oder freien Berufs mit dem Ziel, den Absatz von Waren oder die Erbringung von Dienstleistungen zu fördern.[1615] Das auch die Bestätigungsmail eine Werbung in diesem Sinne darstellt argumentierte das OLG München wie folgt: Das am Absatz orientierte Verständnis des Begriffs Werbung der RL 2006/114/EG ermögliche, die Bestätigungsmail ebenfalls als Werbung zu sehen, da die Aufforderung zur Bestätigung eines Werbewunsches in dem zu entscheidenden Fall der Absatzförderung diene, hier der Förderung von Erbringung von Dienstleistungen (Anlageberatung), auch wenn zuerst lediglich die Einholung der Einwilligung als erster Schritt angestrebt worden sei.[1616] Die Bestätigungsaufforderung stelle als Äußerung, die im unmittelbaren Zusammenhang mit der Förderung der Anlagetätigkeit steht, Werbung i.S.d. § 7 Abs. 2 Nr. 3 UWG dar. Unerheblich sei, dass die Bestätigungsmail selbst inhaltlich keine Werbebotschaft beinhalte.[1617] In seiner Argumentation nahm das OLG München Bezug auf die *FC Troschenreuth*-Entscheidungen des BGH[1618], in denen der BGH die Nachfragewerbung unter Berücksichtigung des Sinns und Zwecks des § 7 Abs. 2 UWG als Werbung qualifiziert hatte. Die zitierte BGH-Entscheidung behandelte allerdings einen ganz anderen Sachverhalt. Denn in der *FC Troschenreuth*-Entscheidung ging es um eine Anfrage bezüglich des Platzierens eines Werbebanners auf der Webseite des FC Troschenreuth e.V, so dass eine Werbebotschaft vorhanden war. Das Angebot beschreibt ganz genau Leistung und Gegenleistung und würde im Falle der Annahme die Rechtsbeziehungen zwischen den Beteiligten derart gestalten, dass der Verein Absatzmittler des Absenders wäre.[1619] Dagegen urteilte das OLG München über die Natur einer E-Mail, die keine Werbebotschaft beinhaltete.

Der BGH betonte in der erwähnten Entscheidung, dass alle auf Absatzförderung gerichtete Handlungen bzw. Äußerungen eines Unternehmens Werbung i.S.d. § 7 Abs. 2 Nr. 3 UWG darstellen.[1620] Selbstverständlich sind sämtliche Aktivitäten eines am Wirtschaftsleben beteiligten Unternehmens auf den Absatz von Waren oder

---

1613 BGH, Beschluss vom 20.5.2009 – I ZR 218/07, GRUR 2009, 980 – E-Mail-Werbung II.

1614 OLG München, Urteil vom 27.09.2012 – 29 U 1682/12, MMR 2013, 38.

1615 OLG München, Urteil vom 27.09.2012 – 29 U 1682/12, MMR 2013, 38.

1616 OLG München, Urteil vom 27.09.2012 – 29 U 1682/12, MMR 2013, 38.

1617 OLG München, Urteil vom 27.09.2012 – 29 U 1682/12, MMR 2013, 38.

1618 BGH, Urteil vom 17.7.2008 – I ZR 197/05, GRUR 2008, 925, Rdnr. 14 – FC Troschenreuth.

1619 *Weller*, jurisPR-ITR 3/2013 Anm. 4.

1620 BGH, Urteil vom 17.7.2008 – I ZR 197/05, GRUR 2008, 925, 926, Rdnr. 16 – FC Troschenreuth.

Dienstleistungen gerichtet. Dieser Umstand allein reicht allerdings nicht für die Annahme einer Werbetätigkeit. Ansonsten käme man zu dem abstrusen Gedanken, eine Prämie, die die Mietarbeiter belohnen und motivieren soll, um schließlich gute Arbeit zu leisten und den unternehmerischen Absatz zu erhöhen, als Werbung zu kategorisieren. Um solche abstruse Ergebnisse zu konterkarieren, bedarf es klarer Kriterien für die Beurteilung, welche Handlungen eines Unternehmens Werbung darstellen.

dd. Begriff der Werbung: das Unmittelbarkeitserfordernis

Das OLG München stützt sich für die Einstufung der Bestätigungsmail als Werbung darauf, dass die Bestätigungsmail in unmittelbarem Zusammenhang mit der Förderung der Absatztätigkeit des Unternehmens steht.[1621]

ee. Kritik an der OLG-Entscheidung

i. Unmittelbarkeitserfordernis fehlt

Gramespacher spricht der Bestätigungsmail die Werbeeigenschaft mit dem Argument ab, diese sei nicht auf den Absatz gerichtet, weil diese nicht der Einholung einer Einwilligung, sondern nur der Dokumentation derselben diene. Die Bestätigungsmail verfolge vielmehr „das Ziel der Verifikation und Bestätigung der vorangegangenen Eintragung der E-Mail-Adresse und einer darin liegenden Einwilligung des Eintragenden."[1622] Nach der in dieser Dissertation vertretenen Auffassung führt erst die der Bestätigungsaufforderung folgende tatsächliche Bestätigungshandlung zum Entstehen einer Einwilligung, da erst dann angenommen werden kann, dass eine Einwilligung „ohne jeden Zweifel" besteht (double-opt-in-Verfahren).[1623] Demnach ist die Bestätigungsaufforderung per E-Mail ein notwendiger Schritt zur Einholung der Einwilligung. Es stellt sich insofern die Frage, ob Handlungen und Aussagen, die auf eine Einholung der Einwilligung in die Werbung gerichtet sind, als absatzfördernd angesehen werden können. Das Zusenden der Bestätigungsmail dient lediglich dazu, eine Gewissheit zu erlangen, dass der Empfänger der E-Mail Postfachberechtigter ist und mit dem Erhalt von Werbebotschaften, die dann ihrerseits den Absatz fördern, einverstanden ist.[1624] Indes bleibt irrelevant, dass die Bestätigungsmail keine Werbebotschaft in der Form eines Hinweises auf

1621 Demgegenüber lässt der BGH für die Annahme von Werbung genügen, dass die unternehmerische Maßnahme *mittelbar* auf die Absatzförderung gerichtet ist: BGH, Urteil vom 17.7.2008 – I ZR 197/05, GRUR 2008, 925, 926, Rdnr. 16 – FC Troschenreuth; BGH, Urteil vom 17.7.2008 – I ZR 75/06, GRUR 2008, 923, 924, Rdnr. 13 – Faxanfrage im Autohandel.

1622 *Gramespacher*, WRP 2013, 114 Rdnr. 6.

1623 Siehe oben Dritter Teil, Erstes Kapitel, B. 2.4.

1624 *Weller*, jurisPR-ITR 3/2013 Anm. 4

einen möglichen Vertragsschluss enthält[1625], denn Unternehmer können Werbeziele auch durch dezente Hinweise auf die eigenen Leistungen verschleiern. Der Werbecharakter einer Handlung erfordert keine ausdrückliche Bezugnahme der Werbebotschaft auf einen Vertragsschluss. Sollte hingegen die E-Mail mit der Bestätigungsaufforderung „mit Werbeaussagen und Bildern vollgepackt" sein, handelt es sich offensichtlich um unerbetene Werbung.[1626]

ii. Unmöglichkeit der Einholung einer Einwilligung und Beweisschwierigkeiten

Vor allem sprechen praktische Aspekte dafür die Bestätigungsmail als Teil des Verfahrens zur Einholung der Einwilligung und nicht als Werbung zu qualifizieren. Für die Online-Welt oder für die fernmündliche Kommunikation müssen Möglichkeiten bestehen, wirksam eine Einwilligung in die Telefonwerbung einzuholen. Die „bloße" Bestätigungsaufforderung in einem „automatisierten und technisierten" Double-opt-in-Verfahren ist einer „verfahrensimmanenten Systemrückmeldung" gleichzustellen.[1627] Die Bestätigungsaufforderung stellt sich als notwendiger Schritt zur Einholung der Einwilligung dar und ist nicht als Werbung zu qualifizieren. Etwas anderes gilt nur, wenn die Bestätigungsaufforderung eine Werbebotschaft enthält. Die Einwilligung selbst stellt auch keine Werbung dar. Dies muss dann erst recht für die einzelnen Schritte des Verfahrens für die Einholung der Einwilligung gelten.

Darüber hinaus kann eine gültige Einwilligung erst nach der Vornahme der Bestätigung via Linkaktivierung abgegeben werden, da erst dann ausreichende Sicherheit im Hinblick auf die Identität des Einwilligenden besteht. Die Einstufung der Bestätigungsmail als E-Mail-Werbung führt zu sinnlosen Ergebnissen. Wenn bereits die Bestätigungsmail Werbung darstellen würde, wäre es technisch unmöglich, eine Einwilligung per E-Mail oder Telefon einzuholen. Zudem wäre es technisch nicht möglich, einen glaubhaften Beweis, in gespeicherter und dokumentierter Form, für die Zustimmung in den Versand der Bestätigungsnachricht zu erbringen.[1628] Möglich wäre nur das Erfassen der IP-Adresse. Dies ist allerdings unzureichend, da ihre Verwertung zur Feststellung der Identität des

---

1625 So aber *Weller*, jurisPR-ITR 3/2013 Anm. 4.

1626 *Heidrich*, MMR 2013, 40, 40 Rdnr. 2.

1627 So *Gramespacher*, WRP 2013, 113 f, Rdnr. 5.

1628 *Heidrich*, MMR 2013, 40, 40, Rdnr. 5; siehe auch die Kommentierung von *Leenen* auf dem csmshs Blog, Nach dem OLG München beißt sich die Katze in den Schwanz: „ein entsprechender Beweis (für die Zustimmung in die Sendung einer Bestätigungsmail) wird nahezu unmöglich sein – und zwar unabhängig davon, ob hier jemand sich mit der Anmeldung einen Spaß erlaubt oder ob die Anmeldung eine gewollte und legitime ist.", https://www.cmshs-bloggt.de/tmc/e-commerce-recht/double-opt-in-nach-dem-olg-muenchen-beisst-sich-die-katze-in-den-schwanz/, abgerufen am 21.08.2017.

Anschlussinhabers aus datenschutzrechtlichem Grund nur im Strafverfahren oder zur Wahrung der Rechte des „geistigen Eigentums“ zulässig ist.[1629] Zudem wäre der User und gegebenenfalls der Inhaber der E-Mail-Adresse nicht zwingend der Inhaber der IP-Adresse.[1630] “In Zeiten in denen WLANs in fast jedem Haushalt existieren und in aller Regel das Internet unter den Mitgliedern geteilt wird, fehlt noch ein gutes Stück zum vollwertigen Beweis. Ohne die Hilfe einer sekundären Beweislast und dem glücklichen Sachverhalt, dass der Anschlussinhaber den Anschluss alleine nutzt und dies zugibt, scheitert der Beweis spätestens hier.“[1631] Der Nachweis könnte daher nur über ein „Medienbruch“ via Zusenden per Post erbracht werden.[1632] Allerdings muss der redliche Unternehmer bereits aufgrund des Erfordernisses zur Einhaltung des Double-opt-in-Verfahrens mit Kundenverlust rechnen, da nicht alle Kunden die Bestätigung anklicken, sei es aus Bequemlichkeit oder aus Sicherheitsbedenken.[1633] Den redlichen Unternehmen soll es möglich bleiben, eine Einwilligung in die Werbung im Onlineverfahren ohne Rechtsverstoß erlangen zu können.[1634]

Beurteilt man hingegen die Bestätigungsmail als unverlangte Werbung, bleibt der Werbewirtschaft verwehrt, das Double-opt-in-Verfahren rechtskonform durchzuführen.[1635] Dafür wären gewichtige Argumente vonnöten. Dem OLG München gelingt es aber nicht, solche Argumente vorzubringen.[1636]

1629 *Heidrich*, MMR 2013, 40, 40, Rdnr. 5; Siehe auch *Redeker*, IT-Recht, 5. Aufl. 2012, D. Rdnr. 1328 f; Siehe ferner auch die Kommentierung von *Leenen* auf dem csmshs Blog, Nach dem OLG München beißt sich die Katze in den Schwanz: „Denn zum einen ist die Speicherung der IP von Nutzern rechtlich nicht immer – und jedenfalls nicht zeitlich grenzenlos – unbedenklich. Zum anderen ist die IP ohne Auskunftsanspruch beim Provider auch nur eine lange Zahl (bzw. eine noch längere Zeichenfolge) ohne Beweiswert.“, https://www.cmshs-bloggt.de/tmc/e-commerce-recht/double-opt-in-nach-dem-olg-muenchen-beisst-sich-die-katze-in-den-schwanz/, abgerufen am 21.08.2017.

1630 *Heidrich*, MMR 2013, 40, 40, Rdnr. 5; *Leenen* auf dem csmshs Blog, Nach dem OLG München beißt sich die Katze in den Schwanz, https://www.cmshs-bloggt.de/tmc/e-commerce-recht/double-opt-in-nach-dem-olg-muenchen-beisst-sich-die-katze-in-den-schwanz/, abgerufen am 21.08.2017.

1631 *Leenen* auf dem csmshs Blog, Nach dem OLG München beißt sich die Katze in den Schwanz, https://www.cmshs-bloggt.de/tmc/e-commerce-recht/double-opt-in-nach-dem-olg-muenchen-beisst-sich-die-katze-in-den-schwanz/, abgerufen am 21.08.2017.

1632 *Heidrich*, MMR 2013, 40, 40, Rdnr. 5.

1633 *Heidrich*, MMR 2013, 40, 40, Rdnr. 5.

1634 So auch *Ernst*, WRP 2013, 160, 163, Rdnr. 21.

1635 *Weller*, jurisPR-ITR 3/2013 Anm. 4

1636 *Heidrich*, Anm. zu OLG München, OLG München, Urteil vom 27.09.2012 – 29 U 1682/12, MMR 2013, 40, 40 Rdnr. 1.

c. *Qualifikation des Bestätigungsanrufs bzw. der Bestätigungs-SMS*

Zur Natur der Bestätigungsanruf kann auf die obigen Ausführungen zur Natur der Bestätigungsmail verwiesen werden mit der Folge, dass auch dem Bestätigungsanruf bzw. der Bestätigungs-SMS einen Werbecharakter abgesprochen werden muss.

In erster Linie sind die Voraussetzungen für das Vorliegen einer Werbung nicht erfüllt, da es an dem erforderlichen Unmittelbarkeitszusammenhang mangelt. Auch der Anruf bzw. die SMS mit dem Begrüßungstext des Unternehmens und der Bitte um Bestätigung durch Eingabe eines Codes oder durch Drücken einer Taste enthalten keine Werbebotschaft und sind nicht unmittelbar auf den Absatz gerichtet, sondern zielen auf die Einholung der Einwilligung für Werbeanrufe ab. Sie stellen einen notwendigen Zwischenschritt innerhalb des Verfahrens zur Einholung der Einwilligung dar. Als Zwischenschritt entfernt sich die Bestätigungsaufforderung zu sehr von dem eigentlichen Unternehmensziel, das Absetzen von Produkten oder Dienstleistungen zu fördern, so dass die Bestätigungsaufforderung nicht als unmittelbar mit der Absatzförderung zusammenhängende Botschaft bezeichnet werden kann. Erst die nachfolgenden Werbeanrufe stehen in unmittelbarem Zusammenhang mit dem Unternehmensabsatz. Zudem liefert die Bestätigungsaufforderung keine Garantie dafür, dass es tatsächlich zu einem Werbeanruf kommen wird. Die Zulässigkeit des Werbeanrufs ist von dem konkreten Handeln des Empfängers der Bestätigungsaufforderung abhängig. Der Empfänger kann der Bestätigungsaufforderung nachgehen, diese ablehnen oder ignorieren.

Die Bestätigungsaufforderung zielt also unmittelbar auf die Einholung der Einwilligung. Das Double-opt-in-Verfahren ist für die Prüfung der Identität der angegebenen Telefonnummer notwendig und dazu geeignet, zu verhindern, dass aufgrund von Falscheingaben unerwünschte Werbeanrufe getätigt werden.[1637]

Auch der Umstand, dass unerwünschte Werbeanrufe belästigender als E-Mails angesehen werden – da der Betroffene den Zeitpunkt der Entgegennahme des Anrufs, anders als den Zeitpunkt der Abrufung der E-Mail- oder SMS-Botschaft, nicht frei wählen kann[1638] – rechtfertigt nicht die Qualifikation des Bestätigungsanrufs als Werbung. Zwar verursacht ein unerbetener Anruf eine höhere Beeinträchtigung der Privatsphäre und eine stärkere Belästigung als der Empfang einer unerwünschten Werbeemail. Eine Belästigung tritt auch bei einer Bestätigungsaufforderung per Anruf, falls diese nicht auf die Initiative des Telefonnummerinhabers zurückzuführen ist. Zu berücksichtigen ist jedoch, dass hierbei eine direkte Interaktion mit dem Werbenden nicht erfolgt. Folglich schiedet die Gefahr einer unüberlegten Entscheidung – so wie im Falle der Telefonwerbung aufgrund des besonderen Sprachgeschicks von Call-center-Agenten –angenommen wird – aus.

1637 Vgl. BGH, Urteil vom 11.3.2004 – I ZR 81/01, GRUR 2004, 517,519 – E-Mail-Werbung I bzgl. der Überprüfung der angegebenen E-Mail-Adresse.

1638 Vgl. BGH, Urteil vom 11.3.2004 – I ZR 81/01, GRUR 2004, 517, 518 – E-Mail-Werbung I.

Im Übrigen kann der Belästigungsgrad keinen Unmittelbarkeitszusammenhang mit der Absatzförderung begründen.

Zudem erscheint es paradox, die Bestätigungsaufforderung durch Telefonanruf oder SMS als Werbung einzustufen, wenn eine Einwilligung in die Bestätigungsaufforderung nicht wirksam eingeholt werden und andererseits der Beweis hierfür technisch unmöglich erbracht werden kann. Eine „ohne jeden Zweifel" bzw. explizit erfolgte Einwilligung verlangt Gewissheit über die Identität der einwilligenden Person.[1639] Diese Identitätsprüfung wird durch den Bestätigungsakt erwirkt, worauf die Bestätigungsaufforderung schließlich auch abzielt. Infolgedessen ist der Bestätigungsakt konstitutive Voraussetzung für eine wirksame Einwilligung. In Konsequenz dessen kann bis zum Bestätigungsakt gar keine wirksame Einwilligung eingeholt werden. Zudem ist es technisch unmöglich, den Beweis für das Vorliegen einer Einwilligung in einen Bestätigungsanruf oder in eine Bestätigungs-SMS einzubringen, da die Ermittlung der IP-Adresse hierfür untaugliches Beweismittel ist.[1640]

Würde man hingegen die Bestätigungsaufforderung als Werbung einstufen, könnten redliche Unternehmen unmöglich eine Einwilligung für Werbeanrufe in der Online-Welt in die Wege leiten, ohne zugleich einen Verstoß gegen § 7 Abs. 2 Nr. 2 UWG bzw. § 7 Abs. 2 Nr. 3 UWG zu begehen. Dies führt zu einem bizarren Ergebnis. Ein völliger Verzicht auf die Möglichkeit der Einholung der Einwilligung in einem Online-Verfahren ist Unternehmen angesichts der Bedeutung der digitalen Welt in der heutigen Gesellschaft nicht zumutbar.

d. Sonderfall: unternehmensintern generierte Bestätigungsanrufe, Bestätigungs-SMS oder Bestätigungsmail

Denkbar erscheint, dass die Sendung der Bestätigungsmail gar nicht extern, sondern unternehmensintern veranlasst wurde, in der Hoffnung, der Kunde werde den Link bestätigen, obwohl in diesem Fall der Kunde an keinem Anmeldevorgang beteiligt war. Eine auf die Einwilligung in den Empfang von Newsletter zielende Bestätigungsmail weist in der Regel folgenden Inhalt auf: *„Sie haben sich mit Ihrer Email-Adresse an folgendem Newsletter angemeldet. Wenn diese Angaben richtig sind bitten wir Sie folgenden URL zu klicken um das Abonnement zu bestätigen. Sollte das aber ein Fehler sein, so bitten wir Sie diese Email einfach nur zu löschen. Vielen Dank"*[1641] Empfänger solcher E-Mails sind typischerweise Besucher von Seiten, die dort keine Daten hinterlassen. Das Auffinden deren Daten ist „vermutlich aus einer Kombination aus „Browser-Fingerabdruck", Geodaten und sonstigen Informationen bei Social Networks bzw. anderweitig ausgefüllten Formularen möglich"[1642]. In diesem Fall ist der Unternehmer nicht schutzwürdig. Er bezweckt gar

1639 Siehe oben Dritter Teil, Erstes Kapitel B. 2. 4.
1640 Siehe oben Dritter Teil, Zweites Kapitel, D. IV. 5. b. ee. ii.
1641 *Ernst*, WRP 2013, 160, 162, Rdnr. 12.
1642 *Ernst*, WRP 2013, 160, 163, Rdnr. 21, m.w.N.

nicht eine Verifizierung der E-Mail-Adresse im Rahmen eines Anmeldevorgangs, sondern versucht auf betrügerische Weise eine Einholung der Einwilligung zu bewirken. Die Bestätigungsaufforderung ist nicht Teil des automatisierten Einwilligungsverfahrens, sondern als Spam und daher als Verstoß gegen § 7 Abs. 2 Nr. 3 UWG zu qualifizieren, wenn der Adressat zuvor keine Leistung angefordert hatte.[1643] In der Praxis dürfte das Entlarven solcher unternehmensintern generierter Bestätigungsmails nicht schwer fallen, da der Unternehmer verpflichtet ist, den Anmeldevorgang zu dokumentieren. Das Einführen der Schaltfläche für die Freischaltung der Sendung der Bestätigungsmail minimiert das Risiko von unternehmensintern generierten Bestätigungsmails und sollte auch aus diesem Grund von seriösen Unternehmen eingeführt werden. Ob die Schaltfläche unternehmensintern gesteuert wird, kann anhand der IP-Adresse verifiziert werden. Fraglich ist, wer die Beweislast dafür trägt, dass die Bestätigungsaufforderung nicht unternehmensintern generiert ist. Das Double-opt-in-Verfahren begründet eine Pflicht des Unternehmers „durch geeignete Maßnahmen sicherzustellen, dass es nicht zu fehlerhaften Zusendungen[1644] kommt, etwa auf Grund unrichtiger Eingabe oder Speicherung von E-Mail-Adressen“[1645]. Der Betreiber einer Online-Dienstplattform hat nach der Rechtsprechung sicherzustellen, dass Dritte ohne deren Zustimmung nicht in E-Mail-Verteilerlisten eingetragen werden.[1646] Beruft sich der Unternehmer auf das Vorhandensein einer Anmeldung zum Empfang von E-Mail, obliegt es ihm, die spezifische Anmeldung unter Beweis zu stellen.[1647] Es kann nicht ausgeschlossen werden, dass durch den Unternehmer selbst unter Umgehung des Anmeldevorgangs die Anschrift des Betroffenen ermittelt und in seine Verteilerliste aufgenommen wurden oder dass ein Dritter den Betroffenen unter Angabe seiner Daten angemeldet hat.[1648] Das AG Hamburg verpflichtet den Unternehmer, die Anmeldung zum Empfang von E-Mail durch Übersendung einer Anfrage unter der in der Anmeldung angegeben Anschrift bestätigen zu lassen, um auf diese Weise sicherzustellen, dass tatsächlich der Empfänger der Bestätigungsaufforderung und nicht ein beliebiger Dritter die Übersendung der E-Mails wünscht.[1649] Auch im Rahmen einer Internetauktion muss nach den jetzigen Beweisregeln der Anbieter beweisen, dass der Ersteigerer auch der Käufer ist, wenn letzterer

---

1643 *Mankowski*, in: *Fezer/Büscher/Obergfell*, UWG, 3. Aufl. 2016 § 7 Rdnr. 219; siehe auch *Heidrich*, MMR 40, 40 Rdnr. 2, unter Hinweis darauf, dass Bestätigungsmails, bei denen offensichtlich nie jemand diese Nachricht angefordert hatte, eine Werbung darstellen könnte.

1644 Das Zitat bezieht sich auf die fehlerhafte Zusendung von Werbenachrichten, im konkreten Fall unbestellte Newsletter.

1645 BGH, Urteil vom 11.3.2004 – I ZR 81/01, GRUR 2004, 517, 519 – E-Mail-Werbung I.

1646 AG Hamburg, Urteil vom 18.8.2005 – 22A C 113/05, MMR 2006, 183, 1. Leitsatz.

1647 AG Hamburg, Urteil vom 18.8.2005 – 22A C 113/05, MMR 2006, 183, 184.

1648 AG Hamburg, Urteil vom 18.8.2005 – 22A C 113/05, MMR 2006, 183, 184.

1649 AG Hamburg, Urteil vom 18.8.2005 – 22A C 113/05, MMR 2006, 183, 184.

behauptet, eine dritte Person habe den Vertrag unter Missbrauch des Benutzerkontos oder Passwortes des vermeintlichen Ersteigers geschlossen.[1650]

Diese Grundsätze zum Empfang von Bestätigungsmail kann man auf die Double-opt-in- Verfahren zwecks Telefonverifizierung übertragen. Der Betreiber der Online-Dienstplattform hat dafür Sorge zu tragen, dass unerwünschte Eintragungen der Telefonnummer durch Dritte im Rahmen des Anmeldevorgangs nicht vorkommen. Der Betreiber der Online-Dienstplattform hat insofern für die Richtigkeit der im Telefonverteiler eingetragenen Daten einzustehen. Insbesondere muss er Vorkehrungen treffen, um sicherzustellen, dass die Eingabe der Telefonnummer auf den Willen des Betroffenen zurückzuführen ist. Aus der Verantwortlichkeit des Unternehmers für die reibungslose Identitätsprüfung folgt auch seine Pflicht, zu beweisen, dass die Schaltfläche nicht unternehmensintern betrieben wurde. Für Fehler außerhalb seines Einwirkungsbereichs, so wie Fehleingabe, Tippfehler oder Schikane Dritter hat der Unternehmer dagegen nicht einzustehen, da dies nicht speziell seinem Risikobereich zuzuordnen ist, sondern eine allgemeine Gefahr in der Online-Welt darstellt. Sendet der Unternehmer eine Bestätigungs-SMS oder tätigt er einen Bestätigungsanruf und werden diese ignoriert oder negativ beantwortet, kann er davon ausgehen, dass die Eingabe der Telefonnummer im Verteiler nicht dem aktuellen Wunsch des Inhabers der Telefonnummer entspricht. Er hat sodann die Daten aus dem Verteiler zu löschen. Ein erneuter Bestätigungsversuch hat in diesem Falle zu unterbleiben.

E. Die konkludente Einwilligung gegenüber Verbrauchern

I. Möglichkeit trotz widersprechenden Gesetzeswortlauts

Wie oben bereits erläutert, zwingt die gemeinschaftskonforme Auslegung des § 7 Abs. 2 Nr. 2 Alt. 1 UWG dazu, die konkludente Einwilligung als Legitimation für Werbung gegenüber Verbrauchern anzuerkennen.[1651] Dies gilt trotz des Wortlauts des § 7 Abs. 2 Nr. 2 Alt. 1 UWG, der seit dem Inkrafttreten des Gesetzes zur Bekämpfung unerlaubter Telefonwerbung und zur Verbesserung des Verbraucherschutzes bei besonderen Vertriebsformen am 4. August 2009[1652] das Merkmal „ausdrücklich“ für eine Einwilligung seitens des Verbrauchers vorschreibt. Daher verliert die Frage, wann eine konkludente Einwilligung vorliegt, auch nach der

1650 *Tschoepe*, in: *Heidrich/Forgó/Feldmann*, Heise Online-Recht, 3. Ergänzungslieferung 2011, Teil C., Kapitel III, Rdnr. 50 m.w.N.
1651 Siehe oben Dritter Teil, Zweites Kapitel, C.
1652 BGBl. I S. 2413.

Gesetzesänderung nicht an Bedeutung und dient also nicht allein der negativen Abgrenzung zum ausdrücklichen Einverständnis.[1653]

Eine konkludente Einwilligung ist gegeben, „wenn der Wille des Adressaten, einen Anruf zu Werbezwecken zu akzeptieren, seinen Ausdruck zwar nicht explizit in einer Erklärung findet, er aber Handlungen vornimmt, die mittelbar darauf schließen lassen, dass er mit einem solchen Anruf einverstanden ist."[1654] Für die Auslegung, ob das Handeln eine konkludente Einwilligung in einen Werbeanruf begründet, ist die Sicht eines objektiven Erklärungsempfängers entscheidend.[1655] Die Sicht des Erklärenden gewinnt insofern Bedeutung als „für den Adressaten erkennbar sein muss, dass sein Verhalten als Einwilligung gedeutet werden könnte."[1656] Jedenfalls begründet das bloße Schweigen keine Willenserklärung.[1657] Erforderlich ist vielmehr ein aktives Verhalten des Betroffenen, das unter Berücksichtigung der Umstände des Einzelfalles als Erklärung eines Einverständnisses mit einem Werbeanruf „ohne Zweifel" gedeutet werden kann.[1658] Selbstverständlich muss auch eine konkludente Einwilligung dieselben Merkmale wie eine ausdrückliche Einwilligung erfüllen: Diese muss ohne Zweifel, ohne Zwang, für den konkreten Fall und in Kenntnis der Sachlage erklärt werden.[1659]

Die Abgrenzung zwischen einer ausdrücklichen und einer konkludenten Einwilligung kann schwierig sein, ist indes nicht unmöglich.[1660] Nicht überzeugend ist dagegen die Ansicht, mit der Auslegung des Merkmals „ausdrücklich" i.S.d. § 7 Abs. 2 Nr. 2 Alt. 1 UWG großzügig zu verfahren, damit ein Einklang mit der DSRL 2002/58/EG hergestellt werden kann.[1661] Die Unterscheidung ist nicht entbehrlich.

1653 So aber *Leible,* in: MünchKomm UWG, 2. Aufl. 2014, § 7 Rdnr. 130, der der konkludenten Einwilligung nur noch die Funktion der negativen Abgrenzung von einer ausdrücklichen Einwilligung verleiht.

1654 *Schöler*, in: Harte-Bavendamm/Henning-Bodewig, UWG, 4. Aufl. 2016, § 7 Rdnr. 265.

1655 *Leible,* in: MünchKomm UWG, 2. Aufl. 2014, § 7 Rdnr. 130; *Schöler*, in: Harte-Bavendamm/Henning-Bodewig, UWG, 4. Aufl. 2016, § 7 Rdnr. 265.

1656 *Schöler*, in: Harte-Bavendamm/Henning-Bodewig, UWG, 4. Aufl. 2016, § 7 Rdnr. 265.

1657 BGH, Urteil vom 8.6.1989 – I ZR 178/87, GRUR 1989, 753, 754 – Telefonwerbung II.

1658 Vgl. oben Dritter Teil, Erstes Kapitel, II. B. 4; Dritter Teil, Erstes Kapitel V. C. 3.

1659 Vgl. oben Dritter Teil, Erstes Kapitel, II. B. sowie Definition der Einwilligung in Art. 2 lit h) i.V.m. Art. 7 lit. a) DSRL 95/46/EG worauf Art 2 lit. f) DSRL 2002/58/EG verweist. § 7 Abs. 2 Nr. 2 stellt die Umsetztungsvorschrift des Art. 13 Abs. 3 DSRL 2002/58/EG dar.

1660 *Köhler*, in: *Köhler/Bornkamm/Feddersen*, UWG, 36. Aufl. 2018, § 7 Rdnr. 145 b; a.A. *Möller*, WRP 2010, 321, 327.

1661 *Köhler*, GRUR 2008, 927, 928: „Die Abgrenzung zwischen „ausdrücklich" und „konkludent" ist fließend, und man könnte mit gutem Grund in der Veröffentlichung der Telefaxnummer bereits eine ausdrückliche, wenngleich in ihrer Reichweite begrenzte Einwilligung sehen. Im Übrigen muss sich auch die Auslegung der künftigen gesetzlichen Regelung an der gemeinschaftlichen Definition der Einwilligung orientieren. Im Hinblick darauf verliert die aus dem deutschen Bürgerlichen Recht

Denn die DSRL 96/46/EG deren Begriff der Einwilligung auch für die DSRL 2002/58/EG gilt, kennt die Unterscheidung zwischen ausdrücklicher und konkludenter Einwilligung. So legt die DSRL 96/46/EG in Art. 8 Abs. 2 lit. a) fest, dass für die Verarbeitung bestimmter Kategorien personenbezogener Daten eine ausdrückliche Einwilligung erforderlich ist. Ebenfalls unterscheidet die EU-DSRVO zwischen der Einwilligung (Art. 7) und der ausdrücklichen Einwilligung, die nur für die Verarbeitung bestimmter Datenkategorien gilt (Art. 9).

Das Vertrauen des Rechtsverkehrs in die Rechtsordnung kann nur durch die Abgrenzung der Merkmale ausdrücklich und konkludent gewahrt werden. Die Ansicht, „man könnte mit gutem Grund in der Veröffentlichung der Telefaxnummer bereits eine ausdrückliche, wenngleich in ihrer Reichweite begrenzte Einwilligung sehen“[1662] entzieht dem Merkmal „ausdrücklich“ jeglichen Kern von seinem ursprünglichen Aussagegehalt. Zudem setzt sie sich in Widerspruch zu dem Wortlaut des § 7 Abs. 2 Nr. 2 Alt. 1 UWG sowie zu der deutschen Rechtsordnung im Allgemeinen, die sonst eine Unterscheidung der Merkmale *ausdrücklich* und *konkludent* vornimmt. Die Frage, wann eine konkludente Einwilligung vorliegt, erfordert eine Einzelfallbetrachtung, was einerseits die Gefahr einer Rechtsunsicherheit mit sich bringt[1663], andererseits aber den Weg für die Bewertung der Umstände des Einzelfalls und die Gewinnung gerechter Ergebnisse eröffnet. Im Folgenden werden Beispiele untersucht, die illustrieren, welche Handlungen und welche Umstände die Annahme einer konkludenten Einwilligung gegenüber Verbrauchern rechtfertigen.

II. Praxisbeispiele

1. Schweigen

Zunächst soll daran erinnert werden, dass das bloße Schweigen nicht zu der Annahme einer konkludenten Einwilligung führen kann.[1664] Auch der BGH geht davon aus, dass das bloße Schweigen auf die briefliche oder sonstige Ankündigung eines Anrufs nicht als Einverständnis mit einem Werbeanruf gedeutet werden kann.[1665]

übernommene Unterscheidung von ausdrücklicher und konkludenter Willenserklärung an Bedeutung.“

1662 *Köhler*, GRUR 2008, 927, 928.

1663 *Seichter/Witzmann*, WRP 2007, 699, 702.

1664 Siehe oben Dritter Teil, Erstes Kapitel, B. II. 4; Dritter Teil, Erstes Kapitel D. V. 3. sowie *Mankowski*, in: *Fezer/Büscher/Obergfell*, UWG, 3. Aufl. 2016, § 7 Rdnr. 135.

1665 BGH, Urteil vom 8.6.1989 – I ZR 178/87, GRUR 1989, 753, 754 – Telefonwerbung II; Siehe auch *Köhler*, in: *Köhler/Bornkamm/Feddersen*, UWG, 36. Aufl. 2018, § 7 Rdnr. 146 d; *Schöler*, in: Harte-Bavendamm/Henning-Bodewig, UWG, 4. Aufl. 2016, § 7 Rdnr. 265.

2. *Publikmachen der Telefonnummer*

Allein die Tatsache, dass der Betroffene seine Telefonnummer der Öffentlichkeit bekannt macht, begründet keine konkludente Einwilligung des Betroffenen in die Telefonwerbung, da der Angerufene damit jedermann ein Eindringen in seine Privatsphäre nicht zu erlauben vermag.[1666]

3. *Eintragung im Telefonverzeichnis bzw. Branchenverzeichnis*

Die Tatsache, dass der Verbraucher seine Telefonnummer in einem Telefonverzeichnis hat eintragen lassen, erlaubt nicht den Rückschluss auf die Abgabe einer konkludenten Einwilligung in einen Werbeanruf.[1667] In diesem Sinne entschied das LG Münster[1668] in einem Fall, in dem ein in seiner Eigenschaft als Verbraucher betroffener Rechtsanwalt in einem Branchenverzeichnis eingetragen war. Ein in der Branche von Privatversicherungen tätiges Unternehmen bewarb Personen, die in einem ausschließlich für Freiberufler und Selbständige vorgesehenen Branchenverzeichnis eingetragen und mithin in der Regel privat krankenversichert waren. Das Unternehmen kontaktierte telefonisch diesen Rechtsanwalt. Zwar stand der Rechtsanwalt wettbewerbsrechtlich mit der Versicherungsberatungsgesellschaft in einem Wettbewerbsverhältnis. Dennoch handelte es sich um einen unerbetenen Anruf gegenüber Verbrauchern, weil der Zweck des Anrufs – die Deckung des Krankenversicherungsbedarfs – zumindest auch privaten Charakter auswies.[1669]

4. *Bestehen eines geschäftlichen Kontakts*

Bei Werbung gegenüber Verbrauchern genügt das Bestehen einer geschäftlichen Beziehung für sich allein nicht um ein konkludenten Einverständnisses mit der Telefonwerbung anzunehmen.[1670] Auch eine langjährige Kundenbeziehung – z.B. langjährige Mitgliedschaft in einem Bücherclub – oder die Hoffnung, dass der Kunde aufgrund der Geschäftsbeziehung den Werbeanruf positiv bewertet, sind

---

1666 BGH, Urteil vom 19.6.1970 – I ZR 115/68, GRUR 1970, 523, 524 – Telefonwerbung I; BGH, Urteil vom 8.6.1989 – I ZR 178/87, GRUR 1989, 753, 754 – Telefonwerbung II; LG Münster, Urteil vom 04.02.2005 – 23 O 3/05, WRP 2005, 639, 640; *Leible*, in MünchKomm UWG, 2. Aufl. 2014, § 7 Rdnr. 130; *Mankowski*, in: *Fezer/Büscher/Obergfell*, UWG, 3. Aufl. 2016, § 7 Rdnr. 137; *Schöler*, in: Harte-Bavendamm/Henning-Bodewig, UWG, 4. Aufl. 2016, § 7 Rdnr. 265; *Köhler*, in *Köhler/Bornkamm/Feddersen*, UWG, 36. Aufl. 2018, § 7 Rdnr. 146.

1667 BGH, Urteil vom 8.6.1989 – I ZR 178/87, GRUR 1989, 753, 754 – Telefonwerbung II.

1668 LG Münster, Urteil vom 04.02.2005 – 23 O 3/05, WRP 2005, 639, 640.

1669 LG Münster, Urteil vom 04.02.2005 – 23 O 3/05, WRP 2005, 639, 640.

1670 BGH, Urteil vom 8.6.1989 – I ZR 178/87, GRUR 1989, 753, 754 – Telefonwerbung II; OLG Köln, Urteil vom 25.2.2005 – 6 U 155/04, NJW 2005, 2786, 2787; *Leible*, in: MünchKomm UWG, 2. Aufl. 2014, § 7 Rdnr. 130.

nicht geeignet, die Annahme einer konkludenten Einwilligung zu begründen.[1671] Die Umstände, die zur Annahme eines konkludenten Einverständnisses berechtigen, setzen vielmehr ein Tun des betroffenen Verbrauchers oder Unternehmers voraus.[1672] Entscheidend ist insofern, durch welches konkrete Verhalten der Verbraucher das Einverständnis erklärt haben soll. Für die Annahme einer konkludenten Einwilligung reicht es allerdings nicht aus, dass der Kunde einen „geschäftlichen Anknüpfungspunkt" gesetzt hat.[1673] Eine konkludente Einwilligung wird also nicht daraus resultieren, dass der Kunde in Vertragsverhandlungen eingetreten ist oder früher bereits Geschäfte getätigt hat. Die Tatsache, dass ein Kunde in der Vergangenheit ein Auto gekauft hat, rechtfertigt nicht die Annahme einer konkludenten Einwilligung für einen Anruf beim Eintreffen eines neuen Modells.[1674]

Vom Vorliegen eines konkludenten Einverständnisses mit einem Anruf wird man hingegen ausgehen können, wenn zum Beispiel das Auto in die Werkstatt zur Reparatur gebracht wird und sich während der Untersuchung Mängel herausstellen, die vernünftiger Weise behoben werden sollten.[1675] In diesem Fall wäre eine schriftliche Anfrage – ein Kriterium, das der BGH[1676] bei der Interessenabwägung heranzieht – seitens der Werkstatt bis zur geplanten Abholung des Autos gar nicht möglich.

Ferner kann die Existenz eines Dauerschuldverhältnisses eine größere Bereitschaft des Vertragspartners fernmündliche Anrufe eines anderen Vertragspartners entgegenzunehmen rechtfertigen, als dies bei auf den Austausch von Waren oder Leistungen gerichteten Geschäften der Fall ist. Allerdings rechtfertigt ein Dauerschuldverhältnis nicht per se die Annahme einer konkludenten Einwilligung. Erforderlich ist das Vorliegen von Anhaltspunkten oder Besonderheiten, die aus der Art des bestehenden Verhältnisses heraus auf ein konkludentes Einverständnis schließen lassen,[1677] wie z.B. ein fortlaufender Bedarf und das Eintreffen neuer Objekte.[1678]

5. *Bloße Branchenüblichkeit*

Die bei Telefonwerbung gegenüber einem Verbraucher notwendige tatsächliche Einwilligung kann nicht mit dem Hinweis auf die Branchenüblichkeit beim

---

1671 BGH, Urteil vom 16.12.1993 – I ZR 285/91, GRUR 1994, 380, 381 – Lexikothek.

1672 Artikel-29-Datenschutzgruppe, WP 187, Stellungnahme 15/2011, S. 14 f.; 28 f.

1673 *Steinbeck*, GRUR 1995, 492, 493.

1674 *Köhler*, in: *Hefermehl/Köhler/Bornkamm*, UWG, 26. Aufl. 2008, § 7 Rdnr. 53.

1675 *Köhler*, in: *Hefermehl/Köhler/Bornkamm*, UWG, 26. Aufl. 2008, § 7 Rdnr. 53; Seichter/Witzmann, WRP 2007, 699, 703; *Steinbeck*, GRUR 1995, 492, 493; *Lettl*, Das neue UWG, 2004, S. 234 f., Rdnr. 547.

1676 BGH, Urteil vom 8.12.1994 – I ZR 189/92, GRUR 1995, 220, 221 – Telefonwerbung V.

1677 BGH, Urteil vom 8.12.1994 – I ZR 189/92, GRUR 1995, 220, 221 – Telefonwerbung V.

1678 *Köhler*, in: *Hefermehl/Köhler/Bornkamm*, UWG, 26. Aufl. 2008, § 7 Rdnr. 53.

Bestehen einer Kundenbeziehung als gegeben angesehen werden.[1679] Selbst wenn die betroffene Person mit dem werbenden Unternehmen in einer Kundenbeziehung steht und Kenntnis von der Branchenüblichkeit hat, wie zum Beispiel in der Weinbranche[1680], erklärt sie dadurch kein konkludentes Einverständnis mit einem Werbeanruf.

6. *Kontaktaufnahme durch den Kunden z.B. Bestellung von Informationsmaterial*

Ebenso wenig kann in der schriftlichen Anforderung von Informationsmaterial eine konkludente Einwilligung in einen Telefonanruf gesehen werden, wenn dabei keine Angabe der Telefonnummer erfolgt.[1681] In *Telefonwerbung III* wandte sich ein Endverbraucher an einen Gewerbetreibenden mit der Bitte um Informationsmaterial über Heizgeräte, die er als Antwort auf einer Postkarte ohne Angabe einer Telefonnummer schriftlich formulierte. Der BGH führt aus, dass ein privater Verbraucher durch die Anforderung von schriftlichem Informationsmaterial über bestimmte Waren in der Regel kein Einverständnis mit einem Telefonanruf zu erkennen gibt.[1682] Ohne Ausnahme gilt dies, wenn der Verbraucher die Rubrik für die Angabe der Telefonnummer auf einer für die Anforderung des Informationsmaterials benutzten Postkarte, wie im Streitfall geschehen, durchgestrichen hat.[1683]

Der BGH lässt durch die in *Telefonwerbung III* ausgewählte Formulierung „in der Regel" erkennen, dass die schriftliche Anforderung von Informationsmaterial oder ein sonstiger vom Kunden vorausgegangener Kontakt unter Umständen zu der Annahme einer konkludenten Einwilligung in einen Werbeanruf führen kann. Dies ist dann der Fall, wenn der Besteller seine Telefonnummer angibt. Der Umstand des Bestehens einer Kundenbeziehung in diesem Zusammenhang kann die Annahme verstärken. Der Kunde muss seine Telefonnummer in der Kenntnis und in der Erwartung mitteilen, das Unternehmen werde ihn zwecks Werbung anrufen.[1684] Das konkludente Einverständnis durch die Angabe der Telefonnummer gilt nur für den konkreten Fall. Mithin für Telefonwerbung über solche Produkte oder Dienstleistungen, auf die sich die Anforderung von Informationsmaterial bezieht.

1679 BGH, Urteil vom 8.6.1989 – I ZR 178/87, GRUR 1989, 753, 754 – Telefonwerbung II; *Köhler*, in: *Köhler/Bornkamm/Feddersen*, UWG, 36. Aufl. 2018, § 7 Rdnr. 146 c.

1680 Fall nach BGH, Urteil vom 8.6.1989 – I ZR 178/87, GRUR 1989, 753 – Telefonwerbung II.

1681 *Köhler*, in: *Köhler/Bornkamm/Feddersen*, UWG, 36. Aufl. 2018, § 7 Rdnr. 146 b; *Leible*, in: MünchKomm UWG, 2. Aufl. 2014, § 7 Rdnr. 130; *Paefgen*, ZIP 1989, 1286, 1287.

1682 BGH, Urteil vom 8.11.1989 – I ZR 55/88, GRUR 1990, 280, 281 – Telefonwerbung III.

1683 BGH, Urteil vom 8.11.1989 – I ZR 55/88, GRUR 1990, 280, 281 – Telefonwerbung III.

1684 *Leible*, in: MünchKomm UWG, 2. Aufl. 2014, § 7 Rdnr. 130.

7. *Eintragung der Telefonnummer beim Begründen einer Mitgliedschaft oder beim Abschluss eines Vertrages*

Der BGH hat in der *Lexikothek*-Entscheidung aus dem Jahre 1994 einen Telefonanruf gegenüber einem Mitglied eines Buch-Clubs in Ermangelung einer existenten Einwilligung als unzulässig eingestuft.[1685] Zugleich hat der BGH ausgeführt, dass die Angabe einer Telefonnummer anlässlich des Beitritts zum Buch-Club in der Erwartung, Angebote des Buch-Clubs entgegenzunehmen, zur Annahme einer (konkludenten) Einwilligung geführt hätte.[1686] Offenbart der Kunde seine Telefonnummer unter Kenntnis des Umstandes, dass der werbende Unternehmer ihn zur Fortführung des geschäftlichen Kontakts benutzen wird, so kann eine konkludente Einwilligung angenommen werden.[1687]

Wie die Angabe der Telefonnummer ohne nähere Erläuterung in einem Formular im Rahmen eines Vertragsabschlusses zu bewerten ist, hat der BGH in *Telefonwerbung V*[1688] entschieden. Demnach kann durch die Mitteilung der Telefonnummer in den Vertragsunterlagen ein konkludentes Einverständnis mit der Telefonwerbung angesehen werden. Fraglich ist, auf welche Art von potenziellen Anrufen sich eine solche konkludent erklärte Einwilligung bezieht. Es obliegt dem Unternehmen, den Zweck potenzieller Anrufe genau festzulegen.[1689] Fehlt eine solche ausdrückliche Zweckbestimmung, ist der Umfang der Einwilligung unter Berücksichtigung der Einzelfallumstände zu ermitteln. Die Auslegung muss restriktiv erfolgen, wobei sich die Einwilligung in der Regel auf das konkret angebahnte Geschäft beschränkt.[1690] Beim Fehlen einer Zweckbestimmung willigt der Betroffene durch die Angabe seiner Telefonnummer nur ein „im Rahmen des schon bestehenden Vertrages und des durch ihn begründeten Bereichs [...] angerufen zu werden. Zu diesem konkreten Verhältnis gehören bei einem Versicherungsverhältnis Anrufe anlässlich der Bearbeitung eines Schadensfalles oder zur Erinnerung an die Zahlung der Versicherungsprämien[1691], nicht aber Anrufe zwecks Veranlassung zur Versicherung eines weiteren Risikos wie die Erweiterung des Versicherungsangebots auf ein weiteres Familienmitglied.[1692] Hierfür wäre ein schriftliches Angebot möglich.[1693] Der Umfang der Einwilligung erstreckt sich mithin nicht auf Fragen, die über das bestehende Vertragsverhältnis hinausgehen, wie der Abschluss eines neuen Vertrages, oder auf Angebote, die die inhaltliche Änderung des bestehenden Vertrages bezwecken, beispielsweise Verlängerung,

---

1685 BGH, Urteil vom 16.12.1993 – I ZR 285/91, GRUR 1994, 380 – Lexikothek.
1686 BGH, Urteil vom 16.12.1993 – I ZR 285/91, GRUR 1994, 380, 382 – Lexikothek.
1687 BGH, Urteil vom 8.6.1989 – I ZR 178/87, GRUR 1989, 753, 754 – Telefonwerbung II.
1688 BGH, Urteil vom 8.12.1994 – I ZR 189/92, GRUR 1995, 220 – Telefonwerbung V.
1689 *Köhler*, in: *Hefermehl/Köhler/Bornkamm*, UWG, 26. Aufl. 2008, § 7 Rdnr. 53.
1690 *Köhler*, in: *Hefermehl/Köhler/Bornkamm*, UWG, 26. Aufl. 2008, § 7 Rdnr. 53.
1691 OLG Frankfurt, Urteil vom 21.7.2005 – 6 U 175/04, GRUR 2005, 964, 965.
1692 BGH, Urteil vom 8.12.1994 – I ZR 189/92, GRUR 1995, 220, 221 – Telefonwerbung V.
1693 BGH, Urteil vom 8.12.1994 – I ZR 189/92, GRUR 1995, 220, 221 – Telefonwerbung V.

Erweiterung oder die Ergänzung des Vertragsgegenstands.[1694] Durch die Angabe der Telefonnummer willigt der Teilnehmer eines Gewinnspiels nicht konkludent in die Telefonwerbung, sondern lediglich in die telefonische Unterrichtung über einen Gewinn ein.[1695]

Die Frage, wann eine konkludente Einwilligung vorliegt, kann nur unter Würdigung der Umstände des konkreten Falles beantwortet werden. Insbesondere wenn eine Erweiterung oder Ergänzung des bestehenden Vertrags ohne ein Tätigwerden des Leistungsnehmers etwa aufgrund einer gesetzlichen Änderung eintritt, ist davon auszugehen, dass eine konkludente Einwilligung in Anrufe zwecks Klärung dieser Umstände und Anpassung der Leistung vorliegt. So kann im Rahmen eines Versicherungsverhältnisses durchaus angenommen werden, dass der Versicherungsnehmer durch die Angabe seiner Telefonnummer beim Vertragsschluss konkludent erklärt, über eine notwendige Anpassung informiert zu werden, falls die geänderten Umstände dies erfordern.[1696] Dies ist ferner anzunehmen bei der privaten Krankenversicherung eines Beamten, wenn sich die Beihilfevorschriften ändern[1697], oder aufgrund einer Tarifänderung, so beispielsweise beim Wechsel von einer gesetzlichen Pflichtversicherung auf eine freiwillige Versicherung wegen der Änderung der Einkommensverhältnisse oder aufgrund einer gesetzlichen Änderung die Entgeltgrenzen betreffend.

8. Rückrufe infolge einer telefonischen Kontaktaufnahme des Kunden

Der Unternehmer darf vom Vorliegen einer konkludenten Einwilligung in einem Anruf ferner dann ausgehen, wenn der Kunde vorher angerufen oder Bestellungen getätigt hat.[1698] Zu berücksichtigen ist, dass sich die Einwilligung auch hier nur auf Fragen betreffend den Gegenstand der vorausgegangenen Anrufe beschränkt.[1699]

Ruft der Kunde wegen eines bestimmten Produkts an und ist dieses nicht verfügbar, so erklärt sich der Kunde in der Regel konkludent mit einem Rückruf einverstanden, sobald das Produkt wieder verfügbar ist.[1700] Entscheidend sind auch hier die Umstände des Einzelfalles. Zu berücksichtigen sind die Art des Produkts (Wert, Lebensdauer) und der Zeitraum zwischen Anruf und Rückruf. Eine konkludente

---

1694 BGH, Urteil vom 8.12.1994 – I ZR 189/92, GRUR 1995, 220, 221 – Telefonwerbung V; OLG Frankfurt, Urteil vom 21.7.2005 – 6 U 175/04, GRUR 2005, 964 f; OLG Koblenz; *Paefgen*, WRP 1994, 73, 86; *Köhler*, in: *Hefermehl/Köhler/Bornkamm*, UWG, 26. Aufl. 2008, § 7 Rdnr. 53; *Lettl*, das neue UWG, 2004, S. 233, Rdnr. 544.

1695 LG Hamburg, Urteil vom 23.11.2004–312 O 975/04, MMR 2005, 630.

1696 *Seichter/Witzmann*, WRP 2007, 699, 703.

1697 *Seichter/Witzmann*, WRP 2007, 699, 703.

1698 Vgl. auch *Seichter/Witzmann*, WRP 699, 703.

1699 *Seichter/Witzmann*, WRP 2007, 699, 703.

1700 *Köhler*, in: *Hefermehl/Köhler/Bornkamm*, UWG, 26. Aufl. 2008, § 7 Rdnr. 53; *Lettl*, Das neue UWG, S. 234, Rdnr. 546.

Einwilligung kann nur für den Zeitraum angenommen werden, innerhalb dessen mit einem anderweitigen Kauf nicht zu rechnen ist.[1701]

Dagegen ist kein konkludentes Einverständnis für den Fall anzunehmen, dass der Kunde aus eigener Initiative anruft, um sich über bestimmte Produkte zu informieren, und das Unternehmen das Angebot telefonisch auf weitere mit dem ursprünglichen Produkt nicht zusammenhängende Angebote erweitert.[1702]

9. Erweiterung des Anrufzwecks während des Gesprächs

Sobald im Rahmen eines bestehenden Kundenverhältnisses oder nach einem vorangegangenen Kundenanruf die Umstände des Einzelfalls die Annahme einer konkludenten Einwilligung – auf den Vertragsgegenstand begrenzt – rechtfertigen, fragt es sich, ob im Verlauf des Telefongesprächs zusätzliche Informationen angeboten werden dürfen, die über den konkreten Vertragsgegenstand hinausgehen und z.B. einer Vertragserweiterung, Vertragsverlängerung oder einem neuen Vertragsschluss dienen. Im Ergebnis ist diese Frage zu verneinen. Wenn der Kunde Interesse an weiteren Angeboten zeigt, muss er Informationen diesbezüglich selbst anfordern. Das Unternehmen kann eine Einwilligung in Angebote, die über den aktuellen Anrufgegenstand hinausgehen, nicht in die Wege leiten. In der Praxis bedienen sich Unternehmen des rhetorischen Geschicks ihrer Mitarbeiter oder Call-Agenten, um die Werbeinitiative auf die Seite des Verbrauchers zu verlagern. Im Bereich des Kreditsicherungswesens wird eine Bank ihre Kunden unter dem Vorwand anrufen, dass eine bestimmte Forderung bald fällig ist, um auf diese Weise einen Beratungswunsch auf Seiten des Angerufen hinsichtlich weiterer Produkte zu wecken. Meistens wird dann ein Termin zum Beratungsgespräch vereinbart. Im für den Geschäftsbetreiber schlimmsten Fall wird der Verbraucher sich für die Erinnerung bedanken und sodann das Telefonat beenden.

10. Kundenrückgewinnung

Ferner berechtigt ein noch bestehendes oder ein ehemaliges Kundenverhältnis nicht zu der Annahme eines konkludenten Einverständnisses mit einem Anruf, dessen Ziel die Fortführung des bestehenden Kundenverhältnisses oder die Wiederaufnahme eines Geschäftsverhältnisses ist.[1703] Laut OLG Koblenz ist es nicht zulässig, Personen, die ein Zeitschriftenabonnement gekündigt haben, unaufgefordert und ohne deren Einverständnis mit dem Ziel anzurufen bzw. anrufen zu lassen in Erfahrung zu bringen, aus welchen Gründen gekündigt wurde bzw. weshalb der Kunde mit der Lieferung unzufrieden sein könnte und/oder diese im

---

1701 *Lettl*, Das neue UWG, 2004, S. 234, Rdnr. 546.

1702 Vgl. auch *Köhler*, in: *Hefermehl/Köhler/Bornkamm*, UWG, 26. Aufl. 2008, § 7 Rdnr. 53; *Lettl*, GRUR 2000, 977, 980.

1703 Vgl. *Lettl*, GRUR 2000, 977, 979; *Köhler*, in: *Köhler/Bornkamm/Feddersen*, UWG, 36. Aufl. 2018, § 7 Rdnr. 146 b.

Rahmen der "Nachbearbeitung gekündigter Abonnementsverträge" zu bewegen, das bestehende Vertragsverhältnis fortzuführen oder Geschäftsbeziehungen wieder aufzunehmen.[1704] Der Kunde erkläre sich nicht bereits bei der Abonnementsbestellung mit Anrufen zwecks Nachbearbeitung einverstanden, da er sich im Zeitpunkt des Vertragsschlusses keine Gendanken darüber mache. Das Einverständnis beziehe sich vielmehr nur auf Anrufe zwecks Durchführung des konkret abgeschlossenen Geschäfts.[1705]

F. Zusammenfassung

1. Die Einwilligung bedarf keiner Form. Die Einführung eines Textformerfordernisses würde jedoch nicht, wie zum Teil vertreten, gegen das Unionsrecht verstoßen. In diesem Sinne führt die Artikel-29-Datenschutzgruppe aus, dass die Mitgliedstaaten in bestimmten Fällen die Art der Einwilligung festlegen können, wie z.B. in Art. 28 Abs. 3a BDSG; Art. 94 TKG geschehen.[1706]

   Kontrovers diskutiert wird vor allem die Vereinbarkeit des Merkmals „ausdrücklich" aus § 7 Abs. 2 Nr. 2 Alt. 1 UWG mit dem Unionsrecht. Nach der hier vertretenen Auffassung kann die Einwilligung in die Telefonwerbung gegenüber einem Verbraucher i.S.d. § 7 Abs. 2 Nr. 2 Alt. 1 UWG – trotz der Verschärfung der Rechtslage seit dem Inkrafttreten des Gesetzes zur Bekämpfung unerlaubter Telefonwerbung am 4. August 2009 durch das Einfügen des Merkmals „ausdrücklich" im Gesetzestext – im Wege richtlinienkonformen Auslegung auch konkludent erklärt werden. Die Unionskonformität des Merkmals „ausdrücklich" betrifft nach der hier vertretenen Auffassung § 7 Abs. 2 Nr. 2 Alt. 1 UWG und § 7 Abs. 2 Nr. 3 UWG in gleicher Weise, denn beide Vorschriften beruhen auf der Umsetzung des Art. 13 DSRL 2002/58/EG und folgen daher den gleichen Auslegungsgrundsätzen.
   Für die Zulässigkeit einer konkludenten Einwilligung spricht der Wortlaut des Erwägungsgrunds 17 Satz 2 DSRL 2002/58/EG, wonach die Einwilligung „in jeder geeigneten Weise gegeben werden" kann. Auch die Artikel-29-Datenschutzgruppe lässt erkennen, dass eine konkludente Einwilligung ausreicht, indem die Arbeitsgruppe davon ausgeht, dass auf die Einwilligung aus bestimmten Handlungen geschlossen werden darf. Dafür, dass der Begriff Einwilligung nicht nur die ausdrückliche Einwilligung umfassen kann, spricht zudem die Systematik des Unionsrechts. Das Unionsrecht, das z.B. in Art. 8 Abs. 2 lit. a) DSRL 95/46/EG bzw. Art. 9 Abs. 2 lit. a) DSGVO ausdrücklich verwendet, hat in Art. 13 Abs. 1 DSRL 2012/58/EG bewusst auf die Verwendung des Merkmals „ausdrücklich" verzichtet. Der Wortlaut des Art. 9 Abs. 2 lit. a) DSGVO enthält

---

1704 OLG Koblenz, Urteil vom 20.12.1990 – 6 U 1859/88, WRP 1991, 332.
1705 OLG Koblenz, Urteil vom 20.12.1990 – 6 U 1859/88, WRP 1991, 332, 333 f.
1706 Artikel-29-Datenschutzgruppe, WP 187, Stellungnahme 15/2011, S. 31 f.

eine Legaldefinition der Einwilligung: jede freiwillig für den bestimmten Fall, in informierter Weise und unmissverständlich abgegebene Willensbekundung in Form einer Erklärung oder einer sonstigen eindeutigen bestätigenden Handlung [...]. Daraus folgt, dass der Unionsgesetzgeber auch in der neusten Zeit unter den Begriff der Einwilligung sowohl die ausdrückliche als auch die konkludente versteht. Wenn das nationale Recht in § 7 Abs. 2 Nr. 2 Alt. 1 UWG und in § 7 Abs. 2 Nr. 3 UWG eine ausdrückliche Einwilligungserklärung verlangt, handelt es sich hierbei um eine unzulässige überschießende Umsetzung des Opt-in-Modells. Zwar stehen den Mitgliedstaaten hinsichtlich der Umsetzung des Art. 13 Abs. 3 DSRL 2002/58/EG einen Gestaltungsspielraum zu, der die Grenze des vorgesehenen Mindest- und Höchstschutzstandards beachten muss. Aus dem Grundsatz der autonomen Auslegung des Gemeinschaftsrechts folgt allerdings, dass den Mitgliedstaaten bei der Auslegung der Begrifflichkeiten des Unionsrechts keinerlei Gestaltungsspielraums zusteht.

2. Die Einwilligung kann durch die Verwendung Allgemeiner Geschäftsbedingungen erklärt werden. Die Wirksamkeit der Einwilligungsklausel unterliegt der AGB-Kontrolle nach §§ 305 ff. BGB. Klauseln, die Werbung für Produkte, die über den Vertragsgegenstand hinausgehen, vorsehen, stellen eine unangemessene Benachteiligung i.S.d. § 307 Abs. 1 S. 1 BGB. Dem Unternehmen steht es in diesem Falle frei, ein vom Vertrag getrenntes Formular für eine solche Einwilligungsklausel zu verwenden, eine sogenannte isolierte Einwilligungserklärung. Die isolierte Einwilligungserklärung unterliegt ebenfalls der vollständigen AGB-Kontrolle nach §§ 305 BGB. Einwilligungsklauseln, die Werbung auch durch andere Unternehmen als jenes des Vertragspartners vorsehen, stellen dagegen keine unangemessene Benachteiligung dar, sofern die Werbenden benannt sind.
3. Einwilligungserklärungen in Telefonwerbung können auch durch die Teilnahme an Gewinnspielen eingeholt werden. Erforderlich ist allerdings eine gesonderte, nur auf die Einwilligung in die Werbung mit einem Telefonanruf bezogene Zustimmungserklärung des Betroffenen. Die Einwilligungserklärung in Telefonwerbung darf nicht an andere Erklärungen, etwa an die Einwilligung in die Gewinnbenachrichtigung, gekoppelt werden. Der BGH leitet das Trennungsgebot aus dem Merkmal einer „spezifischen Angabe“ in Erwägungsgrund 17 DSRL 2002/58/EG her. Erwägungsgrund 17 DSRL 2002/58/EG erfordert für die Konkretisierung des Einwilligungsbegriffs i.S.d. Art. 2 S. 2 lit. f) DSRL 2002/58/EG i.V.m. Art. Art. 2 lit. h) der RL 95/46/EG kein zusätzliches Merkmal. Die Anforderung an eine gesondert erteilte Einwilligung geht aus der Definition der Einwilligung selbst hervor, namentlich aus den Merkmalen einer „in Kenntnis der Sachlage“ und „konkret“ erteilten Einwilligung.
4. Die fernmündliche Einholung der Einwilligung in die Telefonwerbung per Internet oder Telefon erfordert die Einhaltung eines Double-opt-in-Verfahrens. Dabei genügt eine Bestätigungsmail, anders als für die Einholung der Einwilligung in die E-Mail-Werbung nicht aus. Erforderlich ist die Einführung eines auf

das Medium Telefon abgestimmten Verfahrens, das sicherstellt, dass die Identität der Person, die die Anmeldung zum Empfang der Bestätigungsaufforderung unter Angabe der Telefonnummer initiiert hat und die Identität des Inhabers der angegebenen Telefonnummer deckungsgleich sind. Eine Bestätigungsaufforderung per E-Mail stellt nicht sicher, dass der Telefonnummerninhaber und die Person, die zum Abrufen von E-Mail befugt ist, identisch sind. Die Bestätigungsaufforderung ihrerseits stellt keine Werbung, sondern einen notwendigen Schritt zur Einholung der Einwilligung dar. Erst das Verifizierungssystem ermöglicht, dass eine Einwilligung ohne jeden Zweifel vorliegt. Das Merkmal „ohne jeden Zweifel“ gehört zu dem Merkmal der Definition der Einwilligung. Im Übrigen stellt die Dokumentation des Anmeldevorgangs für den Unternehmer sicher, dass er im Streitfall der ihm aufgebürdeten Beweislast nachkommen und das Vorliegen einer wirksamen Einwilligung beweisen kann.

5. Aus der richtlinienkonformer Auslegung des § 7 Abs. 2 Nr. 2 Alt. 1 UWG folgt, dass eine konkludente Einwilligung gegenüber Verbrauchern genügt. Zur Bestimmung der konkreten Voraussetzungen für die Annahme einer konkludenten Einwilligung kann auf die Grundsätze der Rechtsprechung vor dem Einfügen des Merkmals „ausdrücklich“ rekurriert werden.

Drittes Kapitel – Einwilligung gegenüber sonstigen Marktteilnehmern nach § 7 Abs. 2 Nr. 2 Alt. 2. UWG

A. Zumindest dessen mutmaßliche Einwilligung

Das Gesetz setzt in § 7 Abs. 2 Nr. 2 Alt. 2 UWG für die Zulässigkeit der Telefonwerbung gegenüber sonstigen Teilnehmern deren zumindest mutmaßliche Einwilligung voraus. Aus dem Gesetzeswortlaut ergibt sich insofern, dass eine tatsächliche, das heißt ausdrücklich oder konkludent erklärte Einwilligung erst recht ausreicht.

Der Grund für die Existenz weniger strenger Voraussetzungen bei Telefonwerbung gegenüber sonstigen Marktteilnehmern im Vergleich zu Verbrauchern liegt darin, dass bei sonstigen Marktteilnehmern nicht die Privatsphäre, sondern die Berufssphäre tangiert wird. „Die bei der Telefonwerbung gegenüber privaten Anschlussinhabern im Vordergrund stehende nicht hinnehmbare Belästigung im Individualbereich scheidet hier aus."[1707] Gewerbetreibende stehen Anrufen „bislang nicht bekannter Dritter aufgeschlossener gegenüber als Anschlussinhaber, die im privaten Bereich am Telefon zu werblichen Zwecken angesprochen werden."[1708] Ein Gewerbetreibender rechnet „auch mit Anrufen potentieller Geschäftspartner und ferner solcher Personen, die zu ihm mit Blick auf seine Geschäftstätigkeit auch in deren eigenem Interesse in Verbindung zu treten wünschen."[1709] Zu berücksichtigen ist jedoch, dass auch ein sonstiger Marktteilnehmer einen Telefonanschluss im eigenen Interesse und nicht im Interesse des Werbenden unterhält. Ein unerbetener Anruf bedeutet auch für Unternehmer eine belästigende oder zumindest unerwünschte Störung in seiner beruflichen Tätigkeit und führt zu „einer den Geschäftsgang störenden Belegung des Telefonanschlusses für die Dauer des Anrufs."[1710] Daher ist Telefonwerbung auch gegenüber sonstigen Marktteilnehmern nicht uneingeschränkt zulässig.

Für die Definition der tatsächlichen Einwilligung gilt Art. 2 lit h) i.V.m. Art. 7 lit. a) DSRL 95/46/EG worauf Art 2 lit. f) DSRL 2002/58/EG verweist. Die Richtlinie

---

1707 BGH, Urteil vom 24.01.1991 – I ZR 133/89, GRUR 1991, 764, 765 – Telefonwerbung IV.

1708 BGH, Urteil vom 24.01.1991 – I ZR 133/89, GRUR 1991, 764, 765 – Telefonwerbung IV.

1709 BGH, Urteil vom 24.01.1991 – I ZR 133/89, GRUR 1991, 764, 765 – Telefonwerbung IV.

1710 BGH, Urteil vom 24.01.1991 – I ZR 133/89, GRUR 1991, 764, 765 – Telefonwerbung IV; BGH, Urteil vom 5.2.2004 – I ZR 87/02GRUR 2004, 520, 520 f. – Telefonwerbung für Zusatzeintr.

setzt verbindliche Maßstäbe im Verhältnis zu natürlichen Personen, schützt aber auch die Interessen juristischer Personen. Deren schutzwürdigem Interesse im Zusammenhang mit unerbetenen Anrufen wird nach den Wertungen der Richtlinie durch die Einführung eines Opt-out-Prinzips genügend Rechnung getragen. Für den Begriff der ausdrücklichen Einwilligung kann nach oben verwiesen werden. Es ergibt sich kein Unterschied im Vergleich zu Werbung gegenüber Verbrauchern. Ebenso kann für die Definition der konkludenten Einwilligung nach oben verwiesen werden. Lediglich die anzusetzenden Maßstäbe für die Annahme einer konkludenten Einwilligung können im konkreten Fall niedriger als bei Werbung gegenüber Verbrauchern sein, da Unternehmen im Vergleich zu Verbrauchern weniger schutzbedürftig sind. Aus der Perspektive des Werbenden tangieren Werbeanrufe nicht den Privatbereich des Angerufenen, und dieser ist auch weit weniger einer Gefahr der Überrumpelung ausgesetzt, da er mit solchen Anrufen rechnet.[1711]

B. Erscheinungsformen

Die Regelung des § 7 Abs. 2 Nr. 2 Alt. 2 UWG gilt für sonstige Marktteilnehmer[1712], das heißt für juristische und natürliche Personen – ausgenommen Verbraucher. Die Zweckbestimmung des Anrufs dient der rechtlichen Einordnung der Empfängereigenschaft.[1713]

Der Regelfall des persönlichen Anwendungsbereichs des § 7 Abs. 2 Nr. 2 Alt. 2 UWG betrifft Unternehmen i.S.d. § 2 Abs. 2 Nr. 6 UWG[1714]. Mithin natürliche oder juristische Personen, die geschäftliche Handlungen im Rahmen ihrer gewerblichen, handwerklichen oder beruflichen Tätigkeiten vornehmen, sowie Personen, die im Namen oder Auftrag einer solchen Person handeln. Von dem Anwendungsbereich der Norm erfasst werden zudem Gewerbetreibende und Freiberufler. Unter den Begriff der sonstigen Marktteilnehmer fallen zudem Arbeitnehmer, wenn sie in ihrem arbeitsvertraglichen Verhältnis[1715] betroffen werden, etwa wenn sie „im Zusammenhang mit dem Abschluss, der Änderung oder der Aufhebung eines Arbeitsvertrages, also insbesondere zum Zwecke der Abwerbung, angesprochen werden."[1716] Dies gilt selbst dann, wenn der Arbeitnehmer auf seinem privaten

---

1711 *Pahlow*, in: *Teplitzky/Peifer/Leistner*, GK-UWG, 2. Aufl. 2013, § 7 Rdnr. 176.

1712 Zum Begriff der sonstigen Marktteilnehmer siehe *Schöler*, in: *Harte-Bavendamm/Henning-Bodewig*, UWG, 4. Aufl. 2016, § 7 Rdnr. 262 ff; *Ohly*, in: *Ohly/Sosnitza*, UWG, 7. Aufl. 2016, § 7 Rdnr. 55; *Köhler*, in *Köhler/Bornkamm/Feddersen*, UWG, 36. Aufl. 2018, § 7 Rdnr. 160.

1713 *Schöler*, in: Harte-Bavendamm/Henning-Bodewig, UWG, 4. Aufl. 2016, § 7 Rdnr. 264.

1714 *Schöler*, in: Harte-Bavendamm/Henning-Bodewig, UWG, 4. Aufl. 2016, § 7 Rdnr. 262.

1715 *Mankowski*, in: *Fezer/Büscher/Obergfell*, UWG, 3. Aufl. 2016, § 7 Rdnr. 155.

1716 *Schöler*, in: Harte-Bavendamm/Henning-Bodewig, UWG, 4. Aufl. 2016, § 7 Rdnr. 263.

Telefonanschluss angerufen wurde.[1717] Entscheidend ist allein, dass die Werbebotschaft den Angerufenen in seiner Stellung als Arbeitnehmer und nicht als Privatperson anspricht.

Zudem gelten als sonstige Marktteilnehmer juristische Personen des Privatrechts und des Öffentlichen Rechts, die vom Unternehmerbegriff nicht erfasst sind, wie Idealvereine, Gewerkschaften, Parteien, Kirchen.[1718] Werbeanrufe gegenüber Vertretern solcher Organisationen tangieren ihre geschäftliche und nicht ihre Privatsphäre.[1719]

I. Ausdrückliche Einwilligung

Die ausdrückliche Einwilligung gegenüber sonstigen Marktteilnehmern erfährt im Vergleich zu der Einwilligung gegenüber Verbrauchern keine Besonderheiten, auch wenn in der Bewertung der Zulässigkeit der Telefonwerbung im b2b-Verhältnis einerseits und im b2c-Verhältnis andererseits unterschiedliche Verfassungswerte mit einfließen. Das Vorliegen einer ausdrücklichen Einwilligung lässt keinen Auslegungsraum im Hinblick auf die in der Verfassung verankerten Grundrechte und auch keiner Wertung der Tatumstände. Den Willen, beworben zu sein muss der Beworbene *expressis verbis* zum Ausdruck bringen.

II. Konkludente Einwilligung

1. Eintragung im Telefonverzeichnis bzw. Branchenverzeichnis

Durch die bloße Eintragung im Telefonverzeichnis bzw. Branchenverzeichnis erklärt der sonstige Marktteilnehmer nicht sein Einverständnis mit der Telefonwerbung.

In einem vom OLG Stuttgart[1720] entschiedenen Fall rief die Betreiberin eines elektronischen Branchenverzeichnisses die in diesem Verzeichnis eingetragenen Gewerbetreibenden an, um sich über einen Aktualisierungswunsch für ein weiteres Jahr zu erkundigen. Die Eintragung geschah bis dahin unentgeltlich. Im Rahmen des Gesprächs entwickelte sich sodann eine Diskussion um die Möglichkeit einer kostenpflichtigen Eintragung des Angebots, bei der neben der Auflistung auch eine entsprechende Werbebotschaft erscheinen würde, wobei unklar blieb, wer von den beiden Beteiligten das Thema des Erweiterungsangebots zuerst angesprochen hatte. Das OLG Stuttgart stufte nicht nur das Gespräch über die

1717 *Pahlow*, in: *Teplitzky/Peifer/Leistner*, GK-UWG, 2. Aufl. 2013, § 7 Rdnr. 153; a.A. *Lettl*, WRP 2009, 1315, 1323 f.

1718 *Mankowski*, in: *Fezer/Büscher/Obergfell*, UWG, 3. Aufl. 2016, § 7 Rdnr. 155; *Ohly*, in: *Ohly/Sosnitza*, UWG, 7. Aufl. 2016, § 7 Rdnr. 55; *Köhler*, in: *Köhler/Bornkamm/Feddersen*, UWG, 36. Aufl. 2018, § 7 Rdnr. 160.

1719 *Köhler*, in: *Köhler/Bornkamm/Feddersen*, UWG, 36. Aufl. 2018, § 7 Rdnr. 160.

1720 OLG Stuttgart, Urteil vom 08.08.1997 – 2 U 48/97, NJW-RR 1998, 184.

kostenpflichtige Erweiterung des Angebots, sondern auch bereits die Kontaktaufnahme zwecks Aktualisierung der kostenfreien Eintragung als unzulässige Telefonwerbung ein. In der bloßen Auflistung der Gewerbetreibenden in dem elektronischen Branchenverzeichnis sah das OLG Stuttgart zu Recht keine konkludente Einwilligung in einen Anruf zwecks Erweiterung des Angebots auf entgeltliche Dienstleistungen. Ebenso wenig kann der Umstand, dass ein Kunde einer Telefongesellschaft sich mit einem unentgeltlichen Standard- oder Grundeintrag in ein elektronisches Verzeichnis einverstanden erklärt hat, ein konkludentes Einverständnis in Telefonwerbung zwecks entgeltlicher Erweiterung der Eintragung in ein Branchenverzeichnis gesehen werden; allenfalls ist an ein mutmaßliches Einverständnis zu denken.[1721]

2. Bestehen eines geschäftlichen Kontakts

Auch im Falle von Werbung gegenüber sonstigen Marktteilnehmern kann allein das Bestehen einer geschäftlichen Verbindung für sich allein nicht als konkludente Abgabe eines Einverständnisses in die Telefonwerbung angesehen werden[1722]. Aus dem Bestand einer geschäftlichen Beziehung ist nicht „der Schluss zu ziehen, dass der Kunde mit einer – noch dazu telefonischen – Werbung für eine Erweiterung der Geschäftsbeziehung einverstanden ist."[1723] Das Bestehen eines geschäftlichen Kontakts ist allerdings geeignet, gegenüber sonstigen Marktteilnehmern unter bestimmten Umständen die Annahme eines vermuteten Einverständnisses mit einem Telefonanruf zu begründen[1724], was aber nicht pauschal gilt. Entscheidend sind die Umstände des Einzelfalles.[1725]

1721 BGH, Urteil vom 5.2.2004 – I ZR 87/02, GRUR 2004, 520, 521 f. – Telefonwerbung für Zusatzeintrag; *Köhler*, in: *Köhler/Bornkamm/Feddersen*, UWG, 36. Aufl. 2018, § 7 Rdnr. 162.

1722 *Schöler*, in: Harte-Bavendamm/Henning-Bodewig, UWG, 4. Aufl. 2016, § 7 Rdnr. 265; *Köhler*, in *Köhler/Bornkamm/Feddersen*, UWG, 36. Aufl. 2018, § 7 Rdnr. 162; BGH, Urteil vom 5.2.2004 – I ZR 87/02, GRUR 2004, 520, 521 – Telefonwerbung für Zusatzeintrag.

1723 *Köhler*, in: *Köhler/Bornkamm/Feddersen*, UWG, 36. Aufl. 2018, § 7 Rdnr. 162.

1724 BGH, Urteil vom 5.2.2004 – I ZR 87/02, GRUR 2004, 520, 521 f. – Telefonwerbung für Zusatzeintrag.

1725 BGH, Urteil vom 24.01.1991 – I ZR 133/89, GRUR 1991, 744, 765 – Telefonwerbung IV: „Gründe, die Anrufe werbender Art im geschäftlichen Bereich danach zu rechtfertigen vermögen, werden bei Bestehen einer Geschäftsverbindung *häufig* gegeben sein [...]".

III. Die Mutmaßliche Einwilligung

1. Definition

Eine mutmaßliche Einwilligung im b2b-Verhältnis ist anzunehmen, wenn der Anrufer auf Grund konkreter tatsächlicher Umstände vermuten durfte, dass der Unternehmer ein sachliches Interesse an der telefonischen Werbebotschaft haben werde.[1726] Maßgeblich ist, ob der Werbende bei verständiger Würdigung der Einzelfallumstände davon ausgehen kann, der Anzurufende erwarte einen solchen Anruf oder werde ihm jedenfalls positiv gegenüberstehen.[1727] Entscheidend ist der vom Werbeempfänger entgegengebrachte Interessengrad.[1728] Für die Bewertung, ob eine mutmaßliche Einwilligung vorliegt, ist eine Begutachtung der Umstände[1729] aus der ex ante Sicht des Anzurufenden vor dem Werbeanruf[1730] maßgeblich, wobei auf das Empfinden des Durchschnittsmarktteilnehmers abzustellen ist.[1731]

Liegt eine ausdrückliche oder konkludente Einwilligung vor, ist ein Rückgriff auf eine mutmaßliche Einwilligung entbehrlich.[1732] Wenn der Angerufene seinen Widerspruch gegen die Telefonwerbung geäußert hat, kann sich der Anrufer nicht auf eine mutmaßliche Einwilligung berufen. Dies kann er auch dann nicht, wenn

---

1726 *Leible*, in: MünchKomm UWG, 2. Aufl. 2014, § 7 Rdnr. 131; *Mankowski*, in: *Fezer/Büscher/Obergfell*, UWG, 3. Aufl. 2016, Rdnr. 156; *Ohly*, in: *Ohly/Sosnitza*, UWG, 7. Aufl. 2016, § 7 Rdnr. 56; BGH, Urteil vom 25.1.2001 – I ZR 53/99, GRUR 2001, 1181, 1183 – Telefonwerbung für Blindenwaren; BGH, Urteil vom 5.2.2004 – I ZR 87/02, GRUR 2004, 520, 521 – Telefonwerbung für Zusatzeintrag; BGH, Urteil vom 11.3.2010 – I ZR 27/08, GRUR 2010, 939 Rdnr. 20 – Telefonwerbung nach Unternehmenswechsel; BGH, Urteil vom 20.9.2007 – I ZR 88/05, GRUR 2008, 189, 190, Rdnr. 14 – Suchmaschineneintrag.

1727 BGH, Urteil vom 20.9.2007 – I ZR 88/05, GRUR 2008, 189, 190, Rdnr. 15 – Suchmaschineneintrag; BGH, Urteil vom 5.2.2004 – I ZR 87/02, GRUR 2004, 520, 521 – Telefonwerbung für Zusatzeintrag; BGH, Urteil vom 11.3.2010 – I ZR 27/08, GRUR 2010, 939, 940 Rdnr. 21 – Telefonwerbung nach Unternehmenswechsel.

1728 *Leible*, in: MünchKomm UWG, 2. Aufl. 2014, § 7 Rdnr. 131.

1729 BGH, Urteil vom 20.9.2007 – I ZR 88/05, GRUR 2008, 189, 190, Rdnr. 15 – Suchmaschineneintrag; BGH, Urteil vom 11.3.2010 – I ZR 27/08, GRUR 2010, 939, 940 Rdnr. 21 – Telefonwerbung nach Unternehmenswechsel; BGH, Urteil vom 16.11.2006 – I ZR 191/03 GRUR, 607, 609, Rdnr. 21 – Telefonwerbung für Individualverträge; *Mankowski*, in: *Fezer/Büscher/Obergfell*, UWG, 3. Aufl. 2016, Rdnr. 156; *Leible*, in: MünchKomm UWG, 2. Aufl. 2014, § 7 Rdnr. 138; *Schöler*, in: Harte-Bavendamm/Henning-Bodewig, UWG, 4. Aufl. 2016, § 7 Rdnr. 267; *Ohly*, in: *Ohly/Sosnitza*, UWG, 7. Aufl. 2016, § 7 Rdnr. 56.

1730 BGH, Urteil vom 5.2.2004 – I ZR 87/02, GRUR 2004, 520, 521 – Telefonwerbung für Zusatzeintrag; *Mankowski*, in: *Fezer/Büscher/Obergfell*, UWG, 3. Aufl. 2016, Rdnr. 156.

1731 BGH, GRUR, Urteil vom 11.3.2010 – I ZR 27/08, 2010, 939, 940 Rdnr. 24 – Telefonwerbung nach Unternehmenswechsel.

1732 *Ohly*, in: *Ohly/Sosnitza*, UWG, 7. Aufl. 2016, § 7 Rdnr. 56.

es zu einem Vertragsabschluss kommt.[1733] Zudem entfällt die Unlauterkeit der unerwünschten Werbemaßnahme „noch weniger" dadurch, „dass die Nachteile des gemachten Angebots für den Angerufenen nicht schon bei dem Telefonat, sondern erst später erkennbar werden."[1734]

Die Beweislast für die Umstände, die für die Annahme einer mutmaßlichen Einwilligung sprechen[1735] und auch das Risiko einer Fehlbeurteilung trägt der Anrufer.[1736]

2. *Abgrenzung von der konkludenten Einwilligung*

Die Abgrenzung der mutmaßlichen Einwilligung von der konkludenten Einwilligung kann unter Umständen Schwierigkeiten bereiten, wenn man die unterschiedliche Natur beider Legitimationsarten nicht klar vor Augen hat. Diese Abgrenzung ist besonders bei Werbung gegenüber Verbrauchern relevant, da eine mutmaßliche Einwilligung eine telefonische Werbemaßnahme nur gegenüber sonstigen Marktteilnehmern rechtfertigen kann. Für die Werbung gegenüber sonstigen Marktteilnehmern ist die Frage, ob eine konkludente Einwilligung vorliegt, praktisch dann irrelevant, wenn jedenfalls anzunehmen ist, dass eine mutmaßliche Einwilligung vorliegt.

Auf Abgrenzungsschwierigkeiten ist z. B. das OLG Stuttgart[1737] gestoßen. Dabei ging es um eine telefonische Kontaktaufnahme im b2b-Verhältnis zwecks Werbung betreffend die Erweiterung einer kostenlosen Auflistung in einem elektronischen Branchenverzeichnis auf eine kostenpflichtige Auflistung mit verschiedenen buchbaren Optionen, wie z.B. ein Werbeeintrag. Zunächst hat das OLG Stuttgart an die BGH-Grundsätze aus *Telefonwerbung IV* – wonach Telefonwerbung gegenüber Gewerbetreibenden zulässig ist, „wenn der Angerufene ausdrücklich oder konkludent sein Einverständnis mit derartigen Anrufen erklärt hat oder wenn aufgrund konkreter Umstände ein sachliches Interesse des Anzurufenden vom Anrufer vermutet werden kann."[1738] – erinnert. Danach hat das Gericht untersucht, ob solche rechtfertigende Umstände wie in *Telefonwerbung IV* anerkannt – das Bestehen einer Kundenbeziehung[1739] und der Bezug zum eigentlichen Geschäftsgegenstand

---

1733 *Schöler*, in: Harte-Bavendamm/Henning-Bodewig, UWG, 4. Aufl. 2016, § 7 Rdnr. 267; *Köhler*, in: *Köhler/Bornkamm/Feddersen*, UWG, 36. Aufl. 2018, § 7 Rdnr. 163; BGH, Urteil vom 16.11.2006 – I ZR 191/03, GRUR 2007, 607, 609 Rdnr. 21 – Telefonwerbung für Individualverträge.

1734 BGH, Urteil vom 16.11.2006 – I ZR 191/03, GRUR 2007, 607, 609, Rdnr. 21 – Telefonwerbung für Individualverträge.

1735 *Ohly*, in: *Ohly/Sosnitza*, UWG, 7. Aufl. 2016, § 7 Rdnr. 56.

1736 Vgl. *Schöler*, in: Harte-Bavendamm/Henning-Bodewig, UWG, 4. Aufl. 2016, § 7 Rdnr. 267.

1737 OLG Stuttgart, Urteil vom 08.08.1997 – 2 U 48/97, NJW-RR 1998, 184, 186.

1738 BGH, Urteil vom 24.01.1991 – I ZR 133/89, GRUR 1991, 764, 765 – Telefonwerbung IV.

1739 Eine Kundenbeziehung hat trotz vorhandener Eintragung gefehlt, weil die Eintragung nicht auf den Willen der Betroffenen zurückzuführen war, sondern die

des Angerufenen im Sinne einer unmittelbaren Betriebsbezogenheit des beworbenen Gegenstands – auch in dem zu entscheidenden Fall gegeben waren. Damit erweckt das OLG Stuttgart den Eindruck, es prüfe, ob eine mutmaßliche Einwilligung vorliegt. Dieser Eindruck täuscht jedoch. Im Ergebnis treffen in den Entscheidungsgründe Kriterien der konkludenten Einwilligung und solche, die eine mutmaßliche Einwilligung begründen, zusammen: schließlich nahm das Gericht an, eine konkludente Einwilligung, solche Informationen und Werbung gerade auf telefonischem Weg übermittelt zu erhalten, liege nicht vor und es sei allein ein bloß allgemeiner Sachbezug zum Geschäftsbetrieb gegeben.[1740] Das Gericht überträgt die Kriterien, die zu der Annahme einer mutmaßlichen Einwilligung führen auf die konkludente Einwilligung, obwohl die beiden Einwilligungsarten grundverschieden sind und daher unterschiedlichen Maßstäben unterliegen müssen. Das Bestehen einer Kundenbeziehung oder die unmittelbare Betriebsbezogenheit des beworbenen Gegenstands führen für sich allein nicht zu der Annahme einer konkludent erklärten Einwilligung. Sie können aber eine Vermutung für das Vorliegen einer mutmaßlichen Einwilligung eines Unternehmers aufstellen.

Auch wenn sowohl für die konkludente als auch für die mutmaßliche Einwilligung die Bewertung der Umstände des Einzelfalles maßgeblich ist, liegt der Unterschied darin, dass im ersten Fall die konkreten Umstände zu der Annahme führen dürfen, dass der Anzurufende tatsächlich ein Einverständnis mit dem Werbeanruf erklärt hat, weshalb diese Umstände gerade in dem konkreten Verhalten des Angerufenen (aktives Tun) wurzeln müssen. Dagegen führt die Bewertung der Umstände im Falle einer mutmaßlichen Einwilligung nur dazu, dass ein Einverständnis vermutet werden darf. Die Umstände, die die Annahme einer mutmaßlichen Einwilligung rechtfertigen, müssen sich nicht zwingend auf das aktive Verhalten des Anzurufenden (Tun) beziehen. Vielmehr wird anhand von Indizien eine Prognose hinsichtlich der Aufgeschlossenheit gegenüber Telefonwerbung hergestellt, der die objektiven Umstände und die Lebenserfahrung zugrunde liegen. Gleichwohl erfährt die Prognose durch die besondere Untersuchung der tatsächlichen Umstände eine Individualisierung dahingehend, dass die Umstände des Einzelfalles der Prognose konkrete Konturen verleihen. Bei der (konkludenten) Einwilligung *gegenüber Verbrauchern* im Vergleich zur mutmaßlichen Einwilligung gegenüber sonstigen Marktteilnehmern bestehen ferner „rechtsmethodische Unterschiede in der Interessenbewertung."[1741] Die Interessenabwägung im b2c-Verhältnis basiert auf einer allgemeinen Annahme, dass der Schutz der Individualsphäre allgemein Vorrang vor dem wirtschaftlichen Gewinnstreben eines Gewerbetreibenden genießt[1742]. Die Interessenbeurteilung wird nicht dem werbenden Unternehmen

---

Betreiberin des elektronischen Branchenverzeichnisses in eigener Regie Gewerbetreibende, die in die „Gelben Seiten" eingetragen waren, in diesem elektronischen Verzeichnis aufgenommen hat.

1740 OLG Stuttgart, Urteil vom 08.08.1997 – 2 U 48/97, NJW-RR 1998, 184, 186.

1741 Vgl *Fezer*, WRP 2010, 1075, 1083, 1091.

1742 BGH, Urteil vom 19.6.1970 – I ZR 115/68, GRUR 1970, 523, 524 – Telefonwerbung I.

überlassen.[1743] Bei der Telefonwerbung gegenüber Gewerbetreibenden hingegen ist aufgrund des Interessengleichlaufs – auf beiden Seiten steht die wirtschaftliche Betätigungsfreiheit – keine pauschale Wertung möglich. Die Interessenabwägung ist daher stark am Einzelfall, unter Berücksichtigung der tatsächlichen Umstände vorzunehmen.[1744] Für die Annahme eines dem Interessenbereich des Angerufenen entsprechenden Willen, verbietet sich also eine generalisierende Betrachtungsweise. Vielmehr kommt es maßgeblich darauf an, „ob nach den Umständen des Einzelfalles die Annahme gerechtfertigt erscheint, der Anzurufende werde der telefonischen Kontaktaufnahme positiv gegenüberstehen.[1745] Die im b2c-Geschäftsverkehr vorzunehmende generalisierende Interessenabwägung bedeutet aber nicht, dass eine Beurteilung der Umstände des Einzelfalles entbehrlich ist. Vielmehr müssen die Einzelfallumstände gerade im Falle einer konkludenten Einwilligung gesondert gewürdigt werden, denn nur auf diese Weise kann eine Bewertung, ob der Verbraucher eine konkludente Einwilligung erklärt hat, getroffen werden. Das Interesse des Verbrauchers auf Privatsphärenschutz, das verfassungsrechtlich höheren Schutz als das wirtschaftliche Interesse genießt, rechtfertigt die gesetzliche Wertung des § 7 Abs. 2 Nr. 2 UWG, wonach eine mutmaßliche Einwilligung in die Telefonwerbung nur gegenüber sonstigen Marktteilnehmern zulässig ist.[1746]

Die Behauptung, dass generell die Voraussetzungen für die Annahme einer mutmaßlichen Einwilligung weniger streng sind als im Falle einer konkludent erklärten Einwilligung, wäre jedoch voreilig. Die unterschiedliche Behandlung der tatsächlichen Einwilligung einerseits und der mutmaßlichen Einwilligung andererseits ergibt sich aus der unterschiedlichen Natur beider Einwilligungsarten, die jeweils einer unterschiedlichen Legitimationsgrundlage unterliegen. Im Grunde genommen ist die mutmaßliche Einwilligung im Vergleich zu der tatsächlichen Einwilligung gar keine Einwilligung im Sinne einer Willensäußerung im Rahmen eines Opt-in-Systems. Es fehlt an einem Bekundungsakt nach außen. Der Betroffene ist zwar damit einverstanden, per Telefon für ein bestimmtes Produkt oder eine Dienstleistung beworben zu werden, behält aber diesen Wunsch für sich. Plastisch kann man sich den Fall der mutmaßlichen Einwilligung wie ein introvertiertes Verhalten vorstellen, während die tatsächliche Einwilligung einem extrovertierten Verhalten gleicht. Es ist Aufgabe des Werbenden, eine Prognose über den inneren Wunsch zu erstellen, indem er die objektiven Umstände würdigt. Die mutmaßliche Einwilligung basiert insofern auf einem modifizierten Opt-out-System.[1747] Als Legitimationsgrundlage für die Zulässigkeit der Telefonwerbung steht

---

1743 *Fezer*, WRP 1075, 1089.

1744 Vgl *Fezer*, WRP 2010, 1075, 1083, 1091.

1745 BGH, Urteil vom 25.1.2001 – I ZR 53/99, GRUR 2001, 1181, 1183 – Telefonwerbung für Blindenwaren.

1746 Vgl. Gesetzesbegründung UWG 2004, Drucks. 301/03, S. 43; BGH, Urteil vom 24.01.1991 – I ZR 133/89, GRUR 1991, 764, 765 – Telefonwerbung IV.

1747 Siehe oben Zweiter Teil, Zweites Kapitel, B. IV. 2. c.

bei der mutmaßlichen Einwilligung, anders als bei der tatsächlichen Einwilligung, nicht die Erklärung des Angerufenen, mit der Telefonwerbung einverstanden zu sein. Die mutmaßliche Einwilligung basiert auf der Widerspruchslösung – Telefonwerbung ist beim Vorliegen bestimmter Umstände, die die Annahme eines vermuteten Willens rechtfertigen zulässig, vorausgesetzt der Betroffene hat keinen Widerspruch geäußert.[1748] Auch das klassische Opt-out-Modell basiert auf dem Widerspruchsrecht – Telefonwerbung ist grundsätzlich erlaubt, es sei denn, ein Widerspruch liegt vor. Einziger Unterschied ist hierbei, dass die Einzelfallumstände keine Rolle spielen. Legitimationsgrundlage bzw. Rechtsgrundlage im Rahmen der mutmaßlichen Einwilligung ist somit das Vorliegen bestimmter Umstände, in der Regel eine Kundenbeziehung[1749].

Art. 13 Abs. 2 DSRL 2002 und Art. 7 Abs. 2 Nr. 3 UWG regeln einen besonderen Fall der mutmaßlichen Einwilligung, bei der die Kundenbeziehung als Legitimationsgrundlage dient.[1750] Neben der Kundenbeziehung muss noch eine Ähnlichkeit mit bereits angebotenen Produkten vorliegen. § 2 Nr. 2 Alt. 2 UWG hingegen beschränkt die Umstände, die zu der Annahme einer mutmaßlichen Einwilligung führen, nicht. Theoretisch zulässig sind also Fälle, in denen auch beim Fehlen einer Kundenbeziehung und/oder beim Fehlen einer Produktähnlichkeit eine mutmaßliche Einwilligung angenommen werden darf. Die Vorschrift des § 7 Abs. 2 Nr. 2 UWG kennt also weder einen Numerus clausus von Konstellationen, in denen eine mutmaßliche Einwilligung angenommen werden kann, noch nennt sie die für die Annahme einer mutmaßlichen Einwilligung notwendigen Voraussetzungen. Es ist mithin Aufgabe der Rechtsprechung und der Literatur, die Voraussetzungen einer mutmaßlichen Einwilligung für die Telefonwerbung unter Berücksichtigung der beteiligten Interessen zu konkretisieren.

3. Parallele zu der Regelung des § 683 S. 1 BGB

Der Fall der mutmaßlichen Einwilligung erinnert an die GoA-Regelung des § 683 Satz 1 BGB[1751], der sekundär auf den mutmaßlichen Willen des Geschäftsherrn

---

1748 Artikel-29-Datenschutzgruppe, WP 187, Stellungnahme 15/2011, S. 38.

1749 Siehe in Bezug auf Art. 13 Abs. 2 DSRL 2002/58/EG, der in Art. 7 Abs. 2 Nr. 3 UWG umgesetzt wurde, Artikel-29-Datenschutzgruppe, WP 187, Stellungnahme 15/2011, S. 38.

1750 Artikel-29-Datenschutzgruppe, WP 187, Stellungnahme 15/2011, S. 38: „Folglich ist im Prinzip die Kundenbeziehung zwischen der betroffenen Person und dem Dienstanbieter die Rechtsgrundlage, die den ersten Kontakt über E-Mail erlaubt."

1751 *Köhler*, in: *Köhler/Bornkamm/Feddersen*, UWG, 36. Aufl. 2018, § 7 Rdnr. 164; Vgl. auch *Ohly*, in: *Ohly/Sosnitza*, UWG, 7. Aufl. 2016, § 7 Rdnr. 56. „Einwilligung und mutmaßliche Einwilligung verhalten sich zueinander wie Rechtsgeschäft und Geschäftsführung ohne Auftrag."; A. a. *Fezer*, WRP 2010, 1075, 1083, die vermutete Einwilligung i.R.v. § 683 S. 1 BGB sei nach anderen Kriterien als im Rahmen des § 7 Abs. 2 Nr. 2 Alt. 2 UWG zu bewerten, weil § 683 S. 1 BGB einen Aufwendungsersatzanspruch auslöse.

abstellt, wenn der tatsächliche Wille des Geschäftsherrn nicht übermittelt werden kann.

Erstens ist im Rahmen der Telefonwerbung gegenüber einem sonstigen Marktteilnehmer ebenso wie bei der Prüfung, ob eine berechtigte GoA vorliegt, auf den tatsächlichen Willen des Betroffenen abzustellen. Nur *subsidiär* spielt der mutmaßliche Wille im Rahmen der GoA[1752] und der Ermittlung der mutmaßlichen Einwilligung in die Werbung eine Rolle. Der Unterschied liegt jedoch darin, dass im Rahmen der Einwilligung in die Telefonwerbung der tatsächliche Wille auch gegenüber dem Werbenden geäußert werden muss, während bei der GoA eine Willensäußerung gerade gegenüber dem Geschäftsherrn nicht erfolgen muss.[1753] Dem Sinn und Zweck des § 683 BGB – ungewollte Einmischungen in der Lebenssphäre des Geschäftsherrn zu verhindern – ist zu entnehmen, dass es dem Geschäftsherrn nicht zugemutet werden kann, gegenüber jedem denkbaren Geschäftsführer seine Vorstellungen bekannt zu geben[1754].

Zweitens spielt das objektiv zu ermittelnde Interesse[1755] sowohl im Rahmen von § 683 BGB als auch bei der Prüfung, ob eine mutmaßliche Einwilligung in die Telefonwerbung gegeben ist, eine Rolle. Der betroffene Marktteilnehmer drückt mit keinerlei Verhalten sein tatsächliches Einverständnis mit der Telefonwerbung aus. Anknüpfungspunkte für die Ermittlung des wahren Willens in dem Fall, dass eine Einwilligung nicht erklärt wurde, fehlen. Für die Vermutung, dass der Betroffene mit einem Telefonanruf einverstanden wäre, ist daher auf das objektive Interesse abzustellen, das aber unter einem „subjektiven Korrekturvorbehalt" steht.[1756] „Von der mutmaßlichen Einwilligung sind also Anrufe gedeckt, an denen ein durchschnittlich störungsanfälliger Gewerbetreibender interessiert wäre, sofern nicht besondere Umstände für einen entgegenstehenden Willen gerade des individuellen Adressaten sprechen."[1757] Im Vordergrund der Prognose, ob eine mutmaßliche Einwilligung vorliegt, steht das subjektive Element, also der Wille des Betroffenen, umworben zu werden. Das objektive Interesse indiziert lediglich, dass ein vernünftiger Markteilnehmer, der kein Verbraucher ist, in der gegebenen Situation mit der Telefonwerbung einverstanden wäre.

1752 *Martinek/Theobald*, Jus 1997, 612, 614; *Bergmann* in: Staudinger BGB, Neubearb. 2006, § 683 Rdnr. 24.

1753 *Martinek/Theobald*, Jus 1997, 27, 29; *Bergmann*, in: Staudinger BGB, Neubearb. 2006, § 683 Rdnr. 25.

1754 *Giesen*, Jura 1996, 288, 289.

1755 Vgl. zum Verhältnis von Interesse und Wille bei § 683 BGB *Bergmann*, in: Staudinger BGB, Neubearb. 2006, § 683 Rdnr. 39.

1756 *Ohly*, in: *Ohly/Sosnitza*, UWG, 7. Aufl. 2016, § 7 Rdnr. 56.

1757 *Ohly*, in: *Ohly/Sonsitza*, UWG, 7. Aufl. 2016, § 7 Rdnr. 56.

4. *Allgemeine Formel – das sachliche Interesse*

Eine mutmaßliche Einwilligung liegt nach der Rechtsprechung[1758] und nach der Literatur[1759] vor, wenn auf Grund konkreter tatsächlicher Umstände der Anrufer vermuten durfte, dass der Unternehmer ein sachliches Interesse an der telefonischen Werbebotschaft haben werde. Maßgebend ist, ob der Werbende bei verständiger Würdigung der Umstände davon ausgehen kann, der Anzurufende erwarte einen solchen Anruf oder werde ihm jedenfalls positiv gegenüberstehen[1760]. Die konkreten Umstände lassen insofern den Rückschluss auf ein sachliches Interesse im Sinne eines objektiven Interesses an der Telefonwerbung zu. Der zweite Teil der Definition betont die subjektive Komponente, denn der Werbende hat zu hinterfragen, ob gerade der Anzurufende die Entgegennahme eines Werbeanrufs positiv bewerten würde. Insofern ist der Werbende gehalten, alle für den konkreten Fall relevanten Details auszuschöpfen, um das Interesse des Unternehmers an der Telefonwerbung zutreffend zu ermitteln. Ferner hebt der BGH die Notwendigkeit einer subjektiven Beurteilung hervor, indem er das Verbot einer generalisierenden oder kategorisierenden Betrachtung ausspricht.[1761] Der BGH verneinte ausdrücklich eine generalisierende Betrachtungsweise dahingehend, dass eine mutmaßliche Einwilligung anzunehmen sei, wenn sich der Anruf auf den eigentlichen Geschäftsgegenstand des Angerufenen beziehe, bzw. abzulehnen sei, wenn der Telefonanruf lediglich bloße Hilfsmittel des Unternehmens betreffe, weil eine solche Sichtweise „teils zu eng teils zu weit“ sei.[1762]

5. *Konkretisierungsbedarf*

Die Antwort auf die Frage, ob eine mutmaßliche Einwilligung vorliegt, basiert auf einem Abwägungsvorgang ersichtlicher Umstände. Dabei ist bei der e Bewertung der Umstände der Sinn und Zweck des § 7 Abs. 2 Nr. 2. Alt. 2 UWG – Schutz der geschäftlichen Betätigungsfreiheit des Angerufenen –[1763] maßgeblich. Bei einem unerbetenen Anruf im geschäftlichen Bereich wird die Berufssphäre tangiert.

1758 BGH, Urteil vom 25.1.2001 – I ZR 53/99, GRUR 2001, 1181, 1183 – Telefonwerbung für Blindenwaren; BGH, Urteil vom 5.2.2004 – I ZR 87/02, GRUR 2004, 520, 521 – Telefonwerbung für Zusatzeintrag; BGH, Urteil vom 11.3.2010 – I ZR 27/08, GRUR 2010, 939 Rdnr. 20 – Telefonwerbung nach Unternehmenswechsel.

1759 *Leible*, in: MünchKomm UWG, 2. Aufl. 2014, § 7 Rdnr. 131; *Ohly*, in: *Ohly/Sosnitza*, UWG, 7. Aufl. 2016, § 7 Rdnr. 56;

1760 BGH, Urteil vom 20.9.2007 – I ZR 88/05, GRUR 2008, 189, 190, Rdnr. 15 – Suchmaschineneintrag; BGH, Urteil vom 5.2.2004 – I ZR 87/02, GRUR 2004, 520, 521 – Telefonwerbung für Zusatzeintrag; BGH, Urteil vom 11.3.2010 – I ZR 27/08, GRUR 2010, 939, 940 Rdnr. 21 – Telefonwerbung nach Unternehmenswechsel.

1761 BGH, Urteil vom 24.01.1991 – I ZR 133/89GRUR 1991, 764, 765 – Telefonwerbung IV.

1762 BGH, Urteil vom 24.01.1991 – I ZR 133/89GRUR 1991, 764, 765 – Telefonwerbung IV.

1763 *Köhler*, in: *Köhler/Bornkamm/Feddersen*, UWG, 36. Aufl. 2018, § 7 Rdnr. 159.

Geschäftsleute sind gegenüber bislang nicht bekannten Dritten allgemein aufgeschlossener als Anschlussinhaber, die im privaten Bereich am Telefon zu werblichen Zwecken angesprochen werden.[1764] Sie rechnen mit Anrufen potenzieller Geschäftspartner und solcher Personen, die mit Blick auf ihre Geschäftstätigkeit auch in deren eigenem Interesse mit ihnen in Verbindung zu treten wünschen[1765]. Wer einen Telefonanschluss zu gewerblichen Zwecken unterhält, rechnet mit Anrufen, mit denen der Anrufer ein akquisitorisches Bemühen verfolgt[1766]. Die Gefahr einer Überrumpelung ist indes im Vergleich zu Anrufen bei Privaten geringer.[1767] Jedoch kann ein unerwünschter Werbeanruf im geschäftlichen Bereich zu belästigenden oder sonst unerwünschten Störungen in der beruflichen Tätigkeit und zu einer den Geschäftsgang störenden Belegung des Telefonanschlusses für die Dauer des Anrufs führen.[1768] Es wird damit nicht nur Arbeitszeit des Angerufenen in Anspruch genommen, sondern zudem wird für die Dauer des Anrufs auch der Anschluss blockiert.[1769] Unerheblich ist, dass auf Grund moderner Telekommunikationstechnik im Einzelfall mehrere Anrufe gleichzeitig entgegengenommen werden können.[1770]

Aufgrund der Störung der Berufssphäre können Werbeanrufe auch im geschäftlichen Bereich nicht ohne weiteres als zulässig angesehen werden. Entscheidend für die Zulässigkeit der Werbung im geschäftlichen Bereich ist der Grad des Interesses, das der Anzurufende entgegenbringt.[1771] Erforderlich für die Annahme einer mutmaßlichen Einwilligung ist eine Interessenabwägung, wobei die Prognoseentscheidung aus der Perspektive des Beworbenen getroffen werden muss.[1772] Der ermittelte mutmaßliche Wille geht dem objektiven Interesse auch dann vor, wenn er sich im Zeitpunkt der Prognoseentscheidung, also vor dem Anruf, als Ergebnis unternehmerischer Ungeschicktheit darstellt.[1773] Die folgenden dargelegten

---

1764 BGH, Urteil vom 24.01.1991 – I ZR 133/89, GRUR 1991, 764, 765 – Telefonwerbung IV.

1765 BGH, Urteil vom 5.2.2004 – I ZR 87/02, GRUR 2004, 520, 521 – Telefonwerbung für Zusatzeintrag.

1766 BGH, Urteil vom 11.3.2010 – I ZR 27/08, GRUR 2010, 939, 940, Rdnr. 20 – Telefonwerbung nach Unternehmenswechsel.

1767 *Köhler*, in: *Köhler/Bornkamm/Feddersen*, UWG, 36. Aufl. 2018, § 7 Rdnr. 159.

1768 BGH, Urteil vom 24.01.1991 – I ZR 133/89, GRUR 1991, 764, 765 – Telefonwerbung IV.

1769 *Köhler*, in: *Köhler/Bornkamm/Feddersen*, UWG, 36. Aufl. 2018, § 7 Rdnr. 159.

1770 *Köhler*, in: *Köhler/Bornkamm/Feddersen*, UWG, 36. Aufl. 2018, § 7 Rdnr. 159.

1771 BGH, Urteil vom 25.1.2001 – I ZR 53/99, GRUR 2001, 1181, 1182 – Telefonwerbung für Blindenwaren.

1772 Ebenso ist für die Ermittlung des mutmaßlichen Willens des Geschäftsherrn im Rahmen des § 683 BGB auf die Perspektive des Geschäftsherrn abzustellen: *Bergmann*, in: Staudinger BGB, Neubearbeitung 2006, § 683 Rdnr. 28.

1773 Vgl. in Bezug auf den mutmaßlichen Willen bei der GoA im Rahmen der Frage, ob der Geschäftsherr der Übernahme der Geschäftsführung durch den Geschäftsführer zugestimmt hätte, *Bergmann* in: Staudinger BGB, Neubearb. 2006, § 683 Rdnr. 28.

Kriterien für die Annahme einer mutmaßlichen Einwilligung beruhen auf objektiven Gesichtspunkten und haben daher nur Indizwirkung.

a. Restriktive Auslegung

Nach der vom BGH verwendeten Formel liegt eine mutmaßliche Einwilligung vor, wenn „auf Grund konkreter Umstände ein sachliches Interesse des Anzurufenden" telefonisch umworben zu werden, vermutet werden kann.[1774]

Für die Konkretisierung des sachlichen Interesses vertritt die Rechtsprechung[1775], gefolgt von einem Teil der Literatur[1776], eine restriktive Sichtweise. Demnach begründet ein allgemeiner Sachbezug zu einem Geschäftsbetrieb für sich allein nicht die Annahme einer mutmaßlichen Einwilligung, weil Telefonwerbung gegenüber Gewerbetreibenden andernfalls nahezu unbeschränkt zulässig wäre.[1777] Erforderlich ist das Hinzutreten eines konkreten, aus dem Interessenbereich des Anzurufenden herzuleitenden Grundes, der die Telefonwerbung rechtfertigt.[1778] Das mutmaßliche Einverständnis muss sich dabei nicht nur auf den Inhalt, sondern auch auf die Art der Werbung beziehen[1779]; das heißt, der Unternehmer muss mutmaßlich gerade auch mit einer telefonischen Werbung einverstanden sein.

1774 BGH, Urteil vom 25.1.2001 – I ZR 53/99, GRUR 2001, 1181, 1183 – Telefonwerbung für Blindenwaren; BGH, Urteil vom 5.2.2004 – I ZR 87/02, GRUR 2004, 520, 521 – Telefonwerbung für Zusatzeintrag; BGH, Urteil vom 11.3.2010 – I ZR 27/08, GRUR 2010, 939 Rdnr. 20 – Telefonwerbung nach Unternehmenswechsel; BGH, Urteil vom 20.9.2007 – I ZR 88/05, GRUR 2008, 189, 190, Rdnr. 14 – Suchmaschineneintrag.

1775 BGH, Urteil vom 24.01.1991 – I ZR 133/89, GRUR 1991, 764, 765 – Telefonwerbung IV; BGH, Urteil vom 11.3.2010 – I ZR 27/08, GRUR 2010, 939, 940, Rdnr. 25 – Telefonwerbung nach Unternehmenswechsel; BGH, Urteil vom 16.11.2006 – I ZR 191/03, GRUR 2007, 607, 609, Rdnr. 20 – Telefonwerbung für Individualverträge.

1776 *Köhler*, in: *Köhler/Bornkamm/Feddersen*, UWG, 36. Aufl. 2018, § 7 Rdnr. 165; *Schöler*, in: Harte-Bavendamm/Henning-Bodewig, UWG, 4. Aufl. 2016, § 7 Rdnr. 267 ff.; a.A: *Engels/Stulz-Herrnstadt* WRP 2005, 1218, 1229; *Fezer* WRP 2010, 1075, 1093.

1777 BGH, Urteil vom 24.01.1991 – I ZR 133/89, GRUR 1991, 764, 765 – Telefonwerbung IV; BGH, Urteil vom 11.3.2010 – I ZR 27/08, GRUR 2010, 939, 940, Rdnr. 25 – Telefonwerbung nach Unternehmenswechsel; BGH, Urteil vom 16.11.2006 – I ZR 191/03, GRUR 2007, 607, 609, Rdnr. 20 – Telefonwerbung für Individualverträge; *Köhler*, in: *Köhler/Bornkamm/Feddersen*, UWG, 36. Aufl. 2018, § 7 Rdnr. 165; *Schöler*, in: Harte-Bavendamm/Henning-Bodewig, UWG, 4. Aufl. 2016, § 7 Rdnr. 268; a.A: *Engels/Stulz-Herrnstadt* WRP 2005, 1218, 1229; *Fezer* WRP 2010, 1075, 1093.

1778 BGH, Urteil vom 25.1.2001 – I ZR 53/99, GRUR 2001, 1181, 1182 – Telefonwerbung für Blindenwaren.

1779 BGH, Urteil vom 11.3.2010 – I ZR 27/08, GRUR 2010, 939, 949, Rdnr. 20 – Telefonwerbung nach Unternehmenswechsel; BGH, Urteil vom 5.2.2004 – I ZR 87/02, GRUR 2004, 520, 521 – Telefonwerbung für Zusatzeintrag; BGH, Urteil vom 20.9.2007 – I ZR 88/05, GRUR 2008, 189, 190, Rdnr. 15 – Suchmaschineneintrag; *Köhler*, in: *Köhler/Bornkamm/Feddersen*, UWG, 36. Aufl. 2018, § 7 Rdnr. 164.

Die Annahme eines mutmaßlichen Einverständnisses mit der Art der Werbung scheitert jedoch nicht daran, dass die „Werbung durch einen Telefonanruf gegenüber einer schriftlichen Werbung zwar keine oder sogar weniger Vorzüge aufweist; entscheidend ist, dass die Telefonwerbung den Interessen des Anzurufenden aber gleichwohl noch in einem Maß entspricht, dass die mit dem Anruf verbundene Belästigung hinnehmbar erscheint."[1780] Beim Bestehen einer Geschäftsverbindung oder falls die Telefonwerbung den eigentlichen Geschäftsgegenstand betrifft, werden Gründe, die Anrufe werbender Art rechtfertigen, häufig anzunehmen sein. Eine generalisierende Betrachtungsweise, die nicht hinreichend auch das Interesse des Anzurufenden an der jeweiligen Werbung berücksichtigt, lehnt der BGH ausdrücklich ab. Insofern liefert die Unterscheidung zwischen dem eigentlichen Geschäftsgegenstand und bloßen Hilfsmitteln kein allgemeines Kriterium für die Bewertung, ob ein mutmaßliches Einverständnis vorliegt.[1781]

Im Falle einer telefonischen Werbemaßnahme, die einen sachlichen Zusammenhang zu einer bereits bestehenden Geschäftsverbindung aufweist, wird grundsätzlich die Annahme einer mutmaßlichen Einwilligung gerechtfertigt sein.[1782]

b. Abweichende Literaturmeinung

Teilweise kritisiert die Literatur die vom BGH geforderten Voraussetzungen; insbesondere das Erfordernis eines konkreten sachlichen Interesses. Die stark am Einzelfall orientiert strengen Kriterien des BGH seinen zu eng und liefen daher den unterschiedlichen Wertungen der Zulässigkeit der Telefonwerbung gegenüber Verbrauchern einerseits und gegenüber Unternehmen andererseits zuwider. [1783]

Stattdessen soll nach *Engels/Stulz-Herrnstadt*[1784] eine „generelle und typisierende Betrachtungsweise" unter Heranziehung „genereller Indikatoren" darüber entscheiden, ob eine mutmaßliche Einwilligung vorliegt. Eine restriktive Auslegung der Begrifflichkeit der mutmaßlichen Einwilligung berücksichtige nicht die gesetzlichen Spielräume und das für Unternehmen nicht heranzuziehende Privatsphärenargument und führe zu einer Übertragbarkeit der Grundsätze der Telefonwerbung gegenüber Verbrauchern auf die Telefonwerbung gegenüber Unternehmen.[1785] Vielmehr sei pauschal von der Annahme einer geringen Intensität der Belästigung,

---

1780 BGH, Urteil vom 20.9.2007 – I ZR 88/05, GRUR 2008, 189, 190, Rdnr. 15 – Suchmaschineneintrag; BGH, Urteil vom 5.2.2004 – I ZR 87/02, GRUR 2004, 520, 522 – Telefonwerbung für Zusatzeintrag.

1781 BGH, Urteil vom 24.01.1991 – I ZR 133/89, GRUR 1991, 764, 765 – Telefonwerbung IV.

1782 So z.B. BGH, Urteil vom 20.9.2007 – I ZR 88/05, GRUR 2008, 189 – Suchmaschineneintrag.

1783 *Engels/Stulz-Herrnstadt* WRP 2005, 1218, 1229; *Fezer* WRP 2010, 1075, 1093; *Seichter/Witzmann*, WRP 2007,699, 706 ff; *Pauly/Jankowski*, GRUR 2007, 118, 120; *Schricker*, GRUR Int. 1998, 541; *Böhm*, MMR 1999, 643.

1784 *Engels/Stulz-Herrnstadt,* WRP 2005, 1218, 1227 ff.

1785 *Engels/Stulz-Herrnstadt,* WRP 2005, 1218, 1227; Siehe auch *Fezer*, WRP 2010, 1075, 1092.

die die Telefonwerbung im geschäftlichen Bereich entfalte, auszugehen. Anders als bei Telefonwerbung gegenüber Verbrauchern bezwecke § 7 Abs. 2 Nr. 2 Alt. 2 UWG nicht den Schutz der Privatsphäre des Verbrauchers, sondern den Schutz des wirtschaftlichen Gewinnstrebens des Angerufenen.[1786] Damit stünden sich im b2b-Verhältnis zwei gleichrangige Interessen gegenüber, das wirtschaftliche Gewinnstreben des Angerufenen einerseits und das des Werbenden andererseits, die vornehmlich durch Art. 12 und Art. 5 GG verfassungsrechtlich geschützt werden.[1787] Im Rahmen einer generalisierenden Betrachtungsweise kommen *Engels/Stulz-Herrnstadt* zum Ergebnis, dass dem wirtschaftlichen Interesse der Werbewirtschaft gegenüber dem wirtschaftlichen Interesse der angerufenen Unternehmen Vorrang einzuräumen ist. Die Störung durch einen Telefonanruf sei geringfügig.[1788] Im Bereich der Nachfragewerbung entspreche zudem die Telefonwerbung sogar den wirtschaftlichen Interessen der Gewerbetreibenden. Ein telefonisches Angebot sei weniger zeitaufwendig als ein schriftliches. Auch sei die telefonische Kontaktaufnahme für die Angerufenen in Anbetracht der Möglichkeit eines Rückrufs effektiver und zielgerichteter als die schriftliche.[1789]

Es sei lebensfremd, zumindest nicht mehr zeitgemäß, davon auszugehen, dass die individuelle Ansprache Angerufene stärker belästigt als die (zulässige) Briefkastenwerbung. Die Annahme, dass das Lesen und die Entsorgung eines Briefes zeitaufwendiger sei als die Entgegennahme eines Telefonats und dessen sofortiger Beendung bei Desinteresse durch kurze Mitteilung oder Auflegen erscheine lebensfremd, zumindest sei sie nicht mehr zeitgemäß.[1790] Da für die Zulässigkeit der Briefkastenwerbung gegenüber Verbrauchern das berechtigte Interesse der Werbewirtschaft, auf ihre Angebote aufmerksam zu machen und das Interesse der Marktteilnehmer, auf diesem Wege von interessanten Angeboten zu erfahren, in die Argumentation mit einfließt, müsste diese Argumentation erst recht für eine Lockerung der Voraussetzungen für die Zulässigkeit der Telefonwerbung gegenüber Gewerbetreibenden gelten.[1791] Die Anforderung an das Vorliegen eines konkreten Grundes stelle einen Eingriff in den Kernbereich der verfassungsrechtlich geschützten unternehmerischen Betätigungsfreiheit dar. Der Telemarketing-Branche wäre somit eine faktische Unmöglichkeit, Gewebetreibende anzurufen, auferlegt.[1792] Generell sei von einer geringen Schutzbedürftigkeit des Gewerbetreibenden gegenüber den schutzwürdigen Interessen der Telemarketing-Branche auszugehen. Aufgrund dessen sollte bereits dann eine mutmaßliche Einwilligung anzunehmen sein, wenn zwischen dem beworbenen Produkt und dem

---

1786 *Engels/Stulz-Herrnstadt,* WRP 2005, 1218, 1228.
1787 *Engels/Stulz-Herrnstadt,* WRP 2005, 1218, 1228.
1788 *Engels/Stulz-Herrnstadt,* WRP 2005, 1218, 1228.
1789 *Engels/Stulz-Herrnstadt,* WRP 2005, 1218, 1228.
1790 *Engels/Stulz-Herrnstadt,* WRP 2005, 1218, 1228.
1791 *Engels/Stulz-Herrnstadt,* WRP 2005, 1218, 1228.
1792 *Engels/Stulz-Herrnstadt,* WRP 2005, 1218, 1229.

Geschäftsbereich des Unternehmens *ein Zusammenhang bzw. Sachbezug* bestehe – wobei ein *genereller Sachbezug* zur Geschäftstätigkeit des Umworbenen grundsätzlich *oder* eine zwischen Anrufer und Angerufenen bestehende oder sich in Anbahnung befindende *Geschäftsbeziehung* ausreichen solle.[1793] Andere Umstände – *Nähe des Anrufs zum eigentlichen Geschäftsgegenstand, Aufgeschlossenheit des Unternehmens für Außenkontakte, Art* (Dienstleistungsunternehmen, eigene Presseabteilung), *Größe des Unternehmens* – könnten je nach Intensität die Vermutung erstarken lassen.[1794] Das Argument der Nachahmungsgefahr solle keine Berücksichtigung finden.[1795]

Auch *Fezer*[1796] betrachtet die vom BGH gestellten Kriterien als zu streng und sieht das Bestehen einer *Geschäftsverbindung oder* die *Existenz eines Sachbezugs eines konkreten Interesses* als grundsätzlich ausreichenden Umstand für die Annahme einer mutmaßlichen Einwilligung.[1797] Das Tatbestandmerkmal der Einwilligung soll extensiv ausgelegt werden. An das Vorliegen einer mutmaßlichen Einwilligung seien keine strengen Anforderungen zu stellen.[1798] Der Eingriff in den Ablauf der Arbeitsorganisation des Unternehmers sei marginal im Vergleich zu dem Eingriff in die Privatsphäre des Verbrauchers[1799]. *Erstens* begründet nach *Fezer* das Vorliegen eines *konkreten Sachbezugs* zu dem Geschäftsbetrieb des angerufenen Unternehmens die Annahme einer mutmaßlichen Einwilligung. Zwar müsse ein sachliches Interesse des anzurufenden Unternehmens aus dessen konkreten Interessenbereich resultieren, so dass ein allgemeiner Sachbezug nicht ausreiche.[1800] Allerdings seien für die Annahme eines konkreten Sachinteresses keine hohen Anforderungen zu stellen. Dies gelte insbesondere, weil die Ablehnung einer kommerziellen Kommunikation durch Telefonmarketing einen nur marginalen Aufwand bedeute. Andernfalls entstünde ein Wertungswiderspruch zu der Regelung der UGP-Richtlinie im harmonisierten Lauterkeitsrecht des b2b-Geschäftsverkehrs. Nach dem deutschen Lauterkeitsrecht genüge nämlich ein erster unerwünschter Anruf im b2b-Verhältnis für die Annahme der Unzulässigkeit der Telefonwerbung, während das per se-Verbot der Nr. 26 des Anhangs I der UGP-Richtlinie eine Hartnäckigkeit des Ansprechens als Tatbestandsvoraussetzung verlange.[1801] In Ermangelung einer Geschäftsbeziehung könne insbesondere der Zusammenhang mit dem Geschäftsgegenstand des anzurufenden Unternehmens ein Sachinteresse an einem entgeltlichen Leistungsangebot via Telefon begründen.[1802] *Zweitens* führe

1793 *Engels/Stulz-Herrnstadt,* WRP 2005, 1218, 1229.
1794 *Engels/Stulz-Herrnstadt,* WRP 2005, 1218, 1229.
1795 *Engels/Stulz-Herrnstadt,* WRP 2005, 1218, 1229.
1796 *Fezer*, WRP 2010, 1075, 1092.
1797 *Fezer*, WRP 2010, 1075, 1092 f.
1798 *Fezer*, WRP 2010, 1075, 1092.
1799 Fezer, WRP 2010, 1075, 1092.
1800 *Fezer*, WRP 2010, 1075, 1093.
1801 *Fezer*, WRP 2010, 1075, 1093.
1802 *Fezer*, WRP 2010, 1075, 1094.

eine *Geschäftsverbindung* regelmäßig zur Zulässigkeit der Telefonwerbung.[1803] Die Umstände der konkreten Geschäftsverbindung sollten lediglich innerhalb der Interessenanalyse und Interessenabwägung Berücksichtigung finden. Dazu gehören die *Usancen innerhalb der Branche, die konkreten Leistungsangebote der Geschäftspartner* und der *Gegenstand der kommerziellen Kommunikation.*[1804] Von einer Vermutung, das anzurufende Unternehmen werde mit dem konkreten Telefonmarketing einverstanden sein, sei allerdings dann nicht auszugehen, wenn es sich um eine wirtschaftlich nicht ernstzunehmende Geschäftsverbindung (*Scheingeschäftsverbindung*) handele.[1805] Die Vermutungswirkung gelte ohne weitere Einschränkungen für die Aktualisierung und Erweiterung bestehender Vertragsbeziehungen. Es sei im b2b-Geschäftsverkehr darüber hinaus auch wirtschaftlich sinnvoll, über den Vertragsgegenstand hinausgehende Leistungsangebote zu unterbreiten, wenn insoweit ein Interesse des Geschäftspartners angenommen werden könne. Ein solches konkrete Interesse könne sich sowohl aus dem bisherigen Gegenstand der bestehenden Geschäftsbeziehungen als auch aus der Art und Weise der Handhabung der bestehenden Geschäftsbeziehungen ergeben.[1806] Bei dieser Abgrenzung komme es nicht darauf an, ob sich die kommerzielle Kommunikation oder das Leistungsangebot auf den *eigentlichen Geschäftsgegenstand* des Unternehmens oder auf sogenannte *Hilfsmittel der unternehmerischen Betätigung* beziehe.[1807] Die Kopplung eines nicht kommerziellen Gegenstands, wie die Datenpflege, mit einem entgeltlichen Leistungsangebot stehe der Begründung einer mutmaßlichen Einwilligung nicht im Wege.[1808] Eine rechtserhebliche Geschäftsverbindung oder der durch ein konkretes Interesse begründete Sachbezug bilden also nach *Fezer* die Grundlage für die Annahme einer vermuteten Einwilligung in die Telefonwerbung im b2b-Bereich. Für die prognostizierende Bestimmung der Rechtserheblichkeit einer Geschäftsverbindung oder eines Sachinteresses als Grundlage einer Vermutung für die Einwilligung in das b2b-Telefonmarketing sei die Sicht „eines am Markt wirtschaftlich vernünftig urteilenden und handelnden Unternehmers (reasonable competitor)“ maßgeblich.[1809]

Ebenso als zu eng stufen *Seichter/Witzmann* die vom BGH vorgenommene Auslegung der Begrifflichkeit der mutmaßlichen Einwilligung ein. Nach *Seichter/Witzmann* soll bei Anrufen, die den *Kern des Geschäftsbetriebs* betreffen, allgemein die Vermutung für das Vorliegen einer mutmaßlichen Einwilligung sogar in Ermangelung einer Geschäftsverbindung greifen.[1810] Diese Beurteilung entspreche dem

---

1803 *Fezer*, WRP 2010, 1075, 1092.
1804 Fezer, WRP 2010, 1075, 1092.
1805 *Fezer*, WRP 2010, 1075, 1093.
1806 *Fezer*, WRP 2010, 1075, 1093 f.
1807 *Fezer*, WRP 2010, 1075, 1094.
1808 *Fezer*, WRP 2010, 1075, 1092.
1809 *Fezer*, WRP 2010, 1075, 1093.
1810 *Seichter/Witzmann*, WRP 2007, 699, 707.

Interesse des Unternehmers, sich auch über Angebote von Unternehmen zu informieren, zu denen bislang keine Geschäftsverbindung bestanden habe.[1811] Ferner solle allein der Umstand des Bestehens einer *Geschäftsbeziehung* ein Einverständnis mit der Telefonwerbung vermuten lassen, auch wenn der Anruf in keinem sachlichen Zusammenhang mit der Geschäftsverbindung stehe.[1812] Dies folge daraus, dass im geschäftlichen Bereich das Telefon ein übliches Kommunikationsmittel darstelle. Im Übrigen sei die Zahl der Unternehmen, mit denen man in laufender Geschäftsverbindung stehe, begrenzt, so dass die Gefahr einer erheblichen Störung des Betriebsablaufs durch eine Häufung von Anrufen nicht bestehe.[1813]

c. Stellungnahme: konkretes sachliches Interesses an dem Inhalt und an der Art der Werbung

Das sachliche Interesse an Telefonwerbung ist wie BGH zu Recht annimmt eng auszulegen. Die Ermittlung des sachlichen Interesses hat sich an dem mutmaßlichen, präsumtiven Willen des konkret Anzurufenden zu orientieren.

Die Befürchtung, dass die vom BGH vorgenommene restriktive Auslegung in Hinblick auf die Annahme einer mutmaßlichen Einwilligung zu einem Wertungswiderspruch zu der Regelung der UGP-RL im harmonisierten b2c-Bereich des Lauterkeitsrechts führe, weil das per se Verbot der Nr. 26 des Anhangs I der UGP-RL eine Hartnäckigkeit des Ansprechens als Anwendungsvoraussetzung verlange,[1814] findet keine gesetzliche Stütze. *Erstens* setzt Nr. 26 Anhang I UGP Richtlinie keinen Mindestschutz in Bezug auf Telefonwerbung fest. Folglich haben die Mitgliedstaaten keinen Regulierungsspielraum für solche Geschäftspraktiken, die den Entscheidungsspielraum der Verbraucher unter der Schwelle von Nr. 26 beeinträchtigen. Vielmehr sieht die UGP-Richtlinie für Telefonwerbung, die in ihren Anwendungsbereich fällt, eine abschließende Prüfung vor, die sich an dem dreigliedrigen Verbotskonzept (Art. 5 UGP-Richtlinie, Art. 8, 9 UGP-Richtlinie, Nr. 26 UGP Richtlinie in umgekehrter Prüfungsreihenfolge) zu orientieren hat. Erwägungsgrund 7 begründet keine Ausnahme von der Vollharmonisierungswirkung der UGP-Richtlinie in Bezug auf aggressive Geschäftspraktiken.[1815] *Zweitens* kann der befürchtete Wertungswiderspruch zwischen den Regelungen zur Zulässigkeit der Telefonwerbung im b2b-Verhältnis einerseits und im b2c-Verhältnis andererseits, selbst wenn man in Nr. 26 einen Mindestschutzstandard sähe, faktisch nicht eintreten. Maßgeblich für die Beurteilung, ob ein Wertungswiderspruch vorliegt, kann nur das gesamte nationale Rechtssystem, in der nach der Umsetzung aller für die kommerzielle Kommunikation maßgeblichen Richtlinien entstandenen

---

1811 *Seichter/Witzmann*, WRP 2007, 699, 707.
1812 *Seichter/Witzmann*, WRP 2007, 699, 707.
1813 *Seichter/Witzmann*, WRP 2007, 699, 707.
1814 *Fezer*, WRP 2010, 1075, 1093.
1815 Siehe oben Zweiter Teil, Drittes Kapitel, D. III. insbesondere 2. c. ff.

Fassung, sein. Die einzelne umgesetzte Richtlinie dient isoliert betrachtet lediglich der Kontrolle, ob die verbindlichen Vorgaben bei der Umsetzung berücksichtigt wurden. Nach der Umsetzung der UGP-Richtlinie in Deutschland unter Berücksichtigung des ausgewählten Opt-in-Systems des Art. 13 Abs. 3 DSRL 2002/58/EG ergibt sich keinerlei Wertungswiderspruch. Die Zulässigkeit der Telefonwerbung gegenüber Verbrauchern unterliegt mit dem generellen Erfordernis einer tatsächlichen Einwilligung, unabhängig von der Hartnäckigkeit des Anrufs, strengeren Voraussetzungen als die Zulässigkeit der Telefonwerbung gegenüber sonstigen Marktteilnehmern. Folglich wird der besonderen Interessenlage im b2c-Verhältnis, bei dem die Privatsphäre des Verbrauchers tangiert ist, ausreichend Rechnung getragen. Im Übrigen verfügen Länder wie Frankreich und England, die für das Opt-out-Modell im Verhältnis zu natürlichen Personen optiert haben, auch im b2b-Verhältnis über ein Opt-out-Modell. Im Rahmen der Umsetzung der UGP-Richtlinie haben die Länder sodann das Verbot der Nr. 26 Anhang I UGP-Richtlinie im b2c-Verhältnis umgesetzt, so dass im Ergebnis für Telefonwerbung gegenüber Verbrauchern zusätzlich zu dem Opt-out-Modell das Verbot hartnäckiger Werbeanrufe zum Einsatz kommt. Damit gelten im Ergebnis für Telefonwerbung im b2c-Verhältnis strengere Anforderungen als für Telefonwerbung im b2b-Verhältnis. Die Vorstellung, dass ein Mitgliedstaat für Verbraucher das Opt-out-Modell und für juristische Personen das Opt-in-Modell auswählt bzw. Telefonwerbung gegenüber juristischen Personen vom Vorliegen deren zumindest mutmaßlichen Einverständnisses abhängig macht, erscheint wenig realistisch. Eine zu starre Typisierung dahingehend, dass beim Bestehen einer Geschäftsbeziehung[1816] oder wenn der Anruf den Kern des Geschäftsbetriebs betrifft[1817] sowie wenn lediglich ein genereller Sachbezug zur Geschäftstätigkeit des Umworbenen besteht[1818], eine mutmaßliche Einwilligung zu vermuten ist, überzeugt nicht. Sie birgt die Gefahr, eine nicht dem Interesse der werbenden Person entsprechende Entscheidung zu treffen. Damit liefen die Wertungen des Gesetzgebers, der die mutmaßliche Einwilligung als Mindestschutz ansieht, ins Leere. Eine generelle und typisierende Betrachtungsweise berücksichtigt nicht die im Einzelfall vorliegenden Interessen und Umstände und bagatellisiert das Interesse sonstiger Marktteilnehmer an einem ungestörten Betriebsablauf. Gerade weil im Falle der Werbung gegenüber anderen Markteilnehmern gleichartige Interesse aufeinandertreffen – sowohl auf der Seite des Werbenden als auch auf der Seite des Beworbenen –steht das wirtschaftlichen Gewinnstreben, überzeugt eine allgemeine, vom konkreten Fall unabhängige Interessenabwägung dahingehend, dass das Interesse der Werbewirtschaft schutzwürdiger als das Interesse des beworbenen Unternehmens erscheint, nicht zu überzeugen. Selbst bei der Annahme, die verfassungsrechtlich

1816 *Seichter/Witzmann*, WRP 2007, 699, 707; *Engels/Stulz-Herrnstadt*, WRP 2005, 1218, 1229; *Fezer*, WRP 2010, 1075, 1092.

1817 So *Seichter/Witzmann*, WRP 2007, 699, 707.

1818 *Engels/Stulz-Herrnstadt*, WRP 2005, 1218, 1229.

geschützte Betätigungsfreiheit des beworbenen Unternehmens sei nur marginal tangiert, wäre. ebenso die Betätigungsfreiheit des werbenden Unternehmens nur marginal berührt, wenn es Telefonanrufe nur nach einer umfassenden Abwägung der Umstände des Einzelfalls tätigen darf und ggf. auf eine andere Werbeart ausweichen muss. Eine starre Pauschalisierung würde die Anzahl der Anrufe erhöhen, was letztlich zu einer gravierenden Störung des Betriebsablaufs und mithin zu einer gestörten Interessenabwägung führen würde. Es kann nicht von einem generellen Interesse der Gewerbetreibenden an telefonischen Angeboten und Serviceleistungen ausgegangen werden.[1819] Unabhängig davon, dass die Nachfragewerbung einen Spezialfall bildet, kann sogar im Rahmen der Nachfragewerbung nicht pauschal vom Vorliegen eines sachlichen Interesses ausgegangen werden. Unternehmen sind zwecks Absatzförderung bzw. zur Befriedigung eines realen und bestehenden Bedarfs gemeinhin selbst aktiv und überlassen ihren Absatzerfolg nicht einem zufälligen oder willkürlichen Anruf.[1820] Der Vergleich mit der grundsätzlich zulässigen Briefkastenwerbung[1821] liefert ebenso wenig ein Argument dafür, die Voraussetzungen für die Annahme einer mutmaßlichen Einwilligung herunterzuschrauben. Die Antwort auf die Frage, ob das Aussortieren und die Entsorgung eines unerwünschten Werbebriefes mehr Zeit als das Beenden eines unerwünschten Telefonanrufs in Anspruch nehmen, ist einzelfallabhängig und bedarf auch keiner abschließenden Entscheidung. Entscheidend ist *in erster Linie*, dass die Telefonwerbung zu einer Auseinandersetzung mit dem Werbeanruf zwingt, weil nicht immer ersichtlich ist, wer anruft.[1822] *Zudem* kann sich der Anrufempfänger, anders als der Briefempfänger, den Zeitpunkt der Beschäftigung mit der Werbemaßnahme nicht frei aussuchen[1823], was zu einer deutlichen Steigerung der Störung des Betriebsablaufs führt. Von einer faktischen Unmöglichkeit[1824] Gewerbetreibende zu Werbezwecken anzurufen kann auch –bei einer restriktiven Auslegung der Begrifflichkeit der mutmaßlichen Einwilligung –nicht die Rede sein.

Die von BGH aufgestellten Kriterien bezüglich der Annahme einer mutmaßlichen Einwilligung finden ferner in Hinblick auf gerade im b2b-Verhältnis drohende Nachahmungsgefahr ihre Berechtigung.[1825] Weniger strenge Kriterien würden zu einer Häufung der Störungen von Betriebsabläufen durch zahlreiche Werbetelefonate führen, die wiederum hohe frustrierte rechnerische Kosten verursachen

1819 In dieser Richtung aber *Engels/Stulz-Herrnstadt,* WRP 2005, 1218, 1228.

1820 *Mankowski,* in: *Fezer/Büscher/Obergfell,* UWG, 3. Aufl. 2016, § 7 Rdnr. 161.

1821 *Engels/Stulz-Herrnstadt,* WRP 2005, 1218, 1228.

1822 BGH, Urteil vom 24.01.1991 – I ZR 133/89, GRUR 1991, 764, 765 – Telefonwerbung IV.

1823 BGH, Urteil vom 11.3.2004 – I ZR 81/01, GRUR 2004, 517, 518 – E-Mail-Werbung I in Bezug auf die freie Bestimmung der Abrufbarkeit von elektronischer Post.

1824 So aber *Engels/Stulz-Herrnstadt,* WRP 2005, 1218, 1229

1825 *Mankowski,* in: *Fezer/Büscher/Obergfell,* UWG, 3. Aufl. 2016, § 7 Rdnr. 157; a.A. *Engels/Stulz-Herrnstadt,* WRP 2005, 1218, 1229, die das Argument der Nachahmungsgefahr als obsolet bezeichnen.

würden. [1826] Im Übrigen wäre es legitim und rechtlich nachvollziehbar, dass im Ergebnis die Strenge bei der Überprüfung kaufmännischen Geschäftsverkehrs den Maßstäben angeglichen ist, die für den Geschäftsverkehr zwischen Verbrauchern und Unternehmern gelten. Dieser Gedanke spiegelt sich in der deutschen Rechtsordnung im Rahmen der Inhaltskontrolle von AGB im kaufmännischen Verkehr wieder. Bei dieser finden die grundsätzlich nur für das b2c-Verhältnis geltenden Vorschriften der §§ 308, 309 BGB über § 307 BGB – zumindest wertungsgemäß – auch im b2b-Verhältnis Anwendung.[1827]

Die Ansicht, die beim Vorliegen einer Geschäftsbeziehung oder eines konkreten Sachbezugs zu dem Geschäftsbetrieb die Vermutung greifen lässt und dennoch Raum für eine einzelfallbezogene Interessenanalyse und Interessenabwägung gewährt, indem Umstände wie *Usancen innerhalb der Branche, die konkreten Leistungsangebote der Geschäftspartner* und der *Gegenstand der kommerziellen Kommunikation* berücksichtigt werden, eröffnet zwar die Möglichkeit einer Einzelfallbeurteilung, überzeugt jedoch nicht gänzlich. Das Vorliegen einer Kundenbeziehung oder eines (allgemeinen) Zusammenhangs mit dem eigentlichen Geschäftsgegenstand darf für sich allein nicht prinzipiell die Vermutung aufstellen, dass ein Einverständnis mit der Telefonwerbung vorliegt. Diese Betrachtungsweise übersieht einen wichtigen Aspekt. Unberücksichtigt bleibt der Umstand, dass die Vermutung für das Vorliegen einer mutmaßlichen Einwilligung in die Telefonwerbung *de lege ferenda* sich nicht nur auf den Inhalt, sondern gerade auch auf die Art der Werbung beziehen muss. Das bedeutet, – das Interesse des Unternehmens an dem Inhalt der Werbung unterstellt –, dass der Unternehmer darüber hinaus wollen muss, zum werblichen Zwecke gerade per Telefon kontaktiert zu werden. Die Gesamtumstände müssen insofern den Rückschluss auf das Vorliegen eines sachlichen Interesses an dem Inhalt *und* an der Art der Werbung erlauben[1828]. Die Gefahr der Störung der Betriebsabläufe im Zusammenhang mit unerwünschten Anrufen ergibt sich schließlich nicht erst durch den Inhalt der Werbung, sondern tritt unabhängig davon bereits durch den Anruf als solche und aufgrund des verwendeten Kommunikationsmediums ein.[1829] Der Anruf als solcher bewirkt bereits, dass Telefonanschlüsse belegt[1830] und Mitarbeiterressourcen in Anspruch genommen werden.[1831]

Dafür, dass sich das sachliche Interesse nicht nur auf den Inhalt der Werbung, sondern auch auf die Art der Werbung erstrecken muss, sprechen folgende Argumente:

1826 *Mankowski*, in: *Fezer/Büscher/Obergfell*, UWG, 3. Aufl. 2016, § 7 Rdnr. 157.
1827 *Mankowski*, in: *Fezer/Büscher/Obergfell*, UWG, 3. Aufl. 2016, § 7 Rdnr. 157.
1828 So auch *Köhler*, in: *Köhler/Bornkamm/Feddersen*, UWG, 36. Aufl. 2018, § 7 Rdnr. 165.
1829 BGH, Urteil vom 19.6.1970 – I ZR 115/68, GRUR 1970, 523, 524 – Telefonwerbung I.
1830 BGH, Urteil vom 24.01.1991 – I ZR 133/89, GRUR 1991, 764, 765 – Telefonwerbung IV; *Köhler*, in: *Köhler/Bornkamm/Feddersen*, UWG, 36. Aufl. 2018, § 7 Rdnr. 159.
1831 *Köhler*, in: *Köhler/Bornkamm/Feddersen*, UWG, 36. Aufl. 2018, § 7 Rdnr. 159.

aa. Systematische Auslegung

Die Notwendigkeit eines sachlichen Interesses sowohl an dem Inhalt als auch an der Art der Werbung ergibt sich zunächst aus der Gesetzessystematik. Denn § 7 UWG trennt zwischen verschiedenen Werbearten – Telefonwerbung (§ 7 Abs. 2 Nr. 2 UWG), Werbung unter Verwendung einer automatischen Anrufmaschine, eines Faxgerätes oder elektronischer Post (§ 7 Abs. 2 Nr. 3 UWG), sonstige Werbung (§ 7 Abs. 1 UWG) – und stellt je nach gewählter Kommunikationsart verschiedene Voraussetzungen für die Zulässigkeit der Werbung.

Der Schwerpunkt der Prüfung, ob eine mutmaßliche Einwilligung vorliegt, liegt also nach der *ratio legis* des § 7 UWG auf der Frage, ob der potenzielle Beworbene insbesondere mit der Art der Werbung einverstanden ist. Bei der Werbung handelt es sich um eine Handlung, die generell geeignet ist, allein wegen der Art und Weise und unabhängig von ihrem Inhalt eine Belästigung hervorzurufen, wenn der Betroffene die Werbung nicht wünscht. Die Belästigung besteht darin, dass die Werbung den Empfängern aufgedrängt wird.[1832] Nach der gesetzlichen Wertung kann das gewählte Kommunikationsmedium sogar die Belästigung begründen. Aufgrund dessen wird angenommen, dass Werbung per Telefon immer zu einer unzumutbaren Belästigung führt, wenn eine Einwilligung nicht vorhanden ist (Art 7 Abs. 2 Nr. 2 UWG), während die Werbung mittels Briefes oder das Ansprechen von Passanten nur im Einzelfall beim Überschreiten der Erheblichkeitsschwelle nach 7 Abs. 1 UWG unzulässig ist. Jeder Werbeart wird bereits aufgrund des verwendeten Kommunikationsmediums ein Belästigungsgrad zugewiesen, der die Kernbeurteilung für das gesetzliche Regulierungsmaß bildet. Aufgrund dieser Wertung beruht § 7 UWG auf einem Stufensystem.

bb. Historische Auslegung

Es entspricht zudem dem Willen des Gesetzgebers, die Auslegung des Merkmals der mutmaßlichen Einwilligung nach den vom BGH aufgestellten Grundsätzen vorzunehmen. Bei der Kodifizierung der Regelung betreffend die Zulässigkeit der Telefonwerbung im UWG im Zuge der UWG-Novelle 2004 nahm der Gesetzgeber in der Gesetzesbegründung ausdrücklich Bezug auf die Grundsätze des BGH zur Telefonwerbung gegenüber Gewerbetreibenden. In der Gesetzesbegründung heißt es: „Auch im gewerblichen Bereich oder bei der Ausübung eines selbständigen Berufes sind telefonische Anrufe zu Werbezwecken nicht ohne weiteres hinzunehmen, da sie mit Blick auf die Störung der beruflichen Tätigkeit ebenfalls als belästigend empfunden werden können. Anders als bei Verbrauchern kann die Interessenlage hier jedoch anders sein, wenn der Anruf im konkreten Interessenbereich des Angerufenen liegt. Daher wird in Übereinstimmung mit der bisherigen Rechtsprechung die Telefonwerbung auch bei einem vermuteten Einverständnis als zulässig erachtet."[1833]

1832 Vgl. BT-Drucks. 15/1487, S. 20.
1833 BT-Drucks. 15/1487, S. 21.

Den Grundsatz, dass sich die Vermutung nicht nur auf den Inhalt, sondern auch auf die Art der Werbung beziehen muss, legt der BGH erstmals deutlich in der Entscheidung *Telefonwerbung für Zusatzeintrag* fest: „Das mutmaßliche Einverständnis des anzurufenden Gewerbetreibenden muss sich zwar nicht nur auf den Inhalt, sondern auch auf die Art der Werbung erstrecken, das heißt er muss mutmaßlich (gerade) auch mit einer telefonischen Werbung einverstanden sein".[1834] Die erwähnte Entscheidung wurde am 5.2.2004 und mithin nach der Gesetzesbegründung zum UWG 2004 vom 22.08.2003 erlassen. Allerdings verweist das Urteil an der entscheidenden Stelle auf das erste BGH-Urteil zur Zulässigkeit der Telefonwerbung im b2b-Verhältnis[1835], in dem diese Voraussetzung – auch wenn nur angedeutet– bereits vorkommt.

In *Telefonwerbung IV* ging es um eine telefonische PKW-Werbung an Rechtsanwälte mit Einladung zu einer Probefahrt. Der BGH lässt erkennen, dass sich der mutmaßliche Wille nicht nur auf den Inhalt, sondern auch auf die Art der Werbung beziehen muss. Dies kommt in der folgenden Formulierung zum Ausdruck: „Ein bloß allgemeiner Sachbezug zu seinem Geschäftsbetrieb vermag allerdings für sich allein ein ausreichend großes Interesse insoweit nicht zu begründen. Denn wollte man – wie beispielsweise bei der vorliegend in Rede stehenden PKW-Werbung gegenüber Rechtsanwälten – eine nur allgemeine Sachbezogenheit dafür ausreichen lassen, würde dies auf eine nahezu unbeschränkte Zulässigkeit der Telefonwerbung im geschäftlichen Bereich mit den genannten belästigenden, nicht generell hinnehmbaren Folgen hinauslaufen. Hinzukommen muss daher, um die Telefonwerbung im geschäftlichen Bereich als i.S.d. § 1 UWG wettbewerbsgemäß ansehen zu können, ein konkreter, aus dem Interessenbereich des Anzurufenden herzuleitender Grund, der diese Art der Werbung rechtfertigt und der – mit Blick auf das Interesse des Anzurufenden an telefonischer Werbung – regelmäßig nur dann in Betracht gezogen werden kann, wenn der Anzurufende ausdrücklich oder konkludent sein Einverständnis mit derartigen Anrufen erklärt hat oder wenn aufgrund konkreter tatsächlicher Umstände ein sachliches Interesse des Anzurufenden daran vom Anrufer vermutet werden kann."[1836] Aus der Verwendung der Wörter „diese Art der Werbung" folgt, dass ein allgemeiner Sachzusammenhang zwar ein Indiz für die mutmaßliche Einwilligung in Bezug auf den Inhalt der

1834 BGH, Urteil vom 5.2.2004 – I ZR 87/02, GRUR 2004, 520, 521 – Telefonwerbung für Zusatzeintrag; Ähnlich: BGH, Urteil vom 11.3.2010 – I ZR 27/08, GRUR 2010, 939, 949, Rdnr. 20 – Telefonwerbung nach Unternehmenswechsel; BGH, Urteil vom 20.9.2007 – I ZR 88/05, GRUR 2008, 189, 190, Rdnr. 15 – Suchmaschineneintrag; Ebenso ein Teil der Literatur: *Köhler*, in: *Köhler/Bornkamm/Feddersen*, UWG, 36. Aufl. 2018, § 7 Rdnr. 164; *Schöler*, in: Harte-Bavendamm/Henning-Bodewig, UWG, 3. Aufl. 2013, § 7 Rdnr. 270.

1835 BGH, Urteil vom 24.1.1991 – I ZR 133/89, GRUR 1991, 764, 765 – Telefonwerbung IV.

1836 BGH, Urteil vom 24.1.1991 – I ZR 133/89, GRUR 1991, 764, 765 – Telefonwerbung IV.

Werbung darstellen kann, nicht jedoch in Bezug auf die Art der Werbung, was aber für die Annahme eines sachlichen Interesses erforderlich ist.

In derselben Entscheidung führt der BGH des Weiteren aus, dass Gründe, die die Annahme einer vermuteten Einwilligung mit Anrufen werbender Art rechtfertigen, häufig bei Bestehen einer Geschäftsverbindung oder dann, wenn die Telefonwerbung den eigentlichen Geschäftsgegenstand des Angerufenen betrifft, gegeben sind.[1837] Was das letztgenannte Kriterium anbelangt, lehnt der BGH eine generalisierende Betrachtungsweise jedoch ab, da Konstellationen denkbar sind, „in denen auch bei Hilfsmitteln das Einverständnis des Angerufenen vermutet werden kann, wie auch umgekehrt bei Anrufen, die den eigentlichen Geschäftsgegenstand betreffen, das Einverständnis nicht ohne weiteres vorausgesetzt werden kann."[1838]

cc. Faktisches Opt-out-Modell

Die Anforderungen an das Vorliegen einer mutmaßlichen Einwilligung fallen in der Regel weniger streng aus als diejenigen, die die Annahme einer tatsächlichen Einwilligung von Verbrauchern rechtfertigen.[1839] Allein das Erfordernis einer Prüfung, ob sich der mutmaßliche Wille nicht nur auf den Inhalt, sondern auch auf die Art der Werbung bezieht, gefährdet die vorzunehmende Unterscheidung zwischen dem b2b- und dem b2c-Verkehr jedoch nicht.[1840]

Würde man das sachliche Interesse gerade auch an der Art der Werbung unberücksichtigt lassen und bereits dann vom Vorliegen einer mutmaßlichen Einwilligung ausgehen, wenn eine Kundenbeziehung oder ein Sachzusammenhang mit dem Geschäftsbetrieb besteht, würde sich der Fall, in dem Werbung nur beim Vorliegen einer mutmaßlichen Einwilligung zulässig ist, von dem, in dem eine Werbung zulässig ist, es sei denn ein Widerspruch liegt vor (klassisches Opt-out-Modell), faktisch nicht unterscheiden. Denn auch im Rahmen eines Opt-out-Modells wird der werbende Unternehmer im Eigeninteresse prüfen, ob ein Interesse an der Werbung vorliegt, um Streuverluste zu minimieren und auf diese Weise Personal- und Sachkosten zu sparen.[1841] Die bloße Annahme oder Unterstellung von Interessen kann keine mutmaßliche Einwilligung begründen.[1842] Auch verlangt das Wesen der mutmaßlichen Einwilligung eine stark am Einzelfall aus der Perspektive des Anzurufenden vorzunehmende Betrachtungsweise. Eine starre

---

1837 BGH, Urteil vom 24.1.1991 – I ZR 133/89, GRUR 1991, 764, 765 – Telefonwerbung IV.

1838 BGH, Urteil vom 24.1.1991 – I ZR 133/89, GRUR 1991, 764, 765 – Telefonwerbung IV; a.A. *Mankowski*, in: *Fezer/Büscher/Obergfell*, UWG, 3. Aufl. 2016, § 7 Rdnr. 162; OLG Hamburg, Urteil vom 03.07.1986 – 3 U 55/86 WRP 1987, 41; OLG Hamburg, Urteil vom 20.04.1989 – 3 U 152/88, GRUR 1990, 224.

1839 Vgl. Fezer, WRP 2010, 1075, 1091.

1840 *Engels/Stulz-Herrnstadt*, WRP 2005, 1218, 1227.

1841 *Mankowski*, in: *Fezer/Büscher/Obergfell*, UWG, 3. Aufl. 2016, § 7 Rdnr. 160

1842 *Mankowski*, in: *Fezer/Büscher/Obergfell*, UWG, 3. Aufl. 2016, § 7 Rdnr. 160.

Verallgemeinerung im Sinne einer Unterstellung eines sachlichen Interesses scheidet damit aus.

Eine Auflockerung der Voraussetzungen für die Zulässigkeit der Telefonwerbung gegenüber sonstigen Marktteilnehmern mag politisch erwünscht sein, ist aber im Ergebnis *de lege lata* unzulässig.

IV. Mögliche Herangehensweise für die Ermittlung der mutmaßlichen Einwilligung

Die Frage, wann eine mutmaßliche Einwilligung vorliegt, hängt von den Umständen des Einzelfalles ab. Sowohl die Rechtsprechung als auch die Literatur haben hierfür Kriterien entwickelt. Die relevantesten Kriterien sind die Existenz einer Geschäftsbeziehung und das Vorhandensein einer Betriebsbezogenheit.

Der BGH kommt anhand der entwickelten Kriterien zu sachgerechten Ergebnissen. Diese bedürfen einer näheren Konkretisierung und Strukturierung.

Nachdem hervorgehoben wurde, dass sich im Mittelpunkt der Ermittlung des mutmaßlichen Willens vor allem der Wunsch des Unternehmens, gerade per Telefon beworben zu werden, steht, wird im Folgenden ein Strukturierungsversuch der Kriterien angestrebt. Hierbei wird sowohl der Inhalt als auch und vor allem die Art der Werbung anvisiert, um Klarheit in Bezug auf die Zulässigkeit der Telefonwerbung im b2b-Verhältnis zu gewinnen.

1. Sachliches Interesse an dem Werbeinhalt

Ein sachliches Interesse an dem Inhalt der Werbung ist insbesondere dann anzunehmen, wenn die Werbung einen zumindest allgemeinen Sachbezug zum Unternehmensbetrieb aufweist *oder* eine Kundenbeziehung besteht.

a. Allgemeiner Zusammenhang

Im b2b-Verhältnis rechtfertigt ein allgemeiner Sachzusammenhang des beworbenen Produkts oder der beworbenen Dienstleistung zum Geschäftsbetrieb des beworbenen Unternehmens die Annahme eines vermuteten Einverständnisses mit dem Erhalt von Informationen über dieses Produkt oder Dienstleistung.

Beispielsweise beinhaltet eine PKW-Werbung mit Einladung zu einer Probefahrt einen allgemeinen Sachbezug zu dem Geschäftsbetrieb eines Rechtsanwalts.[1843] An die allgemeine Sachbezogenheit sind keine hohen Anforderungen zu stellen. Ausgeschlossen sind nur solche Produkte, die für den Geschäftsbetrieb von vornherein gebrauchsuntauglich sind. Ein allgemeiner Sachzusammenhang kann also die Vermutung nahelegen, dass die Werbung dem Inhalt nach erwünscht ist. Allerdings erlaubt dieser Umstand für sich allein noch nicht die Annahme eines Interesses des

---

1843 BGH, Urteil vom 24.1.1991 – I ZR 133/89, GRUR 1991, 764, 765 – Telefonwerbung IV.

Unternehmens an der *telefonischen* Werbung. Erforderlich ist darüber hinaus auch das Interesse an der Art der Werbung. Eine andere Beurteilung würde zu einer nahezu unbeschränkten Zulässigkeit der Telefonwerbung im b2b-Verhältnis mit den daraus resultierenden nicht generell hinnehmbaren Belästigungen führen.[1844]

b. Geschäftsbeziehung

Ebenso begründet eine bestehende oder angebahnte Geschäftsbeziehung eine Vermutung für das sachliche Interesse des Beworbenen an dem Inhalt der Werbung.[1845] Eine Geschäftsbeziehung ist geeignet, ein aussagekräftiges Indiz für das Interesse des Unternehmens an dem Inhalt der Werbung zu bilden. Es erscheint lebensnah anzunehmen, dass sich die Werbung bei bestehender Geschäftsbeziehung auf ähnliche Produkte bzw. Dienstleistungen wie die bereits erworbenen oder auf solche an denen der Beworbene bereits Interesse gezeigt hat, bezieht.

Dabei kann es sich um eine bereits bestehende oder um eine angebahnte Beziehung handeln.[1846] Unerheblich ist zudem, ob der Geschäftspartner die werbende Aktion selbst tätigt oder er einen Dritten mit der Erfüllung dieser Aufgabe beauftragt. Dies hatte der BGH in einem Urteil, in dem es um die an Kunden einer Telefongesellschaft gerichtete Werbung zwecks Erweiterung eines Standardeintrages in einem Telefonverzeichnis ging, entschieden. Die Werbeanrufe tätigte nicht die Telefongesellschaft selbst, sondern die von ihr mit der Herausgabe des Verzeichnisses beauftragte Gesellschaft. Da für die Annahme eines mutmaßlichen Einverständnisses die Sicht des anzurufenden Kunden maßgeblich ist, stelle es für die wettbewerbsrechtliche Beurteilung keinen erheblichen Unterschied dar, ob der Kunde von seiner Telefongesellschaft selbst oder von der in deren Auftrag mit der Herausgabe des Verzeichnisses befassten Gesellschaft angesprochen wird.[1847]

Der Begriff der Geschäftsbeziehung als Kriterium für die Ermittlung des mutmaßlichen Willens ist im Übrigen weit auszulegen. Als Geschäftspartner wird nicht nur das Unternehmen angesehen, sondern auch der in dem Unternehmen tätige Mitarbeiter, zu dem im Rahmen der Kundenbeziehung ein persönlicher Kontakt hergestellt wurde. Selbst der persönliche Kontakt zu einem ausgeschiedenen Mitarbeiter ist als Kundenbeziehung anzusehen. Wechselt der Mitarbeiter zu einem Unternehmen und kontaktiert er den dem ehemaligen Unternehmen angehörigen Kundenkreis, um über den Wechsel zu berichten, so ist es laut BGH wettbewerbsrechtlich unbedenklich, dass zwischen dem neuen Unternehmen und dem Beworbenen noch keine Kundenbeziehung bestand.[1848] Zu berücksichtigen

---

1844 BGH, Urteil vom 24.1.1991 – I ZR 133/89, GRUR 1991, 764, 765 – Telefonwerbung IV.

1845 *Köhler*, in: *Köhler/Bornkamm/Feddersen*, UWG, 36. Aufl. 2018, § 7 Rdnr. 169.

1846 *Köhler*, in: *Köhler/Bornkamm/Feddersen*, UWG, 36. Aufl. 2018, § 7 Rdnr. 169.

1847 BGH, Urteil vom 5.2.2004 – I ZR 87/02, GRUR 2004, 520, 521 – Telefonwerbung für Zusatzeintrag.

1848 BGH, Urteil vom 11.3.2010 – I ZR 27/08, GRUR 2010, 939, 941, Rdnr. 28 – Telefonwerbung nach Unternehmenswechsel.

ist, dass aufgrund des persönlichen Kontakts zu dem Mitarbeiter der Kunde „ein natürliches Interesse“ daran hat, zu erfahren, dass der fragliche Mitarbeiter nun nicht mehr bei dem ihm bekannten Unternehmen tätig ist.[1849] Das Abwerben von Kunden gehört vielmehr zum Wesen des Wettbewerbs, auch wenn die Kunden noch an Mitbewerbern gebunden sind.[1850] Insofern steht es dem wechselnden Mitarbeiter nach der BGH-Rechtsprechung frei, Kunden seines früheren Arbeitgebers für seinen jetzigen Arbeitgeber zu gewinnen.[1851]

Allerdings scheint der BGH die Meinung zu vertreten, dass die Kundenbeziehung für sich allein nicht das Interesse des Unternehmens an dem Inhalt der Werbung indiziert. In der Entscheidung *Telefonwerbung nach Unternehmenswechsel* macht der BGH die Annahme eines sachlichen Interesses an dem Inhalt der Werbung davon abhängig, dass die telefonische Werbemaßnahme einen sachlichen Zusammenhang zu einer bereits bestehenden Geschäftsverbindung aufweist, wobei ein allgemeiner Sachbezug nicht ausreicht.[1852] Dass der BGH diese Kriterien – konkreter Sachbezug zu einer bestehenden Geschäftsverbindung – nicht nur auf den Inhalt bezieht und daher das Einverständnis auch mit der Art der Werbung an weitere Voraussetzungen knüpft, zeigt sich, indem der BGH in Bezug auf die Einwilligung gerade *in die Art* der Werbung eine Sonderprüfung vornimmt.[1853]

Die Kritik in der Literatur[1854], die vorbringt, dass der vom BGH eingeschlagene Weg zur Prüfung, ob eine mutmaßliche Einwilligung vorliegt, zu strengen Kriterien unterliegt, erscheint in dieser Konstellation berechtigt. Bei der Untersuchung der BGH-Rechtsprechungsentwicklung zur Zulässigkeit der Telefonwerbung im b2b-Verhältnis fällt auf, dass der BGH stets auf seine vorherige Rechtsprechung Bezug nimmt. Allerdings hat die Übernahme verschiedener Formulierungen aus unterschiedlichen Entscheidungen in demselben Urteil dazu geführt, dass der Beurteilungsmaßstab konstant gestiegen ist. Es ist allerdings fraglich, ob damit eine restriktivere Beurteilung beabsichtigt wurde oder der BGH von einer unveränderten Rechtsprechungskontinuität ausgeht und ausgehen will.

In der ersten Entscheidung *Telefonwerbung IV* zur Zulässigkeit der Telefonwerbung gegenüber Gewerbetreibenden wird die Kundenbeziehung gerade als potenziell geeignetes Kriterium für die Annahme eines sachlichen Interesses an der Telefonwerbung qualifiziert. Laut BGH könne ein bloß allgemeiner Bezug zu

---

1849 BGH, Urteil vom 11.3.2010 – I ZR 27/08, GRUR 2010, 939, 941, Rdnr. 29 – Telefonwerbung nach Unternehmenswechsel.

1850 BGH, Urteil vom 11.3.2010 – I ZR 27/08, GRUR 2010, 939, 941, Rdnr. 30 – Telefonwerbung nach Unternehmenswechsel m.w.N.

1851 BGH, Urteil vom 11.3.2010 – I ZR 27/08, GRUR 2010, 939, 941, Rdnr. 30 – Telefonwerbung nach Unternehmenswechsel m.w.N.

1852 BGH, Urteil vom 11.3.2010 – I ZR 27/08, GRUR 2010, 939, 941, Rdnr. 26, 27, 31 – Telefonwerbung nach Unternehmenswechsel.

1853 BGH, Urteil vom 11.3.2010 – I ZR 27/08, GRUR 2010, 939, 941, Rdnr. 32 – Telefonwerbung nach Unternehmenswechsel.

1854 Vgl. oben Dritter Teil, Drittes Kapitel, C. 5. b.

dem Geschäftsbetrieb für sich allein ein ausreichendes Interesse nicht begründen. Erforderlich sei ein konkreter, aus dem Interessenbereich des Anzurufenden herzuleitender Grund, der *diese Art* der Werbung rechtfertigt.[1855] In dem Fall hätten daher ein allgemeines Interesse *und* eine Kundenbeziehung zusammen die Vermutung des Eiverständnisses mit dem Inhalt *und* der Art der Werbung durchaus gerechtfertigt. Denn der BGH stellt im Ergebnis fest: „Zwar kann insoweit eine allgemeine Sachbezogenheit der Werbung gegenüber Rechtsanwälten, die in ihrer beruflichen Tätigkeit regelmäßig auf die Benutzung von Kraftfahrzeugen angewiesen sind, nicht verneint werden. Jedoch fehlt es an einem konkreten Grund, der es erlaubt hätte, bei den Angerufenen gerade auf telefonischem Wege statt schriftlich für Kraftfahrzeuge zu werben".[1856]

Die nachfolgende Entscheidung – *Telefonwerbung für Blindenwaren* ist für das Etablieren der Kriterien zur Zulässigkeit der Telefonwerbung nicht markant.[1857] Die erste Entscheidung, die prägend für die Verschärfung der BGH-Grundsätze ist *Telefonwerbung für Zusatzeintrag*. Dabei bezieht sich BGH auf *Telefonwerbung IV* und verlangt, dass „die telefonische Werbemaßnahme in einem sachlichen Zusammenhang mit einer bereits bestehenden Geschäftsverbindung steht".[1858] Das Vorliegen einer Kundenbeziehung und eines engen sachlichen Zusammenhangs zur Kundenbeziehung werden überprüft und bejaht. Ausführungen zum Verhältnis zwischen der schriftlichen Werbung und der telefonischen Werbung erfolgen im Rahmen der Prüfung, ob ein sachlicher Zusammenhang gegeben ist. Integriert sind diese Ausführungen zwischen zwei Aspekten, die für einen engen Sachzusammenhang sprechen, nämlich die Ähnlichkeit der beworbenen Leistung mit der aus der bereits bestehenden Beziehung und der Umstand, dass die Werbemaßnahme in Verbindung mit einem Anruf zur Überprüfung vorhandener Daten erfolgte. Diese Ausführungen begründen die Ablehnung der Auffassung des Berufungsgerichts, wonach aus Beworbenen Sicht die telefonische Werbung vorzugswürdiger als die schriftliche erscheinen müsse, damit eine mutmaßliche Einwilligung im Raum stehen könne. Der BGH stellt klar, dass ein mutmaßliches Interesse nicht daran scheitert, dass die telefonische Werbemaßnahme gegenüber der schriftlichen keine Vorzüge aufweist. Diese Klarstellung bezieht sich darauf, dass sich das mutmaßliche Einverständnis gerade auch auf die Art der Werbung erstrecken muss. Insofern kann der Eindruck gewonnen werden, die Prüfung, ob das Einverständnis sich auch auf die Art der Werbung bezieht, würde die Vorteile der telefonischen Werbung gegenüber der schriftlichen Werbung untersuchen. Demgegenüber würde die Prüfung, ob ein sachlicher Zusammenhang mit einer bereits bestehenden

1855 BGH, Urteil vom 24.1.1991 – I ZR 133/89, GRUR 1991, 764, 765 – Telefonwerbung IV.

1856 BGH, Urteil vom 24.1.1991 – I ZR 133/89, GRUR 1991, 764, 765 – Telefonwerbung IV.

1857 BGH, Urteil vom 25.1.2001 – I ZR 53/99, GRUR 2001, 1181 – Telefonwerbung für Blindenwaren.

1858 BGH, Urteil vom 5.2.2004 – I ZR 87/02, GRUR 2004, 520, 521 – Telefonwerbung für Zusatzeintrag.

Geschäftsverbindung besteht, insgesamt der Untersuchung dienen, ob sich das Einverständnis auf den Werbeinhalt bezieht. Dass dies so nicht gewollt ist, zeigt zum einen die Bezugnahme auf die vorherige Rechtsprechung *Telefonwerbung IV* und die Tatsache, dass diese Ausführungen systematisch dem Prüfungspunkt, ob ein enger Zusammenhang vorliegt, angehören.

Die recht komplizierte Gliederung des Urteils *Telefonwerbung für Zusatzeintrag* birgt insofern die Gefahr eines Missverständnisses, die sich sodann in *Telefonwerbung nach Unternehmenswechsel* konkretisiert. Noch vor *Telefonwerbung nach Unternehmenswechsel* ergeht das Urteil *Suchmaschineneintrag*, das aber die in *Telefonwerbung IV* aufgestellten Grundsätze unverändert wiedergibt. Es erinnerst abermals an die Notwendigkeit eines Einverständnisses nicht nur mit dem Inhalt, sondern auch mit der Art der Werbung[1859] und sodann auf das Vorhandensein eines sachlichen Zusammenhangs mit einer bestehenden Geschäftsbeziehung abstellt.[1860] In der *Telefonwerbung nach Unternehmenswechsel*-Entscheidung wird aus *Telefonwerbung IV* der Grundsatz übernommen, „dass ein allgemeiner Sachzusammenhang zu den vom angerufenen Unternehmen angebotenen Waren oder Dienstleistungen im Allgemeinen für die Annahme einer mutmaßlichen Einwilligung nicht ausreicht, weil Telefonwerbung gegenüber Gewerbetreibenden andernfalls nahezu unbeschränkt zulässig wäre."[1861] Bezugnehmend auf die *Suchmaschineneintrag*-Entscheidung wird sodann angenommen, „ein hinreichend großes Interesse des anzurufenden Gewerbetreibenden, das die Annahme rechtfertigt, er werde mit dem Anruf einverstanden sein, kann vor allem dann anzunehmen sein, wenn die telefonische Werbemaßnahme einen sachlichen Zusammenhang zu einer bereits bestehenden Geschäftsverbindung aufweist."[1862] Schließlich lässt der BGH deutlich erkennen, dass sich diese Prüfung nur auf den Inhalt bezog und erinnert an die Notwendigkeit des Einverständnisses gerade auch mit der Art der Werbung. Bezugnehmend auf die vorangegangene Rechtsprechung hinsichtlich der Art der Werbung prüft der BGH lediglich, ob „den Interessen des Anzurufenden aber gleichwohl noch in einem Maß entspricht, dass die mit dem Anruf verbundenen Belästigungen hinnehmbar erscheinen", denn es sei nicht notwendig, dass „die Herstellung der Verbindung durch einen Telefonanruf gegenüber einer schriftlichen Werbung zwar keine oder sogar weniger Vorzüge aufweist."[1863] Damit

---

1859 BGH, Urteil vom 20.9.2007 – I ZR 88/05, GRUR 2008, 189, 190, Rdnr. 18 – Suchmaschineneintrag.

1860 BGH, Urteil vom 20.9.2007 – I ZR 88/05, GRUR 2008, 189, 190, Rdnr. 18 – Suchmaschineneintrag.

1861 BGH, Urteil vom 11.3.2010 – I ZR 27/08, GRUR 2010, 939, 941, Rdnr. 25 – Telefonwerbung nach Unternehmenswechsel.

1862 BGH, Urteil vom 11.3.2010 – I ZR 27/08, GRUR 2010, 939, 941, Rdnr. 27 – Telefonwerbung nach Unternehmenswechsel.

1863 BGH, Urteil vom 11.3.2010 – I ZR 27/08, GRUR 2010, 939, 941, Rdnr. 32 – Telefonwerbung nach Unternehmenswechsel.

behandelt der BGH die Frage, ob die Werbung gerade telefonisch erwünscht ist nur stiefmütterlich.

Im Ergebnis kommt der BGH zu derselben Auffassung wie sie in der vorliegenden Arbeit vertreten wird. Ein sachlicher Zusammenhang zu einer bereits bestehenden Geschäftsverbindung begründet die Annahme einer mutmaßlichen Einwilligung in die Telefonwerbung. Die hier vertretene Auffassung verlagert jedoch den Schwerpunkt der Prüfung auf die Frage, ob der mutmaßliche Wille sich gerade auf die Werbeart bezieht, um der Systematik und der gesetzlichen Wertung des § 7 Abs. 2 Nr. 2 Alt. 2 UWG Rechnung zu tragen. Auch liegt die Annahme nicht fern, dass *Telefonwerbung nach Unternehmenswechsel* eine Einzelentscheidung bleibt und der BGH weiterhin schärfer zwischen dem sachlichen Interesse an dem Werbeinhalt einerseits und an der Werbeart andererseits trennen wird.

Als Zwischenergebnis steht somit fest, dass eine Kundenbeziehung für sich allein eine Vermutungswirkung hinsichtlich des Einverständnisses des Beworbenen mit dem Inhalt der Werbung auslöst, wobei die Indizwirkung von Art, Inhalt und Intensität der Geschäftsbeziehung abhängt.[1864]

2. *Sachliches Interesse an der Art der Werbung*

Für die Beurteilung, ob ein sachliches Interesse an der Art der Werbung besteht, verbietet sich eine allgemeine Betrachtung. Maßgeblich ist, ob die Umstände des Einzelfalls die Annahme rechtfertigen, der anzurufende Gewerbetreibende werde der telefonischen Kontaktaufnahme jedenfalls positiv gegenüberstehen.[1865] Zu ermitteln ist der Grad des Interesses des Betroffenen, per Telefon kontaktiert zu werden.[1866]

Die beiden sich auf den Inhalt der Werbung beziehenden Kriterien – der Sachzusammenhang und die Kundenbeziehung – strahlen ihre Vermutungswirkung auch auf die Art der Werbung aus. Denkbar ist eine Kombination aus den zwei bereits vorgestellten Kriterien, die insgesamt das Vorliegen einer mutmaßlichen Einwilligung prognostizieren. Im Folgenden werden weitere Kriterien dargestellt, die für das konkrete Interesse an der Art der Werbung sprechen. Wie viele Kriterien für eine positive Entscheidung notwendig sind, beurteilt sich nach den Umständen des Einzelfalls und nach dem Vermutungsgrad, den das jeweilige Kriterium im Einzelfall entfaltet: Je aussagekräftiger die Vermutung, desto weniger Kriterien sind erforderlich.

1864 Vgl. BGH, Urteil vom 20.9.2007 – I ZR 88/05, GRUR 2008, 189, 190, Rdnr. 18 – Suchmaschineneintrag; *Köhler*, in: *Köhler/Bornkamm/Feddersen*, UWG, 36. Aufl. 2018, § 7 Rdnr. 169.

1865 BGH, Urteil vom 25.1.2001 – I ZR 53/99, GRUR 2001, 1181, 1183 – Telefonwerbung für Blindenwaren.

1866 BGH, Urteil vom 24.1.1991 – I ZR 133/89, GRUR 1991, 764, 765 – Telefonwerbung IV.

a. *Kundenbeziehung*

Eine Kundenbeziehung indiziert nicht nur ein Interesse an dem Inhalt der Werbung, sondern liefert auch einen konkreten Anhaltspunkt für den Willen des Beworbenen, Werbeangebote per Telefon zu empfangen. Ein Gewerbetreibender ist nämlich in der Regel daran interessiert, von seinem Geschäftspartner über Neuigkeiten informiert zu werden, insbesondere, wenn eine intensive Geschäftsbeziehung besteht, so im Falle eines wiederholten oder eines Dauerauftrags. Eine schwache Geschäftsverbindung ist in der Regel nicht geeignet, zu der berechtigten Annahme zu führen, der Betroffene würde einem Telefonat positiv gegenüberstehen. So lässt ein einmaliger kostenloser Eintrag in einer Suchmaschine nur eine schwache Geschäftsverbindung entstehen, die höchstens zu der Annahme eines Einverständnisses mit einem Telefongespräch zwecks Überprüfung der eingespeicherten Daten berechtigt. Nicht jedoch zur telefonischen Unterbreitung einer entgeltlichen Leistung, mit der Folge, dass diesbezüglich unter Würdigung sonstiger Umstände eine unzumutbare Belästigung besteht.[1867]

b. *Verfolgter Zweck*

Das obige Beispiel zeigt, dass der mit dem Anruf verfolgte Zweck ebenso zu der Entscheidung beiträgt, ob der Anzurufende mit der telefonischen Kontaktaufnahme einverstanden ist. Entscheidend ist, ob der Anrufer vor dem Anruf annehmen durfte, der Anzurufende werde mit dem Werbeanruf, so wie er geplant war, einverstanden sein. Ob das Gespräch tatsächlich wie geplant durchgeführt werden konnte, ist unerheblich.[1868] In *Suchmaschinenantrag*-Entscheidung durfte das Gespräch nur zwecks Aufklärung der bereits bestehenden Geschäftsbeziehung, nicht hingegen zwecks Erweiterung der Leistung durchführt werden.[1869]

c. *Art des Angebots*

Inwiefern das Unternehmen eine Unterbrechung des Geschäftsgangs infolge des Anrufs in Kauf nehmen möchte, hängt schließlich auch von der Art des angebotenen Produkts oder der Dienstleistung ab.

aa. besonderes Angebot

Bei besonderen Angeboten besteht eine höhere Bereitschaft, Telefonwerbung zu akzeptieren. Die *Suchmaschineneintrag*-Entscheidung, in der der BGH ein

---

1867 BGH, Urteil vom 20.9.2007 – I ZR 88/05, GRUR 2008, 189, 190, Rdnr. 19 – Suchmaschineneintrag

1868 BGH, Urteil vom 20.9.2007 – I ZR 88/05, GRUR 2008, 189, 190, Rdnr. 17 – Suchmaschineneintrag

1869 BGH, Urteil vom 20.9.2007 – I ZR 88/05, GRUR 2008, 189, 190, Rdnr. 17 – Suchmaschineneintrag.

Einverständnis bezogen auf die Erweiterung einer kostenlosen Leistung in eine entgeltliche verneinte, nahm auch Bezug auf die Art des Angebots. Die streitgegenständliche Suchmaschine wies keine Besonderheiten auf. Verglichen mit den anderen 450 auf dem Markt existierenden und ebenfalls mit einem kostenlosen Eintrag des Betroffenen versehenen Suchmaschinen, verfügte die beanstandete Suchmaschine über keine hervorzuhebende Bekanntheit. Über eine besondere Bekanntheit hätte die in Rede stehende Suchmaschine dann verfügt, wenn sie im Vergleich zu den anderen über ein breiteres Verbreitungsspektrum verfügt hätte, in dem Sinne, dass sie außer elektronisch etwa auch im Druckform Leistungen angeboten hätte. Dabei verbindet der BGH den Bekanntheitsgrad des Angebots nicht zwingend mit der Marktführereigenschaft eines Unternehmens. Eine solche Ansicht stünde nicht im Einklang mit dem vom Wettbewerbsrecht verfolgten Zweck, eine Behinderung des Wettbewerbs zu verhindern, indem die Behauptung kleinerer oder mittlerer Unternehmen am Markt nicht erschwert wird. Ebenso müssen Newcomer von Marktzutrittschancen profitieren können. Das Lauterkeitsrecht darf nicht dazu führen, dass der Marktzutritt nur Marktführern offensteht.[1870]

bb. Objektiv günstiges Angebot

Ferner kann ein günstiges bzw. attraktives Angebot ein Indiz für ein Interesse des Unternehmens an der Telefonwerbung darstellen.[1871] In diesem Sinne nahm der BGH an, ein Bauhandwerker habe kein Interesse an einer riskanten, in ihrem Inhalt und Umfang nicht näher bestimmten Vermittlungsleistung, die durch eine beträchtliche im Voraus zu zahlende Summe zu vergüten war.[1872] Umgekehrt spricht ein objektiv günstiges Angebot, das zeitlich begrenzt vorhanden ist oder aus anderen Gründen eine rasche Entscheidung erfordert, für die Annahme eines Einverständnisses mit der Telefonwerbung.[1873]

cc. Komplexität des Angebots

Ein komplexes Angebot, das mündlich schwer nachzuvollziehen ist oder einen Vergleich mit den am Markt bestehenden Tarifen erforderlich macht, lässt nicht in jedem Fall ein Interesse des Unternehmens an der Telefonwerbung mit der

---

1870 Dazu *Fezer*, WRP 2010, 1075, 1087.

1871 *Köhler*, in *Köhler/Bornkamm/Feddersen*, UWG, 36. Aufl. 2018, § 7 Rdnr. 171 b; BGH, Urteil vom 16.11.2006 – I ZR 191/03, GRUR 2007, 607, 608 Rdnr. 11 – Telefonwerbung für Individualverträge; a.A. *Mankowski*, in *Fezer/Büscher/Obergfell*, UWG, 3. Aufl. 2016, § 7 Rdnr. 159; *Seichter/Witzmann*, WRP 2007, 699, 707; *Schmitt/Poleacov*, CR 2008, 364, 365.

1872 BGH, Urteil vom 16.11.2006 – I ZR 191/03, GRUR 2007, 607, 608 Rdnr. 11 – Telefonwerbung für Individualverträge.

1873 *Köhler*, in: *Köhler/Bornkamm/Feddersen*, UWG, 36. Aufl. 2018, § 7 Rdnr. 171 b.

Begründung entfallen, dieses bevorzuge ein schriftliches Angebot.[1874] Ebenso geht der BGH davon aus, dass ein Interesse an der Telefonwerbung nicht bereits deshalb zu verneinen ist, weil die Kommunikation über Telefon gegenüber der schriftlichen Werbung keine Vorzüge aufweist.[1875] Der Vorteil der (optisch) besseren Wahrnehmung eines schriftlichen Angebots, das durch einen bestimmten Schrifttyp, Fettdruck oder Umrandung gestaltet werden kann, gibt dem Beworbenen lediglich Anlass dazu, sich vor dem endgültigen Geschäftsabschluss ein schriftliches Angebot zukommen zu lasen.[1876] Zudem bietet das Telefongespräch aufgrund des hergestellten Dialogs die Möglichkeit der Individualisierung von Kundenwünschen und der sofortigen Klärung von vorhandenen Fragen, was sich in manchen Fällen gerade bei komplexen Angeboten als notwendig darstellt.

d. Branchenüblichkeit

In der Regel lässt die Branchenüblichkeit aus der Sicht eines Durchschnittsmarktteilnehmers kein konkretes Interesse an der Telefonwerbung erkennen. Im Gegenteil: Falls eine Vielzahl von in derselben Branche tätigen Unternehmen sich des Telefonmarketings bedienen, spricht dies in Anbetracht der bestehenden Nachahmungsgefahr eher gegen den mutmaßlichen Willen der Geschäftsleute, massenhaft telefonische Angebote entgegenentnehmen zu wollen.[1877] Die Branchenüblichkeit stellt nur dann ein geeignetes Kriterium dar, wenn sich diesbezüglich eine Verkehrssitte (§157 BGB) oder ein entsprechender Handelsbrauch (§346 HGB) gebildet hat.[1878]

e. Nachahmungsgefahr

Wie bereits oben dargestellt, muss es bei der Beurteilung, ob ein Interesse an der Telefonwerbung besteht, auch die Nachahmungsgefahr berücksichtigt werden. Eine unkontrollierbare Häufung von Telefonanrufen würde nicht nur zu einer Steigerung des Belästigungsgrades im Verhältnis zu dem im konkreten Fall

---

1874 So aber OLG Hamm, K&R 2009, 412, 414 – DSL-Produkte; Kritisch *Fezer*, WRP 2010, 1075, 1088.

1875 BGH, Urteil vom 5.2.2004 – I ZR 87/02, GRUR 2004, 520, 522 – Telefonwerbung für Zusatzeintrag.

1876 BGH, Urteil vom 5.2.2004 – I ZR 87/02, GRUR 2004, 520, 522 – Telefonwerbung für Zusatzeintrag.

1877 BGH, Urteil vom 11.3.2010 – I ZR 27/08, GRUR 2010, 939, 940, Rdnr. 24 – Telefonwerbung nach Unternehmenswechsel; *Köhler*, in: *Köhler/Bornkamm/Feddersen*, UWG, 36. Aufl. 2018, § 7 Rdnr. 171; *Seichter/Witzmann*, WRP 2007, 699, 707; a.A. *Engels/Stulz-Hernstadt*, WRP 2005, 1218, 1228.

1878 BGH, Urteil vom 25.1.2001 – I ZR 53/99, GRUR 2001, 1181, 1183 – Telefonwerbung für Blindenwaren; *Köhler*, in: *Köhler/Bornkamm/Feddersen*, UWG, 36. Aufl. 2018, § 7 Rdnr. 171.

Betroffenen, sondern auch zu einer Expansion der Belästigung im Kreise anderer Markteilnehmer und mithin zu einer Marktstörung führen.

In der Literatur existieren Bestrebungen, die Nachahmungsgefahr im Rahmen der Beurteilung, ob die Telefonwerbung zulässig ist, auszuklammern. Das Argument betreffend die Nachahmungsgefahr sei obsolet, denn das vermutete Einverständnis ergebe sich bereits aus anderen Kriterien wie der Kundenbeziehung oder der Betriebsbezogenheit.[1879] Diese Ansicht überzeugt nicht. Gerade, weil die Zulässigkeit der Telefonwerbung im b2b-Verhältnis im UWG geregelt ist, ist dem Nachahmungsgefahr-Argument große Bedeutung beizumessen. Durch die Einbettung dieser Regelung in das UWG wird offensichtlich, dass die gesetzliche Maßnahme nicht nur individuellen Schutz vor Belästigung und Schutz der verfassungsrechtlich anerkannten Interessen des betroffenen Unternehmens gewährleistet, sondern gerade die Gewährleistung eines fairen Wettbewerbs und des Konkurrentenschutzes bezweckt. In Ermangelung einer gesetzlichen Regelung werden diese Aufgaben in der englischen und französischen Rechtsordnung der Selbstregulierung der Märkte überlassen. Zu diesem Zweck erlassen selbständige Organe Verhaltenskodizes, die für ihre Mitglieder verbindlich sind. Der deutsche Gesetzgeber hat sich dagegen bewusst dafür entschieden, die werbliche Kommunikation im b2b-Verhältnis durch den Erlass von gesetzlichen Regelungen zu regulieren. Das Argument der Nachahmungsgefahr stellt mithin im geschäftlichen Bereich einen entscheidenden Aspekt dar.

aa. Konkurrentenzahl

Entscheidend für die Frage, ob eine Nachahmungsgefahr besteht, ist zum einen die Zahl der in derselben Branche konkurrierenden Mitbewerber. Ein illustratives Beispiel bietet das BGH-Urteil *Suchmaschineneintrag*. Das Angebot eines Betreibers, das die Erweiterung einer kostenlosen Grundeintragung im Verzeichnis einer Suchmaschine in eine kostenpflichtige Eintragung bezwecke, berge in Anbetracht der hohen Zahl von Suchmaschinen mit Unternehmensverzeichnisses – die Daten der Klägerin in dem vom BGH entschiedenen Fall waren bei 450 Suchmaschinen gespeichert – eine immense Nachahmungsgefahr. Zahllose weitere Betreiber von Suchmaschinen würden dasselbe Recht, Angebote zwecks Leistungserweiterung zu betreiben, in Anspruch nehmen. Solche Werbemaßnahmen seien aufgrund ihrer Häufigkeit als unzumutbare Belästigung anzusehen, selbst wenn der Betroffene im Einzelfall nur einer geringen Belästigung ausgesetzt sei.[1880]

1879 *Engels/Stulz-Herrnstadt*, WRP 2005, 1218, 1229.

1880 BGH, Urteil vom 20.9.2007 – I ZR 88/05, GRUR 2008, 189, 191, Rdnr. 22 – Suchmaschineneintrag.

bb. Zeitliche Grenze

In der Entscheidung *Suchmaschineneintrag* zieht der BGH die voraussichtliche Dauer der Werbekampagne heran, um der Nachahmungsgefahr Konturen zu verleihen. Telefonanrufe eines Unternehmens, die darauf abzielen, einen bestehenden kostenlosen Eintrag in der Suchmaschine in einen kostenpflichtigen zu erweitern und zum Beginn des Gesprächs eine bezweckte Aktualisierung des eingespeicherten Datenbestands als Anrufmotiv vorschieben, lassen aufgrund der sehr dynamischen Aktualisierung der Einträge in der Onlinewelt keine zeitliche Begrenzung erkennen, so dass eine Nachahmung der Werbemaßnahme durch Dritte droht.[1881]

In einem ähnlichen Fall, *Telefonwerbung für Zusatzeintrag*, der auch von Anrufen zwecks Erweiterung eines kostenlosen Eintrags handelte, verneinte der BGH eine potenzielle Nachahmungsgefahr, da die Werbemaßnahme einer zeitlichen Begrenzung unterlag. Bei dem in dieser Entscheidung beworbenen Produkt handelte sich um ein unter der Bezeichnung „Gelbe Seiten" vertriebenes Branchenfernsprechbuch. Wegen des tatsächlichen oder vorgeschobenen Anlasses des Anrufs – die Überprüfung der Daten des Standardeintrags für einen Neudruck der Teilnehmerverzeichnisse – seien der Werbemaßnahme auch zeitliche Grenzen gesetzt, denn in der Regel erscheine eine Neuauflage lediglich einmal jährlich.[1882] Dadurch entstehe ein geringes Maß an Belästigung und zudem entfiele die Nachahmungsgefahr durch Dritte, so dass der BGH eine mutmaßliche Einwilligung annahm.[1883] Falls für die Werbetätigkeit zeitliche Grenzen vorhersehbar seien, etwa aufgrund der lediglich jährlich zu erwartenden Aktualisierung des Telefonverzeichnisses, sei ein mutmaßliches Einverständnis für die Erweiterung einer Dienstleistung oder den Wechsel zu einer kostenpflichtigen Dienstleistung anzunehmen. Dies gelte auch dann, wenn das Angebot telefonisch verbreitet worden sei, da insoweit die Belästigung geringfügig und zudem eine Nachahmungsgefahr nicht zu erwarten sei.[1884]

f. Sachzusammenhang mit dem Geschäftsbetrieb oder mit der Kundenbeziehung

Ein allgemeiner Sachzusammenhang mit dem Geschäftsbetrieb des beworbenen Unternehmens rechtfertigt für sich allein nicht die Annahme eines Einverständnisses mit dem Inhalt und der Art der Telefonwerbung. Dieser Umstand liefert

1881 Vgl. BGH, Urteil vom 20.9.2007 – I ZR 88/05, GRUR 2008, 189, 191 – Suchmaschineneintrag.

1882 BGH, Urteil vom 5.2.2004 – I ZR 87/02, GRUR 2004, 520, 522 – Telefonwerbung für Zusatzeintrag; BGH, Urteil vom 20.9.2007 – I ZR 88/05, GRUR 2008, 189, 191 – Suchmaschineneintrag.

1883 BGH, Urteil vom 5.2.2004 – I ZR 87/02, GRUR 2004, 520, 522 – Telefonwerbung für Zusatzeintrag.

1884 BGH, Urteil vom 5.2.2004 – I ZR 87/02, GRUR 2004, 520, 522 – Telefonwerbung für Zusatzeintrag.

jedoch ein erstes Indiz für ein mutmaßliches Einverständnis mit dem Inhalt der Telefonwerbung. Notwendig sind jedoch Umstände, die den Rückschluss auch auf das Einverständnis mit der Art der Werbung rechtfertigen. Meistens werden die sich auf die Art der Telefonwerbung beziehenden Umstände gleichzeitig die Vermutungswirkung des Einverständnisses mit dem Inhalt der Werbung verstärken. Denn es gibt keine strikte Trennlinie zwischen den Umständen, die sich auf den Inhalt der Werbung beziehen und denen, die eine Vermutung mit der Art der Werbung begründen. Vielmehr stehen das Einverständnis mit der Art der Werbung und das Einverständnis mit dem Inhalt der Werbung in enger Verbindung zueinander. Daher wird ein Umstand, der verstärkt dafür spricht, dass der Betroffene mit der Art der Werbung einverstanden ist, zugleich die Vermutung entstehen lassen, der Betroffene ist auch mit dem Inhalt der Werbung einverstanden Umgekehrt entfaltet auch ein Umstand, der sich auf den Inhalt der Werbung bezieht, Ausstrahlung auf die Art der Werbung. Die Ausstrahlwirkung hängt im Übrigen von der Indizstärke ab.

So ist beim Vorliegen eines allgemeinen Sachzusammenhangs zwar eine Vermutung für das Einverständnis mit dem Inhalt der Werbung gegeben. Für das Einverständnis auch mit der Art der Werbung bedarf es eines stärkeren Indizes, vor allem weil ein nur allgemeiner Sachbezug sich kaum auf das Einverständnis auch mit der Art der Werbung auswirkt. Ein solch starkes Indiz könnte in dem Bestehen einer intensiven Geschäftsbeziehung zu erblicken sein.

Jedoch kann ein nur allgemeiner Sachzusammenhang des Werbegegenstands mit dem Betriebsablauf oder mit der Kundenbeziehung angesichts der mit dem Telefonanruf verbundenen erheblichen Störung des Betriebsablaufs kein Indiz dafür liefern, der Betroffene wünsche, gerade per Telefon beworben zu werden. Eine relevante Indizwirkung für das Vorliegen eines Einverständnisses mit der Art der Telefonwerbung liefert allein ein konkreter Sachzusammenhang. Aufgrund der Stärke seiner Indizwirkung beeinflusst ein konkreter Sachzusammenhang auch die Annahme des Einverständnisses mit dem Inhalt der Werbung. Je stärker das Indiz ist, desto stärker ist die gegenseitige Wechselwirkung der beiden Koordinaten, auf die sich das Einverständnis beziehen muss.

Ein konkreter Sachzusammenhang kann entweder an den Geschäftsbetrieb oder an die Kundenbeziehung anknüpfen.

aa. Enger Zusammenhang mit dem Geschäftsbetrieb

Einen konkreten bzw. engen Sachbezug mit dem Geschäftsbetrieb des Unternehmens wird *in den meisten Fällen* dann anzunehmen sein, wenn der Werbegegenstand unmittelbar mit dem Geschäftsbetrieb zusammenhängt. Wenn also die Telefonwerbung den eigentlichen Gegenstand des Angerufenen und nicht nur bloße Hilfsmittel betrifft.[1885] *Köhler* verlangt zudem im Einklang mit der instanzgerichtlichen

1885 Vgl. BGH, Urteil vom 24.1.1991 – I ZR 133/89, GRUR 1991, 764, 765 – Telefonwerbung IV.

Rechtsprechung[1886], dass die Angelegenheit so eilig sein muss, dass sie eines Telefonats bedarf.[1887]

bb. Enger Zusammenhang mit der Geschäftsbeziehung

Fehlt es an der Unmittelbarkeit des Zusammenhangs mit dem Geschäftsbetrieb, kann sich der enge Sachzusammenhang daraus ergeben, dass der Werbegegenstand im engen Zusammenhang mit der Kundenbeziehung, etwa mit einer schon beanspruchten Leistung zusammenhängt. Dieser Gedanke erinnert an die Regelung des Art 13 Abs. 2 DSRL 2002/58/EG, die § 7 Abs. 3 UWG umsetzte.

Diese Konstellation befindet sich in der BGH-Entscheidung *Telefonwerbung für Zusatzeintrag* vom 5.2.2004, in der eine mutmaßliche Einwilligung für eine entgeltliche Eintragung und damit eine Erweiterung des kostenlosen Standardeintrags in dem Telefonverzeichnis „Gelbe Seiten" angenommen wurde. Die Werbemaßnahme stand in zweifacher Hinsicht mit der den Standardeintrag betreffenden Geschäftsbeziehung in einem engen sachlichen Zusammenhang. Erstens begründete der BGH dieses Ergebnis damit, dass das telefonisch angebotene Werbeprodukt – die kostenpflichtige Erweiterung des Standardeintrags – von der ursprünglichen Leistung „nicht eine von der bereits bestehenden Geschäftsbeziehung verschiedene Leistung" darstelle.[1888] Ein enger Sachzusammenhang mit der Geschäftsbeziehung kann also mit der Ähnlichkeit des ursprünglichen Produkts und des beworbenen Produkts begründet werden.

Ausschlaggebend für das Vorliegen eines engen Sachzusammenhangs war zudem der Umstand, dass der Telefonanruf im Zusammenhang mit der Aktualisierung des bisherigen Standardeintrags stand.[1889]Nach dem BGH kommt es nicht darauf an, ob der Telefonanruf in erster Linie der Überprüfung und Aktualisierung der neuen Auflage des Telefonverzeichnisses dienen sollte oder ob diese Überprüfung lediglich als „Aufhänger" für das primär angestrebte entgeltliche Werbeangebot eingesetzt wurde.[1890] Denn der enge Zusammenhang sei dadurch nicht in Frage gestellt. Der Umstand, dass eine schriftliche Überprüfung der Datenpflege ebenso gut oder sogar effizienter schriftlich hätte erfolgen können, ließe die berechtigte Annahme eines Einverständnisses mit der Überprüfung gerade per Telefon unberührt. Entscheidend sei nicht, welche Methode am effektivsten erscheint, sondern, dass die ausgewählte Methode den Interessen des Betroffenen

1886 OLG Stuttgart, Urteil vom 08.08.1997 – 2 U 48/97, NJW-RR 1998, 184; OLG Hamburg, Urteil vom 03.07.1986 – 3 U 55/86, GRUR 1987, 60, 61.

1887 *Köhler*, in: *Köhler/Bornkamm/Feddersen*, UWG, 36. Aufl. 2018, § 7 Rdnr. 166.

1888 BGH, Urteil vom 5.2.2004 – I ZR 87/02, GRUR 2004, 529, 521 – Telefonwerbung für Zusatzeintrag.

1889 BGH, Urteil vom 5.2.2004 – I ZR 87/02, GRUR 2004, 529, 521 – Telefonwerbung für Zusatzeintrag.

1890 BGH, Urteil vom 5.2.2004 – I ZR 87/02, GRUR 2004, 529, 521 – Telefonwerbung für Zusatzeintrag.

noch in einem solchen Maße entspricht, dass die damit verbundene Belästigung als hinnehmbar erscheint.[1891] Die Überprüfung oder Aktualisierung der eingespeicherten Daten stellt nach der BGH-Rechtsprechung einen legitimen Anrufanlass dar, der vom BGH als „sinnvolle und erfahrungsgemäß von den Gewerbetreibenden häufig werblich genutzte Ergänzung des Standardeintrags" bezeichnet wird.[1892] Vor dem Geschäftsabschluss kann der Beworbene sich zudem ein schriftliches Angebot zukommen lassen, um von den damit verbundenen Vorteilen, wie etwa optische Wahrnehmung, profitieren zu können.[1893]

In dem ähnlich gestalteten Fall – *Suchmaschineneintrag*, in dem der Werbegegenstand ebenfalls eine kostenpflichtige Erweiterung einer Leistung betraf, wurde dagegen eine mutmaßliche Einwilligung verneint. Diez obwohl die angebotene Leistung der die Geschäftsbeziehung charakteristischen Leistung ähnelte und der Anruf (auch) der Überprüfung eines kostenlosen Standardeintrags diente, weil es um die Werbung für einen Eintrag in eine von zahlreichen Internet-Suchmaschinen ging. Die Eintragung des Unternehmens in einer von vielen weiteren existierenden Suchmaschinen mag für das Unternehmen nützlich sein, hat aber „nicht annährend dieselbe Bedeutung wie der Eintrag der Daten seiner Branchenzugehörigkeit und seiner Telefonverbindung im Verzeichnis „Gelbe Seiten".[1894] Diese Entscheidung zeigt ausdrücklich, dass die aufgestellten Grundsätze zwar dienlich sind, aber nicht zu einer Vernachlässigung der Umstände des Einzelfalls führen dürfen. Die aus bekannten Indizien stammenden Rückschlüsse sind unter Berücksichtigung besonderer Umstände zu überprüfen. Schließlich steht das sachliche individuelle Interesse des Betroffenen im Vordergrund der Entscheidung, ob er mit der Werbung mutmaßlich einverstanden ist. Entscheidend ist nach Rechtsprechung[1895] und Literatur[1896], ob im Einzelfall der Werbende bei verständiger Würdigung davon ausgehen kann, der Anzurufende erwarte den Anruf oder stehe ihm jedenfalls positiv gegenüber. Eine generalisierende Betrachtungsweise verbietet sich bei der Ermittlung der mutmaßlichen Einwilligung.

1891 BGH, Urteil vom 5.2.2004 – I ZR 87/02, GRUR 2004, 520, 522 – Telefonwerbung für Zusatzeintrag.

1892 BGH, Urteil vom 5.2.2004 – I ZR 87/02, GRUR 2004, 520, 522 – Telefonwerbung für Zusatzeintrag; Vgl. auch BGH, GRUR 2008, 189, 191 – Suchmaschineneintrag.

1893 BGH, Urteil vom 5.2.2004 – I ZR 87/02, GRUR 2004, 520, 522 – Telefonwerbung für Zusatzeintrag.

1894 BGH, Urteil vom 20.9.2007 – I ZR 88/05, GRUR 2008, 189, 191 – Suchmaschineneintrag.

1895 BGH, Urteil vom 24.1.1991 – I ZR 133/89, GRUR 1991, 764, 765 – Telefonwerbung IV; BGH, Urteil vom 25.1.2001 – I ZR 53/99, GRUR 2001, 1181, 1183 – Telefonwerbung für Blindenwaren; BGH, Urteil vom 11.3.2010 – I ZR 27/08, GRUR 2010, 939, 940, Rdnr. 20 – Telefonwerbung nach Unternehmenswechsel.

1896 *Köhler*, in: *Köhler/Bornkamm/Feddersen*, UWG, 36. Aufl. 2018, § 7 Rdnr. 165.

C. Zusammenfassung

1. Die Zulässigkeit der Telefonwerbung gegenüber sonstigen Markteilnehmern als Verbraucher ist gemäß § 7 Abs. 2 Nr. 2 Alt. 2 UWG beim Vorliegen deren – zumindest mutmaßlichen – Einwilligung gestattet. Eine tatsächliche, ausdrücklich oder konkludent erklärte Einwilligung, reicht erst recht aus. Der Grund für diese gesetzliche Regelung liegt darin, dass sonstige Marktteilnehmern im Vergleich zu Verbrauchern der Werbemaßnahme zwar offener gegenüberstehen, dennoch ein Interesse an die Ungestörtheit des Betriebsgangs haben. Nicht die Privatsphäre, sondern die berufliche Sphäre steht im Vordergrund und droht tangiert zu werden. Andererseits gilt zu beachten, dass eine natürliche Person, die kein Verbraucher, sondern Unternehmen ist sich ebenfalls auf die Achtung ihrer Privatsphäre berufen kann.
2. Die mutmaßliche Einwilligung ist insbesondere von der konkludenten Einwilligung abzugrenzen. Im Grunde genommen handelt es sich bei der mutmaßlichen Einwilligung um keine Einwilligung im technischen Sinne. Die mutmaßliche Einwilligung ist im Unterschied zu der tatsächlichen Einwilligung keine Willensbekundung, sondern erfordert eine Prognoseentscheidung: nicht das Einverständnis des Angerufenen, sondern die äußeren Umstände – meistens eine Kundenbeziehung –, die auf den potenziellen Willen des Anschlussinhabers rückschließen lassen, legitimieren den Anruf. Während die Einwilligung auf dem Opt-in-Prinzip basiert, beruht die mutmaßliche Einwilligung auf der Widerspruchslösung und erinnert an die mutmaßliche Einwilligung des § 683 Satz 1 BGB. Eine mutmaßliche Einwilligung liegt nach der Rechtsprechung und nach der Literatur vor, wenn auf Grund konkreter tatsächlicher Umstände der Anrufer vermuten durfte, dass der Unternehmer ein sachliches Interesse an der telefonischen Werbebotschaft haben werde. Entscheidend für die Zulässigkeit der Werbung im geschäftlichen Bereich ist der Grad des Interesses, das der Anzurufende entgegenbringt. Die Ermittlung des mutmaßlichen Willens setzt eine in die Risikosphäre des mit der Beweiserbringung belastenden Werbenden fallende Prognoseentscheidung voraus. Das mutmaßliche Einverständnis muss sich dabei nicht nur auf den Inhalt, sondern auch und vor allem auf die Art der Werbung beziehen. Das heißt, der Werbende muss annehmen dürfen, dass der Beworbene ein sachliches Interesse gerade an der Werbung per Telefon hat. Ein Verzicht auf eine Einzelfallabwägung und Untersuchung des Sachinteresses an dem Inhalt und an der Art der Werbung, wie teileweise von der Literatur gefordert, lässt sich mit der Systematik und Geschichte des § 7 UWG nicht vereinbaren und läuft auf ein unerwünschtes Opt-out-System hinaus.
3. Zusammenfassend zu den existierenden Kriterien mit Indizwirkung lässt sich folgende Leitlinie aufstellen: Im Falle, dass eine Kundenbeziehung besteht, begründet diese in den meisten Fällen eine berechtigte Annahme eines mutmaßlichen Einverständnisses, wenn entweder das Telefonat einen konkreten Sachbezug mit dem Geschäftsbetrieb des Beworbenen aufweist oder der

Werbegegenstand im engen Zusammenhang mit der Kundenbeziehung steht. Wenn der Werbegegenstand nicht unmittelbar den Geschäftsbetrieb betrifft (*Telefonwerbung für Zusatzeintrag*) und nur eine Kundenbeziehung gegeben ist, dann muss eine Eingrenzung dahingehend vorgenommen werden, dass der Werbegegenstand auch im engen Zusammenhang mit der Kundenbeziehung stehen muss.

Gesamtergebnis und Ausblick

Nach dem Wortlaut des § 7 Abs. 2 Nr. 2 UWG führt die Vorschrift, bis auf das Merkmal der Ausdrücklichkeit, die BGH-Rechtsprechung zur Zulässigkeit unerbetener Telefonwerbung fort. Die nach der Kodifizierung der Rechtsprechungsgrundsätze ergangenen Entscheidungen zeigen, dass die Zulässigkeit der Telefonwerbung keine bemerkenswerten Veränderungen, sondern lediglich eine Konkretisierung der Zulässigkeitsvoraussetzungen erfahren hat, so dass im Bereich Telefonwerbung von einer gewachsenen Rechtsprechungstradition die Rede sein kann. Nach dem Ergebnis dieser Dissertation stehen zwingend zu beachtende Unionsregelungen dem Fortbestand des § 7 Abs. 2 Nr. 2 in UWG nicht entgegen. Allerdings führen die für die Regulierung der Telefonwerbung maßgeblichen sekundärrechtlichen Bestimmungen des Unionsrechts, namentlich Art. 13 Abs. 3 DSRL 2002/58/EG und Nr. 26 Anhang I UGP-Richtlinie, §§ 8, 9 UGP-Richtlinie sowie die Generalklausel des Art. 5 UGP Richtlinie zwingend einerseits dazu, dass das nationale Recht mehr Schutz gegen unerbetene Telefonwerbung als bisher anerkannt gewähren muss. Andererseits führen diese Regelungen dazu, dass § 7 Abs. 2 Nr. 2 Alt. 1 UWG mit der Voraussetzung des Vorliegens einer ausdrücklichen Einwilligung höhere Anforderungen aufstellt als die unionsrechtliche Definition der Einwilligung es erlaubt.

Für die Beurteilung der Zulässigkeit der Telefonwerbung gegenüber Verbrauchern ist das Zusammenspiel zwischen Nr. 26 Anhang 1, Art. 8, 9, Art. 5 UGP-Richtlinie und Art. 13 Abs. 3 Alt. 1 DSRL 2002/58/EG zu beachten. Der Anwendungsbereich der UGP-Richtlinie erstreckt sich nach Art. 3 Abs. 1 UGP-Richtlinie auf Geschäftspraktiken i.S.d. Art. 5 UGP-Richtlinie zwischen Unternehmen und Verbrauchern, während der b2b-Bereich vom Regelungsbereich ausgeklammert bleibt. Der Anwendungsbereich der Richtlinie erfordert eine Prüfung, ob eine Geschäftspraktik i.S.d. Art. 5 Abs. 2 UGP-Richtlinie, also eine unlautere Geschäftspraktik vorliegt. Art. 5 Abs. 2 UGP-Richtlinie definiert eine unlautere Geschäftspraktik als eine Handlung, die den Erfordernissen der beruflichen Sorgfalt widerspricht und in Bezug auf das jeweilige Produkt das wirtschaftliche Verhalten des Durchschnittsverbrauchers, den sie erreicht oder an den sie sich richtet oder des durchschnittlichen Mitglieds einer Gruppe von Verbrauchern, wenn sich eine Geschäftspraxis an eine bestimmte Gruppe von Verbrauchern wendet, wesentlich beeinflusst oder dazu geeignet ist, es wesentlich zu beeinflussen. Die Bestimmung des sachlichen Anwendungsbereichs der Richtlinie hat aus Sicht des jeweiligen Mitgliedstaates zu erfolgen. Allerdings haben die Mitgliedstaaten nach dem oben präsentierten Ergebnis die Prüfung des Art. 5 Abs. 2 im Rahmen des Art. 3 Abs. 1 UGP-Richtlinie nur summarisch vorzunehmen, da andernfalls, bei einer grundlegenden Prüfung der Voraussetzungen des Art. 5 Abs. 2 UGP-Richtlinie, die Gefahr besteht, dass sämtliche Geschäftspraktiken der Lauterkeitskontrolle entzogen werden.[1897] Unter den Anwendungsbereich der Richtlinie fallen also Geschäftspraktiken, die geeignet erscheinen, erstens der beruflichen Sorgfalt zu widersprechen und zweitens das wirtschaftliche Verhalten des Verbrauchers in Bezug auf das jeweilige Produkt wesentlich zu beeinflussen. Eine bloße Möglichkeit reicht also für die Eröffnung des Anwendungsbereichs aus. Die UGP-Richtlinie gilt nur im Verhältnis zu Verbrauchern und dient der Verwirklichung des Binnenmarkts und dem Verbraucherschutz, während sich die DSRL auf den Schutz der Privatsphäre natürlicher Personen erstreckt. Konkurrenzfragen können sich also von Anfang an nur im b2c-Bereich ergeben.

Im Bereich Telefonwerbung gegenüber Verbrauchern wirkt die UGP-Richtlinie totalharmonisierend. Die Beurteilung der Zulässigkeit der Telefonwerbung am Maßstab der UGP-Richtlinie scheitert auch nicht an den Bestimmungen des Erwägungsgrundes 7 Satz 3–5 UWG.[1898] Erwägungsgründe dienen der Auslegung von Richtlinien und nicht isoliert dazu, den Anwendungsbereich einer Richtlinie zu bestimmen. Auch die Existenz der Nr. 26 Anhang I UGP Richtlinie zeigt, dass der Unionsgesetzgeber Fragen der Ansprache per Telefon regeln will. Erwägungsgrund 7 Satz 3–5 UGP Richtlinie stellt klar, dass Mitgliedstaaten Geschäftspraktiken, die nicht in den Anwendungsbereich der Richtlinie fallen, aus Gründen der unterschiedlichen Auffassungen der Mitgliedstaaten in Fragen der guten Sitten und des Anstands unterschiedlich regeln können. Sogar § 7 Abs. 1 UWG, der auf Erwägungsgrund 7 Satz 3–5 UGP-Richtlinie beruht, steht nicht außerhalb des von der Richtlinie harmonisierten Bereichs, sofern die Unternehmenshandlungen, zum Beispiel das Ansprechen von Passanten in der Öffentlichkeit oder die Haustür- und Briefwerbung, geeignet sind, die berufliche Sorgfalt und die Entscheidungsfreiheit der betroffenen Verbraucher zu verletzen.

Die DSRL 2002/58/EG geht im Bereich Telefonwerbung gegenüber Verbrauchern der UGP-Richtlinie weder vor noch tritt sie hinter letzter zurück. Aus Art. 3 Abs. 4 DSRL folgt keine vorrangige Geltung der DSRL 2002/58/EG. Nach dieser Vorschrift richtet sich die Lauterkeitsprüfung von Geschäftspraktiken ausschließlich nach anderen Gemeinschaftsbestimmungen, wenn diese anderen Rechtsvorschriften besondere Aspekte unlauterer Geschäftspraktiken regeln. Art. 13 Abs. 3 DSRL regelt allerdings nicht die Zulässigkeit unlauterer Geschäftspraktiken und kann daher keine spezielle Regelung im Verhältnis zu der UGP-Richtlinie beinhalten. Aus der Formulierung in Erwägungsgrund 14 Satz 6 – „Diese Richtlinie sollte das bestehende Gemeinschaftsrecht unberührt lassen, das den Mitgliedstaaten ausdrücklich die Wahl zwischen mehreren Regelungsoptionen für den Verbraucherschutz auf dem Gebiet der Geschäftspraktiken lässt" – folgt, dass der Unionsgesetzgeber in der DSRL zwar die Zulässigkeit von Geschäftspraktiken regelt, jedoch nicht im Hinblick auf deren Unlauterkeit i.S.d. UGP-Richtlinie. Unlautere Geschäftspraktiken i.S.d. UGP-Richtlinie kennzeichnen sich dadurch, dass sie

---

1897 Zweiter Teil, Drittes Kapitel, II. A.
1898 Zweiter Teil, Drittes Kapitel, C.

einen Marktbezug aufweisen und zudem die Entscheidungsfreiheit der Verbraucher tangieren. Der Regelungsbedarf und auch der Prüfungsmaßstab des Art. 13 Abs. 3 DSRL folgt hingegen den Gedanken und den Wertungen des Schutzes der Privatsphäre und des Selbstbestimmungsrechts des Einzelnen, die in Art. 8 EMRK und Art. 7, 8 Grundrechte Charta niedergelegt sind. Daher regelt DSRL 2002/58/EG ein völlig unterschiedliches Gebiet des Lauterkeitsrechts, nämlich den Privatsphärenschutz natürlicher Personen und dient damit allenfalls reflexartig dem Schutz der geschäftlichen Entscheidungsfreiheit der Verbraucher. Der Privatsphärenschutz der Verbraucher kann aber nicht spezieller im Verhältnis zum Schutz ihrer wirtschaftlichen Interessen sein. Wie oben ausführlich dargestellt folgt ein Vorrang des Art. 13 Abs. 3 DSRL 2002/58/EG ebenso wenig aus den Bestimmungen in Nr. 26 Satz 2 Anhang 1 UGP- Richtlinie und Erwägungsgrund 14 Satz 6–7 UGP-Richtlinie. Umgekehrt folgt aus dem Wortlaut „unbeschadet" in Nr. 26 Satz 2 Anhang I UGP-Richtlinie auch kein Vorrang der im Verhältnis zu DSRL 2002/58/EG älteren UGP-Richtlinie.

In Bezug auf die Umsetzung der UGP-Richtlinie und der DSRL 2002/58/EG sind im nationalen Recht Umsetzungsdefizite zu verzeichnen. Die erfolgte Implementierung eines absoluten Opt-in-Prinzips für Telefonwerbung gegenüber Verbrauchern nach der in Art. 13 Abs. 3 Alt. 1 DSRL 2002/58/EG im Ermessen der Mitgliedstaaten stehenden Auswahlalternative macht die Umsetzung der Nr. 26 UGP-Richtlinie[1899] nicht entbehrlich. Ein Werbeanruf, für den das Unternehmen in Bezug auf das angebotene Produkt eine Einwilligung eingeholt hat, kann dennoch nach den Wertungen der Nr. 26 UGP-Richtlinie unzulässig sein. Dies ist z.B. der Fall, wenn der Werbeanruf zur Unzeit und hartnäckig im Sinne von wiederholt, also mindestens zweimal, erfolgt. Für die Lösung dieser Problematik bietet sich entweder der Weg über eine richtlinienkonforme Auslegung des § 4 a UWG 2015 (früher § 4 Nr. 1 UWG) im Lichte der Nr. 26 UGP-Richtlinie oder der Weg über eine Auslegung der Einwilligungserklärung am Maßstab der Nr. 26 UGP-Richtlinie dahingehend, dass diese solche außerordentlich störenden Fälle nicht umfasst und infolgedessen eine für den konkreten Fall und in Kenntnis der Sachlage abgegebene Willenserklärung fehlt.[1900] Dann liegt ein Verstoß gegen § 7 Abs. 2 Nr. 2 Alt. 1 UWG vor.

Die unterschiedlichen Zweckrichtungen beider Richtlinien zeigen im Übrigen, dass das Opt-in-Modell des Art. 13 Abs. 3 Alt. 1 DSRL 2002/58/EG, welches sich bezüglich der Verbraucher in § 7 Abs. 2 Nr. 2 Alt. 1 UWG widerspiegelt, das lauterkeitsrechtliche Prüfungsprogramm der UGP-Richtlinie nicht abdeckt. Die

---

1899 Die Umsetzung der Nr. 26 Anhang I Richtlinie ist über den Bereich der Werbung gegenüber Verbrauchern hinaus auch bereits deshalb nicht vollständig umgesetzt worden, weil sich die Vorschrift nicht nur auf Werbung, sondern allgemein auf Geschäftspraktiken bezieht und daher Handlung vor, bei oder nach Vertragsschluss umfasst.

1900 Zweiter Teil, Siebtes Kapitel, C. 3.

Wertungen des dreigliedrigen Verbotssystems bleiben auf der Strecke, wenn die Beurteilung unerbetener Telefonwerbung allein nach § 7 Abs. 2 Nr. 2 Alt. 1 UWG stattfindet. Es sei an dieser Stelle daran erinnert, dass die Zulässigkeit einmaliger Anrufe mit Einwilligung des betroffenen Verbrauchers, die aber in Anlehnung an den Wertungen der Art. 8, 9 UGP-Richtlinie (Fallgruppe Beeinträchtigung der Entscheidungsfreiheit durch Belästigung) einen solchen Belästigungsgrad aufweisen, dass dessen Entscheidungsfreiheit erheblich beeinträchtigt wird und ihn zu einer geschäftlichen Entscheidung veranlassen kann, die er ansonsten nicht getroffen hätte, nach § 4 a UWG 2015 (früher § 3 Abs. 1, § 4 Nr. 1 UWG) gemessen werden müssen. Wenn der Anrufer besonders intensiv auf den Verbraucher eingewirkt hat, um ihn zu einem Geschäftsabschluss zu bewegen, liegt trotz Einwilligung eine unzulässige Telefonwerbung vor. Auch ein Anruf, der zur Unzeit erfolgt, ist unerwünscht und kann auf die Entscheidungsfreiheit des Verbrauchers erheblichen Einfluss nehmen, etwa, weil der Verbraucher sich zum Vertragsschluss nur deshalb bestimmen lässt, um an Feiertagen, Wochenenden oder zu den Schlafenszeiten seine Ruhe zu haben.

Das Nebeneinandergelten der UGP-Richtlinie und des Art. 13 Abs. 3 DSRL 2002/58/EG unterstreicht auch die vorhandenen Unterschiede in der Rechtsdurchsetzung. Während die UGP-Richtlinie in Art. 11 Abs. 1 einen kollektiven Verbraucherschutz vorsieht, räumt die DSRL 2002/58/EG natürlichen oder juristischen Personen im durch die RL 2009/136/EG neu eingeführten Art. 13 Abs. 6 RL 2009/136/EG individuelle Klagerechte wegen Beeinträchtigung der Privatsphäre infolge von Verstößen gegen die Umsetzungsvorschriften ein. Die vorhandenen Unterschiede in der Rechtsdurchsetzung schließen jedoch nicht aus, dass der Schutz der Privatsphäre ebenfalls kollektiv ausgestattet werden kann. Art. 13 Abs. 6 und Art. 15, 15a DSRL 2002/58/EG weisen keinen Ausschließlichkeitscharakter auf. Gerade die „Verwaltungsregelung" in Art. 15a Abs. 2 DSRL 2002/58/EG, die eine Art „kollektiven Rechtschutz" beinhaltet, spricht dafür, dass die DSRL 2002/58/EG kollektive Rechtsdurchsetzung nicht verbietet, wenn diese die individuelle Rechtsdurchsetzungsmöglichkeit begleitet.[1901]

Im Bereich Telefonwerbung gegenüber Verbrauchern, die zwar belästigend, aber nicht belästigend i.S.d. Richtlinie wirkt, das heißt, die Entscheidungsfreiheit der Verbraucher nicht erheblich zu beeinflussen geeignet ist und mithin außerhalb des Anwendungsbereichs der Richtlinie (Art. 3 Abs. 1 UGP-Richtlinie) liegt, bereitet die Zulässigkeit von Verbandsklagen nach § 8 Abs. 3 UWG von vornherein keine Probleme, da die Unzulässigkeit der Telefonwerbung in dieser Konstellation auf reinem nationalem Recht beruht (Erwägungsgrund 7 Satz 3–5 UGP-Richtlinie). Dies zeigt die Entstehungsgeschichte des § 7 Abs. 2 Nr. 2 Alt. 1 UWG, die die Grundsätze der BGH-Rechtsprechung zur Zulässigkeit von Werbeanrufen gegenüber Verbrauchern und zugleich Art. 13 Abs. 1 Alt. 1 DSRL implementiert. Die deutsche Rechtsprechung siedelte von Anfang an die Prüfung der Zulässigkeit der

1901 Zweiter Teil, Siebtes Kapitel, C. 4.

Telefonwerbung im Bereich des unlauteren Wettbewerbs an, namentlich in § 1 UWG a.F.

Die Durchsetzung des individuellen Verbraucherschutzes und mithin der Bestimmung des Art. 13 Abs. 1 Alt. 1 DSRL 2002/58/EG erfolgt durch die gerichtliche Geltendmachung von Ansprüchen nach den Normen des BGB. Der Individualschutz darf im b2c-Bereich nicht sekundär im Verhältnis zum kollektiven Verbraucherschutz sein, um der durch die DSRL 2002/58/EG eingeräumten individuellen Rechtsdurchsetzung gerecht zu werden. Wenn die unerbetene Telefonwerbung das allgemeine Persönlichkeitsrecht des Verbrauchers verletzt, kann der Betroffene Unterlassung nach §§ 1004 Abs. 1 S. 2, 823 Abs. 1 BGB begehren bzw. Schadensersatz nach § 823 Abs. 1 BGB verlangen. Ein Schadensersatzanspruch steht dem betroffenen Verbraucher in jedem Fall nach § 823 Abs. 2 i.V.m. § 7 Abs. 2 Nr. 2 Alt. 1 UWG zu, da die Vorschrift ein Schutzgesetz darstellt. Bei unerbetener Telefonwerbung im Verhältnis zu Unternehmen kommt ein Schadensersatzanspruch nach § 823 Abs. 1 BGB und ein Unterlassungsanspruch nach §§ 1004 Abs. 1 Satz 2, 823 Abs. 1 BGB analog unter dem Gesichtspunkt der Verletzung des Rechts am eingerichteten und ausgeübten Gewerbebetrieb in Betracht. Der Anspruch kann zudem bei natürlichen Personen auf die Verletzung des Unternehmenspersönlichkeitsrechts gestützt werden.[1902] Im Falle eines Mitbewerberverhältnisses genießen Ansprüche aus §§ 8, 9 UWG Vorrang vor den Individualansprüchen. Die DSRL 2002/58/EG soll nach einem Vorschlag der Kommission vom 10.1.2017 (Com(2017) 10 final) durch eine **Verordnung über Privatsphäre und elektronische Kommunikation** (auch ePrivacy Verordnung genannt) mit Wirkung ab dem 25.5.2018 ersetzt werden. Damit würde Art. 13 RL 2002/58/EG durch Art. 16 dieser Verordnung ersetzt.[1903] Am 25.5.2018 EU-Rat einen Sachstandsbericht veröffentlicht und über den Stand der aktuellen Prüfung des Vorschlags für die ePrivacy VO informiert. Das Inkrafttreten der ePrivacy VO wird die Notwendigkeit der Umsetzung der Nr. 26 Anhang I UGP-Richtlinie unberührt lassen.

Nach dem Inkrafttreten der ePrivacy VO gilt Art. 22 ePrivacy VO für Schadensersatzansprüche. Art. 22 ePrivacy VO verleiht jedem Endnutzer elektronischer Kommunikationsdienste, dem wegen eines Verstoßes gegen diese Verordnung ein materieller oder immaterieller Schaden entstanden ist, einen **Anspruch auf Schadenersatz gegen den Rechtsverletzer**, es sei denn der Rechtsverletzer weist im Einklang mit Artikel 82 der Verordnung (EU)2016/679 (DSGVO) nach, dass er in keinerlei Hinsicht für den Umstand, durch den der Schaden eingetreten ist, verantwortlich ist.

Ein Verbotsgesetz i.S.d. § 134 BGB begründet § 7 Abs. 2 UWG dagegen nicht.

§ 7 Abs. 2 Nr. 2 Alt. 1 UWG ist nicht deshalb unionswidrig, weil sich Art. 13 Abs. 3 DSRL i.V.m. § Art. 13 Abs. 5 DSRL 2002/58/EG auf natürliche Personen bezieht, während § 7 Abs. 2 Nr. 2 Alt. 1 UWG nur Verbraucher umfasst. Die

1902 LG Hamburg, Urteil vom 17.12.2014 – 416 HKO 158/14, BeckRS 2015, 10400.
1903 *Köhler*, in: *Köhler/Bornkamm/Feddersen*, UWG, 36. Aufl. 2018, § 7 Rdnr. 9 a.

Mitgliedstaaten treffen eine Auswahl- und eine Regelungspflicht. Hinsichtlich des Regelungsmodells gibt die Richtlinie keine starren Vorgaben vor. Vielmehr steht den Mitgliedstaaten ein Gestaltungsspielraum zu, der die Obergrenze des Art. 13 Abs. 1 Alt. 1 DSRL 2002/58/EG und die Untergrenze des Art. 13 Abs. 2 Alt. 2 DSRL 2002/58/EG zu beachten hat. Daher ist es zulässig, für Verbraucher das Opt-in-Modell einzuführen, während für die Zulässigkeit der Telefonwerbung gegenüber sonstigen natürlichen Personen das Modell der mutmaßlichen Einwilligung, das weniger streng als das Opt-in-Modell des Art. 13 Abs. 2 Alt. 1 DSRL 2002/58/EG und strenger als das Opt-out-Modell des Art. 13 Abs. 3 Alt. 2 DSRL 2002/58/EG ausfällt, vorzusehen.

Die Tatsache, dass § 7 Abs. 2 Nr. 2 UWG das Opt-in-Modell nur für Verbraucher implementiert hat, steht dem Gemeinschaftsrecht nicht entgegen.[1904] Allerdings ist eine strengere Regelung hinsichtlich natürlicher Personen, die keine Verbraucher sind, zu bevorzugen, weil die Organisationsstruktur natürlicher Personen im Vergleich zu der Organisationsstruktur juristischer Personen weniger Sach- und Personalmittel aufweist und mithin die durch unerbetene Telefonwerbung eingetretene Störung des Betriebsablaufs durch Inanspruchnahme unternehmerischer Ressourcen deutlich höher sein dürfte. Der Geschäftsbetrieb eines Gewerbetreibenden als natürliche Person würde also durch unerbetene Direktwerbung erheblich behindert.[1905] Denkbar ist, das Opt-in-Modell auch für natürliche Personen einzuführen.[1906] Zulässig ist ebenso die Einführung eines Opt-in-Modells, für die Werbung ähnlicher Produkte nach dem Modell der Ausnahmevorschrift des Art. 13 Abs. 2 DSRL. Nach dem in dieser Arbeit herausgearbeiteten Ergebnis kann Art. 13 Abs. 2 DSRL, der ausdrücklich nur für die Werbung per elektronischer Post gilt, auf die Telefonwerbung übertragen werden, da den Mitgliedstaaten ein Gestaltungsspielraum zusteht. Art. 13 Abs. 2 DSRL wurde bereits in Bezug auf die elektronische Kommunikation in § 7 Abs. 2 Nr. 4 UWG implementiert.

Zum absoluten Revisionsprogramm gehört das Merkmal der Ausdrücklichkeit in § 7 Abs. 2 Nr. 2 Alt. 1 UWG. Soweit die Regelung des § 7 Abs. 2 Nr. 2 Alt. 1 UWG Art. 13 Abs. 3 Alt. 1 DSRL 2002/58/EG implementiert und die Vorschrift einen individuellen Schutz des Betroffenen vor Eingriffen in seine Privatsphäre und die Wahrung des Selbstbestimmungsrechts verfolgt, richten sich die Anforderungen an eine wirksame Einwilligung nach Art. 2 lit. f) DSRL 2002/58/EG i.V.m. Art. 2 lit. b DSRL 95/46/EG. Dass Art. 13 Abs. 3 DSRL 2002/58/EG nach dem dieser Dissertation zugrundeliegenden Ergebnis einen Gestaltungsspielraum einräumt, führt nicht dazu, dass Mitgliedstaaten auch hinsichtlich der Auslegung der

1904 a.A. *Köhler*, *Köhler*, WRP 2012, 1329, 1333.

1905 *Burmeister*, Belästigung als Wettbewerbsverstoß, 2006, S. 44, Fn. 206; *Köhler/Lettl*, WRP 2003, 1019, 1026, Rdnr. 26.

1906 So *Köhler*, WRP 2015, 1311–1316 f. Der Vorschlag Köhlers resultiert aus in dieser Arbeit nicht vertretenen Annahme, dass Art. 13 Abs. 1 Alt. 1 zwingend für natürliche Personen umzusetzen ist.

Gemeinschaftsbegriffe ein Interpretationsspielraum zustehen. Vielmehr gilt für die Auslegung unbestimmter Rechtsbegriffe der Grundsatz der europarechtlich autonomen Auslegung.[1907] Die unionsrechtliche Auslegung des Einwilligungsbegriffs führt zwingend dazu, dass eine tatsächliche Einwilligung nicht nur ausdrücklich, sondern auch konkludent erfolgen kann. Soweit § 7 Abs. 2 Nr. 2 Alt. 1 UWG einen kollektiven lauterkeitsrechtlichen Rechtsschutz verfolgt, macht die UGP-Richtlinie keine verbindlichen Angaben über die Auslegung des Einwilligungsbegriffs. Das Merkmal der Ausdrücklichkeit dürfte für die lauterkeitsrechtliche Einwilligung beibehalten werden.[1908] Allerdings ist eine einheitliche Auslegung vorzugswürdig, um Rechtsspaltungen zu vermeiden.

Zur Herstellung der Unionskonformität der Norm bietet sich eine richtlinienkonforme Auslegung des § 7 Abs. 2 Nr. 2 Alt. 1 UWG an, die auf eine Unanwendbarkeit des Merkmals „ausdrücklich" als überschießender Verbotstatbestand[1909] hinausläuft. Diese Lösung reicht allerdings nicht aus. Erforderlich ist das Streichen des Merkmals „ausdrücklich" aus dem Gesetzestext im Wege eines Gesetzgebungsverfahrens. Die richtlinienkonforme Auslegung ist seit der *Marleasing*[1910] Entscheidung des EuGH eine „Universalwaffe der Rechtsharmonisierung" geworden.[1911] Die richtlinienkonforme Auslegung des Umsetzungsgesetzes entbindet aber die Mitgliedstaaten nicht von der Pflicht der richtlinienkonformen Umsetzung.[1912] Art. 288 Abs. 3 AEUV postuliert eine Ergebnisverpflichtung (*obligation de résultat*) und bindet die Mitgliedstaaten hinsichtlich der Zielerreichung für die Gestaltung des Umsetzungsaktes, überlässt aber den Mitgliedstaaten die Wahl der Form und der Mittel. Sogar eine wortwörtliche Übernahme der maßgeblichen Richtlinienbestimmung würde allerdings die richtlinienkonforme Auslegung des Umsetzungsaktes nicht entbehrlich machen, denn es gilt der Grundsatz der europarechtlich autonomen Auslegung, und der im nationalen Recht übernommene Begriff kann unter Zugrundelegung der jeweiligen nationalen (Rechts)Kultur ein anderes objektives Recht begründen.[1913] Der richtlinienkonformen Auslegung kommt insofern ein interpretatorischer Vorrang zu.[1914] Wegen der Verbindlichkeit nur hinsichtlich der Zielerreichung interessiert der Weg dahin grundsätzlich nicht. Die Grenze des

---

1907 Vgl. *Glöckner*, GRUR 2013, 224, 227 sowie oben Dritter Teil, Zweites Kapitel III. C. 2.

1908 Das dem UWG zugrundeliegende integrierte Lauterkeitsmodell kann ohnehin beibehalten werden, jedoch sind unionsrechtliche Begriffe, die nur in Bezug auf das b2c-Verhältnis gelten, auch im b2b-Verhältnis identisch auszulegen, um Rechtsspaltungen zu vermeiden, vgl. *Glöckner*, GRUR 2013, 224, 227.

1909 Vgl. BGH, Urteil vom 5.10.2010 – I ZR 4/06, GRUR 2011, 532 – Millionen-Chancen II in Bezug auf die Unanwendbarkeit des § 4 Nr. 6 UWG.

1910 EuGH, Slg. 1990, I-4135 Rdnr. 8.

1911 *Glöckner*, GRUR 2013, 224, 228.

1912 *Glöckner*, GRUR 2013, 224, 228.

1913 Vgl. *Glöckner*, GRUR 2013, 224, 228; *Brechmann*, Die richtlinienkonforme Auslegung, 1994, S. 259 m.w.N.

1914 *Canaris*, in: FS Bydlinski, 2002, S. 47, 52, 68 ff; *Glöckner*, GRUR 2013, 224, 228 f.

mitgliedstaatlichen Umsetzungsermessens stellt allerdings die gebotene Publizität der Umsetzung dar, die eine unionskonforme Auslegung des Rechts durch die nationalen Gerichte nicht genügen lässt.[1915] Zentrale Bedeutung für die Umsetzungspflicht der Mitgliedstaaten erlangen die Gebote der Publizität, Klarheit und Bestimmtheit des Umsetzungsaktes.[1916] Die richtlinienkonforme Auslegung kann die Umsetzung nicht ersetzen.[1917]

Die Einwilligung dient als Legitimationsgrundlage für den Eingriff in die Privatsphäre bzw. Berufssphäre des Betroffenen. Aus der legalen Definition der Einwilligung in Art. 2 lit. b) DSRL 95/46/EG, worauf Art. 2 lit. f) DSRL 2002/58/EG und Erwägungsgrund 17 DSRL 2002/58/EG verweisen, geht hervor, dass die Einwilligung eine Willensbekundung darstellt, die ohne Zwang, für den konkreten Fall und in Kenntnis der Sachlage erfolgen muss und mit der die betroffene Person akzeptiert, dass personenbezogene Daten, die sie betreffen, verarbeitet werden. Hinzu kommt, dass die Einwilligung ohne jeden Zweifel erklärt werden muss. Zwar ist das Merkmal „ohne jeden Zweifel“ nicht in der Definition der Einwilligung des Art. 2 lit. h) DSRL 95/46/EG enthalten, sondern befindet sich in Art. 7a DSRL 95/46/EG. Jedoch ergibt sich aus Erwägungsgrund 17 der Richtlinie 2002/59/EG, dass die Richtlinie nicht nur auf die Definition der Einwilligung i.S.d. DSRL 95/46/EG verweist, sondern einen Gesamtverweis auf die DSRL 95/46/EG enthält und mithin alle der Präzision des Begriffs der Einwilligung dienenden Vorschriften der DSRL 95/46/EG miteinbezogen wissen will. Dem Merkmal „ohne jeden Zweifel“ kommt neben dem Merkmal „Willensbekundung“ die Aufgabe zu, die Einholung der tatsächlichen Einwilligung durch Schweigen zu verbieten. Die Erklärung der Einwilligung durch Schweigen würde zudem eine unzulässige Opt-out-Regelung begründen. Ferner betont das Merkmal „ohne jeden Zweifel“, dass die Erklärungshandlung hinreichend eindeutig sein muss. Ein zweideutiges Verhalten des Erklärenden geht zu Lasten des Werbenden. Dieser Grundsatz ist bereits bei der Prüfung, ob eine wirksame Einwilligung vorliegt, zu beachten und nicht erst im Rahmen der Beweiswürdigung. Diesbezüglich sei angemerkt, dass der Werbende die Beweislast für das Vorliegen einer wirksamen Einwilligung trägt. Als einseitige Willenserklärung ist die Einwilligung jederzeit widerrufbar.

Im Rahmen der Beurteilung der Umstände, die die Annahme einer konkludenten Einwilligung rechtfertigen, sind verfassungsrechtliche Vorgaben zu berücksichtigen. Daraus folgt, dass die Einwilligung von Privaten strengeren Kriterien unterliegen kann, als die Einwilligung von Unternehmen. Gegenüber sonstigen Marktteilnehmern lässt § 7 Abs. 2 Nr. 2 Alt. 2 UWG eine mutmaßliche Einwilligung genügen. Die mutmaßliche Einwilligung ist im Unterschied zu der tatsächlichen Einwilligung keine Willensbekundung, sondern erfordert eine

---

1915 *Glöckner*, GRUR 2013, 224, 230.

1916 *Glöckner*, GRUR 2013, 224, 230 mit Verweis auf EuGH, Slg. 1997, I-1653 Rdnr. 39; Siehe auch *Köhler*, WRP 2012, 251, 252.

1917 *Köhler*, GRUR 2012, 1073, 1074; *Köhler*, GRUR 2012, 251, 252.

Prognoseentscheidung, die aufgrund konkreter tatsächlicher Umstände den Rückschluss erlaubt, der Anrufer hat vermuten dürfen, dass der Unternehmer ein sachliches Interesse an der telefonischen Werbebotschaft haben werde. Das sachliche Interesse bezieht sich dabei auf den Inhalt und vor allem auch auf die Art der Werbung. Der Anrufer muss davon ausgehen dürfen, dass das angerufene Unternehmen bezüglich des beworbenen Produkts gerade per Telefon angesprochen werden möchte. Das Vorhandensein einer Kundenbeziehung und die Ähnlichkeit der angebotenen Produkte mit den aus der Kundenbeziehung resultierenden führen in der Regel zu der Annahme einer mutmaßlichen Einwilligung. Einen solchen Fall einer mutmaßlichen Einwilligung – für die Telefonwerbung unverbindlich – regelt Art. 13 Abs. 2 DSRL 2002/58/EG ausdrücklich.

Die datenschutzrechtliche und die lauterkeitsrechtliche Einwilligung decken sich nicht, sondern beide Zustimmungen sind gesondert zu prüfen.[1918] Entgegen der BGH-Rechtsprechung kann die datenschutzrechtliche Einwilligung i.S.d. § 4 a UWG nicht durch eine Opt-out-Klausel herbeigeführt werden. Für die Einholung der lauterkeitsrechtlichen Einwilligung lässt der BGH hingegen nur eine Opt-in-Klausel genügen. Für die datenschutzrechtliche Einwilligung und für die lauterkeitsrechtliche Einwilligung gelten jedoch dieselben Voraussetzungen, da beide Einwilligungsarten auf der DSRL 96/46/EG beruhen, und auch aus Erwägungsgrund 17 DSRL 2002/58/EG ergibt sich keine andere Beurteilung für die Einwilligung in die Telefonwerbung. Mithin ist eine Rechtsprechungsänderung erforderlich. Vorzugswürdig erscheint darüber hinaus, eine gesetzliche Anpassung der datenschutzrechtlichen Einwilligung an die lauterkeitsrechtliche Einwilligung derart zu bewirken, dass für erstere auch das Trennungs- und nicht nur das Hervorhebungsgebot des § 4a Abs. 1 Satz 2 BDSG gilt.

Um Rechtsdurchsetzungsdefizite bei Verstößen gegen verbraucherschützende Vorschriften des Datenschutzrechts auszugleichen, hat der Bundestag am 17.12.2015 das Gesetz zur Verbesserung der zivilrechtlichen Durchsetzung von verbraucherschützenden Vorschriften des Datenschutzrechts[1919] beschlossen, das Änderungen des Unterlassungsklagengesetzes vorsieht. Verbraucherverbände können künftig im Wege der Unterlassungsklage nach dem neu eingeführten § 2 Abs. 2 Nr. 11 UklaG gegen Unternehmen vorgehen, wenn diese in für Verbraucher relevanten Bereichen gegen das Datenschutzrecht verstoßen, wie z.B. bei Datenverarbeitung für Werbung, Persönlichkeitsprofile sowie Adress- und Datenhandel. Die anspruchsberechtigenden Stellen können insbesondere auch die Verwendung von vorformulierten datenschutzrechtlichen Einwilligungen, die nicht den Anforderungen des § 4a BDSG entsprechen, verhindern.

Die Bundesnetzagentur ist nach § 20 UWG befugt, bei Verstößen gegen § 7 Abs. 1 i.V.m. § 7 Abs. 2 Nr. 2 UWG ein Ordnungsgeld bis zu 300. 000 Euro zu erlassen.

1918 *Ernst*, WRP 2009, 1455, 1462.
1919 BT-Drucks 18/4631.

Bei Verletzung datenschutzrechtlicher Vorschriften können die Datenschutzbehörden nach § 38 Abs. 5 BDSG vorgehen und gemäß § 43 BDSG Ordnungsgeld verhängen. Ein Verstoß gegen §§ 4, 4a, 28 Abs. 3 S. 1 BDSG kann nach § 43 Abs. 2 Nr. 1 BDSG mit Geldbuße geahndet werden, da die Vorschrift die unbefugte Erhebung oder Verarbeitung personenbezogener Daten, die nicht allgemein zugänglich sind, als Ordnungswidrigkeit markiert. Wer den Verstoß gegen § 43 Abs. 2 BDSG vorsätzlich gegen Entgelt oder in der Absicht, sich oder einen anderen zu bereichern oder einen anderen zu schädigen, begeht, wird auf Antrag gemäß § 44 BDSG sogar mit Freiheitsstrafe bis zu zwei Jahren oder mit Geldstrafe bestraft.

Darüber hinaus verpflichtet § 7 BDSG die verantwortliche Stelle, die dem Betroffenen durch eine nach diesem Gesetz oder nach anderen Vorschriften über den Datenschutz unzulässige oder unrichtige Erhebung, Verarbeitung oder Nutzung seiner personenbezogenen Daten einen Schaden hinzugefügt hat, im Falle des Verschuldens den Schaden zu ersetzen. Dabei ist § 7 Abs. 2 Nr. 1 UWG als „andere Vorschrift über den Datenschutz" anzusehen, soweit die Norm die Umsetzung des Art. 13 Abs. DSRL betrifft. Ansprüche aus §§ 823 Abs. 1, 1004 Abs. 1 BGB i.V.m. Art. 2 Abs. 1 i.V.m. Art. 1 Abs. 1 GG kommen neben § 7 BDSG zur Anwendung.

Wie bereits oben ausgeführt läuft das Beibehalten des § 7 Abs. 2 Nr. 2 UWG den Bestimmungen des Art. 13 Abs. 1 DSRL 2002/58/EG nicht zuwider. Eine Umsetzung des Opt-in-Prinzips gegenüber natürlichen Personen stellt sich als gemeinschaftsrechtlich nicht zwingende Voraussetzung, aber als gebotene Lösung dar. Ein Gewerbetreibender als natürliche Person kann in seinem geschäftlichen Bereich in gleicher Weise wie ein Verbraucher gegenüber bestimmten Formen der Direktwerbung schutzbedürftig sein.[1920] Die Umsetzung sollte ergänzend zu § 28 BDSG in BDSG erfolgen.[1921] *Ohly* schlägt vor, die gesamten Bestimmungen zur Belästigenden Handlungen aus dem UWG in das BDSG oder in das TKG zu verschieben[1922], während *Köhler* sich für die Aufnahme des Opt-in-Prinzips gegenüber Privatpersonen in § 7 Abs. 2 Nr. 2 UWG ausspricht.[1923] Vorzugswürdig erscheint das Beibehalten der Regelung zur Unzulässigkeit der Telefonwerbung im UWG mit der Unterscheidung zwischen Verbrauchern und sonstigen Marktteilnehmern. Diese Lösung betonnt die besondere Rolle des Verbrauchers am Markt, der eines besonderen Schutzes bedarf. Im Übrigen baut das gesamte UWG auf die Unterscheidung zwischen Verbrauchern und Unternehmen auf. Eine parallele Regelung im

---

1920 *Lettl*, WRP 2003, 1019, 1026.

1921 *Ohly* schlägt vor, die gesamten Bestimmungen zu belästigenden Handlungen aus dem UWG in das BDSG oder in das TKG zu verschieben, WRP 2015, 1443, 1445; Köhler dagegen spricht sich für die Aufnahme des Opt-in-Prinzips gegenüber Privatpersonen in § 7 UWG Abs. 2 Nr. 2 Alt. 1 UWG aus.

1922 *Ohly*, WRP 2015, 1443, 1445.

1923 *Köhler*, WRP 2015, 1311, 1316, § 7 UWG Abs. 2 Nr. 2 UWG-AE lautet: „bei Werbung mit einem Telefonanruf gegenüber einer natürlichen Person ohne deren vorherige ausdrückliche Einwilligung".

BDSG dient auch dem Prinzip der Klarheit der Richtlinienumsetzung und gewährleistet zudem auf Rechtsdurchsetzungsebene die Anwendung der sich im BDSG befindenden Straf- und Ordnungswidrigkeitsvorschriften der §§ 43, 44 BDSG. Eine Umsetzung im BDSG ist ferner deshalb sinnvoll und nicht entbehrlich, weil § 7 UWG sich auf die Werbung für wirtschaftliche Produkte bezieht, während Art. 13 Abs. 13 DSRL auch Werbung für politische oder gesellschaftliche Anliegen, wie z.B. Werbung einer politischen Partei oder einer religiösen Gruppe umfasst.[1924]

1924 Vgl. *Pahlow*, in: *Teplitzky/Peifer/Leistner*, GK-UWG, 2. Aufl. 2013, § 7 Rdnr. 33.

Thesen

I. Bei der Beurteilung der Telefonwerbung überkreuzen sich im Verhältnis Unternehmen- Verbraucher drei Gedanken: das nationale Verständnis, das auf die ständige BGH-Rechtsprechung seit 1970 zurückzuführen ist, der Schutzzweck der UGP-Richtlinie – Schutz des Binnenmarkts und Verbraucherschutz vor unzulässiger Geschäftspraktiken – und der Schutz natürlicher Personen vor Eingriffe in deren Privatsphäre, die der DSRL 2002/58/EG entspringt. Im Verhältnis zu sonstigen Marktteilnehmern spielt der Binnenmarkt und der Verbraucherschutz keine Rolle. Der deutsche Gesetzgeber lässt zudem auch den Privatsphärenschutz natürlicher Personen, die keine Verbraucher sind außer Acht.

II. Es ist zwischen dem Schutzzweck und dem Anwendungsbereich einer Richtlinie zu unterscheiden.

1 Die UGP-Richtlinie gilt nur im Verhältnis zu Verbrauchern und sanktioniert unlautere Geschäftspraktiken. Der sachliche Anwendungsbereich der UGP-Richtlinie bestimmt sich aus der Sicht der Mitgliedstaaten nach dem Muster einer summarischen Prüfung des Art. 5 Abs. 2 UGP-Richtlinie im Rahmen des Art. 3 Abs. 1 UGP-Richtlinie, nach der Möglichkeitshypothese. Demnach fallen unter dem Anwendungsbereich der Richtlinie Geschäftspraktiken, die geeignet erscheinen, erstens der beruflichen Sorgfalt zu widersprechen und zweitens das wirtschaftliche Verhalten des Verbrauchers in Bezug auf das jeweilige Produkt wesentlich zu beeinflussen. Die Beurteilung der Zulässigkeit der Telefonwerbung am Maßstab der UGP-Richtlinie scheitert nicht an den Bestimmungen des Erwägungsgrundes 7 Satz 3–5 UWG. Erwägungsgrund 7 Satz 3–5 UGP Richtlinie stellt lediglich klar, dass Mitgliedstaaten Geschäftspraktiken, die nicht in den Anwendungsbereich der Richtlinie fallen, aus Gründen der unterschiedlichen Auffassungen der Mitgliedstaaten in Fragen der guten Sitten und des Anstands unterschiedlich regeln können. Bereits aus der Funktion eines Erwägungsgrundes als Auslegungshilfe folgt, dass Erwägungsgrund 7 keine Bestimmungen über den Anwendungsbereich der Richtlinie trifft. Daher fällt auch § 7 Abs. 1 UWG, der auf Erwägungsgrund 7 Satz 3–5 UGP-Richtlinie beruht, in dem Anwendungsbereich der UGP-Richtlinie, sofern die Unternehmenshandlungen, zum Beispiel das Ansprechen von Passanten in der Öffentlichkeit oder die Haustür- und Briefwerbung, geeignet sind, die berufliche Sorgfalt und die Entscheidungsfreiheit der betroffenen Verbraucher zu verletzen.

2. Die UGP-Richtlinie dient der Verwirklichung des Binnenmarkts und dem Verbraucherschutz. Die DSRL 2002/58/EG gilt im Verhältnis zu natürlichen Personen im Zusammenhang mit der Datenverarbeitung im Bereich der telefonischen Kommunikation. Schutzrichtung der DSRL 2002/58/EG ist die Privatsphäre natürlicher Personen.

III. Konkurrenzfragen stellen sich zwischen der UGP-Richtlinie und der DSRL 2002/58/EG im b2b-Bereich. Nach der hier vertretenen Auffassung gelten die UGP-Richtlinie und die DSRL 2002/58/EG nebeneinander. Art. 13 DSRL 2002/58/EG wird nach dem Inkrafttreten der e Privacy Verordung durch Art. 16 dieser Verordnung ersetzt.[1925]

IV. Die Nichtumsetzung der Nr. 26 Anhang I UGP-Richtlinie in Bezug auf unerwünschte Telefonanrufe im UWG führt zu Umsetzungsdefiziten. Nr. 26 Anhang I wird durch den Tatbestand des § 7 Abs. 2 Nr. 2 Alt. 1 UWG, das auf dem Opt-in-Modell beruht, nicht erfasst. Ein Werbeanruf, für den das Unternehmen in Bezug auf das angebotene Produkt eine Einwilligung eingeholt hat, kann dennoch nach den Wertungen der Nr. 26 UGP-Richtlinie unzulässig sein. Dies ist z.B. der Fall, wenn der Werbeanruf zur Unzeit und hartnäckig im Sinne von wiederholt, also mindestens zweimal, erfolgt. Für die Lösung dieser Problematik bietet sich entweder der Weg über eine richtlinienkonforme Auslegung des § 4 a UWG 2015 (früher § 4 Nr. 1 UWG) im Lichte der Nr. 26 UGP-Richtlinie oder der Weg über eine Auslegung der Einwilligungserklärung am Maßstab der Nr. 26 UGP-Richtlinie dahingehend, dass diese solche außerordentlich störenden Fälle nicht umfasst und infolgedessen eine für den konkreten Fall und in Kenntnis der Sachlage abgegebene Willenserklärung fehlt. Das Inkrafttreten der ePrivacy VO wird die Notwendigkeit der Umsetzung der Nr. 26 Anhang I UGP-Richtlinie unberührt lassen.

V. Die Beurteilung der Zulässigkeit der Telefonwerbung gegenüber Verbrauchern darf sich nicht in der Subsumtion des Sachverhalts unter § 7 Abs. 2 Nr. 2. Alt. 1 UWG erschöpfen, sondern muss, des dreistufigen Verbotskonzepts der UGP-Richtlinie folgend, auch nach § 4 a UWG (früher § 4 Abs. 1 UWG) untersucht werden.

VI. Die vorhandenen Unterschiede in der Rechtsdurchsetzung – kollektiver Schutz nach der UGP-Richtlinie, individueller Schutz nach der DSRL 2002/58/EG – schließen nicht aus, dass der Schutz der Privatsphäre ebenfalls kollektiv ausgestattet werden kann.

VII. Individualer Rechtsschutz genießt der Verbraucher im Falle der Verletzung seines allgemeinen Persönlichkeitsrechts in der Form eines Unterlassungsanspruchs nach §§ 1004 Abs. 1 S. 2, 823 Abs. 1 BGB bzw. eines Schadensersatzanspruchs nach § 823 Abs. 1 BGB. Ein Schadensersatzanspruch steht dem betroffenen Verbraucher in jedem Fall nach § 823 Abs. 2 i.V.m. § 7 Abs. 2 Nr. 2 Alt. 1 UWG zu, da die Vorschrift ein Schutzgesetz darstellt, soweit dahinter die Implementierung des Art. 13 Abs. 3 Alt. 1 DSRL 2002/58/EG steht. Nach dem Inkrafttreten der ePrivacy VO gilt Art. 22 ePrivacy VO für Schadensersatzansprüche. Art. 22 ePrivacy VO verleiht jedem Endnutzer elektronischer Kommunikationsdienste, dem wegen eines Verstoßes gegen diese Verordnung ein materieller oder immaterieller Schaden entstanden ist, einen **Anspruch auf**

1925 *Köhler*, in: *Köhler/Bornkamm/Feddersen*, UWG, 36. Aufl. 2018, § 7 Rdnr. 9 a.

Schadenersatz gegen den Rechtsverletzer, es sei denn der Rechtsverletzer weist im Einklang mit Artikel 82 der Verordnung (EU)2016/679 (DSGVO) nach, dass er in keinerlei Hinsicht für den Umstand, durch den der Schaden eingetreten ist, verantwortlich ist.

VIII. Ein Verbotsgesetz i.S.d. § 134 BGB begründet § 7 Abs. 2 UWG nicht.

IX. Art. 13 Abs. 3 DSRL 2002/58/EG verpflichtet die Mitgliedstaaten dazu, eine Auswahl- und eine Regelungspflicht zu treffen. Innerhalb des Auswahlmodells steht den Mitgliedstaaten einen Gestaltungsspielraum zu, der die Obergrenze des Art. 13 Abs. 1 Alt. 1 DSRL 2002/58/EG und die Untergrenze des Art. 13 Abs. 2 Alt. 2 DSRL 2002/58/EG einzuhalten hat. Daraus folgt zweierlei:

1. Die Mitgliedstaaten dürften bei der Implementierung des Opt-in-Prinzips für Telefonwerbung die für die Kommunikation über die elektronische Post vorgesehene Ausnahme des Art. 13 Abs. 2 DSRL 2002/58/EG übernehmen.
2. Nach der hier vertretenen Ansicht ist die Gestaltung des Modells des § 7 Abs. 2 UWG unionsrechtlich unbedenklich. Es ist zulässig für Verbraucher das Opt-in-Modell einzuführen, während für die Zulässigkeit der Telefonwerbung gegenüber sonstigen natürlichen Personen das Modell der mutmaßlichen Einwilligung, das weniger streng als das Opt-in-Modell des Art. 13 Abs. 2 Alt. 1 DSRL 2002/58/EG und strenger als das Opt-out-Modell des Art. 13 Abs. 3 Alt. 2 DSRL 2002/58/EG ausfällt, vorzusehen. Die Implementierung des Opt-in-Prinzips gegenüber allen natürlichen Personen ist erstrebenswert.

X. Das Merkmal „ausdrücklich“ in § 7 Abs. 2 Nr. 2 Alt. 1 UWG steht nicht im Einklang mit dem maßgeblichen Begriff der Einwilligung nach Art. 2 lit. f) DSRL 2002/58/EG i.V.m. Art. 2 lit. b DSRL 95/46/EG. Die Lösung über eine richtlinienkonforme Auslegung entbindet Deutschland nicht von der Pflicht der richtlinienkonformen Umsetzung. Vielmehr bedarf es der Streichung des Merkmals „ausdrücklich“ aus der Gesetzesbestimmung.

XI. Die Einholung der Einwilligung durch Schweigen/Untätigbleiben ist nicht möglich. Dies ist dem Merkmal „Willensbekundung“ sowie der Anforderung an eine eindeutige, „ohne jeden Zweifel“ erklärte Einwilligung zu entnehmen. Darüber hinaus liefe die Einholung der Einwilligung durch Schweigen auf ein unzulässiges Opt-out-Modell hinaus.

XII. Die mutmaßliche Einwilligung beruht nicht auf einem Opt-in-Prinzip: nicht eine tatsächliche Einwilligung, sondern eine anhand der Umstände des Einzelfalls vorzunehmende Prognoseentscheidung rechtfertigt die Zulässigkeit der Telefonwerbung. Das zu ermittelnde Sachinteresse des Marktteilnehmers bezieht sich dabei auf den Inhalt und vor allem auch auf die Art der Werbung.

XIII. Die Anforderungen an die datenschutzrechtliche Einwilligung sind an den Anforderungen an die lauterkeitsrechtliche Einwilligung anzupassen.

Literaturverzeichnis

Alexander, Christian, Wirksamer Schutz gegen Missstände? Zum Gesetz gegen unseriöse Geschäftspraktiken, BB, 2013, Die erste Seite, Nr. 43.

Alexander, Christian, Synopse: UWG – Referentenentwurf – UGP-RLWRP 2014, 1380–1384.

Alexander, Christian, Anmerkungen zum Referentenentwurf eines Zweiten Gesetzes zur Änderung des UWG, WRP 2014, 1384–1391.

Alexander, Christian, Die Rechtsprechung des EuGH zur Richtlinie 2005/29/EG in den Jahren 2013 und 2014 (Richtlinie 2005/29/EG), WRP 2015, 286–293.

Alexander, Christian/Bornkamm, Joachim/Buchner Benedikt/Fritzsche, Jörg/Lettl, Tobias (Hrsg.), FS für Helmut Köhler zum 70. Geburtstag, München 2014, zitiert: *Bearb.*, in: FS Köhler, 2014.

Altermann, Karen, Die Zulässigkeit unverlangter E-Mail-Werbung nach der UWG-Novelle: eine Darstellung der Ansprüche nach dem Wettbewerbsrecht, Zivilrecht einschließlich Unterlassungsklagengesetz, Datenschutzrecht und Markenrecht sowie der Folgen im Strafrecht, Diss., Hamburg 2006, zitiert: *Altermann*, Die Zulässigkeit unverlangter E-Mail-Werbung nach der UWG-Novelle.

Ambroise-Castérot, Coralie Les nouvelles pratiques commerciales déloyales après la loi LME du 4 août 2008, AJ Pénal 2009, 22.

Ambroise-Castérot, Coralie, Répertoire de droit pénal et de procédure pénale, Dalloz 2009, Stand März 2014, Rdnr. 226.

Apetz, Martin Das Verbot aggressiver Geschäftspraktiken: Herkunft, Inhalt, Umsetzung und Zukunftsperspektiven eines neuen Verbotskonzepts des europäischen Lauterkeitsrecht, Diss., Köln 2011, zitiert: *Apetz*, Das Verbot aggressiver Geschäftspraktiken.

Apostolopoulos, Haris, Neuere Entwicklungen im europäischen Lauterkeitsrecht – Problematische Aspekte und Vorschläge, WRP 2004, 841–857.

Ayad, Patrick, E-Mail-Werbung – Rechtsgrundlagen und Regelungsbedarf, CR 2001, 533–544.

Ayad, Patrick/Schaff, Thomas, Einwilligung ins Direktmarketing – formularmäßig unwirksam?, BB 2002, 1711–1716.

Baur, Jürgen F./Stürner, Rolf, Sachenrecht, 18. Aufl., München 2009.

Beater, Axel, Nachahmen im Wettbewerb, Tübingen 1995.

Beater, Axel, Unlauterer Wettbewerb, Tübingen 2011.

Beck'sche Kurz-Kommentare, Band 13 a, Gesetz gegen den unlauteren Wettbewerb, bearbeitet von Köhler, Helmut / Bornkamm, Joachim / Feddersen Jörn, 36. Aufl.,

München 2018; (zum Teil 28. Aufl. 2010) zitiert: *Bearbeiter*, in: *Köhler/ Bornkamm/(Feddersen)*, UWG.

Becker, Henrik Steffen, Anruf in Abwesenheit!?: Der Ping-Anruf – Ein "Klassiker" neu aufgelegt, WRP 2011, 808–813.

Bernreuther, Friedrich, Neues zur Telefonwerbung, WRP 2009, 390–407.

Bernreuther, Friedrich, Zulässigkeit von Telefonwerbung – Das Harmonisierungskonzept der Richtlinie über unlautere Geschäftspraktiken, MMR 2012, 284–287.

Bleckmann, Albert, Zu den Auslegungsmethoden des Europäischen Gerichtshofs, NJW 1982, 1177–1182.

Bodewig, Theo, Das Recht des unlauteren Wettbewerbs in Großbritannien: Ein Dreiklang von Fallrecht, Gesetzesrecht und Selbstkontrolle, GRUR Int 2004, 543–558.

Böhm, Steffen, Unerlaubte Telefonwerbung im geschäftlichen Bereich, MMR 1999, 643–648.

Boyd, Stephen, Does English Law Recognise the Concept of an Image or Personality Right?, Ent. L. R. 2002, 1.

Boyle, Martin, Das Recht des unlauteren Wettbewerbs in Großbritannien, WRP 1990, 159–165.

Brechmann, Winfried, Die richtlinienkonforme Auslegung. Zugleich ein Beitrag zur Dogmatik der EG-Richtlinie, Diss, München 1994, zitiert: *Brechmann*, Die richtlinienkonforme Auslegung.

Brömmelmeyer, Christoph, Der Binnenmarkt als Leitstern der Richtlinie über unlautere Geschäftspraktiken, GRUR 2007, 295–302.

Bruhn, Manfred/Esch, Franz-Rudolf/Langner, Tobias, Handbuch Kommunikation. Grundlagen – Innovative Ansätze – Praktische Umsetzungen, 1. Aufl., Wiesbaden 2009, zitiert: *Bruhn/Esch/Langner*, Handbuch Kommunikation.

Bruhn, Manfred, Marketing. Grundlagen für Studium und Praxis, 12. Aufl. Wiesbaden 2014, zitiert: *Bruhn*, Marketing.

Bruns, Jürgen, Direktmarketing, 2. Aufl., Ludwigshafen 2007.

Buchner, Benedikt, Die Einwilligung im Datenschutzrecht – vom Rechtfertigungsgrund zum Kommerzialisierungsinstrument, DuD 2010, S. 39–43.

Bülow, Peter, Zur Telefonwerbung im gewerblichen Bereich: Bemerkungen zu den Urteilen des Kammergerichts vom 21. März 1975 und des Oberlandesgerichts Hamburg vom 10. April 1975, GRUR 1976, 180–182.

Burmeister, Julian, Belästigung als Wettbewerbsverstoß, Diss., München 2006.

Busche, Jan/Kraft, Hartmut WRP 1998, Werbung per electronic mail – Eine neue Herausforderung für das Wettbewerbsrecht?, S. 1142–1151.

Canaris, Claus-Wilhelm, Grundrechte und Privatrecht. Eine Zwischenbilanz, stark erweiterte Fassung des Vortrags gehalten vor der Juristischen Gesellschaft zu Berlin am 10. Juni 1998, Schriftenreihe der Juristischen Gesellschaft zu Berlin, H 159, Berlin, Ney York 2009, *zitiert: Canaris*, Grundrechte und Privatrecht.

Conte, Philippe, Brèves observations à propos de l'incrimination des pratiques commerciales agressives, Dr. pénal 2008, Études n°3.

Dahlgrün, Axel, Direktmarketing gegenüber Privatpersonen in der europäischen Rechtsvereinheitlichung, Diss., Frankfurt am Main, Berlin, Bern, Bruxelles, New York, Oxford, Wien, 2004, zitiert: *Dahlgrün*, Direktmarketing gegenüber Privatpersonen in der europäischen Rechtsvereinheitlichung.

Däubler, Wolfgang, Weltanschauung auf europäisch, NJW 2006, 2608–2609.

Dauses, Manfred A. (Hrsg.), Handbuch des EU-Wirtschaftsrechts, 38. EL September 2015, zitiert: *Bearbeiter*, in: Dauses (Hrsg.), Handbuch des EU-Wirtschaftsrechts.

De Vrey, Rogier W., Towards a European unfair competition law. A clash between legal families, Boston, 2006, zitiert: *de Vrey*, Towards a European Unfair Competition Law.

Dederichs, Mariele, Die Methodik des Gerichtshofes der Europäischen Gemeinschaften EuR 2004, 345–359.

Dendorfer, Renate, Aktives Telefonmarketing: Erfassung und Neubewertung der wettbewerbsrechtlichen Beurteilung unerbetener Werbeanrufe unter Berücksichtigung europarechtlicher Entwicklungen und US-amerikanischer Regelungen, Frankfurt am Main, Berlin, Bern, Bruxelles, New York, Oxford, Wien, Diss., 2003, zitiert: *Dendorfer*, Aktives Telefonmarketing, 2003.

Diller, Hermann, Vahlens Großes Marketing Lexikon, 2. Aufl., München 2001.

Due, Ole/ Lutter, Marcus/Schwarze, Jürgen, (Hrsg.) FS für Ulrich Everling, Band 1, Baden-Baden 1995, zitiert: *Bearbeiter*, in: FS Everling, S. 765.

Eberhartinger, Michael, Konvergenz und Neustrukturierung der Grundfreiheiten, EWS 1997, 43–52.

Eckhardt, Jens, Konkludente Zustimmung zur Zusendung von Werbe-E-Mails, CR 2002, 614–615.

Eckhardt, Jens, Datenschutzrichtlinie für elektronische Kommunikation – Auswirkungen auf Werbung mittels elektronischer Post, MMR 2003, 557–562.

Eckhardt, Jens, Anmerkung zu BGH, Urteil vom 25.10.2012, Az. I ZR 169/10 – Einwilligung in Werbeanrufe II, MMR 2013, 383–384.

Ehlers, Wolfram, Der persönlichkeitsrechtliche Schutz des Verbrauchers vor Werbung, WRP 1983, 187–194.

Ellis, Jaye, General principles and comparative law, E.J.I.L. 2011, 22(4), S. 949–971.

Emmerich, Volker, Unlauterer Wettbewerb, 9. Aufl., München, 2012, zitiert: *Emmerich*, Unlauterer Wettbewerb, 9. Aufl., 2012.

Emmerich, Volker, BGB-Schuldrecht, Besonderer Teil, 13. Aufl., Heidelberg 2012, zitiert: *Emmerich*, Schuldrecht BT, 13. Aufl. 2012

Engels, Stefan/Brunn, Beatrice, Ist § 7 II Nr. 2 UWG europarechtswidrig?, GRUR 2010, 886–891.

Engels, Stefan/Schulz-Herrnstadt, Michael, Aktuelle Rechtsfragen des Direktmarketings nach der UWG-Reform WRP 2005, 1218–1229.

Ernst, Stefan Anmerkung zu BGH, Urteil. vom 5.2.2004, Az. I ZR 87/02 – Telefonwerbung für Zusatzeintrag, ZUM 2004, 566–568.

Ernst, Stefan, Die Einwilligung in belästigende telekommunikative Werbung nach neuer Rechtslage in UWG und BDSG, WRP 2009, 1455–1463.

Ernst, Stefan, Die Double-opt-in-Bestätigungsmail als Werbung?, WRP 2013, 160–163.

Ernst, Stefan, Die Einwilligung in Werbeanrufe, NJW, 2013, 2637–2639.

Everling, Ulrich, Der Einfluß des EG-Rechts auf das nationale Wettbewerbsrecht im Bereich des Täuschungsschutzes, ZLR 1994, 221–239.

Felser, Georg, Werbe- und Konsumentenpsychologie, 4. Aufl., Heidelberg 2015.

Fezer, Karl-Heinz, Das wettbewerbsrechtliche Vertragsauflösungsrecht in der UWG-Reform, WRP 2003, 127–143.

Fezer, Karl-Heinz, Plädoyer für eine offensive Umsetzung der Richtlinie über unlautere Geschäftspraktiken in das deutsche UWG, WRP 2006, 781–790.

Fezer, Karl-Heinz, Die Nichtigkeit der Folgeverträge unlauterer Telefonwerbung, WRP 2007, 855–866.

Fezer, Karl-Heinz, Eine Replik: Die Auslegung der UGP-RL vom UWG aus?, WRP 2010, 677–686.

Fezer, Karl-Heinz, Telefonmarketing im b2c- und b2b-Geschäftsverkehr, WRP 2010, 1075–1094.

Fezer, Karl-Heinz, Bestätigungslösung eines telefonischen Vertragsschlusses als Königsweg effektiven Verbraucherschutzes im Telefonmarketing, GRUR-Prax 2011, 361–365.

Fezer, Karl-Heinz (Hrsg.), Lauterkeitsrecht, Kommentar zum Gesetz gegen den unlauteren Wettbewerb (UWG), Band 1, §§ 1–4, 2. Aufl., München 2010, zitiert *Bearbeiter*, in: Fezer, UWG.

Fezer, Karl-Heinz/Büscher, Wolfgang/Obergfell, Eva Inés (Hrsg.), Lauterkeitsrecht, Kommentar zum Gesetz gegen den unlauteren Wettbewerb, Band 2, §§ 4–20, 3. Aufl., München 2016, zitiert *Bearbeiter*, in: *Fezer/Büscher/Obergfell*, UWG.

Fikentscher, Wolfgang/Möllers, Thomas M. J., Die (negative) Informationsfreiheit als Grenze von Werbung und Kunstdarbietung, NJW 1998, 1337–1344.

Fischer, Claudia 30 Minuten für profitable Telefon-Akquise, Offenbach a.M., 2009, zitiert: *Fischer,* 30 Minuten für profitable Telefon-Akquise, 2009.

Freund, Das Persönlichkeitsrecht des Umworbenen. Ein bürgerlich-rechtlicher Beitrag zum Verbraucherschutz unter Berücksichtigung des Wettbewerbsrechts, Diss., München 1983, zitiert: *Freund,* Das Persönlichkeitsrecht des Umworbenen.

Fritzsche, Jörg, Überlegungen zum Referentenentwurf eines Zweiten Gesetzes zur Änderung des UWG, WRP 2014, 1392–1399.

Fröhlich-Glantschnig, Elisabeth (Hrsg.), Marketing im Perspektivenwechsel, Festschrift für Udo Koppelmann, Heidelberg 2005, zitiert: *Bearb.*, in: FS Koppelmann.

Giesen, Dieter, Das Recht der fremdnützigen Geschäftsbesorgung, Jura 1996, 288–293.

Gilles, Peter, Das Recht des Direktmarketing. Kundenwerbung und Verträge außerhalb von Geschäftsräumen, Heidelberg 1982, zitiert: *Gilles,* Das Recht des Direktmarketing.

Glöckner, Jochen, "Cold Calling" und europäische Richtlinie zum Fernabsatz - ein trojanisches Pferd im deutschen Lauterkeitsrecht, GRUR Int 2000, 29–37.

Glöckner, Jochen, Richtlinienvorschläge über unlautere Geschäftspraktiken, deutsches UWG oder die schwierige Umsetzung von europäischen Generalklauseln, WRP 2004, 936–945.

Glöckner, Jochen, Ist die Union reif für die Kontrolle an der Quelle?, WRP 2005, 795–808.

Glöckner, Jochen /Henning-Bodewig, Frauke, EG-Richtlinie über unlautere Geschäftspraktiken - Was wird aus dem "neuen" UWG?, WRP 2005, 1311–1335.

Glöckner, Jochen, Europäisches Lauterkeitsrecht, München 2006.

Glöckner, Jochen, Über die Schwierigkeit, Proteus zu beschreiben – die Umsetzung der Richtlinie über unlautere Geschäftspraktiken in Deutschland, GRUR 2013, 224–238.

Glöckner, Jochen, UWG-Novelle mit Konzept und Konsequenz, WRP 2014, 1399–1406.

Gloy/Loschelder/Erdmann, Handbuch des Wettbewerbsrechts, hrsg. von *Loschelder, Michael/Erdmann, Willi,* 4. Aufl., München 2010, zitiert: *Bearbeiter,* in: *Gloy/Loschelder/Erdmann,* Handbuch des Wettbewerbsrechts.

Gola/Schomerus, Kommentar zum Bundesdatenschutz, bearbeitet von Gola, Peter/Klug, Christoph/Körffer, Barbara, 12. Aufl., München 2015, zitiert: *Bearbeiter,* in: *Gola/Schomerus,* BDSG.

Grabitz/Hilf/Nettesheim, Das Recht der Europäischen Union, EUV/AEUV, hrsg. von *Nettesheim, Martin 55.* Ergänzungslieferung – August 2015,

München, zitiert: *Bearbeiter*, in: *Grabitz/Hilf/Nettesheim*, Das Recht der Europäischen Union.

Grabitz/Hilf, Das Recht der Europäischen Union, hrsg. von *Nettesheim, Martin*, Sekundärrecht, 40. Ergänzungslieferung 2009, München, zitiert: *Bearbeiter*, in: *Grabitz/Hilf*, Das Recht der Europäischen Union.

Gramespacher, Thomas, Kommentar zu OLG München, Urteil vom 27.09.2012, Az. 29 U 1682/12, WRP 2013, 113–114.

Grosskommentare der Praxis, UWG, hrsg. von Teplitzky, Otto/Peifer, Karl-Kikolaus/Leistner, Matthias, Band 2 – §§ 4–7, 2. Aufl., Berlin, Boston 2013, zitiert: *Bearbeiter*, in: Teplitzky/Peifer/Leistner (Hrsg.), GK-UWG.

Günther, Andreas, Erwünschte Regelung unerwünschter Werbung?, CR 1999, 172–184.

Hager, Johannes, Grundrechte im Privatrecht, JZ 1994, 373–383.

Handing, Christian, The Unfair Commercial Practices Directive – A Milestone in the European Unfair Competition Law?16 Eur. Bis. L. Rev. 2005, 1117–1132.

Handig, Christian, Harmonisierung des Lauterkeitsrechts in der EU, Diss., Wien 2006.

Hanloser, Stefan, opt-in im Datenschutzrecht und Wettbewerbsrecht, CR 2008, 713–718.

Harte-Bavendamm, Henning/Henning-Bodewig, Fraucke, (Hrsg.), Gesetz gegen den unlauteren Wettbewerb, 4. Aufl., München 2016, zitiert: *Bearbeiter*, in: *Harte-Bavendamm /Henning-Bodewig*, UWG.

Hart, Helen, Opting out, NLJ 240, 2007, 157.

Hartwig, Henning, Werbung per Telefon – Kostenlose Telefongespräche dank Werbung?, WRP 1999, 1083–1087.

Hartwig, Henning, Wettbewerbsrechtliche Beurteilung der Direktansprache von Passanten an öffentlichen Orten zu Werbezwecken, CR 2005, 340–342.

Haug, Simon, Kommerzielle Kommunikation via Telefon, Telefax, und elektronische Post, Diss., Bade-Baden 2011.

Heidrich, Joerg, Anm. zu OLG München, OLG München, Urteil vom 27.09.2012, Az. 29 U 1682/12, MMR 2013, 40.

Heidrich, Joerg/Forgó, Nikolaus/Feldmann, Thorsten (Hrsg.), Heise Online-Recht. Der Leitfaden für Praktiker & Juristen, 3. Aufl. 2011, zitiert: *Bearbeiter*, in: *Heidrich/Forgó/Feldmann.*

Henning-Bodewig, Frauke, Richtlinienvorschlag über unlautere Geschäftspraktiken und UWG-Reform, GRUR Int. 2004, 183–193.

Henning-Bodewig, Frauke, Die Richtlinie 2005/29/EG über unlautere Geschäftspraktiken, GRUR Int. 2005, 629–634.

Henning-Bodewig, Nationale Eigenständigkeit und europäische Vorgaben im Lauterkeitsrecht, GRUR Int 2010, 549–563.

Henning-Bodewig, Frauke, UWG und Geschäftsethik, WRP 2010, 1094–1105.

Henning-Bodewig, Frauke, (ed.) International Handbook on Unfair Competition, München, Oxford, Portland, Hart; Baden-Baden 2013, zitiert: *Bearbeiter*, in: *Henning-Bodewig*, International Handbook on Unfair Competition, 2013.

Henning-Bodewig, Frauke, Der Schutzzweck des UWG und die Richtlinie über unlautere Geschäftspraktiken, GRUR 2013, 238–244.

Henning-Bodewig, Frauke, Erneute UWG-Reform? Einige Anmerkungen zum Referentenentwurf 2014, WRP 2014, 1407–1410.

Hetmank, Sven, Im Korsett der UGP-Richtlinie, GRUR 2015, 323–330.

Hilty, Reto M./Henning-Bodewig, Frauke (Hrsg.), Lauterkeitsrecht und Acquis Communautaire, Heidelberg 2009, zitiert: *Bearb.*, in: Hilty/Henning-Bodewig (Hrsg.), Lauterkeitsrecht und Acquis Communautaire, 2009.

Hoeren, Thomas/ Sieber, Ulrich /Holznagel, (Hrsg.) Handbuch Multimedia-Recht, 42. Ergänzungslieferung 2015, München, zitiert: *Bearbeiter*, in: *Hoeren/Sieber/ Holznagel*, Handbuch Multimedia-Recht.

Holland, Heinrich, Direktmarketing. Im Dialog mit dem Kunden, 3. Aufl., München 2009, zitiert: *Holland*, Direktmarketing.

Hönn, Günther, Examens-Repetitorium Wettbewebs- und Kartellrecht, 3. Aufl., Heidelberg, Hamburg 2014.

Howells, Geraint G./Weatherill, Stephen, Consumer Protection Law, 2. Aufl., Aldershof 2005.

Howells, Geraint/Micklitz, Hans-W./Wilhelmsson, Thomas (eds.), European Fair Trading Law. The Unfair Commercial Practices Directive, Aldershot, Ashgate 2006, zitiert: *Bearbeiter*, in: *Howells/Micklitz./Wilhelmsson*, European Fair Trading Law.

Idot, Laurence, Case C-412/93, Société d'Importation Édouard Leclerc-Siplec v. TFI Publicité SA and M6 publicité SA, Judgment of 9 February 1995, I995 ECR 179, CMLR 1996, 113–124.

Imping, Andreas, Zur Anwendung des AGBG auf vorformulierte rechtsgeschäftliche Erklärung und zur Wirksamkeit eines formularmäßigen Einverständnisses mit einer Telefonwerbung, Anmerkung zu BGH, Urteil vom 16.03.1999, Az. XI ZR 76/98, MDR 1999, 857–858.

Jaluzot, Béatrice, Méthodologie du droit comparé: bilan et prospective, R.I.D.C., vol. 57 (2005), S. 29.

Jankowski, Julia, Nichts ist unmöglich! – Möglichkeiten der formularmäßigen Einwilligung in die Telefonwerbung, GRUR 2010, 495–501.

Jarass, Hans D./Pieroth, Bodo, Kommentar zum Grundgesetz für die Bundesrepublik Deutschland, 13. Aufl., München 2014, zitiert: *Jarass/Pieroth.*

Jergolla, Maren, Die Werbeselbstkontrolle in Großbritannien, Diss., Frankfurt am Main, Berlin, Bern, Bruxelles, New York, Oxford, Wien 2003.

Jergolla, Maren, Die britische Werbeselbstkontrolle anhand des Advertising Code – eine Gegenüberstellung mit der Rechtslage in Deutschland, WRP 2003, 431–449.

Jergolla, Maren, Der neue British Code of Advertising, Sales Promotion and Direct Marketing, WRP 2003, 606–609.

Jungheim, Stephanie/Haberkamm, Markus, Probleme der UWG-Novelle zur Umsetzung der Richtlinie über unlautere Geschäftspraktiken, VuR 2009, 250–260.

Keirsbilck, 20 Eur. Bus. L. Rev. 509, 2009, 507, 510

Kirchhoff, Wolfgang, Die UWG-Novelle 2015 – nur Kodifizierung der Rechtsprechung oder substantiell Neues?, WRP 2015, 659–663.

Klinger, Markus, Anmerkung zu BGH, Urteil vom 16.07.2008, Az. VIII ZR 348/06 – Payback, jurisPR-ITR 22/2008 Anm. 2.

Klinger, Markus, Anmerkung zu LG Essen, Urteil vom 20.04.2009, Az. 4 O 368/08, jurisPR-ITR 16/2009 Anm. 3.

Koch, Eberhard, Die Richtlinie gegen unlautere Geschäftspraktiken. Aggressives Geschäftsgebaren in Deutschland und England und die Auswirkungen der Richtlinie, Diss., Hamburg 2006, zitiert: *Koch*, Die Richtlinie gegen unlautere Geschäftspraktiken.

Koening, Christian/Röder, Ernst, Die EG-Datenschutzrichtlinie für Telekommunikation – Verpflichtung auch für Internetdienstler, CR 2000, 668–676.

Köhler, Helmut/Bornkamm, Joachim/Henning-Bodewig, Frauke, Vorschlag für eine Richtlinie zum Lauterkeitsrecht und eine UWG-Reform, WRP 2002, 1317–1328.

Köhler, Helmut/Lettl, Tobias, Das geltende europäische Lauterkeitsrecht, der Vorschlag für eine EG-Richtlinie über unlautere Geschäftspraktiken und die UWG-Reform, WRP 2003, 1019–1057.

Köhler, Helmut, UWG-Reform und Verbraucherschutz, GRUR 2003, 265–272

Köhler, Helmut, Das neue UWG, NJW 2004, 2121–2127.

Köhler, Helmut, Zur Umsetzung der Richtlinie über unlautere Geschäftspraktiken, GRUR 2005, 793–802.

Köhler, Helmut, Anmerkung zu BGH, Urteil vom 17.07.2008, Az. I ZR 197/05 – FC Troschenreuth, GRUR 2008, 927–928.

Köhler, Helmut, Neue Regelungen zum Verbraucherschutz bei Telefonwerbung und Fernabsatzverträgen, NJW 2009, 2567–2572.

Köhler, Helmut, Richtlinienkonforme Gesetzgebung statt richtlinienkonforme Auslegung: Plädoyer für eine weitere UWG-Novelle, WRP 2012, 251–260.

Köhler, Helmut, Die Umsetzung der Richtlinie über unlautere Geschäftspraktiken in Deutschland – eine kritische Analyse, GRUR 2012, 1073–1082.

Köhler, Helmut, Ist die Regelung der Telefonwerbung im UWG richtlinienkonform?, WRP 2012, 1329–1335.

Köhler, Helmut, Das neue Gesetz gegen unseriöse Geschäftspraktiken, NJW 2013, 3473–3478.

Köhler, Helmut, Verbandsklagen gegen unerbetene Telefon-, Fax- und E-Mail-Werbung: Was sagt das Unionsrecht?, WRP 2013, 567–571.

Köhler, Helmut, Stellungnahme zum Referentenentwurf eines Zweiten Gesetzes zur Änderung des UWG, WRP 2014, 1410–1418.

Köhler, Helmut, Der Regierungsentwurf zur UWG-Novelle 2015: Nur Klarstellungen oder doch tiefgreifende Änderungen?, WRP 2015, 275–285.

Köhler, Helmut, Das Verbot der unzumutbaren Belästigung (§ 7 UWG) im Lichte des Unionsrechts, WRP 2015, 798–804.

Köhler, Helmut, UWG-Reform 2015: Im Regierungsentwurf nicht angesprochene Defizite bei der Umsetzung der UGP-Richtlinie, WRP 2015, 1037–1040.

Köhler, Helmut, Alternativentwurf (UWG-AE) zum Regierungsentwurf (UWG-E) eines 2. Gesetzes zur Änderung des Gesetzes gegen den unlauteren Wettbewerb, WRP 2015, 1311–1318.

Köhler, Helmut, UWG-Reform 2015: Was ändert sich im Lauterkeitsrecht?, WRP 2015, Die erste Seite, Nr. 12.

Koppensteiner, Hans-Georg, Grundfragen des UWG im Lichte der Richtlinie über unlautere Geschäftspraktiken, WBl 2006, 553,

Kotler, Philip, A Generic Concept of Marketing, Journal of Marketing, 36 (1972), S. 46–54.

Kotler, Philip/Armstrong, Gary/Wong, Veronica/Saunders, John, Grundlagen des Marketing, 5. Aufl., München 2011.

Kotler, Philip/Levy, Sidney J., Broadening the Concept of Marketing, Journal of Marketing 33 (1969), S. 10.

Koziol, Helmut/ Rummel, Peter (Hrsg.), Im Dienste der Gerechtigkeit. FS für Bydlinski, Wien, New York 2002, *zitiert: Bearbeiter,* in: FS Bydlinski.

Kramer, Ernst A./Schuhmacher, Wolfgang, (Hrsg.), Beiträge zum Unternehmensrecht, FS für Hans-Georg Koppensteiner zum 65. Geburtstag, Wien 2001, zitiert: *Bearbeiter,* in: FS Koppensteiner.

Kramer, Thorsten, Das sekundärrechtliche Herkunftslandprinzip als Regelungstechnik des Binnenmarktes. Dessen Fortentwicklung zu einem Integrationshebel in der E-Commerce-Richtlinie und im Vorschlag für eine

Richtlinie über Dienstleistungen im Binnenmarkt und dessen Funktion in einem Europäischen Justizraum für Zivilsachen, Diss. 2007, zitiert: *Kramer*, Das sekundärrechtliche Herkunftslandprinzip als Regelungstechnik des Binnenmarktes.

Krumm, Rainer/Geissel, Christian, Outbound Praxis – Aktives Verkaufen am Telefon erfolgreich planen und umsetzten, 2. Aufl. 2005, zitiert: *Krumm/Geissel*, Outbound Praxis, 2. Aufl. 2005.

Kühling, Jürgen/Seidel, Christian/*Sivridis, Anastasios*, Datenschutzrecht, 3. Aufl., Heidelberg 2015.

Ladeur, Karl-Heinz, Das europäische Telekommunikationsrecht im Jahre 2002, K&R 2003, 153–160.

Leible, Stefan/Günther, Lucas, Anmerkung zu BGH, Urteil vom 10.2.2011, Az. I ZR 164/09 – Double-opt-in-Verfahren, GRUR 2011, 939–940.

Leisner, Walter Georg, Die subjektiv-historische Auslegung des Gemeinschaftsrechts – Der Wille des Gesetzgebers in der Judikatur des EuGH, EuR 2007, 689–706.

Leistner, Matthias, Bestand und Entwicklungsperspektiven des Europäischen Lauterkeitsrechts, Zeup 2009, 57–89.

Leistner, Matthias/Pothmann, Julia, E-Mail-Direktmarketing im neuen europäischen Recht und in der UWG-Reform, WRP 2003, 815–831.

Lenz, Thomas/Rabe, Dominik, Telefonwerbung – Eine Betrachtung aus der Praxis der Versicherungswirtschaft, VersR 2010, 1541–1546.

Lettl, Tobias Das neue UWG, München 2004.

Lettl, Tobias, Rechtsfragen des Direktmarketings per Telefon und e-mail, GRUR 2000, 977–984.

Lettl, Tobias, Die AGB-rechtliche Relevanz einer Option in der formularmäßigen Einwilligungserklärung zur Telefonwerbung, NJW 2001, 42–43.

Lettl, Tobias, Gemeinschaftsrecht und neues UWG, WRP 2004, 1079–1132.

Lettl, Tobias, Werbung mit einem Telefonanruf gegenüber einem Verbraucher nach § 7 Abs 2 Nr 2 Alt 1 UWG n F, WRP 2009, 1315–1329.

Loeck, Antonia, Die unzumutbare Belästigung nach der UWG Novelle 2008 und dem Gesetz zur Bekämpfung unerlaubter Telefonwerbung und zur Verbesserung des Verbraucherschutzes bei besonderen Vertriebsformen, Veröffentlichungen des Instituts für Deutsches und Europäisches Wirtschafts-, Wettbewerbs- und Regulierungsrecht der Freien Universität Berlin. Band 23, Diss., Frankfurt, a.M., Berlin, Bern, Bruxelles, New York, Oxford, Wien 2011, zitiert: *Loeck*, Die unzumutbare Belästigung, Diss., 2011.

Loewenheim, Ulrich, Suggestivwerbung, unlauterer Wettbewerb, Wettbewerbsfreiheit und Verbraucherschutz, GRUR 1975, 99–110.

Ludyga, Hannes, Gesetzentwurf der Bundesregierung: Zweites Gesetzes zur Änderung des Gesetzes gegen den unlauteren Wettbewerb, ZVertriebsR 2015,69–71.

Mangoldt v./Klein/Starck, Kommentar zum Grundgesetz, hrsg. von *Starck, Christian*, Band 1– Präambel, Art. 1–19, 6. Aufl., München 2010, zitiert: *Bearbeiter*, in: *Mangoldt/Klein/Starck*, GG.

Mankowski, Ist die Bagatellklausel des § 3 UWG bei belästigender Werbung (§ 7 UWG) zu beachten? WRP 2008, 15–21

Martinek, Michael/Theobald, Uwe, Grundfälle zum Recht der Geschäftsführung ohne Auftrag, Jus 1997, 612–619.

Martinek, Michael/Semler, Franz-Jörg/Habermeier, Stefan/Flohr, Eckhard (Hrsg.), Handbuch des Vertriebsrechts, 4. Aufl., München 2016, zitiert: *Bearbeiter*, in: *Martinek/Semler/Habermeier/Flohr*, Handbuch des Vertriebsrechts.

Maxeiner, James R./Schotthöfer, Peter (Hrsg.), Advertising Law in Europe and North America, Deventer, Boston 1992, zitiert: *Bearbeiter*, in: *Maxeiner/ Schotthöfer*, Advertising Law in Europe and North America.

Mayer-Uellner, Richard, Die Werbeselbstregulierung der britischen Advertising Standards Authority. Ein Vergleich mit deutschem Wettbewerbsrecht, Diss., 2006, zitiert: *Mayer-Uellner*, Die Werbeselbstregulierung der britischen Advertising Standards Authority.

Medicus, Dieter/Lorenz, Stephan, Schuldrecht II. Besonderer Teil: Ein Studienbuch, 17. Aufl., München 2014, zitiert *Medicus/Lorenz*, Schuldrecht BT, 17. Aufl., 2014.

Medicus, Dieter/Petersen, Jens, Bürgerliches Recht: eine nach Anspruchsgrundlagen geordnete Darstellung zur Examensvorbereitung, 25. Aufl., München 2015, zitiert: *Medicus/Petersen*, Bürgerliches Recht.

Meffert, Heribert/Burmann, Christoph/Kirchgeorg, Manfred, Marketing. Grundlagen marktorientierter Unternehmensführung, Konzepte – Instrumente – Praxisbeispiele, 12. Aufl., Wiesbaden 2015, zitiert: *Meffert/ Burmann/Kirchgeorg*, Marketing.

Menebröcker, Carsten, Mitbewerber sind bei Verstößen gegen § 7 II Nr. 2 UWG aktivlegitimiert, GRUR-Prax 2013, 451.

Micklitz, Hanz-W./Keßler, Jürgen, Funktionswandel des UWG, WRP 2003, 919–936.

Micklitz, Hanz-W./Reich, Norbert, Die Fernabsatzrichtlinie im deutschen Recht, 1.Aufl., Baden-Baden 1998, zitiert: *Micklitz/Reich*, Die Fernabsatzrichtlinie.

Mourre, Gilles Pratiques commerciales déloyales: cadre communautaire et transposition en droit français, Dalloz actualité 14 octobre 2011.

Möller, Mirko, Die Änderung der rechtlichen Rahmenbedingungen des Direktmarketings, WRP 2010, 321–334.

Möller, Mirko, Anmerkung zu OLG München, Urteil vom 27.09.2012, Az. 29 U 1682/12, jurisPR-WettbR 2/2013 Anm. 3.

Mummenhoff, Prisca Daria, Persönlichkeitsschutz gegen unerbetene Werbung auf privaten Telefonanschlüssen, Diss., Frankfurt a.M., Berlin, Bern, Bruxelles, New York, Oxford, Wien 2011.

Mülbert, Peter O, Privatrecht, die EG-Grundfreiheiten und der Binnenmarkt, ZHR, 159 (1995), 2–33.

Münchener Kommentar zum Bürgerlichen Gesetzbuch, hrsg. von Säcker, Franz Jürgen / Rixecker, Roland / Oetker, Hartmut /Limperg, Bettina,

Band 1 – Allgemeiner Teil, §§ 1–240, Prostg-AGG, 7. Aufl., München 2015,

Band 2 – Schuldrecht – Allgemeiner Teil – §§ 241–432, 7. Aufl., München 2016,

Band 5 – Schuldrecht – Besonderer Teil III – §§ 705–853 Partnerschaftsgesellschaftsgesetz, Produkthaftungsgesetz, 6. Aufl., München 2013,

Band 11 – Internationales Privatrecht II, Internationales Wirtschaftsrecht, Einführungsgesetz zum Bürgerlichen Gesetzbuche (Art. 25–248), 6. Aufl., München 2015,

zitiert: *Bearbeiter*, in: MünchKomm BGB.

Münchener Anwaltshandbuch Gewerblicher Rechtsschutz, hrsg. von *Hasselblatt, Gordian N., 4. Aufl., München* 2012, zitiert: *Bearbeiter*, in: *Hasselblatt*, MAH Gewerblicher Rechtsschutz.

Münchener Kommentar zum Lauterkeitsrecht, hrsg. von *Heermann, Peter W./Schlingloff, Jochen*, Band 2 – §§ 5–20, 2. Aufl., München 2014, zitiert: *Bearbeiter*, in: MünchKomm UWG.

Münker, Reiner, Stellungnahme der Wettbewerbszentrale zum Referentenentwurf eines Zweiten Gesetzes zur Änderung des Gesetzes gegen den unlauteren Wettbewerb, WRP 2014, 1434–1441.

Nickels, Sven, Neues Bundesrecht für den E-Commerce, CR 2002, 302–309.

Nieschlag, Robert/Dichtl, Erwin/Hörschgen, Hans, Marketing, 19. Aufl., Berlin 2002.

Nippe, Wolfgang, Belästigende Wettbewerbshandlungen – Tatbestände, Rechtfertigungsgründe, Rechtsprechung, WRP 2007, 19–38.

Nord, Manzel, „Datenschutzerklärungen" – misslungene Erlaubnisklauseln zur Datennutzung – „Happy-Diggits" und die bedenklichen Folgen im E-Commerce, NJW 2010, 3756.

Nordemann, Wilhelm, Telefon- und Telexwerbung, WRP 1969, 16–18.

Nowak-Over, Andrea, Anruf erwünscht: Ein Plädoyer gegen schärfere Vorschriften zur Telefonwerbung, GRUR-Prax 2011, 4–6.

Nussbaum, Caroline von/Krienke, Konstantin, Telefonwerbung gegenüber Verbrauchern nach dem Payback-Urteil, MMR 2009, 372–377.

Oesterdiekhoff, Georg W./Jegelka, Norbert, Werte und Wertewandel in westlichen Gesellschaften. Resultate und Perspektiven der Sozialwissenschaften, Wiesbaden 2001, zitiert: *Bearbeiter* in: *Oesterdiekhoff/Jegelka,* Werte und Wertewandel in westlichen Gesellschaften.

Ohlenburg, Anna, Die neue EU-Datenschutzrichtlinie 2002/58/EG: Auswirkungen und Neuerungen für elektronische Kommunikation, MMR 2003, 82–86.

Ohly, Ansgar, Richterrecht und Generalklausel im Recht des unlauteren Wettbewerbs, Diss., Köln, Berlin, Bonn, München 1997.

Ohly, Ansgar, Der Schutz der Persönlichkeit im englischen Zivilrecht, RabelsZ 65 (2001), 39–77.

Ohly, Ansgar, „Volenti non fit iniuria“ Die Einwilligung im Privatrecht, Habilitationsschrift, Tübingen 2002.

Ohly, Ansgar, Harmonisierung des Persönlichkeitsrechts durch den Europäischen Gerichtshof für Menschenrechte?, GRUR Int 2004, 902–912.

Ohly, Ansgar, Das neue UWG – Mehr Freiheit für den Wettbewerb?, GRUR 2004, 889–900.

Ohly, Ansgar, Das Herkunftslandprinzip im Bereich vollständig angeglichenen Lauterkeitsrechts, WRP 2006, 1401–1412.

Ohly, Ansgar, Bausteine eines europäischen Lauterkeitsrechts, WRP 2008, 177–185.

Ohly, Ansgar, Gegen die Bestätigungslösung bei Folgeverträgen unzulässiger Telefonwerbung, GRURPrax 2011, 366–368.

Ohly, Ansgar, Zwölf Thesen zur Einwilligung im Internet, GRUR 2012, 983–992.

Ohly, Ansgar, Nach der Reform ist vor der Reform, GRUR 2014, 1137–1144.

Ohly, Ansgar, Alternativentwurf (“Große Lösung“) zum Regierungsentwurf eines 2. Gesetzes zur Änderung des Gesetzes gegen den unlauteren Wettbewerb, WRP 2015, 1443–1448.

Ohly/Sosnitza, Kommentar zum Gesetz gegen den unlauteren Wettbewerb, bearbeitet von *Ohly, Ansgar/ Sosnitza, Olaf,* 7. Aufl., München 2016, zitiert: *Bearbeiter,* in: *Ohly*/Sosnitza, UWG.

Paefgen, Thomas Christian, Zur Zulässigkeit der Telefonwerbung gegenüber Privatpersonen, ZIP 1989, 1286–1287.

Paefgen, Thomas Christian, Ist die Telefonwerbung noch zu retten? – Agonie eines Direktmarketinginstruments, WRP 1994, 73–89.

Palandt, Kommentar zum Bürgerlichen Gesetzbuch, bearbeitet von *Bassenge, Peter/Brudermüller, Gerd/Ellenberger, Jürgen,* u.a., 75. Aufl., München 2016, zitiert: Palandt/*Bearbeiter.*

Palombi/Souty, François, La modernisation différenciée du droit de la concurrence déloyale en Allemagne et en France, 2004–2015, Revue Lamy de la Concurrence, n°4, Étude 2, 2015

Paschke, Marian, Zur Liberalisierung des Rechts des Telefonmarketing, WRP 2002, 1219–1228.

Pauly, Stephan/Jankowski, Julia Rechtliche Aspekte der Telefonwerbung im B-to-B-Bereich, GRUR 2007, 118–124.

Pesch, Jürgen, Marketing, 2. Aufl., Konstanz 2010.

Piekenbrock, Andreas, GRUR Int. 2005, 997–1004.

Pflüger, Martin, Deutschland – Beschluss eines Entwurfs zur Änderung des Gesetzes gegen unlauteren Wettbewerb (UWG), GRUR Int. 2008, 628.

Plath, Kai-Uwe/Frey, Anna-Mirjam, Direktmarketing nach der BDSG-Novelle. Grenzen erkennen, Spielräume optimal nutzen, BB 2009, 1762–1768.

Potacs, Michael, Effet utile als Auslegungsgrundsatz, EuR 2009, 465–48

Redeker, Helmut, IT-Recht, 5. Aufl., München 2012.

Reich, Anke, Die wettbewerbsrechtliche Beurteilung der Haustürwerbung in Deutschland: unter besonderer Berücksichtigung der wirtschaftswissenschaftlichen und wirtschaftlichen Hintergründe sowie der wettbewerbsrechtlichen Beurteilung der Haustürwerbung in anderen ausgewählten Ländern, Diss., Köln 2010, zitiert: *Reich,* Die wettbewerbsrechtliche Beurteilung der Haustürwerbung in Deutschland.

Reichelsdorfer, Jörg, § 1 UWG – ein Verbotsgesetz im Sinne von § 134 BGB?, WRP 1998, 142–144.

Reimann, Mathias/Zimmermann, Reinhard (Hrsg.), The Oxford Handbook of Comparative Law, Oxford 2006, zitiert: Bearbeiter, in: *Reimann/Zimmermann,* The Oxford Handbook of Comparative Law.

Remmertz, Frank Rene, Werbebotschaften per Handy Kurzreferat, MMR 2003, 314–318.

Reuthal, Klaus-Peter, Verstößt das deutsche Irreführungsverbot gegen Artikel 30 EGV?, WRP 1997, 1154–1161.

Riesenhuber, Karl, Europäische Methodenlehre. Handbuch für Ausbildung und Praxis, 3. Aufl., Berlin 2015, *zitiert: Bearbeiter,* in: *Riesenhuber,* Europäische Methodenlehre.

Rochfeld, Judith, Du droit de la consommation au droit de la régulation du marché: des dangers des listes et de l'harmonisation maximale, RTD civ. 2008, 732.

Rogosch, Patricia Maria, Die Einwilligung im Datenschutzrecht, Diss., Baden-Baden, 2013.

Rösler, Hannes, Auslegungsgrundsätze des Europäischen Verbraucherprivatrechts in Theorie und Praxis, RabelsZ 71 (2007), 495–526.

Roßnagel, Alexander/Jandt, Silke, Rechtskonformes Direktmarketing – Gestaltungsanforderungen und neue Strategien für Unternehmen, MMR 2011, 86–91.

Rothley, Oliver, Persönlichkeitsverletzung durch unverlangte kommerzielle Kommunikation. Eine Analyse elektronischer Individualkommunikation unter besonderer Berücksichtigung von E-Mail-Werbung, Diss., Berlin 2003, zitiert: *Rothley*, Persönlichkeitsverletzung durch unverlangte kommerzielle Kommunikation.

Sack, Rolf, Staatliche Werbebeschränkungen und die Art 30 und 59 EG Vertrag, WRP 1998, 103–119.

Sack, Rolf/Schmittmann, Michael, „Fernsehen ohne Grenzen" und Kommunikationsdatenschutz-Richtlinie, Der Weg zu einer „Content-without-frontiers" Richtlinie und Spamming-Verbot, AfP 2002, 203–205.

Sack, Rolf, Regierungsentwurf einer UWG-Novelle – ausgewählte Probleme, BB 2003, 1073–1081.

Sack, Rolf, Folgeverträge unlauteren Wettbewerbs, GRUR 2004, 625–635.

Sack, Rolf, Die Subsidiarität des Rechts am Gewerbebetrieb, VersR 2006, 1001–1010.

Sack, Rolf, Individualschutz gegen unlauteren Wettbewerb, WRP 2009, 1330–1335.

Sack, Rolf, Anmerkungen zur geplanten Änderung des UWG, WRP 2014, 1418–1424.

Säcker, Franz Jürgen, Das UWG zwischen den Mühlsteinen europäischer Harmonisierung und grundrechtsgebotener Liberalisierung, WRP 2004, 1199–1221.

Scherer, Klaus R. (ed.), Facets of emotion. Recent research, Hilsdale, New York1988, zitiert: *Bearbeiter*, in: *Scherer*, Facets of emotion.

Scherer, Inge, Ende der Werbung in Massenmedien?, WRP 2008, 563–571.

Schlingloff, Jochen, Keine Änderungen für die Rechtspraxis? Ein erster Blick auf den Referentenentwurf zur Änderung des UWG, WRP 2014, 1424–1426.

Schmid, Gregor, Freier Dienstleistungsverkehr und Recht des unlauteren Wettbewerbs, dargestellt am Beispiel der Telefonwerbung, Diss., Köln, Berlin, Bonn, München, 2000, zitiert: *Schmid*, Freier Dienstleistungsverkehr und Recht des unlauteren Wettbewerbs.

Schmidt-Kessel, Martin/ Schubmehl, Silvan (Hrsg), Lauterkeitsrecht in Europa. Eine Sammlung von Länderberichten zum Recht gegen unlauteren Wettbewerb, München 2011, zitiert: *Bearbeiter*, in: *Schmidt-Kessel/ Schubmehl*, Lauterkeitsrecht in Europa.

Schmidt, Marek, Privatrechtsangleichende EU-Richtlinien und nationale Auslegungsmethoden, RabelsZ, 59 (1995), 569–597.

Schmitt, Christoph/Poleacov, Peter, Zur Zulässigkeit von Werbeanrufen bei Gewerbetreibenden bei bereits bestehendem Vertragsverhältnis, CR 2008, 364–365.

Schöttler, Ingo, Anmerkung zu LG Hamburg, Beschluss vom 4.8. 2008, Az. 327 O 493/08, jurisPR-ITR 11/2009 Anm. 2.

Schrick, Alexandra, Direktmarketing mittels E-Mail und seine Entwicklung, MMR 2000, 399–405.

Schricker, Gerhard, Zur wettbewerbsrechtlichen Beurteilung der Telefonwerbung im geschäftlichen Bereich, GRUR Int. 1998, 541–554.

Schricker, Gerhard/Henning-Bodewig, Frauke (Hrsg.), Neuordnung des Wettbewerbsrechts, 1. Aufl., Baden-Baden, 1999, zitiert: Bearbeiter, in: *Schricker/Henning-Bodewig, Frauke*, Neuordnung des Wettbewerbsrechts.

Schricker, Gerhard, (Hrsg.) Recht der Werbung in Europa. 1: Einführung in das Recht der Werbung Internationales und EWG, Bonn 1990, zitiert: *Schricker*, Recht der Werbung in Europa, Einf.

Schricker, Gerhard, (Hrsg.), Recht der Werbung in Europa, Baden-Baden, 1995, zitiert: *Bearbeiter*, in: *Schricker*, Recht der Werbung in Europa.

Schulteis, Thomas, „Gekoppelte" Einwilligung in Telefonwerbung und telefonische Gewinnbenachrichtigung auf einer Teilnahmekarte ist wettbewerbswidrig, GRUR-Prax 2011, 246.

Schünemann, Wolfgang B, "Unlauterkeit" in den Generalklauseln und Interessenabwägung nach neuem UWG, WRP 2004, 925–936.

Schütz, Jörg, Nachahmungsgefahr und Unlauterkeit, WRP 1993, 168–170.

Schwarze, Jürgen (Hrsg.), Werbung und Werbeverbote im Lichte des europäischen Gemeinschaftsrechts, Baden-Baden 1999, *zitiert, Bearbeiter*, in: *Schwarze*, Werbung und Werbeverbote im Lichte des europäischen Gemeinschaftsrechts.

Seichter, Dirk, Der Umsetzungsbedarf der Richtlinie über unlautere Geschäftspraktiken, WRP 2005, 1087–1095.

Seichter, Dirk/Witzmann, Jan, Die Einwilligung in die Telefonwerbung, WRP 2007, 699–708.

Seyr, Sibylle, Der effet utile in der Rechtsprechung des EuGH, Berlin 2008.

Soergel, Kommentar zum Bürgerlichen Gesetzbuch, Band 12 – §§ 823–853, ProdHG, UmweltHG, 13. Aufl., Stuttgart 2005, zitiert: Soergel/*Bearbeiter*.

Sosnitza, Olaf, Die Richtlinie über unlautere Geschäftspraktiken – Voll- oder Teilharmonisierung?, WRP 2006, 1–7.

Sosnitza, Olaf, Der Gesetzentwurf zur Umsetzung der Richtlinie über unlautere Geschäftspraktiken *WRP* 2008, 1014–1034.

Sosnitza, Olaf, Der Regierungsentwurf zur Änderung des Gesetzes gegen den unlauteren Wettbewerb, GRUR 2015, 318–322.

Staudinger, Kommentar zum Bürgerlichen Gesetzbuch mit Einführungsgesetz und Nebengesetzen,

Habermann, Norbert (Redaktor), Buch 1 – Allgemeiner Teil – §§ 90–124; 130–133 (Allgemeiner Teil 3), Neubearbeitung, Berlin 2012.

Martinek, Michael (Redaktor), Buch 2 – Recht der Schuldverhältnisse – §§ 305–310, UKlaG (Recht der Allgemeinen Geschäftsbedingungen), Neubearbeitung, Berlin 2013.

Reuter, Dieter (Redaktor), Buch 2 – Recht der Schuldverhältnisse – §§ 657–704 (Geschäftsbesorgung), Neubearbeitung, Berlin 2006.

Magnus, Ulrich (Redaktor), Einführungsgesetz zum Bürgerlichen Gesetzbuche/ IPR, Internationales Wirtschaftsrecht (IPR des KartellR, LauterkeitsR, MarkenR, PatentR und UrheberR,), Neubearbeitung, Berlin 2015, zitiert: *Bearbeiter*, in: Staudinger BGB

Steinbeck, Anja, Zur Wettbewerbswidrigkeit von Telefonwerbung, GRUR 1995, 492–493.

Steindorf, Ernst, EG-Vertrag und Privatrecht, 1. Aufl., Baden-Baden 1996.

Stuby, Claudia Elisabeth, Unlautere Praktiken, Diss., Wien 2007.

Tamm, Marina/Tonner, Klaus, Verbraucherrecht. Rechtliches Umfeld, Vertragstypen, Rechtsdurchsetzung. Beratungshandbuch, Baden-Baden, 2012, zitiert: *Bearbeiter*, in: *Tamm/Tonner* (Hrsg) Verbraucherrecht, 2012.

Timm-Wagner, Birte, Die Umsetzung der Richtlinie über unlautere Geschäftspraktiken in Deutschland, GRUR 2013, 245–248.

Tonner, Klaus/Reich, Anke, Die Entwicklung der wettbewerbsrechtlichen Beurteilung der Telefonwerbung, VuR 2009, 95–103.

Ulmer, Eugen (Hrsg.), Das Recht des unlauteren Wettbewerbs in den Mitgliedstaaten der Europäischen Wirtschaftsgemeinschaft, Band VI, Vereinigtes Königreich von Großbritannien und Nordirland, 1. Aufl., München, Köln 1981, bearbeitet von *Westerholt, Hartwig Graf von.*

Ulmer/Brandner/Hensen, ABG-Recht, Kommentar zu den §§ 305–310 BGB und zum UKlaG, bearbeitet von Christensen, Guido/Fuchs, Andreas/Habersack, Mathias, u.a., 11. Aufl., Köln 2011, zitiert: *Bearbeiter*, in: *Ulmer/Brandner/Hensen*, ABG-Recht.

Umberto, Saxer, Bei Anruf Erfolg. Das Telefon-Powertraining für Manager und Verkäufer, 4. Aufl., München 2008.

van Raab, Anne/ Mayer-van Raab, Oliver, Opt-in, Opt-out und (k)ein Ende der Diskussion, VuR 2009, 103–109.

Veelken, Winfried, Kundenfang gegenüber dem Verbraucher, WRP 2004, 1, 30.

Voigt, Dennis, Anmerkung zu OLG München, Urteil vom 27.09.2012, Az. 29 U 1682/12 – Double-opt-in-Vefahren, BB 2013, 20.

Wadlow, Christopher, The Emergent European Law of Unfair Competition and its Consumer Law Origins, I.P.Q. 2012, 1

Wagener, Hans-Jürgen/Eger, Thomas, Europäische Integration. Wirtschaft und Recht, Geschichte und Politik, 2. Aufl., München 2009, zitiert: Europäische Integration.

Wahl, Peter, Die Einwilligung des Verbrauchers in Telefonwerbung durch AGB, WRP 2010, 599–605.

Weatherill, Stephen/Bernitz, Ulf (ed.), The Regulation of Unfair Commercial Practices under EC Directive 2005/29. New Rules and New Techniques, Oxford, Portland 2007, zitiert: *Bearbeiter*, in: Weatherill/Bernitz, The Regulation of Unfair Commercial Practices under EC Directive 2005/29.

Weiler, Frank, Spamming– Wandel des europäischen Rechtsrahmens, MMR 2003, 223–229.

Weiler, Frank, Ein lauterkeitsrechtliches Vertragslösungsrecht des Verbrauchers?, WRP 2003, 423–431.

Weis, Hans Christian, Marketing, 16. Aufl., Kiehl 2015, 14. Aufl., Kiel 2007.

Weller, Michael, Anmerkung zu OLG München, Urteil vom 27.09.2012, Az. 29 U 1682/12jurisPR-ITR 3/2013 Anm. 4.

Westphalen, Friedrich Graf von, Anmerkung zu BGH, Urteil vom 16.03.1999, Az. XI ZR 76/98, BB 1999, 1131–1332.

Westphalen, Friedrich Graf von, Kommentar zum BGH, Urteil vom 16.03.1999, Az. XI ZR 76/98, BB 1999, 1131–1132.

Wimmer-Leonhardt, Susanne, UWG-Reform und Gewinnabschöpfungsanspruch oder: Die Wiederkehr der Drachen, GRUR 2004, 12–20.

Winkelmann, Peter, Marketing und Vertrieb. Fundamente für die marktorientierte Unternehmensführung, 8. Aufl., Oldenbourg 2013, zitiert: *Winkelmann*, Marketing und Vertrieb, 8.Aufl. 2013.

Wolber, Tanja/Eckhardt, Jens, Zulässigkeit unaufgeforderter E-Mail-Werbung?, DB 2002, 2581–2586.

Wolf/Lindacher/Pfeiffer, AGB-Recht, Kommentar, hrsg. von *Lindacher, Walter F./Pfeiffer, Thomas*, 6. Aufl., München 2013, zitiert: *Bearbeiter*, in: Wolf/ Lindacher/Pfeiffer, AGB-Recht.

Wienke, Martin, Wettbewerbsrechtliche Probleme der Werbung über Bildschirmtext und Telefax, WRP 1986, S. 455–459.

Wunderle, Timo, Verbraucherschutz im europäischen Lauterkeitsrecht. Theoretische Grundlagen, gegenwärtiger Stand sowie Perspektiven der Rechtsentwicklung, Diss., Tübingen 2010, zitiert: *Wunderle*, Verbraucherschutz im Europäischen Lauterkeitsrechts.

Zagouras, Georgeos, Mehrwertdienste und Verbraucherschutz im TKG, NJW 2007, 1914–1915.

Zech, Herbert, Durchsetzung von Datenschutz mittels Wettbewerbsrecht?, WRP 2013, 1434–1436.

Zentes, Joachim/Swoboda, Bernhard/Schramm-Klein, Hanna, Internationales Marketing, 3. Aufl., München 2013.

Zöller, Alexander, Telefonwerbung ist nicht grundsätzlich unzulässig, GRUR 1992, 297–300.

Zweigert, Konrad, Des solutions identiques par des voies différentes, R.I.D.C. vol. 18 (1966), S. 5–18.

Zweigert, Konrad/Kötz, Hein, An Introduction to comparative Law 3. Aufl., Oxford 1998.

Leenen, Frederik, Double-Opt-In: nach dem OLG München beißt sich die Katze in den Schwanz, CMS Blog, https://www.cmshs-bloggt.de/tmc/e-commerce-recht/double-opt-in-nach-dem-olg-muenchen-beisst-sich-die-katze-in-den-schwanz/, abgerufen am 21.08.2017.

Saarbrücker Studien zum Privat- und Wirtschaftsrecht

herausgegeben von
Prof. Dr. Hannes Ludyga
Prof. Dr. Dr. Dr. h.c. mult. Michael Martinek
Prof. Dr. Dr. h.c. Helmut Rüßmann
Prof. Dr. Markus Würdinger

Die Schriftenreihe „Saarbrücker Studien zum Privat- und Wirtschaftsrecht" bildet in erster Linie ein Forum für rechtswissenschaftliche Doktorarbeiten der Universität des Saarlandes auf zwei juristischen Schwerpunktgebieten: Zum einen sollen Dissertationen im klassischen Privatrecht, vor allem im Bürgerlichen Vermögensrecht der ersten drei Bücher des BGB und ihrer Nebengesetze vorgestellt werden. Zum anderen findet das Wirtschaftsrecht im Sinne des Wirtschaftsprivatrechts besondere Berücksichtigung, womit namentlich die Gebiete des Handelsrechts einschließlich des Bilanzrechts, des Personen- und Kapitalgesellschaftsrechts einschließlich des Konzernrechts, des Gewerblichen Rechtsschutzes sowie des Wettbewerbs- und Kartellrechts bezeichnet sind. Es versteht sich, dass nicht nur rechtsdogmatische Studien, sondern auch rechtstatsächlich, rechtspolitisch oder interdisziplinär angelegte Arbeiten in die Schriftenreihe Aufnahme finden, denn die Rechtswissenschaftliche Fakultät der Universität des Saarlandes regt traditionell Studenten und Hochschullehrer in besonderer Weise zur fachübergreifender Lehre und Forschung an. Die Schriftenreihe steht aber nicht nur sehr guten und ausgezeichneten Dissertationen, sondern auch anderen „Studien" zu privat- und wirtschaftsrechtlichen Themen offen, bis hin zu Materialien und Skripten des akademischen Unterrichts. Die Schriftenreihe wurde im Jahre 1996 von den Saarbrücker Universitätsprofessoren Johann Paul Bauer, Michael Martinek und Helmut Rüßmann gegründet. Im Jahre 2018 ist Prof. Bauer aus dem Herausgeberkreis ausgeschieden, während Professor Ludyga und Professor Würdinger hinzugekommen sind. Prof. Martinek ist seit Beginn der Schriftenreihe als geschäftsführender Herausgeber tätig. Die nunmehr vier Herausgeber, die zugleich stellvertretend für ihre anderen Saarbrücker Fakultätskollegen des Privat- und Wirtschaftsrechts handeln, verbinden mit den „Saarbrücker Studien zum Privat- und Wirtschaftsrecht" den Wunsch, dass die hier veröffentlichten Arbeiten die verdiente Resonanz in der breiteren juristischen Fachöffentlichkeit finden.

Saarbrücker Studien zum Privat- und Wirtschaftsrecht

Herausgeber:
Hannes Ludyga, Michael Martinek, Helmut Rüßmann und Markus Würdinger

Band 1 Susanne Jaschinski: Die Haftung von Schwestergesellschaften im GmbH-Unterordnungskonzern. Ein Beitrag zum Konzernverfassungsrecht. 1997.

Band 2 Roman Sascha Ahnert: Die *actio individualis*. Ein Beitrag zur verfassungsrechtlichen Fundierung der Aktionärsklage bei sogenannten Aktien-Interessenverbänden. 1997.

Band 3 Torsten Peters: Der Cateringvertrag. Rechtstatsachen, Rechtsnatur und Rechtsprobleme eines modernen Dienstleistungsvertrags. 1998.

Band 4 Michael Meissner: Persönlichkeitsschutz juristischer Personen im deutschen und US-amerikanischen Recht. Eine rechtsvergleichende Untersuchung des allgemeinen Persönlichkeitsrechts juristischer Personen. 1998.

Band 5 Thomas Tegen: Joint Venture-Vertrag und Projektträgergesellschaft im amerikanischen und deutschen Recht. 1998.

Band 6 Gerhard Wolter: Treuhandrecht im Umbruch? Ein Blick nach Frankreich, Luxemburg, in die Schweiz und in den Libanon sowie auf das Haager Trust-Übereinkommen. 1999.

Band 7 Thomas Dehlfing: Das Recht der irreführenden Werbung in Deutschland, Großbritannien und Frankreich. 1999.

Band 8 Hanno Dornseifer: Börsentermingeschäfte und Börsentermingeschäftsfähigkeit. Zur börsengesetzlichen Behandlung von finanzwirtschaftlichen Festgeschäften, Options- und Optionsscheingeschäften. 1999.

Band 9 Patrick Lenz: Absatzförderung durch *zinssubventionierte* Darlehen. Eine wettbewerbs- und kartellrechtliche Studie zur Zulässigkeit von Niedrigzins-Kreditangeboten unter besonderer Berücksichtigung des Automobilmarktes. 1999.

Band 10 Mansur Pour Rafsendjani: Der Goodwill-Ausgleichsanspruch des Franchisenehmers. Ein Vergleich des deutschen, französischen und US-amerikanischen Franchiserechts. 1999.

Band 11 Jörg Hartmann: Juristische und ökonomische Regelungsprobleme des Insiderhandels. Eine rechtsvergleichende Darstellung USA – Deutschland. 1999.

Band 12 David Altmeier: Rückstellungsbilanzierung in Deutschland und Frankreich. Eine vergleichende Untersuchung der französischen Rückstellungsbilanzierung aus der Perspektive des deutschen Bilanzrechts. 1999.

Band 13 Barbara Günther: Aktivische Bilanzierungshilfen im deutschen und französischen Bilanzrecht. 1999.

Band 14 Bernhard Glasow: Vertikale Preisbindung, Wettbewerbstheorie und Wettbewerbsrecht in den USA, Deutschland und Europa. Bestandsaufnahmen, Kritik und Zukunftsperspektiven. 2000.

Band 15 Dorota Nowak-James: Der Börsenzugang für Anleger in Deutschland und Polen. Eine rechtsvergleichende Untersuchung zum deutschen Finanzkommissionsgeschäft und zum polnischen Brokerauftragsvertrag. 2000.

Band 16 Mathias Queck: Der Nießbrauch am Anteil einer offenen Handelsgesellschaft. Eine Form der (un-)mittelbaren Unternehmensbeteiligung. 2000.

Band 17 Ina Roth: Umweltbezogene Unternehmenskommunikation im deutschen und europäischen Wettbewerbsrecht. 2000.

Band 18 Jörg Preiss: Die Anwendung des markenrechtlichen Erschöpfungsgrundsatzes auf Dienstleistungsmarken. 2000.

Band 19 Kevin M. McDonald: Der Begriff der Dienstleistung im europäischen Binnenmarkt und WTO-System (GATS). 2001.

Band 20 Carolin Opgenhoff: Die europäische Fusionskontrolle zwischen Wettbewerbsrecht und Industriepolitik. 2001.

Band 21 Susanne Schäfer: Die Deliktsfähigkeit juristischer Personen. Eine rechtsvergleichende Untersuchung zur Übertragbarkeit des englischen Modells. 2001.

Band 22 Kay Diedrich: Die Interventionswirkung – Ausprägung eines einheitlichen Konzepts zivilprozessualer Bindungswirkung. 2001.

Band 23 Michael Fröhlich: Zentrale Institutionen des deutschen Urheberrechts und des französischen Droit d'auteur auf dem Prüfstand der elektronischen Netzwerke. 2001.

Band 24 Joël Benjamin Münch: Abtretungsverbote im deutschen und französischen Recht. Rechtsvergleichende Untersuchung der Übertragungshindernisse im deutschen und französischen Forderungsverkehr als Beitrag zu einer weiteren Schuldrechtsvereinheitlichung in Europa. 2001.

Band 25 Monika Prieß: Der Begriff des Sachmangels im deutschen und englischen Kaufrecht. Reformbedarf aufgrund der Verbrauchsgüterkauf-Richtlinie 1999/44/EG. 2001.

Band 26 Katharina Siegel: Produkthaftung im polnischen, tschechischen und slowenischen Recht. 2001.

Band 27 Carolin Kühne: Die gesetzliche Form der Rechtsgeschäfte im deutschen und italienischen Recht. Eine rechtsvergleichende Untersuchung. 2002.

Band 28 Nina Scherf: Die Nachschußpflicht im Gesellschaftsrecht. Eine rechtsformübergreifende Bestandsaufnahme, Analyse und Kritik. 2002.

Band 29 Marc Laukemann: Fernsehwerbung im Programm. Die zunehmende Kommerzialisierung des Fernsehprogramms im Zeitalter einer Ökonomisierung der Aufmerksamkeit als verfassungs-, wettbewerbs- und rundfunkrechtliches Problem. 2002.

Band 30 Michael Bo Jaspers: Nachträgliche Rechtswahl im internationalen Schuldvertragsrecht. Unter besonderer Berücksichtigung der Rechtspraxis in England, Frankreich, Dänemark und Deutschland. 2002.

Band 31 Christina Pernice: Die Insolvenzverschleppung durch das Geschäftsführungsorgan der kleinen Kapitalgesellschaft im deutschen, französischen und englischen Recht. Eine rechtsvergleichende Untersuchung zur Entwicklung eines europäischen Lösungsansatzes. 2002.

Band 32 Anne Christine Janert: Der sachliche und persönliche Anwendungsbereich des deutschen Verbraucherkreditrechts und des britischen Consumer Credit Act 1974. Ein Beitrag zu den Möglichkeiten und Grenzen verbraucherrechtlicher Harmonisierung in Europa. 2002.

Band 33 Annette Trost: Faktische Sitzverlegung unter Sitz- und Gründungstheorie im Vergleich. Unter besonderer Berücksichtigung ihrer gesellschafts- und zivilrechtlichen Folgewirkungen. 2003.

Band 34 Esther Cordula Hilpert: Die Gründerhaftung in der Gesellschaft mit beschränkter Haftung in Deutschland, Frankreich und England. 2003.

Band 35 Wei-ming Liao: Die Schiedsgerichtsbarkeit in Taiwan. Unter besonderer Berücksichtigung der internationalen Handelsschiedsgerichtsbarkeit und mit Hinweisen zu der Entwicklung in Deutschland. 2003.

Band 36 Stefan Stork: Sitzverlegung von Kapitalgesellschaften in der Europäischen Union. Zur Reichweite der Niederlassungsfreiheit unter Berücksichtigung der positiven und der negativen Integration. 2003.

Band 37 Marc Pfeffer: Interbrand-Kartellverbot und Intrabrand-Vereinbarungen. Die Ablösung horizontaler und vertikaler Eingriffsmerkmale im GWB zu Gunsten einer Betrachtung produktexterner und -interner Wettbewerbsfaktoren. 2003.

Band 38 Nicole Burkardt: Der arbeitsrechtliche Aufhebungsvertrag. Einvernehmliche Beendigung von Arbeitsverhältnissen unter Berücksichtigung der Rechtslage nach der Schuldrechtsreform. 2004.

Band 39 Christian Schmeling: Die Entlastung von Mitgliedern geschäftsführender Organe im Recht der Kapitalgesellschaften. Eine rechtsvergleichende Studie zum deutschen, schweizerischen und französischen Recht. 2004.

Band 40 Andreas Wolf: Wege zur virtuellen Haupt- und Gesellschafterversammlung. Eine vergleichende Untersuchung über die Einbeziehung elektronischer Medien in die Hauptversammlung einer Aktiengesellschaft und die Gesellschafterversammlung einer GmbH. 2004.

Band 41 Bianca Natalie Baldus: Der elektronisch geschlossene Vertrag mit Schiedsabrede. Zulässigkeit und anwendbares Recht in nationalen und internationalen Schiedsverfahren. 2004.

Band 42 Vania Dilek: Der Wettbewerbsschutz in Bulgarien und in der Russischen Föderation während des Übergangs vom Dirigismus zur Privatautonomie. 2004.

Band 43 Rudolf Lenders: Treuhand am Gesellschaftsanteil. Die Einbindung des Treugebers in das gesellschaftsrechtliche Organisationsgefüge. 2004.

Band 44 Weizuo Chen: Rück- und Weiterverweisung (Renvoi) in staatsvertraglichen Kollisionsnormen. 2004.

Band 45 Stefan Hahn: Neue Ansätze im Anlegerschutz durch die Ad-hoc-Publizität des § 15 WpHG. 2004.

Band 46 Pietro Graf Fringuelli: Internet TV. Filmurheberrecht im Internet. 2004.

Band 47 Caspar Frhr. v. Schnurbein: Missbrauch von Minderheitsrechten im deutschen und italienischen Aktienrecht. 2005.

Band 48 David Kereselidze: Der allgemeine Teil des Georgischen Zivilgesetzbuches von 1997. Eine rechtsvergleichende Untersuchung. 2005.

Band 49 Miguel A. García Mateos: Das neue Recht der Namensaktie. Bestandsaufnahme, Analyse und Kritik. 2005.

Band 50 Christine Eckstein-Puhl: Prozessbetrug im Schiedsverfahren. Eine Studie zu den vom erschlichenen Schiedsspruch aufgeworfenen Fragen des Aufhebungsverfahrens gemäß § 1059 ZPO. 2005.

Band 51 Steffen Paulmann: Wirksamkeit von Haftungsausschlüssen und -begrenzungen im deutsch-französischen Warengeschäftsverkehr. Unter besonderer Berücksichtigung der UNIDROIT-Principles und der Principles of European Contract Law. 2005.

Band 52 Ina Krischek: Wirtschaftsmediation als alternatives Streitbeilegungsverfahren. Gerichtsverfahren, Schiedsverfahren und Mediation im Vergleich. 2005.

Band 53 Olaf Pick: Verkehrspflichten und Handlungsfreiheit des „Schädigers“. 2005.

Band 54 Thomas Paul: Die Gesellschafterfähigkeit von Gesamthandsgemeinschaften. 2005.

Band 55 Dieter Friedrich Unger: Das Recht der Kapitalaufbringung und -erhaltung bei der Aktiengesellschaft im Rechtsvergleich Deutschland, Österreich und Schweiz. Eine Analyse des Kapitalsicherungsrechts in Deutschland, Österreich und der Schweiz. 2006.

Band 56 Nicole Schröder: Perspektiven der Europäisierung des GmbH-Rechts und der Europäischen Privatgesellschaft vor dem Hintergrund der Europäischen Aktiengesellschaft. 2007.

Band 57 Ivo du Mont: Die Kombination von Rücktritt und Schadensersatz im neuen Schuldrecht. Eine ökonomische und rechtsvergleichende Analyse am Beispiel des Kaufvertrags. 2007.

Band 58 Matthias Kühn: Umweltschutz durch Privatrecht. Eine Studie zur ökologischen Analyse der privatrechtlichen Schutzrechte und des Vertragsrechts in Deutschland und England. 2007.

Band 59 Komninos Komnios: Die elektronische Signatur im deutschen und griechischen Recht. 2007.

Band 60 Matthias Kühl: Die Gewinnzusage nach § 661a BGB. Dogmatische Einordnung und rechtsvergleichende Untersuchung. 2007.

Band 61 Barbara Jeanne Attinger: Der Mittelpunkt der hauptsächlichen Interessen nach der EuInsVO – erfolgreiches Konzept oder Quelle der Rechtsunsicherheit? Eine Auseinandersetzung mit dem Zuständigkeitskriterium der Europäischen Insolvenzverordnung unter Heranziehung der Erkenntnisse der ökonomischen Analyse des Rechts. 2008.

Band 62 Dorothee Stober: Der deutsch-schweizerische Erbfall. Eine rechtsvergleichende und international-privatrechtliche Analyse. 2009.

Band 63 Daniel Marc Protz: Das zivilrechtliche Anforderungsprofil mezzaniner Strukturen der Unternehmensfinanzierung. 2009.

Band 64 Manuela Schäfer: Die Verträge zur Durchführung des Schiedsverfahrens. Analyse und Vergleich zweier Lösungsmodelle am Beispiel des deutschen und US-amerikanischen Rechtsraums. Teil I und Teil II. 2010.

Band 65 Ionut Raduletu: Der Schutz von Minderheitsaktionären nach rumänischem und deutschem Aktienrecht unter Berücksichtigung des EU-Acquis. 2010.

Band 66 Christoph Köhler: Lastschriftverfahren in der Insolvenz des Schuldners. Im Lichte der neuen BGH-Rechtsprechung. 2010.

Band 67 Stefan Weiland: *Par condicio creditorum*. Der insolvenzrechtliche Gleichbehandlungsgrundsatz und seine Durchbrechungen zugunsten öffentlich-rechtlicher Gläubiger. 2010.

Band 68 Philipp Ehring: Die Due Diligence im Spannungsverhältnis zwischen kaufrechtlichem Haftungssystem und vertraglicher Gestaltung. 2010.

Band 69 Jochen Hell: GmbH-Mantelverwendung. Haftung und Verantwortlichkeit jenseits der „wirtschaftlichen Neugründung". 2010.

Band 70 Ge Jiang: Das GmbH-Recht in China aus rechtsvergleichender Sicht. Analyse, Kritik und Verbesserungsvorschläge. 2011.

Band 71 Michael Helmut Wildscheck: Das Recht des Unternehmenskaufs in Deutschland und Frankreich unter besonderer Berücksichtigung von Garantieklauseln. Eine rechtsvergleichende Studie zur deutschen und französischen Kautelarpraxis. 2011.

Band 72 Britta Wagner: Haftungsrisiken aus Liquiditätszusagen und Patronatserklärungen in der Unternehmenskrise. 2011.

Band 73 Manuel Karb: Energiepreiskontrolle. Eine Untersuchung der Entgeltkontrolle auf den verschiedenen Energiemärkten nach Energiewirtschaftsrecht, deutschem und europäischem Wettbewerbsbeschränkungsrecht und allgemeinem Zivilrecht. 2011.

Band 74 Bernd Steffen Bertelmann: Das BGB-Zahlungsdiensterecht im Kontext der Single Euro Payments Area. Leitlinien zur richtlinienkonformen Auslegung unter vergleichender Berücksichtigung des britischen und französischen Rechts. 2011.

Band 75 Susanne Niesse: Die leistungsstörungsrechtlichen Grundstrukturen des deutschen, französischen und englischen Unternehmenskaufrechts im Vergleich. 2012.

Band 76 Zhong Ren: Wahrheitspflicht und Kooperationsmaxime im Zivilprozess in Deutschland, Japan und China. 2013.

Band 77 Giga Gabrichidze: Der Prozess der Angleichung des georgischen Wettbewerbsrechts an das Recht der Europäischen Union. 2013.

Band 78 Stephan Wachs: Flucht aus der kartellrechtlichen Bußgeldverantwortung? Unternehmensrestrukturierung und Haftungsnachfolge im deutschen und europäischen Bußgeldrecht. 2013.

Band 79 Max Jakob Rösch: Gesellschafterfremdfinanzierung, Gläubigerschutz und Gläubigerrisikoverantwortung. Die insolvenzrechtliche Sonderbehandlung der Gesellschafterfremdfinanzierung als Ausdruck von Gläubigerschutz und Gläubigerrisikoverantwortung der Gesellschafter. 2013.

Band 80 Sinan Okur: Eine kritische Untersuchung zu den Rechtsbehelfen des Käufers im alten und im neuen türkischen Warenkaufrecht. Zugleich ein Beitrag zu der Harmonisierung des türkischen Warenkaufrechts im Lichte des CISG, BGB und der europäischen Vertragsrechtsharmonisierung. 2013.

Band 81 Dagmar Julia Mathieu: Der Kampf des Rechts gegen erpresserische Aktionäre. Bestandsaufnahme, Kritik und Perspektiven. 2014.

Band 82 Matthias Michael Kappel: Der Grundschuldsicherungsvertrag als Wandlung eines Treuhandverhältnisses. Ein Beitrag zur Überwindung der Dichotomie von Sicherung und Treuhand. 2014.

Band 83 Norman Konecny: Der Verordnungsentwurf über ein Gemeinsames Europäisches Kaufrecht. Meilenstein der europäischen Integration oder Irrlicht der europäischen Politik? 2014.

Band 84 Anna Feilen: Verträge über die Lieferung herzustellender beweglicher Sachen und deren rechtliche Einordnung – eine rechtsvergleichende Untersuchung. 2015.

Band 85 Zeynep Dönmez: Das Widerrufsrecht bei Fernabsatzverträgen. Online-Verträge im türkischen und deutschen Recht. 2015.

Band 86 Martin Kienzler: Die Partnerschaftsgesellschaft mit beschränkter Berufshaftung (PartG mbB) als gesetzgeberische Zwischenstation der Liberalisierung des Gesellschaftsrechts Freier Berufe. 2015.

Band 87 Philipp J. Gergen: Rechtsfragen der Regulierung außerbörslicher derivativer Finanzinstrumente. Zur neuen Marktinfrastruktur in der Europäischen Union, den Vereinigten Staaten von Amerika und Singapur. 2015.

Band 88 Birgit Schmeyer: Franchising als wettbewerbs- und verbraucherrechtliche Regelungsaufgabe in Europa und Südafrika. 2016.

Band 89 Julia Lorenz: Die Abgrenzung von Marken. Eine Untersuchung zur Wirksamkeit und Gestaltung markenrechtlicher Abgrenzungsvereinbarungen. 2016.

Band 90 Sven C. Stumm: Die Kapitalverfassung der Unternehmergesellschaft (haftungsbeschränkt). 2016.

Band 91 Hanno Gorius: Kollektive Kartelldeliktsrechtsdurchsetzung in den USA, Frankreich und Deutschland. 2016.

Band 92 Daniel Schrembs: Die Haftung des Kunstexperten. 2017.

Band 93 Hans-Joachim Berner: Die Pflicht des Aufsichtsrats zur Offenlegung von Interessenkonflikten. Betrachtet im Lichte der allgemeinen Dogmatik des Interessenkonflikts im Privatrecht. 2017.

Band 94 Michael Josef Braun: Rechtsfragen des Crowdfunding. 2018.

Band 95 Nino Gagua: Der Schutz des Versicherungsnehmers im deutschen Versicherungsvertragsgesetz als Leitmodell für das georgische Privatversicherungsrecht. 2018.

Band 96 Carola Osswald: Mehrfachmandate von Aufsichtsratsmitgliedern der Aktiengesellschaft bei Konkurrenzunternehmen. 2018.

Band 97 Anca David: Telefonwerbung in Deutschland. Eine rechtliche Untersuchung unter besonderer Berücksichtigung unionsrechtlicher Vorschriften sowie der Rechtslage in Frankreich und Großbritannien. 2018.

www.peterlang.com

www.ingramcontent.com/pod-product-compliance
Ingram Content Group UK Ltd.
Pitfield, Milton Keynes, MK11 3LW, UK
UKHW021829290926
8980IPUK00004B/334

9 783631 774359